刘小枫 主编

柏拉图全集
PLATONIS OPERA

理想国

［古希腊］柏拉图 著
王 扬 译

华夏出版社

本成果获中国人民大学 2022 年度
"中央高校建设世界一流大学(学科)和特色发展引导专项资金"支持
Supported by fund for building world-class universities(disciplines) of Renmin University of China

"柏拉图全集"出版说明

语文学家、数术家、星相家忒拉绪洛斯(Thrasyllos Mendēsios)生逢罗马帝制初期,据说曾任提比略皇帝(公元前14年—公元37年)的政治顾问。① 作为亚历山大里亚语文学派的传人,忒拉绪洛斯按雅典戏剧演出方式,将柏拉图传世的35篇对话及书简一束编成九部四联剧出版,史称最早的柏拉图全集(莎草纸本)。

以四联剧形式著录柏拉图作品,始于托勒密王朝时期的古典语文学家卡利马科斯(Kallimachos,前310—前240)。但这种编排方式并非卡利马科斯的发明,而是一种可追溯到"柏拉图在世或者刚刚去世时"的传统,因为"在重要的节假日期间,柏拉图的对话会在舞台上演出,比如奥林匹亚盛会"。除第一出四联剧有明确的共同特征(涉及苏格拉底的受审)外,这种分类方式并没有固定规矩。②

1513年,威尼斯的古典学者、出版家阿尔都斯(Aldus Pius Manutius,1449—1515)的出版社(Aldine Press)按忒拉绪洛斯体例刊印柏拉图作品,史称现代印刷术出品柏拉图全集的开端。③ 法兰西宗教战争期间(1578年),古典学者、出版家亨利·斯特方(Henricus Stephanus,1528—1598)在日内瓦出版了由古典学家、史学家、法王亨利四世的政治顾问让·德瑟雷(Jean de Serres,1540—1598)执译的柏拉图全集拉丁语译本,亦依循忒拉绪洛斯体例,分三卷,拉丁文－希腊文对照(希腊文每10行为一节,依次用A、B、C、D、E标记)。④ 随着柏拉图作品研究逐渐增多,斯特方版的页码和分节成为通行的引用标

---

① Barbara Levick,*Tiberius*:*The Politician*,Routledge,1999/2003;Frederick H. Cramer,*Astrology in Roman Law and Politics*,Philadelphia,1954/2011.

② 康斯坦蒂诺斯·斯塔伊克斯,《柏拉图传统的证言》,刘伟译,北京:中国民主法制出版社,2018,页29。

③ Paul J. Angerhofer 等,*In Aedibus Aldi*:*The Legacy of Aldus Manutius and His Press*,Brigham Young University Library,1995;John N. Grant,*Aldus Manutius*:*Humanism and the Latin Classics*,Harvard University Press,2017.

④ *Platonis Opera Quae Extant Omnia edidit*,Henricus Stephanus,Genevae,1578;See Olivier Reverdin,"Le *Platon* d'Henri Estienne",in *Museum Helveticum*,1956,13(4),pp. 239–250.

注——"斯特方页码"（Stephanus pagination）。

19世纪以降，欧洲文史学界兴起疑古风，古传柏拉图作品好些被判为伪作。随后，现代的柏拉图"全集"编本迭出，有31篇本、28篇本，甚至24篇本（删除多达12篇），作品顺序编排也见仁见智。20世纪初，西方古典学界开始认识到，怀疑古人得不偿失，不如依从古人受益良多，回到古传忒拉绪洛斯体例在古典学界渐成共识。

苏格兰的古典学家伯内特（1863—1928）遵循忒拉绪洛斯体例编辑校勘希腊文《柏拉图全集》，附托名作品6篇，并将"斯特方页码"细化（A、B、C、D、E每个标记下的内容，每5行做一标记，以5、10、15等标明），分五卷刊行，迄今仍具权威地位。①

这套汉译《柏拉图全集》依托伯内特的希腊文校勘本并参照西方古典语文学家的笺注本和权威英译本迻译，分三卷出品。第一卷为中短篇作品（包括对话、书简及托名作品，篇目顺序按伯内特本），后两卷分别为柏拉图的长制对话《理想国》和《法义》。充分吸纳西方学界柏拉图学者的笺注成果，是这套汉译《柏拉图全集》的基本特色。

参与翻译的二十六位译者，均有过古希腊语文学训练。《法义》以及中短篇作品的多数译者，还曾就所译篇目撰写过博士论文，是基于研究的翻译。

本《全集》面向普通文史爱好者，译文在尽可能贴近希腊语原文的同时，注重传达柏拉图作品的文学色彩和对话的口语特色，自然段落也尽可能按文意来划分。为了读者更好地理解原作，译者还对人名、地舆、诗文典故、语言游戏等做了简要注释。

本《全集》的编辑出版工作自2016年启动，历时七年有余，虽经反复校阅，种种失误仍然难免。柏拉图作品的汉译没有止境，欢迎读者不吝指正，以便来日臻进。

刘小枫
古典文明研究工作坊
2023年元月

---

① Ioannes Burnet, *Platonis Opera: Recognovit Brevique Adnotatione Critica Instruxit*, Oxford, 1900–1907.

柏拉图九卷集篇目

卷一
1 游叙弗伦（顾丽玲 译）
2 苏格拉底的申辩（吴飞 译）
3 克里同（程志敏 译）
4 斐多（刘小枫 译）

卷二
1 克拉提洛斯（刘振 译）
2 泰阿泰德（贾冬阳 译）
3 智术师（柯常咏 译）
4 治邦者（刘振 译）

卷三
1 帕默尼德（曹聪 译）
2 斐勒布（李致远 译）
3 会饮（刘小枫 译）
4 斐德若（刘小枫 译）

卷四
1 阿尔喀比亚德前篇（戴晓光 译）
2 阿尔喀比亚德后篇（戴晓光 译）
3 希帕库斯（胡镓 译）
4 情敌（吴明波 译）

卷五
1 忒阿格斯（刘振 译）
2 卡尔米德（彭磊 译）
3 拉克斯（罗峰 译）
4 吕西斯（贺方婴 译）

卷六
1 欧蒂德谟（万昊 译）
2 普罗塔戈拉（刘小枫 译）
3 高尔吉亚（李致远 译）
4 美诺（郭振华 译）

卷七
1 希琵阿斯前篇（王江涛 译）
2 希琵阿斯后篇（王江涛 译）
3 伊翁（王双洪 译）
4 默涅克塞诺斯（李向利 译）

卷八
1 克莱托丰（张缨 译）
2 理想国（王扬 译）
3 蒂迈欧（叶然 译）
4 克里提阿斯（叶然 译）

卷九
1 米诺斯（林志猛 译）
2 法义（林志猛 译）
3 法义附言（程志敏 崔嵬 译）
4 书简（彭磊 译）

释词（唐敏 译）

托名作品（唐敏 译）

目 录

中译本说明(刘小枫) ………………………………… 1
译者前言(王扬) ……………………………………… 1

理想国 …………………………………………… 1

卷 一 ………………………………………………… 2
卷 二 ………………………………………………… 41
卷 三 ………………………………………………… 81
卷 四 ………………………………………………… 127
卷 五 ………………………………………………… 165
卷 六 ………………………………………………… 209
卷 七 ………………………………………………… 246
卷 八 ………………………………………………… 282
卷 九 ………………………………………………… 319
卷 十 ………………………………………………… 350

对话纲要 …………………………………………… 389
专有名词索引 ……………………………………… 402
内容索引 …………………………………………… 413
参考书目 …………………………………………… 470

中译本说明

王扬博士与我是同时代人,甚至几乎同龄——至少我们同年高中毕业(1974年),同年下乡插队落户……但1977年恢复高考,他就以优异成绩从江苏考入当年我十分向往的北京外国语学院,毕业论文受名师王佐良教授指导。毕业后,王博士旋即考上官费奖学金,赴美威廉-玛丽学院(College of William and Mary in Virginia)攻读英美诗歌。获硕士学位(1985)回国后,王博士主动报名支援边疆,在新疆大学外语系任教。两年后,王博士再度赴美,在印第安那大学古典学系攻读博士学位,主攻古希腊语和拉丁语以及古希腊罗马文学,修读长达十二年,师从上届(2004-2006)美国古典学协会主席里奇(Eleanor W. Leach)教授,以研究卢克莱修教诲诗的论文《论万物本性》获得博士学位。在读期间的最后几年,王博士同时在古典学系和比较文学系教本科生拉丁语以及古典文学课,后来又在罗耀拉大学(Loyola University - New Orleans)任古典学系讲师,教古希腊语和希腊文化。获得学位后,王博士没有留在罗耀拉大学任教,而是选择了做"尚书房行走",在常春藤名校普林斯顿大学(Princeton University)总图书馆古典学部(古希腊语、拉丁语、意大利语、德语文献)任编目员,以便有时间和精力翻译古希腊罗马经典。

柏拉图的《理想国》已经有越来越多的中文译本,令人欣喜,尤其近几年,几个译本接踵而至。可惜这些新译本大多并非覆按标准希腊语校勘本迻译,唯一的例外是2009年一位台湾学者的译本。但这个依据晚近牛津版校勘本翻译的译本很难说完成了翻译,逐句"对译"希腊文(连移行也照牛津版)尚处于翻译的中途,并未完成中文表达——与其如此,不如逐句笺注效果更佳。相较之下,西方学界的《理想国》译本却层出不穷,且无不依据希腊语原文,可见西方学界迄今仍在追求用贴切、流畅的现代英语传达柏拉图的妙笔。

王扬博士的这个译本是我国第一个按标准希腊语校勘本来翻译的全译本,他采用的是伯内特的校勘本(王太庆先生曾依据这个本子译出不多的几卷)——王博士采用伯内特本为底本是明智的,因为这个本子的行码在斯特方页码的基础上更加细化,查索方便,西方学界已经用了上百年,无数文献引用的是这个本子。相反,牛津版虽然已经出版多年,迄今仍很少为学界人士采用。

　　《理想国》中译本虽多,但学界迄今没有一个可靠的"标准"中译本可用。王博士这个译本为汉语学界提供了第一个标准译本,所谓"标准"的意思是,要经得起读者对勘希腊语原文。任何西学经典的中译,就中文表达的精益求精而言,弹性空间都很大。这个译本当然不是定本,而是严肃认真的《理想国》中译本"标准"的开端。

　　王博士对经典的翻译非常认真、审慎,他已经译出上十种古希腊罗马经典(尤其诗歌)作品,却不愿意交付出版,总在推敲——经我游说他才交出这个译本,还特别关照,必须说明:这是供广大读者提意见的试译本。译本难免有可商榷之处,但我们毕竟有了第一个可以复核希腊文并不失可读性的译本。

刘小枫
古典文明研究工作坊
2011 年 3 月 2 日

译者前言

一

柏拉图《理想国》一书的希腊原名为 $Πολιτεία$，可直译为《城邦体制》；此外还有一种形式：$Πολιτεῖαι$，是前面同一个词的复数形式，意思是"各种城邦体制"，或译为《城邦的类型》。应该说，前一种形式比较可靠，因为，柏拉图最著名的学生亚里士多德，曾在自己的著作中提到这本书，用的是单数。① 亚里士多德的这一引语同时又为我们提供了一个很好的佐证，确认柏拉图是该书的作者。②

在某些版本中，这一书名之后还加有一个副题：$ἤ\ περὶ\ δικαίου$, $πολιτικός$[或，论正义，政治篇]。这是后人所加，并非直接出自柏拉图笔下。尽管这一副题缺乏"权威"，细读全书后，我们会发现，"论正义"的确是贯穿整个作品的思想主题。自古以来，评论家们曾对这一问题展开过长期的争论；某些人认为，该书的第一主题是城邦体制，有关正义的讨论只属于第二主题，某些人认为，实际情形正好相反，正义是真正的主题，有关城邦本质和形式的讨论仅属于揭示和解释正义的范例，这些只能属于第二主题。还有些人指出，柏拉图所说的"城邦体制"这一概念并非只局限于某种由全体公民所组成的，对社会的经济、文化、法律、宗教等领域实行全面控制和调节的政体，而是涉及了人的灵魂的结构、特性和本质，从另一哲学角度看，这才是每一个公民（$πολίτης$）所面

---

① 大多数现代柏拉图学者对此观点一致，认为这一书名应是单数；少数学者持有异议，参见 Wilamowitz-Moellendorff, *Platon*, Bd. I, Gevena, 1969⁴, 186。

② 有关《理想国》是否真是柏拉图所著，古代有某些语法家和评注家持有疑义：法福里诺斯（公元3世纪）曾指出，《理想国》是普罗塔戈拉所著的《驳论集》中的一篇作品，参见第欧根尼·拉尔修，《明哲言行录》（下简：第欧根尼《明哲言行录》）3.57；《理想国》的注疏家普罗克洛斯（公元5世纪）认为，这一著作与《法义》并非柏拉图的真品。

临、所拥有的,所应该认识、控制、调节和维护的真正的"城邦体制"(πολιτεία)。通俗地说,外界城邦本质上是人的灵魂的一个翻版或投影。此外,我们还应该看到,除了"正义"这一思想主题,柏拉图还反复论述了"自我节制"(σωμφροσύνη)的精神,因为一个懂得自我节制的人心目中必定拥有某种生活准则,无论何时何地,他说话办事都按这一"尺度"(μετρόν)。只有真正认识和掌握了这一"尺度",一个人,如果他是一个平民,才有可能安排好自己的生活和家务,如果他是一个统治者,才有可能治理好由各种不同阶层组成、体现着不同社会利益的城邦,如前面提到的副题中一词所示,成为一位名副其实的治邦者。

《理想国》这一汉译书名由来已久,并见于大部分译本,①似乎成了传统。经过反复斟酌,译者决定继续采用这一译法,但需要作一个简要的说明。书题中"理想"一词应被理解为"根据理论或凭理性(λόγῳ)阐述或创建的[城邦]",②与"空想""梦想""臆想"有本质的差别;"国"应理解为"城邦"或"城邑",不同于现代人所说的"国家"或"共和国"。③ 因

---

① 例如,从20世纪初至今,将书名译作《理想国》的汉语版本有:
1.《柏拉图之理想国》,吴献书译,上海:商务印书馆,1929;台北:商务印书馆,1977重版。
2.《柏拉图理想国》,张雄俊译,三重:正文书局,1970。
3.《柏拉图理想国》,侯健译,台北:联经出版事业公司,1980。
4.《理想国》,郭斌和、张竹明译,北京:商务印书馆,1986;2002重版。
5.《理想国》,刘勉、郭永刚译,北京:华龄出版社,1996。
6.《理想国》,[无名],长春:吉林大学出版社,2005。
7.《理想国》,张子菁译,北京:光明日报出版社,2006。
8.《理想国》(英汉对照),侯皓元、程岚编译,西安:陕西人民出版社,2007。
9.《理想国》(英汉对照),庞燨春译,北京:九州出版社,2卷,2007。

② 参见和比较类似的表达法:"从理论的角度观望一个城邦的诞生",369a;"让我们从理论上从头开始创造一个城邦",369c;"我们用理论阐述的这个城邦体制",501e;"如果这一城邦的模式正确,那么其他城邦的模式就不对",544a;"我们先从理论上勾画了这一城邦的轮廓",548c;"由我们自己创建的城邦,那个依附于理论的城邦",592a;"我们当时如何非常正确地一步步创立了[这个城邦]",595a。

③ 苏格拉底强调:由数个城市组成的政治整体根本不能被称作"城邦",而应该使用某种更大的名称(422e);"理想国"中的"国"这一概念只适用于单一的、大小合适、发展规模有限的独立城邦,423b。尽管在《理想国》中,柏拉图并没有对城邦的大小作出任何具体规定或评论,我们可以从他后期的著作中看出,规定城邦的大小、发展规模和区域划分的理论根据在于数学和宗教,见《法义》745b以及下文。

此,《理想国》这一书名的确切含义应该是"理想的城邦体制",不能和"世外桃源"或"乌托邦"相提并论。有可能实现的东西,无论促使它成功多么困难、需要人们作出多大的努力、付出多高的代价,它和现实之间存在距离可以通过人的智慧和奋斗逐渐缩短和消除,如书中引用的古希腊俗语所说"好事艰难"($\chi\alpha\lambda\epsilon\pi\grave{\alpha}\ \tau\grave{\alpha}\ \varkappa\alpha\lambda\acute{\alpha}$,435c),这正是"理想"的真正意义所在。

苏格拉底本人对这一"理想的城邦"究竟抱着什么样的信念,在不同的讨论阶段,他的态度和语气是否有变化,为什么他有时说"我们的城邦"、有时说"你[们]的城邦",这些问题都很值得我们每一个读者思考,并且有必要和《理想国》作者柏拉图的个人经历、社会活动和历史时代一同考虑,从中找出某种合理的解释或答案。站在"治邦者"和"立法家"的立场上,苏格拉底坚持说,"我们建立这座城邦……目的并非在于使某一社会阶层享受特殊的幸福,而是在于使整个城邦享受最大的幸福"(420b)。他认识到,"全盘托出的真理不仅会遭人抱怨而且也难以实现"(503d);①以"哲人"的境界,他只能说,如果理想的城邦"尚未在自己的祖国"得到实现的机会(592a),一个人至少可以把"目光转向他自身内部的城邦体制"(591e)。因为,"人间的事,没有一件值得我们特别重视"(604c),"一种不朽的东西应该为……整个时间操心"(608d)。也许,一个"用理论"或"凭理性"创建起来的城邦,作为理想的模式,只存在于"理念的世界"(516a),只能被创立于"天空"(592b),或只存在于人的"灵魂"(592a)中。然而,也许正因如此,正因它属于一种"完善的东西",它才能被看作是某种适于用来指导实践的"尺度"。②

---

① 正因如此,立法家不仅应该描述最理想的社会,而且应该描述属于第二或第三等级的最好的社会,然后让任何负责建立新居民点(殖民城)的人从中作出选择,参见《法义》739a。

② 如苏格拉底所说,"不完善的东西事实上不能称为任何东西的尺度"(504c)。

二

柏拉图生于公元前427年,①其诞生地一说是雅典,另一说是阿基纳,②因为他父亲曾一度居住在阿基纳,后来才回到雅典。他小时候并不叫柏拉图,而叫阿里斯托克勒斯($Ἀριστοκλῆς$),用的是他祖父的名字。柏拉图($Πλάτων$)③这一名字传说是后来他在少年时期得的"绰号",④一说来自他的体育老师,因为后者见他肩宽体阔,也有人说,这一称号来自另一个老师,见他额头宽大。⑤ 自古流传至今一些著名的柏拉图雕像似乎突出地展示了这一特征。

柏拉图的父亲名叫阿里斯同($Ἀρίστων$),⑥母亲名叫佩里克提奥涅($Περικτιόνη$),⑦两人都出生于贵族家庭。阿里斯同的祖系可追溯到传说中的科尔德罗斯国王一代;佩里克提奥涅的父亲名叫格劳孔($Γλαύκων$),⑧他的父亲德罗庇德斯($Δρωπίδης$)⑨和雅典著名的立法家梭伦($Σόλων$,约前640—前560)是近亲,甚至也许是兄弟。⑩ 格劳孔有

---

① 据说,可能是在这一年的3月和6月中旬之间,参见 F. Jacoby, *Apollodors Chronik, eine Sammlung der Fragmente*, New York, 304ff, 409。
② 第欧根尼,《明哲言行录》3.3。
③ 中文中的"柏拉图"最早很可能译自英文或法文,后两者直接采用了拉丁文译名 Plato,不同于其他某些西文的译法,如德文中的 Platon 和意大利文中的 Platone。其实,更接近希腊原名的音译应该是"普拉同",这不仅关系到发音,而且关系到如何区分希腊人名的性别问题:尾音音素($-ων$ = [on],取中文"翁"字韵声)属于传统的希腊男性人名的尾音之一,如下文中的"阿里斯同"($Ἀρίστων$)、"梭伦"($Σόλων$)和"格劳孔"($Γλαύκων$);和它对应的女性形式是($-ω$ = [o],取中文"托"字韵声),如缪斯女神"埃拉托"($Ἐρατώ$)、光明之神阿波罗的母亲"勒托"($Λητώ$)和卡德摩斯的女儿"伊诺"($Ἰνώ$)。
④ 希腊中文中的 $πλατών$ 一词有"宽大"或"魁梧"之意。
⑤ 第欧根尼,《明哲言行录》3.4。
⑥ 柏拉图,《苏格拉底的申辩》34a;第欧根尼,《明哲言行录》3.1。
⑦ 第欧根尼,《明哲言行录》3.1。
⑧ 柏拉图,《卡尔米德》154a。
⑨ 柏拉图,《卡尔米德》157e;柏拉图,《蒂迈欧》20e。
⑩ 柏拉图,《蒂迈欧》20e;第欧根尼,《明哲言行录》3.1。

一个兄弟,名叫卡莱斯克罗斯($Κάλλαισχρος$),①他的儿子克里提阿斯($Κριτίας$,约前460—前403)②是后来一度统治雅典、推行"白色恐怖"的"三十僭主"中的领袖。佩里克提奥涅有个弟弟,名叫卡尔米德($Χαρμίδης$),③因格劳孔早逝,年幼的卡尔米德在他表哥克里提阿斯的监护下长大。柏拉图的《卡尔米德》写的就是他的这位舅舅年轻时和苏格拉底的一段对话,当时苏格拉底($Σωκράτης$,约前470—前399)刚出征回到雅典(前432),卡尔米德还不到20岁。

阿里斯同和佩里克提奥涅生有四个孩子,三男一女。据说,柏拉图年龄最小,④他的两个哥哥,阿德曼托斯($Αδείμαντος$)⑤和格劳孔($Γλαύκων$)⑥,都是苏格拉底的学生,曾多次出现在柏拉图的作品中,是《理想国》和《帕默尼德》的主要参与者。柏拉图的姐姐名叫波托涅($Πωτώνη$)。⑦当柏拉图仍是儿童时,父亲阿里斯同去世,母亲佩里克提奥涅又嫁给皮里拉姆佩斯($Πυριλάμπης$)。⑧皮里拉姆佩斯是雅典著名的治邦者和军事家伯里克勒斯($Περικλῆς$,约前495—前429)的朋友,⑨活跃于政坛,曾被多次派往小亚细亚和波斯进行政治和外交活动;他和前妻生有两子,德摩斯($Δῆμος$)⑩和安提丰($Ἀντιφῶν$),⑪其年龄似乎和柏拉图的两个哥哥相仿,并且也都从学于苏格拉底。

柏拉图从小接受的教育着重文字、音乐和体育三个方面。⑫据说,

---

① 柏拉图,《卡尔米德》153c。
② 柏拉图,《卡尔米德》154a;柏拉图,《普罗塔戈拉》316a;第欧根尼,《明哲言行录》3.1。
③ 柏拉图,《卡尔米德》154a、155a。
④ Wilamowitz, *Platon*, I, 35.
⑤ 柏拉图,《苏格拉底的申辩》34a。
⑥ 柏拉图,《理想国》1.327a。
⑦ 第欧根尼,《明哲言行录》3.4。波托涅的儿子斯彪西波($Σπεύσιππος$,约前407—前339)是柏拉图的学生,柏拉图去世后,是他接管了柏拉图创办的雅典"学园"(前347—前339);据说,他写有大量的著作,至今几乎全都失传。
⑧ 柏拉图,《卡尔米德》158a;《帕默尼德》126b;普鲁塔克,《论对子女的爱》406f。
⑨ 普鲁塔克,《希腊罗马名人对比列传·伯里克勒斯传》13.15。
⑩ 柏拉图,《高尔吉亚》481d、513b。
⑪ 柏拉图,《帕默尼德》126b。
⑫ 第欧根尼,《明哲言行录》3.41。

他曾以摔跤运动员的身份参加过两年一度的伊斯忒摩斯全运会。年轻时,他从事过绘画,写过诗,甚至创作过悲剧。① 他的第一个哲学老师并不是苏格拉底,而是克拉提洛斯($K\varrho\acute{\alpha}\tau\upsilon\lambda o\varsigma$),②一个属于赫拉克利特($H\varrho\acute{\alpha}\varkappa\lambda\varepsilon\iota\tau o\varsigma$)③学派的哲人。柏拉图20岁时认识苏格拉底,成了后者的学生,直到苏格拉底之死(前399),前后共7年。在流传至今的《书简》中,柏拉图曾对这一段时期雅典的政治和社会状况作过描述,并向一批极力想得到他指导的叙拉古改革派解释,为什么他年轻时拒绝投身于政治,一心想研究哲学。④

柏拉图的儿童和青少年时代是在雅典和斯巴达之间展开的所谓"伯罗奔半岛战争"(前431—前404)中度过的;他很可能在这场战争晚期或在这场战争之后雅典发动另几次战争中服过军役。⑤ 苏格拉底死后(前399),柏拉图和其他一些苏格拉底的学生在赫尔摩多罗斯($E\varrho\mu\acute{o}\delta\omega\varrho o\varsigma$)的建议下一齐投奔了麦伽拉的欧几里得($E\dot{\upsilon}\varkappa\lambda\varepsilon\acute{\iota}\delta\eta\varsigma$,约前450—前380)。⑥ 他为什么要去麦伽拉,在那里住了多长时间,我们无法找到确实的答案。有人猜测,这可能是为了躲避政治迫害。不管怎样,柏拉图在麦伽拉的时间不会很长,因为,根据某些文献记载,⑦柏拉图参加过由雅典、忒拜、科林多和阿尔戈斯组成的联盟向斯巴达发动的"科林多战争"(前395—前386),至少是参加了头几年的战役;在军队中,他可能是骑士。

在此后的一段时期内(前390—前388),柏拉图是否真去过埃及,

---

① 据说,自从正式从学于苏格拉底后,柏拉图便疏远了文学创作,甚至把自己从前写的悲剧付之一炬。至今,我们仍有他的一段史诗残片和一组挽歌体抒情诗(参见 T. Bergk, *Poetae lyrici Graeci*, Lipsiae, 1878 – 1882, II^4, 295ff; E. Diehl, *Anthologia lyrica graeca*, I^3, Lipsiae, 1949 – 1952, 87ff)。
② 亚里士多德,《形而上学》1.6.987a32;第欧根尼,《明哲言行录》3.6。
③ 赫拉克利特(约前540—约前470),小亚细亚以弗所人,著名的前苏格拉底派哲人之一。
④ 柏拉图,《书简》7.324b – 326b。
⑤ Wilamowitz, *Platon*, I, 136;第欧根尼,《明哲言行录》3.8。
⑥ 第欧根尼,《明哲言行录》3.8。欧里得:一译"欧克雷德斯",古希腊著名的数学家;他曾是苏格拉底的学生;据说,苏格拉底在狱中时,他的一些朋友和学生曾劝他选择"自我流放"的道路,离开雅典,到麦伽拉欧里得那里去,被苏格拉底拒绝。
⑦ 第欧根尼,《明哲言行录》3.8。

从祭司们那里汲取智慧,或去过北非的古希腊殖民城居热涅(Κυρήνη,拉丁文名称为 Cyrene,今称"沙霍特"[Shahot],在利比亚境内),向当地著名的数学家、毕达哥拉斯的学忒俄多罗斯(Θεόδωρος)学习取经,这样的传说都很难得到确证,因为我们在柏拉图的著作中找不到任何有关这两地的痕迹。然而,在这同一时期,柏拉图的确去过意大利半岛南部的一些城邦,去过西西里岛,到过重要的港城塔拉斯(Τάρας,拉丁文名称 Tarentum,今称"塔兰托"[Taranto],属意大利),在那里见到过著名的治邦者、毕达哥拉斯派哲人阿尔库忒斯(Ἀρχυτας),并和后者从此以后成了挚友;随后,他去了叙拉古(Συράκουσαι,今称"西拉库萨"[Siracusa],在意大利境内),受到过该城邦僭主狄俄尼修斯一世(Διονύσιος,约前430—前367)①的招待和挽留,并在宫廷中结识了年轻有为的狄翁(Δίων,约前409—前354),当时后者约20岁左右。② 柏拉图的第一次西西里之行约在公元前389年至前388之间,他在狄俄尼修斯一世的宫廷中至少生活了数个月,他不仅是叙拉古僭主的"哲学顾问",而且是狄翁的老师,③这一点我们可以基本确认;其目的是什么,是否真如西塞罗(Cicero,前107—前43)所说,柏拉图此行是为了"彻底了解毕达哥拉斯的种种发现",④在没有柏拉图本人如此声明的情况下很难讲。⑤ 意大利半岛南部是毕达哥拉斯学派的发源地和活动中心,当时这里不仅流传着许多有关毕达哥拉斯哲学的专著,而且许多毕达哥拉斯的学生仍生活在这里,有的甚至是掌握城邦实权的哲人兼领袖。对于一个年近四十的雅典哲人来说,这地方的确非常吸引人。然而,我们不能不看到,柏拉图在这里的活动很可能涉及两个领域,一方面是和当地的毕达哥拉斯派思想家学习,另一方面是宣扬苏格拉底的哲学,在叙拉古僭主的朝廷上或在朋友们的家中和占主导地位的毕

---

① 狄俄尼修斯一世于公元前405年登基,成为叙拉古的僭主;他有两个妻子,一个名叫多里斯,洛克里斯人,另一个名叫阿里斯托玛刻,叙拉古人,大将赫耳墨克拉底的女儿,狄翁的姐姐(普鲁塔克,《希腊罗马名人对比列传·狄翁传》3)。
② 柏拉图,《书简》7.324a;普鲁塔克,《希腊罗马名人对比列传·狄翁传》4。
③ 柏拉图曾经对人说,狄翁是他学生中最有才华、最能干的一个;因为柏拉图看出,狄翁最合适、最有希望被培养成为一个理想的"哲人－王",参见柏拉图,《书简》7.327a。
④ 西塞罗,《论共和国》1.10.15。
⑤ 参见柏拉图,《书简》8.326b。

达哥拉斯学派交流或辩论。

在这第一次意大利之行以前,柏拉图本人已著有一系列苏格拉底对话录:《伊翁》(Ἴων),《希琵阿斯前篇》(Ἱππίας Ἐλάττων),《普罗塔戈拉》(Πρωταγόρας),《克里同》(Κρίτων),《拉克斯》(Λάχης),《吕西斯》(Λύσις),《卡尔米德》(Χαρμίδης),《游叙弗伦》(Εὐθύφρων),《高尔吉亚》(Γοργίας),以及《苏格拉底的申辩》(Ἀπολογία),其中一些是在苏格拉底在世时所作。《理想国》写于柏拉图的第一次意大利之行之后,第二次意大利之行(前366)之前。

柏拉图第一次意大利之行并未能圆满结束。他和僭主狄俄尼修斯一世发生了争执,后者派人将他遣送回雅典。在回雅典途中,柏拉图搭乘的船将他抛在萨罗尼克海湾中的埃吉纳岛上(Αἴγινα)。上了岛,柏拉图便被当地人抓住,并且当作奴隶送到市场拍卖,其原因是,当时的埃吉纳岛属于斯巴达管辖,其海港中设有斯巴达的舰队,而且当时岛上有个新的规定,凡是登上该岛的雅典一方的人,不管是谁,一律当奴隶处置。当时,一个正好在该岛办事的居热涅岛人,名叫安尼克里斯(Ἀννίκερις),①认出他是柏拉图,立刻买下了他,并且当场给了他自由,这样,柏拉图才得以回到雅典。

从公元前388年夏开始,柏拉图又继续开始写作,并且开始教书。公元前387/86年,他在雅典城外西北角买了一块充满林荫的土地,建立自己的学园,名为"阿卡德米"(Ἀκαδήμεια)。他并不收学费,他的学生来自希腊各地,据说还有两个女学生。传授知识的主要方式是对话,当然也有演讲和私下交谈;学者们可以通过朗读自己的作品、对此展开讨论以促进学术;一同用餐、一同参加包括宗教节日在内的各种社会活动以不断增进相互间的了解、信任和友谊。他们所学习和研究的科目包括几何、数学、音乐理论、天文、地理、生物,以及政治。可以说,学习哲学和政治学占相当大的比重。对于政治理论的研究并非只停留在苏格拉底式的"绝对的理念高度",也为柏拉图的学生们在未来的社会和

---

① 据说,后来,柏拉图的雅典朋友们准备了钱,打算还给安尼克里斯,作为雅典人给他的赔偿;然而,安尼克里斯执意不要,他回答说:就让我们居热涅岛人也因此而分享一点柏拉图的荣誉吧!

政治实践中提供指南。①

柏拉图一生去过三次意大利。自从办学到第二次去意大利（前366），在这二十年中，柏拉图写了约十部苏格拉底对话录，包括《默涅克塞诺斯》(Μενέξενος)、《欧蒂德谟》(Εὐθύδημος)、《美诺》(Μένων)、《克拉提洛斯》(Κρατύλος)、《会饮》(Συμπόσιον)、《斐多》(Φαίδων)、《理想国》(Πολιτεία)、《斐德若》(Φαῖδρος)、《帕默尼德》(Παρμενίδης)，以及《泰阿泰德》(Θεαίτητος)。

古代的一些文献显示，柏拉图并没有完全脱离政治活动。比如，当阿尔卡狄亚人和忒拜人兴建一座名叫"麦伽拉波利斯"新城时，就邀请柏拉图为他们制定城邦的法律。公元前367年，叙拉古僭主狄俄尼修斯一世去世，狄俄尼修斯二世（约前396—约前340）登基，这位年龄还不到三十的僭主和狄翁两人立刻托人带信给柏拉图，邀请他再次来叙拉古，帮助他们进行政治改革。次年（前366），61岁的柏拉图又来到叙拉古僭主的宫中，开始启发和指导狄俄尼修斯二世。然而，柏拉图不久发现，以狄翁为首的改革派和宫廷中的保守派发生了剧烈的争执，而狄俄尼修斯二世本人其实也并无诚意进行真正的改革。最后，狄俄尼修斯二世见狄翁政治势力太大，对自己构成了威胁，不久便下令让狄翁流放域外。狄翁走后，②狄俄尼修斯二世并没有立刻让柏拉图返回雅典，而是将他软禁在宫中，先是在御花园，后来干脆将他关入由御林军守驻的卫城中，不让柏拉图和朋友接触。根据柏拉图本人的回忆，当时，他对狄俄尼修斯二世已失去了信心。第二年夏（前365），叙拉古和琉卡尼亚人（Λευκανοί）之间发生了战争，狄俄尼修斯二世必须带兵出征，离开叙拉

---

① 历史上，许多从柏拉图这一学园"毕业"的学生在不同的城邦中参与了政治生活，有的是城邦领袖，有的是立法家，有的直接参与了推翻僭主的活动，有的在政治斗争中献身；柏拉图最著名的学生亚里士多德一度是马其顿亚历山大王年轻时的宫廷教师（前343—约前335）；历史证明，"学园派"在古希腊政治生活中发挥过重要的作用，现代学者曾为这些人列了一张颇为令人感慨的名单（参见 E. Zeller, *Die Philosophie der Griechen in ihrer geschichtlichen Entwicklung*, I–III, Leipzig, 1879–1892: II, 1, 836–838）。

② 狄翁一人流放，他在叙拉古拥有的巨额家产并没有被充公。在外流放的数年中，他结交了许多朋友，扩大了自己的政治影响，最终甚至自己出钱建立了一支精锐的雇佣军队；在雅典时期，他在柏拉图的学园附近买了一块土地，临走时，又把它作礼物送给了斯彪西波，柏拉图的外甥。

古,柏拉图才得以重返雅典。就这样,第二次意大利之行便如此告终。

回到雅典后,如同从前,柏拉图又开始一边教书,一边写作。在此后的四年中(前365—前361),他著有《智术师》(Σοφιστής)和《治邦者》(Πολιτικός)。计划要写的第三篇对话,题为《爱智者》(Φιλόσοφος),被他第三次意大利之行打断。

公元前361年,狄俄尼修斯二世多次给柏拉图写信,邀请他去叙拉古。当时,狄俄尼修斯二世的宫中已聚集了一些哲人,如苏格拉底的学生埃斯基涅斯(Αἰσχίνης,约前430/420—约前356),居热涅岛的阿里斯提珀斯(Ἀρίστιππος,约前430—前355),智术师派思想家珀吕克塞诺斯(Πολύξενος),①为了在这些人面前表现出自己是柏拉图学派的人,狄俄尼修斯二世恳切希望柏拉图再次来宫中充当他的哲学"辅佐"。同年,柏拉图也收到几位意大利好友的来信,其中包括塔拉斯的阿尔库忒斯,请他再度去意大利。柏拉图曾和狄俄尼修斯二世说好,他可以去,其条件是,对方同时必须把狄翁从"流放"中召回叙拉古。同年晚些时候,在斯彪西波(Σπεύσιππος)、②克塞诺克拉忒斯(Ξενοκράτης,约前396/5—前314)、③欧多克索斯(Εὔδοξος,约前391—前338)和赫利孔(Ἑλικών)等学生的陪同下,柏拉图第三次驶向叙拉古。

到叙拉古不久,柏拉图发现,狄俄尼修斯二世并没有召回狄翁的意图,请他来并不是为了向他进一步请教哲学上的问题,而是在其他人面前"狐假虎威";甚至自己竟然还写了一本有关柏拉图学说的"专著"。不仅如此,当狄俄尼修斯二世听说狄翁在希腊半岛出钱凑合自己的军队并且打算返回叙拉古时,他立刻暗中把柏拉图当作人质长期扣留在宫中,以防狄翁强行返回叙拉古。狄俄尼修斯二世推托冬季来临,出海不便,"建议"柏拉图等到第二年夏天再动身,柏拉图不得不暗中托人向他的好友阿尔库忒斯送信,请求对方帮忙;后者立刻从塔拉斯派来一艘军舰,将柏拉图一行送回雅典。

第二年夏天(前360年),在古希腊第105届奥林匹亚运动会上,柏

---

① 这人的具体生卒年份不详;前365年,柏拉图在狄俄尼修斯二世的宫中就曾和他打过交道,参见柏拉图,《书简》2.310c,13.360c。

② 参见普鲁塔克,《希腊罗马名人对比列传·狄翁传》22;柏拉图,《书简》2.314d。

③ 参见第欧根尼,《明哲言行录》4.8,4.11。

拉图、狄俄尼修斯二世和狄翁三人友好会晤,柏拉图和狄俄尼修斯二世之间的关系有所缓和。几年后(前357年),当狄翁组织自己的军队,再次准备通过武力推翻狄俄尼修斯二世的僭主制,并请求柏拉图直接参与他们的事业时,柏拉图拒绝了,他回忆道:

> 你和其他一些人从某种程度上说曾强迫过我到狄俄尼修斯的宴会上和家中做客、充当他一系列祭神典礼的参与者;他当时也许相信,就以许多对我不利的传说为根据,我和你正在策划推翻他及其僭主制的阴谋,但他当时并没有把我处死,反而格外尊重我。如今,我已过了帮助别人发动战争的年龄,尽管我仍和你在一起,无论什么时候你渴望另一个人的友谊,并且希望完成某种美好的事业。然而,如果你一心想动用暴力,那么,你就到别处去寻找盟友。①

自第三次意大利之行后,柏拉图基本在写作中度过了自己一生中的最后十年,再也没有直接参与政治活动。在这个时期,也许是受到毕达哥拉斯学派影响,他侧重研究自然学,著有《蒂迈欧》(Τίμαιος)、《克里提阿斯》(Κριτίας)和《斐勒布》(Φίληβος);他生前最后一部著作是《法义》(Νόμοι)。②

柏拉图死于公元前348/7年,享年约80岁。据说,去世的那一刻,他正在参加某人举办的一次婚宴;③也有人说,当时他正在写作。④ 他被埋在自己的学园内;当时,他的学生以及这一地区所有的居民都参加了他的葬礼。⑤

三

《理想国》写于柏拉图的第二次意大利之行之前。根据某些学者

---

① 柏拉图,《书简》7. 350d。
② 柏拉图死后不久,该书便由他的学生、斐利珀斯(Φίλιππος)负责整理出版。
③ 第欧根尼,《明哲言行录》3. 2。
④ 西塞罗,《卡图》5. 13。
⑤ 第欧根尼,《明哲言行录》3. 41。

推断,①该书写于《泰阿泰德》之前,因为后一著作中明显包含了一些暗示《理想国》的地方。它很可能写于《斐多》之后,因为在《理想国》第十卷中,苏格拉底说,昔日他们对有关灵魂不朽的问题已有过全面的讨论。② 此外,在《理想国》第七卷中,③苏格拉底慎重地指出,哲学的最终目的是认识"美好",一个人只有到达50岁后才能真正踏入这一境界,对于毕生研究哲学的人来说,这话说的可能就是柏拉图自己。根据学者们推算,写这部著作花了柏拉图数年的时间,其出版日期可能在公元前374年左右。

如前面所说,自古以来,学者们对《理想国》所论述的重点一直持有不同的看法。如果说,柏拉图写这本书的目的是为了向人们展示如何建立一个"国家",如许多现代译本所采用的标题那样,或说,如何建立一个"理想的国家",那么,读了此书后,我们这些生活在21世纪的读者不仅有理由而且有责任向自己提出这样的问题:什么是"国家"?什么是"国家"的本质?什么是决定"国家"的本质的物质和精神基础?什么是"人"?什么是"人"的本质?什么是决定"人"的本质的物质和精神基础?"人"和"国家"的关系是什么?各自所追求的利益又是什么?如果说,柏拉图的目的是引导人们如何去追求"正义",那么,我们也应该以同样的方式询问自己,什么是"正义"?什么是"正义"的本质?什么是决定"正义"本质的尺度?

其实,读者很快会发现,柏拉图所说的政体是"城邦"(πόλις),而不是我们现代人思想概念中的"国家"。古代希腊语中并没有"国家"④一词;现代希腊语中的"国家"(χώρα)一词古时候倒是有,但它指的是城邦之外的乡村地区。⑤ 古希腊人思想中"国家"这一概念,严格地说,是我们所说的"城市"或"城邦"。在古希腊语中,"希腊"(Ἑλλάς)这词指巴尔干半岛南部、小亚细亚西部以及地中海地区被希腊民族集中栖息

---

① 参见 Wilamowitz, *Platon*, II, 179。
② 柏拉图,《理想国》611c。
③ 柏拉图,《理想国》540a。
④ 现代希腊文中有两个词表达"国家"这一概念:一个是κράτος,强调政权体制,另一个是χώρα,强调地理、文化。
⑤ 如"农村和城邦"(τῇ χώρᾳ καὶ τῇ πόλει)这一包含两地对比的习惯说法,《法义》,928d。

的土地,而不是指他们的国家。当然,古希腊语中有一些"祖国"这样的词汇,如 πάτρα = πατρὶς γαῖα[父亲的土地]和 μητρόπολις[母邦],①其含义主要涉及和某人的出生有关的特定的地理、文化和社会环境,并无"政治"色彩。古希腊人习惯把自己的城邦或岛屿称作自己的"祖国",不会像现代希腊人那样,把位于巴尔干半岛以及地中海的整个希腊行政地区称作自己的"祖国"或家乡。唯一的例外是,当古希腊人面临"异邦人"时,比如波斯人,他们会自豪地声称自己是"希腊人"(Ἕλληνες),称对方是"野蛮人"(βάρβαροι)。按历史的观点看,这种表达法所反映的显然不是古希腊人当时的"国家"意识,而是在与"外来民族"和"外来文化"对峙下,自己所感觉到的鲜明而强烈的民族意识。"国家"这一抽象的地理政治概念,在当时的历史条件下,还没有进入一般希腊人的思想。古希腊著名的治邦者伯里克勒斯说过,论民主和自由,雅典"整个城邦是希腊的学校"②(τήν τε πᾶσαν πόλιν τῆς Ἑλλάδος παίδευσιν εἶναι)。他所说的"希腊"(Ἑλλάς)指的不是希腊这个"国家",而是分布在地中海周围以及希腊半岛内地的所有属于希腊人的城邦;他的雅典并不是希腊"首都",而只是一个城邦,尽管它在与波斯人的战争中充当过希腊同盟的领袖,它的政治制度是其他一切城邦的楷模,它的文化是希腊民族的骄傲。即使像占据辽阔中西亚土地的波斯国这么一种拥有中央集权式统治的政体,希腊人也没有抽象地把它看作什么"国家",而是把它看作一种"君主制"或"王政"(βασιλεία),尽管在行政管理、征税纳贡方面,显然,地方和中央之间已基本有了我们所熟悉的"国家"式的政治和经济关系。

历史上,至少在柏拉图生活的时代,"城邦"是一种与每一个公民的实际生活紧密相关的东西,一种内在的秩序,一种和公民个人的存在不可分割的精神意识。③ 一个人,如果他的母亲和父亲都是公民,那么,从他出生那天起,他就完全属于这个城邦,成了公民阶层的一个组成部分。生活在这一社会环境中,在家族历史、宗教礼仪、文化传统、社会伦理的熏陶下,他逐渐地、不容置疑地把城邦生活看作自己的生活。

---

① 相当于现代希腊语中的 πατρίδα 和 ματρίδα,意思是"故乡"或"祖国",和"国家"的概念不同。
② 修昔底德,《伯罗奔半岛战争志》2.41。
③ 柏拉图,《理想国》591e;亚里士多德,《政治学》1295b1。

无论是在和平时期,还是在战争时期,他总把个人的利益看作城邦利益的一部分,义不容辞地把自己看作城邦的公仆和卫士,履行他所应该履行的一切"城邦"职务,不管是士兵,或将领,或行政官员,甚至是祭司,无不视其为神圣的公职。

公民意识又从"城邦"所提倡和维护的宗教中得到进一步加强。"城邦"是一切宗教膜拜活动的主持者,天神的意志具体由它来公布和实现。"城邦"受天神的保护,反之,它又极力保护和捍卫自己的保护神,将他们的神殿设立在"卫城"(Ἀκρόπολις)中。既然"城邦"事务是天神意志的具体表现,谁执行,谁便是遵从了天神的意志,保护了天神的利益;谁若和"城邦"作对,侵犯其利益,谁便是诋毁和伤害天神。显然,这是一种以"神"为中心的社会意识。"城邦"的秩序,如果完美无缺,实质上象征着"天神的秩序"或"世界的秩序"。作为"城邦"的公民,希腊人并非私自和神建立关系,而是通过他所属的城邦。

公民和"城邦"之间另一个重要的精神纽带是法律。因为,不管"神圣的秩序"如何有益、如何完美崇高,它总得通过具体的形式和规章来施行,总应该或多或少地体现于某种实际的或切实可行的政治体制中。"城邦"有两种法律形式。一种是"未成文的法律"(ἄγραφτοι νόμοι),即那些并没有写成条文、但是时刻在人们的意识中产生作用的道德观念和行为准则;另一种是成文的法律,即城邦在长期的实践中总结和制定出的一系列保护城邦体制、保障公民权益的规范,它们写成了文字,目的是防止被人曲解或改动。如此,"城邦"概念便以这种制定法律、引人就范的形式全面进入了公民的思想意识并且影响到他生活中的每一个领域。

也许,一个公民的"城邦观"更具体、更直接地来自他的父母。也许,父母是他最严格的培育者。因为,从小开始,他无非是通过父母,通过长辈们语重心长的嘱咐和教训,听过了全体公民的要求,听到了"城邦"的心声。为了保证"城邦"拥有和谐的、神圣的生活制度,父母们对后代只有一个愿望,那就是,力争把自己的孩子培养成最优秀的"城邦"接班人,让他们为捍卫公民阶级的地位和利益出力,为"整个城邦"造福。这一意识当然和当时(公元前5世纪)希腊人的社会结构和文化传统有着千丝万缕的关系。在城邦生活中,对于后代的教育占据一个非常重要的地位。

四

教育是公民享有的特权,是公民阶层用来继承其传统文化、维护自己的社会地位、巩固城邦统治权的工具。即使是这样,我们仍应该看到,正规的教育并不是每一个公民所能真正实际享受到的东西。公民中的贵族阶层是教育制度的倡导者、资助者和享受者,这当然与其社会地位和经济条件有关。

贵族在城邦的社会结构中占据特殊地位,无论是僭主制,或寡头制,或民主制,情形都是这样。就拿公元前5世纪古希腊"民主式"的城邦雅典为例。根据西方学者(A. W. Gommes)的推算和统计,在公元前431年,雅典地区,即以雅典城为中心的整个阿提卡地区,拥有的人口总数大约为315500;其中的公民人数约为43000,包括他们的家属在内总共约为172000;"外籍居民"($\mu\acute{\varepsilon}\tau o\iota\kappa o\iota$)的人数约为9500,包括他们的家属在内总共约为28500;剩余的人口,约115000,都是奴隶。[1] 只有公民才能享受到由城邦保障的全部法律、政治和经济利益。"外籍居民"的社会地位显然要比公民低得多,比如:他们得定期交"外籍居民费",可能每月一次,成年男人交一个德拉克马,成年女人交半个德拉克马;富有的"外籍居民"必须服役,充当重甲兵,一切武器装备都得自己出钱购买;碰到法庭诉讼,他们不能直接出面,而是得请某一公民出庭代表他说话;他们的经济活动一般只限于手工行业、商贸、钱币借贷等,不能购买农田或从事农业。奴隶的地位最低:在社会生产中,他们属于最廉价的劳动力,承担各种工作;其身价根据其劳动能力而定;当时,一个普通的、没有专业技术的奴隶大约值150至200个德拉克马,相当于当时一个独立手工业者一年的收入。不同的公民,根据自己不同的经济实力,能购买和支配数量不同的奴隶。从喜剧家阿里斯托芬的《和平》一剧中,我们看出,个体农民大概能拥有一个到两个奴隶。一个有钱的公民,如果他开办自己的手工业作坊,大概能拥有多至50

---

[1] *Kulturgeschichte der Antike* 1: *Griechenland*, Autorenkollektiv unter Leitung von Reimar Müller, Berlin, 1980, 176.

个奴隶;如果自己开矿,他大概需要多至数百个奴隶。据说,著名的雅典元帅、治邦者尼喀阿斯(Νικίας,约前470—前413)拥有1000个奴隶;他曾把这些奴隶以每人一天一个奥波洛的价钱出租给一个名叫索西阿斯的矿业家,并让对方负责照管这些奴隶的衣食。再如尼喀阿斯的同时代人希珀尼科斯和斐勒摩尼德斯,前者拥有600个奴隶,后者拥有300个奴隶。苏格拉底的学生、思想家和纪事家色诺芬(Ξενοφῶν)告诉我们,上面所说的希珀尼科斯曾将自己的奴隶当矿工出租给人,每天能得到一个米纳。当然,这些都属于公民中的"贵族"。贫穷的公民不但买不起奴隶,甚至自己常常得像奴隶一样为了生计吃苦耐劳。

如此贫困的公民显然没有条件享受到"贵族式"的教育。别说读书做学问,他们中有些人连字母都不会写。雅典纪事家希罗多德记载过这么一件事:在公元前482年举行的一次公民选举中,有个不识字的公民找人帮忙,请人在自己的选举瓦片上刻上某个应该受贬黜的人的名字;他在路上碰到著名的治邦者阿里斯提德斯(Ἀριστείδης),就请对方帮忙,尽管他并不认识对方。阿里斯提德斯问他:写谁的名字? 他说,阿里斯提德斯。以公正著称的阿里斯提德斯问他:为什么? 这个公民回答道:人们老是在谈论阿里斯提德斯,我感到厌恶,所以想让他走。阿里斯提德斯听后一笑,按对方的意愿,欣然在瓦片上刻下了自己的名字。① 不能否认,一般公民的孩子,如果家境许可,都能获得一定程度的教育。苏格拉底的家庭并不富裕,父亲是石匠,母亲是助产士,论经济条件,可算是中下层公民。他小时候所得到的应该是属于一般性的教育。

典型的希腊式基本教育可分成两个组成部分:体育锻炼和文化熏陶。古希腊人对于体育的重视程度,坦白地说,远超过我们现代人。这有其深刻的文化背景。仍以古雅典为例,我们看到,特别是从梭伦变法以后(公元前594/593年)开始,培养体质已不是贵族的特权,而是成了全体公民的义务和职责。当孩子们长到6岁,男女儿童便彼此隔离。男孩从7岁开始进入漫长而系统的体育锻炼时代,受体育教练的培训和监督,项目包括拳击、摔跤、游泳、赛跑、跳高、跳远、体操、拔河等,一直到18岁,到达预备军的年龄。相反,女孩子并不参加体育活动。一

---

① 希罗多德,《原史》8.79。

般来说,当男孩到了 7 岁,如果家庭富裕,父母就为他请家庭教师,或送他上私立学校,让他接受传统的文化教育。如果他们拥有家奴,他们就会选择一个年龄比孩子大、办事可靠的家奴充当孩子的"向导"($παιδαγωγός$)。这个"向导"的任务是在家中照顾好孩子,每天陪孩子上学,放学后,领孩子回家。在孩子的日常事务和社会活动中,他负责让孩子熟悉各种规矩,教会孩子各种生活常识,向孩子"灌输"传统的文化知识,"揭示"待人接物的要领。从某种意义上说,这类"向导"本身也具备一定的文化程度,尽管不会太高,但对孩子的早期教育,特别是在文化熏陶方面,他们显然起着相当大的作用。孩子每天在"向导"的陪同下先后到体育老师、语文老师、算术老师、音乐老师所办的私立学校中去学习。从 7 岁到 14 岁,男孩接受的就是这样的基本教育。相比之下,女孩就很不幸。城邦没有为她们开辟这么一条道路。在比较富有的家庭中,女孩的母亲也许能亲自担任这项教育工作,或也许能为孩子请一个家庭教师。当然,穷人家的女孩能得到的教育更是非常有限。

  在公元前 5 世纪初,尽管雅典有供人锻炼身体的"体育场"或"体育馆"($γυμνάσιον$)、"摔跤馆"($παλαίστρα$),供孩子接受传统教育的私塾或学堂($διδασκαλεῖον, παιδευτήριον$),它并无任何"高等"学校,人们的思想中也无我们现代人所说的 "高等教育"这么一个概念。贵族的后代如何继续"深造",力争将自己培养成具有优秀品质($ἀρετή$)、文化修养和统治能力的城邦公民,这不能不说是一个引人深思的问题。城邦是一个由各社会阶层构成、各阶层代表不同利益的政体。对于统治者来说,治理好城邦的最有效途径是让全民服从统治;让人服从统治的方法有两个,一是通过"暴力"($βία$)压服,一是用"言论"或"理性"($λόγῳ$)说服。相对来说,"僭主式"城邦通常倾向采用前者,统治者的话等于法律,人们必须遵从,他的意志可以强加于全民;"民主式"城邦通常倾向采用后者,像雅典这样的城邦,尽管统治者都来自贵族阶层,但他们仍必须凭自己杰出的能力、资格、经验以及"雄辩"的本领才有可能被选上领导岗位,在各种社会阶层和各种政治势力的影响下站住脚,有时甚至"像一条狼",如著名的雅典立法家梭伦所说,"出没于群犬中"。①

---

  ① 残片 25 号,第 26 行(Diehl 版)。

以"理性"和"科学"为旗帜的古希腊教育"启蒙运动"正是发生在这个世纪。走在这一运动最前面的是小亚细亚西部的伊奥尼亚哲学流派和意大利半岛南部的爱利亚哲学流派,除此之外,还有大批以讲学为职业、游弋于古希腊各大文化中心、主要给贵族子弟传授知识和文化的"智术师派"思想家。在最初阶段,约从公元前6世纪上半叶开始,古希腊哲人一般都独立活动,并无办校讲学的传统;当他们出名以后,一些追随者便开始簇拥在他们的住所,或和他们一起外出旅行。例如,著名的米利都派思想家泰勒斯(Θαλῆς,约前625—约前545)、阿纳克西曼德(Ἀναξίμανδρος,约前610—约前545)和阿纳克西墨涅斯(Ἀναξιμένης,约前585—约前525)都无自己的学校。科洛丰思想家、诗人克塞诺芬尼(Ξενοφάνης,约前570—约前480)以创作为主,身边并无学生或徒弟。爱利亚哲人帕默尼德(Παρμενίδης,约前510—约前450)也无自己的学校;他的同时代人、以弗所哲人赫拉克利特似乎更"超脱",除了思维探索外,根本没有办学的意图,有空宁可和街上的儿童们玩游戏。①

萨摩斯岛人、后移居意大利半岛南部的毕达哥拉斯(Πυθαγόρας,约前580—约前500)为后人开辟了先例:他在克罗顿城办起了自己的学校,设立了各种课程,据说他身边有数百个学生,声望极大。这所学术深奥、充满神秘气氛的学府,从某种角度看,倒有点像秘密的宗教协会,因为毕达哥拉斯并不随意收留学生,他传授的也不是一般性的知识,而是以数字理论、音乐理论以及俄尔甫斯神秘教为核心的"星球说""灵魂说"和"伦理说"。毕达哥拉斯本人并不注重写书,他似乎也不允许学生做笔记。他去世后,市场上有他署名的一些哲学专著其实都出自他某些学生之笔。据说,柏拉图曾托朋友在意大利南方用重金替他买下由毕达哥拉斯的学生斐洛劳斯(Φιλόλαος)撰写、阐述毕达哥拉斯学说的三卷要著。

除了创立自己的学校外,另外一种传授知识的方法是旅行讲学。如同毕达哥拉斯的学府所采用的形式来自传统的宗教,这一形式似乎和"僭主们"聘请各地著名人士、诗人、音乐家、艺术家到宫中"长期作客"这一文化传统有密切关系。古希腊许多著名的抒情诗人如阿纳克瑞翁(Ἀνακρέων)、西蒙尼德斯(Σιμονίδης)、品达(Πίνδαρος)、巴克库利德

---

① 他有一句名言:时间如同一个在玩石子游戏的儿童;王政属于儿童,Fr. 48(D. -K.)。

斯(Βακχυλίδης)等都曾当过宫廷诗人就是一个明证。这些人士的活动当然不只限于为僭主们提供娱乐,更重要的是为对方树碑立传,有时甚至充当对方的政治参谋或思想顾问。例如,西蒙尼德斯在叙拉古僭主希耶罗(Ἱέρων,约前478—前466)宫廷做客期间就充当过后一种角色。一天,希耶罗问西蒙尼德斯:天神的本质是什么?西蒙尼德斯说,他需要时间考虑这一问题,改天回答。就这样,他一推再推,好久不给答复。最终,他对希耶罗说:对于这个问题,他越想越糊涂。后来,柏拉图三次访问叙拉古,在僭主狄俄尼修斯一世和二世的宫庭中也充当过这样的角色。柏拉图最著名的学生亚里士多德也不例外:他受马其顿国王菲利普斯二世(前382—前336)的邀请,当过亚历山大(前356—前323)的私人教师,从亚历山大14岁起,直到亚历山大东进波斯前一年止,在菲利普斯二世的宫中整整住了7年(前342—前335)。对于这些名人所作出的贡献,各城邦的统治者都必然会给予他们大量的报酬。

在像雅典这样的民主制城邦,贵族阶层也采用类似的方法,请当时享有盛名的诗人、学者或思想家来为他们的后代开课讲学。古希腊文化史上所谓的"智术师派"运动也就是发生在古雅典民主时期的高潮,发生在"伯里克勒斯时代"。公元前450年,"智术师派"中最早也最重要的代表、阿伯德拉思想家普罗塔戈拉(Πρωταγορας,约前485—前415)来到雅典讲学。他本人是伯里克勒斯的朋友;他的另一个朋友是卡利阿斯(Καλλίας),一位重要的治邦者和极力赞助"智术师派"的贵族富豪。此后,接踵而来的著名"智术师派"学者包括厄利斯人希琵阿斯(Ἱππίας)、科俄斯人普罗狄科(Πρόδικος)、勒翁提诺伊人高尔吉亚(Γοργίας,约前480—前380)。他们是古希腊第一批直接向学生收取学费的"高等"教育家。他们声称,学生们从他们那里不仅能学到知识,而且能学到"美德",学到"雄辩"的艺术。从某种意义上说,这些教育家在雅典、在全希腊掀起的是一场意义重大的文化启蒙运动。因为他们所推行的这种教育不只是向贵族后代提供文化知识,而是给他们灌输一种新的思想意识。

五

"智术师派"思想家在雅典最活跃的时期也正是苏格拉底开始出

名的时期,这并非历史巧合。普罗塔戈拉刚来雅典时,苏格拉底是个还不到20岁的年轻人,他可能还在城邦的"预备军"中接受训练,属于见习生时期(ἐφηβεία)。在此后的十几年中,许多著名"智术师派"思想家,如希琵阿斯、普罗狄科和高尔吉亚,都相继来到雅典讲学,在此展开了一场文化"启蒙运动"。尽管我们也许不能说,他们直接为雅典城邦造就了一批著名的思想家、治邦者和文学家,我们至少能看出,这些人在培养和教育雅典新一代人的事业中作出了历史性的贡献。这当然包括他们的拥护者和追随者,如治邦者安提丰、演说家吕西阿斯(Λυσίας)、戏剧家欧里庇得斯(Εὐριπίδης)等,还应包括批判他们的人,如哲人苏格拉底、喜剧作家阿里斯托芬(Ἀριστοφάνης)。因为,正如柏拉图早期所写的一些苏格拉底对话录所示,苏格拉底的主要活动几乎都和"智术师派"有关。可以说,他的或说柏拉图的思想正是在这一运动的直接推动下、在和"智术师派"的辩论和撞击过程中逐步形成的。没有"智术师派",就不可能有"苏格拉底学派"。具有讽刺意义的是,苏格拉底活着的时候,雅典人其实就把他看作"智术师派",公开讥笑他;最终以"引进新神""腐蚀青年"的罪名判处了他死刑(前399年)。然而,从本质上看,他的学说和"智术师派"所宣扬的学说迥然不同。

普罗塔戈拉曾说过这么一句名言:"有关天神,我无法肯定他们存在,也无法肯定他们不存在,或他们是什么样子;因为有很多东西阻碍着理解:这事本身的模糊和人生的短暂。"[①]这显然是对传统宗教信仰的一大攻击,因为它一言否定了至今仍被绝大多数人们奉为金科玉律的荷马和赫西俄德的"宗教观"。过去,人们通过神话传说和宗教膜拜活动"接触"和"认识"天神,不仅相信他们的确存在,而且相信他们在各方面基本和人类一样,吃喝住行、喜怒哀乐无不和人相同。论容貌、论力量、论才智他们都超人一等,完全可被看作人的最高楷模。荷马惯于用"类似天神"或"如神一般"这样的词语来形容古代英雄的外貌或品质;反之,荷马和赫西俄德也惯于把人的性格和感情移植到神的身上,借"神"的意志,来解释世界上一切事物的本质和来源。在当时的雅典,这种以传统的神话为基础、以形象思维为主导的宗教观在人们的

---

① 普罗塔戈拉,Fr. 80,B4(D. ‑K.)。

头脑中,特别是一般民众的头脑中,仍占极其重要的地位。城邦中的贵族阶层,为了维护自己的政治地位和利益,当然会利用这一点;他们兴建诸如神殿、剧院、音乐堂这类设施,渲染和强化传统的宗教意识和道德观念,①尽管他们自己已经看到,传统的文化基础已面临重大的挑战。对天神的存在,普罗塔戈拉公开表示质疑,这是"理性主义"运动向传统宗教的进攻。其实,在普罗塔戈拉以前,荷马和赫西俄德创造的神系就已受到过好多古希腊思想家的批判。② 在柏拉图的《理想国》中,苏格拉底也用了不少篇幅分析和批判传统文学中的宗教观和伦理观。在这方面,他和"智术师派"思想家们相同。

在否定传统宗教的同时,"智术师派"思想家们打出了"人本主义""自然主义"和"理性主义"的旗号。"人是万物的尺度,"普罗塔戈拉曾如此声称,"他不仅是衡量一切存在之物的尺度,而且是衡量一切非存在之物的尺度。"③这一以"人"为中心的相对主义思想在古希腊哲学史上,尤其是在伦理学中,如同一座分水岭。

在古希腊哲学史上,现代学者习惯把苏格拉底以前的思想家笼统地称作"前苏格拉底学派",属于前古典时期哲学,涉及所有的思潮,而把"苏格拉底"为首的雅典思想家,如柏拉图和亚里士多德,称作"古典派",给人的印象似乎是,后者的思想代表了古希腊哲学的顶峰。应该澄清的是,苏格拉底以前的思想家并非一个学派,而是一股代表不同思想体系的潮流。自然世界的本质是什么,这是他们关注的中心问题。自然哲人倾向于把物质元素(ἀρχή)看作世界的本质。泰勒斯认为,一

---

① 伯里克勒斯的"卫城"重建计划(公元前448年?)其实就是这一宗教文化政策的实际体现,其规模之大,动用的资金之多,当时就遭到许多人的反对。比如,在兴建卫城中的"帕尔忒农神殿"时,当人们看到光是为女神雅典娜塑像铸造的一件裙子就用了一吨多的金子,他们便挖苦地说,伯里克勒斯如何挪用"阿提卡联邦"的公款,把城邦打扮得像一个爱虚荣的女人。在一次公民议会上,面对那些不同意在"帕尔忒农神殿"工程上花钱的人,伯里克勒斯说道:如果城邦不出钱,那么,我就自己掏腰包,这一建筑物可就会成为代表我个人名誉的纪念碑,而不是雅典人的纪念碑。

② 克塞诺芬尼曾讽刺道:忒腊克人的天神是红头发,埃及人的天神是黑皮肤,利比亚的天神是塌鼻子,Fr.16(D.－K.);如果牛、马、羊长手,能画画和雕塑,它们当然会创作出形象如同牛、马、羊的天神,Fr.15(D.－K.)。

③ 普罗塔戈拉,Fr.80,B 1(D.－K.)。

切来自水;阿纳克西曼德提出,世界是由一种不受时间和空间限定的物质所组成;他的学生阿纳克西墨涅斯具体声称,这一元素是一种"气体";赫拉克利特主张"火"是最基本的元素,"变"是世界的本质;阿纳克萨戈拉称这种自然元素为"种子",并把激发元素运动的力量叫作"物灵";琉喀珀斯和德谟克利特则推出了"原子"学说,声称世界是由数量无穷、本身"不可切割"而永远处于运动之中的粒子所构成。这些自然哲人的基本主张是,世界由物质组成,它受自然规律的支配。和他们相反,爱利亚哲人帕默尼德根据"非精神的实体并不存在"的论点,声称精神实体并没有起源,不会泯灭,它是一个整体,永恒持续,永不动摇,并呈球形。① 毕达哥拉斯学派的思想家则认为,数字是万物的本质;从宇宙世界到灵魂,其"和谐"的程度,或说其"精神本质",可通过特定的数字关系来确定和展示。这些前苏格拉底哲人,从帕默尼德到毕达哥拉斯,都把非物质的"实体"看作决定万物本质的基础,这显然和自然哲人们的世界观形成了鲜明的对比。

  普罗塔戈拉推出"人是万物的尺度"②之说正是以这一多元化的思想运动为背景。他不仅勾销了传统的"天神"在人们思想中的地位,而且故意撇开了一切以追求"客观本质"为旗帜的思想主张,强调建立以人的价值为基础的社会体制及其文化生活。因此,分析和解决社会问题,无论涉及公民的个人生活或城邦的政治生活,成了"智术师派"的活动纲领。他们在雅典发表演说、讲课、出版书籍、与"开明"的贵族阶层密切交往无不以此为目的。如他们声称,他们完全能以"理"服人,通过教育把"美德"传授给青年,使对方成为社会的栋梁。

  应该看到,普罗塔戈拉的这一提法涉及认识论方面的一个重要问题。如果说,任何经验、任何知识、任何"真理",都必须通过"人的尺度"来估量其价值、看清其虚实、判断其利弊,那么,在人生的海洋中,人的"理性"不就成了最可靠的舵手和统帅? 从某种意义上说,这难道不可被看作爱利亚派思想家所推崇的"本体论"哲学或米利都派所提出的"唯物主义"哲学的一种翻版?"智术师派"思想家们最关心的并不是超越于人

---

① 帕默尼德,Fr. 28,B 8(D. -K.)。
② 柏拉图引用过这一名句(πάντων χρημάτων μέτρον εἶναι ἄνϑρωπον),并对此进行过批评,参见《克拉提洛斯》385e – 386a。

的"绝对精神"或"客观实体",他们最关心的是人的本质、人的心理、人的道德以及建立在这一认识基础上的人生的价值和意义。

"智术师派"思想家如普罗塔戈拉、普罗狄科、希琵阿斯、高尔吉亚,都是一些知识渊博的学者。希琵阿斯被古人誉为"全才"(homo universalis),他的讲学项目包括数字学、几何学、天文学、语言学、音乐理论和以物理学为基础的和声学和节奏学等。按柏拉图的评价,①普罗狄科主要精通语义学和词汇学,然而,我们从古代文献中得知,他写过一本论宗教的起源的著作,②为此被人指控为"无神论者";据说,他的主要作品还包括《论人的本质》,③典型的"智术师派"之作,以及《论万物的本质》,④为此,阿里斯托芬谐谑地给了他"星球学大师"的称号。⑤ 高尔吉亚是治邦者,又是极其著名的演说家,古人称他是"智术师派"之父,流传至今的两篇演说《海伦颂》和《帕拉墨德斯的申辩》,为我们了解他的一反传统的思想和修辞术提供了宝贵的见证;他学过哲学,从学于著名的思想家恩培多克勒,并写有《论非实体》和《论自然》等哲学和科学论著。然而,"智术师派"思想家更感兴趣的是人和文化。他们声称自己能用切实可行的方法开导和教育青年,使对方成为品德优秀、能为城邦事业作出贡献的人才,显然,在一个"民主制"城邦中,这就意味着让对方成功地参与政治生活,充当治邦者和领袖。

演说术是早期"智术师派"着重研究和推广的教学项目。在雅典这样的城邦中,当人们碰到社会问题,他们总得遵照"民主"制度所规定的方式,通过"辩论"来解决。民主式的"演说"通常可被分成三种:在公共场合对民众发表演说,对某人的言行或某社会现象表示"赞扬"或提出"斥责";在法庭上进行民事诉讼,"控告"某人,或替某人"辩护";在全民议会上"争论"和"商议"涉及城邦的大事。在公共场合中,演说者要说服的对象是普通民众;在法庭上,他要说服的对象是法官和审判团;在议会上,他要说服的是城邦事务的决策人。以"理"服人当然是他演说的根

---

① 柏拉图,《普罗塔戈拉》337a‐c;《欧蒂德谟》277e。
② 普罗狄科:残片84,B5(D.‐K.)
③ 普罗狄科:残片84,B4(D.‐K.)
④ 西塞罗,《论演说家》3.32.128。
⑤ 阿里斯托芬,《云》360。

本目的。然而,人生的经验告诉我们,光凭"理"有时并不能一下使人信服,符合"逻辑"的证据有时并不能立刻被人看清,高深的"见解"有时反而遭人鄙视。面对这样的现实,如著名的高尔吉亚等人便向学生推荐了"演说的艺术",主张用文学中常见的"诱导灵魂"($\psi\nu\chi\alpha\gamma\omega\gamma\iota\alpha$)的方法来"取悦""感染""震撼"并最终"说服"和"赢得"对方。通过这样的方法,正如普罗塔戈拉所说,演说者能使"一件较弱的事变得较强"。①

具体地说,这是一套和古代诗学密切相关的理论。演说术所关心的是听众的心理。演说者必须懂得如何开门见山地"唤醒"听众,尽量使他们对"讲演"保持兴趣,不让他们半途走神,这样才有可能把对方引向自己的思路。当某个律师在法庭上平庸地陈述案情,法官却在打瞌睡,他的这席话能算有效吗?当某位政客来到公民大会上发言"献策",一开始就说了些十分令人反感的话,他能顺利地赢得对方的同情和支持吗?同样一个论点或一件证据,用什么话说最好,和其他什么东西结合最有力,在什么时机中说出最能打动人心,这些是一个演说家必须下功夫仔细推敲的地方。亚里士多德告诉我们,古希腊"演说术"的发明者是哲人恩培多克勒,他最著名的作品《论自然》就是一个很好的例子,全书用诗体写成,但这不是传统的"神话故事"和"英雄传奇",而是一部有关"世界本质"的哲学专著。值得思考的问题是:他为什么要用"诗体"创作此书,这一艺术形式是否比散文具有更大感染力,更强的结构,更高的尊严?尽管恩培多克勒的学生、著名的演说家高尔吉亚并没有用"诗体"创作,在演说中,他擅长运用一套特殊的、被后人称为"高尔吉亚花纹"的韵律,如同演奏音乐一样,使听众"入迷"($\vartheta\epsilon\lambda\gamma\epsilon\iota\nu$)。根据古人记载,他演说其实就像游吟诗人朗诵诗歌,能给人留下特别深刻的印象。② 此外,在现存的《海伦颂》和《帕拉墨德斯的申辩》两篇演说中,我们能看到他如何特别注重"逻辑"($\lambda o\gamma o\varsigma$),注重一环扣一环的推理程序($\beta\eta\mu\alpha\tau\alpha$),注重强调问题

---

① 普罗狄科:残片 80,A21(D.-K.)。
② 据说,他曾在德尔斐举办的"皮托运动会"上朗诵过一篇"皮托凯歌"以及在奥林匹亚举办的"奥林匹亚运动会"上朗诵过一篇"奥林匹亚凯歌",给人们留下了极深的印象(Philostratus, *Vitae sophistarum*, 1.9);在帖撒利亚,他的演说如此感动了当地的听众,以致他的名字后来被人用作了动词($\gamma o\rho\gamma\iota\alpha\zeta\epsilon\iota\nu$,"高尔吉亚化"),意为"像高尔吉亚那样发表演说"(Philostratus, *Epist.* 73)。

或事情发展的"必然性"($άνάγκη$)或"可能性"($εἰκός$),凭这样的方法来争取听众的理解和支持,以"理"打动人心。

总的来说,在古希腊思想史上,"智术师派"的地位处于以研究自然哲学为主的前苏格拉底派和以研究伦理为主的苏格拉底学派之间。尽管"智术师派"代表人物各自的贡献有所不同,但至少他们有如下一些共同特点。首先,在思维方式方面,他们和主张"本体论"的爱利亚学派有很大的相似之处,帕默尼德、芝诺($Ζήνων$)和美利索斯($Μέλισσος$)等人提出的"本质""虚无"和"存在"等概念在"智术师派"手中变成了重要的辩论工具,在此基础上,他们推出了"矛盾说"和"论证法"。在他们看来,任何一个论点都有它的对立面,一个持有对立观点的人当然能从反面来论证,驳斥原先的观点。至少,在教育青年时,"智术师派"演说家们特别喜欢摆弄这种带有"游戏"性质的论证法。在公共场合中,听众往往可以任意出一个"话题",演说家可以立刻对此发表系统的论证、予以褒贬。也正因如此,一些传统观点和被一般人奉为"金科玉律"的东西经常受到这些"智术师派"演说家的公开嘲弄、驳斥和抨击。其次,他们是一些精通许多学科、知识广博、主张改革的社会活动家。他们宣扬以"人"为中心的哲学思想,推广文化教育,对以传统神话为基础的宗教文化和社会价值提出质疑和批判。普罗塔戈拉提出,一切以人为尺度;安提丰相信,人应拥有平等的"天然权力";忒拉绪马科斯认为,人的能力决定一切,如同动物世界所展示的那样,"强者"应占据统治地位。再者,这些注重教育的"智术师派"对语言和修辞艺术特别感兴趣。古希腊最早的语言论著都出自他们手下;他们的作品中当然还包括了有关政治演说和法庭演说的原理和方法、有关诗学等的专著。最后,因为"智术师派"思想家注重研究的并不是自然哲学方面的问题,而是伦理学方面的问题,其具体活动主要集中在教育事业上,其最活跃的地点在雅典,从狭义上说,他们的活动可以被看作苏格拉底派上台的前幕。

六

苏格拉底生于约公元前 470 年。他父亲是石匠,名叫索弗罗尼斯科斯（Σωφρονίσκος），母亲是助产士，名叫斐纳瑞忒（Φαιναρέτη），他家属于普通的雅典手工业者家庭。长大后，苏格拉底并没有继承父亲的职业，而是选择了研究哲学和从事教育为自己的毕生事业。作为雅典公民，苏格拉底曾三次作为"重甲兵"随军出征打仗：公元前429年围攻波提岱亚城，前424年和波伊俄提阿人交战，前422年随特遣队增援安斐玻里城。苏格拉底的妻子名叫克桑提佩（Ξανθίππη），可能出自富贵之家；据说，她的脾气不好，古人谐谑地声称，因为她，苏格拉底才成了哲人。他们生有三个儿子：拉姆普罗克勒斯，索弗罗尼斯科斯（和祖父同名），默涅克塞诺斯；苏格拉底去世的那年（前399），他的两个小儿子还未成年。公元前423年，苏格拉底在雅典已是个家喻户晓的名字。因为在这一年的酒神节上演的三部喜剧中，有两部提到了他的名字，其中一部竟然把他当作一个中心人物，一个"脱离现实生活"的幻想家和教育家，[1]这当然是艺术夸张。

其实，历史上的苏格拉底是个非常现实的思想家。在一个政治体制、宗教意识和传统价值受到猛烈冲击的社会中，是他力图为人们展示一条"认识自我"的道路。苏格拉底年轻时学过自然科学，他早先跟从当时居住在雅典的克拉左美奈自然哲人阿纳克萨戈拉，[2]后又拜阿尔克拉奥斯为师，学习自然科学，[3]但对他来说，哲学的最高目的是指导生活。和前苏格拉底自然哲人们不同，他把人的地位放回到了思想的中心，显然，在这一方面，他和"智术师派"思想家们相同。根据德尔斐阿波罗的训导"认识自己"的精神，苏格拉底首先把自己看作一个"无知者"，他要探索和理解什么是具有普遍意义、独立于个人意志的"美好"和"高贵"这样的概念。通过类推法，即通过具体事例到抽象概念，他要寻找和确定什么是"美好"和"高贵"的真正本质。就这样，他特别

---

[1] 阿里斯托芬，《云》。

[2] 阿纳克萨戈拉于公元前461年来到雅典，从那时起便开始研究哲学，并且从事教育。公元前431年，雅典以"不虔诚"罪名判处阿纳克萨戈拉死刑，他的学生、著名的政治家伯里克勒斯出面为他辩护，才使他脱身离开了雅典，移居拉姆普萨科斯。阿纳克萨戈拉的学生中还包括雅典悲剧作家欧里庇得斯，后者在《法厄同》一剧中（Eur. Fr. 783, *Tragicorum graecorum fragmenta*, A. Nauck, ed.）把太阳称作"一个金色的泥团"（χρυσέαν βῶλον），这和阿纳克萨戈拉所说的太阳是"一大团火红燃烧的物质"（μύδρον διάπυρον）显然相差并不太远。

[3] 第欧根尼，《明哲言行录》2.16。

善于用提问的方法和人讨论问题,凭逻辑思维,追根究底地让对方检验自己的"理论"基础,最终让对方认识到自己观点的错误和荒谬。如此,苏格拉底把人的批评意识提高到了一个新的水准。

作为一个理性主义者,苏格拉底擅长使用推理的方法和人进行辩论,并不愿意先入为主地把自己的见解强加于人。和学生交谈,他典型地采用"启发式问答法";①因为他并不想以师道尊严的方式把知识"传授"给和他对话的人,相反,他把自己看作一个"助产士"($\mu\alpha\iota\varepsilon\acute{\upsilon}o\mu\alpha\iota$),他的任务是协助对方"分娩",让对方把潜伏在自己灵魂中的知识解放出来。这里所说的知识,在苏格拉底看来,其实就是"真理",一种客观存在的、具有绝对价值的东西。它之所以能被人认识,那是因为它就存在于人的灵魂中。因此,从某种意义上说,学习可以被看作一种在理性引导下的回忆的过程。这和"智术师派"的相对论有着本质的区别。

当然,"智术师派"主张的"人本主义"是对传统宗教文化的一种反驳,在古希腊思想发展史上代表着一种进步,但这一学潮同时又给社会带来了某种相对主义的思想因素,尤其是"智术师派"思想家们在动摇了以"神话"为基础的社会精神支柱的同时,并没有清楚地向人们展示所谓的人的"理性"究竟是否能真正成为衡量社会价值的基础。当普罗塔戈拉强调,一个懂得演说术的人能把"较弱的事情说成较强的事情",当高尔吉亚声称,无论站在什么立场,他都能在辩论中以"理"服人,当忒拉绪马科斯宣布,"正义无非就是强者的利益",那么,人们不禁要问:世上是否存在真理,如果存在,像这样,它还能有什么固定的价值? 应该说,在雅典这么一个"民主"城邦中,"智术师派"所推行的学说,特别是他们向贵族青年教授的"演说术",给城邦的政治生活带来了新的动力,然而,社会上的保守势力不能不感到这是一种威胁着社会稳定的思潮,必须加以制止。②

苏格拉底学说的实际社会意义也许可以在与"智术师派"学说的对比中得到进一步解释。首先,在研究"人"的问题上,"智术师派"思想家们虽然已不同于自然哲人,但他们的教学活动仍和研究自然有密

---

① 参见柏拉图,《泰阿泰德》148c – 151d。
② 公元前431年,雅典曾以"不虔诚"的罪名驱逐了普罗塔戈拉,还公开收集并烧毁了他的著作,便是一例。

切的关系,在高举以"人"为中心的思想旗帜的同时,他们仍把"人"看作自然的一部分。苏格拉底对自然哲学并不感兴趣,他认为,认识物质世界一是难以办到、二是根本没用,因为这样的知识并不能改善人的品质,使人生活得更好。① 因此,他的论述几乎全部集中在伦理问题上,以致古人称他是希腊第一个研究人生的哲人。② 他的活动方式也不同于"智术师派"。他自己并不开课讲学,也不著书立说,而是通常一人活动,游弋于街头市场,或出没于名人或朋友的家中,伺机与人辩论,敏锐的思维和锋利的口才为他招徕了许多"学生",同时也为他树立了不少"仇敌"。"智术师派"推行的教育和城邦的政治生活有密切的关系。他们声称,他们能把"美德"传授给年轻人,使对方拥有"智慧",并且能把对方培养成为大有可为的公民,即一代新型的贵族,未来的治邦者和城邦统帅。而苏格拉底本人的学说并无如此鲜明的政治色彩。当然,他意识到,"智术师派"提倡的这一套东西对社会是一种隐患,因为,从根本上说,他们向年轻人抛售的"知识"、向社会推崇的"美德"并不是以"具有绝对价值的真理"为基础,而是以只具有相对价值的人的"本性"和"才能"及其所处的特殊城邦政体为基础:"强者"治人,"弱者"治于人,这就是"智术师派"代表忒拉绪马科斯给"正义"这一观念作出的注解。苏格拉底更注重帮助年轻人鉴别和认识"真理",注重培养人的优秀品质。"智术师派"把"人"奉作"万物的尺度",柏拉图笔下的苏格拉底则认为"神是万物的尺度",并声称,人生的绝对价值来自"意念世界"。③ "智术师派"思想家们通常是"怀疑论者"或"无神论者",而苏格拉底是个信神的人。他说,在他一生中,他常常听到某种"心声"、受到某一"神灵"($\delta\alpha\iota\mu\acute{o}\nu\iota o\nu$)的指引,尽管他并不指明这"神灵"是谁,从某种意义上说,这和传统的宗教观又不太一样。也正是在这一"神灵"的指导下,他用实际行动向他的同时代人展示了一个优秀的公民应该具备什么样的品质、应该追求什么样的生活。

---

① 参见色诺芬,《回忆苏格拉底》1.1.11-16;第欧根尼,《明哲言行录》2.21。

② 第欧根尼,《明哲言行录》2.20。

③ 其实,这是柏拉图本人的思想,历史上的苏格拉底并没有把"知识"看作完全"超然"的东西,也没有明确声明这"知识"来自一个具有绝对价值的"意念世界",参见亚里士多德,《形而上学》4.1078b 30。

在雅典这么一个民主城邦中,公民应该把什么看作最优秀的品德呢? 埃斯库罗斯在《七雄攻忒拜》一剧中指出,最理想的公民精神应该体现在节制、正义、高尚、虔诚这四个方面。可以说,历史上的苏格拉底就是这一精神的典范。根据古人记载,他有惊人的忍耐力和自制力,生活朴素,以自足为纲,不追求财富和奢华。他身边有许多学生,但他并不向他们索取任何学费。有钱的学生多少想给他一些东西,作为报酬,他都拒绝接受。① 他声称,他拥有的最好的财物是"清闲";②在他看来,唯一美好的东西是"知识",唯一丑恶的东西是"无知"。财富和高贵的出身给人带来的不是尊严,而是与其相反的祸患。和"智术师派"不同,甚至和他的许多学生不同,苏格拉底一生都居住在民主雅典,从未在外邦僭主或国王的宫廷中当过"御师"或"顾问",③对方送来的礼物或请帖,他一概拒绝。这一方面说明他鄙视"僭主",另一方面说明他尊重雅典的民主传统。公元前406年,作为议会首席行政长官,他在五百人议会上公开为在阿尔吉努塞群岛海战中失败归来的雅典十大军事领袖声辩,坚持说对方无罪;在"三十僭主"执政时期(公元前404/3年),克里提阿斯和同僚曾要求苏格拉底去逮捕萨拉米斯的富翁勒翁,打算将其处死,被苏格拉底拒绝;公元前399年,由501人组成的审判团以多数票(280票对211票)判处苏格拉底死刑,罪名是"引进新神"和"腐蚀青年",苏格拉底饮鸩自尽,并没有听人劝告暗中逃离雅典,移居他乡。临死前,他的妻子克桑提佩埋怨他:"你为什么毫无理由地忍受这么大的苦?"他回答:"难道你要我合理地忍受这么大的苦吗?"④如此就是苏格拉底的人格,至死也不违背民主精神,坚持做一个守法的公民,即使他的城邦判处了他死刑。

他是个藐视追求物质、注重开拓精神的人。看到市场上摆满了大

---

① 例如,卡尔米德曾要送他几个奴隶,让他从这些奴隶身上得到一份收入,被他断然拒绝(第欧根尼,《明哲言行录》2.31);阿尔喀比亚德要送给他一大块地产,好让他在上面建一套房屋,他说:"假定我需要一双鞋,你送我一大张牛皮,用它来做鞋,我收下岂不荒唐?"(第欧根尼,《明哲言行录》2.25)

② 色诺芬,《会饮》。

③ 和当时许多著名的哲学家一样,他的学生中有不少充当过这类角色,比如,色诺芬在波斯王国、阿里斯提珀斯和柏拉图先后在叙拉古。

④ 第欧根尼,《明哲言行录》2.35。

量商品,他常常会自言自语地说:"绝大部分东西对我毫无用处。"据说,他经常引用这两行台词:"光亮的银子,紫色的衣袍,／对演戏人有用,对生活无用。"①一次,当他听到欧里庇得斯《奥戈》②中的一句有关"美德"的台词,"最好还是放她跑了",他便立刻站了起来,离开了戏院,不满地说:多么荒唐,奴隶不见了,值得去寻找,美德如此跑了,却撒手不管。③ 同样,使他感到惊讶的是,石匠们能如此用心地将一块石料雕琢成完美的、如同真人一般的塑像,却能忽视自己,不在乎自己就像一块石料。④

综上所述,我们应该看到,历史上的苏格拉底和《理想国》中的苏格拉底有所不同,因为后者是柏拉图通过艺术加工而塑造出来的人物形象。苏格拉底本人并没有留下任何著作,根据他同时代人的回忆,他也没有作出过系统的城邦理论或为雅典以外的其他希腊城邦或希腊人的新殖民地制定过城邦宪法,这当然和他个人坚守的政治观念、宗教信仰以及道德准则有关。很难想象,他会愿意去波斯国王的朝廷上"谋计献策",或奔赴意大利南部的"富饶之城"叙拉古、充当僭主的哲学"顾问",或在接受别人请求、为人提供教育时心里在盘算自己能获得多少收入。很难想象,他讲究穿戴、讲究吃喝、追求贵族式的生活乐趣,或跻身官场、高谈阔论、兴师动众地打出"民主"和"正义"的旗号主张社会变革。相反,历史上的苏格拉底是个生活朴实、思想深刻、语言辛辣风趣的思想家。尽管《理想国》中的苏格拉底是个"文学人物",尽管他所说的有关"正义"的论点、灵魂的"组成部分""理念世界""哲人的王国"等都是柏拉图的东西,在许多方面,《理想国》中的"我"仍不愧是历史上的苏格拉底的一个重要象征,同时,它又为该作品定下了一个重要的思想基调。了解苏格拉底其人,这不仅有利于我们看清柏拉图本人的写作意图,也有利于我们掌握《理想国》的中心思想和构思轮廓。

---

① 第欧根尼,《明哲言行录》2.25。
② 欧里庇得斯的这一悲剧现已失传;"奥戈"是武戈拉城邦国王阿勒奥斯的女儿,一度是雅典娜的女祭司。
③ 第欧根尼,《明哲言行录》2.33。
④ 第欧根尼,《明哲言行录》2.33。

七

  古希腊最早的一些哲学著作是用诗歌体写成的,更确切地说,其创作形式是荷马所用的诗体。流传至今的一些哲学著作残片向我们展示了,克塞诺芬尼、帕默尼德和恩培多克勒用的都是诗体,即使是现存的一些赫拉克利特的语录,从形式上分析,也非常接近诗歌。[①] 著名的雅典治邦者和立法家梭伦同样借用了诗歌的形式写下了他的变法思想和政治主张。活跃于公元前 5 至公元前 4 世纪的智术师派思想家们以其精湛的演说术著称,从某种程度上说,他们所用的形式介于诗歌和散文之间。高尔吉亚在他的作品中使用了大量的诗歌修辞艺术,比如,使用音节对等的排比句,注重词语的头韵、尾韵,讲究句子的抑扬顿挫,广泛借用诗歌的词汇或表达法,以致其演说听起来就好像是诗歌,演说者就好像是个游吟诗人。其实,《理想国》中出现的智术师派人物代表忒拉绪马科斯本人就是修辞学专家,在古代被誉为演说术的发明者之一。然而,我们必须看到,智术师派这么做并非只是为艺术而艺术,他们强调"理性"($λόγος$),力图以理服人;诗歌艺术可以帮助他们达到这一目的。根据古希腊-罗马修辞学理论,使听众信服的方法有三种,或说,有三个层次:一,取悦对方的感官;二,唤醒对方的理智;三,打动对方的灵魂。这样,诗歌美学也就成了演说术以及散文体写作艺术的一个重要组成部分。

  纪事家希罗多德的《波希战争史》是散文体。这部作品的艺术特色在于其陈述的直接性、生动性、多元性和消遣性。作者用第一人称的写作方法,对波希两国的历史和文化做了一系列引人入胜的"原始资料"对比和实地考察。他周游地中海各国,走访当地的名人、学者、祭司,以"目击者"的身份描述了各国的文化历史和风土人情,对来源不同、说法不一的资料做了综述和分析;在叙述过程中,他常常不加掩饰地羡慕异邦文化中的优越之处、讥笑和嘲讽希腊人传统观念中的愚昧和狭隘。与古希腊所有的文学作品一样,希罗多德的《原史》是创作给他同时代人"听"的,这显然和现代人所说的写给读者"看"的作品有很

---

① 柏拉图曾把赫拉克利特的作品誉为"伊奥尼亚的缪斯"(《智术师》,242d)。

大的区别。他的作品包含着很重的"口语性""即兴性"以及"娱乐性"。我们可以想象,他在众人面前朗诵《原史》中的章节,其效果如同游吟诗人朗诵荷马史诗中的篇章,一方面传授"知识",一方面提供"娱乐"。与希罗多德不同,古希腊另一位著名纪事家修昔底德比较注重分析和批判,他的思想基调显然要比希罗多德的沉重、悲观,其文体也远比希罗多德的文体严谨、复杂。在《伯罗奔半岛战争志》这一作品中,除了对历史事件的一般性叙述外,修昔底德特别擅长"转述"和分析时事政治,充分利用演说、辩论、商议、对话的形式,通过不同历史人物,根据其不同的立场和观点,对雅典以及斯巴达两方的政治、军事、经济、历史以及社会现状进行大胆而细致的陈述,给作品增添了"戏剧性""客观性"和"思辨性"。修昔底德的文体和智术师派思想家所倡导的演说术有着深刻的联系,这并不奇怪;当时所有受过高等教育的雅典人无不受到智术师派思想家的影响,因为他们都出自智术师派思想家所创立的教育体制。和希罗多德不同,修昔底德写这部纪事作品的目的并不是向读者提供知识和消遣,取悦同时代人,而是为了跨时代的"永恒"。

柏拉图的《理想国》是一部由对话组成的作品,显然,这和从前那些思想家用警句、诗体、抒情诗体、演说以及散文创作的作品大不一样。从某种程度上看,这一形式倒和戏剧有点相像。当然,用戏剧的形式阐述或传播哲学思想,这并非史无前例。雅典三大著名的戏剧家的作品向我们展示,哲学思想如何能通过戏剧的形式打动观众的心灵。在许多悲剧中,我们清楚地看到戏剧家如何能通过不同人物的对话,特别是通过剧中人的申诉、争辩、反驳、判决等"竞争"($\check{\alpha}\gamma\omega\nu$)形式来陈述不同的立场和观点,揭示和分析各种社会问题的本质,解说和宣扬某种人生哲理。埃斯库罗斯的《普罗米修斯》、索福克勒斯的《安提戈涅》和欧里庇得斯的《美狄娅》作品中主人翁的台词具有强烈的思想性和艺术感染力的主要原因正在于此。欧里庇得斯是苏格拉底的同时代人,他被人誉为戏台上的哲人,这并不算夸张。喜剧家阿里斯托芬也是苏格拉底的同时代人,他则通过讽刺、戏谑、幽默、拙劣模仿等手法来揭示和批评社会上的各种问题,甚至苏格拉底本人也在他的剧中受到捉弄,成了社会的笑柄。当然,古希腊喜剧并不是单纯的"打闹剧",它触及一些重要的社会问题,如阿里斯托芬的《云》抨击的是雅典当时推行的教育体制,他的《鸟》讽刺的是乌托邦社会,他的《吕西斯特拉忒》让雅典妇女搞"性罢工",以此来控制男性公民,左右他们的政治和军事活动。在柏拉图所生活的时代,雅典喜剧的内容和形式已有很大的变化,社会问题多半变成了家庭问题,传统喜剧中的"粗鲁"和"淫秽"的成分受到了某种抑制和净化,幽默和讽刺披上了"文明"的外衣,"野性的狂欢"如今成了"严肃的笑语"。可以说,《理想国》一书的艺术结构和情调与柏拉图时代的戏剧有一定的有机联系。柏拉图本人特别爱好喜剧,据说,他的枕头底下常常放着当时西西里一位著名作家的一部喜剧集。他的朋友中有一个剧作家,柏拉图曾请过对方帮忙,征求修改意见,使"台词"具有更大的艺术性、发挥更大效果,以便听众理解和欣赏,这不能不引起我们对《理想国》的艺术结构和情调的重视。

苏格拉底在《理想国》中扮演了一个什么样的角色?这一问题和整篇对话的基本结构和调性有密切的关系。在全书的开始,苏格拉底以客人的身份来到克法洛斯家,和一些熟人和朋友聚会,他先和主人克法洛斯聊了一会儿家常,引出和老年人心理有关的几个话题:财富、性欲、满足、安宁、幸福,以及灵魂在冥间的命运如何等。我们看到,这时的苏格拉底并非以哲人的口气对这类事情横加论述,相反,他仿佛是个学生,真想听听克法洛斯的内心感受,似乎相信,当对方贴着"人生的门槛",他真能窥视到"真理"。然而,当谈话转向什么是"正义"的问题时,克法洛斯发表了一个普通人的看法,以狭隘的经济利益为出发点,把"正义"解释为"不欠别人钱财""不欠天神贡品"。苏格拉底当然不接受这一观点,立刻便以"盘问者"的身份故意找茬儿,把克法洛斯引入一条充满逻辑错误的死胡同,以致对方不得不让儿子珀勒马科斯接过他的"遗产",替他辩护下去,以自己要出去为神作祭为理由,礼貌地退出了客厅。在接下来的谈话中,珀勒马科斯、阿德曼托斯、格劳孔以及忒拉绪马科斯分别根据不同的观点对"正义"作出了不同的解释。此时,苏格拉底本人仍以"盘问者"的身份,咬文嚼字地分别和对方一一周旋。可以说,《理想国》的第一、二卷中的苏格拉底扮演的就是这么一个角色。他并没有发表和阐述自己的真正见解,并没有以哲人的身份训导面前的听众,而只是装作"无知",不断和发言者磨蹭,通过"对话"让对方认识到自己在逻辑上或认识论上的不足或错误。最终,忒拉绪马科斯忍无可忍,暴跳了起来,无情地抨击了苏格拉底的这一谈话方式,指责前面的对话都是"胡扯",自己紧接着发表了一篇语气猛烈的"演说",声称"统治者的利益"就是"正义"。苏格拉底"预料"到这招,欣慰自己没有被"狼"吞掉,自己面前还有一条"活路";随后,在阿德曼托斯和格劳孔的请求下,他便以"导师"的身份和口气开始对"正义"这一概念进行了迂回、漫长的探讨。

然而,即使在这一探讨过程中,苏格拉底也并没有以平铺直叙的方式向阿德曼托斯和格劳孔解说什么是正义,相反,他向他们建议一同从理论上创立一个完美的城邦体制,从中去寻找正义的本质。这样,接下来师生之间展开的哲学对话就宛如一场思想"郊游",苏格拉底当向导,他的学生当游客,在充满情趣、幽默、戏谑、讽刺、热情和超脱的气氛中,一问一答,从不同的角度,根据不同的层次,针对和"正义"有关的一系列"热点"展开了分析和讨论。

表面上看,这场讨论如同日常会话,说到哪里算哪里,有时对前面阐述过的论点还要加以补充或修正,前后似乎并没有严谨的结构。柏拉图学者们中所谓的"分析派"就认为,《理想国》这一作品包含了作者几个创作阶段的成果,它们反映了作者在这一时期内所达到的不同的思想深度以及表达了他对人生的态度和看法。根据"分析派"的观点,该书的第一、二卷最早写成,从中我们几乎看不到任何有关"理念世界"的暗示,看不到城邦体制和社会正义如何同"灵魂"结构和本质有着对应的关系,因为,当时,在柏拉图写第一、二卷时,他还没有总结出"理念世界"的学说,对灵魂具有三个组成部分还没有过明确的分析和鉴定。相反,在第一、二卷中,柏拉图用了大量笔墨批判传统文学,倡导用新型的体育和音乐教育制度培养一批新人,以此来推行城邦改革。这一思想显然拥有一定的实用主义价值,也许,这和柏拉图当时的创作动机有某种历史性联系。一般学者认为,第一次"叙拉古之行"后,柏拉图开始写《理想国》。据说,第一个版本,其篇幅可能相当于第一、二卷,首先在雅典流传。柏拉图的同时代人、苏格拉底的另一学生色诺芬读后有感,动笔写了《居鲁士的教育》一书,以此渲染另一种教育思想和社会改革纲领,和柏拉图抗衡。柏拉图对此反应如何,读者也许能从《理想国》的"增版"中寻找答案。

和"分析派"不同,一些"整体派"学者比较注重《理想国》的思想性和艺术性,强调两者之间的有机结合。尽管有相当多的迹象显示,该书的一些章节、一些思想论述出自不同的年代,至少,该作品出版在柏拉图在世时期,我们当然可以确信,出版前,作者对它作了一定程度上的修改和整理,以便读者理解和欣赏。为了满足一系列教学上和美学上的需要,柏拉图在这一作品各组成部分的连贯性、和谐性和完整性上下了功夫。

以讨论由卫士统治的城邦为例,柏拉图首先让我们设想一个"自然""健康"的体制,一个目的在于满足人的最基本需要、为人的生存提供必不可少的生活资料的社会体制,一切为了吃、穿、住,即被格劳孔戏谑地称作"猪的城邦"的社会体制。在这一基础上出现了以"文明"标榜的社会,人们开始追求更大的消费和奢侈。于是出现了战争。为了防御本国或为了掳掠他国,人们需要建立一个以打仗为职业的武士阶层,或称卫士阶层,守护和治理城邦的重担便落到了这些卫士肩上。随后,卫士的城邦不知不觉地转而变成了一个理想的城邦,其统治者不是最优秀的卫士,而是最优秀的哲人。从分析和阐述城邦的本质和结构开始,话题转向了人的本质,转向了灵魂的本质和结构,转向了哲学。此时,柏拉图才向我们展示出一条对读者来说最艰巨、最坎坷的道路,一条通向永恒的、只为自己而存在、处于绝对安宁中的"理念世界"的道路。此时,读者才开始看到,人的使命,鉴于他拥有一个散发着神性的光芒、和永恒的理念相通融的灵魂,当然不可能只限定于这个世界。只有当我们对这一由绝对的"理念世界"和变幻中的"生成世界"所构成的整个宇宙、对我们存在于其中所面临的使命有了认识,我们才能衡量出人类当今所面临的莫大不幸,看清我们和这一使命所指引的航向偏离了多少。如此,通过透视城邦的本质,柏拉图逼我们踏上人和城邦的下坡,让我们坠落到僭主这一"最不幸的人"的黑暗的地狱中,然而,最终出现的"厄尔的故事"却又把我们从深渊引上了充满光明的天堂。该书所讨论的许多思想主题,无论是第一卷中出现的老年、欲望、人生、幸福、正义、冥世,或第二至第四卷中出现的人的本性、灵魂、教育,或第五至第七卷中出现的知识、理念、哲学,都得到了从简单到复杂、又从复杂到"简单",从形象到抽象、又从抽象到形象等各种变化和发展,而且各自具有独特的、对比鲜明的调性。这无疑反映出这一作品的艺术完整性的一个重要方面。

除了戏剧性对话外,柏拉图在《理想国》中还加了许多属于叙说性的片段,如神话故事和接近神话幻想的比喻,使抽象的概念和思想情节化、形象化、生动化。当然,不同的人物可以从不同的角度或立场来引用神话典故,以此解释和阐明自己的观点。我们可以从苏格拉底所列举的绝大部分文学例子中看出,苏格拉底显然对以荷马、赫西俄德为首的诗人所描述的神话世界及其价值观抱着批评态度,但这并不阻碍他本人大量借用、修改或甚至创造新的"神话传说"。第一卷中克法洛斯所提到的"哈得斯的世界"(330d)指的就是荷马向人们所宣扬的、为一般人所接受的"冥世",苏格拉底并没有直接反驳克法洛斯所持的传统观念,尽管他看到这就是对方的"正义"观的基础。在第三卷中,在讨论人的本质时(414d),苏格拉底用不同的金属来比喻不同时代的人类,使人回想到赫西俄德在《劳作与时日》中对人性堕落的过程有过类似的描述,然而,在论人性的本质究竟由什么组成、其"品德"如何改进方面,我们看到,苏格拉底和赫西俄德有多么不同。在第七卷中,苏格拉底用洞穴人摆脱禁锢、第一次见到太阳的故事(524a)来比喻灵魂中的理性部分第一次来到"理念世界"、第一次和"美好"这一绝对理念相遇的经历。与此相比,作为全书结尾的"厄尔的故事"则带有更大的情节性和戏剧性,厄尔向我们描述的灵魂的世界与传统观念中的"冥世"或"天堂"有一些相像之处,如灵魂面临正义的审判、接受命运三女神的安排、来到"忘却之河"边解渴等,但在许多方面,它和荷马所描述的"冥世"有着本质的区别,其最明显之处在于:宇宙结构说不同、命运主宰说不同、灵魂本质说不同。如果我们把奥德修斯去冥间"探索"的故事和"厄尔的故事"作个简单的比较,我们立刻能看出,这两个人物给世人带来的"信息"有多么不同。奥德修斯向人们转述了一些从前最显赫的希腊英雄、如今成了虚影的不同遭遇和怨恨,流露出传统的宿命和悲观主义的情调,厄尔则向我们展示了灵魂的不朽性,它为什么必须对自己负责,凭什么使自己走上自我纯化、自我解放的道路,以致自己不仅在人间而且在此后长达一千年的旅程中都过得快乐。

八

　　《理想国》充满诗情画意和神秘色彩的结尾曾给世世代代的读者以崇高的精神鼓舞和文学享受。尽管如此，今天，当我们跟着厄尔的灵魂完成了这一次"超然的旅行"，回到人间，重新回顾人在这个世界所面临的问题、所应该承担的责任和履行的使命，我们不能不看到苏格拉底向我们展现的"理念世界"和现实世界之间存在的巨大差别。当我们回想到苏格拉底的一句名言，"人世间的事务，没有一件值得我们特别重视"(604c)，我们的心中不由会产生这样的问题：苏格拉底在阿德曼托斯和格劳孔的敦促下为我们勾画出来的这个以"美好"理念为基础、用"正义"的尺度建立起来的"理想城邦"是否真能在人间实现？我们能不能在《理想国》中找出什么痕迹，证明该书的作者对建立"理想城邦"的想法在数年的创作过程中有过什么变化？以苏格拉底对阿德曼托斯和格劳孔的最终嘱咐为指南，作者寄予读者的真正希望又是什么？

　　苏格拉底在第九卷中表达过这么一个观点：也许，这个城邦制度是在天上(592b)，愿意观望它的人可以把它当作一个模式，可以根据它来治理好自己。这里所说的"人"是单数，并非泛指人们或社会阶层或统治人士，而是指个人，指任何向往最美好的理想并以它为人生指南的人。因此，苏格拉底这里所说的"城邦制度"显然具有双重意义。我们可以凭它来治理国家，同时，我们也可以凭它来治理自己。其实，在刚开始讨论"正义"的本质的时候，讨论者首先关心的是个人的"正义"感的基础是什么，盾牌制造商克法洛斯把人们的经济关系看作"正义"的尺度，他的儿子珀勒马科斯把它理解为人的能力和凭此得到的社会报酬的对应关系，智术师派思想家忒拉绪马科斯认为"正义"无非就是统治者利益的代名词，谁掌权，谁就拥有和享受"正义"。为了更好地看清"正义"的本质是什么，苏格拉底建议拿"城邦"当例子，因为"城邦"的体积大，如同放大了的字母，比个人更容易辨清。然而，在进一步解释城邦的组成部分时，苏格拉底又反过来用人的灵魂的三个组成部分充当例子，以致"城邦的本质"和"灵魂的本质"成了两个完全对应的东西。如同前面所说，《理想国》一书的希腊文原名为 $Πολιτεία$，可直译为

《城邦体制》或《论城邦》，有"城邦精神""政治学""城邦统治艺术""公民意识"等含义。不难看出，有关"城邦体制"的理论其实是柏拉图的"灵魂"学说的一个翻版，归根结底，决定城邦的形式和本质的是人的灵魂，所谓的"城邦体制"首先存在于人的灵魂中。

因此，对柏拉图来说，教育是城邦改革事业中最关键、最重要的方面。他所说的教育当然不只是一般公民的基本教育，因为一般人从小开始接受的体育锻炼和音乐文化熏陶属于抚育性培训，尽管它是观察和选拔优秀统治人才的社会基础；教育的最高目的并不是培养一批又一批投身于物质生产、不断为社会提供更好消费服务的工匠，而是培养一批能够看清真理、根据"美好"的理念治理好城邦的哲人兼领袖。这是一个漫长的过程，以数学、几何、天文、音乐以及辩证术为钻研科目的学习一直持续到50至60岁的年龄。显然，当时一般人不可能做到这一点；即使是有才华的人，他首先必须拥有一定的经济能力，或是自己是贵族，或是靠僭主或有钱朋友的支持，或是靠城邦津贴。在柏拉图设想的"理想城邦"中，这并不成问题，因为这里的一切教育经费和生活开支都由城邦承担。

在流传至今的柏拉图《书简七》中，我们看到，柏拉图向当时请求他参与政治活动、帮忙治理城邦的朋友们叙述了他本人如何从自己一生的经历中得出这样的结论：人类不可能得到拯救，除非哲人手中掌握了政权，成为统治者，或靠神圣的灵感，统治者们转而研究哲学，成为哲学的信徒。在柏拉图看来，最理想的统治者是哲人，因为哲人拥有真正的知识，他们认识世界的本质，知道如何辨别是非和真假，明白理想的城邦形式应该是什么。因此，正如苏格拉底所勾画的那样，理想的城邦应该有三大组成部分，和灵魂的三个组成部分相对应，代表灵魂中理性部分的是统治阶级，代表灵魂中勇气部分的是武士阶级，代表灵魂中欲望部分的是农、工、商阶级。在城邦生活中，每一个人都被给予特定的地位和责任，都能按自己的能力和特长为社会作出应有的贡献。这样的城邦体制形式可被称作"专权统治"，无论在立法、施政、治安方面，或在策划和管理民众的教育、文化、娱乐事业方面，它显然有别于传统的贵族统治、民主统治、僭主统治或君主统治。如同农民、鞋匠、医生、建筑师等都精通自己的专业，统治者也一样，他的专业就是他终身研究的哲学。手工业者为了赚钱谋生而进行生产,满足社会消费的需要,哲人则不同。学习哲学并不是为了赚钱、满足物质上的需要,而是为了认识真理,使灵魂中的理性不断接近"本质世界"、接近绝对"美好"。因此,如苏格拉底所说,真正的哲人其实并不会乐意掌权统治,犹如毕生被囚禁洞穴中的人们第一次攀登上地面、看到阳光、不再愿意回到洞穴中一样,这不仅因为他们凭借阳光("美好"的理念)看清了世界的本质,享受到了真正的美,而且因为如果他们再回到洞穴中、回到那些仍处在被火光和倒影迷惑的人群中,如果他们向对方宣布自己看到的真理,他们不仅会遭到对方的讥笑和嘲弄,甚至会遭到折磨和迫害。尽管这样,他们中仍有人认为,向人类揭示真理、为人类的共同幸福而奋斗是哲人义不容辞的责任。历史上的苏格拉底便是如此。

苏格拉底所设想的"理想的城邦"是一个完全凭空想象出来、实际上不可能实现的"乌托邦"呢,还是一个在某种程度上已存在历史先例、在现实中可以推行的城邦体制?我们可以从公元前5世纪、公元前4世纪地中海区域的古希腊城邦分布兴衰史看出,当时存在着三种类型的政治体制,一种是以叙拉古为代表的僭主制,一种是雅典式的民主制,一种是斯巴达式的君主制。《理想国》卷二至卷四中所讨论的"卫士的城邦"这一模式在许多重要方面和当时斯巴达的体制非常相像,比如:男性公民每年大部分时间过集体生活,男女儿童由公家抚养和教育,城邦批示和管制婚姻,一个女人可以和一男友同房,如果她的丈夫已没有生育能力,反之,如果妻子没有生育能力,丈夫可以"借用"另一个女性帮他生育子女、传宗接代,城邦施行严格的文化政策,禁止传播一切有伤风化的音乐和文学等。所有这些都属于当时斯巴达国的法律和风俗。妇女锻炼身体在雅典人看来不成体统,在斯巴达却习以为常。苏格拉底所说的"优生学",从某种程度上说,在斯巴达已是现实。要求哲人来统治城邦,在当时也不完全是空想。活跃于意大利南部西西里岛的毕达哥拉斯学派人士就已致力于建立由该学派的学生组成的政治同盟,直接参与城邦管理。柏拉图的朋友、著名的毕达哥拉斯派思想家、塔拉斯城邦的政治和军事统帅阿尔库忒斯就是一个很好的先例。应该说,这些人属于"精神贵族",他们所倡导和建立的城邦体制和柏拉图所设想的人间"尽可能完善的城邦体制"显然有密切的对应关系;

至少从理论上看,《理想国》中所强调的数学和音乐在教育中的地位,多处利用数字来分析和证明事物的本质以及相互关系,宣扬灵魂的不朽性和理智的神圣性,这些显然都属于毕达哥拉斯学派的思想痕迹。

也许正因如此,柏拉图的"城邦理论"对当时的希腊社会产生过直接的、重要的历史影响。我们从流传至今的柏拉图书信中可以看出,叙拉古人为什么如此迫切要求他给予思想指导,要求他参与他们的政治改革、帮助他们制定法律。柏拉图本人也多次积极地投身政治,直接参与"驯化"和"教育"统治者的活动。此外,他在雅典郊外创立的"学园",让学生研究和讨论各种重要科目,把他们培养成哲人、思想家、治邦者,通过他们将知识和智慧运用于社会实践。这些无疑反映了他政治思想的历史性和现实性,证明他的哲学可被用来指导社会实践。

九

本书正文根据由伯内特(Burnet)校勘、牛津大学出版社出版的希腊文本《柏拉图作品集》①中的 Res publica [Πολιτεία] 直接译出。段落、句子、引文的划分以及标点符号(除某些逗号和所有顿号以外)基本都依照了该版采用的形式。② 译文中方括号内的数字和字母代表斯特方版(Stephanus,1578)中的页码和行数,这是传统做法,数百年来为人们翻译、研究、摘引柏拉图作品时采用的标准编码。译文中还有一套由方括号标出、以 5 为单位、出现在字母(行码)之间的数字([5]、[10]、

---

① *Platonis Opera*, recognovit Ioannes Burnet brevique adnotatione critica instruxit, Oxonii, e Typographeo Clarendoniano,1902.

② 唯一重要的不同之处是:在译文中,各卷还标有章节号。其实,19 世纪以来,在大部分古希腊文版本中,学者们在每卷中都习惯加入章节号,以此标出 Stephanus 的版本中采用的段落划分。Stephanus 的版本原是希腊原文 - 拉丁译文双语本;每页有两个纵列,左边为希腊文,右边为拉丁文;每个段落(相当于章节)的第一个词的第一个字母均用粗体字大写显示,除此之外,各卷的正文中并没有其他任何形式的分段和分行。正因如此,尽管 Stephanus 没有给各卷的章节编号,西方许多校勘者、编译者(如 Stallbaum, Hermann, Apelt, Shorey, Chambry 等)都在文中加了章节号,以示正文的排列和对话内容的层次。

[15]），这是伯内特版特有的校勘行距离号码；采用这套号码的目的是为了方便校勘者（为读者）更快地指明某个单词或词组在原文中的准确位置，尽量避免因某些文字重复使用而造成的"冲突"。① 伯内特版本所用的三种和正文内容有关的传统校勘符号在本译文中也被全部保留，分别代表"手抄本中存在的传统增补"（方括号[ ]），"近现代校勘编辑的增补"（尖括号〈〉），"有严重讹误"（短剑号†）；针对某些存在重要异读的地方，②译者在脚注中提供了希腊文"校勘异读"，做了对译，给了必要的注解。

从上世纪初出版至今，伯内特校勘的牛津版《柏拉图作品集》是西方学术界普遍使用的标准文本。可以说，几乎整个 20 世纪的柏拉图研究，包括绝大部分西文翻译本和有关柏拉图著作的论文和笺释，都以它为蓝本。然而，随着学术的不断进展，校勘工作的不断加深，从 20 世纪下半叶开始，学者对《理想国》希腊文本做了引人注目的"改进"。例如，在排版方面，巴黎"布德丛书"1965－1967 年出版的《柏拉图全集》希－法双语版③在希腊文中使用了"||"和"|"两种符号，插入单词之间，有时甚至在一个单词中间精确标明 Stephanus 的行码位置。这个版本在章节、段落、引文划分上也大大不同于伯内特的版本，文字校勘更细，提供了更多希腊语抄件、文本中出现的"异读"（lectiones variae）。其实，伯内特本实质属于"简要校勘本"；伯内特在题页和前言中明确指出这一点，这也正是"牛津古典作家书库"（Scriptorum classicorum bibliotheca Oxoniensis）或"牛津古典文丛"（Oxford Classical Texts = OCT）的特色。

20 世纪 90 年代末，牛津大学出版社策划了一套新版《柏拉图作品集》，共 5 卷，放入"牛津古典文丛"，以取代伯内特的版本。由荷兰学

---

① 如，在[329b]和[329c]之间的 9 行文字中，用作主格的"我"字（ἐγώ）出现了两次（[329b]行后的第 4 行和第 6 行），在校勘评注（apparatus criticus）中，伯内特对第 2 个"我"字加了注（b6［ἔγωγε］ἐγώ Stobaeus），按该词的位置（[329b6]），表明了他的选择与 Stobaeus 希腊文本在此处的"差异"。

② 参见 359d1 这一行中的"吕底亚人"及注。

③ Platon, Œuvres complètes, Tome VI – VII, La République, texte établi et traduit par Émile Chambry, Paris, 1965 – 1967 (Collection des Universités de France, publiée sous le patronage de l'Association Guillaume Budé).

者斯凌思(Slings)校勘的《理想国》已于2003年出版。① 这一版本的校勘工作基于长期、大量的资料收集、对比、整理、鉴定工作。在该版前言中,斯凌思简要地阐述了他所面临的资料,除了希腊文手抄件外,还包括纸草纸卷轴残片,甚至包括中古时期的希伯来文和阿拉伯文译稿。从斯凌思列举的他所遵循的七个校勘原则中,我们可以看出,他更尊重作者(柏拉图)的习惯用法(auctoris usus),明显不同于19世纪校勘者们拘谨地遵循希腊语法规则(grammatica Graeca)的传统做法。新版和旧版之间存在着一系列区别,对一般读者来说,这些区别似乎微乎其微;对学者们尤其校勘者,它们却的确属于原则性问题。有关这一点,我们从斯凌思的校勘笔记中可以清楚地看出。② 从排版方面看,新版在段落划分上和旧版有所不同,这在长篇论述上尤其明显。标点符号的使用也有差异,特别明显的变化是,旧版中的破折号基本被逗号、偶尔被分号或方括号代替。除了斯特方的传统行码没变,从前伯内特使用的以[5]、[10]标出行距的这套数字在斯凌思的新版中有了相应变化。

译者仍然选择伯内特本的主要原因是:经过一个世纪的使用,伯内特本影响很大,这一百多年来,大部分对柏拉图原著的评论、研究、学习辅导资料都以他的版本为准。此外,这个版本已由"希腊语文库"协会(Thesaurus Linguae Graecae = TLG)转换成数码文档,载于该组织主办的网库中,并被划入供全世界读者免费阅读、学习、查阅的数百篇古希腊作品之列。目前,在我国发行和流传的《理想国》译本绝大部分是转译本,少数译自"娄卜丛书"(Loeb classical Library)的希腊文-英文文本或译自比伯内特更早的一个牛津版(Jowett & Campbell,1871)。出自这些考虑,译者认为,伯内特的版本对我国广大读者来说,至少在目前这一阶段,不仅更有实用价值,而且更有熟悉的必要。

鉴于《理想国》一书内容丰富、思想深刻、比喻和典故层出不穷,本书后附有《理想国》对话纲要、专有名词索引、内容索引和一份有关《理想国》研究的西文参考书要目,包括柏拉图研究文献目录索引书目,以

---

① *Platonis Rempublicam*, recognovit brevi adnotatione critica instruxit S. R. Slings, Oxonii, e Typographeo Clarendoniano, 2003.

② Slings, S. R. : Critical Notes on Plato's *Politeia*, Leiden, 2005.

供读者进一步查阅、对比、参考。此外,在《理想国》正文中经常出现的诗歌、戏剧、哲学引语,除了来自诸如荷马、赫西俄德等人流传至今的作品外,大部分属于残片,被学者们收集整理、编号入集;① 至于其他一些经典著作的引用,无论出现在该前言或正文注解中,笔者均根据传统做法,只简要注明书名和章节号或诗集和行码。由于种种原因,编译者无法在本书的这一部分列出自上世纪初开始至今在我国出现的多种《理想国》汉译本和汉语研究文献目录,谨请读者原谅。同样,其他方面的缺点、错误和疏忽,无论正文翻译还是前言或附录,编译者恳切希望读者给予批评和指正。

王 扬
2012 年 5 月
于普林斯顿大学

---

① 在正文中出现的这些语录以及注解中使用的残片编号基本以以下四个版本为准:1) *Poetae Lyrici Graeci*, ed. Th. Bergk, 4. Aufl. , Leipzig, 1878 – 1882(简称"贝尔格克版");2) *Tragicorum Graecorum Fragmenta*, ed. A. Nauck, 2. Auf. Leipzig, 1889(简称"纳奥克版");3) *Comicorum Atticorum Fragmenta*, ed. Th. Kock, Leipzig, 1880 – 1889(简称"科克版");4) *Die Fragmente der Vorsokratiker*, H. Diels – W. Kranz, 10. Aufl. , Berlin, 1961(简称"狄尔版")。

理想国

卷　一

1.［327a］我昨天和阿里斯同①的儿子格劳孔②一起下抵佩莱坞斯港③,去向那位女神④祈祷,同时我想观赏一下那些人究竟如何举办这个节日,办这样的事,眼下他们还是头一回。我看,当地居民的游行队伍挺可观,[5]忒腊克人⑤组成的队伍显然也毫不逊色。[327b]作了祈祷,看完了游行,我们便动身回城。克法洛斯⑥之子珀勒马科斯⑦从远处看到我们赶着回家,便叫他的童仆立刻跑来,要我们稍等。那童仆从身后抓住了我的外袍,[5]说道:"珀勒马科斯请你们稍等。"我转过身,问他在什么地方。"他,"他说,"正从后面过来,你们稍等。""那么,我们就等吧。"格劳孔说道。

[327c]没多久,珀勒马科斯来了,还有格劳孔的哥哥阿德曼托斯⑧、

---

① 阿里斯同:柏拉图的父亲,柏拉图的母亲名叫佩里克提奥涅。他们生有三个儿子(阿德曼托斯,格劳孔,柏拉图)和一个女儿(波托涅)。

② 格劳孔:柏拉图的二哥,年轻时想投身于政治,受苏格拉底劝阻未成(色诺芬,《回忆录》3.6)。

③ 佩莱坞斯:今称"比雷埃夫斯",雅典城南部的一个重要港口,离城约七公里。

④ 女神:本荻斯,希腊北方忒腊克地区的一个狩猎女神,职能和奥林波斯狩猎女神阿尔忒弥斯的相同。有忒腊克的阿尔忒弥斯之称。

⑤ 忒腊克人:希腊北方一重要民族。伯罗奔半岛战争初期,忒腊克和雅典城关系和睦,对本荻斯的崇拜活动也就是在这个时期在雅典地区开始兴起。节日在六月初,这是雅典人庆祝此节日的第一年。

⑥ 克法洛斯:叙拉古人,应雅典著名政治家伯里克勒斯邀请移居雅典,开盾牌作坊,属于雅典的"外邦富豪"阶层。他有三个儿子(即《理想国》中的珀勒马科斯,欧蒂德谟,吕西阿斯)。

⑦ 珀勒马科斯:见上注。公元前403年,珀勒马科斯死于雅典"三十僭主"的手下。弟弟吕西阿斯后曾为他出庭诉讼。

⑧ 阿德曼托斯:阿里斯同(见上注)的长子,柏拉图的大哥。

尼喀阿斯①的儿子尼刻拉托斯②,以及其他一些人,显然都来自游行。

珀勒马科斯说道:"苏格拉底,我看你们俩好像要[5]赶回城去,此刻就离开这儿。"

"是啊,你猜得不错。"我说。

"你当然看到我们,"他说,"我们有多少人?"

"怎么没看到?"

"你俩要么比这些人强,"他说,"要么就留在这里。"

[10]"此外,"我说,"不是还有一条出路,如果我们说服你们,你们就必须放行?"

"你们能说服谁,"他说,"如果我们不听?"

"那就毫无办法。"格劳孔说道。

"那么,我们就是不听,请你们如此考虑。"

[328a]这时阿德曼托斯插话:"瞧瞧,"他说,"难道你俩真不知道今晚有个火炬赛③,骑在马上,向女神庆贺?"

"骑在马上?"我说,"这确实新鲜。是不是人们手持火炬,将其你传我、我传你,策马竞争?要不,[5]你说的是什么意思?"

"正是这样,"珀勒马科斯说道,"而且他们确实将搞个通宵联欢,值得一看。其实,我们晚饭后还要出来,观赏这个通宵联欢。我们还将和许多年轻人在那里聚会,相互交谈。你们就留下吧![328b]别干其他事了。"

此刻格劳孔开口:"看来,"他说,"我们还真必须留下。"

"既然你这么想,"我说,"我们就应该这么做。"

2. 这样,我们一起到了珀勒马科斯的家,碰到吕西阿斯④和[5]欧

---

① 尼喀阿斯:雅典人,著名的军事家,伯里克勒斯政权的重要支柱。

② 尼刻拉托斯:受过很好的教育,文学修养甚高,能背诵荷马的全部诗卷(色诺芬,《会饮》3.5),据说是战略家,公元前404年,死于"三十僭主"手下。

③ 火炬赛:接力赛,火炬从一人手中传到下一个人手中,不能让火熄灭。希罗多德曾提到过一次为赫斐斯托斯举办的类似比赛,《原史》8.98。

④ 吕西阿斯(约前458—约前380),克法洛斯(见前注)的第三个儿子,雅典最著名的演说家之一。三十僭主统治时期流亡他乡,民主制恢复后,他回到雅典,开始为人写诉讼稿,从此闻名。

蒂德谟①也都在那里,就是珀勒马科斯的两个弟弟,另外还有卡尔克冬②人忒拉绪马科斯③,派阿尼亚④人卡尔曼提德斯⑤,阿里斯托努摩斯⑥的儿子克莱托丰⑦。在场的还有珀勒马科斯的父亲克法洛斯。他显得十分苍老,因为我已有好长时间没有[328c]和他会过面。他头戴花环,坐在某个既作枕垫又作座椅的东西上,因为他刚在院子里办完献祭。此刻,我们就在他身旁坐了下来,因为这里有一些座位,正好排成一圈。

[5]克法洛斯一见到我,便向我问好,并且说道:"苏格拉底,你可不经常下抵佩莱坞斯港来看我们。真应该来啊!倘若我仍有力气,能轻易地上路进城,那么,你就根本不用往这边[328d]跑,相反,我们会去你那里。如今你可应该更常来此。你好好记住,事情就是这样,对我来说,躯体上的种种快乐凋谢多少,与人交谈的种种心愿和快乐便相应地增加多少。此刻你就别[5]干其他事了,和这些年轻人聚在一起,以后经常来看望我们,完全就像看望朋友和亲戚。"

"可不,"我说,"克法洛斯,我喜欢和上了[328e]年纪的人交谈。我认为,我们有必要向他们打听消息,正如向那些已经走过某条路的人打听消息,一条我们也许必须同样沿着走下去的道路,这是一条什么样的路,是否坎坷难行,或宽阔畅通。正因如此,我真乐意向你打听[5]你对此事的看法,因为目前你已经走到了人生中这么一个地方,诗人们称之为'老年的门槛'⑧,先前的生活是否艰难,或,你本人如何透露这事。"

---

① 欧蒂德谟:克法洛斯的第二个儿子。
② 卡尔克冬:又称卡尔基东,欧伯亚半岛西部沿海一城市。
③ 忒拉绪马科斯:原籍卡尔克冬,公元前5世纪下半叶希腊演说家、智术师派思想家和教育家,有修辞学和政治学论著,现已失传。
④ 派阿尼亚:阿提卡地区的第二大居民点。
⑤ 卡尔曼提德斯:忒拉绪马科斯身边的学生,后来又从学于雅典著名演说家伊索克拉底。
⑥ 阿里斯托努摩斯:生平不详,此名在柏拉图全集中只出现过一次。
⑦ 克莱托丰:雅典人,忒拉绪马科斯的学生,后成为政治家。
⑧ 老年的门槛:此处指人生的终点,"门槛"的那边就是冥世;类似说法见于荷马,《伊利亚特》22.60、24.487,《奥德赛》15.348;赫西俄德,《劳作与时日》331。

3. [329a]"本人对你,"他说,"我向宙斯①起誓,苏格拉底,凡是我见到的,我都会透露出来。说实在的,我们中一些年龄差不多的人经常聚在一起,心中守着那句老话②;碰到一起时,大部分人唉声叹气,[5]怀念青春时代的种种欢乐,回想起当年的情爱、酒宴、美餐,以及其他随之而来的乐事,总感到愤愤不平,像是被剥夺了某些要物,从前生活得美满,如今,这根本不算生活。[329b]其中一些抱怨亲友们对老年人的那类侮辱,也就是凭这一点,他们声声念叨,老年是多少不幸之事的起因。然而,我看,苏格拉底,他们并没有说中起因。因为,如果这真是起因,那么,我就会[5]遭受同样的不幸,因老年的缘故,其他所有到达了这般年纪的人都会这样。其实,我碰到过一些人,他们也并非感到如此,的确,我当时也在场,当诗人索福克勒斯③如此受某人询问:[329c]'索福克勒斯,'他说,'性爱方面,你过得如何?还能和女人交往?'对方答道:'别提了,老弟!逃脱了那事,本人真感到万幸,就好像逃脱了一个粗暴的主人。'确实,我[5]当时就觉得他说得很好,现在想想仍一点不差。的确,进入老年,完全摆脱了那些事情,人有了大量的安宁和自由;当情欲不再紧紧绷着,而变得松弛,和索福克勒斯说的一模一样,[329d]我们便能从许多发疯般的主人那里完全逃脱出来。然而,关于这些牵涉到家人亲戚之事,固然存在某种起因,却不在于老年,苏格拉底,而在于人们的生活方式。如果他们讲究节制、脾气随和,那么,[5]老年也只是中等之苦;否则,不管老年,苏格拉底,还是青春,落到这种人头上都是祸患。"

4. 听他这么一说,我心头热了,希望他[329e]继续说下去,于是敦促他说:"克法洛斯,我想,当你这么说,大部分人都不会接受,相反,他

---

① 宙斯:希腊神话中的奥林波斯主神,掌管雷电云雨、主持正义的天神,有"众神和人类的父亲"之称,故凡人用他的名字发誓。

② 那句老话:虽然没有直接说出,老话指的是古希腊一句流行俗语(ἧλιξ ἥλικα τέρπει),"同年人喜欢同年人"(柏拉图,《斐德若》240c;亚里士多德,《尼各马可伦理学》1161b34, 1155a34-35)。

③ 索福克勒斯(约前496—前406/5):著名的雅典剧作家,写过近130部戏剧作品,有悲剧也有喜剧,现存六部完整的悲剧(《阿加克斯》《安提戈涅》《俄狄浦斯王》《特拉基尼埃》《菲洛克特忒斯》《俄狄浦斯在克罗诺斯》)和一部(羊人)喜剧《伊克奈沃台》。

们会认为,你能轻易地承担老年,这并非靠生活方式,而是靠你拥有大量的钱财。因为,他们声称,富人总有莫大的[5]安慰。"

"你说得对,"他说,"的确,他们不会接受。他们说出了一点东西,这话并没有他们所想象的那么有理。忒米斯托克勒斯①说得好,当某个塞里佛斯②人侮辱他说,[330a]他有名望并非靠他自己,而是靠他的城邦,他回答说,倘若他是塞里佛斯人,他出不了出名,而对方,即使他是雅典人,他仍出不了名。③ 对那些并不富有、感到老年难以承担的人,他这话很适用,正直的人因贫穷而不能很轻易地承担老年,[5]而不正直的人,即使富有,仍不能安心地对待自己。"

"不过,"我说,"克法洛斯,你的大部分财产,是你继承的呢,还是自己积累的呢?"

[330b]"我积累了些什么财产,"他说,"苏格拉底?作为一个和钱打交道的人,我介于我祖父和我父亲之间。我的祖父,那位名字与我相同的人,继承了一笔财富,数量几乎相当于我现在拥有的这么多,并将其翻了数倍,[5]而我的父亲吕萨尼阿斯使其消耗到少于现在的数量;我呢,给他们④留下一笔财富,不比我所继承的少,而是稍微多一些,我就满足了。"

"我刚才那么问,"我说,"是因为我觉得你不十分[330c]爱钱,而一些自己不挣钱的人往往就惯于这么做;而那些挣钱的人则加倍地珍惜它们,甚于其他人。就像诗人们爱惜自己的作品,父亲们爱惜自己的孩子,以同样方式,[5]和钱打交道的人不仅对待钱如同自己的造物,而且根据其用途,就像其他人一样。这些人的确难以和人共处,因为他们不想谈论别的,只想谈论财富。"

"你说得对。"他说。

---

① 忒米斯托克勒斯(约前528—约前462):又译地米斯托克利,著名的雅典政治家和元帅。公元前480年,由他指挥的希腊舰队在萨拉米斯岛海域大败波斯舰队,为希方的最后胜利奠定了基础。后来,他被雅典贵族派驱逐,逃亡到小亚细亚,在波斯人手下当过城邦督卫,直至去世。

② 塞里佛斯:爱琴海南部居克拉迪群岛中的一个多岩石的小岛。因该岛在政治上无足轻重,其居民常被人讥笑,见亚里士多德,《阿卡尔纳埃居民》541–543。

③ 古希腊历史学家希罗多德也提到过这件事,但说法有些不同,见《原史》8.125。

④ 他们:指在场的三个儿子。

5. [330d]"情形的确完全如此,"我说。"不过,再这么跟我说说:你认为,积累了大量财富,从中获得的最大好处是什么?"

"我这么说,"他答道,"也许不能说服许多人。[5]其实,你好好记住,"他说,"苏格拉底,当某人正临近那一时刻,意识到自己即将完了,那时,恐怖和焦虑就会向他袭来,不断围绕着某些他从前并没有在意的事情。人间流传的那些有关冥间的故事,比如,一个昔日在世间作恶的人必须在那里[330e]服刑,那些曾被他讥笑的故事,此时开始折磨他的灵魂,他生怕它们果真如此。此刻的他——或是由于老年的弱点,或是由于他更接近那个地方、看得更清楚了一些——内心充满了疑惧和恐慌,[5]想而又想,检查自己是否做过什么伤害某人的事。就说,他发现自己一生中有许多伤害他人的事,从此,他不仅经常从梦中惊醒,像孩子一样,满心恐惧,[331a]而且一直生活在不祥的期待中。相反,对于一个知道自己没有做过任何坏事的人,甜蜜的希望永远伴随着他,当他慈善的伴侣,正如品达①说的那样。确实,苏格拉底,他将此说得很动人,当他说到某人正直地、虔诚地[5]度过一生,

> 甜蜜的她,滋润着
> 心灵,成为老年的伴侣,
> 希望尤其能为凡人变幻多端的
> 思想领航。

[10]他说得好,非常神奇。凭这一点,本人的确认为,拥有财富便具有最大价值,并非对[331b]每一个人而言,而是对一个正直的人而言。为了不至于违背自己的心愿地去欺瞒、哄骗他人,不至于因欠了某位天神一些牺牲或欠了某人一笔钱而后充满恐惧地去了那里②,对此,拥有财富发挥了一大作用。[5]它还有许多其他用途。然而,一一衡量后,我颇为倾向于这个观点:对于一个有头脑的人,苏格拉底,财富的用处最大。"

---

① 品达(约前520—约前440):古希腊著名的抒情诗人,忒拜人,诗歌形式多样,但以写合唱抒情诗著称,现存的诗作以颂歌竞技会上的获胜者为主,包括《奥林匹亚颂歌集》《皮托颂歌集》《奈迈安颂歌集》和《伊斯特米亚颂歌集》。该处引用的这四行是某诗的片段(残片214),原诗失传。

② 那里:指冥间。

[331c]"你说得完全对,"我说,"克法洛斯！然而,这同一东西,正义,我们是否能如此简单地把它称作说实话和偿还某人从他人那里拿的某种东西,或,这同样的事情,有时可能做得合理,有时不合理？[5]我指的是如下这类事情:人人都会同意,如果某人从一位头脑健全的朋友那里拿了武器,之后,这朋友疯了,要索回武器,他不应该归还,倘若他归还,他就做得不合乎正义,再说,对一个头脑处于如此状态的人,没有一个人愿意告诉他全部实话。"

[331d]"你说得正确。"他说。

"因此,这个定义不适用于正义,说实话,偿还从他人那里拿的东西。"

"就是这样啊,"珀勒马科斯插了进来,"苏格拉底,[5]如果说我们应该相信西蒙尼德斯①。"

"好吧,"克法洛斯说,"我就把话题让给你们;此刻我得去照料献祭的事情。"

"这么说,"他说,"我,珀勒马科斯,成了你的财产继承人了？"

"的确如此。"他笑着说,随即便向祭坛走去。

6. [331e]"请说吧,"我说,"你这话题的继承人,有关正义,西蒙尼德斯说了什么,你声称他说得对？"

"正义,"他说,"即是把欠每人的东西还给每人。他是这么说的,我觉得他说得好。"

[5]"当然,"我说,"不信任西蒙尼德斯,这不容易——因为他是个聪明、超凡的人——但他这么说到底是什么意思,你,珀勒马科斯,也许清楚,但我不懂;显然,他说的意思非同我们刚才所说,即,当某人把某物交人托管,他要求索回时,即使他本人头脑不正常,[332a]对方也必须归还。就是说,所欠之物等于这一交人托管的东西,是不是？"

"是。"

"然而,这无论如何不应该归还,当某人要求索回时[5]头脑并不正常？"

"对。"他说。

---

① 西蒙尼德斯(约前556—约前468):出生于科俄斯岛上尤里斯城,著名抒情诗人,品达的同时代人,常受僭主们重用,几乎可说他是一位"宫廷诗人";诗风清晰,语言简练,思想深刻,作品具有很大的感染力;死于西西里岛上的阿克拉伽斯城(Acragas);流传至今的诗歌作品多半是残片,其编号达160之多。

"那么,显然,这有别的意思,当西蒙尼德斯说,归还所欠的那些东西就是正义。"

"当然有别的意思,宙斯在上,"他说,"他认为,[10]朋友之间要相互帮助,做好事,决不做任何坏事。"

"我懂了,"我说,"——不应把所欠的东西还给借主,让某人交出存放在他处的金子,如果这样的归还[332b]和收回会造成危害,即使他们是朋友,一方收回,一个偿还——你说,西蒙尼德斯说的不是这么个意思吗?"

"的确完全如此。"

[5]"这又如何? 就说欠了仇人东西,应该归还吗?"

"当然完全应该,"他说,"欠了,就该还给他们。仇人之间,这人欠那人的东西,依我看,无非就是那类应得的事,某类坏事。"

7."那么,"我说,"西蒙尼德斯就好像是在说谜,富有诗意地[332c]声称什么是正义。因为,看起来,他认为这就是正义,即给予某人他所应得的东西,这就是他所说的偿还欠物。"

"你又怎么认为?"他问道。

[5]"宙斯在上,"我说,"倘若某人问他:'西蒙尼德斯,被人称为医疗的那一艺术①,在所欠或所应支付方面,给谁,给了什么?'依你看,对方会给我们什么样的答复?"

"很明显,"他说,"它给躯体药物、粮食、[10]饮料。"

"那么,被人称为烹调的那一艺术,在所欠或所应支付方面,给谁,给什么?"

[332d]"它给食物各种调味品。"

"好! 被人称为司法②的那一艺术,在所欠或所应支付方面,给谁,给什么?"

"如果必须作出回答,"他说,"苏格拉底,针对[5]上面所说,它给朋友帮助,给敌人伤害。"

"对待朋友好,对待敌人不好,这就是他所认为的正义?"

---

① 艺术(希腊原文τέχνη):广义上的专业艺术,包括各类专业知识和技巧,从高深的医学到手工业者的行业专长等。

② 司法(希腊原文δικαιοσύνη):该词的广义为"正义",此处用的是它的狭义"审判工作",即"[主张公道的]司法"。

"我看就是这样。"

[10]"那么,面对疾病和健康,谁最有能力做出对患病中的朋友好、对敌人不好的事?"

"医生。"

[332e]"航行中,面对海上的风暴,又是谁?"

"舵手。"

"什么是心怀正义的人?在什么事业和什么工作中,他最有能力去帮助朋友、损伤敌人?"

[5]"我看,在战争中,在并肩作战时。"

"好!对于没有患病的人,我的珀勒马科斯,医生就没用。"

"对。"

"对于不在航行的人,舵手也如此。"

[10]"是。"

"那么,对于不在打仗的人,心怀正义的人也无用。"

"不,我决不认为是这样。"

"那么,在和平时期正义同样有用?"

[333a]"有用。"

"因为,务农也如此;不是吗?"

"是。"

"针对果实的收获而言?"

[5]"是。"

"进一步说,鞋匠业也如此?"

"是。"

"针对鞋子的收获,我想,你当然会这么说?"

"完全如此。"

[10]"但这又如何?在和平时期,你说,这正义针对什么的使用或收获有用?"

"针对合同①,苏格拉底。"

---

① 合同:特指牵涉到金钱交易的契约。苏格拉底用了一般性的"社会合作"概念代替了"合同",在这个基础上展开了以下的争论。这里的"社会合作"(希腊原文 κοινωνήματα)指的是人与人之间为达到某一共同目的而进行的一般交往活动。

"说合同,你指的是社会合作,或是别的什么东西?"

"是指社会合作。"

[333b]"那么,论下跳棋,好而有用的合作伙伴是心怀正义的人,还是跳棋手?"

"跳棋手。"

"论堆砌砖块和石头,心怀正义的人是不是更有用、[5]更好,胜过建筑师?"

"根本不是。"

"那么,在什么合作方面,心怀正义的人比里拉琴手强,就像里拉琴手相应地在奏乐方面比心怀正义的人强?"

[10]"依我看,在钱的方面。"

"也许,珀勒马科斯,用钱方面应该除外,当某人必须用钱去共同购买或出售一匹马,这时,[333c]我认为,养马人更合适。不是这样吗?"

"显然是。"

"做船的交易,船工或舵手更合适?"

"看来是。"

[5]"当需要怎么使用共同的银子或金子时,一个心怀正义的人比其他人更有用呢?"

"当把钱存放起来,保护好,苏格拉底。"

"那么,你是说,当他不必用此钱、让它闲着时?"

[10]"完全如此。"

"就是说,当钱没用时,这时,[333d]正义对它便有用了?"

"可能是这样。"

"当他需要把修剪葡萄的刀收起来不用,这时,正义便有用了,不仅对社会,而且对个人。但当需要使用时,有用的是修剪葡萄的艺术?"

[5]"看来是。"

"那么,盾牌和里拉琴,你会说,当需要把它们收起来不用时,这时,正义便有用了,但当需要使用它们时,有用的则是重甲兵的武艺和音乐家的艺术?"

"完全是。"

[10]"那么,对于其他一切也都如此,正义在每件东西使用时无用,在它们闲着不用时有用?"

"也许如此。"

8.[333e]"那么,朋友,这正义就绝不可能是某种有价值的东西,如果它只能对无用的东西有用。让我们来考虑下例。在搏斗中,无论是拳赛或是其他什么形式,难道不是进攻最有效的人同时最能保护自己?"

[5]"完全如此。"

"那么,对于病疫,一个能有效地自我防御的人,难道不是他可能在暗中将其带给别人?"

"我看是这样。"

[334a]"的确,这人是某军有效的卫士,因为是他偷听到了敌人的计划和其他动向?"

"完全如此。"

[5]"如此,某人是有效的卫士,同时又是有效的窃贼?"

"看来是。"

"如果心怀正义的人有效地守护着银钱,那么,他同时又是有效的窃贼。"

"按思路,"他说,"确有这意思。"

[10]"那么,心怀正义的人,这么看,显然是某种窃贼,你可能从荷马那里了解到这事,因为他[334b]喜欢奥德修斯①的外祖父奥托吕科斯②,说这人'在偷窃和发誓方面胜过了所有的人'。③ 因此,根据你、根据荷马、根据西蒙尼德斯,正义仿佛是某种窃取艺术,[5]显然对朋友有益而对敌人有害。你刚才说的难道不是这个意思?"

---

① 奥德修斯:荷马史诗《奥德赛》中的主要人物,伊塔卡岛上的一个领主,曾随同希腊舰队出征特洛亚,十年后,战争结束,但因受海神波塞冬的阻拦,他无法回归自己的家乡,在海上流浪又达十年之久,经历了种种苦难、奇遇、危险和波折,最后在智慧女神雅典娜的帮助下终于回到伊塔卡岛,和妻子佩涅洛佩以及家人团圆。

② 奥托吕科斯:根据神话传说,他是赫耳墨斯(一说达伊达利翁)和基奥娜(一说菲洛妮丝)的儿子;生有两个女儿(奥德修斯的母亲安提克勒亚和伊阿宋的母亲波利墨得)和一个儿子(西农的父亲阿西摩斯)。

③ 荷马,《奥德赛》14.395-6。原诗中"发誓"一词的含义相当于"发假誓的艺术"。

"不是,以宙斯为证!"他说,"然而,我已弄不清我自己刚才所说的话了。不过,我仍认为这一点是对的,正义给朋友利益,给敌人伤害。"

[334c]"说朋友,你是不是指那些表面看来对每一个人都有用的人,还是指那些实际有用而表面看不像是有用的人呢?说敌人,也是这样?"

"显然,"他说,"一个人会爱那些他认为是对他有用的人,[5]对他不利的人,他会恨。"

"的确,人们不正是在这方面犯错吗,许多人表面看来对他们有用而事实上并非这样,另外许多人正好相反?"

"正是如此犯错。"

[10]"这样,是不是好人就成了他们的敌人,坏人就成了他们的朋友?"

"是啊。"

"然而,对处于此境的人来说,[334d]帮助敌人、伤害朋友不是成了正义之事?"

"看来是这样。"

"然而,难道不是好人心怀正义,不可能做非正义的事?"

"对。"

[5]"那么,根据你的论点,伤害那些不做任何非正义之事的人是正义之事?"

"根本不是这样,"他说,"苏格拉底;看来我的论点不行。"

"那么,"我说,"这属正义之事,伤害无正义的人,[10]帮助有正义的人?"

"这论点显然比刚才那个好。"

"那么,珀勒马科斯,大部分人将会同意,尽管他们都错了,这属正义之事,[334e]伤害朋友——因为对他们不好——帮助敌人——因为对方对他们好;我们如此主张这个观点,和我们所说的西蒙尼德斯的意思正好相反。"

[5]"的确,"他说,"结果就是这样。不过,让我们修正一下;因为我们显然没有正确地给朋友和敌人的概念下个定义。"

"我们是怎么说的,珀勒马科斯?"

"谁看来有用,"他说,"谁就是朋友。"

"现在,"我说,"我们如何修正?"

[10]"不仅看来有用,"他说,"而且实际上如此,这人就是朋友;[335a]看来有用,而实际上并非如此,这人看来像朋友,但不是朋友。此定义同样适用于敌人。"

"如此看来,好人,根据这个说法,是朋友,坏人是敌人。"

[5]"是这样。"

"你要我们把这一点加到正义的概念上,如我们早先讨论的那样,我们说正义就是做对朋友有利、对敌人有害的事,现在你要再加一点,说正义是做对朋友有利的事,如果他真是好人,做对敌人有害的事,如果[10]他真是坏人?"

[335b]"完全如此,"他说,"我看这么说很好。"

9. "那么,一个有正义的人,"我说,"能伤害任何人吗?"

"那当然啦,"他说,"对那些坏人和敌人,他应该[5]给以伤害。"

"一些受了伤的马比从前好,还是差?"

"差。"

"根据狗的优秀品质①而言呢,还是马的?"

"根据马的。"

[10]"那么,当狗受了伤,它们差了,是就这些狗的优秀品质而不是根据马的优秀本性而言?"

"必然是这样。"

[335c]"关于人,伙计,我们是否也这么说,受了伤,他们的人的优秀品质比从前差了?"

"就是这样。"

"然而,正义不是人的优秀品质?"

[5]"当然是。"

"这么说,朋友,这些受了伤的人必然比从前差了?"

---

① 优秀品质(希腊原文ἀρετή):通指事物或有生动物(包括人)所拥有的、代表其最佳处境、反映其最高价值的东西,如某物的美好完善,某武士的勇猛顽强等。根据上下文的意思,该词可翻译为"优秀品质""最佳本质""杰出的品格""美德"等。

"显然如此。"

"那么,通过音乐,音乐老师能[10]使人失去乐感吗?"

"不可能。"

"通过骑马,骑马教练能使人失去骑马艺术吗?"

"不能。"

"但是,通过正义,有正义的人倒能使人失去正义?或,[335d]简言之,好人通过自己的优秀品质能使他人变坏?"

"那不可能。"

"热的功能,我想,并不是使物冷却,而是与其相反。"

"是。"

[5]"干的功能不是使物潮湿,而是与其相反。"

"是这样。"

"好的功能不是使物受损,而是与其相反。"

"看来是这样。"

"有正义的人是好人?"

[10]"完全如此。"

"那么,伤人并不是正义者的功能,珀勒马科斯,不管对方是朋友或任何他人,而是与其相反,伤人是非正义者的功能。"

"我看,"他说,"你说得完全对,苏格拉底!"

[335e]"那么,如果有人说,把所欠的东西还给每一个人是一件正义的事,凭这一点,他认为,有正义的人应该既给敌人造成伤害,又给朋友带来利益,说这种话的人并不明智。他说得不正确;[5]因为,对我们来说,这已很清楚,伤人绝不是一件正义的事。"

"我同意。"他说。

"那么,"我说,"我和你将一同参加争论,如果有人声称说这话的是西蒙尼德斯,或是庇阿斯①,或是匹塔科斯②,或是他们那批明智、幸福人士中的某一位。"

[10]"至少,"他说,"我准备和你一同参加争论。"

---

① 庇阿斯:普里厄涅人,当地的政治家和立法家,被誉为古希腊七大圣贤之一。

② 匹塔科斯(约前651—约前570):勒斯波斯岛上缪提勒涅城邦政治家,古希腊七大圣贤之一。

[336a]"但你知道,"我说,"这话依我看来自何人,说帮助朋友、伤害敌人是一件正义的事?"

"来自何人?"他说。

[5]"我想,这话来自佩里安德罗斯①,或是佩尔狄卡斯②,或是薛西斯③,或是忒拜克人伊斯墨尼阿斯④,或是其他某个认为自己拥有大权的富豪。"

"你说得非常对!"他说。

"好,"我说,"既然正义或正义之事并不像如上所说的那样,[10]某人能说它到底是什么东西呢?"

10. [336b]那位忒拉绪马科斯⑤,当我们还在交谈的时候,他曾多次试图插话,但随即受到坐在他身边的那几个人的阻拦,因为他们想听完我们的争论。当我们停了一下,我把话刚说完,他再也[5]忍不住沉默,只见他紧缩一团,如同一头野兽,腾然向我们扑来,想把我们撕碎。

我和珀勒马科斯两人顿时慌了起来,充满了畏惧;他连喊带吼地打断了我们:"什么胡话,"他说,"刚才把你们搅和成这样,[336c]苏格拉底?为什么像白痴一般你唱我和,相互奉承?如果你真想知道什么是正义之事,别光提问题,然后自负地驳斥某人作出的某种回答,因为你很清楚,[5]提问题要比解答问题容易,然而,让你自己来回答,说,你号称什么是正义之事。请别对我声称,[336d]它是必要之物、有益之物、有利之物、有裨之物、有助之物,而是清楚地、精确地说出来,不管你说什么,因为我不会从你那里接受像刚才说的那套胡话。"

[5]听他这么一说,我顿时愣了,充满恐惧地望着他,心里在想,要不是我先朝他看,早于对方看到我,我非哑了不可。⑥ 事实上,正当他

---

① 佩里安德罗斯:居普塞洛斯和克拉苔娅之子,在科林多实行僭主统治有40年之久(前600—前560),也常被誉为是古希腊七大圣贤之一。

② 佩尔狄卡斯:指马其顿王佩尔狄卡斯(二世),死于公元前413年。

③ 薛西斯:薛西斯一世,波斯国王(前485—前465)。

④ 伊斯墨尼阿斯:忒拜政治家,公元前382年被处死刑,和以上三者一样,在此作为施行暴力专制的代表。

⑤ 忒拉绪马科斯:见卷一,328b。

⑥ 根据广泛流传的民间说法,人必须先看到狼,不然,人就会变哑,参见普林尼,《自然史》8.34.80。

开始被这争论逼得野性发作时,我先朝他望了一眼,[336e]因而我还有能力对他作出回答,这时,我心颤悠悠地说道:"忒拉绪马科斯,别和我们过不去,如果我和他在对那些言论的探讨中犯了错误,敬请相信,我们不过是无意中犯了错误。因为,你当然不会这么想,假如[5]我们正在寻找金子,这时我们能在寻找过程中甘心情愿地相互谦让、糟蹋发现金子的机会,何况我们正在找正义,一件价值高于大量金子的东西,我们会如此盲目地顺从对方,不那么全力以赴地去追寻。你当然不会这么想,[10]朋友。而我想,我们只是缺乏能力。因此,对我们来说,[337a]受你们这些聪明人怜悯远比受虐待更合理。"

11. 听我说完这话,他非常辛辣地大笑一声,开口说道:"我的赫拉克勒斯①,"他说,"这就是苏格拉底著名的反讽②,[5]我不仅早已知道这套东西,而且早先对这些人说了,你不会愿意回答问题,而是假装无知,什么都干,就是不给回答,假如有人问你什么。"

"因为你是高明人士,"我说,"忒拉绪马科斯!你早清楚地知道这一点,假如你问某人,十二是多少,提问时,你先[337b]警告他——'伙计,可别告诉我十二是六乘二,或是四乘三,或是二乘六,或是三乘四,因为我不会从你那里接受这样的蠢话,'——对你,我想,这很明显,没有人能够回答[5]你如此提出的问题。但,假如他对你说,'忒拉绪马科斯,你说的是什么意思?我能不给予任何一个你已预先提到的答案?或又如何,令人敬佩的人,即使答案正好是其中某一个都不行,相反,我必须给一个和事实不相符合的答案?[337c]要不,你说的是什么意思?'对此,你会对他如何解释?"

"好啊,"他说,"这事和那事多么相似。"

"这有何关系?"我说,"即使不相同,只要在被问人的眼中显得相同,[5]你认为,在回答对他来说是个明显问题的面前,他会减少把握,不管我们禁止他也好,不禁止他也好,或不这样?"

---

① 赫拉克勒斯:希腊神话中名声最高、力量最强大的英雄,天神宙斯和凡女阿尔克墨涅之子,在人间有十二项伟大功绩,死后化神,在奥林波斯天堂定居。人们常借他的名字发誓,或表示惊叹。

② 反讽(εἰρωνεία):指在对话或争论中,佯装无知,通过问答法,循序渐进,最终使对方认识到自己思维中存在的错误或自相矛盾的地方。

"是不是说,"他说,"你将这么做;你将给一个我所禁止的答案呢?"

"我不会惊讶,"我说,"倘若,经我思考,答案[10]明显如此。"

[337d]"你看这如何,"他说,"我将给你一个不同于所有那些有关正义的答案,比那些都好? 你应受什么样的惩罚?"

"对一个无知的人,"我说,"还有什么其他惩罚比这更应该忍受? 不管怎样,应该向有知识的人学习! 当然,我也[5]认为自己值得忍受这个惩罚。"

"你倒挺甜蜜,"他说,"不过,除了学习之外,还得罚钱。"

"可以,当我有了钱。"我说。

"有钱,"格劳孔说,"若为了钱,那么,[10]忒拉绪马科斯,请说下去! 因为我们大家都将会替苏格拉底出钱。"

[337e]"我想,完全可以,"他说,"这样好让苏格拉底将其通常的一套进行到底,他自己不回答,别人回答了,他提出质问,给予反驳。"

"怎么会呢,"我说,"最杰出的人,怎么能让[5]一个什么都不知道的人,况且他承认自己什么都不知道,首先回答问题,再说,即使他知道一点,这对他又是件禁事,受某个资格不低的人限制,不能说出任何答案? 你来回答则更[338a]合理,因为你说你知道,并且能说。别推让,就算成全我,你来回答,别不愿意教教这位格劳孔以及其他人。"

12. 当我这么说的时候,格劳孔以及其他人[5]也一同敦促他别推让。而忒拉绪马科斯显然也渴望发言,为了赢得赞赏,认为自己有一个完美的答案,然而他却做出一副样子,争说要我当回答问题的人。最后,他算同意了,开了口。[338b]"这,"他说,"就是苏格拉底的智慧,他自己不愿意教,却东走西跑,从别人那里学,对他们又无感恩之情。"

"我从别人那里学,"我说,"这一点,[5]你说对了,忒拉绪马科斯,说我不回报感恩,那是虚言;事实是,我向来尽自己的能力给与回报。不过,我只能用赞扬来回报,因为本人确实没有钱。至于我如何热心地给予赞扬,要是我觉得某人说得好,你会立刻知道得很清楚,一旦你作出了回答。因为我认为你会说得很好。"

[338c]"你就听着吧,"他说,"我说,正义不是别的什么东西,它无非就是强者的利益。怎么,为什么不给赞扬? 可不,你将不乐意了。"

"当然乐意,"我说,"如果我首先弄懂了你说的是什么意思。目前我还真不[5]明白。你说强者的利益是一种正义的东西。这一点,忒拉绪马科斯,你到底如何解释?当然,你的意思不可能仅仅是这样:如果全能竞争者珀吕达马斯①比我们强,而牛肉有利于他的身体,那么,这种[338d]食物,对于我们这些力量比他弱的人,既是有利的东西,同时又是正义的东西。"

"你真令人作呕,"他说,"苏格拉底,你就这样接过我的话,如此把它糟蹋尽了!"

[5]"完全不是这样,最高贵的人,"我说,"不过,请你把它讲得更清楚些。"

"难道你真不知道,"他说,"一些城邦实行僭主统治,一些实行民主统治,一些实行贵族统治?"

"怎么不知道?"

[10]"是不是这在每个城邦中为强方——这统治势力?"

"完全如此。"

[338e]"每一个统治体系为了自己的利益制定出一套法律,民主政体制定民主式的,僭主政体制定僭主式的,还有其他政体无非都这样;他们宣称,他们制定的这套法律,对被统治的人们来说,是正义的东西,而对他们自己来说,这无非就是利益,[5]谁若走出这个范围,他们便以违法乱纪的罪名惩罚他。就是这个,最杰出的人,这就是我所指的正义,[339a]在所有城邦中都一样,代表现存统治阶层的利益;它有某种强大的地位,以致每一个思维正确的人都会同意,不管在什么地方,正义的本质都一样,它是强者的利益。"

[5]"现在,"我说,"我懂了你说的意思;但这是否属实,我将试图搞清楚。这利益,忒拉绪马科斯,你自己回答说它就是正义——尽管你不许我给这个回答——不过,利益之前的确多了个'强者的'这一概念。"

[339b]"这一加,"他说,"也许微不足道。"

"区别是否大,现在还不清楚;然而,清楚的是,我们必须探讨一

---

① 珀吕达马斯:一位享有盛誉的竞争手,公元前408年奥林匹亚运动会上夺得(拳击和摔跤)全能冠军。

下,看看你说得是否正确。因为甚至我都认为正义是某种给人带来利益的东西,然而,你却加了一点,说[5]它属于强者,对此,我的确无知,实在有必要探讨一下。"

"你来探讨吧。"他说。

13."就这样!"我说,"告诉我,服从那些占据统治地位的人,你说这是不是正义之事?"

"我说是。"

[339c]"不过,这些在每一个城邦里统治的人士是否不可能犯错误,还是有可能犯错误?"

"当然,"他说,"他们有可能犯某种错误。"

"因而,当他们着手制定法律时,他们会把一些[5]制定对了,把另一些制定错了?"

"我想是这样。"

"制定对了的部分就是给这些制定者本人带来利益的部分,不对的部分则是不利的部分?或者你又怎么说?"

"就这么说。"

[10]"凡是他们制定出来的一切,被统治的人必须遵守,这就是正义之事?"

"怎么不是?"

[339d]"那么,正义之事根据你的说法不只是带来强者的利益,而且带来了相反之物,对他们不利的东西。"

"你说的是什么意思?"他说。

[5]"而你说的那些是什么,我也在纳闷;就让我们更好地探讨一下。我们对这一点的看法难道不已经一致,当统治人士对被统治者下命令时,他们有时候在牵涉到自身最高利益方面犯错误,而对被统治者来说,凡是统治人士所下的命令,执行就是正义之事?对这一点,难道我们已不已经一致?"

[10]"我认为一致。"他说。

[339e]"你显然这么认为,"我说,"同时,你也已经承认,做对统治人士和强者不利的事是正义之事,当这些统治人士无意识地发布了对自己不利的命令,你说,对对方来说,执行他们所发布的命令是正义之

事——[5]因此,就在这种时候,无比高明的忒拉绪马科斯,我们必然面对这么一个结论,做这事,和你说的正相反,是正义之事?因为,发布命令让弱者去做的不就是对强者不利的事吗?"

[340a]"是,宙斯在上,苏格拉底,"珀勒马科斯说,"这可非常清楚。"

"如果你替他作证。"克莱托丰抢着说道。

"何需证人?事实上,忒拉绪马科斯自己[5]承认,统治人士有时发布对自己不利的命令,而对方执行这些命令是正义之事。"

"这,珀勒马科斯,还不是因为忒拉绪马科斯先前坚持说,执行由统治人士发布的命令是正义之事。"

"强者的利益,克莱托丰,他的确声称过,那是一种[340b]正义的东西。坚持了这两种观点,他又进一步承认,有时候,强者发布一些对自己不利的命令,让比他们弱、被他们统治的人去执行。根据这几个已经共同认可的论点,对强者有利的东西不可能[5]比对他们不利的东西更富有正义性。"

"然而,"克莱托丰说,"他说了,所谓强者的利益就是那种强者认为对自己有利的东西。弱者必须去执行,他确认,这就是正义。"

"然而,"珀勒马科斯回答道,"他说的并非如此。"

[340c]"这,"我说,"没任何关系,珀勒马科斯,如果忒拉绪马科斯现在这么说,我们将如此接受。①

14."告诉我,忒拉绪马科斯,这就是你想说的正义,即凭强者的目光看这代表强者的利益,[5]不管在事实上是否给他们带来利益?我们可以这样表达你的意思?"

"丝毫不是这样,"他说,"你以为我会称这么一个犯错误的人为强者,正当他在犯错误?"

"我的确记得你是这么说的,"我说,"你承认,统治人士并非不可能犯错误,而是有可能犯错误?"

[340d]"你可真是个诬告者,"他说,"苏格拉底,就在这些对证中!当某人在替人看病人时犯错误,就根据他犯错误的那一刻,你是否称他为医生?或某个在算账中犯错误的人,你称他为会计,就在他犯错误的

---

① 在伯内特的版本中,这句话和以下一句话之间没有间断,也无章节号。

那一刻,就根据[5]那个错误?不过,我想,我们只不过是在文字上争论而已,说什么这医生失误、这会计失误、这语文先生失误;而我认为,他们中的每一个人,就凭我们按其特长[340e]如此称呼他,从来不失误;如此,按精确的说法,鉴于你一贯喜欢精确,行家中没有一个人失误。因为,只是当知识离开他的时候,他才犯了错误,成了失误者。正如行家,[5]或智者,或领袖,没有任何人,当他处在统治地位时,会有失误,尽管人人都可声称,医生错了或领袖错了。按这般说法,接受我刚才给你的回答吧;然而,最精确的概念恰好就是那个,一个占统治地位的人,[341a]只要他是统治者,不可能犯错误,不可能错误地为自己的利益制定法律,而这法律被统治者必须遵守。因此,正如我一开始说的那样,我重申,做对强者有益的事是正义之事。"

15. [5]"好啊,"我说,"忒拉绪马科斯!你认为我在诬告你?"

"确实完全如此。"他说。

"因为你在想,我向你提问,像刚才那样问你,我是在辩论中耍阴谋伤害你?"

"对此,我很清楚,"他说,"当然,你绝不会得到任何更多利益。[341b]其实,你既无法偷偷地伤害我,也不能偷偷地在辩论中把我征服。"

"而我也不会试图这样做啊,"我说,"你这幸福的人!不过,为了避免此类事再次发生,你给个定义,[5]所谓统治者和强者,是根据字面意思说还是根据精确含义,正如你刚才说的那句话,声称让弱者为他谋利,因为他是强者,是正义之事。"

"这里的统治者,"他说,"是根据最精确的含义说的。冲着这一点,你就伤害、诬告吧,如果你有本事——我可绝不会[10]求你谅解——其实你也没这能力。"

[341c]"难道你以为我疯到了如此程度,"我说,"竟然想给狮子剪毛,对你忒拉绪马科斯进行诬告?"

"刚才,"他说,"你不已经试过,尽管什么也没捞到。"

"够了,"我说,"这话就到此为止。告诉我:[5]精确概念中的医生,如你刚才所说,是赚钱的商人,还是病人的护理?请你直称这个本质如此的医生。"

"病人的护理。"他说。

"那么,何谓舵手? 一个舵手,准确地说,是船员们的领袖,[10]或是船员?"

"船员们的领袖。"

[341d]"我认为,我们不必考虑这一点,说他随船航行,或他被人称为船员;事实上,他被称作舵手,并非根据航行这一点,而是根据他的专长和他对船员们起的领导作用。"

"对。"他说。

[5]"因此,他们每一个人都从中得到某种利益?"

"完全如此。"

"专长不就是为此而存在,"我说,"为每一个人寻求和提供利益?"

"就是为此。"他说。

[10]"那么,对于每一种专长来说,除了做到尽量完善外,还有别的什么利益吗?"

[341e]"问这话是什么意思?"

"打个比方,"我说,"假如你问我,躯体是否能足以靠自己生存,或需要什么东西,我会说:'它当然完全有这个需要。正因如此,这一医学专长[5]如今①才被人发现,因为躯体有缺陷,不能足以靠自己生存。按照它的需要为它提供一切利益,为此,医学专长做好了准备。'我这么讲,"我说,"你看是对还是不对?"

"对。"他说。

[342a]"这又如何? 说这医学有缺陷,或说,其他某一专长有缺陷,需要另一专长补助——就像眼睛需要目光,耳朵需要听力,因此,为了各自的目的,它们需要有某一专长给它们寻求并且提供利益,同样如此——[5]在这某一专长中存在某种缺陷,而这一专长需要另一专长为它寻求利益,而这种寻求又需要另一专长来补助,这不是没有穷尽了吗? [342b]或说,每一专长只为自己寻求利益? 或说,专长本身并没有缺陷,并不需要另一专长为了弥补它的缺陷而寻求利益,因为,每一

---

① 如今:指医学上的一个新动向,塞吕姆布里亚人、运动学和饮食学家赫罗狄科斯在公元前5世纪在此领域作出的贡献。

种专长都无缺陷或错误,它的应尽职责不是为其他东西寻求利益,[5]而只是为此专业的对象,它纯洁无害,因为它本身正确,只要每一种专长都完全地、精确地代表着它的本身?请按你那精确的思路考虑;它是这样呢,或是其他什么样?"

"看来是这样。"他说。

[342c]"那么,"我说,"医学并不是为医学自身考虑利益,而是为躯体?"

"是。"他说。

"养马专长也并非为养马专长,而是为马,其他专长[5]也并非为了自身——因为它并非需要为自己谋利——而是为此专业的对象。"

"看来,"他说,"是如此。"

"那么,忒拉绪马科斯,各种专长不仅占主导地位,而且管辖着任何凡属这些专长的领域?"

[10]他也承认了这一点,但很勉强。

"从而,任何一种专业知识要考虑或照料的对象并不是强者的利益,而是弱者和[342d]被它统治一方的利益。"

关于这一点,他试图反驳,但最后还是承认了;既然他同意了,"那么,难道不是如此,"我说,"任何一个医生,根据医生的本分,考虑或命令的不是医生的[5]利益,而是病人的利益?因为,我们已共同承认,精确地说,医生是躯体的统治者,而不是赚钱人。或没有共同承认过?"

他表示肯定。

"那么,精确地说,舵手是船员们的领袖,[10]而不是船员?"

[342e]"承认过。"

"那么,如此所说的舵手和领袖考虑和提供的不是舵手自己的利益,而是船员和被他领导的人的利益?"

[5]他勉强地表示肯定。

"由此看来,"我说,"忒拉绪马科斯,一个处在领导地位上的人,根据领导者的本质,考虑或颁发命令,根本不是为自己的利益,而是为被他领导的人,他凭领导专长发挥自己的作用,眼前看到的是对方,对方的[10]利益和应有处境,他所说的一切、所做的一切都是为了对方。"

16. [343a]就这样,当我们到了争论中的这个关节,当在场的人都看到有关正义的争论拐了弯、走到了它的反面,对此忒拉绪马科斯没有答话,反言道:"告诉我,"他说,"苏格拉底,你还用奶妈吗?"

[5]"什么意思?"我说,"你不是更有必要回答正题,而不是问这种事情?"

"因为,"他说,"她任你流着鼻涕①,不替你抹去应该抹去的东西,而你,不为她想想,连羊群羊倌还不认。"

[10]"具体些,究竟不认什么?"我说。

[343b]"你以为,羊倌或牛倌一心想着羊群或牛群的好处,养肥它们,照料它们,目中看到的并非主人和自己的利益,而是其他某种东西,进而,在各城邦中[5]占统治地位的人士,即那些真正地实行统治的人,你认为他们对被他们统治的人拥有另外什么的想法,不同于某人对羊群的想法,他们日以继夜地思考着另外某种东西,而不是这一点,[343c]如何为自己谋利。关于正义之事、正义、非正义之事、非正义,你站得离它们如此之远,以致你无法认识,正义和正义之事实质上是一种供别人享受的美物,它给强者和统治者带来利益,[5]正义本身对服从它、听其使唤的人带来的是伤害,而非正义恰恰相反,它统治着那批真正心地纯洁、恪守正义的人,于是,这些被它统治的人就造出那个强者的利益,因对方比他们强,他们为他服务,[343d]使他幸福快乐,而对他们自己却并非如此。你自己想想,心底最纯洁的苏格拉底,事实是否就是这样,一个正义者总比一个非正义者少得东西。首先,这体现在他们之间的合同中,当这人与那人合作,[5]你怎么也不会发现,在合同期满解除后,正义者比非正义者多得东西,相反,他总是少得。其次,在有关城邦的事物中,每逢交税纳款,在同样大小的地产上,正义者总付得多,对方则付得少,每当有余款退回,[343e]他分文无收,对方却赚了许多。再说,当他们在城邦中各自占据某种领导地位,对正义者来说,通常发生这样的事,即使他没有任何其他损失,因疏忽,他把自己的家境弄得不如从前,因正义,他从公共基金那里没提取任何利益,而且他又受到亲友和[5]熟人们的讨厌,因为他坚持正义,不愿满足他们的要求。对非正义者来说,情形恰好完全相反。让我重申一下[344a]我

---

① 指某人愚蠢无知,这一蔑语在其他语言中也很常见。

刚才说过的话,能力大的人总占优势;请你就研究一下这种人,如果你想弄清非正义私下给他的利益要比正义给他的究竟高出多少。你将绝对容易地看到这一点,如果你面临最地道的非正义,[5]它使干非正义之事的那人感到无比幸福,它使那些受非正义的伤害的人们和那些自己不愿意做非正义之事的人们感到无比痛苦。这就是僭主政治,它并非一点一滴地用隐秘或暴力的措施侵占不属于它的财产,神圣的也好,世俗的也好,个人的也好,公家的也好,而是[344b]一下子全部侵占;当某人在以上任何一方面公然冒犯了正义,他便受到惩罚和严厉的谴责——神殿盗窃犯、拐卖奴隶犯、挖墙行窃犯、强盗、小偷,这些人被人如此称呼,是因为他们各自在某一方面冒犯了正义,干了坏事——然而,当某人侵占了市民们的[5]财产还不算,还抓人,使他们成为自己的奴隶,这种人非但没有可耻的罪名,反而[344c]被称为是幸福快乐的人,不仅被城邦的人民,而且被其他一切听说他冒犯了全部正义的人称赞。那些责骂非正义的人,之所以责骂它,并非因为害怕做非正义的事,而是害怕承受其后果。正是这样,苏格拉底,[5]非正义比正义更强大、更自由、更具有主人风格,当它得到充分的体现,总之,正如我在开始时所说,正义是一种给强者带来利益的东西,而非正义是一种为它自己造福、给自己带来利益的东西。"

17.[344d]说完这些,忒拉绪马科斯打算离开,就像一个在澡堂里帮人洗澡的堂倌,把这一番滔滔不绝、长篇大论的演讲全都泼入了我们的耳中;在场的这些人根本不让他走,而是硬要他留下,要他解释他所说的那些东西。[5]我也同样,亲自极力恳求他,说道:"充满神韵的忒拉绪马科斯,你对我们抛出了这么多的话,你打算此刻就离开,不先适当地指教一番或探讨一下这话是否正确?[344e]或者你认为,试图分清是非是小事,并非关系到怎么度过人生,尽管我们中每一个人,倘若根据这个尺度过日子,能过上最完美的生活?"

"对于这一点,"忒拉绪马科斯说,"我持有不同的想法吗?"

[5]"你看来是这样,"我说,"——或是你根本不关心我们,根本不在意我们将会生活得更好或更差,鉴于我们对你所声称你知道的东西一点儿也不懂。然而,高尚的人,拿出点热情来,开导[345a]开导我们——这对你也将是一种不错的投资,眼下给我们这么一大伙人施

恩——实在跟你说,对我个人来讲,我既不信,也不认为非正义比正义更有利,不,绝非如此,即使人们完全纵容它,不阻拦它做任何它想做的事。[5]然而,高尚的人,就说有这个非正义者,就说他有这种能力做非正义的事,或是偷偷摸摸,或是公开大干,即使如此,他仍不会使我信服这比正义更有利。此刻,[345b]我们中间或许还有人有这种想法,不只是我一人;那么,尽力说服我们吧,幸福的人,说我们把生活计划错了,因为我们认为正义比非正义更有价值。"

"我将怎样说服你呢?"他说,"既然你没有被我刚才说的那些话[5]说服,为你,我还能做些什么? 要不然,让我带着论据闯入你的灵魂?"

"宙斯在上,"我说,"你可别这样;不过,首先,对于你说的那些话,你得保持立场,倘若要变,公开地变,别欺骗我们。情形就是这样,你瞧,忒拉绪马科斯——还是[345c]让我们仍讨论先前的问题——刚开始,你给何谓真正的医生下了定义,后来,对于何谓真正的羊倌,你却认为没有必要保持定义的精确性,相反认为,他养肥羊群,正因为他是羊倌,眼前看到的并非羊群的[5]最佳利益,而是大吃大喝,如同某个应邀赴宴的客人即将受到款待,[345d]或是出售赚钱,如同钱商,而不是羊倌。然而,牧羊专长所关注的显然不是别的,而是它的基础,如何为这一基础提供最佳服务——显然,它要充分地满足自己的需要,使自己处于最佳状态,直到它完全不愧[5]为牧羊专长——正是因为如此,我刚才在想,我们必须对此有一致认识,每一种统治,正因它是统治,并非为别的什么最高利益考虑,而是为[345e]受它统治、受它看护的客体,城邦统治是这样,私人统治也是这样。那些在城邦中施行统治的人,那些真正在统治的人,你认为,他们在自愿地施行统治?"

"宙斯在上,不,"他说,"这我清楚。"

18.[5]"这又如何,忒拉绪马科斯?"我说,"至于其他那些统治任务,你不认为这是事实,没人会自愿施行统治,相反,他们都把报酬看作先决条件,其理由是,统治中出现的利益将不属于他们自己,而属于[346a]那些被统治的对象? 因此,请解释这一点:我们不是每回都说,这一种专长和另一种不同,因为它具有不同的功能? 此外,幸福的人,可别回答得和你自己的想法相反,好让我们心中也有个底。"

[5]"可不,靠这一点,"他说,"它才不同。"

"难道不是这样,每一种专长为我们提供某种专有利益,而不是普通利益,如医学专长提供健康,导航专长在航行中提供安全,其他专长也都如此?"

"完全如此。"

[346b]"那么,雇佣专长提供雇佣金?因为这是它的功能;或,你称医学和导航是同一个专长?或,倘若你真想精确地下定义,如你建议的那样,你不会更倾向于这么称,即使某个导航人变得健康了,[5]因海上航行给他带来了好处,凭这一点,你会更倾向于称它为医学专长?"

"当然不会。"他说。

"我想,你同样不会称雇佣专长为医学专长,即使某人在受雇期间变得健康了?"

"当然不会。"

[10]"这又如何?你不会称医学专长为雇佣专长,即使某人在给人治病时收取雇佣金?"

[346c]"不会。"他说。

"那么,对于每一种专长具有自己专有的利益这一点,我们观点一致了?"

"就算是这样。"他说。

[5]"那么,不管什么利益,只要各类工匠能共同获得它,很显然,他们还利用了某个共同的领域,从中为自己谋取利益。"

"看来是这样。"他说。

"因此,我们说,这些赚钱的[10]工匠们能利用赚钱的专长为自己谋取利益。"

他勉强表示同意。

[346d]"那么,这个利益,即领取工钱,并非来自每个工匠自己的专长,而是这样,如果我们必须精确地考虑这一点,医学专长在一方提供健康,赚钱专长在另一方提供工钱,盖房专业在一方提供住房,赚钱专长,照它的样,在另一方提供[5]工钱,而其他一切专长也都这个样,每一专长行使自己的职能,为自己的特定领域服务。如果不另外给它工钱,你说,工匠会从他的专长中得益吗?"

"看来不会。"他说。

[346e]"那么,他是否不给人利益,当他在无偿地工作?"

"我认为,他仍给人利益。"

"因此,忒拉绪马科斯,这一点不是已经很清楚,任何专长或统治都不提供对自己有益的东西,相反,[5]正如我们刚才说过的,它不仅提供对被统治的对象有益的东西,而且为他们的利益而发布命令,它所考虑的是弱者的利益,并非强者的利益。正因为如此,我的忒拉绪马科斯,我早先声称,没有人会自愿地施行统治,把别人的难事接到自己的手中,拨乱反正,而是[347a]个个把报酬看作先决条件,因为,每一个立志用自己的专长干好工作的人,他从来不是在为自己的最高利益工作,发布命令时,他也不是在根据自己的专长发布命令,而是为了受他统治的对象。因此,这么看来,必须把报酬付给那些打算[5]自愿地上台执政的人,或给金钱,或给荣誉,或给惩罚,如果有谁拒绝执政。"

19. "你说的是什么意思,苏格拉底?"格劳孔说道。"前面两种报酬,我理解,而你所指的惩罚以及你把它算作报酬的一个部分,我没听懂。"

[10]"那么,"我说,"你还不懂什么是最高尚的人们的报酬,正是为了这种报酬,[347b]最优秀的人推行最合适的统治,当他们愿意执政。难道你不知道,贪图荣誉或贪图金钱,不只是据说是、其实就是耻辱?"

"我知道。"他说。

[5]"正因为这样,"我说,"这些高尚的人上台执政,并不是为了金钱也不是为了荣誉。因为,他们既不愿意公开地接受对他们执政的报酬,被人称为领取佣金的雇工,也不愿意暗中提取报酬,被人称为小偷。再说,他们也不是为了荣誉而执政。因为他们并不贪图荣誉。因此,[347c]他们面前必定出现了某种义务的逼迫和惩罚,如果他们同意执政——自己想上台执政、不等义务来逼迫,这常常被人看作一种不光彩的行为——相反,受一个比自己差的人统治乃是最大的惩罚,倘若这人自己不[5]愿意统治。依我看,是由于害怕这个,这些优秀的人才执政,每当他们执政。此时,他们走向统治,并非像走向某种高尚的东西,也非像他们将会在这中间感到幸福舒畅,[347d]而是像走向应尽的义

务,因为他们不能把这事交托给比他们更好的人,或和他们相似的人。因为这很有可能,假如有这么一个城邦,人人高尚,那么,他们相互斗争,为了不参与统治,就像今人斗争,为了统治,从而,在那种环境中,这事会显得非常清楚,[5]真正的统治者,根据其本性,生来并非考虑什么对自己有利,而是什么对被统治的人有利,这样一来,每一个有头脑的人都会选择受益于他人,而不是自己做事,为他人谋利。因此,我一点也不同意[347e]忒拉绪马科斯的这个观点,说什么正义是强者的利益。不过,这个问题,我们以后仍将讨论;依我看,远比这重要的是忒拉绪马科斯目前在说的那个观点,他声称,非正义者的生活强于正义者的生活。那么,你,"[5]我说,"格劳孔,你更会选择哪种?你认为哪一种看法更正确?"

"我认为,正义者的生活更有益。"

[348a]"那么,你听到了,"我说,"凡是忒拉绪马科斯刚才列举的那些好处都属非正义者所有?"

"听到了,"他说,"可我不信。"

"那么,你要不要我们一起来说服他,如果我们能用某种方法证明,[5]他说得并不正确?"

"我怎么不要!"他说。

"眼下,"我说"假如我们给他一篇反驳,一个条目对一个条目,说出正义一方所拥有的好处是多少,他重复他的,我们说我们的,我们必须计算一下[348b]这些好处,衡量一番双方各自所说的东西,并且,我们还需要一批法官替我们作出判决;要不,就让我们像刚才那样讨论,相互提出不同观点,我们自己将同时当法官,又当演说家。"

[5]"那就完全如此。"他说。

"无论这样或那样,"我说,"都合你心意。"

"是如此。"他说。

20. "来吧,"我说,"忒拉绪马科斯,从头回答我们。纯粹的非正义比纯粹的正义[10]更有益,你说是这样?"

[348c]"我说完全如此,"他说,"为何如此,我已说过。"

"再进一步,针对它们,你怎么解释以下这一点? 你称一个为优质,另一为劣质?"

"怎么不是这样?"

[5]"那就是说,称正义为优质,称非正义为劣质?"

"有这可能,言辞无比甜蜜的人,"他说,"当我在说非正义有利,正义无利的时候。"

"到底怎么说?"

[10]"恰恰相反。"他说。

"是不是称正义为劣质?"

[348d]"不,一种十分高尚的纯正。"

"因此,你称非正义为低劣?"

"不,一种高明。"

"依你看,忒拉绪马科斯,没有正义的人是不是既灵敏又高尚?"

[5]"是这样,"他说,"只要他们能把非正义贯彻到底,把人类的城邦和民族统一到他们手下;你也许在想,我说的是那些切割别人钱袋的人。干这类事情,"他说,"的确也有利可图,如果不被人发现。不过,这样的事情不值一提,和我刚才所说的不同。"

[348e]"你想说的这事,"我说,"我并非没听懂,然而,我对这一点感到惊讶,你似乎把非正义放到了美德和智慧的一方,把正义放到了和它们对立的一方。"

"我正是这样做的。"他说。

[5]"这道理变得更生硬了,我的朋友,"我说,"要抓住某人到底在说些什么已不容易。因为,如果你声明非正义给人利益,而又同意这是一种低劣或可耻的东西,如其他一些人①,我们本来可以根据传统概念进行对话,表达意思;可现在,你明确表明,你将会说非正义又[10]好又强,并将把所有那些[349a]我们赋予正义的特征全部加给非正义,因为你显然敢于把它放到美德和智慧的一方。"

"你预料得绝对正确。"他说。

"不管怎样,"我说,"我决不会在逻辑上放松[5]追究我们的论题,只要我认为你在说你所想的事情。因为,我相信,忒拉绪马科斯,眼下

---

① 演说家伊索克拉底提到过持有这种观点的代表人物,见《演说集》8.31;在柏拉图的《高尔吉亚》中,珀洛斯几乎通篇为这种观点作了辩护。

你显然不是在胡乱地和我们开玩笑,而是在发表你对真理的真正想法。"

"这对你,"他说,"又有什么区别,我这么想也好,不这么想也好,[10]难道你不反驳我的言论?"

[349b]"没任何区别,"我说,"不过,除了上述的话,请尽力进一步回答我:你认为,一个正义者会想比另一个正义者得益更多?"

"一点也不,"他说,"那样的话,他就既不文雅,如同现在,[5]也不纯正。"

"这又如何?在做正义之事方面也非这样?"

"做正义之事方面也非这样。"他说。

"他会不会指望自己比非正义者得益更多,并且认为这是一件正义之事,他不会这么认为吗?"

[10]"他会这么认为,"他说,"也会这么指望,然而,他无法做到这一点。"

"但我不是在问你这个,"我说,"而是在问,[349c]一个正义者是否并不指望也不想比另一个正义者得益更多,但比非正义者得益更多?"

"可不,"他说,"就是这样。"

"非正义者又如何呢?他会指望比正义者得益更多,[5]在做正义之事方面也这样?"

"怎么不这样?"他说,"他指望自己得益比所有的人都多?"

"那么,一个非正义者会不会比另一个非正义者以及在做非正义之事方面得益更多,他会不会竭尽全力地从所有人那里捞取最大的利益?"

[10]"有这可能。"

21. "就让我们这么说,"我说,"正义者得益不超过和他相同的人,但超过和他不同的人,非正义者得益不仅超过和他相同的人,而且超过[349d]和他不同的人?"

"你说得非常高明。"他说。

"且说非正义者,"我说,"他既灵敏又优秀能干,而正义者则两方面都不是?"

[5]"正是这样,"他说,"说得好!"

"那么,"我说,"非正义者看来像灵敏的人,像优秀能干的人,正义者则不像?"

"怎么可能不是这样,"他说,"既然他本质就是这样,当然就像他们,后者则不像?"

[10]"说得好!"我说,"那么,每一个像他们的人都属于这种人?"

"还需肯定?"他说。

"好,忒拉绪马科斯!不过,你会称某人有音乐感,称另一人[349e]缺乏音乐感吗?"

"我会。"

"称哪一位灵敏,称哪一位缺乏灵敏?"

"当然称有音乐感的人,称缺乏音乐感的人[5]缺乏灵敏。"

"那么,对特定领域灵敏的人,称优,对特定领域缺乏灵敏的人,称劣。"

"是。"

"医生呢?岂非也是这样?"

"是这样。"

[10]"那么,依你看,最高贵的人,当某一个有乐感的人给里拉琴张弦时,在琴弦的松紧方面,他会希望超过另一有乐感的人,或认为他理应超过对方?"

"我看并非如此。"

[15]"真的吗?超过缺乏乐感的人?"

"那当然。"

[350a]"医生又如何呢?在食物和饮料①的配方上,他会希望超过另一个行医的人或适当的做法?"

"肯定不会。"

"然而,超过非医生?"

[5]"是。"

"就论每个专门术业的有知和无知,你认为一个有知识的人会故

---

① 古希腊医术中,饮食疗法占重要的地位,配方总和"吃、喝"有关。

意想超过另一个有知识的人,说得更多,做得更多,而不说不做一个和他本人事业相同的人所应说应做的那些东西?"

［10］"也许,"他说,"的确有必要这么认为。"

"无知识的人又如何? 难道他不可既比有知识的人［350b］多得,又比其他无知识的人多得?"

"也许。"

"有知识的人明智吗?"

"我说是。"

［5］"明智的人优秀吗?"

"我说是。"

"那么,一个既优秀又明智的人不想比和他相同的人多得,而想比和他不同的人以及和他相反的人多得?"

"看来是。"他说。

［10］"一个既低贱又无知的人,则想比和他相同的人以及和他不同的人都多得?"

"显然是。"他说。

"那么,忒拉绪马科斯,"我说,"依我们看,没有正义的人得益超过和他不同的人以及和他相同的人? 早先,你是不是这么说过?"

［15］"我的确说过。"他说。

［350c］"有正义的人得益不超过和他相同的人,但超过和他不同的人?"

"是。"他说。

"这么看来,"我说,"有正义的人和明智、优秀的人相像,［5］而没有正义的人则和低贱、无知的人相像?"

"好像是。"他说。

"然而,我们共同承认过,每一个人和具有他同样本质的人相像?"

"的确共同承认过。"他说。

［10］"我们眼前,正义者现在显得既优秀又明智,而非正义者则显得既无知又低劣。"

22. 忒拉绪马科斯同意了以上各点,只是没有［350d］像我说得那么爽快,相反,他显得踌躇、勉强,出了这么多汗水,真让人惊讶,这正好又是夏天——此时,我还注意到忒拉绪马科斯正红着脸,以前,我没见过他这样——且说,我们已经一同认为,正义是杰出的品质[5]和智慧,非正义是低劣的品质和无知。"好!"我说,"对于你我,这一点就算如此成立,但我们也说过,非正义是强大的。你是否记得,忒拉绪马科斯?"

"我记得,"他说,"然而,本人并不欣赏你目前说的这些,关于这些,[10]我也有话可说。如果我真要发言,我很明白,[350e]你会说我在当众发表演说。或是让我说我想说的话,或是,如果你想提问,你就提问!而我,就像应付说神话故事的老婆子们那样,将对你说'就这样吧!',或低一下头,或抬一下头。"

[5]"千万别这样,"我说,"别和你自己的想法作对。"

"那么就随你便吧,"他说,"既然你不让我发言。你还想要什么?"

"宙斯在上,我什么都不要,"我说,"不过,如果你真要这么做,就做吧!我将向你提问。"

[10]"那就问吧!"

"眼下我先问你这个问题,也就是刚才那个,这样,我们好把[351a]那个论点继续探讨下去,也就是说,和非正义相对的正义究竟是一种具有何种性质的东西。因为,刚才声明过,非正义比正义更有能力、更强大。而现在,"我说,"如果正义是美德和智慧,那么,我认为,正义将轻易地显得[5]比非正义更强大,正因为非正义是无知——谁都不会不明白这一点——但是,忒拉绪马科斯,我并非想如此简单地对待这一点,而是想用以下方法对此作一番探讨:你说,这是否是一件非正义的事,[351b]某个城邦试图不合正义地奴役其他城邦,让对方完全成为阶下囚,使众多的城邦处在自己的奴役之下?"

"怎么不是?"他说,"最杰出的城邦,[5]完全没有正义的城邦,尤其会做这种事。"

"我明白,"我说,"这是你的论点。然而,我要如此探讨这一点:是这个变得比其他城邦强大的城邦不靠正义将拥有这么大的力量,还是它必须依靠正义?"

[351c]"如果,"他说,"这按你刚才所说——正义是智慧——那么,它必须依靠正义;如果按我的说法,它依靠非正义。"

"非常佩服,"我说,"忒拉绪马科斯,你并非在[5]仅仅点一下头,或抬一下头,而是在非常出色地回答问题。"

"因为,"他说,"我想使你高兴。"

23."你做得很好！那么,再让我高兴一番,告诉我这一点:在你看来,一座城邦,或一个军队,或一帮强盗,或一伙小偷,或其他什么团体,当他们为同一目的进行非正义的活动,他们[10]能成功吗,如果他们相互之间不讲正义？"

[351d]"的确不能。"他说。

"如果并非不讲正义呢？"我说,"不是倒能成功？"

"完全如此。"他说。

"也许是因为,忒拉绪马科斯,非正义把内讧、仇恨、[5]战争带入他们中间,而正义为他们提供统一的思想和友谊。是因为这样吗？"

"就算是这样吧,"他说,"为了不和你闹分歧。"

"你说得好啊,最高贵的人！不过,告诉我这一点,如果这就是非正义的工作,不管在哪里它都种植仇恨,那么,当它来到[10]自由公民和奴隶们中间,难道说它不会使他们相互憎恨、挑动内战,[351e]不会使他们无法相互依靠、一同做事？"

"完全如此。"

"如果它产生在两人之间,结果又会怎样呢？难道他们不会相互对立,相互憎恨,成为仇敌,不仅对对方,而且对有正义的人们？"

[5]"他们会成为仇敌。"他说。

"如果,令人惊叹的朋友,非正义产生在一个人身上,它将丧失自己的力量呢,还是它仍将拥有这力量,一点也没少？"

"就算一点也没少。"他说。

"那么,非正义是否显然拥有这么一种力量,当[10]它一产生,不管在哪里,城邦也好,家庭也好,军队也好,[352a]其他什么团体也好,它首先会使这个团体通过内讧和争执丧失共同活动的能力,然后使这个团体成为自己的敌人,成为每一个对立团体的敌人,成为正义的敌人？难道不是这样？"

"完全如此。"他说。

[5]"甚至在一个人身上,我认为,当非正义一产生,它定将做出它

天生要做的同类事情来,首先使此人丧失行动的能力,让他陷于内讧,让他没有统一的思想,然后使他成为自己的敌人,成为正义者的敌人?是吗?"

"是。"

[10]"那么正义者一方,我的朋友,也包括众神?"

"就算如此。"他说。

[352b]"也就是说,在众神面前,忒拉绪马科斯,非正义者是敌人,而正义者则是朋友。"

"把这话当美餐享受吧,"他说,"尽管放心!我可不和你作对,免得激起满屋人的仇恨。"

[5]"来吧,"我说,"用宴会上其余的东西来满足我,正如你一直在做的那样,继续回答我的问题。就说有正义的人做事更明智,更能干,更有力量,而没有正义的人甚至没有能力在一起做事,[352c]——然而,假如有一天我们声称,某些人合在一起奋力地干成了某件事,尽管他们没有正义,我们没有完全地把这话说对;因为,如果这些人的确完全没有正义,他们就无法脱离倾轧,然而,显然他们中间存在着某种正义,[5]它使这些人不至于在对别人干非正义之事的时候相互之间干非正义之事,靠了它,他们才干成了他们所干的事业,当初他们投身于非正义的事业,那时他们只是被非正义腐蚀了一半,因为那些地道的无赖和那些完全没有正义的人完全没有行动的能力——这种事情[352d]我知道实际就是这样,而不像你一开始声称的那样;至于有正义的人是否比没有正义的人生活得更好,比他们更幸福,正如我们早先提出要对此进行探讨的那样,这必须得到探讨。到目前为止,他们显然就是这样,至少我这么认为,根据的是[5]我们刚才讨论的内容;然而,不管怎样,这仍需要得到进一步的探讨。因为这讨论并非有关一件偶然发生的事,而是有关人们必须如何去生活。"

"那就探讨吧。"他说。

"我这就来探讨,"我说,"告诉我,依你看,马是否有某种功能?"

[352e]"我看有。"

"因此,你能说,这就是马的或其他某物的功能,当某人干事只依靠它,或最好依靠它?"

"我不明白。"他说。

[5]"那,这么说:你能用其他什么看东西,不用眼睛?"

"当然不能。"

"这又如何?用其他什么听,不用耳朵?"

"完全不能。"

"难道这不合理,我们[能]说,这些是它们的功能?"

[10]"完全如此。"

[353a]"这又如何?你能用大刀或小砍刀或其他许多东西为葡萄树修枝吗?"

"怎么不能?"

"不过,我认为,用任何别的东西可能都不如用小弯刀有效,因为它本来就是[5]为此制造的。"

"对。"

"因此,我们将称这是它的功能?"

"就这么称。"

24. "那么现在,我想,你更明白了我刚才提出的问题,知道了[10]是否这就是每一事物的功能,或者只能靠它,或者最好靠它来发挥功能,别的都比不上它。"

"可不,"他说,"我不仅懂了,而且同意这[353b]就是每一事物的功能。"

"好!"我说,"那么,依你看,每一事物是否具有某种优秀品质,因为它被赋予了某种功能?让我们回顾一下那几个例子。眼睛,我们说,有某种功能?"

[5]"有。"

"因此说,眼睛有优秀品质?"

"有优秀品质。"

"这又如何呢?耳朵能有某种功能吗?"

"有。"

[10]"因此说,也有优秀品质?"

"也有优秀品质。"

"其他所有的事物又如何呢?不都是如此?"

"都是如此。"

"请注意！一双眼睛还能有效地[353c]发挥自己的功能吗,如果它们没有了自己特定的优秀品质,让劣质取代了优秀品质?"

"怎么还能呢?"他说,"也许,你指的是失明,而不是眼明。"

[5]"不管怎么称,"我说,"它们有这优秀品质！可我现在所问的不是这个,而是在问,凭其本身的优秀品质,它们的功能便会有效地发挥在被它们操作的事物上,凭劣质,效果就差?"

"这一点,"他说,"你说得对。"

"如果耳朵失去了自己的优秀品质,[10]它们本身的功能是否也将变差了呢?"

"完全如此。"

[353d]"那么,我们可以把其他一切事物纳入这同一讨论范围?"

"我认为可以。"

"来吧,接着就探讨这一点。灵魂是否具有某种功能,你凭它成功,凭其他任何一种东西都不行;就像[5]以下这类事情,照料事物,充当领导,作出决定,以及一切这样的事情,我们能合乎正义地把这些事托给别的东西,不交托给灵魂,同时声称它们是它的特定功能?"

"不能交托给别的东西。"

"再说,生活又如何呢?难道我们不能说它是灵魂的功能?"

[10]"尤其如此。"他说。

"难道我们不说灵魂有某种优秀品质?"

"我们说。"

[353e]"那么到底会不会如此,忒拉绪马科斯,灵魂仍会有效地发挥自己的功能,即使它被剥夺了属它特有的优秀品质,或说,这不可能?"

"不可能。"

"那么,这是必然规律,劣质的灵魂实行统治差、管理事物差,[5]高贵的灵魂则把这一切都做得很好。"

"必然。"

"我们是不是共同认为过,正义是灵魂的优秀品质,非正义是劣质?"

"我们的确共同认为过。"

[10]"那么,有正义的灵魂、有正义的人将生活得好,没有正义的人将生活得差?"

"根据你的论述,"他说,"看来是这样。"

[354a]"因此,生活得好①的人一定快乐、幸福,生活得不好的人则相反。"

"怎么不是呢?"

"那么,有正义的人幸福,没有正义的人痛苦?"

[5]"是这样。"他说。

"因此,做一个痛苦的人无利,做一个幸福的人有利。"

"怎么不是呢?"

"那么,幸福的忒拉绪马科斯,非正义从来就不比正义给人更大的利益。"

[10]"这些就算是你的东西,"他说,"苏格拉底,在本获斯女神的节日里,就让这些满足你的胃口!"

"还不是靠你,"我说,"忒拉绪马科斯,自从你对我温和了起来,不再蛮横无理。实际上我并没[354b]吃好,怪我自己,而不怪你;就像那些贪吃的人,对不停地递到他们身边的食物,抓起来就往嘴里送,对上一道菜还没适当地品出个味道,我觉得,我自己就是这个样,在我们探讨第一问题、寻找出正义究竟[5]是什么东西之前,我便把那问题搁下,冲着探讨第二个问题,什么是劣质和无知,什么是智慧和优秀品质,接着,又发生了一个问题,非正义是否比正义更有利,我忍不住又从前一个问题来到这个问题,以致我们的讨论变成了现在这个样子,我竟然什么都没[354c]弄懂;原因是,当我不知道什么是正义,我就很难知道它是某种优秀品质呢,还是不是,拥有它的人是不幸福呢,还是幸福。"

---

① 生活得好(希腊原文εὖ ζῆν):有"生活得高尚(合乎道德)"和"生活得美满"两层含义。

卷 二

1. [357a]在说这番话的时候,我还以为我就此摆脱了这个话题;然而,转眼看来,这不过是个开场白①。因为格劳孔面对任何处境都极为勇猛,此刻也同样,不忍忒拉绪马科斯如此放弃争论,说道:[5]"苏格拉底,你打算就这么表面上说服了我们呢,还是[357b]真正说服我们,声称,正义在每一个方面都比非正义强?"

"当然真正如此,"我说,"如果凭我选择。"

"那么,"他说,"你眼下并没在做你所想做的事。请告诉我:你是不是[5]认为,有某种美好的东西,我们选择拥有它,并非因为我们渴求什么结果,而是为了它本身的缘故而欢迎它,如欢乐以及其他任何不带危害的快感,除了在拥有它们时能享受它们外,过后什么结果都不存在?"

"我认为,"我说,"有这样的东西。"

[357c]"这又如何?还有这么一种东西,我们不仅为了它本身的缘故爱它,而且为了它造成的结果,如思考问题、观察事物、维持健康?这些东西,我们欢迎它们有两方面的原因。"

"是。"我说。

[5]"你是否看到第三类美好的东西,"他说,"其中包括锻炼身体、病了接受治疗、医学以及其他赚钱的行当?我们说这些东西给人添麻烦,可是对我们有益,我们并不为了它们本身的缘故而接受它们,

---

① 开场白:第一卷中所提出的一个根本问题,即对于城邦和个人来说,什么是正义。从此刻开始,苏格拉底的语气已有改变。他已不再是一个提问挑剔、故意佯装"无知"的谈话者,而是一个具有丰富经验的哲人(367d/e);而师从于他的年轻人,柏拉图的两个哥哥,属于雅典贵族青年的代表,在思想上显然受到当时的社会和某些哲学流派的引诱和威胁,对于什么是真理的标准和生活的原则缺乏明确的认识。然而,作为这一谈话的参加者,他们凭年轻人强烈的求知欲和不可动摇的意志,在苏格拉底的引导下,决心成为真理的探索者,而不是像忒拉绪马科斯那样的智术师,目的是使自己从"民众"所持的传统观念和简单的"信仰"中解放出来,使自己对万物拥有哲人般的认识。

[357d] 而是为了种种报酬以及那些从它们中产生的其他各种东西。"

"的确有这第三种,"我说,"那又怎样?"

"这些事物中,"他说,"你把正义放在何类?"

[358a] "我本人认为,"我说,"我把它放在最好的那类中,它必定被这么一个人热爱,不仅为了它本身的缘故,而且为了因它而产生的各种事物,如果他想获得幸福。"

"大多数人认为,"他说,"它并非属于这类,[5] 而是属于给人添麻烦的那类,为了得到随其声望而来的报酬和荣誉,人们必须苦心经营它,而就其本身而言,这事就像苦差,必须躲避。"

2. "我知道,"我说,"他们就这么认为,而且刚才它就是这样被忒拉绪马科斯指责过,相反,非正义得到了他的赞赏。看来,我是个迟钝的学生。"

[358b] "那就来吧,"他说,"也听听我的,①看看你是否仍这么认为。其实,依我看,忒拉绪马科斯过早收场,像一条蛇完全被你迷惑住了,你们的论证,不管对于两者中的哪一个,还没使我信服;因为我渴望听到[5]它们各自究竟是什么东西,各自根据自己在灵魂中的地位究竟拥有什么力量,而让报酬以及通过它们而产生的结果统统站到一边去。② 我就这么做,如果你觉得可以:我将把[358c]忒拉绪马科斯的论点重复一下,首先,我将谈到,他们所说的正义是什么、从何处产生,其次,所有并非心甘情愿地和正义打交道的人,他们和正义打交道,这么做是出于必要,而不是出于高尚,第三,他们做得合理;[5] 事实上,非正义者的生活远比正义者的强,正如他们声称。尽管我本人,苏格拉底啊,并非这么认为;每当我听忒拉绪马科斯以及无数的其他人那么说,耳朵里总是嗡翁直响,真不知所措,③然而,有关这正义一说,说它比非正义强,至今我还没听过任何人说起,[358d] 像我一直想听的那样——我想听到它凭着自

---

① 听听我的:格劳孔准备引用忒拉绪马科斯的话,并想再次讨论对方的思想;我们可以看出,在以下这番话中,他运用了智术师派惯用的工具,把"自然本性"(φύσις)和"社会习俗"(νόμος)这一对重要的概念引入了谈话内容。

② 让报酬……站到一边去:即,且不考虑它会给人带来什么后果,纯粹地讨论正义的本质;而苏格拉底后来又回到了此处,特意指明了正义的后果,见612a。

③ 不知所措:类似之处有366b,421b,445a,487b,544a。

己的本质被人颂扬——尤其想听听你说。因而,我将尽力地歌颂非正义的生活,说的时候,我会向你指明我是想以什么方式听你指责非正义,[5]歌颂正义。然而,请看,我所说的这些是否合你的心意。"

"格外如此!"我说,"一个有头脑的人还能更经常地乐于谈论或聆听什么呢?"

[358e]"你说得非常漂亮!"他说,"就论刚才我说的第一点,请听这个,正义是什么、从何处产生。

"其实,论本质,他们声称,干非正义的事是高尚的行为,忍受它则是低劣的行为,忍受非正义的恶劣性远[5]超过干非正义的事的优越性,以致,当人们相互之间干非正义的事,又忍受非正义之事,同时品尝两种滋味,那些没有能力[359a]躲开一方而选择另一方的人认识到达成一个共同协议对大家有利,相互之间既不干也不忍受非正义的事;于是,他们开始为自己制定法律和互助协约,把法律下的命令称合法的东西和有理的东西;这就是[5]正义的起源和本质,介于最高尚的人的本质,如果他干非正义的事而不受惩罚,和最低劣的人的本质,如果他忍受非正义的事而无能因此为自己报复;正义这东西就站在这两者的中间①,受人欢迎,并非[359b]因为高尚,而是因为它病弱得不能做非正义之事才被人尊重。一个有能力做此事的人,一个真正的男子汉,决不会去和任何人达成什么不做非正义之事、不容忍非正义之事的协议;那样,他可不疯了!因此说,正义的本质,苏格拉底,就是[5]这个样儿,这些也就是它从中产生的条件,以上的理论就是这样。

3. "那些缺乏能力干非正义之事的人并非在心甘情愿②干正义事业的事,我们能尤其清楚地观察到这一点,如果我们[359c]做一个如下的设想:授权给各方,让他们各自做自己想做的事,一方代表正义,另一方代表非正义,随后,让我们跟着他们,看看欲望将把他们各自引向

---

① 在这两者的中间:有关正义,亚里士多德也给过一个类似的定义(《尼各马可伦理学》1133b30),但含义不同;选择中间是正义者的道德义务,因为正义者相信,美德处于两个极端之间(《尼各马可伦理学》1106b27)。此处所说的正义仅仅是一种出自必要的妥协产物,并非涉及道德的选择。

② 心甘情愿:这一说法和苏格拉底的信条"没有任何人会心甘情愿地做非正义的事"形成了鲜明的对比。

何方。我们能够当场捕获这个有正义的人,因为他正和没有正义的人走在同一条道上,[5]一心想占有更多的东西,就是这个,每一个人的本性都在追求它,把它当作好事,然而,这本性却被法律硬押去崇拜平等。我所说的那种权力尤其会这样,如果他俩拥有人们传说的、[359d]那个吕底亚人[居吉斯①]的祖先②所有的那般能力。据说,他是个牧羊人,在当时的吕底亚统治者手下当奴仆,某日,起了暴风雨,并且发生了地震,就在他停留之处,地面上出现了一个大裂口。[5]面对此景,他深感惊奇,于是走了下去,除了看到人们传说的其他一些神奇无比的东西外,他还看到一匹青铜马,身子是空的,上面有一些窗眼,透过窗眼窥观,只见里面有一具尸体,样子显然比一般凡人高大,身上别的没有,[359e]只有手上的一只金戒指,他取下这东西后,便走了出来。当牧民们按习惯集合在一起,按月向国王汇报有关牧业的情况,他戴着那只戒指来到了会场;当他和[5]其他人坐在一起的时候,他无意中把戒指的正面转向自己,就这么一下,他便在[360a]坐在他身边的人们的眼前消失了,而他们只管交谈,似乎他已离去。他感到十分神奇,又摸了一下戒指,把戒指的正面向外扭了一下,他又突然形影如故。此后,他又特意将戒指试

---

① 居吉斯:吕底亚国国王(约前680—前650),墨尔姆纳得王朝的奠基人,继承其王位的后代分别为阿尔狄斯、萨狄亚忒斯二世、阿вали亚忒斯以及克罗伊索斯。可以说,居吉斯属于一个介于传奇和历史之间的人物。有关他如何篡位夺权,成了吕底亚国的国王,历来有一些不同的说法。柏拉图的这段叙述显然不同于希罗多德讲述的那一著名的故事。根据希罗多德的说法(《原史》1.8–13),国王堪道莱斯的妻子,当她知道居吉斯遵从了她丈夫的意愿暗中藏在厢房中看到了她的裸体后,私下和居吉斯会面,逼对方作出一个选择:或是杀死堪道莱斯,娶她为妻,成为国王,或是自处死刑。居吉斯选择了前者。某些学者认为,柏拉图所说的是另一个更早的传奇人物,和后来这个居吉斯同名,说的是更早一件事,而且可能是一个更真实的传说。此处,居吉斯显然是一个凭本能活动、行为不受社会道德准则约束的"自然"人。在第十卷中,柏拉图再次提到了居吉斯的戒指(612b),对格劳孔提出的这一生动例子在思想上和艺术上给予提炼和呼应:拥有了正义感的灵魂,不管它有无"人们的监视"、不管它是否能获得奖赏或美好的名声,它都会自觉地去做正义的事,因为对于灵魂来说,正义本身就是最美好的回报,是胜过一切的奖赏和荣誉。

② 那个吕底亚人[居吉斯]的祖先($τ\tilde{ω}$ [$Γύγου$] $τοῦ$ $Λυδοῦ$ $προγόνω$,伯内特版):有关这个"祖先"的姓名、生卒年代,无文献记载。然而,根据另一些版本(如 E. Chambry,1965–1967),此处的希腊文为$Γύγη$,$τ\tilde{ω}$ $τοῦ$ $Λυδοῦ$ $προγόνω$("居吉斯,那个吕底亚人的祖先"),其中,"祖先"指"居吉斯"本人,"那个吕底亚人"指的是著名的克罗伊索斯($Κροῖσος$),吕底亚古国的最后一个国王,其国都萨尔狄斯于公元前547年被波斯王政所灭。

弄了一番,看看它[5]是否真有这能力,而结果总是这样,假如他把戒指的正面向内转,他便隐没,向外转,就显形;观察到自己确实拥有这个能力后,他立刻设法当上了向国王汇报的信使之一,[360b]接近并且勾引了国王的妻子,又和她合谋杀了国王,夺取了王权。因此,假如眼下有两只这样的戒指,有正义的人戴一只,没有正义的人戴一只,结果将会很清楚,没人会[5]如此坚定不移,继续待在正义一方,忍着和别人的东西保持距离,不去碰它们,当他能够在市场上想拿什么就拿什么,不受惩罚,[360c]走进别人家里,想和谁睡觉就和谁睡觉,对那些被囚禁的人,他想杀就杀、想放就放,而其他事情他也都能做到,活像人类中的天神。如此,做任何事情,这人不会不同于那人,事实上,[5]两人走的是一条路。然而,以下的证明同样有力,某人会说,没有任何人主张正义是出自自愿,而不是出自逼迫,鉴于正义并非他个人的权益,而每一个人,当他认为自己有能力做非正义的事时,他就做非正义的事。因为每一个人都认为,[360d]私下,非正义给的利益远超过正义,他相信这是事实,宣扬这一说法的人就这么声称;因为,如果一个拥有这样能力的人不希望做任何非正义的事,不去侵占别人的东西,那么,他在人们的眼中就好像是个最可怜、最无用的蠢货,尽管他们各自[5]当着对方的面不断夸奖那人,彼此相互欺骗,就因生怕自己的利益被人侵犯。这一点就到此为止。

4.[360e]"关于我们讨论的两种生活的区别,如果我们把最有正义的人和最无正义的人分开,我们就能够正确地作出判断;否则,就不能。那么,区别是什么呢?答案如下:我们既不从非正义者那里拿走任何属于非正义的东西,也不[5]从有正义者那里拿走任何属于正义的东西,而是把他们各自看作一个完美的整体,各自遵循着自己的生活方针。首先,让一个非正义者做事像聪明的手工艺者那样——比如就像个第一流的舵手或医生,他能识别自己专业中什么不可行、什么可行,[361a]可行的事,他动手去做,不可行的,他放弃不管;进一步说,倘若他在某方面有失误,他有足够的能力作自我纠正——让一个非正义的人同样如此,正确无误地干非正义的事情而不被人发觉,假如他真的完全没有正义。被抓住的人只当他手艺拙劣;其实,[5]极端的非正义①看起来就像正义,尽管其

---

① 极端的非正义(τὴν τελεωτάτην ἀδικίαν):或译"最完善的非正义"。

本质并非如此。因此,对于彻底的非正义者,必须给他彻底的非正义,不作任何减除,而是让他,一个从事最大的非正义活动人,为自己赢得[361b]为正义而奋斗的最大美名,即使他偶尔犯了什么错误,让他有能力自我纠正,也让他有足够的能力为自己声辩,使人信服,如果有什么非正义的事得到了暴露,而任何需要用武力对付的事,就让他使用武力,凭他的气魄和活力,以及凭[5]他拥有的朋友和财产。假设完他是这样一个人后,根据同理,让我们再在他的身旁树立这么一个正义者,一个正直、高贵的人,如埃斯库罗斯所说,①一个希望自己并非名义上而是本质上是优秀的人。名义这东西必须被去除。因为,如果他名义上是正义的人,[361c]种种荣誉和礼物就会向他涌来,就凭他表面上看来是这样的人;结果,以下这一点就无法看清,他成为这样的人,是为了正义本身呢,还是为了种种荣誉和礼物。因此,有必要把所有的东西从他身边拿走,只剩正义,有必要让他置身于和前者完全相反的处境;[5]尽管他不做任何非正义的事,就让他有个最大的非正义的名声,目的是让他的正义得到证实,既非在恶劣的名声下也非在它的后果面前变得软弱。让他不可改变地走下去,直至[361d]死亡,一辈子被人看作一个非正义的人,尽管本质上是个有正义的人,这样,当他们两人到达了各自的极点,一个正义者,另一个非正义者,一比就能看出,两人谁更幸福。"

5."好啊,"我说,"我的格劳孔!你如此彻底地把他们两人清洗干净,[5]犹如一对塑像,好让人去评价。"

"我尽了自己最大的能力,"他说,"假设两者具有如此的本质后,我想,讨论什么生活在等待他们就不会有任何困难。[361e]的确有必要这么说。如果这一番话说得比较粗鲁,苏格拉底,别认为说这话的是我,相反,说这话的乃是那些颂扬非正义比正义优越的人。他们将会说

---

① 如埃斯库罗斯所说:埃斯库罗斯(前525/4—前456/5),雅典人,古希腊第一个著名的悲剧作家,现存的作品包括《波斯人》《七雄攻忒拜》(以下简称《七》)《西克提德》《奥瑞斯忒斯三部曲》《普罗米修斯》。此处所引用的话出自悲剧《七》592及下文。"本质"和"现象"是一对非常典型的古希腊思想范畴,在爱利亚学派的辩证法和伊奥尼亚思想家们的唯物主义理论中体现得尤其突出;柏拉图的思想,特别是他的认识论,同样以此为重要基础。在非哲学作品中,明确使用这一对范畴,这还是第一次,尽管公元前8世纪的诗人赫西俄德已论及有关人的"内心"和"外表"的对立和统一(《劳作与时日》714)。

这些,在如此的处境中,这个正义者将会受鞭打,被拉上绞架,被捆绑,[362a]被烙铁弄瞎眼睛,末了,受尽了各种折磨后,他将被钉在柱子上,从而才认识到,一个人不应该希望自己做个本质上的正义者,而应做个名义上的正义者。埃斯库罗斯的那段话事实上更加适用于非正义者。因为根据本质[5]人们将称他非正义者,因为他所追求的每一件东西都具有真实性,并非为信条而生活,并非希望自己仅仅在名义上为非正义者,而是希望自己本质上就是如此,

> 收获于深耕过的心灵的田野,
> [362b]美好的计划从那里抽枝发芽,①

正因为他名义上拥有正义,他首先在城邦中占据统治地位,接着,想从哪家娶亲就从哪家娶亲,想把儿女许配给谁就许配给谁,愿意和谁签约就和谁签约,除了以上所有这些外,[5]他还得益于这一点,即自己能毫无顾虑地干非正义的事;每当他面临争端,不管私下的还是公共的,他总占优势,总比他的对手们得益更多,如使自己发财,[362c]为朋友做好事,让敌人遭殃,向天神们作祭、奉献供品,做法周到,场面隆重,伺候众神以及他所关心的人们远比一个正义者出色,结果是,他们反过来也更关心他,因为他成了一个更令众神喜欢的人,[5]胜过正义者。他们就这么说,苏格拉底,根据众神和人类的安排,非正义者的生活强于正义者的生活。"

6. [362d]当格劳孔说了这些,我本想对他的话作个回答,然而,他的哥哥阿德曼托斯这时插话:"当然,你并非在这么想,"他说,"苏格拉底,认为对这一论点的陈述已经充足?"

"那为何不呢?"我说。

[5]"以下这一点,"他说,"尚未被说出,尽管它最应该被说出。"

"那好,"我说,"俗话说,让兄弟站在身边;这样,如果他漏了什么,你就帮帮他。不过,他说的那些已足以把我绊倒,弄得我不能为正义解围。"

[362e]对方回答:"哪里的话,"他说,"你说得一点不对,还是请你进一步听听以下这些。因为我们有必要同样列出对立派的观点,和他刚才所说的相反,即那些赞扬正义、指责非正义的人的观点,这样,我所

---

① 埃斯库罗斯,《七》593-594。

认为的什么是格劳孔想说的东西就会更清楚。[5]当人们给予教诲,父亲们对其后代,以及一切有责任保护属下的人对其属下,[363a]都说如何必须坚持正义,他们所赞扬的并非正义本身,而是与正义相连的名望声誉,因为,做一个被人们认为是有正义的人,官职、婚姻以及格劳孔刚才列举的其他一切都会随这名声而来。[5]其实,这些人把随名声而来的东西说得更细。因为,当他们把声誉名望和天神们相提并论,他们就能够列举出无数好处,声称是天神们把这些东西赐给了虔诚的人,正如高尚的赫西俄德①和荷马②所描述的那样,[363b]前者说,天神们为拥有正义的人们造福,使一棵棵橡树'树梢上出果实,树中出蜜蜂';又说,'毛茸茸的羊儿载着重重的羊毛',③以及其他诸如此类的福利;后者也几乎同样,[5]'正好比,'他这么说,

   品德完美的国王,他敬畏天神,
   主持美好的公道,黑色的大地奉献出
   [363c]成批的小麦和大麦,树上结满了果实,
   羊儿不断地繁殖,大海提供着鲜鱼。④

不过,缪塞俄斯⑤以及他的儿子⑥,以天神们的名义,把更神奇的福利赐给了拥有正义的人们;因为,按他们的说法,[5]他们把这些人带入哈得斯⑦,让他们仰靠在卧榻上,为他们举办虔诚者的交际酒会,使这些头戴花冠的人[363d]从此以后用喝酒的方式消磨全部的时间,他们似乎认为,

---

 ① 赫西俄德:公元前8世纪彼奥提亚诗人,现存的主要作品包括教诲诗《神谱》和《劳作与时日》,以及叙事诗《赫拉克勒斯之盾》,此外还有许多诗歌残片,其中较为有名的一组是《妇女篇》。
 ② 荷马:公元前9至前8世纪(喀俄斯岛)诗人,知识渊博,诗歌艺术高超,古时被誉为是全希腊的导师,著史诗《伊利亚特》和《奥德赛》。
 ③ 赫西俄德,《劳作与时日》232-233。
 ④ 荷马,《奥德赛》19.109,111-113。
 ⑤ 缪塞俄斯:神话中的歌手,以唱悲歌著称,月亮女神塞勒涅的儿子,俄尔甫斯的学生。据传,他是忒腊克人或雅典人。
 ⑥ 他的儿子:欧摩尔珀斯,传说他将父亲的作品公布于世,并在雅典城外的埃琉西斯一地创立了著名的埃琉西斯神秘教。
 ⑦ 哈得斯:希腊神话中的冥王,此处指冥间。

给予美德的最高报酬就是让人处在永恒的醉梦中。还有一些人更进一步,他们把天神给的报酬加以延长,说得比上述更令人幸福;因为他们声称,一个虔诚、信守誓言的人的孩子,以及他们的孩子,将从此代代相连。他们就是用这样或[5]那样的方法歌颂正义;对于那些没有虔诚之心的人、那些不讲正义的人,他们把这些人埋在哈得斯的某一片沼泽中,迫使对方用筛子取水①,[363e]当这些人还活着的时候,他们把这些人和种种邪恶的名声相提并论,就像格劳孔刚才列举的对于那些本质上有正义、名声上没有正义的人的种种惩罚一样,对于非正义者,他们也就说这么些,除此,没别的可说。

7.[5]"这就是对于这两者的赞扬和指责。此外再想想,苏格拉底,还有另一套有关正义和非正义的说法,说这话的有一般公民,[364a]也有诗人。大家异口同声地唱着一个曲子,自我制约和正义是好事,可做起来困难费劲,而自我放纵和非正义则做起来痛快、容易成功,尽管在名声上和传统观念上让人感到耻辱。[5]在绝大多数的情况下,他们声称,非正义之事给人带来更多的利益,超过正义之事。他们称那些富有的坏人以及那些掌握着其他权能的人士幸福,无论在公共的或私下的场合,他们毫无顾忌地想推崇他们,[364b]而对那些比较软弱而又贫穷的人,他们则轻蔑鄙视,尽管口中都说这一类人的品质比那一类人的好。在所有这些话中,最令人惊愕的是那些有关天神们和美德的言论,

---

① 用筛子取水:显然指对达瑙斯的女儿们的惩罚。达瑙斯和埃及普托斯是一对孪生兄弟,其父贝洛斯是尼罗河流域的国王。达瑙斯和埃及普托斯各娶了许多妻子,前者有50个年龄相仿的女儿,后者有50个年龄相仿的儿子。贝洛斯死时将利比亚国交托给达瑙斯,将阿拉比亚国交托给埃及普托斯。埃及普托斯按自己的名字把自己管辖土地命名为埃及,不久又向达瑙斯提议,让对方把女儿全部嫁给他的儿子。达瑙斯顿起疑心,认为埃及普托斯想谋害他,并吞他的土地,于是便率领全家移居到阿尔戈斯,在那里建立起自己的城邦。随后,埃及普托斯的50个儿子又赶来求婚,达瑙斯不得不同意将女儿嫁出。然而,在新婚之夜,这些女儿遵从了父亲的旨意,各自用刀杀死了自己的丈夫,唯独长女希佩尔姆奈斯特拉例外,因为她的丈夫林寇斯特别尊重她,并没有破她的贞节,她为之感动万分,午夜后便让他逃离到附近的一个名叫吕尔克亚的村子;经过一番波折,两人最终团圆。事后,达瑙斯在阿尔戈斯举办了一次赛跑,将剩下的49个女儿作为奖品,将她们嫁给了一批参赛得胜的阿尔戈斯青年。尽管这些女儿此后的日子过得还不错,在冥间却永久地承担着这种徒劳无功的苦役(阿波罗多罗斯,《文库》2.1.4–2.2.1;泡萨尼阿斯,《希腊游记》2.19.3)。

说什么天神们如此分配给许多好人糟糕的命运和痛苦的人生,而给和这些人[5]相反的人相反的命运。化缘祭司和占卜士一个个来到富豪们的家门口,令人信服地声称,天神们赋予他们这种举行祭祀和吟诵咒经的能力,[364c]如果对方或他的祖先有什么过错,可以用欢乐的礼仪加以弥补,如果他想伤害某个仇敌,只要出一小笔费用,他便能凭借一套咒语和法术使对方遭难,不管对方有理还是无理,结果都一样,正如他们声称,他们说动了[5]天神来帮助自己达到目的。他们推出一帮诗人,让其充当所有这些言论的证人。关于非正义易行,一些人这么说,

邪恶,本有这么一大堆,选择她确实
[364d]容易,道路平坦,她又住得非常近;
美德的前方,天神们为人安排了苦役,①

一条漫长、坎坷、陡峭的道路;②另一些人则引用荷马,说天神们可被凡人引诱利用,[5]用他作证,因为他说过——

天神们自己也会被恳求打动,
对他们,人们利用祭品和甜蜜的许愿
[364e]以及祭奠的香气,改变对方的意志,
使对方接受恳求,即使某人违法犯罪。③

他们带来一批缪塞俄斯和俄尔甫斯④所著的响当当的书籍,称这两位是塞勒涅⑤和缪斯女神们的后代⑥,如他们所说,[5]而他们就根据这些书籍举行祭礼,他们不只是使人们私下相信,而且使一个个城邦都公开

---

① 赫西俄德,《劳作与时日》287-289。
② 赫西俄德,《劳作与时日》290-291。
③ 荷马,《奥德赛》9.497-501。
④ 缪塞俄斯和俄尔甫斯:见363c及注。
⑤ 塞勒涅:希腊神话中的月亮女神。
⑥ 缪斯女神们的后代:此处指忒腊克歌手俄尔甫斯,据传他的母亲是9位缪斯中掌管诗歌的女神卡利俄佩,父亲是奥厄格罗斯,忒腊克的一个国王,或光明、音乐之神阿波罗。他的名字历来和俄尔甫斯神秘教紧密相连:入教的会员能够获得灵魂的净化和解脱,没有入教的人到了冥间则将面临惩罚。

相信,罪孽的解脱和清除可通过祭礼和欢庆活动来实现,不仅对仍然[365a]活着的人管用,对已经去世的人也管用,他们称这些活动为入教仪式,说它们能把我们从那个世界的种种祸患中解救出来,而对那些没参加过祭礼的人,种种恐怖的事情正在等候他们。

8."所有这些说法,"他说,"我的苏格拉底,如此之多的[5]有关美德和邪恶的论述,如此涉及人类和天神们对其所持的态度,你想想,这些会对年轻人的灵魂产生什么影响,当他们的灵魂听到了这些,因为年轻人思路敏捷,他们仿佛能在别人说过的所有话上飞来飞去,从中为自己找出结论,[365b]应该做什么样的人、走什么道路,自己才能度过最好的人生?的确,他会向自己提出像品达提过的那种问题:'靠正义,还是靠种种弯曲的骗术攀上高耸的城墙,如此把自己四面保护起来,然后过完人生?'①的确,其结论就是,[5]如果我是个正义者,表面上如此不算,他们说,我不会有任何利益,只会面临痛苦的劳动和明显的损失;反之,如果我是个非正义者,并且图上了一个正义的名声,人说,我活得犹如天神。[365c]难道不是这样,因为这个'名声',如具有智慧的人们向我展示的②,不仅压服了真理,而且主宰了幸福,我必须全力以赴地去追求它;我的门面,以及绕着我个人的四面轮廓,我必须按美德的投影——勾画出来,此外,[5]我必须让智慧高超的阿尔喀罗科斯③的那只贪婪狡猾、心计多端的狐狸跟在我身后。'然而,'某人会说,'让本质邪恶的东西永远不暴露,这可不容易。'而我们会说,[365d]任何重大的事业都不可能轻易成功;然而,不管怎样,如果我们盼望过幸福的日子,我们就必须这么走下去,沿着我们讨论的足迹所指引的方向。为了不暴露自己,我们将设立秘密组织和党团④,再说,社会上有一批教授雄辩术的专家,让他们给我们传授种种有关公民集会和[5]法庭

————————

① 品达:残片第213号(贝尔格克版)。
② 具有智慧的人们向我展示:西蒙尼德斯,残片第76号(贝尔格克版)。
③ 阿尔喀罗科斯:公元前7世纪帕罗斯岛人,以讽刺诗著称,是古希腊最早的抒情诗人。在阿尔喀罗科斯的一组寓言诗中,狐狸曾是一个主角,代表狡猾多端(阿尔喀罗科斯,残片81D(狄尔版)=残片第89号(贝尔格克版))。
④ 秘密组织和党团:贵族社团。在伯罗奔半岛战争期间的雅典,以及在希腊其他地方,这些组织对人们的社会和政治生活产生过重大的影响。

诉讼艺术,这样,我们既能说服对方,又能压制对方,为自己谋取更多的利益而不受处罚。'然而,在天神面前①,我们既不能躲避他们,也不能压制他们。'难道不就是这样,如果他们不存在或他们并不关心人类,我们为什么[365e]要躲避他们?但如果他们的确存在,并且关注人类的事务,我们也只是从我们的法律和诗人们的神谱中了解和听说过他们,而不是从别处,也正是这些人在说,通过祭祀、温和的恳求、[5]供品,天神们能够被人说服、受人诱导,对于他们,要信,我们必须两方面都信,要不,两方面都不信。如果我们真有必要相信他们,那么,我们也有必要干非正义的事,并且也有必要[366a]用非正义的果实向他们作祭。因为,如果我们真要做本质上的正义者而只不是为了不受天神的惩罚,我们就得放弃非正义给人的种种利益;相反,作为非正义者,我们不仅能为自己争夺这些利益,而且,作为神的祈求者,当我们冒犯了法律或干了违背道德的事,我们仍可说服他们,使自己摆脱惩罚。'然而,[5]到了哈得斯那里,我们仍将因这里的事情受到惩罚,不是我们自己受到惩罚,就是我们的孩子以及他们的孩子。''不过,我的朋友,'对方将有所思量地说,'各种膜拜仪式和使人得到解脱的天神们②具有很大的力量,[366b]如绝大部分城邦所声称,还有那些作为天神之子③的诗人和那些当上了天神的占卜师的人们,根据他们透露,事情的确就是这样。'

---

① 在天神面前:显然,非正义者有三种自我安慰的可能。或是认为天神并不存在。阿伯德拉的普罗塔戈拉(前5世纪)曾声称,关于天神,我既不能确定他们存在,也不能确定他们不存在(残片4D);柏拉图的舅父克里提阿斯曾把天神称作某个狡猾凡人的发明(残片25,12fD)。或是认为天神根本不会管凡人的事或为凡人的事操心。忒拉绪马科斯自己就有这样的言论(残片8D);悲剧作家埃斯库罗斯也曾指出过这样的人(《阿伽门农》369及下)。后来的伊壁鸠鲁学派(前4世纪)就主张这一观点。或是认为,天神的意志受人影响,随机应变,人们展露的宗教崇拜和祭司们履行的工作基本上就是为了达到这一目的。柏拉图在《法义》中也有过这三类分法(885b)。

② 使人得到解脱的天神们:酒神狄俄尼索斯,他有"解放之神"的别名;此外,女神赫卡忒、大地和谷物女神德墨忒尔和天神宙斯都有这种能力。

③ 作为天神之子的诗人:即前面所提到的缪塞俄斯和俄尔甫斯;按广义,荷马一类的诗人也包括在内。这是柏拉图在本书中唯一提到诗人的灵感及其创作源泉,正如同他在《伊翁》《美诺》和《斐德若》中所说的那样。

9."那么,我们还有什么理由要选择正义,不选择强大无比的非正义呢,如果我们披着高尚的外衣成为非正义的主人,我们将能[5]为所欲为,不管在天神的面前,还是在凡人的面前,生前死后都如此,正如说到大批地位显要的人时人们所用的言论？凭以上所说的一切,[366c]谁还会下功夫,苏格拉底,自愿地去崇拜正义,如果他在灵魂、身体、金钱、家族方面拥有一定的力量,当他听到人们在颂扬正义,他不会发笑？事实上,如果某人能够证明以上所说的一切是错误的,[5]并且对正义最高尚这一点有足够的认识,那么,他就会对非正义者充满同情,不对他们发怒,但他明白,除了某人靠神一般的天性鄙视非正义,或靠自己掌握的知识躲避它,其他的人中,[366d]没有一个是自己想当正义者,然而,由于缺乏勇气,或年老,或其他什么弱点,他便一口指责非正义之事,因为他们没有能力去做它。事情就是这样,这很明显。要知道,他们这些人中,谁先有能力,谁就会先干非正义之事,[5]而且是竭尽其所能。所有这些之所以发生,无非就是出自这个原因,整个谈话逼迫在座的他①和我,向你,苏格拉底,宣布这个：'你,好令人神奇的人啊,你们所有的人,[366e]号称自己是正义的赞美者,从其言论流传至今的古代英雄开始,直到当今的人们,你们中根本没人指责过非正义,也没赞美过正义本身,除了赞美正义的名声和威望以及[5]它们所招引来的种种礼物；而这两种东西,每一种靠自己的力量能够隐藏在一个人的灵魂中,不为天神或人们所知,从未有过一人在诗歌中或在私下的交谈中用理性对此作过充分的阐述,证明非正义是灵魂本身所能拥有的最大的低劣之物,而正义则是最大的高贵之物。[367a]因为,如果你们一开始就这么说,并且从我们年轻时代开始就如此说服我们,我们现在也就不会相互防范,不让对方惹是生非,相反,每一个人会成为最好的自我监护者,生怕做了非正义之事后,自己便和最大的低劣之物住到了一起。'

[5]"正是这些,苏格拉底,也许比这些更多,忒拉绪马科斯或其他什么人能说出口来,论述什么是正义和非正义,粗鲁地把这两者的本能颠倒过来,至少我认为如此。而我,因为我不必对你[367b]隐瞒任何事情,为了想听到你对这些言论作出反驳,我竭尽自己的最大能力把话

---

① 他:指格劳孔。

说得这样。因此,别只是依靠论据向我们展示正义强于非正义,而是展示两者各自根据自己的本性对拥有它的人产生什么影响,使得一方坏,[5]另一方好;撇开有关名声之类的话,如格劳孔刚才敦促的那样。因为,假如你不把两者的真实本质区分开来,相反把虚伪的东西加了上去,我们会说,你所赞美的不是正义本身,而是它的现象,[367c]你所指责的不是非正义本身,而是它的现象,你所鼓励的是别让人知道自己是个非正义者,你同意忒拉绪马科斯的观点,正义是替别人造福,属于强者的权能,而非正义有助于自己、对自己有利,对弱者则无利。[5]既然你同意正义属于最大的好物之一,所有这些东西值得拥有,不只是为了它们所给予的成果,更重要的是为了它们本身①,如同目观、耳闻、[367d]思维,还有健康,以及其他一切不靠自己名声而靠自己的本性出成果的美好东西,因此,我们必须歌颂正义的这一方面,即它靠自己给拥有它的人所提供的好处,提及非正义所造成的伤害,把报酬和名声之类的东西留给别人去[5]歌颂。尽管我能听任别人如此地歌颂正义、指责非正义,对两者的名声和报酬加以赞美或者谴责,你这么说,我可不接受,除非你命令我,[367e]因为你这一辈子研究的不是别的,就是这个。因此,别只是依靠论据向我们展示正义强于非正义,而是展示两者各自根据自己的本性对拥有它的人产生什么影响,各自能否躲过天神和人们的眼目,使得一方[5]好,另一方坏。"

10. 我一向佩服格劳孔和阿德曼托斯两人的气质,听他们这么一说,此时我心中尤其高兴,[368a]于是开口说道:"一点也不错,你们可真算是那人②的孩子。格劳孔的爱慕者③在他那首挽歌的开头表彰过你们,因为你们在麦伽拉战役④中出了名,他说——

---

① 为了它们本身:苏格拉底曾(358a)把正义列入人们愿意拥有的美好的东西,声称,人们因它能给人带来益处和报酬而热爱它,同时又因为他们热爱正义本身。此处,着重点移到了后面,并开始展露柏拉图究竟想把有关正义的讨论引向何处。
② 那人:忒拉绪马科斯,因为格劳孔和阿德曼托斯两人在刚才的论述中继承了他的思想,至此一直在代表他说话。
③ 格劳孔的爱慕者:也许是他的舅父克里提阿斯。
④ 麦伽拉战役:可能指前409年的一次战役,狄奥多罗斯(西西里人,约前1世纪)曾对此有过描述(狄奥多罗斯,《文库》13.65)。

阿里斯同①的孩子们,名人的如神的后代;

[5]这话,我的朋友,我觉得说得很好;因为,你们可真是心有神灵,如果你们的确不相信别人说的非正义比正义优越,尽管你们有能力为它作出如此的辩护。[368b]而我确实认为,你们真没有被人说服——我从你们的性格中推断出不同的信念,因为,光凭那些言论,我并不能相信你们——我越相信,我就越糊涂,不知自己如何是好。其实,一方面,我给不了什么帮助,因为我觉得[5]自己没有能力——我的印象是,我刚才想过,我对忒拉绪马科斯说的那些话已证明了正义比非正义优越,可你们并不接受我的观点——另一方面,我又不能不给点帮助,因为我怕这是一种不虔诚的行为,[368c]当正义受到污蔑时,自己站在一旁听而任之,不给予任何帮助,尽管自己还在呼吸、还有能力说话。因此,最好的办法就是这样,尽我最大的能力去帮助它。"

　　这时,格劳孔和其他人要求我用任何方法[5]给予帮助,不要放弃话题,而是把讨论进行到底,弄清两者的本性究竟是什么,有关两者的利益,其真正的内容又是什么。于是,我说出了当时我对这个问题的看法。"我们现在进行的探索并不容易,依我看,做这事要靠敏锐的眼光。[368d]考虑到我们在这方面都不杰出,"我说,"我认为采用以下一种探索方法比较合适,就像某人命令我们这些眼光都不尖的人从远处识别一排微小的字母,然后我们中有人发现,[5]这排字母别处也有,不仅字体更大,而且写在更大的版面上,依我看,这真像是天意,倘若先让我们如此地看到那些字母,然后去鉴别这排更小的字母,看看它们是否真的一样。"

　　"的确完全如此,"阿德曼托斯说,"然而,[368e]苏格拉底,就说这一点,你觉得在对正义的探索中究竟有何与此相似?"

　　"我这就告诉你,"我说,"正义,我们说,一种属于个人,另一种属于整个城邦②,不是吗?"

---

①　阿里斯同:格劳孔和阿德曼托斯的生父,参见卷一(327a),页2,注①。
②　整个城邦:从此开始,苏格拉底展开了对城邦本质的探索,把它看作某种类似于个人灵魂的东西。一个拥有正义、管理协调的城邦可以被比作一个拥有正义、充满自我节制精神的个人;这一说法在柏拉图早先的一篇对话中出现过(《高尔吉亚》507e-508a)。运用这样的类比,从小到大,从简单到复杂,从具体到抽象,由浅入深,苏格拉底就此一环扣一环地开始对正义和城邦和正义的性质进行全面的分析和检验。

"完全如此。"他说。

[5]"难道城邦不大于个人?"

"大于个人。"他说。

"那么,也许更大的正义存在于更大的整体中,更容易被人理解。如果你们愿意,[369a]我们可以首先探索正义在各城邦中是一种什么性质的东西;随后再如此检验个人,考虑到大型整体中的主要特征在小型整体中也有类似的体现。"

"可不,我看,"他说,"你这么说很好。"

[5]"那么,是否会这样呢,"我说,"如果我们从理论的角度①观望一个城邦诞生,我们会看到正义和非正义同时诞生?"

"有可能。"他说。

"如果这么做了,这一希望不就更容易实现了吗,一旦我们看到我们所[10]寻求的东西?"

[369b]"容易多了。"

"那么,我们是否应该试着做下去? 我认为,这可不是一件简单的小事。因此,请你们想想清楚。"

"早想好了,"阿德曼托斯说,"你可别推脱。"

11. [5]"城邦之所以产生,②我说,"依我看,是因为我们中没有一个人能完全做到自给自足,相反,每一个人〈生来〉需要很多东西;不然,你认为建立城邦还有另一个根本原因?"

"没有。"他说。

[369c]"正因为如此,当某人为了某事招呼另一人,而另一人为另一事又有求于第三人,因为大家需要很多的东西,于是就把许多人集中在一个居住地,作为社会成员和帮手,我们命名这种集体居住点为城邦。是这样吗?"

---

① 从理论的角度:这一思想方法,亚里士多德把它看作最适合用于对事物本质的认识(《政治学》1252a24),显然以事物的定义为出发点。我们应该看到,柏拉图在讨论本质的过程中并非意图摒弃历史上存在的或有可能存在的城邦模式。相反,在讨论理想国的过程中,他总以可观察到的社会和历史现象以及人们的行为和思想特点为解说问题的基础。

② 城邦之所以产生:这第一种形式产生于人们对生活必需品的需要,并非出自弱者对强者的制约(359a)。

[5]"的确完全如此。"

"一人与另一人进行交换,如果他换出或换进某一东西,他肯定认为这东西比自己的好?"

"完全如此。"

"来,"我说,"让我们从理论上从头开始创造一个城邦;[10]但具体创造它的,如此看来,将是我们的物质需要。"

"怎么不是?"

[369d]"不用说,最先、最大的需要就是为自己提供食物,以此维持生命。"

"完全是这样。"

"第二是房屋,第三是衣服之类的东西。"

[5]"是要有这些东西。"

"那么,告诉我,"我说,"需要多大一个城邦来满足这么大的需求?难道不需要一个农夫,一个建筑师,一个纺织工?或里面再加一个鞋匠,或加一个为人照料身体的医生?"

[10]"完全如此。"

"也就是说,一个最基本的城邦得由四个或五个人组成?"

[369e]"显然是这样。"

"那么,这又如何?他们每一个人必须为大家提供自己的社会性劳动①,例如,某人是农夫,他为四个人准备粮食,在准备粮食的这份工作上消耗四倍的时间和[5]劳力,让其他的人共享自己的劳动果实,或者,丢下这种工作不管,[370a]只用四分之一的时间为自己生产四分之一的粮食,至于其他四分之三的时间,他把一份花在准备房屋上,一份准备衣服,一份准备鞋子,和其他人没有任何相干之处,而是只靠自己生产自己所需的东西?"

----

① 社会性劳动:这一"各尽所能"的原则,前面已经出现过(340d,360e),后来又将人引向正义的最后定义,显然基于柏拉图对人的"自然能力"的认识。这也是柏拉图教育思想的理论基础:人的"自然能力"并非相同,有些人生来聪明,善于学习,另一些人生来迟钝,不善于学习,根据其能力的不同(370a),他们各自适合从事不同的工作。设法使这种个人能力上的不平等和城邦所要求的工种上的不平等取得一种和谐,取得一种相对的平等,这就是城邦所面临的任务。

[5]阿德曼托斯随即说道:"不过,苏格拉底,也许,前一种做法比后一种容易些。"

"宙斯在上,"我说,"这一点也不奇怪。因为,听你这么一说,我也在想,首先,我们每一个人生来并非[370b]完全相像,本质上,的确各不相同,事业上,这人擅长做这种工作,那人擅长做那种工作。或你不认为是这样?"

"我认为是这样。"

"这又如何?一个人干多种[5]专业更好呢,还是一个人干一种?"

"一人干一种。"他说。

"再说,我想,这一点很清楚,某人一错过某项工作的时机,事情就毁了。"

"的确很清楚。"

[10]"因为,我相信,要做的事情不会愿意等待做事人什么时候有空闲,相反,[370c]做事人有必要紧紧跟随要做的事情,而不把它当作副业。"

"有这必要。"

"这样一来,每项产品就会出得更多,更好,更容易,当一个人能凭自己的特长,抓住时机,不用[5]为其他事情忙碌,只做一件事。"

"的确完全是这样。"

"从而,阿德曼托斯,我们需要更多的城民,不止四个,来准备我们刚才提到的那些产品。因为,很显然,农夫自己不会去为自己生产犁,如果他真需要一把好犁,[370d]或是锄头,或是其他用于耕作的农具。建筑师,也不会;他也需要很多东西。纺织工和鞋匠都同样如此,不对吗?"

"对。"

[5]"因此,木匠和铜匠以及许多类似的手工业者,当这些人成了我们这个微小城邦的公民,他们会使它人数增多。"

"的确完全如此。"

"然而,它仍不会变得很大,如果在这些人[10]中我们再增添一批牛倌和羊倌以及其他牧民,[370e]目的是让农夫们有牛耕地,让建筑师们以及农夫们用它们来拉车运载东西,让纺织工们和鞋匠们利用它们的皮毛。"

"这城可不小啦,"他说,"如果它拥有了这一切。"

[5]"但还不行,"我说,"把这么一个城市建立在如此一个地方,这

里什么都不需要进口,这事几乎不可能。"

"的确不可能。"

"因此,我们将进一步需要其他人,他们将从别的城市把这个城市[10]所需要的东西运到这里。"

"将有这必要。"

"再说,如果这个使者空手出发,随身不带点对方所需要的东西,只是从他们那里把这里的人[371a]所需要的东西运来,他就算空手而去。是不是?"

"我看是。"

"因此,居住在这里,人不仅有必要为自己生产出足够的物品,而且有必要为那里的人生产出种类上、[5]数量上都为对方所需的物品。"

"是有这必要。"

"因此,我们这个城邦就需要更多的农夫和其他手工业者。"

"的确需要更多。"

[10]"而且,我们还进一步需要一批经营进口和出口货物的使者。这些人即是商人,是不是?"

"是。"

"因此,我们将需要商人。"

[15]"完全如此。"

"再说,如果商人的生意发展到了海上,[371b]我们将需要另有一批数量很多、精通海上事务的人。"

"当然需要很多。"

12. "这又如何呢?在这么一个城邦中,人们将怎样彼此交换[5]各自所生产出来的东西?正是为了这个缘故,我们早先为他们建立了合作关系,以此奠定了城邦的基础。"

"很显然,"他说,"彼此做买卖。"

"因此,为了进行这样的交换,市场和钱币①将由此而产生?"

---

① 钱币:希腊文中的"钱币"一词($\nu \acute{o} \mu \iota \sigma \mu a$)的字面意思为"条规",词根是"习惯"或"法律"($\nu \acute{o} \mu o \varsigma$),此处,它所取代的是"自然"($\varphi \acute{u} \sigma \iota \varsigma$)交换。随着货币的流通,它便成了城邦中的第一个不可避免的祸患,首先主宰城内市场;在对外贸易中此时流行的做法仍是直接用物品进行自由交换(370e)。

[10]"是完全如此。"

[371c]"如果这个农夫把自己生产的一点东西运到了市场上,或说其他某个手工艺者,但他和那些需要和他做交换的人并没有在同一个时间到达,难道他会闲着不做自己的工作,空坐在市场上?"

[5]"当然不会,"他说,"然而,当某些人看到这种情况,他们就会让自己出来开办这项服务,在那些管理有条的城邦里,几乎总是那些身体最虚弱、不适合做其他工作的人做这件事。因为有必要让这些人留在市场上,[371d]一方面和那些需要出售某样东西的人用钱做交换,另一方面和那些需要购买某样东西的人做生意,把钱换回来。"

"因此,"我说,"这一需要就会为我们[5]在这个城里造就一批商贩。我们不是称那些为买卖而忙碌、在市场上设摊的人为商贩,称那些在各城邦之间往返的人为商人?"

"的确完全如此。"

[371e]"再进一步说,我认为,另外还有一批做事的人,因脑力方面的原因,他们并非合格的社会成员,但他们拥有足够的体力去干繁重的活儿。这些人出卖自己力量的使用权,称这一价目为雇佣工资,[5]这些人,我想,被人称为是雇工,是不是?"

"的确完全如此。"

"这么看来,加上这批雇工后,我们的城邦算是充实了?"

"我看是这样。"

"那么,阿德曼托斯,我们这个城邦已经扩展到这个地步,[10]成了一个完美的整体?"

"也许。"

"那么,正义和非正义到底在这个城邦中的什么地方?① 在我们探讨过的事物中,正义又和什么同时诞生?"

[372a]"对此,"他说,"我并不清楚,苏格拉底,除非它产生于这些

---

① 正义……在什么地方:针对这一在创建这座"原始"城邦的初期首次提到的中心问题,回答当然也只能是初级性的:在人们的相互需要中。尽管这一回答不如在第一卷中我们所遇到的几种定义那么具体,但它却包含了后来更为成熟的答案中的一个重要因素;因为,在这一最初级的城邦机构中,尽管理性($\lambda\acute{o}\gamma o\varsigma$)还没有完全崭露头角,我们已经看到,各部分之间的和谐是正义产生的基础。

人之间存在的某种相互需要中。"

"不过,也许,"我说,"你说得很好;我们有必要继续探讨,不必把话说绝。

[5]"首先,让我们探讨一下,这些人如此为自己准备好了一切,人将过上什么样的生活①。难道他们会生产别的,不生产谷物、葡萄酒、衣服、鞋子?他们盖房子,夏天,大部分时间可以光着身子、赤着脚干活,到了冬天,[372b]他们有足够的衣服穿,有鞋穿;他们将为自己准备食物,把大麦压成麦片,把小麦磨成面粉,前者用水煮,后者捏成面团,之后,把正宗的糕点和面包放在麦秆和干净的树叶上,搁在一旁,[5]自己斜躺在用紫杉和桃金娘花枝编织的草垫上,和孩子们一起痛快地吃了起来,喝着葡萄酒,头戴花冠,并唱起颂扬天神的歌曲,他们相互进行甜蜜的交融,但不会不顾经济能力去[372c]生育孩子,因为他们害怕贫困或战争?"

格劳孔打断了我的话:"看来,"他说,"你让这些人光吃干饭,不加佐料。"

13. "你说得对,"我说,"我忘了他们手头上会有佐料,[5]显然,他们有盐,有橄榄,有奶酪,以及葱头和蔬菜,乡下人用来做汤的种种东西,他们也将把它们拿来做汤。我们还将给他们添上些无花果、野豌豆、香豆之类的点心,[372d]他们将在火旁一边烤着桃金娘果和橡实,一边适量地饮着酒;他们就按这种方式在安宁和健康中消磨人生,可以想象,当他们老了,到达了生命的终点,他们将把这种生活传给他们的下一代。"

对方答道:"假如你创立了一个猪的城邦②,苏格拉底,"他说,"[5]除了以上这些,你还会用其他什么办法养肥它们呢?"

"应该怎么办呢,"我说,"格劳孔?"

---

① 过上什么样的生活:以下这段充满了柏拉图式幽默的描述(372a/b)故意忽视了格劳孔稍后所建议的肉食(372c/e),以致格劳孔能借机发挥,把这种生活比作猪一般的生活(372d)。

② 猪的城邦(ὑῶν πόλιν):古时,猪通常被人认为是一种愚蠢的动物(参见535e)。从苏格拉底接着给予的回答中,我们可以看出,格劳孔的这一指责针对"高等"生活习俗的弊病,影射当时的奢侈文化(372e);后半句中的"它们"(αὐτάς)指"[一城]猪民"。

"一切按照传统习惯,"他说,"依我看,他们会侧身躺在卧榻上,不想劳累自己,挨着桌子[372e]用餐,面前有各种佳肴和甜食,就像今日的人们一样。"

"好啊,"我说,"我明白了。看来,我们现在探讨的不仅仅是一个城邦,而是一个奢华的城邦①,看其如何产生。也许,这么做并非不好;因为,通过对这样的城邦作一番仔细的探讨,我们或许能[5]看清正义和非正义到底是怎样在这些城邦中产生的。当然,我们先前描述的城邦,我本人认为,是真正的城邦,如同一个健康的人;眼下,如果你真想这么做,那就让我们观察一座正在发烧的城邦;没有任何东西在阻挡我们。[373a]其实,刚才列举的那些东西,依我看,还不能满足某些人,仅仅这顿饭还不行,还需要摆出卧榻、餐桌以及其他的家具,要有佐料、没药、焚香、歌妓、糕点,而且每一类要有好多种。也就是说,[5]需要提供的已经不是我们先前提到的那些必要的东西,如住房、衣服、鞋子,而是绘画和刺绣,必须提倡这些,还有金子、象牙和诸如此类的东西,必须拥有这些。是不是?"

[373b]"是。"他说。

"从而,我们不是又得扩大这座城邦;因为先前那座健康的城邦已不能满足需要,此时,我们必须充实体积和数量,就用那些并非城邦中必须使用的东西来充实它,[5]比如,所有的猎人和艺术临摹家,他们中有许多人专搞图形和色彩,有许多人专搞音乐,还有诗人和他们的助手,史诗歌手,戏剧演员,舞蹈家,合同承包人,制造各色各样用品的手工艺者,[373c]包括供女人妆饰用的东西以及其他用品。因此,我们将需要更多的佣人;难道你不认为我们应该有教师、奶妈、喂养照料孩子的人、理发师、厨子以及烹调师和屠户?此外,我们还需要一批猪

---

① 奢华的城邦(τρυφῶσαν πόλιν):这是城邦的第二种形式,和前一种形式构成了鲜明的对比,似乎和前者截然相反;然而,它的基础无非就是具有前一种形式的城邦,因为它的发展动力仍然是人的自然本性和生活需要。在讨论前一种形式时,柏拉图曾屡次强调"生活必需品"(χρεία)这一概念,而在讨论这一形式时,尽管他并没有直接重申这一点,我们在他所罗列的具体东西和人物中却看到了什么是"需求"的真正动力:欲望、快乐、本能、人的灵魂深处的情感,这一切都指向苏格拉底后来首次给予解释的灵魂中的"欲望部分"(ἐπιϑυμητικόν,439d)。

馆①；因为，[5]在早先的那座城邦里，我们中并没有这样的人——因为当时根本没有必要——然而，在目前这座城邦里，将会多出这一需要。我们还需要数量更多的牛羊，倘若人们要吃它们。是不是？"

"怎么不是？"

[373d]"因此，如果我们如此生活，我们岂不将会需要更多的医生，远超过从前？"

"远超过从前。"

14."还有土地，当时还足以养活当时的人口，可现在就[5]小了，再也不能满足需要。或我们又怎么说？"

"正是这样。"他说。

"因此，我们岂不是有必要去宰割一部分邻邦的国土，如果我们想拥有足够的土地，用于放牧和耕耘，而对方也需要我们的土地，如果对方也像我们，一心扑[10]在没有止境的物质追求上，跨过了人生基本需要的界限？"

[373e]"很有必要，"他说，"苏格拉底！"

"因此，我们的下一步就是去发动战争②，格劳孔？或又将怎样？"

"就是这样。"他说。

"那么，"我说，"让我们且不说这场战争造成的后果是坏[5]是好，而只说这一点，即我们发现了战争的根源，在绝大多数情况下，正是由于这些欲望，种种祸患便落到了城邦的头上，危害个人和集体，每次发生，都是这样。"

"的确完全如此。"

"从而，我的朋友，我们需要一个更加庞大的城邦，并非小规模地

---

① 猪倌：参见372d及注。

② 战争：为了获取大量的生活物资以保障自己的生存，人们有必要发动战争；值得注意的是，这里所指的生活物资似乎已是一种可以永无止境增长下去的财富，尽管苏格拉底并没有直接对战争的根源加以谴责。这有别于他对战争的通常看法(参见《斐多》66d)：人的躯体和它的各种欲望导致了战争、内讧和格斗，因为一切战争都是为了占有财物和金钱；我们的躯体以及我们出于对躯体的爱护，将我们沦为它们的奴隶，逼迫我们去为金钱而奋斗。此处，在《理想国》中，战争被看作一种培养城邦卫士阶级的重要动力，从某种程度上说，显然具有积极意义。

加以扩充,[374a]而是要加整整一个军队,为了保护城邦的所有财富,为了保护我们刚才所说的一切,它将会冲出去和侵略者拼搏到底。"

"怎么了?"他说,"民众自己还不行?"

"若像你这样,不行,"我说,"早先,我们都明确同意过,[5]就是我们在建城的时候;我们曾经同意,如果你还记得的话,一个人不可能有效地从事多种专业。"

"说得对。"他说。

[374b]"因此又怎样?"我说,"你认为战争中的拼搏不是一种艺术?"

"的确是。"他说。

"难道说我们应该更关心制鞋艺术,甚于战争艺术?"

[5]"绝非如此。"

"这么说,我们一方面在尽力防止鞋匠同时去争当农夫,或纺织工,或建筑师,而只让他当鞋匠,这样,我们的制鞋业才会好,对待其他人也是这样,我们分配给他们每人一项职业,[10]对此各自具有相应的先天能力,他一辈子就扑在这上,不用为其他事业操心,[374c]不错过那些促使自己事业成功的时机,而另一方面,我们在问,有关战争的事业,是否很有价值把它办好?难道真如此容易,让农夫中某人同时去充当一名军人,[5]或让鞋匠中某人,或让其他任何一个从事这般职业的人,尽管一个人根本当不了下跳棋的能手或掷骰子的能手,除非从小就开始专门练习这一行,而不是把它当作一项副业?[374d]当一个人拿起盾牌或其他某种战争武器或用具,难道说他当天就会成为一个懂得步兵战术或其他某种战争形式的战士,尽管其他所有用具中,没有一件被人拿到手中后就会使那人成为工艺家或运动员,[5]它对没有掌握其知识的人没用,对没有经历过充分训练的人也没用?"

"真是那样的话,"他说,"这些用具可值大价钱了。"

15. "那么,"我说,"卫士们的工作不正是如此地重要至极,[374e]它需要最大的、不为他事操心的空闲,又需要最全面的专业艺术和最充分的训练。"

"我想是这样。"他说。

"因此,是不是需要一个人具有合适的气质来从事这一事业?"

[5]"怎么不是?"

"我们的任务,这么看来,就是尽我们最大的努力去挑选什么样的、具有什么合适气质的人来保卫我们的城邦。"

"这是我们的任务。"

[10]"宙斯在上,"我说,"我们担任的可不是一件区区小事。然而,只要我们有能力,我们不应该回避这事。"

[375a]"当然不应该。"他说。

"那么,你认为,"我说,"一条品种优良的狗①在看守一事上和一个出身高贵的年轻人有什么区别?"

"你指哪方面?"

[5]"比如两者都必须有锐利的目光,追踪目中的猎物行动轻快,并且还要拥有力量,如果有必要和被抓住的东西斗争一番。"

"的确,"他说,"必须具备所有这些。"

"再加勇猛,如果要打得好。"

[10]"怎么不是?"

"然而,一个没有充沛气魄②的生灵,马也好,狗也好,或其他类似的动物,能指望自己勇猛吗? 你有没有注意到,[375b]气魄是一种何等不可抗拒、不可战胜的东西,只要有它在一旁,整个灵魂对一切都毫无畏惧,不可征服?"

"我注意到了。"

"这些就是一个卫士所需要的身体条件,[5]很明显。"

"是。"

"而且在灵魂方面也一样,要精力充沛。"

"是这样。"

"那么,格劳孔,"我说,"他们怎么能不蛮横地对待自己的同行、[10]对待城市里的其他公民,如果他们的本性就是如此?"

"宙斯在上,"他说,"那可不容易。"

---

① 狗:狗以及稍后提到的马都是比喻,苏格拉底把它们看作高贵动物,此处当然代表贵族,然而,其肯定式的语气中仍不乏幽默和讽刺。

② 气魄:这词在希腊文中(θυμοειδές)包含魄力、胆略、激情、勇气、怒火等意思,被认为是灵魂结构中的一个重要组成部分,和前面所提到的"欲望部分"(ἐπιθυμητικόν,见卷二,372e 注释)有并列关系。

[375c]"然而,他们一定对自己家里的人温顺,对他们的敌人凶狠;否则,不等别人来消灭他们,他们自己将抢先做到这一点。"

[5]"对。"他说。

"那么,"我说,"我们该怎么办?我们从哪里能找到温顺和勇猛两者兼并的性格呢?因为温顺的气质和勇猛的气质大体上相反。"

"显然是这样。"

[10]"然而,如果某人缺乏两者中任何一种,他就不能成为优秀的卫士;这一番要求看来根本无法满足,因此,[375d]结论就是这样,优秀的卫士不可能存在。"

"也许是这样。"他说。

此刻,我有点进退两难,回头想了一下刚才说过的那些话,又开口道:"真是活该,朋友,这下我们可陷入了困境,因为我们[5]把先前提出的那个比喻给抛下了。"

"什么意思?"

"我们没有考虑到这一点,一些气质,我们认为不可能共存,可它们的确存在,自身拥有对立的性格特征。"

"在什么地方?"

[10]"在其他动物中,某人也能观察到这一现象,然而,[375e]在我们把它比作卫士的动物中,这尤其显而易见。其实,你也许知道,在品种高贵的家犬中,这就是它们的本性,它们对自己家里的人和熟人可谓是温顺至极,对生人则相反。"

[5]"我当然知道。"

"因此,"我说,"这事就有可能了,我们并不需要跨越自然去寻找一个这样的卫士。"

"看来并不需要。"

16. "那么,你是否认为这个将来的卫士还需要具备这么一种特征,[10]除了具有充沛的精力,他还需要具有哲人①的气质?"

---

① 哲人:热爱智慧的人(φιλόσοφος),是希腊文中哲人一词的原意,指的是一个热爱知识、渴望不断对事物的本质加深认识并在自己生活中以这种追求为精神指南的人,此处并非指职业哲学家。

[376a]"怎么会呢?"他说,"我不懂。"

"这一特点,"我说,"你能从家犬身上观察到,这值得我们对此动物感到神奇。"

"什么特点?"

[5]"就是,每当看到陌生人,它就生气,尽管它事先并没有受到任何伤害。看到熟人,它就欢迎,尽管它从来没有从他那里得到过什么好处。对此,你从未感到过惊奇?"

"到目前为止,"他说,"我还真没有注意到,不过,它有如此的表现,[10]这很清楚。"

"然而,这显然是它本性中的一个精妙之处,[376b]具有真正的热爱智慧的气质。"

"在什么方面?"

"在如下这方面,"我说,"它辨别友好和敌对的形象不凭别的,就凭自己熟悉前者,不认识后者。[5]你说说,这怎么不是热爱知识的表现,如果它凭有知和无知来区分什么属于自己,什么属于他人?"

"当然,"他说,"不能否认。"

"而你还得承认,"我说,"热爱智慧和哲学本来就是同一回事?"

[10]"的确是同一回事。"他说。

"可不可以让我们大胆地假设人的情形也一样,如果某人一心想[376c]对自己的家属和熟人和善,那么,本质上他必定是一个热爱智慧、热爱知识的人?"

"让我们就这么假设。"他说。

"有哲人的气质、精神饱满、行动迅速、力量强大,在我们看来,[5]一个具有这种本性的人将成为一个优秀、高尚的城邦卫士。"

"的确完全是这样。"他说。

"那么,此人就算如此开始。然而,我们将用什么方式培养和教育这么一批人呢?如果我们现在探讨这一问题,[376d]这是否在某种程度上有助于我们看清这一点,为此我们正进行着全面的探讨,即,正义和非正义是怎样在城邦中产生的?我们的目的是,不放过适度的讨论,也不把它拖长。"

此时,格劳孔的哥哥开了口:"那当然,"他说,"我[5]期望这有助于我们这项探讨。"

"宙斯在上,"我说,"我的阿德曼托斯,这绝不可放弃,即使探讨的时间会拖长。"

"当然不放弃。"

"来吧,如同我们在讲述故事,并有充分的空闲,[10]就让我们用道理来教育这些人。"

[376e]"就应这样。"

17."那么,这是什么样的教育①呢?或说,寻找出一种比早已被人寻找出的那种教育更强的东西,困难吗?目前存在的有,针对身体的体育,针对心灵的音乐②。"

[5]"是这样。"

"我们不是先从音乐开始给人教育,早于体育?"

"怎么不是?"

"说音乐,"我说,"你会包括故事,或不会?"

[10]"我会。"

"是不是故事可分两种,一种真实,另一种虚假?"

"是这样。"

[377a]"必须让人在这两方面都得到教育,不过,首先得在虚假方面?"

"我不懂,"他说,"你说的是什么意思?"

"难道你不懂,"我说,"我们对孩子们首先讲神话故事③?[5]总的说来,这种故事说的是假话,但其中也有真实的东西④。我们首先利

---

① 教育:从此开始,对话讨论了对整个卫士阶层的基本教育(376e-412b);这一阶层中的杰出人士,那些热爱智慧、具有哲人气质的人,他们将会进一步深造,接受更高等的教育(502c-541b);在这两大部分之间,苏格拉底谈到了对于妇女的教育(441c-457b)。

② 音乐($μουσική$):广义,指"缪斯的艺术",包括诗歌和音乐,此处指对孩子们的精神熏陶。

③ 神话故事:此处主要指有关古希腊诸神的产生、本性、业绩、相互之间以及与人类的关系等方面的传说。这些故事的主要传播者为以荷马为首的诗人;流传至今的荷马史诗《伊利亚特》和《奥德赛》,赫西俄德的《神谱》和《劳作与时日》,颂歌集《荷马神颂》等,这些作品都充满了神话典故,属于最早的文学见证。

④ 真实的东西:诗人通过模仿艺术($μίμησις$,参见392d及下文)间接地向人们揭示真理和事物的本质。

用故事开导孩子们,早于体育课。"

"是这样。"

"这就是我刚才说的意思,我们必须先从音乐着手,[10]早于体育。"

"很正确。"他说。

"你不是知道,每一项工程的最重要的部分是开头,针对[377b]一个年幼、柔弱的儿童尤其是这样?因为,就是在这个时期,他最容易改变,人们想用什么模子给他定型,他就属什么类型。"

"这绝对如此。"

[5]"那么,难道我们能如此轻易地让孩子们自己随便地听随便什么人讲虚假的故事,把许多观念吸收到自己的灵魂中,大部分和我们主张他们长大后应该拥有的那些观念相反?"

[10]"我们决不会让他们这样。"

"看来,我们首先必须对讲故事的人进行审查,[377c]如果他们讲出优秀的[故事],就接受,如果不好,就拒绝。我们将说服所有奶妈和母亲给孩子们讲这些被我们接受的东西,尽量用这些故事来扶植孩子们的灵魂,而不只是用手扶植孩子们的躯体;[5]她们目前所说的许多故事必须被抛弃。"

"什么样的故事?"他说。

"在那些篇幅较大的故事中,"我说,"我们能看到篇幅较小的故事。因为,它们显然都是一个模式,[377d]篇幅大的和篇幅小的具有同样的效用。或你不认为是这样?"

"我认为是这样,"他说,"但我不懂,篇幅较大的故事,你指哪些?"

"指赫西俄德,"我说,"荷马①以及其他诗人给我们讲过的那些故事。[5]因为,他们这些人编造了虚假的故事,把它们讲给人听,过去是这样,现在仍是这样。"

"究竟什么故事,"他说,"你说,你发现这些故事中存在什么毛病?"

---

① 赫西俄德……荷马:见卷二,377a 注释。前苏格拉底哲人,如毕达哥拉斯、克塞诺芬尼、赫拉克利特等,对荷马和赫西俄德的神学都曾有过尖锐的批判,柏拉图对此也抱着同样的态度;在他早期写的一篇苏格拉底对话录中,我们就看到这一倾向(《游叙弗伦》5e–6a),然而,在《理想国》中,对于传统神学的批判显得更全面、更彻底,并且贯穿了整个作品。

"就是这么一种毛病,"我说,"我们最先应该指出,而且特别应该如此,如果某个谎言又编造得不好。"

[10]"这特指什么?"

[377e]"当某人拙劣地用文字[给本性]画像,描绘那些天神和英雄这像什么、那像什么,如同一个画匠,画出的肖像根本不像他本来想要画出的那些人。"

"不错,"他说,"这些的确可算是毛病。[5]但是,我们具体又怎么说,说什么?"

"首先,"我说,"最大的、有关宇宙中最重要的事物的那个谎言,说这故事的人并没有把它编造好,声称,乌拉诺斯①干出了那种事情,如赫西俄德所说,接着,克罗诺斯②反过来又[378a]如何惩罚了他。克罗诺斯的行为以及他后来从儿子③那里受到的遭遇,即使是真事,我认为,我们也不应该如此随便地讲给思想不成熟、年纪又轻的人听,而是应该保持最大的沉默;如果真有某种必要讲,就让极少数人听,要他们先发誓保密,并且进行献祭,不用猪而用某一又大[5]又稀罕的牲口做祭品,这样,只有极少数的人有机会来听。"

---

① 乌拉诺斯:希腊神话中最早的太空神,他娶大地女神盖娅为妻,生有三个百手巨神、一批库克洛普斯(又称"圆眼"或"独眼"神)和一批提坦大神。因为他一直虐待自己的孩子,长期把他们监禁在大地中,盖娅怀恨在心,后来,最年轻、最狡猾的提坦神克罗诺斯在母亲的纵容和帮助下镰刀割了乌拉诺斯的生殖器,并将其抛入大海;从大海的泡沫中长出了阿芙罗狄忒,即爱神或性神;从洒在大地上的鲜血中诞生了一批埃里尼斯,即惩罚犯有杀亲之罪的复仇女神,一批基干忒斯巨神(简称"巨神"),以及一批山林女神(赫西俄德,《神谱》150-181)。

② 克罗诺斯:提坦主神,推翻了乌拉诺斯后,他便是太空之主;他娶了提坦女神瑞娅为妻,生有六个孩子:家灶女神赫斯蒂亚、大地女神德墨忒尔、主管婚姻和分娩的女神赫拉、冥王哈得斯、海神波塞冬和太空神宙斯。和他父亲一样,克罗诺斯害怕自己被后代推翻,接连将妻子刚生出的婴儿吞入肚中,不让他们来到世间,直到瑞娅生最后一个儿子宙斯;瑞娅在母亲盖娅的帮助下用调包的方式,让克罗诺斯吞下裹着石块的婴儿襁褓,暗中将宙斯转移到地中海的克里特岛上,使其得以生存(荷马,《伊利亚特》8.478-481,14.203-204;赫西俄德,《神谱》137-138,168-182)。

③ 儿子:指宙斯;长大后,他说服了海女墨提斯让克罗诺斯喝下了一帖催吐剂,使后者把从前被他吞入肚中的孩子全部吐了出来;此后,宙斯便协同他的兄弟姐妹组成了一方,和以克罗诺斯为首的提坦神展开了争夺世界以及奥林波斯神山统治权的战争,最终获得全胜;宙斯一伙(冥王哈得斯除外)便以奥林波斯神山为家,成了主管世界的天神。

"的确,"他说,"这些故事十分复杂。"

[378b]"这些故事,"我说,"阿德曼托斯,它们的确不应该在我们的城邦里流传。也不应该让一个年轻人听到人们说什么,即使某人犯下了天大的罪孽,也不会使人为之震惊,他只不过是在惩罚违法乱纪的父亲,用了这样或那样的办法,然而,他做得和最古老、[5]最伟大的天神们完全一样。"

"不,宙斯在上,"他说,"我本人认为,把这种故事讲出去不合适。"

"的确不合适,"我说,"所有这一切,说什么这帮天神如何与那帮天神竞争、[378c]耍阴谋、交战——因为这些都不真实——如果我们有必要让将来这批守护城邦的卫士认为相互之间轻易结仇是最羞耻的事——远没有什么必要对他们渲染基干忒斯战争①,[5]以及天神们和英雄们对自己的亲戚和家属所抱的各种各样的仇恨——相反,如果我们想说服人们,说任何公民都不可憎恨他人,说这么做不虔诚,那么,更应该把这些话直接讲给[378d]孩子们听,就让老头子、老太婆讲,当孩子们大了,必须让诗人们为他们创作和这些忠告类似的作品。赫拉②被她儿子捆住,赫斐斯托斯③被他父亲抛弃,因为赫斐斯托斯想帮助挨打的母亲,[5]以及荷马描述的天神之间的一系列斗争,这些一律都不可在城邦中流传,不管此类故事含有寓意或没有寓意。因为,一个年幼的人没有能力辨别什么故事有寓意、什么没有,然而,他在这般年纪所接受的种种观点[378e]往往会变得难以驱除、难以转变;也许正因这些缘故,我们应该不惜一切地做到这一点,他们听到的第一批故事是他们所能听到的有关美德的最优秀的作品。"

---

① 基干忒斯战争:指基干忒斯巨神和以宙斯为首的奥林波斯天神之间的战争(荷马,《奥德赛》7.58-60,7.204-206)。

② 赫拉:主管婚姻和分娩的奥林波斯女神,宙斯的妻子,参见卷二,377e注释。

③ 赫斐斯托斯:火神,主管冶炼和金属工艺,宙斯和赫拉的儿子,爱神阿芙罗狄忒的丈夫。赫斐斯托斯刚下生时,赫拉见他腿有毛病、长相又难看,一气便把他扔入大海;忒提斯女神和巨川女神欧律诺墨将他救起,并且抚养了他。长大后,成了金属匠的赫斐斯托斯送给他母亲一张宝座;赫拉坐下后便觉得自己被紧紧捆在座上,无法脱身;最终,酒神狄俄尼索斯将赫斐斯托斯灌醉,将他带回奥林波斯神山,替赫拉松绑,母子关系从此和睦(荷马,《伊利亚特》18.368-617)。赫斐斯托斯被宙斯从奥林波斯神山抛下一事也出自荷马(《伊利亚特》1.571-608)。

18."这的确有道理,"他说,"然而,如果有人接着[5]向我们打听这些,问它们是些什么作品,什么故事,我们将称它们是什么呢?"

我随即说道:"阿德曼托斯,此时此刻,我和你此刻并不是诗人①,[379a]而是城邦的创建者;作为城邦的创建者,我们有责任知道一套模式,诗人们应该根据它们讲述故事,搞创作时,不得违背它们,我们自己则没有必要创作故事。"

[5]"对,"他说,"然而,就说这一点,哪些是有关神论的模式?"

"多少如同这些,"我说,"根据本质,某位神是什么样就是什么样,必须一贯如此刻画,不管某人让他出现在史诗中,或是抒情诗中,或悲剧中。"

[10]"是应该这样。"

[379b]"那么,难道不是如此,天神本质美好,必须如此描绘他?"

"有何非议?"

"而任何美好的东西都没有危害。是不是?"

"我看没有。"

[5]"因此,没有危害的东西不会害人?"

"当然不会。"

"不害人的东西能干出什么坏事吗?"

"不会这样。"

"不做任何坏事的东西,它不可能成为坏事的起源?"

[10]"怎么会?"

"这又如何?美好的东西对人有益?"

"是。"

"它是好事的起源?

"是。"

[15]"美好的东西并非一切事物的起源,而只是美好事物的起源,和它对立的东西是一切坏事的起源。"

[379c]"完全是这样。"他说。

"那么,"我说,"这一天神,正因为他本质美好,不可能是一切事物

---

① 此刻并不是诗人:到了《理想国》卷十后半部,苏格拉底转述厄尔的神奇经历,用一个情节动人、寓意深刻的神话故事结束全书;此处,柏拉图也许在暗示,那时的苏格拉底却是一位充满灵感的诗人。

的起源,不像许多人声称的那样,而只是少数人类事件的起源,和大部分人类事件无关①;因为,在我们人间,[5]好事远比坏事少,除了他,没有任何其他东西可以成为这些好事的起源,至于那些坏事,我们必须寻找其他一些起源,和这位天神无关。"

"非常正确,"他说,"我认为得这么说。"

"因此,"我说,"我们不应该从荷马或任何其他诗人那里[379d]接受有关天神们的这种荒谬言论,当他脑子一时糊涂,说什么②——

> 有这么两只大瓮放在宙斯的地盘上,
> 里面装满了命数,一只好,另一只可怕;

[5]如果宙斯把两种命数分配给了同一个人,

> 有时他受厄运主宰,有时又承受好运;

如果不给他那些,那么,纯粹就是另一些,

> 可怕的饥饿逼着他流浪于辽阔的大地;

[379e]我们也不能容忍他声称宙斯是个总管——

> 好事和坏事都由他安排。③

19. "至于不守誓言、破坏和约,潘达罗斯④干了这事,如果有人声称这是由雅典娜⑤和宙斯[5]一手造成的,我们不能同意,也不能同意

---

① 和大部分人类事件无关:天神不是坏事的根源,因为天神具有完美的本质,不会恶意伤害人类。如同《理想国》卷十中的神话故事展示的那样(617e),是人们因种种缘故为自己选择了祸患。

② 以下四行诗句出自荷马的《伊利亚特》24.527-532;柏拉图并非逐字逐句地引用原文。

③ 现存的荷马作品中已无此句。

④ 潘达罗斯:在特洛亚战争中,泽雷亚(zeleia)部队的领袖,特洛亚的盟友,著名的弓箭手(荷马,《伊利亚特》1.824-827);他受雅典娜的纵容,首先向希腊一方的墨涅拉奥斯射出一箭,破坏了当时双方共守的和约(荷马,《伊利亚特》4.69-126)。

⑤ 雅典娜:宙斯的女儿,主管艺术、工艺和战争的奥林波斯女神。

天神之间的纠纷和争吵①[380a]是由忒弥斯②和宙斯引起的,埃斯库罗斯③的那句话,同样不能让年轻人听到,说什么——

> 神把罪因植入凡人心中,
> 每当神想彻底毁灭一个家庭。④

[5]如果某人创作了'尼俄柏的命运',其中有这样的抑扬格诗句,或是佩洛普斯家族的命运⑤,或是特洛亚的命运⑥,或是其他类似的作品,我们或是不让他说这些是天神业绩,或者,如果真要说这是某神所引起,诗人们必须清楚地解释其中的道理,如我们目前寻求道理一样,而且[380b]必须讲明,这位天神做得对、做得高尚,正是在受到神的惩罚的

---

① 纠纷和争吵:可能指赫拉、雅典娜、阿芙罗狄忒请特洛亚王子帕里斯评谁最美丽所导致的纠纷,据古人记载,这一故事出自今已失传的史诗《库普罗斯记》。

② 忒弥斯:提坦女神,主管秩序和正义,曾是宙斯的第二个妻子,为他生了9个女儿:三位荷莱伊(季节女神)、欧诺弥娅(秩序女神)、狄刻(正义女神)、埃瑞涅(和平女神)和摩伊拉三女神(命运女神)。

③ 埃斯库罗斯:见卷二,361b 注释。

④ 引自埃斯库罗斯的悲剧《尼俄柏》(残片156),原剧今已失传。尼俄柏是吕底亚国王坦塔罗斯的女儿,忒拜国王安斐翁的妻子,生有七男七女(或六男六女);她在阿波罗和阿尔忒弥斯两神的母亲勒托的面前吹嘘,说对方只有两个孩子,不如她有福;阿波罗和阿尔忒弥斯得悉后,为了替母亲报仇出气,双双用箭射死了尼俄柏的所有孩子。

⑤ 佩洛普斯家族的命运:佩洛普斯是皮萨国王,其家族的厄运可从佩洛普斯的父亲吕底亚国王坦塔罗斯算起;坦塔罗斯肢解了儿子佩洛普斯,将其宴请奥林波斯众神,所有来客都不碰餐食,只有德墨忒尔没留神,吃了佩洛普斯的一个肩膀;但众神很快又使佩洛普斯获得新生,德墨忒尔为他重新配了一个象牙肩膀;年轻人随后又上了奥林波斯神山,过了一段天堂的生活。为了惩罚坦塔罗斯,众神后来又将佩洛普斯送回大地。他被伊洛斯的军队赶出吕底亚后,来到了皮萨,娶了皮萨国王的女儿希波达墨娅为妻,生有三个儿子(皮忒修斯、阿特柔斯、提埃斯忒斯),其中最著名的是阿特柔斯,特洛亚战争中的希срений司令阿伽门农和海伦的丈夫墨涅拉奥斯是阿特柔斯之子。这个家族史离奇复杂,可歌可泣(品达,《奥林匹亚颂歌1》;阿波罗多罗斯,《纲要》2.3 – 10;泡萨尼阿斯,《希腊游记》5. 13. 1 – 7)。

⑥ 特洛亚的命运:特洛亚,一译特洛伊,又称伊利昂,弗里吉亚的一个古城,位于赫勒斯蓬托斯海峡南部。如荷马的《伊利亚特》所示,一系列触犯神明的事件导致了该城的毁灭。

时刻,这些人得到了神的帮助①;说什么遭受惩罚的是些可怜的凡人,干事的却是那位天神,我们决不让诗人这么说。然而,如果他们说,这些凡人应该受到惩罚,[5]因为他们坏,才显得可怜,尽管这样,他们在遭受惩罚的同时得到了神的帮助,这么说,我们允许;声称本质高尚的天神,对某人来说,是一系列灾难的根源,我们必须用一切方法和这言论斗争到底,不让任何人在自己的城邦里说这话,如果这个城邦想要得到很好的治理,不让任何人听到这话,[380c]无论是青年人或老年人,无论用格律②讲述或不用格律;因为,这些故事,如果被人说了出来,既不虔诚,对我们也没有利益,再说,这些东西本身又不协调。"

"和你一样,"他说,"我投票赞成这一法律,我对此[5]感到满意。"

"因此,"我说,"这可以成为有关天神的法律和创作原则中的一个条文,人们发表言论、诗人们搞创作都必须遵守它,天神并不是一切事物的起源,他只是美好事物的起源。"

[10]"这条文,"他说,"非常有道理。"

[380d]"那么,这第二条又如何?你真认为这位天神是巫师,他会故意以不同的方式显示自己,一会儿这样,一会儿那样,[并且]有时自变,使自己的外貌具有不同的形式,有时则迷惑我们,使我们相信[5]这些和他相符,或认为,他本性纯洁,最不可能脱离自己原有的形象?"

"是否如此,"他说,"目前我还说不上。"

"这又如何?难道这不必然,一旦什么东西脱离了自己的原形,它便发生了根本的变化,[380e]或靠自己,或靠别的东西?"

"必然。"

"难道这不是事实,本质最好的东西最不易受外界东西的影响而发生变化、产生动摇?例如,躯体受食物、饮料和[5]体力消耗的影响,每一植物受日晒、风吹这类外界条件的影响,而它们中最健康、最强壮的[381a]最不易改变?"

"怎么不是这样?"

"不是说,外界的势力最难困惑和改变最勇猛、最富有理性的灵魂?"

---

① 神的帮助:惩罚是改善人的方式,是神给人的福气;柏拉图在《高尔吉亚》472e及以下曾提出过这一思想。

② 格律:指诗歌和戏剧。

[5]"是。"

"这当然还包括一切人工制成的用具、住房和衣服,凡是做工好、质量好的,按同样的道理,最不容易受时间和其他外界条件的改变。"

[10]"就是这样。"

[381b]"的确,每一样本质优秀的东西,靠自然、靠工艺、或两者都靠,最不易接受某一外物给它带来的变化。"

"看来是这样。"

"可以说,天神,以及属于他的一切东西,各方面都是最优秀的。"

[5]"怎么不是?"

"所以说,天神最不可能有多种形体。"

"的确最不可能。"

"那么,难道他会转换和改变自己?"

20."显然会,"他说,"如果他真要变。"

[10]"那么,他把自己向更强、更好的方向变呢,还是向更差、更不光彩的方向?"

[381c]"必然,"他说,"只能向更差的方向,如果他真要变;因为我们不能说这位天神缺乏美貌和才华。"

"你说得非常正确,"我说。"既然如此,阿德曼托斯,你认为有谁会故意使自己在某方面变差,[5]无论他是天神或是凡人?"

"这不可能。"他说。

"因此,"我说,"天神不可能愿意改变自己,然而,可以想象,因为每一位天神在最大程度上已是最优秀、最高尚,他永远单一地处在于自己的原形中。"

[10]"这一切,"他说,"我认为完全必然。"

[381d]"因此,"我说,"最高尚的朋友,别让任何诗人对我们说,如——

    天神宛如异国而来的客人,
    带着不同的面目,走访人类的城邦;①

---

① 荷马,《奥德赛》11.485–486。

[5]别让他如此编造有关普罗透斯①和忒提斯②的谎言,别让他改变赫拉的面目,把她引入悲剧或其他诗作中,如同一个女祭司,为了——

>阿尔戈斯河神伊纳科斯给人生命的后代;③

[381e]向人乞讨,也别让他对我们说其他许多类似的谎言。别让听信这些谎言的母亲们吓唬自己的孩子,糟糕地讲述这些故事,说什么神灵们夜间出来四处周游,宛如许多外国人,模样应有尽有,目的是,[5]一不让她们如此亵渎天神,二不让她们把孩子培养得过分胆怯。"

"的确不能。"他说。

"那么,"我说,"尽管天神们自己不会有任何变化,难道他们会使我们相信,他们能以不同的形式[10]出现,蒙骗我们,对我们施展巫术?"

"也许。"他说。

[382a]"这又如何呢,"我说,"天神会故意搞欺骗,用言论或行动制造假象?"

"我不知道。"他说。

"难道你不知道,"他说,"那种真正的虚假④,如果[5]能这么表达,众神和人类都痛恨它。"

"你说的是什么意思?"他说。

"是这样,"我说,"没有任何人会故意对自己身上最重要的东西弄虚作假、围绕这些最重要的东西周围编制谎言,包括所有的地方在内,

---

① 普罗透斯:又称"海上老人",一个负责替海王波塞冬照看海豹的海神,有预言能力;有关他化身变形的能力,见荷马,《奥德赛》4.456—458。

② 忒提斯:女海神,希腊英雄阿喀琉斯的母亲;因当初不愿意嫁给凡人佩琉斯,她曾化身变形,试图逃避婚姻(品达,《奈迈安颂歌集》4.62—65)。

③ 出自埃斯库罗斯的一个悲剧(残片168),现已失传,剧名可能是《克桑特里亚》。

④ 真正的虚假:带幽默的逆喻,原文(τό γε ἀληθῶς ψεῦδος)可直译为"那种真正意义上的虚假"。我们从下文可以看出,"虚假"一词并非指一般性的"谎言"或"无中生有的东西",而是指人们由于"无知"错误地把各种和事物的真本质(真理)不相符的观念和思想收到自己的灵魂中,把它们当作"真知"。显然,这种"无知"和神的本性格格不入;从某种程度上说,人当然也不会自愿选择无知,欺骗自己的灵魂;因此,神和人都憎恨这种东西。

他就最怕在这里积聚虚假。"

[10]"目前,"他说,"我还是不懂。"

[382b]"那是因为,"我说,"你以为我在谈论什么宏伟的东西。而我只是在说,对自己的灵魂谎报事实的真相,自我欺骗,不求真知,把虚假的东西保存、积聚在那里,所有的人都极不愿意这么做,他们都恨虚假出现在[5]这种地方。"

"的确是这样。"他说。

"那么说岂不是非常正确,即我刚才说过的那句话,这东西可被称为是真实的虚假,或曰,受骗者灵魂中的无知。因为,用语言构成的虚假乃是[10]灵魂中某一特定感觉的摹拟品,一个产生于感觉之后的形象,并非完全是[382c]纯粹的虚假。或不是这样?"

"的确完全如此。"

21."本质上虚假的东西不仅受到众神的憎恨,而且受到人类的憎恨。"

[5]"我看是这样。"

"那么,对语言构成的[虚假]又如何呢?它在什么时候对什么人有利,以致不值得憎恨?不是说,对敌人以及对那些所谓的朋友,当他们疯了或缺乏某种理智而试图干什么坏事,就在这个关头,虚假,[10]作为辟邪用的药方,就变得有用了?在我们刚才[382d]提到的故事中也如此,由于我们不知道那些古代的事件如何包含真实的东西,我们就尽可能把虚假当作真理,这样,如此使它有用?"

"的确,"他说,"就是这样。"

[5]"那么,究竟在哪一个方面虚假对天神有用?是不是因为他不知道那些古代的事件,他就弄虚作假,冒充知道?"

"这会很荒唐。"他说。

"因此,天神身上没有撒谎诗人的本质?"

[10]"我看没有。"

"或说,因为他害怕敌人,他就会撒谎?"

[382e]"远非如此。"

"或说,因为亲戚朋友发了疯或无知?"

"不,"他说,"傻瓜或疯子根本不可能是天神的亲友。"

"因此,天神没有理由要撒谎?"

[5]"没有。"

"因此,具有神灵和神性①的东西在各方面都纯真无伪?"

"的确各方面如此。"他说。

"那么,天神的确本质单一、言行真实;他既不改变自己,也不欺骗别人,[10]既不通过假象,也不通过语言,也不通过递送信号,不管对方醒着或是在做梦。"

[383a]"对,"他说,"你这么说,我也在这么想。"

"那么,你同意,"我说,"这就是第二个规定,必须按照它来谈论天神或创作与天神有关的作品,就是说,天神们根本不是一些能自我变形的巫师,根本不会把我们引入歧途,[5]无论在语言中或在行动中?"

"我同意。"

"因此,尽管我们赞扬荷马的许多东西,我们不会赞扬这一点,说什么,宙斯把那个梦②托送给了阿伽门农;我们也不赞扬埃斯库罗斯的那段话,当忒提斯说,阿波罗③在她的[383b]婚礼④盛会上唱颂歌,'预祝她有美好的后代'——

> 让他们没有病疫,享受漫长的生活,
> 说完了这一切,他唱起派安⑤,赞美
> 我有受神喜爱的命运,一味吹捧我。

---

① 神灵和神性:近义词,具有神灵的东西(τὸ δαιμόνιον)通常指自然界中超人的、如神一般的东西,如羊人或马人、水仙、树仙、山神、河神、家神、精灵等;神性(τὸ θεῖον)通常指(奥林波斯)天神般的本性。

② 那个梦:宙斯诱惑阿伽门农,鼓动对方去参与伤亡重大的战争(荷马,《伊利亚特》2.1–34)。

③ 阿波罗:宙斯和提坦女神勒托之子,主管青春、音乐、箭术、占卜、医疗的奥林波斯天神。

④ 婚礼:宙斯和赫拉策划了海女忒提斯(见卷二,381d注释)和弗提亚国王佩琉斯的结合,奥林波斯众神都应邀出席了这一隆重的婚礼。

⑤ 派安:一种古老的、具有特殊形式的赞美神的颂歌,歌曲结尾的叠词为"派安,派安",或"伊耶,伊耶",欢呼神的帮助和赐福;这一颂歌形式后来常专用于赞美阿波罗(荷马,《伊利亚特》1.472–474,22.391;《荷马神颂》第5首,"致阿波罗",514–519)。

[5]而我曾一直希望佛伊玻斯①神圣的嘴巴
　　不说虚言,以为它精通先知的艺术;
　　但他,这个歌手,这个婚宴的宾客,
　　这个说了上述话的先知,这个刽子手,
　　是他杀了我的孩子——②

[383c]当某人发表这种有关天神的言论,我们不仅会对他发怒,而且会不给他合唱团③,不让那些教书的人使用他的作品来教育下一代,如果我们未来的城邦卫士真想成为一代敬畏天神、宛如天神的新人,[5]尽人的最大努力。"

"我完全赞同这些规定,"他说,"我并且会把它们当作法律来施行。"

---

　　① 斐玻斯:阿波罗的又名,意为"光明之神"。
　　② 此八行诗文引自埃斯库罗斯的一个悲剧,原剧现已失传;该选段为埃斯库罗斯残片第350号。我的孩子:忒提斯的儿子阿喀琉斯。根据较为流行的说法,阿喀琉斯刚生下时,母亲把他的躯体在冥间的恨河(又译"斯提克斯")中浸了一下,使其躯体永远不受伤害,唯一的例外是被她捏着的脚跟(一说脚踝)。特洛亚战争后期,阿波罗将特洛亚王子帕里斯射出的箭引向阿喀琉斯身上这唯一的弱点,使对方丧命。其实,阿喀琉斯本人预先就知道自己将遇到这一结局,命中注定要死在特洛亚城墙前,死于阿波罗手下(荷马,《伊利亚特》24.15-97)。
　　③ 不给他合唱团:在雅典,通常由主管戏剧的城邦官员负责选定剧目,为其分配由公费资助的"合唱团",批准戏剧公演。

卷　三

1.［386a］"有关天神的那些故事，"我说，"也是这样，看来，一些必须让孩子们从小就听到，一些不让他们听到，倘若我们要求他们将来尊敬天神和父母并且决不轻视他们相互之间的友谊。"

［5］"我认为，"他说，"我们这么看显然正确。"

"这又如何呢，如果他们必将成为一批勇猛的战士？难道不应该让他们听到那些能够使他们毫不害怕死亡的故事？［386b］要不然，你认为一个人还能变得勇猛，如果他心中已经拥有这种害怕？"

"宙斯在上，"他说，"我不认为如此。"

"这又如何？如果某人相信有关哈得斯①的一切既真实又可怕，你认为［5］他会不怕死亡，到了战场上，他会宁可去死，而不投降当奴隶？"

"我一点也不这么认为。"

"这么看来，我们有必要对那些试图讲述这些故事的人进行统一管理，要求他们别如此简单地斥责［10］哈得斯的世界，相反，应该歌颂它，［386c］因为目前这些人说出的东西既不真实，对未来的战士也没什么好处。"

"的确有这必要。"他说。

"因此，"我说，"我们将删除所有这类东西，就从以下这段史诗开始——

　　［5］我宁可身为农夫，在另一个贫苦人
　　　　身边当雇工，尽管他生活也并不富裕，
　　　　也不愿在所有无生命的人们中当统帅②

以及这段——

---

① 哈得斯：冥王，此处指冥世。
② 此为阿喀琉斯在冥间的哀叹，荷马，《奥德赛》9.489-491。

[386d]他的住所将暴露在人类和众神面前,
又可怕、又潮湿,甚至天神都深感厌恶①

以及——

好苦,可真是这样,在哈得斯的世界
[5]还存在灵魂和身影,思想却全部泯灭②

以及这段——

独有他能思维,其余是闪掠的人影③

以及——

脱离了肢体的灵魂径直向哈得斯飞去,
[5]哀叹不幸的命运,抛下了年华和青春④

[387a]以及这段——

灵魂去了地下,如一缕烟雾,
带着吱叫声消失了⑤

以及——

[5]就如同一群蝙蝠在可怕的山洞深处
一边飞一边吱叫,当一只从岩石壁上
挂着的一串中掉下,相互间扭作一团,

---

① 当天王宙斯雷击地面,海王波塞冬引发地震,分别为在特洛亚城前交战中的双方助威,冥王哈得斯心中产生了恐惧,害怕大地崩裂,使他的领地暴露于世:荷马,《伊利亚特》20.64-65。
② 此亦为阿喀琉斯的哀叹,当他梦见帕特罗克洛斯的魂灵,得知对方死后的遭遇:荷马,《伊利亚特》23.103-104。
③ 指忒拜先知忒瑞西阿斯在冥间群魂中的特殊地位,荷马,《奥德赛》10.495。
④ 指帕特罗克洛斯之死,荷马,《伊利亚特》24.856-857。
⑤ 指帕特罗克洛斯的魂灵,荷马,《伊利亚特》23.100-101。

就这样,它们一边走一边吱叫。①

[387b]这些段落以及所有类似的东西,我们恳求荷马和其他诗人别对我们发怒,如果我们勾销了它们,这不是因为它们没有诗意或大多数人听起来不觉得甜蜜,而是因为,如果这些东西越富有诗意,它们越不应该被孩子们和男人们听到,鉴于他们应该成为热爱自由的公民,[5]害怕奴役甚于死亡。"

"的确完全是这样。"

2."难道不应该进一步把一切涉及恐怖和吓人的词汇删除,如哀嚎河②、恨河③、[387c]'地下的幽魂、僵尸',以及所有那类称呼,正如想象†④,它们使每一个人听了汗毛竖立!也许,这些东西有其他什么用场,然而,我们却为城邦的卫士们担心,生怕他们受这些令人汗毛竖立的东西的影响而变得[5]更温和、更软弱,不如我们的要求。"

"不错,"他说,"我们的确会担心。"

"因此,这些东西必须删除?"

"是。"

"他们必须按与这些相反的模式说话、创作?"

[10]"显然如此。"

[387d]"因此,我们同样会删除那些著名人士的哀叹和哭泣?"

"同样有必要,"他说,"如果前者如此。"

---

① 比喻佩涅洛佩的一群求婚者的魂灵在赫耳墨斯的带领下走向冥间,荷马《奥德赛》,24.6-9。

② 哀嚎河:一译"科居托斯",冥间的一条河流,属于冥河斯提克斯的一个分支(荷马《奥德赛》,10.514);名词"科居托斯"(κωκυτός)的原意是"悲哀",从动词"哭喊"(κωκύω)转化而来。

③ 恨河:一译"斯提克斯",冥间的主要河流,是围绕大地奔流的俄克阿诺斯巨川(一译"环河")的一个分支;斯提克斯同时又是女神,提坦神俄克阿诺斯和忒提斯的女儿,在以宙斯为首的奥林波斯天神和提坦神的战争中,她带自己的孩子加入了奥林波斯天神的阵营,得到宙斯的特别敬重;宙斯从此规定,众神必须凭借为神圣的"斯提克斯之水"发出最郑重的誓言;谁若破誓,便会进入一年之久的休克,之后被众神贬黜九年(荷马,《伊利亚特》2.751-755,《奥德赛》10.511-515;赫西俄德《神谱》360-363,383-403,775-806)。名词"斯提克斯"(στύξ)的原意是"可恨的东西"或"怨恨",从动词"痛恨"(στυγέω)转化而来。

④ †:"正如想象"(ὡς οἴεται)此处传本中存在讹误。

"考虑一下，"我说，"我们删除这些，做得对，还是不对。[5]不过，我们确实说，一个高尚的人并不认为死亡对另一个高尚的人来说是一件可怕的事，即使那人是他的朋友。"

"我们的确这么说。"

"那么，他同样不会为那人哀叹，就好像那人经历了什么可怕的事件。"

[10]"当然不会。"

"我们不是也同样这么说，像这样的人，在谋求幸福生活方面，最富有独立自主的精神，[387e]和其他人不同，他最不需要别人的帮助。"

"对。"他说。

"因此，对他来说，失去儿子或兄弟或家产或其他类似的东西，这根本没有什么可怕。"

[5]"的确，根本没有什么可怕。"

"因此，他也最不会哀号，而是最平静地忍受现实，每当这一类灾难向他袭来。"

"的确是这样。"

"那么，我们可以合理地把那些有名人物的悲叹删除，[10]或把它们分配给一般妇女，她们中最高尚的代表除外，[388a]以及分配给所有品质低劣的男人，目的是，让那些我们声称要把他们培养成城邦支柱的人耻于做出这样的事来。"

"很合理。"他说。

[5]"那么，我们将再次要求荷马和其他诗人别把女神的后代阿喀琉斯描写成——

> 一会儿侧着身子躺着，一会儿他又
> 仰着天，一会儿埋着头，①

'然后又挺身站了起来，心烦意乱地游弋于†②荒芜大海的沙滩'，③也别说，'他用双手捧起黑色的骨灰，[388b]然后把它们撒在自己的头上'，

---

① 荷马，《伊利亚特》24.10–11。

② †："游弋于"(πλωζοντ')原意为"航行"或"漂流"，传稿中此处有讹误，该词为后人勘补。

③ 荷马，《伊利亚特》24.12。

也别说,他如何一边哭一边哀叹,就像那位诗人描绘的那样,①也别说,普里阿摩斯②,天神的直系后代,一边恳求,[5]一边——

> 在泥泞中翻滚,
> 按照他们的姓名,逐个地呼唤着对方。③

除了这些,我们应该更进一步地要求他们别让天神们哀叹,说什么——

> [388c]哎呀,我好苦,哎呀,儿子的不幸的母亲!④

如果真要让天神们这样,至少别胆大包天地把最伟大的天神描绘得如此不真实,以致他说出这样的话来,

> 唉,苦哉,我宠爱的人被他们绕城追击,
> [5]我只能两眼望着他,内心充满了悲伤。⑤

以及——

> 唉,唉,我最宠爱的萨尔佩冬注定要死于
> [388d]墨诺伊提奥斯之子帕特罗克洛斯的手下。⑥

3."因为,我的阿德曼托斯,如果我们的年轻人认真地听取了这些东西,不嘲笑它们是不值得一听的言论,那么,几乎没有人会认为这类举止不配自己,因为自己本来就是凡人,没有人会斥责自己这么说这么做,[5]如果这样的事落到了自己的头上,他既不知羞愧也不懂忍耐,

---

① 此处为释义,参见荷马,《伊利亚特》18.23-34。
② 普里阿摩斯:特洛亚国王,赫克托尔的父亲。
③ 荷马,《伊利亚特》22.414-415。见自己的儿子赫克托尔被阿喀琉斯所杀,其尸体被对方系在马车后,绕城拖了三圈,普里阿摩斯痛苦不堪,要求身边的人让他独自出城,以老人的名义向阿喀琉斯求情,用重金赎回赫克托尔的尸体。
④ 荷马,《伊利亚特》18.45。阿喀琉斯的母亲忒提斯的悲叹。
⑤ 荷马,《伊利亚特》22.168-169。宙斯为赫克托尔的命运感到痛心。
⑥ 荷马,《伊利亚特》16.433-434。宙斯叹息萨尔佩冬的命运。萨尔佩冬是吕喀亚军队的首领,特洛亚盟军中最勇猛的武士。帕特罗克洛斯是希军勇士,阿喀琉斯的好友,后被赫克托尔所杀。

为了一些小小的遭遇而大唱哀歌,悲叹不绝。"

[388e]"你说得非常对。"他说。

"他们不应该这样,正如我们刚才的讨论所显示,我们必须坚信这一点,直到某人用更好的道理说服我们。"

"的确不应该这样。"

[5]"此外,他们也不应该是些爱笑的人。因为,当一个人笑得厉害,这常常会引发某种剧烈的心态变化。"

"我看是这样。"他说。

"因此,如果有谁描绘知名人物笑得不可开交,[389a]我们同样不能接受,如果说天神是这样,我们就绝对更不能接受。"

"那当然。"他说。

"因此,我们不能从荷马那里接受有关天神的这类说法——

[5]万福的天神中爆发出无法克制的笑声,
当他们看到赫斐斯托斯在堂上奔波;①

这,根据你的说法,我们不能接受。"

"如果你愿把它说成我的说法,"他说,"的确,[389b]我们决不能接受。"

"此外,我们还必须重视真理。因为,如果我们刚才说的话有道理,本质上虚假的东西虽然对天神们无用,但它对人类仍然有用,比如像药物一类的东西,很明显,[5]这种东西必须由医生来给,外行人不应该插手。"

"这很明显。"他说。

"要问其他人中有谁可以说假话,那只有城邦的统治者可以说假话,为了应付敌人或城民,为了城邦的利益,其他人都不能这么做。[389c]然而,当个人对城邦的统治者说假话,我们会说,他犯了种类一样但性质更严重的错误,如同病人对医生或运动员对教练不说出自己身体的真实状况,或某人对船长不说出[5]有关他们的船和其他船员的事情,不说他自己或他同船伙伴目前的情况怎样。"

"完全正确。"他说。

---

① 荷马,《伊利亚特》1.599-600。神匠赫斐斯托斯正忙着为各位神明斟酒,因为腿瘸,走急了摇摇晃晃,样子显得可笑。

[389d]"因此,如果他抓到某人在城邦里说谎——

> 不管他是什么手工艺者、
> 占卜士、治病的医生、制造标枪的工匠,①

他将惩罚这人,因为这人把某种东西,犹如带上船那样,带进了城邦的生活,[5]某种具有颠覆性和灾难性的东西。"

"是啊,"他说,"如果行动真要紧跟理论。"

"这又如何呢? 难道我们的年轻人不应该有自我克制的精神?"

"怎么不应该?"

"对绝大多数人来说,自我克制的最大特征难道不就是这些,一方面充当好顺从统治的臣民,[389e]另一方面,在喝酒、做爱、吃饭这些乐趣上,充当好自己的统治者?"

"我看是这样。"

"以下的这些,我想,我们会说表达得很好,[5]当荷马的狄俄墨德斯说道——

> 老兄,安静地坐着,听听本人的见解,②

以及随后的描述——

> 阿开奥斯人边走边喘着粗气,
> 默默无语,对他们的将领充满了敬畏,③

[10]以及其他类似的话。"

"说得漂亮。"

"这又如何? 如以下这话——

> 醉醺醺的,瞪着一副狗眼,揣一颗鹿心④

---

① 荷马,《奥德赛》17.383-384。
② 荷马,《伊利亚特》4.412。狄俄墨德斯是希腊军队中的一位名将,见战友斯特涅洛斯对希军统帅阿伽门农对他俩的指责表示不满,便如此安慰斯特涅洛斯。
③ 《伊利亚特》中并无这两行;也许是《伊利亚特》3.8和4.431两句的衔接。
④ 荷马,《伊利亚特》1.225。阿喀琉斯怒斥阿伽门农。

[390a]和随后的那些话,以及其他一切言论,当一个平民在谈话中或诗歌中针对统治者说了如此放肆的东西,难道说得漂亮?"

"不漂亮。"

"的确,为了培养自我克制的精神,我认为,年轻人不适宜听这些东西;[5]但是,如果它们为人提供另外一种快乐,这毫不令人惊讶。你看,是不是这样?"

"是这样。"他说。

4."那么,这又如何?让最明智的人说,他认为所有的事物中这最美好,当——

　　　　[10]面前的桌子上满载
　　[390b]面品和各种肉食,酒童从缸中把酒
　　　舀出,送上前来,斟入大家的杯中,①

你认为,为了达到自我克制的目的,一个年轻人适宜听这个,或以下这句?

　　[5]最惨的是因饥饿而死,落得如此的下场②

或说宙斯,当其他所有天神以及人类都已入睡,只有他还醒着,不管他作出过多少高明的计划,此时他把所有这些轻易地[390c]忘得一干二净,因为此时他充满了色欲,望着赫拉,他如此荡魂摄魄,以至于连内房都不愿进,而是想就在那处、就地和她交媾,并且对她说,此刻他如此彻底地被欲望征服,[5]甚至超过了当初,当'他俩处于初恋中,瞒着自己的长辈'③;阿瑞斯和阿芙罗狄忒被赫斐斯托斯绑架④以及其他类似的故事都不行。"

---

① 荷马,《奥德赛》9.8-10。费埃克斯人的国王阿尔基诺奥斯设宴招待海上遇难后漂流到斯库里埃岛的奥德修斯;应阿尔基诺奥斯的要求,奥德修斯如此开始讲述自己的遭遇。

② 荷马,《奥德赛》12.342。

③ 荷马,《伊利亚特》14.292-345。

④ 荷马,《奥德赛》8.266-366。主管冶炼的神匠赫斐斯托斯得悉自己的妻子爱神阿芙罗狄忒和战神阿瑞斯私通,为了惩罚他们,他便制作了一张无形的金属网,并把它铺在家中的卧床上;当阿芙罗狄忒和阿瑞斯再度相会,赫斐斯托斯收了网,并使这对情侣悬挂在空中,众神见之大笑。

"不行,宙斯在上,"他说,"我看这些都不适宜。"

[390d]"然而,对一切都坚韧不拔,如果这种精神在著名人物的言论或行动中有所体现,我们必须重视、必须听取,例如——

> 他捶击胸膛,用话责备自己的心灵:
> [5]忍着吧,心灵,你曾忍受过更大的耻辱。①"

"的确完全如此。"他说。

"此外,我们不应该让他们成为贪图礼物、喜爱财钱的人。"

[390e]"绝对不能。"

"他们不应该唱出——

> 礼品能说服天神,能说服高尚的君主;②

同样,我们不应该表扬阿喀琉斯的老师佛伊尼克斯③,[5]当他按规矩给他的学生出主意说,如果收到礼物,就去保卫阿卡亚人,如果没有礼物,别平息心中的愤恨。④ 我们不应该把阿喀琉斯看成是这种人,也不应该同意这种说法:他如此喜爱财钱,以致他从阿伽门农那里收了礼物,⑤拿到了赎金才放弃尸体,[391a]不然的话,他就拒绝。"

"表扬这种行为,"他说,"当然不合理。"

"因为是荷马,"我说,"我才心有余悸地说,把阿喀琉斯说成这样,或听信别人这么说,这不虔诚,[5]或,另有一回,他对阿波罗说——

> 你欺骗了我,远射手,毁灭性最大的天神;⑥
> 我一定会向你报复,倘若我真有能力;⑦

---

① 荷马,《奥德赛》20.17-18。
② 此句可能出自赫西俄德。
③ 佛伊尼克斯:多洛皮亚人的国王,年轻时参加过著名的"卡利多尼亚野猪"狩猎,受阿喀琉斯的父亲佩琉斯的委托,曾当过阿喀琉斯的老师;在这以前,阿喀琉斯的培育者是马人喀戎。
④ 荷马,《伊利亚特》9.515-518。
⑤ 荷马,《伊利亚特》19.278-281。
⑥ 荷马,《伊利亚特》22.15。
⑦ 荷马,《伊利亚特》22.20。

[391b]以及,他不服从那条河流①——尽管对方是一位神灵,并且准备和对方交战,或,另有一回,他把已属于另一位河神斯佩尔凯奥斯②的神圣头发给了'帕特罗克洛斯英雄,并说,让我把头发献给他',让他带走,尽管对方只是一具尸体;说他做出这种事,[5]我们不能相信;再者,绕着帕特罗克洛斯的坟墓拖赫克托尔的尸体,③在火葬堆上屠杀一大批俘虏,④我们不会说,所有这些都是真言,我们也不会让我们的人相信,[391c]这么一个阿喀琉斯,一位女神和佩琉斯所生的孩子,父亲是个无比明智的人又是宙斯的第三代⑤,本人又在具有超凡智慧的喀戎⑥亲手培育下长大,说他内心充满了如此巨大的不安,以至于他身上有两种相互对立的病症,[5]一种是喜爱钱财的奴气,另一种是藐视众神和人类的傲气。"

"你说得对。"他说。

5. "因此,"我说,"让我们别相信这些故事,也别让人说波塞冬⑦之子忒修斯和[391d]宙斯之子佩里托奥斯两人如此冒失地从事耸人听闻的抢亲事件⑧,或说任何天神之子或任何英雄胆敢做出种种耸人听闻、亵渎神灵的事情,如目前人们虚传的那样,相反,让我们敦促诗人们

---

① 那条河流:斯卡曼德罗斯河,伊利昂(特洛亚)城前的一条主要河流;阿喀琉斯在河边大肆杀戮敌军,使河道里充满了尸体,该河神因此愤慨地出来捍卫自己的领地,伪装成凡人和阿喀琉斯较量(荷马,《伊利亚特》21.130-132、212-225)。

② 河神斯佩尔凯奥斯:斯佩尔凯奥斯是阿喀琉斯家乡的一条河流;当年出征特洛亚时,阿喀琉斯的父亲佩琉斯曾向河神祈求,让河神保佑他儿子安全返回祖国,为此答应过把阿喀琉斯留着的长发奉献给河神(荷马,《伊利亚特》23.140-151)。

③ 荷马,《伊利亚特》24.14-18。

④ 荷马,《伊利亚特》23.175-182。

⑤ 宙斯的第三代:阿喀琉斯的祖父是埃阿科斯,为宙斯和河神阿索珀斯的女儿埃吉纳所生,是埃吉纳的第一个国王。

⑥ 喀戎:著名的马人,和其他马人不同,他不是伊克松(肯陶罗)的后代,而是提坦神克罗诺斯和菲吕拉的儿子,具有超凡的智慧,特别精通医学;他的学生包括一些古希腊最著名的人物:伊阿宋、阿斯克勒皮俄斯、阿克泰翁、阿喀琉斯等。

⑦ 波塞冬:海神王。

⑧ 抢亲事件:忒修斯首先伙同佩里托奥斯将斯巴达少女海伦抢到阿提卡(这事发生在海伦嫁给墨涅拉奥斯之前);两人后又闯入冥府,试图将冥王哈得斯的妻子斐尔塞佛涅拐到人间,未遂。

既别说这一类故事,也别说这些当事人是[5]天神的后代,两者都别说,别企图使我们的年轻人相信天神们造成了种种丑恶,或英雄们不比普通人高明。因为,正如我们先前已经指出的那样,①[391e]这些言论既不虔诚也不真实。因为我们已经证明,丑恶不可能产生于神类。"

"怎么不是?"

"再说,这些言论对听者有害。因为,人人将会[5]原谅自己,每当自己有什么不对的地方,相信他们也做同样的事情,过去是这样,现在也是这样——

　　　　　　天神们的后代,
〈那些〉宙斯的近亲,在伊达山之巅
其祖先宙斯的祭坛矗立太空,

[10]并且——

　　　他们身上并不缺乏神灵的血液。②

由于这些原因,我们必须停止流传这类故事,[392a]以免它们在我们年轻人中诱发倾向于干坏事的恶习。"

"绝对如此。"他说。

"那么,"我说,"有关什么必须说、什么不能说的一系列规定,还有哪一点我们没有提到?因为这些都已经说过,如,必须如何谈论天神,[5]如何谈论神灵和英雄,以及哈得斯那里的事情。"

"的确完全如此。"

"剩下的一点难道不是有关人类?"

"很清楚。"

[10]"目前,我的朋友,我们无法调整这一点。"

"怎么了?"

"因为我认为我们将会宣布,鉴于诗人们和散文作家们[392b]把有关人类的最重要的事情说得一团糟,说什么,许多没有正义的人生活

---

① 378b,380c。
② 引自埃斯库罗斯的悲剧《尼俄柏》(残片第162号)。

幸福,有正义的人生活悲惨,还说什么,干非正义的事能给自己带来利益,如果不被人发现,而正义只能使他人得益,使自己吃苦,我们将禁止他们说这些东西,[5]并将命令他们吟诵和叙述与此相反的东西。难道你不这么认为?"

"对这一点,"他说,"我当然很清楚。"

"如果你同意我说得对,我是不是可以说,你已经同意了我们原先争论的那一点?"

[10]"对,"他说,"你可以这么理解。"

[392c]"难道不是这样,应该用什么样的故事描述人类,只有到那时我们才能对此意见一致,当我们发现什么是正义,它如何在本质上给拥有它的人带来利益,这样的人究竟是表面上正义,还是不是?"

[5]"说得非常正确。"他说。

6. "那么,有关故事的讨论就算到此结束。接下来,依我看,我们必须讨论措辞,这样,我们将会对必须说什么以及必须怎么说这两个问题作出全面探讨。"

阿德曼托斯此时开口:"有关这一点,"他说,"我不懂[10]你说的是什么意思。"

[392d]"的确,"我说,"应该先弄懂这一点;按以下的解释,你也许会觉得更好懂。讲故事的人和诗人说出的一切难道不是一种对过去或现在或将来事件的叙述?"

"那当然,"他说,"还能有别的?"

[5]"难道他们不是用纯粹的叙述或是用模仿性叙述或是两者兼用来达到目的?"

"对这一点,"他说,"我同样需要知道得更清楚些。"

"看来,"我说,"我像个含糊、可笑的教师。因此,就像那些没有表达能力的人,我不想一下抓住全题,[392e]而是从某个部分开始,试着向你说明我想说的话。告诉我,你是否熟悉《伊利亚特》的开头部分,在那里,诗人说,克吕塞斯恳求阿伽门农释放他的女儿,对方大怒,而他,因请求不成,[393a]便向天神祈祷,诅咒了阿开奥斯人?①"

---

① 荷马,《伊利亚特》1.1-42。

"我当然熟悉。"

"那你知道,从开头直到以下这段诗文——

他向每一个阿开奥斯人哀求,
[5]特别向阿特柔斯两子,众人的将领,①

诗人自己在说,他并没试图把我们的注意力引向别处,因为说话的不是别人,而是他自己;然而,从这以后,[393b]他说话就好像是克吕塞斯本人,并且尽了最大努力使我们想象,说话的不是荷马,而是祭司,一个上了年纪的人。确实,几乎其他所有的叙述,有关在《伊利亚特》中、在伊塔卡岛上、在整个《奥德赛》中发生的事件,他都采用了这种创作[5]方法。"

"的确完全如此。"他说。

"难道这不是叙述,当他说出一段又一段对话,同时又说出对话之间的东西?"

"怎么不是?"

[393c]"然而,当他以另一人的身份说出某段言论,难道我们不将这么说,这时他在尽最大努力使自己在措词方面和每一个他所宣称即将要发言的人相像?"

"我们将这么说!何不这样?"

[5]"那么,使自己和另外一个人在语言方面或在外形方面和他相像,难道不就是在模仿那个人,想使自己和他相像吗?"

"怎么不是?"

"这么看来,在这种情况下,他和其他诗人在利用模仿展开叙述。"

[10]"的确完全如此。"

"假如诗人真是一点也不隐蔽自己,他完成的整篇诗作和叙述就会没有任何模仿。[393d]免得你说你又不懂,我将描述一下这事怎么会成这样。假如荷马说,克吕塞斯来了,随身带了女儿的赎金,向阿卡亚人提出恳求,[5]特别向那两位国王,之后,他并非以克吕塞斯的身份,而是仍以荷马的身份继续这么说,那么,你知道这不是模仿,而是纯粹的叙述。那就会是这样——我将转述这段话,不用格律,因为我不是

---

① 荷马,《伊利亚特》1.15–16。

诗人——此刻,祭司①来了,[393e]他祈求天神们让他们夺下特洛亚,平安返航,然而,他们应该接下赎金,释放他的女儿,对那位天神表示敬畏。当他说完了这话,其他的人都感到敬畏,表示同意,但阿伽门农[5]发了怒,命令他立刻离开,再也别来这里,不然,他的手杖以及那位天神的花环②不会给他提供任何保护;并且说,在他女儿被释放以前,她先将和他③一起衰老在阿尔戈斯④;他命令他离开,停止骚扰,[394a]这样他才能安然回家。听了这话,老人感到害怕,便默默地离开了那里,一走出军队驻地,他连连向阿波罗祈祷,呼喊着那位天神拥有的各种称号,不断提醒对方,要求给予报答,如果他从前赠送的任何东西真使对方感到过喜悦,不管在建造的神殿方面,[5]还是在贡献神圣的牺牲方面。作为对那些礼物的回报,他祈求,让对方的箭使阿卡亚人偿还他的泪水。如此,"我说,"我的伙伴,[394b]就产生了不带模仿的纯粹叙述。"

"我懂了。"他说。

7."请你再搞懂这一点,"我说,"某种和这相反的东西就会产生,当某人删除了夹在对话之间的诗人的叙述,[5]留下纯粹的交谈。"

"这,"他说,"我也懂,如同在悲剧中采用的那种形式。"

"你理解得非常正确,"我说,"我想,我现在能向你解释清楚早先我无法解释清楚的那个问题,⑤那就是,有一类诗歌和故事[394c]完全通过模仿来表述,正如你所说,悲剧和喜剧就是这样,另一类则通过诗人自己叙述——你会发现,这主要见于歌颂酒神的作品⑥中——此外,

---

① 祭司:即克吕塞斯,克吕塞城阿波罗神殿祭司,他女儿名为克吕塞伊丝;以下这一段转述自《伊利亚特》1.17-42。
② 花环:用月桂枝叶绕成的花环;月桂是阿波罗的圣树。
③ 他:阿伽门农本人。
④ 阿尔戈斯:伯罗奔半岛东北部一古城,阿伽门农的家乡。
⑤ 392d。
⑥ 歌颂酒神的作品:此处指"狄提拉姆波斯"($\delta\iota\vartheta\acute{\upsilon}\varrho\alpha\mu\beta o\varsigma$),简称"酒神颂",一种特殊的赞美酒神狄俄尼索斯的合唱抒情歌曲;这一颂歌形式由公元前7世纪科林多诗人阿里翁发明,后传入雅典;从公元前509年开始,在每年两度的酒神节上,"酒神颂"成了比赛项目,作品的演唱任务由代表不同氏族单位的演唱团担任。现存的古希腊抒情诗歌作品中仍有一些如像著名诗人西蒙尼德斯、品达所作的"酒神颂"残片,以及巴克利德斯的几首几乎完整的作品。

还有一类两者兼容,如在诗史创作中[5]和其他许多地方,如果你真懂我的意思。"

"的确,"他说,"我现在明白了你刚才想说的是什么。"

"你记得在这以前的那句话,我们说过,诗人们应该说什么已经讨论完毕,他们应该怎么说,这仍需进一步探讨。"①

"我记得。"他说。

[394d]"这就是我刚才所说的意思,我们必须取得一致的看法,是否允许我们的诗人完全以模仿者的身份叙述故事,或时而模仿,时而又不,各自的对象是什么,或完全不允许他们模仿。"

[5]"我有个预感,"他说,"你将会探讨我们将欢迎悲剧和喜剧进入我们的城邦呢,还是不欢迎。"

"也许,"我说,"但也许要比这问题更大;其实,我自己还不怎么清楚,不过,只当我们的讨论像风一样,它吹到哪里,我们就必须走到哪里。"

[10]"你这话,"他说,"说得很妙。"

[394e]"那么,阿德曼托斯,你得考虑这一点,我们的这些卫士应该成为模仿者呢,还是不应该,或者,这同样取决于早先说的,那就是,每一个人只能干好某一项专业,不能干多项专业,倘若他选择后者,[5]从事许多工作,他什么都做不彻底,最终他能有成就吗?"

"能有什么成就?"

"有关模仿,难道不是同样道理,同一个人不能有效地模仿多种角色完全如同模仿一种角色?"

[10]"的确不能。"

[395a]"因此,他几乎不可能全神贯注于某事,如果他同时还干着好几种正经的专业,既要模仿多种角色,又要当好模仿者,其实,即使两种看来比较相近的模仿形式,同一批人仍无法同时模仿好,例如,当他们创作喜剧[5]和悲剧。或你刚才没有如此称其为两种模仿?"

"我是这么称过;你说得对,同一批人无法同时模仿好两种。"

"同样,他们不能既是吟诵诗人又是演员。"

"对。"

---

① 392c。

[10]"同一批人也不能既为喜剧又为悲剧当演员;[395b]而这些都是模仿。或不是?"

"这些是模仿。"

"依我看,阿德曼托斯,当人的自然本性被切割得支离破碎,甚至远小于这些职能,以致[5]他根本无法有效地模仿多种东西,或做那些实质上和模仿相似的事情。"

"非常正确。"他说。

8."那么,如果我们坚持第一个原则,①即,我们的卫士和其他一切职业无关,他们必须是[395c]捍卫城邦自由的最精明的工作者,不干任何与此不相关的事务,那么,他们不应该做其他任何事情,也不应该模仿;假如要模仿,让他们从幼儿时期就开始模仿那些和他们的本质相称的东西,勇猛、[5]明智、虔诚、自由,以及所有与此相似的品德,既不做也不要聪明模仿任何与其自由身份不相称的东西,以及其他任何丑陋的事情,以免在模仿中他们竟然陶醉于现实。你有没有注意到,[395d]这样的模仿,如果从人年幼时开始一直进行下来,能不累积在人的生活习惯和人的本性之中,影响人的行为、语言和思想?"

"当然是这样。"他说。

[5]"我们将不让那些人,"我说,"那些我们说将受到我们的照料并且必须成为高尚者的人,身为男人,去模仿女人,不管是少妇,还是老妪,辱骂丈夫,或与天神竞争、妄自尊大,自以为幸福,或面临种种不幸事件,[395e]充满了痛苦和悲哀;在病中,在恋爱中,在临产中,这就更不应该。"

"的确完全是这样。"他说。

[5]"也不可让他们模仿女奴和男奴,干那些属于奴隶干的事。"

"这也不可。"

"由此看来,也不可让他们模仿卑贱的人,模仿懦夫,干那些和我们刚才说过的所相反的事情,相互辱骂、嘲弄、说脏话,喝醉的时候是这样,[396a]甚至清醒时也是这样,以及干出其他的事情,在言论和行动上,这些人既对不起自己,也对不起别人,从另一方面说,我认为,他们

---

① 374a—d。

也不该在言论和行动上让自己像疯子一样;因为,尽管他们必须了解那些正处于疯癫、[5]行为凶恶的男人和女人,他们自己绝不该做出任何这样的事,也绝不该模仿。"

"非常正确。"他说。

"这又如何?"我说:"铜匠或从事其他某种工作的手工业者,[396b]划三层桨船的船员或给这些人发号令的人,或与此有关的事情,他们应该模仿这些人吗?"

"怎么行?"他说,"可不,他们甚至根本不该被允许去注意任何这样的事?"

[5]"这又如何?"我说,"嘶鸣的马、吼叫的牛、喧哗的河流、轰隆的大海、雷鸣,以及所有诸如此类的东西,他们是不是又将会去模仿?"

"恰恰相反,"他说,"他们已受到禁止,既不可发疯,也不可学疯人的样子。"

[10]"因此,"我说,"如果我真理解了你的话,这就意味有某种特定的措辞和叙说形式存在,一个本质优秀、[396c]品德高尚的人就用这种形式表达,每当他有必要说些什么,此外,还有另一种与此不同形式,一个在出身和教养方面与前者相反的人对此习以为常,总是用此形式表达。"

"这些,"他说,"到底是什么形式?"

[5]"依我看,"我说,"一个做事懂得分寸的人,每当他在叙述中遇到高尚者的言论和行动,他将愿意自己设身处地来转述,对这样的模仿并不感到羞愧,尤其在模仿高尚者[396d]做事精明稳当方面,然而,他很少愿意,也很少模仿对方,当对方受到疾病、爱情、酒醉或其他某种不幸事件的折磨时;然而,当他遇到一个不如自己的人,他将不愿意认真地把自己比作这个品质比他差的人,[5]除非只在短暂一时,当对方做了点什么有益的事,相反,他将会感到羞愧,不只是因为他自己不善于模仿这种人,而且是因为他厌恶自己临摹并且跻身于这类下等的人,[396e]他心中鄙视这一做法,除非为了戏弄。"

"当然。"他说。

9."因此,他将不是采用我们不久前[5]讨论过的有关荷马史诗的叙述法,他的措辞将会兼并两种形式,一方面属于模仿,另一方面属于另外那种叙述方式,然而,在长篇故事中,只有一小部分篇幅属于模仿?难道我说得没有道理?"

"很有道理,"他说,"这必须是这类[10]演说者的叙述模式。"

[397a]"难道不是这样,"我说,"一个并非这样的演说者,如果他越拙劣,他越会倾向于叙说一切,并会认为,没有任何角色不值得自己扮演,因此,他会试图认真地模仿一切,而且面对一大批观众,模仿我们刚才提到的那类东西,有雷鸣,[5]有风啸、冰雹、轴心、滑轮的嘘啸,有喇叭、笛子、排箫以及各种乐器的音响,还有家犬、牲口、鸟儿的叫声;事实上,这人的风格全都将取决于[397b]对声音和手势方面的模仿,只包括一小部分的叙事,难道不是这样?"

"必然是这样。"他说。

"这,"我说,"就是我刚才所指的两种叙述风格。"

[5]"是这样。"他说。

"难道不是这样,其中一种风格包含很小的变化,而且,如果某人给词语配上合适的音乐调式和节奏,叙述正确的人基本上在根据同一风格、按一种音乐调式说话——因为其中变化实在很小——[397c]而且节奏上也如此,几乎是一个样?"

"当然,"他说,"这正是这样。"

"那么,另一种风格又如何呢?它岂不需要一套相反的东西,需要各种音乐调式,各种节奏,假如它也想[5]恰当地表达自己,采用各种各样的变化形式?"

"确实,绝对是这样。"

"因此,所有的诗人和叙说故事的人难道不是采用这一种叙述风格,或采用那一种,[10]或合二为一,或采用一种混合体?"

"必然如此。"

[397d]"那么,我们将怎么做?"我说,"是把所有这些人收纳入我们的城邦中呢,还是只接纳采用单一风格的人,或只接纳采用混合风格的人?"

"假如我的主张能得胜,"他说,"我们接纳正直之士的[5]纯粹模仿者。"

"可不,阿德曼托斯,运用混合风格的人的确也很具有魅力,然而,在孩子、孩子的导师、街头乱民眼中,和你的选择正好相反的那种人却具有最大的魅力,远胜于他人。"

"是最具有魅力。"

[10]"也许,"我说,"你能说,这和我们城邦并不协调,[397e]鉴于我们中没有操双重职业的人,也没有操多种职业的人,因为每一个人只从事一种工作。"

"的确,这并不协调。"

"不正是由于这个原因,唯一在这样的城邦中,我们将发现,[5]鞋匠就是鞋匠,而不是舵手外加鞋匠活,农夫就是农夫,而不是审判官外加农活,战士就是战士,而不是货币商外加作战专业,所有的人不都是如此?"

"对。"他说。

[398a]"有这么一个人,表面看,他凭本事能够成为任何人,模仿任何事物,如果他来到我们的城邦,想展现自己和自己的诗歌作品,我们会拜倒在他面前,把他看作一个圣洁、神奇、充满魅力的人,然而,[5]我们会说,我们城邦中并无像他这样的人,让他留在这里并不合法,我们会把香露洒在他的头上,并让他戴上用羊毛编制的花冠,①然后把他遣送到另一个城邦,[398b]而我们自己,从城邦的利益出发,则会使用比他严肃但不如他那么具有魅力的诗人和讲故事的人,让这样的人为我们模仿正直之士的语言,并且让这样的人按我们在一开头规定的那一些形式说他的故事,当时我们提出要教育城邦的卫士。"②

[5]"当然,"他说,"我们就能这么做,假如这事真由我们来决定。"

"我的朋友,"我说,"眼下,我们也许已经把涉及演说和故事的那一部分音乐理论探讨完毕;必须说什么,必须怎么说,这一点已经讨论过了。"

"我认为是这样。"他说。

10. [398c]"那么接下来,"我说,"是不是应该讨论有关歌曲和音调的剩余部分?"

---

① 如同人们装饰和打扮神的偶像。
② 379a—392c。

"显然应该。"

"那么,到此为止,难道说还有谁不会发现,有关这样的专题,[5]它们应该由什么部分组成,我们都必须讨论,如果我们想对早先说过的东西保持一致的观点?"

这时,格劳孔笑了起来:①"这么说,本人,"他说,"苏格拉底啊,也许是所有人中的一个例外。目前,我的确还没充分估计到我们必须讨论哪些东西,[10]只有一点猜疑。"

"可以完全肯定,"我说,"你有足够的理由首先承认这一点,[398d]那就是,一首歌曲由三个部分组成:歌词、音调和节奏。"

"是,"他说,"的确这样。"

"就这首歌的语言而论,难道不能肯定,[5]它并非不同于那种不带乐曲的语言,它同样必须按我们刚才规定好的那几种形式那么表达?"

"对。"他说。

"接着,音调和节奏就必须跟随歌词。"

[10]"怎么不是?"

"然而,我们说过,我们不再需要把哀歌和悲曲包括在叙述作品中。"②

"的确不需要。"

[398e]"什么是哀歌的音乐调式③呢?告诉我,因为你精通音乐。"

---

① 格劳孔是音乐内行,话头此刻转到了他所熟悉的领域。
② 387e–388d。
③ 音乐调式:根据传统,古希腊音乐中的基本调式都以其地方民族命名,如伊奥尼亚调式、埃奥利亚调式、吕底亚调式、多里斯调式和弗里吉亚调式,其基本音程和现代音乐的八度音程相似。现代音乐中的大调音阶包含两个半音,把大调中的第三和第六个全音降成半音,我们便得出了和声小调音阶。古希腊音乐中的音程的基础并不是十二平均律,一个音可大于我们的全音,也可小于我们的半音,可见,由此组成的各种调式相当复杂。简要地说,古希腊音乐有三种最基本的调式:多里斯调式(efgahc'd'e'),弗里吉亚调式(defgahc'd')和吕底亚调式(cdefgahc');每个基本调式内的四音音列经过转换,又产生两个副调,分别称作"低调"和"高调",即多里斯低调(ahc'd'e'f'g'a')和多里斯高调(hc'd'e'f'g'a'h')、弗里吉亚低调(gahc'd'e'f'g')和弗里吉亚高调(ahc'd'/e'f'g'a')、吕底亚低调(fgahc'd'e'f')和吕底亚高调(ahc'd'e'f'g'a')。

"吕底亚复调①,"他说,"和吕底亚高调②,以及其他类似的调式。"

"这些调式,"我说,"难道不应该被删除?因为,这些东西甚至对言行必须高雅的女人来说都没任何用处,更别说对男人。"

[5]"完全如此。"

"然而,对城邦的卫士来说,最不体面的是喝醉了酒,以及柔弱和懒散。"

"怎么不是?"

"那么,什么是柔软和适合会饮的调式呢?"

[10]"某些伊奥尼亚调式③,"他说,"以及吕底亚调式也被人称作松软的调式④。"

[399a]"那么,我的朋友,你有可能把这些调式奏给从事战争事业的人们听吗?"

"绝对不可能,"他说,"不过,好像多里斯调式和弗里吉亚调式被你保留了。"

[5]"我不懂各种音乐调式,"我说,"然而,请你把那种调式留下,那种能在一个勇士的战斗过程中、在每一次暴力事件中合适地模仿他的语音和声调,即使当他遇到不幸,或受了重伤,或即将死亡,[399b]或陷于其他某种灾难,在所有这些场合中,他仍会坚韧不拔、勇敢顽强地和命运作斗争。把另一种调式也留下,那种能在和平时期、在这人施展心术而不是暴力的工作中发挥作用,或当他力图说服某人并向对方提出恳求,[5]或用祷告祈求神灵,或用教诲责备某人,或当他的处境正好相反,当别人有求于他,或给他教诲,或想说服他改变主张,而他,在这些场合中,则按理智行事,并非自高自大,而是在所有这些事务中表现得谦虚谨慎、通情达理,[399c]并且心甘情愿地接受最终的结果。就这两种音乐调式,一种催趣暴力,另一种催趣心愿,当人们处于不幸之中,或当人们处于幸运之中,当他们谦虚谨慎,或当他们英勇顽强,这两种调式将会最理想地模仿他们的语音[和声调],就保留这两种。"

---

① 吕底亚复调:又称多里斯高调。
② 吕底亚高调:又称埃奥利亚调。
③ 伊奥尼亚调式:又称弗里吉亚低调。
④ 松软的调式:也许由于它们的音调低,琴弦绷得不太紧的缘故。

[5]"然而,"他说,"你不请我保留我刚才提到的另外几种?"

"不,"我说,"在我们的歌曲和乐声中,我们并不需要多弦乐器和带各种音调的乐器。"

[10]"看来,"他说,"是不需要。"

[399d]"因此,我们将不会去培育一批制造三角诗琴、框架琴①和所有多弦多调乐器的工人。"

"显然不会。"

"这又如何?你会把制造笛子的工人和吹笛子的人收容到我们的城邦中呢?或说,难道笛子不是最具有多弦乐器的性质,带各种音调的那些乐器不都是笛子的[5]模仿品?"

"这的确很明显。"他说。

"里拉琴,"我说,"以及基塔拉琴②被你留下了,[并]供城邦所用;而在乡村,某种排箫③可让牧民们使用。"

[10]"至少,"他说,"我们的讨论如此向我们展示。"

"其实,"[399e]我说,"我的朋友,我们并非在做什么新奇事,目前我们选了阿波罗和属于阿波罗的乐器而不选马尔苏亚和他的乐器④。"

"宙斯在上,"他说,"我看,我们不像在做新奇事。"

[5]"凭狗起誓⑤,无意之中,我们还真把我们前面所说的奢华之城⑥清理得一干二净。"

"可见我们做得还很明智。"他说。

11. "好,来吧,"我说,"就让我们来清理其余的东西。那么,随着

---

① 三角诗琴(τρίγωνον)和框架琴(πηκτίς):两种似竖琴的多弦弹拨乐器。

② 里拉琴(λύρα)和基塔拉琴(κιϑαρα):两者都为多弦弹拨乐器,样子类似,但里拉琴较小,一般用于私下场合,基塔拉琴为专业歌手的乐器,通常用于公演。

③ 排箫:由7~9根芦管组成的吹奏乐器,又称牧笛。

④ 阿波罗……马尔苏亚:阿波罗是主管音乐的奥林波斯天神,他的专用乐器是里拉琴。马尔苏亚是弗里吉亚羊人(又称"萨图尔"),他使用的是一种双箫;这本来是奥林波斯女神雅典娜的乐器,因嫌它扭曲面容,便把它扔了,后被马尔苏亚捡到。马尔苏亚学会了吹箫,演奏艺术精湛,后向弹奏里拉琴的阿波罗挑战,结果输给了后者,并且为此丧命。

⑤ 凭狗起誓(νὴ τὸν κύνα):苏格拉底喜欢用的起誓语,雅典人中比较流行。

⑥ 奢华之城:372e。

音乐调式，我们面前会出现有关节奏①这一问题，而我们不应该[10]追求五花八门、包罗万象的步法，而是应该看到哪些是一个正直勇敢人士的生活节奏；[400a]看到后，就迫使格律和音乐跟随这种人的语言，而不是让语言跟随格律和音乐。这些是什么样的节奏，如同上面那些音乐调式，就由你来解释。"

"这，宙斯在上，"他说，"我可不知怎么说才好。当然，[5]可说有三种类型的节奏②，以此构成一切格律，正如声音中也有四种类型的乐音③，从中派生出所有的调式，这我能说；然而，什么样的节奏模仿什么样的生活，这我可说不上。"

[400b]"当然，有关这些，"我说，"我们将请教达蒙④，问他，什么是与奴性、傲慢、疯狂以及其他卑劣品质相配的音步，什么节奏与此相反，必须保留；我记得，我不太清楚地听到他[5]提起某种埃诺普利翁

---

① 节奏(ῥυθμός)：当公元前7世纪诗人阿尔喀罗科斯说："要知道，哪一种节奏在驾驭着人们"(οἶος ῥυμὸς ἀνϑρώπους ἔχει，残片67.7)，我们可以看出，古希腊语中的"节奏"一词原指运动中的停顿、形式和力度变化，强调运动的波折和起伏；后转用于音乐。此处，节奏一词指区分旋律的格式，一种排列乐句或诗句的规则，和调式一样，是古代音乐理论教育的一个组成部分。

② 三种类型的节奏：古希腊诗歌韵律中的最小单位是音节(συλλαβή)，其次是音步(πούς)；音节的组成部分是元音，元音有长音(—)和短音(⏑)之分；一个长音的时值是一个短音的两倍(— = ⏑⏑)。根据乐句或诗句中音步的起伏特征和时值关系，古希腊人将节奏分成三种基本类型：1)均等型(γένος ἴσον)，如扬抑抑格(δάκτυλος，— ⏑⏑，又称长短短格)、抑扬扬格(ἀνάπαιστος，⏑⏑ —，短短长格)、扬扬格(σπονδεῖος，— —，长长格)；2)双倍型(γένος διπλάσιον)，如扬抑格(— ⏑，τροχαῖος，长短格)、抑扬格(ἴαμβος，⏑ —，短长格)、伊奥尼格(ἰωνικός，— — ⏑⏑，长长短短)；3)一倍半型(γένος ἡμιόλιον)，如派安格(παιάν，— ⏑⏑⏑，扬抑抑抑格)、克里特格(κρητικός，— ⏑ —，扬抑扬格)、巴克科斯格(βάκχειος，— ⏑⏑，扬扬抑抑格)。

③ 四种类型的乐音：可能指古希腊音乐中的四度音阶(τετράχορδον)；或指其音程关系，2∶1，3∶2，4∶3，9∶8。

④ 达蒙：公元前5世纪雅典音乐理论家，重要的智术师派代表，属于普罗狄科圈子里的人(柏拉图，《拉克斯》197d)；在音乐方面，他的导师是阿伽托克勒斯(柏拉图，《拉克斯》180d)，属于毕达哥拉斯学派。达蒙本人曾是雅典著名政治家伯里克勒斯(约前495—前429)的音乐导师和政治顾问，尽管他自己没有从政；一说，甚至苏格拉底也是他的学生(第欧根尼，《名哲言行录》2.19)。显然，达蒙对音乐和灵魂的关系所作的论述为柏拉图的伦理和教育学说奠定了重要的基础。

节奏①,他称之为组合音步,还提到扬抑抑格,以及英雄格②,但我没弄清楚他如何排列,把一上一下的节奏③均衡地放在一起,结果成了一短一长的音步,如我所想,他称这为抑扬格,而称另一种为扬抑格,[400c]即把音步安排成一长一短。我记得,当谈到其中某些节奏时,他批评或赞扬了音步的速度,程度并不少于对节奏本身——或是对这两类的某种结合;具体如何,我可真说不上——然而,正如我刚才所说,就把这事交托给达蒙;[5]事实上,这并非几句话就可以说清楚的问题。或你认为可以?"

"宙斯在上,我可没这么认为。"

"然而,就这一点,优雅和不雅分别跟随端庄的节奏和缺乏节奏,你能确定?"

[10]"怎么不能?"

[400d]"那么,好的节奏和不好的节奏,④前一种伴随美好的语言,因它本身与此相像,而后一种则伴随与此相反的语言,这样一来,前者听起来和谐,后者则不和谐,如果节奏和音乐调式真必须随从语言,如我们刚才所说,而不是语言随从它们。"

[5]"可不,"他说,"它们必须随从语言。"

"语言的用法又如何,"我说,"还有含义?是不是要随从灵魂的气质?"

"怎么不是?"

"其余都随从语言?"

[10]"是。"

"因此,优秀的语言、优美的音调、优美的风格和优美的节奏都[400e]随从灵魂的优美正直,此处,优美正直并非指我们通常蔑称的缺乏思想,⑤而是指那种真正优美地、出色地为自己树立了人格的思想境界。"

---

① 埃诺普利翁节奏($ἐνόπλιος$):∪－∪∪－－－,一种类似行军的舞蹈节奏。
② 英雄格($ἡρῷος$):也许指扬格音步(－－)。
③ 一上一下的节奏:诗句中和长短音节的起落。
④ 好的节奏($τὸ\ εὔρυθμον$)、不好的节奏($τὸ\ ἄρρυθμον$):前者的含义包括"优美、匀称、庄重、宽广、雄伟";后者的字面意思是"缺乏节奏、没有节奏",引申义为"不规则、混乱、低劣"。
⑤ 缺乏思想:希腊原文为$εὐήθεια$,该词有两个含义,原意为"朴实""单纯",即上文中的"优美正直";贬义为"愚蠢""没有头脑";苏格拉底在这句话中使用了这同一个词($εὐήθεια$)两次,第一次取其褒义,第二次取其贬义。

"的确完全如此。"他说。

[5]"那么,难道我们的年轻人不应该到处追求这些,如果他们真想为自己谋利益?"

"是应该追求这些。"

[401a]"的确,绘画以及所有类似的手工艺中充满了这些,纺织、刺绣、建筑以及所有制造其他家庭用具的行业也充满了这些,直至各种躯体以及其他生物的本性;在所有这些事物中都存在着优雅和不雅。[5]不雅、缺乏节奏、缺乏音调,这些是低劣谈吐和低劣性格的亲族,与此相反者则相反,它们是谨慎、高尚的性格的亲族和模仿品。"

"的确完全是这样。"他说。

12. [401b]"那么,我们是不是只需监督诗人,迫使对方在其作品中塑造具有高尚性格的人物形象,否则他们就不能在我们这里做事,或者,我们同样必须监督其他手工艺者,禁止他们塑造这么一种低劣的本性,[5]既放纵,又粗鄙,又不雅,无论在动物的画面中,或是在建筑物中,或是在其他任何一种手工艺作品中,谁做不到这一点,谁就不能在我们这里工作,以免我们的城邦卫士在种种邪恶的形象中吸收养料,宛如在长着毒草的牧区,[401c]每天一点一点地从许多地盘上啃下并且吞吃了许多毒素,不知不觉地在自己的灵魂中聚集了一股强大的邪恶势力,[5]而事实上,难道我们没有必要去寻找那些在追求美丽和高雅方面有天赋能力的手工艺者,这样,我们的年轻人便能生活于健康的环境,得益于周围的一切,在这里,某种从那些美丽高雅的作品中迸发出来的东西将感染他们的视觉和听觉,就像微风从[401d]一些美好的地方吹来时给人带来健康,并且直接从儿童时代就开始,潜移默化地使他们模仿、热爱、坚信美好的理性?"

"是啊,"他说,"它们能如此提供养料,远为最好。"

[5]"那么,"我说,"格劳孔,不正是由于这些原因,音乐方面的教育才最为紧要,因为节奏和音调最善于潜入灵魂的内部,最有能力感染它,给它带来高雅,并使人变得高雅,如果某人受过正规的教育,[401e]如果没受过教育,那就相反? 此外,不是还有一个原因,当某些东西有缺陷,当它们没有被人制造好,或本身没有生长好,一个在这方面受过必要教育的人会非常敏感地注意到这一点,并且,因为他自然地

厌恶这些,他一方面会赞扬优秀的事物,欢迎它们,[5]并把它们接入灵魂,从它们那里汲取养料,使[402a]自己成为优秀、高尚的人,另一方面,他会自然地讨厌和憎恨丑恶的东西,甚至当他还年轻,还不能理解其中的道理,然而,当道理一旦到达,他凭内心联系就会立刻认出它,并且会格外地欢迎它,因为他从小就受到过如此的培养?"

[5]"我也的确这么看,"他说,"正是由于这些原因,我们才有音乐方面的教育。"

"那么,"我说,"就像我们当初对字母有了足够的识别能力,当这些为数不多、分布在一切由其组合的文字中单个字母已不能躲过我们的视线,不管在小字中或大字中,[402b]我们都不予以忽视,以为我们不用去看清它们,而是,不管在何处,我们总是热情地去识别它们,生怕我们将会变成一群文盲,除非我们掌握住这种识别能力——"

"对。"

[5]"那么,是不是字母的映像也一样,假如它们出现在水面上或镜子中,我们将无法认出,除非我们知道了它们的原型,这不是属于同一艺术和训练?"

"的确完全是这样。"他说。

"那么,以天神们的名义,我是不是也可这么说,我们不能成为音乐家,[402c]不管是我们自己,还是那些我们声称我们必须给他们教育、使他们成为城邦卫士的人,除非我们能识别什么是节制、勇猛、自由、慷慨以及一切与这些相关的东西,包括一切与这些相对立的东西,不管它们分布在何处,[5]并且看清它们,不管什么东西包含着它们,不管是它们本身或是它们的映像,不管在小事中或大事中,我们都不予以忽视,而是认为,这属于同一艺术和训练?"

"这很必然。"

[402d]"难道不是这样,"我说,"当灵魂中存在的优秀品质和躯体上的优秀特征恰好碰到了一起,后者与前者相类似、相吻合,都属同一种典范,对一个有观赏力的人来说,这难道不是最美的景象?"

[5]"远为最美。"

"最美的东西是不是最可爱?"

"怎么不是?"

"那么,一个精通音乐的人尤其会爱这样的人,如果缺乏共鸣,他就不会爱?"

[10]"不会,"他说,"如果灵魂中有某种缺陷。但是,如果只是躯体上有某种缺陷,他会容忍,仍会愿意[402e]和对方相好。"

"我懂了,"我说,"你现在有或曾经有过这样的少年朋友,我赞同。不过,告诉我这一点:有节制的情操和过分的快乐之间有某种关系吗?"

[5]"怎么可能?"他说,"这种欢乐岂不使人精神失常,程度不亚于痛苦?"

"然而,根据那另一种品质呢?"

[403a]"一点也不会这样。"

"这又如何呢? 根据傲慢和放纵。"

"最有可能这样。"

"你能说出某种更大、更刺激的快乐,胜过[5]性爱?"

"不能,"他说,"也说不出还有什么比它更疯狂。"

"然而,正直的爱产生于热爱秩序和完美,既有节制,又有音乐般的和谐。"

"正是这样。"他说。

[10]"那么,是不是任何与疯狂和放纵同类的东西都不该和正直的爱接近?"

"是不该接近。"

[403b]"因此,那种快乐也不该接近它,爱慕者和少年们不该共同参与此事,如果他们以正直的方式爱对方或被对方所爱?"

"宙斯在上,苏格拉底,"他说,"当然,是不该接近。"

"这么看来,你将如此在这座新创建的城邦中颁布法令,[5]一个人能对其所爱的少年朋友表示爱慕、一同相处、给予亲吻,如同儿子一样,为了美好高尚的目的,如果他能说服对方,然而,在其他方面,他和他所关心的人只能如此交往,任何时候都不显出[403c]他们的关系能跨越这些界限;如果不是这样,他将会被人指责为缺乏音乐教养、缺乏审美力。"

"是这样。"

"那么,"我说,"依你看,我们关于音乐的讨论是不是就到此了结?

[5]其实,它正好在它应该结束的地方结束了;而它当然就应该这么结束,音乐教育的目的在于培养对美的追求。"

"我同意。"他说。

13. "随着音乐教育,年轻人必须接受体育锻炼?"

[10]"那还用说?"

"在这一领域也同样,他们这一生必须从小开始就进行严格的训练。[403d]这事,我认为,只是如此而已;不过,还是请你来做个探讨。因为我个人并不相信,健全的躯体,凭其自身的优质性能使灵魂高尚,而是恰恰相反,高尚的灵魂凭其自身的优质性能能够把躯体维护在最佳状态;[5]然而,你看如何?"

"我看,"他说,"正是如此。"

"难道不是这样,如果我们充分地照顾好我们的思想,让它去精密细致地研究有关躯体的事情,[403e]而我们只需先提出一套原则,不作长篇大论,我们会做得合情合理?"

"的确完全如此。"

"我们说过,他们必须避免喝醉;因为其他任何人[5]喝醉了尽可以容忍,不可容忍的是,一个城邦卫士喝醉了,连自己在什么地方都不知道。"

"这事的确好笑,"他说,"卫士身边还需要卫士①。"

"食物方面又如何呢?因为这些人属于最大竞争场上的运动员。或不是这样?"

"是。"

[404a]"那么,目前那些从事训练的人所用的饮食法能否适用于这些人呢?"

"也许能。"

"不过,"我说,"这是一种使人昏昏欲睡、对健康有害的饮食法。

---

① 卫士身边还需要卫士(τόν γε φύλακα φύλακος δεῖσθαι):这句名言在西方有许多文学回声。最为著名的是罗马讽刺诗人尤维纳利斯(约67—约140)的诗句:quis custodiet ipsos/custodes?(《讽刺诗》6.347-348);为了保护妻子女儿的贞节,罗马人需要雇用卫士看守家门;可是,这些卫士的道德品质本身就有问题,有可能勾引女性,或被女性勾引,干出伤风败俗的事来;因此,尤维纳利斯辛辣地问道:"谁将来看守这些看守本人呢?"

[5]你没看到,那些从事训练的人①睡掉了一生中的大量时间,并且,如果稍微偏离了规定的食谱,他们就生起又重又危险的病来?"

"我看到了。"他说。

"某种更精妙的训练法,"我说,"必须为[10]从事战争的竞争者所备,因为这些人必须像一群不知睡眠的狗②,拥有特别敏锐的视觉和听觉,经受住战场上许多无常的变化,水、[404b]其他各种食物、烈日和严冬,不会因健康状况而轻易跌倒。"

"我看是这样。"

"因此,最好的锻炼法可以成为某个同胞姐妹,[5]和我们不久前讨论过的单纯的音乐教育法并列?"

"你说的是什么意思?"

"某种单纯、切实的锻炼法,并且特别适用于那些从事战争的人们。"

"究竟用什么方式呢?"

[10]"就从荷马那里,"我说,"某人也能学到这类东西。因为,你知道,在他们驻扎的营地上,荷马并没有用鱼款待③那些参加宴会的英雄们,[404c]尽管他们就在赫勒斯蓬托斯④的海边上,也没用煮过的肉,而只是用烤肉,这在战士们中最容易办到。因为在任何地方,如诗所说,直接用火烤要比随身带一批锅盆更容易。"

[5]"的确是这样。"

"至于各种甜食,据我本人所知,荷马从来没有提到过。是不是其他竞技者也知道这一点,如果某人想保持良好的身体,他必须不碰所有

---

① 那些从事训练的人:从公元前5世纪起,希腊各地开始出现一批数目不断增长的职业运动员。

② 像……狗:这一比喻的使用,参见前文375a。

③ 在古希腊迈锡尼时代(前1600—前1200),人们并不把鱼当作食物,除非为困难环境所迫(《奥德赛》4.368,12.332);这可能是一种历史现象,因为早期的希腊人从大陆移居到爱琴海地区,对大海并不熟悉,他们的生活习俗仍保持着内陆牧民的特点。当然,到了柏拉图时代,海鲜已成了大众喜爱的食物;不吃鱼倒成了一种文化"落后"的标志,至少著名的雅典喜剧家欧布洛斯(盛期为前376—前372)曾这么指出过。在当时流行的大吃大喝的风气中,柏拉图看到某种和当时的流行音乐对应的不良倾向,即体质上的柔化和败坏。值得一提的是,柏拉图本人此时一天只吃两顿(柏拉图,《书简七》326b)。

④ 赫勒斯蓬托斯:即今日的达达尼尔海峡,位于小亚细亚半岛和巴尔干半岛之间。

这类食物?"

"对,"他说,"他们知道,并遵守此戒律。"

[404d]"说到叙拉古①式的餐桌,我的朋友,以及西西里②名目繁多的佳肴,看来你不会赞同,如果你真认为这么做有道理。"

"看来我不会赞同。"

[5]"那么,你也会指责科林多③少女接近那些想保持身体健康的人?"

"完全如此。"

"那些样子迷人的阿提卡④糕点不是也如此?"

[10]"必然。"

"因为,我认为,如果我们把这一切食物和饮食法比作用每一种调式和[404e]各种节奏组成的曲子和诗歌,我们会比得恰当。"

"怎么不会?"

"难道不是这样,在那里,华丽多彩造成了放纵,在这里则造成疾病,显然,音乐的纯洁性给人们的灵魂带来[5]节制,体育的纯洁性给人们的躯体带来健康?"

"非常对。"

[405a]"那么,当放纵的行为和疾病在城邦中日益增多,法律界和医学界不就大开门户,而诉讼艺术和门诊艺术不就显得风度翩翩尤其是当大部分自由公民都非常认真地对待这些东西?"

[5]"不这样,又如何呢?"

14."城邦中教育状况既糟糕又可耻,你难道还能拿出比以下现象更好的证据,人人需要第一流的医生和律师,不只是庶民和下等技工,还包括那些把自己伪装成在自由公民家庭中长大的人? 或,[405b]你不觉得这是一种耻辱,一种缺乏教育的佐证,当人们不得不使用从异邦引进的司法艺术,奉承外民为自己的大师和法官,因为本地人缺乏

---

① 叙拉古:地名,西西里岛上的一个古城,今称锡拉库萨。
② 西西里:西西里岛古时为希腊人的西域领地,以富饶、奢华著称。
③ 科林多:伯罗奔半岛上著名的商贸重镇;其阿芙罗狄忒神殿中,与性膜拜活动有关的卖淫活动频繁,科林多因此又以"美女"著称。
④ 阿提卡:地名,指雅典周围的乡村地区。

能力?"

[5]"所有的事中,"他说,"这的确最可耻。"

"或许,"我说,"你会觉得以下现象比这更可耻,当某人不仅把自己一生中大部分时间消磨在法庭中,一会儿诉讼别人,一会儿又遭别人诉讼,而且,因不知道什么是真正的美丽和高尚,他一心想在以下这方面炫耀自己,[405c]一个能在非正义事务上周旋的大师,一个能使任何事情改头换面的专家,什么空子都钻,扭来扭去地寻求出路,以摆脱惩罚,而这一切不过是为了些价值很小或根本没有价值的东西,因为他不知道,这有多高尚、多美好,[5]如果他能为自己安排好生活,不靠惯于打盹的法官?"

"他不会知道,"他说,"不管怎样,这一现象真比前面说的那个更可耻。"

"如今,人们需要医疗艺术,"我说,"并非为了应付创伤或某些季节性疾病,而是为了[405d]我们刚才说到的懒散和生活恶习,他们让自己的体内积聚了大量的液流和气体,如同沼泽,逼迫阿斯克勒皮俄斯①的后代给这些疾病起了'菲萨'和'卡塔罗斯'②的学名,你看,这可耻吗?"

[5]"非常可耻,"他说,"这些的确是新奇、异常的疾病名字。"

"这样的疾病,"我说,"据我所知,在阿斯克勒皮俄斯那个时代并不存在。[405e]我凭以下事实推断,他的两个儿子在特洛亚并没有责备那个女人,当她给受了伤的欧律皮洛斯喝普拉姆涅葡萄酒,上面洒了许多麦仁[406a]和干奶酪粉,虽然今人相信这是一种上火的饮料,也没责怪帕特罗克洛斯给了这种疗法。"③

---

① 阿斯克勒皮俄斯:奥林波斯天神阿波罗的儿子,神医;根据荷马的叙述,他的两个儿子,马卡翁和波达雷奥斯,在特洛亚战争中是希腊军队中的医生。古希腊人把阿斯克勒皮俄斯敬奉为神,医学的创始人,在许多地方建有他的神庙,伯罗奔半岛东北部的埃比道罗斯城邦拥有其最著名的膜拜中心;人们通称他的后代和门徒为"阿斯克勒皮俄斯的后代"。

② "菲萨"($φύσα$)和"卡塔罗斯"($κατάρροος$):分别为"肠胃气胀"和"感冒流涕"(一译"卡他"或"黏膜炎")的医学术语。

③ 柏拉图此处有误。在《伊利亚特》中,涅斯托尔的女奴赫卡墨德并非为受了伤的欧律皮洛斯(11.575–595),而是为军医马卡翁本人准备了这一饮料(11.624–631)。

"像他那样的身体,"他说,"这的确是异常的饮料。"

[5]"并不异常,如果你回想一下,"我说,"当时,阿斯克勒皮俄斯的后代并没有把现在这样的医学当作疾病的护士那样使用,因为那还是在赫罗狄科斯①出生以前;赫罗狄科斯原是体育教练,因自己有病,于是就把体育和医学结合到了一起,[406b]首先特别搞垮了自己,后来还搞垮了其他许多人。"

"怎么个搞法?"他说。

"是这样,"我说,"他为自己创造了一个过程漫长的死亡。[5]其实,他一直观察着自己病情的进展,一种不治之症,我想他并没有能力治好自己的病,然而,他持续不断地对自己进行治疗,不给自己任何空闲做其他事情,一生就这么活了下来,假如稍微偏离了自己生活习惯,他便感到疲劳,就这样,他凭自己的智慧和死亡作艰苦的斗争,直到老年。"

"从而,"他说,"他为自己争得了一个绚丽的医术奖杯②。"

[406c]"这也合适,"我说,"鉴于他并不知道阿斯克勒皮俄斯并非因为对这种医术不了解或缺乏经验而没有把它传授给他的后代,相反,后者知道,对所有遵守社会秩序的人们来说,既然城邦中的每一人都为自己设立了某种事业,对此他必须全力以赴,[5]没人会用生活中的空闲来养病并为自己治疗。很滑稽,在从事手工业的人中我们可以看到这一现象,而在那些富人和那些表面上幸福的人们中我们却看不到。"

"怎么会呢?"他说。

15."造房子的人中,"[406d]我说,"如果有谁病了,他会认为有必要喝下医生给的药剂,吐出病毒,或从下清洗③,或用火烧术,或用切割术清除病根;如果某人为他规定了一个漫长的疗程,让他用布将头包扎

---

① 赫罗狄科斯:塞昌姆布里亚人,著名的体操运动员和饮食学家,古希腊著名医生希珀克拉底(约前460—前377)的导师;希珀克拉底文集中的《论饮食》(Περὶ διαίτης)似乎有他的医疗法痕迹。

② 奖杯(γέρας):希腊文γέρας含(1)"奖品";(2)"[为死者准备,包括葬礼、筑墓、树碑等事项在内的]最后的礼仪";(3)"特权"等多层意思,在此,根据上下文,显然都适用。

③ 从下清洗:即用灌泻法。

起来①[5]并且做如此一堆事情,他立刻会说,他可没空闲生病,如此活着也没任何好处,如果要他时刻关注着自己的病情,丢下他面前摆着的工作不管。说完,他便告别了这么一种医生,[406e]踏上他所习惯的生活道路,只要自己还健康,他将继续从事自己这生的事业,如果身体支持不住了,他就去死,摆脱一切烦恼。"

"这种人认为,"他说,"就应该这样[5]利用医术。"

[407a]"那么,"我说,"是不是因为他把工作确实当作一回事,如果不干话,活着并没有什么好处?"

"显然是这样。"他说。

"而有钱的人,我们说,面前并没有这样的工作,[5]如果被迫放下它,生活就难以忍受。"

"可不,这话说得有理。"

"从佛基利德斯②那里,"我说,"你没听他是怎么说的,一个人,有了财富后,必须培育美德?"

"不过,我认为,"他说,"在那以前,也得这样。"

[10]"有关这一点,"我说,"我们就别和他争论,而是让我们自己琢磨一下,有钱人是否必须研究这一东西,[407b]如果他不研究,生活是否会难以忍受,或者,长期治疗疾病,虽然对从事建筑和其他专业的人造成某种精神障碍,但这和佛基利德斯的告诫并不矛盾。"

"是啊,宙斯在上,"他说,"这几乎就是一种最大的精神障碍,[5]远远超过体育本身,即,过分地讲究调养躯体。因为,这会给家庭管理、行军打仗、在城邦中施行安稳的统治造成困难。"

"这的确是最大的问题,它使各种学习或[407c]研究或自我思考难以进行,因为它总是猜疑头脑在发胀和发昏,总把病根归咎于热爱思想,以致不管在何处,每当有人用这种方式培育或检验美德,它就出来阻挠;因为,它总是使人想到自己病了,[5]使人没有一刻不为自己的躯体担心。"

"有这可能。"他说。

"难道我们不承认阿斯克勒皮俄斯知道这些,对那些在体质方面

---

① 将头包扎起来:让病人戴一顶"毡帽";古希腊人没有戴帽子的风俗。
② 佛基利德斯:米利都诗人(公元前6世纪),以写"格言"式的挽歌体和史诗体作品著称。

和生活习惯方面都健康[407d]而只是在身上患有某种特殊毛病的人,他用这种方式向他们展示了医疗艺术,他用药物和切割手术替他们驱除了病根后,指定他们过原先的生活,以不妨碍他们在城邦中的事业,[5]而对那些内部已经完全病坏了的躯体,他并不试图采用什么疗法,这里吸出一点,那里灌入一点,使人过着漫长而痛苦的生活并且生育一批很可能就像他们自己这样的后代,相反,他会认为,他不应该护理[407e]一个没有能力在正常的轨道上生活的人,因为这对病人自己、对城邦都没好处?"

"按你这么说,"他说,"阿斯克勒皮俄斯还真有城邦观念。"

"显然,"我说,"他是这样,而且他的后代①也如此,都有这样的观念,[408a]你没看到,他们不仅在特洛亚战场上表现出色,在行医方面,如我所说,也如此?你是否记得,墨涅拉奥斯受了潘达罗斯的箭伤,从那伤口——

　　　　[5]他们吸出了血液,并撒上镇痛的药粉,②

过后,至于他必须吃什么、喝什么,他们没有规定,只是让他喝他们给欧律皮洛斯喝的东西,因为,他们认为,药物本身有足够的力量治好那些在受伤以前身体健康并且在生活方面遵守规律的人们,[408b]即使在目前这种情况下他们在喝混合饮料,而身体本质有毛病、生活上又放纵无度的人,这种人对自己对别人都无利,医疗艺术并非为了他们,他们不应该得到治疗,[5]即使他们比米达斯③都富,也不应该。"

---

① 他的后代:见405d,以及卷三,405d注释。
② 荷马,《伊利亚特》4.218。
③ 米达斯:传说中的弗里吉亚国王,以财富著称。希腊酒神狄俄尼索斯一行在去印度的征途中,经过弗里吉亚;跟随他的信徒中有个老人,名叫塞勒诺斯,走迷了路,被米达斯手下的人抓住后带入宫廷;米达斯热情地招待了他,并且把他送回了狄俄尼索斯的队伍。为了报答米达斯,狄俄尼索斯答应满足米达斯的任何要求;米达斯喜欢财富和奢华,希望能用手点物成金;狄俄尼索斯勉强地赏给了他这一本领。米达斯刚开始欣喜若狂,不久才后悔地发现,凡是被他触摸的东西全都便成金子,连他吃的东西都不例外。不久,饿慌了的米达斯请求狄俄尼索斯收回这一神奇的"礼物";狄俄尼索斯说,他无法办到这一点,不过,他建议米达斯去帕克托洛斯河中去设法清洗自己。米达斯奉命照办;他的"点金术"就此被转移给了河水;此后,这条河的河道里便充满了金沙。

"按你这么说,"他说,"阿斯克勒皮俄斯的儿子们真是非常精明。"

16."肯定如此,"我说,"然而,那些悲剧作家和品达同我们唱反调①,他们说,阿斯克勒皮俄斯是阿波罗的儿子,在金钱的纵容下,治活了一个刚刚去世的富人[408c],由于这个原因,他被雷电击毙。然而,凭我们前面所说过的原则,②我们在这两方面都不信从他们,然而,如果他真是天神之子,我们会说,他不会贪婪无耻;如果他贪婪无耻,他就不是天神之子。"

[5]"非常正确,"他说,"就是这样。但对以下这一点,苏格拉底,你又有何可说呢?难道城邦里不需要有优秀的医生吗?几乎全都是这些人,[408d]他们为大多数人的健康、为大多数得了病的人行医,而法庭的审判官也一样,他们也如此和具有各种本性的人们打交道。"

"当然,"我说,"要有优秀的医生。但你知道我心目中看到的[5]是些什么样的人?"

"如果你说出来。"他说。

"当然我将尽力,"我说,"事实上,在同一个讨论中,你在询问一个性质不同的问题。"

"怎么会?"他说。

[10]"医生们,"我说,"会变得极为能干,如果他们从小开始,在学习这门艺术的时候,就和尽可能多的人以及患着最重疾病的躯体打交道,[408e]而他们自己也患过各种疾病,本质上又不完全健康。因为,我想,他们并非用躯体去治疗躯体——因为躯体永远无法让自己有毛病或变得有毛病——相反,他们是用心灵去治疗躯体,如果心灵本身不佳或变得不佳,他们也就无法很好地[5]提供什么照料。"

"对。"他说。

[409a]"而法庭的审判官,我的朋友,是用心灵去治理心灵,如果他的灵魂从年幼时起在一群低劣的灵魂中受人哺育,和它们共处,自己做过错事,并且经历过各种各样的不法行径,到头来,灵魂便无法靠自

---

① 唱反调:埃斯库罗斯,《阿伽门农》1022-1024;欧里庇得斯,《阿尔喀斯提斯》3-4;品达,《皮托颂歌3》55-58。

② 391d。

己去敏锐地判断其他人的不法行径,[5]尽管它有能力诊断躯体中的疾病;相反,灵魂在年幼时必须不受那些低劣习俗的影响和沾染,如果它希望自己既优秀又高尚,有健全的能力判断是非。正因如此,正直的人年轻时显得纯朴,容易受坏人欺骗,[409b]因为他们心中没有任何与那些低劣行径相似的模式。"

"的确,"他说,"这当然是他们的经历。"

"因此,"我说,"一个优秀的法庭审判官不应该是年轻人,而应该是老人,[5]一个到了晚年懂得什么是非正义的学者,他认识了它,并非因为它存在于自己的灵魂中、为他所拥有,而是因为它存在于他人中、为他人所拥有,对它作了长期的观察,识别出它的本质是多么低劣,[409c]他所依靠的是知识,而不是自己的亲身经历。"

"最上等的,"他说,"看来就是这样的法官。"

"并且高尚,"我说,"这也就是你所问的问题所在;其实,一个人若有高尚的灵魂,他就高尚。然而,一个狡猾、多疑的人就会是这么一种人,[5]他不仅自己干过许多坏事,而且认为自己既能干又聪明,当他和自己的同类在一起时,他会显得狡猾而谨慎,时刻注视着自己心中的模式;当他接近品德高尚、年龄比他大的人们时,[409d]他又会显得很愚蠢,不适时宜地失去了信心,不知道什么是健全的人格,因为他心目中没有这一模式。然而,因为他更经常接触低劣的人,多于好人,他在自己以及别人的眼目中就显得颇为聪明,而不是颇为愚昧。"

[5]"当然,"他说,"完全对。"

17. "那么,"我说,"我们就不应该在这样的人中寻觅高尚、明智的法官,而是应该在前面说的那种人中去寻觅;因为低劣的本性永远无法了解高贵的品质,也不能了解自己,而高贵的本性,一旦其本性经过时间的培育,将会同时获得有关自己、有关低劣本性的知识。[409e]因此,最终成为智者的,依我看,总是这种人,而不是那种低劣的人。"

"对,"他说,"我也这么看。"

"那么,有关我们刚才说到的医疗艺术,连同[5]这么一种审判艺术,你是不是会为城邦定下一套规章制度,让它们为你护理好那些在躯体和[410a]灵魂方面本质优越的城民,而那些本质相反的人,如果躯体方面如此,它们就会让他们慢慢死尽,那些在灵魂方面本质邪恶、无法挽救的人,它们就将其处以死刑?"

[5]"这当然最好,"他说,"对那些受到这种待遇的人以及对城邦,两方面都似乎如此。"

"那些年轻人,"我说,"显然,他们将会小心翼翼地去求助于法律艺术,既然他们在那种单纯的音乐艺术中获得了利益,因为我们说过,音乐培养节制。"

[10]"还有何疑义?"他说。

[410b]"那么,一个有音乐修养的人会不会根据这同样的途径去追求体育艺术并且掌握它,如果他愿意,这样他就不用去求助于医疗艺术,除非万不得已?"

"我看是这样。"

[5]"因此,在那些体育运动和艰苦的训练中,他会吃苦耐劳,看重他本性中的精神力量,并且不断激发它,而并非看重体力,不像其他那些运动员为了强壮而与食谱和重活打交道。"

"非常正确。"他说。

[10]"那么,"我说,"格劳孔,那些规定用[410c]音乐艺术和体育艺术来展开教育的人难道没有想到,他们为此作出这样的决定,靠后者来照料躯体,靠前者来照料灵魂?"

"难道还有别的什么目的?"他说。

[5]"也许,"我说,"他们规定了这两个系统主要是为了灵魂。"

"怎么会呢?"

"你没注意到,"我说,"人们如何处置自己的思想,如果他们一生都在从事体育运动,不接触音乐?[10]或,反之,他们又如何处置?"

"不过,"他说,"你在具体评论哪方面?"

[410d]"极为粗犷、极为刚强为一方面,另一方面,过分柔和、过分驯化,"我说——

"我懂啦!"他说,"你的意思是,那些只从事体育的人结果会变得非常粗犷,超过应有的程度,那些只从事音乐的人则变得非常柔和,[5]超过了对他们有利的程度。"

"确实,"我说,"这种野性能代表一个人本质中的精神力量,并且能成为勇猛,如果培养得当,但是,如果被拉得过紧,超过应有的程度,它就会变得既生硬又横暴,结果可能就是这样。"

[10]"我看是这样。"他说。

[410e]"这又如何呢?是不是爱好智慧的本性有驯化功能,如果过于放任,它就会柔和得超过应有的程度,但如果培养得当,它就会变得既柔和又美观?"

"是这样。"

[5]"因此,我们说,城邦的卫士必须具备这么两种本性。"

"的确必须这样。"

"那么,两者是否应该相互协调?"

"怎么不应该?"

[10]"一旦有了协调,那么,既明智又勇猛便是此时的[411a]灵魂?"

"完全如此。"

"如果没有协调,它就会变得胆怯,或野蛮?"

"的确会。"

18. [5]"正因如此,当某人把自己交托给音乐,让它迷住自己,让它把我们刚才①所提到的那些甜美、婉转、悲哀的曲调就像灌入漏斗一样灌入自己的耳朵,从此,他口不离曲、整个一生都热衷于音乐,[10]如果他原有某种激情,此刻的他已把它完全软化,[411b]如同软化铁一样,并把它从生硬、无用之物转变成有用之物;然而,当音乐一直这么灌下去,非但没有放松,反而迷惑了他,此后没多久,那东西便开始融化、开始液化,直到他耗尽了自己的精神,并且就像割除肌腱一样把它从自己的灵魂中割除,使自己成为一个'软弱的枪手'②。"

[5]"的确完全如此。"他说。

"如果,"我说,"他本性中一开始就缺乏精神力量,他很快就会碰到这个结果;如果他有精神力量,他会使这精神变得虚弱,弄得它急躁不安,容易为一些小事发火,[411c]也容易平息。因此,这样的人脾气急躁、喜欢发怒,身上充满了怨气,而不是精神力量。"

"当然是这样。"

---

① 398e-399a。
② 软弱的枪手:阿波罗给墨涅拉奥斯的称呼(荷马,《伊利亚特》17.588)。

"这又如何呢,当一个人在体育锻炼上很卖力,饮食方面也很讲究,[5]只是不接触音乐和哲学? 在开始阶段,他是不是身强力壮,充满了精神和信心,自身比从前更勇猛了?"

"的确是这样。"

"结果又如何呢,如果他其他什么事都不干,而且根本不和缪斯①有任何来往,[411d]即使他的灵魂中有热爱智慧这一本性,因为他从未尝到过学习、探索的滋味,也没参加过讨论,没参加过其他音乐活动,这一本性岂不会丧失自己的本能以及自己的听力和视力,因为它从未被他唤醒,从未[5]受过哺育,它的各种感觉也从未得到过净化?"

"是这样。"他说。

"我相信,"我说,"这样的人将成为厌恶谈话、没有文化修养的人。他不再通过语言以理服人,[411e]而是像一头野兽凭暴力和粗野达到一切目的,生活在无知和愚昧之中,没有节奏和风度。"

"完全如此,"他说,"他就会是这样。"

"针对这两个方面,如此看来,我会说[5]天神给了人类两种艺术,音乐和体育针对高昂的志气和求知的精神,并不是针对灵魂和躯体,除非是附带性的,而是针对前两个方面,[412a]好让它们相互和谐,各自将自己绷紧或放松到应有的程度。"

"看来是这样。"他说。

"因此,谁最出色地把音乐训练和体育训练结合在一起并且[5]极其恰当地使其影响自己的灵魂,我们可以非常正确地说,这人具有最完美的音乐修养和最和谐的精神气质,远超过那个使琴弦相互和谐的人。"

"有这可能,"他说,"苏格拉底。"

"那么,格劳孔,在我们这个城邦里,我们是不是也将应该有这么[10]一位常任监督,如果城邦政体想保持健全?"

[412b]"当然,我们将特别需要这么一个人。"

19. "这些就可以成为教育和培养人的原则。为何还要详细列举这些人的舞蹈、追捕野兽、训练猎犬、体育比赛、赛马竞争? [5]因为,这很清楚,这些人必须遵守一套原则,而发现它们也不再会有什么困难。"

---

① 缪斯:主管音乐、舞蹈、诗歌、历史、科学等科目的九位女神。

"也许,"他说,"不会有什么困难。"

"好,就算这样,"我说。"下一步,我们应该作出什么决定?是不是决定这些人中哪些将统治人、哪些将被人统治?"

[412c]"还会是什么呢?"

"统治者应该是岁数比较大的人,而被统治者应该是岁数比较小的人,这一点清楚吗?"

"清楚。"

[5]"并且应该是他们中最优秀的人?"

"是这样。"

"最优秀的农夫是不是最精通农业?"

"是。"

"现在再说统治者,鉴于他们应该是最优秀的城邦卫士,[10]他们是不是最精通捍卫城邦?"

"是。"

"因此,他们是不是首先应该在这上面有远见、有能力,并且还善于关心城邦?"

[412d]"是这样。"

"一个人,如果他爱什么,他也就特别善于关心什么。"

"必然如此。"

"因此,他会特别爱这东西,如果他意识到[5]同一事务对它和他自己带来同样的利益,并且[特别是当]他想到,当前者兴旺,他也相应地兴旺,反之,他也相反。"

"是这样。"他说。

"那么,我们必须从其余的城邦卫士中选拔出这样的人,[10]凭我们的观察,他们会尤其明显地证明自己一生都是这样,[412e]凡是他们相信对城邦有利的事,他们会拿出全部热忱去做,对城邦没有利的事,他们无论如何都不乐意去做。"

"这样的人正合适。"他说。

[5]"我认为,我们必须观察这些人,在他们人生的每一个时期,看看他们是否真是这种思想的维护者,不会受人诱骗也不会受人逼迫而放逐或忘记自己必须做对城邦最有利的事这一信念。"

"你说的放逐,"他说,"是什么意思?"

[10]"我这就告诉你,"我说。"依我看,信念可以自愿地或是不自愿地离开一个人的思想。自愿地离开,[413a]当某人发现它是虚假的信念,不自愿地离开,当它完全真实。"

"有关自愿离开,"他说,"我懂了,有关不自愿离开,我还需要请教。"

"这又如何?难道你不知道,"我说,"和好东西[5]分手,人们不会自愿,和坏东西分手,他们却会自愿?难道不是这样,受人欺骗而偏离真理是坏事,而掌握真理是好事?难道你不认为相信事实就是掌握真理?"

"那倒是,"他说,"你说得对,我也认为[10]人们的确不会自愿地和真实的观念分手。"

[413b]"难道不是这样,他们会在遭受偷窃或迷惑或暴力威逼时陷入这种处境?"

"此刻,"他说,"我又不懂了。"

"也许,"我说,"我这么说,仿佛是在唱悲剧①。其实,所谓'受人偷窃',[5]我指那些被人说服而改变了自己信念以及那些忘了自己信念的人,后者是由于时间,前者,由于对方的话不知不觉地剥夺了他们的信念;现在,你是不是有点懂了?"

"是。"

"所谓受暴力威逼的人,我指的是那些被某种躯体上的痛苦或折磨[10]改变了信念的人。"

"这,"他说,"我懂了,而且你说得很正确。"

[413c]"所谓受迷惑的人,我相信,你也会说他们是那些受快乐的诱惑或受恐惧的束缚而改变了自己信念的人。"

"由此看来,"他说,"一切欺骗人的东西都带迷惑性。"

20.[5]"我刚才在说,我们必须寻找一些本身具有这种信念的最出色的卫士,凡是自己始终相信是最有利于城邦的事情,[自己必须去做]。我们必须从他们小时候起就一直观察他们,建议他们做某些事情,面临这种情况,一个人最容易忘记这一原则或最容易受人欺骗,谁

---

① 仿佛是在唱悲剧:指用令人费解的词语。

的记忆力好并且最不容易受人欺骗,[413d]我们就必须挑选谁,反之,则必须剔除。是不是应该这样?"

"是。"

"同时,我们还必须让他们经历繁重的劳动、躯体的痛苦和激烈的竞争,[5]在这一过程中,必须观察他们是否保持同样的素质。"

"对。"他说。

"难道不是这样,"我说,"我们必须设立第三种有关迷惑的考验场面,并且必须在一旁观看——就像人们把那些马驹赶入喧闹嘈杂的地方,看它们是否心悸,[10]同样,我们也必须把我们的人,趁他们还年轻,带入某些令人害怕的地方,并且还必须把他们反过来抛入各种欢乐的场面,[413e]检验他们要比用火检验金子更严格——如果我们看到某人不受迷惑而且在任何场合中都不失常态,一个能捍卫自己、捍卫自己所获得的音乐文化的优秀卫士,在所有这些场合中都表现得自己懂得节奏、懂得和谐,[5]具有这种品质的人对自己、对城邦都最有用处。当他有生以来一直在儿童中、在少年人中、在成年人中经受考验,如今走了出来,没有任何污点,[414a]我们必须立他为城邦的领袖和卫士,当他活着的时候,我们必须给予他各种荣誉和报酬,当他去世,在举行葬礼和其他纪念性活动中,我们必须让他享受最崇高的待遇;与此相反的人,我们必须剔除。大体就是这样,"[5]我说,"依我看,格劳孔,这就是我们选择和任命城邦领导和卫士的方法,谈的是轮廓,并没论细节。"

"在我看来,"他说,"就是按如此的方法。"

[414b]"那么,这是不是真的非常正确,当我们称他们是名副其实的卫士,对城外的敌人和城内的同胞都如此,以至于后者不想做坏事,前者也没有力量做坏事,而那些我们刚才称他们卫士的年轻人,[5]他们将会帮助执行和维护统治者们制定的条文?"

"我看是这样。"他说。

21."那么,"我说,"我们先前讨论过的那些必要的谎言中,[1]哪一种能成为我们的妙计,[414c]虚构某种高尚的东西,用它来说服人,特别是那些城邦的统治者,不行,就转向城邦中的其他人。"

---

[1] 382d,389b。

"某种什么样的东西?"他说。

"并不新奇,"我说,"只不过是腓尼基人的一个传说①,[5]这事从前在许多地方都发生过,至少,根据诗人们所说,并且一直让人信以为真,不过,我们中至今还没发生过这事,我也不知道这事有无可能发生,再说,这也很难使人相信。"

"此刻,"他说,"你仿佛在犹豫不说。"

"我会让你知道,"我说,"我很有理由这么犹豫,一旦[10]我把这事说了出来。"

"说吧,"他说,"别怕。"

[414d]"那我就说——事实上,我真不知道自己能凭什么样的胆量、用什么样的话来叙说这事——不管怎样,我会试着去说服人们,首先是那些统治者和军队的士兵,然后是其余的城民,就说,我们给予他们的培养和教育,他们自己所经历、自己身边所发生的所有这些事情,[5]看来就像一场梦,而事实是,当时他们在大地之下时就已经受到了塑造和培养,他们这些人、他们的武器以及其他设备都已是成品,[414e]而当他们各方面都已经完善,大地,身为他们的母亲,就把他们送上了地面,如今他们生活在这块土地上,把她当作自己的母亲和哺育自己成长的人,处处为她着想、出来保护她,如果有人来侵犯她,[5]同时又把其他所有的城民看作自己的兄弟,同为大地所生。"

"你刚才羞于说出这个谎言,"他说,"并非没有道理。"

[415a]"是啊,"我说,"全然如此。不过,请听完故事的剩余部分。虽然你们大家都是一个城邦中的兄弟,我们将如此对他们继续叙说下去,然而,有这么一位塑造神,你们中凡是具有足够统治能力的人,[5]他在这些人的生产模型中加了金子,因此,他们最有价值;所有的助手,

---

① 腓尼基人的一个传说:当初,腓尼基王子卡德摩斯带了一批人刚到波伊俄提阿(Boeotia)地区并在此建立了自己的城邦"卡德米亚"(后称"忒拜")时,为了给他们的庇护女神翁卡(希腊人认为她就是雅典娜)贡献牺牲,他先派了一批人去找水,见那些人久久不回,自己便上路寻找,结果发现,当地的一条龙吃了他的伙伴。卡德摩斯用石头砸死了它。事后,卡德摩斯按照雅典娜的嘱咐,将一半龙牙播入了大地,将另一半交给了雅典娜。不久,这块地上冒出了一批全副武装的"大地之子";经过一番相互搏斗和厮杀,最后幸存的只有5个兄弟。他们和卡德摩斯谈和,跟他定居于此,成了后来忒拜城贵族家族的鼻祖。显然,在以下叙述中,柏拉图对这一故事进行了一番改造和加工。

加了银子;在农夫和其他手工业者中,加了铁和青铜。尽管所有的人都来自相同的模型,你们自己却只能生育出基本上和自己本性相同的后代,[415b]但也存在这种可能,金质的父亲生出一个银质的儿子,或金质的儿子产生于一个银质的父亲,以及所有这样的交替。这位神灵首先并且特别着重地告诫占据统治地位的人们,没有任何东西如此需要他们充当优秀的卫士,[5]也没有任何东西如此迫切地需要他们去维护,那东西无非就是他们的后代,以及什么东西可能混杂在他们的灵魂中,如果他们的后代生来只有青铜或铁的素质,[415c]他们不应以任何方式表示怜悯,而是给予后代与其本质相符合的身价,驱使他们去当手工业者或去当农民,如果反过来他们中出了一个金质或银质的后代,在珍惜这样的后代的同时,他们应推荐前者去当城邦的卫士,推荐后者去当随从助理,[5]因为神谕说这个城邦将会毁灭,一旦铁质或铜质的卫士出来捍卫城邦。你有什么妙计,能使人们相信这么一个传说?"

[415d]"没有任何妙计,"他说,"能使他们本人相信,然而,他们的儿子和孙子以及其他未来的人类也许能信。"

"然而,即使如此,"我说,"这也会有利于他们更加关心城邦和他们的相互关系,[5]我大体上懂你说的意思。"

22."这事的结果将取决于舆论如何引导它;让我们现在就武装起这些出生于大地的人们,并把他们带向那些统治城邦的领袖们面前。到了那里,让他们在城邦中找一块最好的地方,在那里建立自己的营地,[415e]从那里他们既能最有效地控制住城内的人们,如果有谁不愿意服从法律,又能抵抗外来的人,如果有什么敌人像狼入羊圈一样闯入了城邦;当他们建立了营地,向天神们贡献了必要的牺牲,就让他们造些床铺。不然,又怎样?"

[5]"就这样。"他说。

"这些床铺是不是必须能抵御冬寒,而夏日里也足以管用?"

"怎么不是?因为,"他说,"我想,你指的是住房。"

"是,"我说,"不过,是军人的住房,并不是钱商的住房。"

[416a]"按你的意思,"他说,"后者如何不同于前者?"

"我对你,"我说,"会尽力解释。对于牧羊人来说,这可说是最可怕、最羞耻的事,如果他们以如此的方法把牧犬培养成这么一种看守羊群的助手,以致在放纵[5]或饥饿或其他什么恶习的驱使下,这些牧犬将试图伤害羊群,形状像狼而不像狗。"

"是可怕,"他说,"怎么不是?"

[416b]"难道不是这样,我们必须采取一切措施防范我们的助手对我们的城民做出这样的事来,鉴于这些人比城民强大,他们会把自己比作蛮横的暴君而不是慈善的战友?"

"必须防范。"他说。

[5]"那么,他们会不会已经具备了极高的谨慎,假如他们果真受到过良好的教育?"

"然而,他们的确受过这样的教育。"他说。

我继续说道:"这一点不值得我们去详细确认,我的格劳孔;值得确认的是我们刚才讨论的那点,那就是,[416c]他们必须获得正规的教育,不管是什么方面的教育,如果他们想拥有最大能力,文明地对待自己、文明地对待那些受他们保护的人。"

"的确很对。"他说。

[5]"那么,除了这样的教育外,一个有头脑的人将会说,必须为他们配备如此的住房以及其他具有如此性质的财产,从而它们不会阻碍他们成为最好的卫士,[416d]也不会鼓惑他们去干坏事,伤害其他的城民。"

"他这么说有道理。"

"请看,"我说,"他们是否必须按以下这种方式生活和居住,如果他们想成为这样的人;首先,[5]任何人都不能拥有任何私人财产,除非那是完全必要的东西;其次,任何人都不能有这样的住房和仓库,大家想进而不能进;至于生活必需品,数量根据这些讲节制又勇猛的战场竞争者的需要,按规定,他们将相应地[416e]从其他城民那里以工资形式领取,作为保卫城邦的报酬,定额就这么多,到了年终,既无剩余也无短缺;他们每天在一起吃饭,如同营地上的战士一样,过集体生活;金子和[5]银子,我们对他们说,这一来自天神的神圣礼物,将永远存在于他们的灵魂中,他们并不需要人间的金银,况且这也不虔诚,如果他们去占有人间的金子,以其混淆和污染他们本身拥有的那一种金子,因为,许多不虔诚的事都出在[417a]众人拥有的钱币周围,而他们自己的则一尘不染；然而，所有的城民中只是他们这些人，法律不允许他们经管或碰触金银，既不能和它们进入同一幢的房屋，也不能戴在身上作装饰，也不能用金制或银制的杯碗喝东西。[5]这样，他们才能保全住自己，保全住城邦；否则，当他们有了自己的地产，有了房屋，有了货币，他们将会成为一批家庭管理人和农夫，而不是城邦的卫士，并且会演变成[417b]一帮充满敌意的暴君，而不是其他城民的盟友，憎恨人又被人憎恨，暗算人又被人暗算，如此度过自己的一生，害怕自己城邦中的人远远超过害怕外来的敌人，[5]此时，他们和其余的城邦都已跑到了崩溃的边缘。正由于所有这些缘故，"我说，"让我们声明，有关住房以及其他事项，我们为城邦的卫士必须作出这样的安排，并且让我们将这些定成法律，或不如此？"

"完全如此。"格劳孔说。

卷　四

1.［419a］这时，阿德曼托斯接过话头："那么，"他说，"苏格拉底，你会如何答辩，如果某人说，你并没有使那些人感到特别幸福，而这还怪他们自己，尽管这个城邦本质上属于他们，然而从城邦那里他们却享受不到任何好处，［5］如像其他人那样能够拥有土地，建造高大、漂亮的住房，添置与其相称的家具，向诸位天神举行私下燔祭，招待客人，当然，再加你刚才所说的那些东西，拥有金子和银子以及所有一切据称是属于幸福之辈的东西？［10］反过来，他会说，这些人纯粹就像一批雇来的帮手，［420a］驻扎在城邦中，除了看守，其他什么都不干。"

"是这样，"我说，"这还不算，他们只为自己的吃住就职，除了食物以外，不拿任何雇佣金，不像其他人，以致即使想私下出去一趟，他们都不能办到，既不能给女友们送东西，［5］也不能在其他他们所乐意的地方花费，而那些被认为是幸福之辈的人却能如此花费。指控中，你目前还缺少这些以及其他许多与此类似的细节。"

"那好，"他说，"让这些也成为指控条目。"

［420b］"我们将如何答辩，你是在问这个？"

"是。"

"顺着同一条道路走下去，"我说，"我想，我们会发现应该说些什么。因为，我们将发现，这并不会令人惊讶，［5］即使这些人在这种处境中感到无比幸福，然而，我们建立这座城邦，眼中期望看到的并非这一点，我们的目的并非在于使某一社会阶层享受特殊的幸福，而是在于使整个城邦享受最大的幸福。因为我们认识到，我们最有可能在这样的城邦中找到正义，而在管理得最差的城邦中找到非正义，［420c］观察到这些后，我们便能对那一讨论已久的问题①作出判断。目前，我们

---

① 有关正义和非正义的讨论，判断它们中哪一个更有用，能给人带来更大的利益。

认为,我们是在塑造一座幸福的城邦,我们并非选中了少数人,使城邦中的某些人幸福,而是选中了整个城邦,使它幸福。紧接着,我们将探讨性质相反的城邦。[5]就好比,当我们在替一尊塑像着色,某人走过来指责我们说,我们并没有把最美的颜料用在塑像最美的部分——因为那双眼睛,作为最美的部分,没有被涂上紫色,而只是黑色——我们会很有分寸地[420d]回答他说:'令人敬佩的人,请你别认为我们必须把眼睛描绘得如此漂亮,以致它们不再像眼睛,其他部分也如此,相反,请你仔细观察我们是否加上了与各个部分相称的颜料,美化了整体;[5]同样,就目前的情况说,请你别逼着我们把这么一种幸福加给城邦的卫士,使他们完全成了其他东西,[420e]而并非卫士。其实,我们同样能给那些农夫裹上缎子长袍,替他们戴上金饰,号召他们可以凭自己的兴致去耕作土地,我们也同样能使陶工们侧身靠在榻上,在炉火前大吃[5]大喝,一旁放着转轮,当精神来了,再动手制陶器,通过这样的方法,我们能使其他所有的人都感到无比快活,这样,全城会一片幸福。然而,可别如此敦促我们,因为,若是我们听从你的话,农民不再会是农民,[421a]陶工也不再会是陶工,其他任何人也不再会持有任何一种城邦赖以生存的固定工作形式。然而,对其他人来说,关系还不大;因为,一批皮匠,即使他们变得低劣、堕落、冒充自己是皮匠,尽管本质上已经不是,并不会对城邦构成[5]什么威胁,然而,一批维护法律和城邦的卫士,当他们本质上已经不是卫士,尽管表面仍然如此,如你所见,的确会连根毁灭整个城邦,而反过来说,唯独他们掌握着安顿城邦并且使之幸福的契机。'如果我们在这边造就真正的卫士,[421b]一批最不可能危害城邦的人,而那人却在一边大谈某些农夫和吃喝者的幸福,如同他们在全民欢庆节上而并非在城邦中,他很可能在谈论其他什么东西,而不是城邦。因此,我们必须弄清,在树立这些城邦卫士时,[5]我们想到的是让最大的幸福产生于他们中,还是想到这是为了整个城邦,必须看到它是否产生在那里,[421c]同时必须要求并且说服这些城邦的助理和卫士朝那方面努力,成为自己事业的最优秀的行家,并且让其他所有的人如此努力,就这样,当整个城邦日趋强大,并受着良好的管理,就让事态这么发展,[5]人的本性自然会让每一个社会阶层享受到幸福。"

2."的确,"他说,"我认为你说得不错。"

"那么,"我说,"你会不会认为以下这一点,其本质和它相关,我也说得较有分寸?"

[10]"具体是什么呢?"

[421d]"再次针对其他那些手工业者,请你观察一下,看看这些东西是否同样在败坏他们,使其本性变得低劣。"

"这些到底是什么东西?"

"富贵,"我说,"和贫困。"①

[5]"怎么可能?"

"就同如此。你想,当一个制陶器的人发了财,他还愿意一心扑在自己的专业上吗?"

"无论如何不会。"他说。

"他会变得懒散、粗心,差于从前的自己?"

[10]"差多了。"

"因此,他不是成了更差的陶工?"

"这方面也一样,"他说,"差多了。"

"当然,如果他因贫困而不能为自己配备工具或专业上所需要的其他什么设备,[421e]他将会制造出次等的产品,并将会把他的儿子以及他所带的那些徒弟教成劣等的手工艺者。"

"怎么不会?"

"正是由于这两个原因,贫困和富贵,手工艺[5]产品变差,他们本人也变差。"

"显然如此。"

"这么看来,我们发现了另一类事情,城邦卫士必须尽一切办法对此加以防范,不让它们躲过他们的眼目偷偷地溜进城邦。"

"什么样的事情?"

[422a]"即富贵,"我说,"和贫困这两样东西;因为前者给人带来

---

① 富贵和贫困:对城邦中的第三阶层而言,因为,如前面所说(416d),前两个阶层没有任何财产;而对这些生活在社会下层的人,柏拉图指出,他们应该选择走一条贫富之间的折中道路,以避免两个极端给他们造成的各种危害。早先,克法洛斯对如何正确对待和使用财富就有过类似的评论(330a–331b)。

奢侈、懒散和变革念头①,而后者给人带来奴性和低劣的作风,加上变革念头。"

"的确完全如此,"他说,"不过,苏格拉底,请考虑一下,[5]我们这个城邦,若是没有攒足钱财,将怎能和人交战,尤其是当它不得已要和强大而富裕的城邦交战。"

"很清楚,"我说,"和这么一个城邦交战会颇为困难,[422b]但和两个如此的城邦交战会颇为容易。"

"你说的是什么意思?"

"首先,"我说,"或许你知道,如果真要他们去打仗,这些人,身为战争的佼佼者,是不是将和一批富有的人打仗?"

[5]"是这样。"他说。

"以下这一点又如何呢,阿德曼托斯?"我说,"有这么一个拳手,他在这方面获得过最好的训练,面对两个不懂拳术、富有而肥胖的人,难道你不认为他能轻易地战胜他们?"

"同时对两个,"他说,"也许不能。"

[10]"甚至这样也不能吗,"我说,"如果他先撤退,[422c]在他往后跑的时候,总有谁先接近他,此刻他便掉过头来攻击谁,并且在令人窒息的烈日下反复这么干?难道这人不能打败甚至更多这样的对手?"

"当然,"他说,"这一点也不令人惊讶。"

[5]"然而,你不认为这些富翁们在拳击艺术方面的知识和经验,比他们在战争艺术方面的知识和经验还更丰富一点吗?"

"我看,是这样。"他说。

"因此,我们的佼佼者跟这样的人打起仗来,实质上能轻易应付多于他们两倍或三倍的人。"

[10]"我同意,"他说,"我确实认为你说得有道理。"

[422d]"那你看这又如何,如果他们派遣一个使节团去两个城邦中的某一个,把事实告诉对方,'我们既不使用金子,也不使用银子,法律禁止我们这么做,而你们却可以;因此,请你们和我们一起参加战争,

---

① 变革念头:希腊文为 νεωτερισμός,是动词 νεωτερίζω 的派生词,意为"变革""改革""革命";此处显然为贬义,意为"渴望变天"或"巴望改朝换代"。"财富"和"贫困"是社会动乱的根源之一:又见555d;参见柏拉图,《法义》758c。

并且收下另一方的一切金银财宝?'你想,当[5]他们中某些人听到了这个建议,他们会选择和一群既凶猛又顽强的猎狗交战,而不选择协同这些猎狗去和既肥壮又软弱的绵羊交战?"

"我看不会。然而,"他说,"如果别人的钱财都集中到了一个城邦,[422e]你要注意,可别让它把危险带给这个并不富有的城邦。"

"你倒挺天真,"我说,"居然认为得把别的什么地方称作城邦,和我们现在所建立的这样的[5]城邦齐名。"

"但为何不可?"他说。

"得用更大的名称,"我说,"来称呼其他那些地方! 因为它们每一处包括有许多城市,而不是一个城邦,如同玩游戏①的人们所说。不管怎样说,总有两方,相互之间存在争执,一方穷,一方富。[423a]每一方有许多城市组成,如果你把它们当作一个整体去和它们打交道,你就完全错了,然而,如果你把它们当作许多独立的城市,把属于一方的金钱和资源甚或城民交给另一方,[5]你将永远会拥有众多的盟友,寥寥无几的敌人。只要你这个城邦处于得当的管理之中,按照刚才制定的规则,它会成为最伟大的城邦,这里,我不是指它名声上而是指它本质上伟大,即使它只拥有一千名城邦的保护者;事实上,如此伟大的一个城邦,你根本不容易找到,不管在希腊人中,还是[423b]在外邦人中,虽然表面上似乎有许多这样的城邦,并且比它大许多倍的。或者,你有不同的想法?"

"宙斯在上,我可没有。"他说。

"因此,"我说,"对于我们城邦的统治者们来说,这是不是能成为最好的限度,[5]他们必须给城邦的大小作个规定,划出足够面积的土地,放弃其余的部分。"

"什么样的限度?"他说。

"我想,"我说,"是这样。在发展的过程中,它希望自己始终只是一个城邦,只发展到这一规模,[10]不超过限度。"

[423c]"的确十分合理。"他说。

"那么,我们是不是会把这另一项任务交托给城邦的卫士们,他们

---

① 游戏:可能指古希腊人玩的一种跳棋。

必须不遗余力地确保这一点,使城邦既不弱小,也不只是看起来强大,而是一个大小正好的单一整体?"

[5]"也许,"我说,"我们给了他们一项容易的任务。"

"以下这事,"我说,"甚至比它更容易,其实我们先前已经想到过①,当时,我们声称,如果卫士中有某个后代生来平庸,我们必须[423d]把他送到其他人中去,如果其他人中出现了一个卓越的后代,我们就必须把他送到卫士中去。这说法当时想展示的是,对于其他城民也一样,根据一个人的天生特性,我们必须把与他本性相称的工作分配给他,每人一份工作,这样,当每一个人只从事一项适合自己本性的工作,[5]他就不会去充当许多人,而只是一人,这样,城邦上下就会形成一个整体,而不是许多城中之城。"

"的确,"他说,"这事比刚才那事容易。"

"真的,"我说,"高尚的阿德曼托斯,如某人可以向你证明,我们交给他们的这些任务并不多也不巨大,[423e]而是每一项都很容易,只要他们守护好俗话所说的一件大事,或不称大事,就称意义充分的事。"

"这又是什么呢?"

"教育,"我说,"和培养;因为,如果他们受过良好的教育,[5]成了懂得分寸的人,所有这些事都将被看得十分容易,包括其他一切我们至此还没有提到的事情,拥有妻子,安排婚姻,生育后代,[424a]这些必须尽可能地按照那句俗话去办,朋友们的东西属朋友们共有。②"

"的确,"他说,"这样会最合理。"

"此外,"我说,"城邦政体,一旦理想地形成,[5]便进入循环式③的运行和发展;因为,如果培养和教育制度得到了出色的维持,它们就

---

① 415b‑c。

② 有关这一俗话,试比较亚里士多德的《尼各马可伦理学》1159b31。这一思想在卷五中得到了柏拉图的详细阐述(449c及下文)。

③ 循环式:直译为"恰如一个圆圈"($ὥσπερ\ κύκλος$)。鉴于圆圈是封闭型的,我们也许可以把它更确切地理解为某种来回反复的发展过程。在古希腊思想史上,把事物的发展过程比"圆圈"可以追溯到赫拉克利特的宇宙观(宇宙泯灭的时刻也就是它重新诞生的时刻,参见赫拉克利特,《宇宙论残片》29,30,43)和希罗多德的历史观(大小城邦的周期性兴旺和衰落,《历史》1.5)。根据下文的内容,柏拉图也有可能指挑选和培养城邦卫士和统治者的过程,强调教育和天资之间的关系和相互影响。

会造就高尚的人格,而出色的人格,一经接受了这样的教育,会发展得比前辈更优秀,不管在生育或其他任何方面,[424b]如同其他动物。"

"可能如此。"他说。

"简单地说,管理城邦的人们必须一心扑在这上,不让它暗中受到任何腐蚀,而是始终保护着它,[5]抵御一切影响,在体育和音乐教育方面不能有任何制度上的变革,相反,要尽自己最大的努力去维护这一制度,心中会产生警觉,当某人在说,

> 人们此刻尤其称赞这一首歌曲,
> [10]它以全新的面貌回荡在歌手的嘴边,①

[424c]或许某人在想,诗人指的并非崭新的歌曲,而是崭新的歌曲形式,并且对此加以赞扬。然而,我们既不该赞扬这种说法,也不该猜想诗人的原意如此。的确,对于介绍新的音乐形式,我们必须警惕,因为它威胁到整个系统;[5]因为音乐的各种模式一有变动,便不能不引起全民风俗的最大变动,正如达蒙所说②,我自己也相信这一点。"

"那么,"阿德曼托斯说,"把我也包括在相信这一点的人们中。"

4.[424d]"这么看来,"我说,"城邦的卫士们必须把自己的据点③建立在这里,建立在音乐中。"

"这一违反社会常规的事,"他说,"很容易偷偷地潜入进来。"

[5]"是啊,"我说,"因为它是社会娱乐的一部分,并不直接造成任何危害。"

"是不直接造成危害,"他说,"只不过一点一滴、悄悄地侵入和渗透人们的生活和事业;从这些地方出发,它以更大的规模攻击人们的相互关系,[10]从这些相互关系出发,它又冲着[424e]法律和城邦制度而来,苏格拉底,而且极其放肆,直至最终颠覆个人和全民的一切。"

---

① 荷马,《奥德赛》1.351-352。

② 正如达蒙所说:见400b及注。柏拉图一生始终保持着这一信念(《法义》700a-701b)。

③ 据点:根据前面的规定(415d),在城邦中,卫士们必须为自己设立一个居住点,在那里,他们既能最好地施行自我控制,同时又能最有效地抵御外来的敌人。在音乐中,为了达到相同的目的,每个卫士同样必须为自己建立一个精神"据点"。

"好哇,"我说,"它真是这样?"

"我认为是。"他说。

[5]"难道不是这样,如我们开头所说①,我们的儿童必须参加更守法的游戏,因为,如果游戏违法,儿童们也同样如此,那么,[425a]他们就不可能从而成长为遵守法律、思想严肃的人?"

"怎么不是?"他说。

"那么,当儿童们开始以良好的情态玩游戏,通过音乐教育学到了法则,那么,这种精神,和跟随上面那些孩子的那种精神相反,便会[5]在各方面跟随他们,维护他们成长,并且帮他们扶植起从前城邦中被推翻了的某种东西。"

"这当然正确。"他说。

"因此,"我说,"他们将重新发现这些表面上看来似乎是微不足道的规矩,尽管先辈们已把它们废除。"

[10]"〈那些是〉什么样的规矩?"

[425b]"就像这些:在长辈们面前,年轻人应该安静,见了要鞠躬,要给他们让路,要照顾好自己的父母,要料理好自己的头发、衣服、鞋子、身上的一切装饰,以及其他类似的方面。[5]或者,你不认为如此?"

"我认为如此。"

"然而,要把这些定成法律,我想,就有点愚蠢。因为,这些东西在现实中行不通②,即使被一字一句写成条文③,它们也保持不了多久。"

"怎么会呢?"

[10]"至少,"我说,"阿德曼托斯,情形可能是这样,以其教育为基

---

① 如我们开头所说:从424a开始,指有关教育的主导思想。

② 在现实中行不通:此处的含义并不十分清楚;或许是,没有任何城邦当今实施这类规定,或许是,诸如此类的条文至今还未得到过实施。

③ 被一字一句写成条文:此处,论及有可能制定出这么一套法律的城邦,柏拉图所看到的模型是雅典。在《法义》中,柏拉图从另一个角度对有关"穿着"等细节的规矩和法律作了评论。应该指出的是,当时的雅典民主制度并非为某些贵族阶层人士所欢迎或接受,属于这一圈子的人认为,充满繁文缛节的法律其实对个人、对城邦都极具危害。伊索克拉底就曾如此说过:"这帮人和繁琐的选举是一个城邦正处于不当治理的标志……;因为并非通过人的决定而是通过人的品德,城邦才能得到良好的治理。"(伊索克拉底,《阿瑞奥帕戈斯》40)

点,一个人走向哪里,[425c]这些东西也就跟着他走到哪里。同类不总是在招引同类吗?"

"哪会不如此?"

"因此,最后的结局,我想,我们能称它为一个完整而[5]新鲜的产品,其性质或是优秀,或是与此相反。"

"怎么不是?"他说。

"因此,"我说,"由于这些原因,我本人不会试图把这些规矩定入法律。"

"的确有道理。"他说。

[10]"然而,以众神的名义,"我说,"以下这类市场事务又如何处理呢,就说那些人们在市场上相互之间签订的合同,[425d]如果你要例子,那么具体还有关于手艺人的合同、诽谤、人身攻击、呈文上诉、召集审判官,或者,如果市场上或港口有什么税金必须征收或确定,以及一般性的市场管理、城区治安、海港税务制度以及其他所有[5]这样的领域,我们敢为这些事务定下法律吗?"

"不行,"他说,"对优秀、高尚的人们施加这些,这不合适;[425e]因为,凡是需要有法律管制的领域,其中的绝大部分,我想,他们会很容易发现。"

"是啊,朋友,"我说,"只要天神赐给他们保护我们刚才讨论过的那些法律的能力。"

[5]"否则的话,"他说,"他们会在不断制定和修改一大堆这样的法律中度过自己的一生,时刻想获得最佳的效果。"

"你的意思是,"我说,"这些人活在世上不仅就像一批正在生病的人,而且,因惯于放纵,始终不愿彻底摆脱[10]有害的生活方式。"

"完全如此。"

[426a]"而且,"我说,"这样的人平时生活得还挺有趣味,虽然一直在接受治疗,但总不见什么效果,除了把自己的这些病弄得更大、花样更多,但他们始终抱着这个希望,一旦有人给了灵丹妙药,自己便会因此而康复。"

[5]"的确完全如此,"他说,"生这种病的人的处境就是这样。"

"这又如何?"我说,"难道以下这现象没有趣味,他们认为一个说实话的人最可恨,当对方对他们说,一个人除非停止大喝、大吃、淫乱、懒散,[426b]否则不管什么药物、烧灼或刀具,不管什么样的诅咒、护身符或其他诸如此类的东西,都不会有什么疗效?"

"并非十分有趣,"他说,"粗暴地对待一个说话说得好的人不算文雅有趣。"

[5]"这么看来,"我说,"你不是这类人的赞赏者。"

"当然不是,宙斯在上。"

5. "因此,如果我们刚才所说的城邦也做这样的事,你也不会赞赏。你看,那些城邦不是[10]和这些人做得一样,当它们受到很坏的管理,[426c]它们会警告自己的城民别动摇现存的制度,声称要判死罪①,如有人这么做;倒过来,如果有人非常温顺地伺候这些被如此管理的城邦,不断巴结它们,向它们献媚,预先考虑到它们的欲望,[5]并且巧妙地设法予以满足,他就会被它们推崇为品德高尚、精通大事的人?"

"对这么一个人,"他说,"我看,它们确实像在做同样的事,我可无论如何也不赞同。"

[426d]"那么,对那些自己愿意、那些迫切希望自己出来伺候这种城邦的人,你又有何看法?难道你不钦佩他们的气魄和闯劲?"

"我钦佩,"他说,"不过,所有被众人吹捧而[5]受到欺骗,认为自己是真正的治邦者的人不在此列。"

"你说的是什么意思?对这些人,"我说,"你不同情?或者你认为,一个不懂用尺量物的人,当他身旁[426e]那些在这方面同样无知的人大部分都声称他身高四肘尺②,他能不相信自己是这样?"

"不,"他说,"我不认为是这样。"

"那你就别太苛刻!要知道,所有人中,[5]数这些人最有魅力,他们把我们早先列举的东西制定成法律,并且加以修改,他们总认为自己能找到某种方法制止合同中的弊病、解决我刚才所提到的所有问题,却

---

① 判死罪:当时的雅典对被指控犯有这类"违法行为"($παρανόμων$)的人所作出的正是这种制裁。苏格拉底本人后来也如此被控,罪名是,传播异教、毒害青年,最终死于狱中(公元前399年);柏拉图此处显然在影射雅典的法律和政治制度。

② 四肘尺:约六英尺(1.83米)。

没有意识到,他们实质上只是砍掉了九头蛇①的一个头罢了。"

[427a]"就是,"他说,"他们所干的仅仅如此而已,别无其他。"

"我个人认为,"我说,"一个真正的立法家没有必要把这样的法律和政治制度实施于管理得糟糕或管理得良好的城邦中,[5]对于前者,这一套东西根本无济于事,再多也没用,对于后者,这套东西中的部分条目每个人都能探索得出,其余部分会从那些早先形成的社会活动中自然而然地产生。"

[427b]"那么,"他说,"我们身边还剩下些什么立法工作呢?"

我回答他说:"为我们自己,这些够了,然而,为德尔斐②的阿波罗,还有最伟大、最美好、最重要的立法事业。"

[5]"什么样的事业?"他说。

"比如,神殿的建造,为天神、精灵、英雄们贡献牺牲以及其他各种服务;〈又如〉为死者举行葬礼以及为居住在那里③的人们做一切使他们感到满意舒心的事情。其实,我们既不精通这样的事务,在创建城邦的过程中,[427c]又无其他人可以信赖,如果我们有头脑,我们不会请教任何宗教导师,除非他是我们的祖神。其实,在这些方面,这位天神不愧是全人类的祖师,他坐在大地的[中央]④,给人类启示。"

---

① 九头蛇:一译"许德拉",莱尔纳沼泽中的一条水蛇,生有九头,每被砍去一个头,伤口上会生出两个头;希腊英雄赫拉克勒斯在朋友伊奥劳斯的帮助下,遵照雅典娜的嘱咐,用火炙的方法,使伤口立刻愈合,最终才将其杀死(赫西俄德,《神谱》313-318;泡萨尼阿斯,《希腊游记》2.34.4;阿波罗多罗斯,《文库》2.77及下文)。"刀砍水蛇"(ὕδραν τέμειν)后成了希腊成语,意为"做麻烦的事,越做越多"。

② 德尔斐:希腊中部弗吉斯地区一古城,以其阿波罗圣殿以及神示所而闻名于世。

③ 那里:指冥世。

④ 大地的中央:德尔斐城坐落在帕尔纳索斯山的南山坡上,阿波罗圣殿位于它的上方,有一条名为"圣道"的山路从卡斯塔利亚清泉通向圣地的主要入口。圣殿正面刻有:"认识你自己"(γνῶθι σαυτόν)和"凡事不过分"(μηδὲν ἄγαν)两句箴言,传说是古希腊"七圣"的语录(参见柏拉图,《希帕库斯》228e)。圣殿中央设有炉台,中间燃烧着不熄的圣火,炉台之后有一块大理石,称作"圆脐"(ὀμφαλός),古时被誉为是大地的中心(传说,宙斯曾放出两只天鹰,它们各从大地的东西两端飞出,在此处会合,从而得知其方位);再往内,便是最神圣的后殿(ἄδυτον),阿波罗的女祭司皮提亚在此向人们展示神谕。埃斯库罗斯对此也有过描述:女祭司皮提亚从圣殿外面进来,准备向内殿走去,看到俄瑞斯忒斯正坐在这块大理石"圆脐"上,不由震惊万分(《欧墨尼得斯》39-41)。

[5]"你讲得好,"他说,"我们必须这么办①。"

6."到此为止,"我说,"阿里斯同的孩子,这城邦算是已经为你建成![427d]接下来,你到某处弄盏明亮的灯来,进去做个探索,你自己一个,再约你的兄弟和珀勒马科斯以及其他几个人一起同行,如果我们想大致看清正义此刻会在什么地方,非正义又在什么地方,[5]两者之间有什么区别,一个打算过幸福日子的人必须拥有前者还是后者,他是否真能瞒过所有的天神和人类②。"

"你在说空话,"格劳孔说。"因为你自己答应过你也来探索,[427e]当时你声称,这不虔诚,如果你不竭尽自己的能力、用一切办法来援助正义。"③

"你提醒得对,"我说,"我自己当然也必须这么做,不过,我需要你们一同合作。"

[5]"那行,"他说,"我们将这么做。"

"那么,"我说,"我希望通过以下途径来找到它。我想,我们这个城邦,只要建造得正确,各方面都应该完善。"

"必然是这样。"他说。

[10]"很显然,它会充满智慧、勇气、节制和正义④。"

"很显然。"

"那么,是不是我们在此处发现了以上任何部分后,剩余的将会是还没有被发现的部分?"

[428a]"还会是什么呢?"

"好比另外某四件东西,如果我们在某处寻找其中的某一件,而当我们首先认出了它,我们也就会就此满足,反之,如果我们首先认出其

---

① 我们必须这么办:宗教和膜拜是神的领域,有关建立神殿、举办祭礼等具体细节和要求应请示德尔斐阿波罗天神,让他给我们启示;敬仰天神是一件不言而喻的事,在理想的国度中,哲人-王当然有这样的境界,对此我们无需作明文规定。

② 瞒过所有的天神和人类:此话针对阿德曼托斯早先所提出的假设,个人的所作所为若能躲过众神和众人的眼目(367e)。

③ 368b-c。

④ 智慧、勇气、节制和正义:苏格拉底将其以"数学"式的公理推出,美好的本质是这四种东西的有机结合,缺一不可;在这一前提下,通过逐步探索、分次解决的方法,对方最终可找出目前尚未知道的部分。

他三件,就凭这一点,[5]我们也就知道了我们要找的这件东西;因为,很明显,除了剩下的那件东西外,别无其他。"

"你说得对。"他说。

"那么,这些是不是也一样呢,既然它们也是四件,我们必须按同样方式去寻找?"

[10]"显然如此。"

"不管怎么说,首先,我认为这里面显而易见的[428b]是智慧;它似乎有某种奇怪的特征。"

"什么特征?"他说。

"我们所谈论过的城邦,依我看,是真正具有智慧的城邦;因为它具有优秀的判断力,不是吗?"

[5]"是。"

"就说这一点,这一优秀的判断力,很明显,它是一种知识,因为,人们作出优秀的判断,并非靠无知,而是靠知识。"

"这很明显。"

[10]"然而,城邦里可存在着许多门各种各样的专业知识。"

"怎么不是?"

"那么,凭建筑师们的专业知识,一个城邦能被称作具有智慧和优秀的判断力?"

[428c]"当然不能,"他说,"光凭这一知识,只能称它擅长建筑。"

"那么,也不凭其对木制器具的专业知识,善于商讨如何干最好,一个城邦能被称作具有智慧。"

"并非如此。"

[5]"这又如何?是不是凭对青铜制品或对其他这类制品的专业知识?"

"都不是。"他说。

"当然也不凭如何在大地上生产粮食这一专业知识,光凭这一点,只能称它擅长农业。"

[10]"我认为是这样。"

"这又如何呢?"我说。"是否有这么一种知识存在于我们刚才建成的城邦中,流传于某些城民之间,[428d]人们凭它商讨全城邦的事业,而不是城邦中的某一领域,以及城邦应该以什么方式把自己的内务和与其他城邦的交往处置得最好?"

"它的确存在。"

[5]"是什么,"我说,"在什么人中?"

"就是有关捍卫城邦的知识,"他说,"就在城邦的统治者中,即那些我们刚才称他们为城邦的最高卫士的人。"①

"因为拥有这种知识,你又如何来形容这个城邦?"

[10]"具有优秀的判断力,"他说,"并且真正拥有智慧。"

"那么,"我说,"在我们这个城邦里,[428e]你看究竟哪一种人更多,铜匠,或是这些真正的城邦卫士?"

"铜匠,"他说,"多多了。"

"因此,"我说,"在所有被称是拥有某种知识的人中,难道不是这些人[5]为数最少?"

"的确要少得多。"

"这么说,就凭这最小的社会组织,凭城邦自己的一部分,凭这一部分拥有知识,凭它的率领和治理,一个按自然规律建立起来的城邦将会充满智慧;这一组织,我们看到,本质上是[429a]一个人数最少的社会阶层,它的本分就是掌握这一知识,而在其他所有知识面前,唯独这一知识能被称为是智慧。"

"你说得非常正确。"他说。

[5]"这是刚才提到的四件东西中的一件,我不知道到底通过什么方法,我们算是发现了它以及它在城邦中所处的地位。"

"不管怎样,"他说,"依我看,这已得到了充分认识。"

7."然而,勇气也一样,它本身,它在城邦中的地位,如何靠了它这个城邦才有如此的称呼,这些并非十分难[10]发现。"

"以什么方式?"

[429b]"谁,"我说,"能称一个城邦胆小或勇猛,如果他只往别处看,不看保卫它、为它而出征的这一部分?"

"确实,"他说,"没有人会往别处看。"

---

① 414b。

[5]"因为我认为,城邦中的其他人,不管他们胆怯或勇敢,并非决定因素,他们不会导致城邦这样或不是这样。"

"的确不会。"

"因此,城邦凭自己的某一部分而充满勇猛的精神,因为这一部分拥有这么一种能力,它能在任何情况下坚守[429c]什么东西可畏这一观念,认为它们是这些以及诸如此类的东西,正如城邦的立法者在教育法中宣布的那样。难道你不称这为勇气?"

"我没完全听懂你的话,"他说,"请重复一下。"

[5]"我的意思是,"我说,"勇气是某种坚守精神。"

"什么样的坚守?"

"对这一信念的坚守,这一由法律通过教育给人培植的信念,有关什么可畏以及哪些类型的东西可畏;我刚才说的在任何条件下坚守,意思是,无论在痛苦中,[429d]或在欢乐中,无论在欲望中,或在恐惧中,都始终坚守着它,不把它抛弃。我准备把它比作一件似乎和它相仿的东西,如果你愿意的话。"

"我的确愿意。"

"你当然知道这一点,"我说,"当染布的工人打算[5]把羊毛染成紫红色,他们首先从有许多颜色的羊毛中挑选出天然洁白的那种,然后对它们进行加工,通过比较全面的加工,把它们处理得最容易接受色彩的光泽,这时,他们才给它们染色。[429e]凡是用这种方法染出的东西,[染上的]颜料不会褪色,不管怎么洗,不用肥皂也好,用肥皂也好,都不能从它们身上夺走色彩的光泽;否则的话,你知道它们会变成什么样子,当某人直接把它们染成或是这种或是其他什么颜色,[5]事先不做任何准备。"

"我知道,"他说,"它们会被洗成暗淡色,样子显得可笑。"

"正因如此,"我说,"你就设想,我们正在尽力从事一项与此类似的工作,当我们在选拔未来的战士,[430a]用音乐和体育开化他们,我们设法做到的不是别的,而是让他们最坚定地信服并且接受我们的法律,如同接受染料,从而,关于什么是可畏的事物或关于其他事物的观念就会在他们灵魂中永不褪色,因为他们拥有合适的本性[5]和教养,并且,那些洗涤剂也无法把这一颜色从他们身上洗去,把什么东西可畏这一观点冲走,即使它是欢乐,[430b]干此事它比任何碱水和去污粉都厉害,或是痛苦、恐惧和欲望,它们超过任何肥皂。在任何情况下对于什么可畏和什么不可畏都持有正确的、合乎法律的信念,这种能力和坚守精神,我宣称并且提议它为勇气,[5]除非你另有某种不同的可说。"

"然而,"他说,"我没什么可说的;因为,依我看,有关这些相同品质的正确称呼,除非它来自教育,不管在动物身上或在奴隶身上,你显然不认为它完全合乎法律①,你会称它别的,不会称它勇气。"

[430c]"你说得非常正确。"我说。

"那么,我接受,这就是勇气。"

"把它当作城邦公民的勇气来接受,"我说,"你就接受对了。以后有机会,如果你愿意,我们仍会更好地讨论这一点②。[5]因为我们眼下探索的不是这个,而是正义。对前者的探索,我相信,已经够了。"

"可不,"他说,"你说得很好。"

8."还剩两件东西,"我说,"我们仍必须在这城邦里把它们找到,[430d]节制和正义,都是为了后者的缘故,我们才作出这一切探索。"

"的确完全如此。"

"那么,我们怎么能直接找到正义,省得[5]和节制进一步打交道?"

"可是,我不懂怎么能这样,"他说,"也不愿意让它先出现,如果此后我们不进一步研究节制;如果你想使我满意,你就先探讨这个,先此后彼。"

[430e]"当然,"我说,"我想使你满意,要不我就不公正了。"

"那就探讨吧。"他说。

"应该对它进行探讨,"我说,"从现在这个角度看,它似乎比先前更像某种共鸣与和谐。"

[5]"怎么会呢?"

"节制,"我说,"大体是一种秩序,一种对某些欢乐和欲望的制约,如人们所说,说它以什么方式强于一个人本身,这一点我并不清楚,此外,还有一些如此之类说法,似乎都可算是它存在的迹象,是不是?"

---

① 合乎法律:根据伯内特的版本,此处的希腊文为 νομίνον,在某些版本中,此处为 μόνιμον("持久不变")。

② 更好地讨论这一点:在《理想国》中,柏拉图此后没有再次提到这一问题。

[10]"的确完全如此。"他说。

"强于自己的说法岂不有点荒唐？因为,一个强于自己的人,显然同时又弱于自己,而弱于自己的人,同时又强于自己;[431a]其实,在所有这些说法中,被提到的只是同一个人。"

"不是他,又是什么？"

"然而,"我说,"在我看来,这话想说的意思是,这一个人的灵魂中有某一部[5]分较优秀,另一部分较低劣①;每当较优秀的一方根据其本性控制着较弱的一方,这就是所谓的'强于自己'——当然,这意在赞扬——然而,当在恶劣教养和恶劣伙伴的影响下,[431b]较小、较优秀的部分就会被占多数的低劣部分所压倒,这就是所谓的弱于自己,是令人耻辱的评价,如此称这人没有节制。"

"看来确实如此。"他说。

"此刻,"我说,"观察一下我们这个新建的城邦,[5]你会发现里面这两者都有;的确,你会说它很有道理地被称是强于自己,如果,当其中较优秀的一方控制着较低劣的一方,这个整体应该被称为有节制,有自控能力。"

"我观察到了,"他说,"你说得对。"

"其实,某人不难发现,大量的各种各样的欲望、欢乐、[431c]悲伤,尤其存在于少年儿童、妇女和奴隶们中,以及存在于大部分名义上为自由公民但本质低劣的人中。"

"完全如此。"

[5]"另一些单纯而有限度,按规律受理性和正确观念的支配,它们存在于那些不仅具有最优秀的本质而且受过最好教育的少数人中。"

"真是这样。"他说。

"那么,你是不是在你这座城邦中[10]同样看到以下这一点,在这

---

① 一部分较优秀,另一部分较低劣:在《理想国》这部对话中,柏拉图首次向我们暗示,人的灵魂内部存在着不同的组成部分,它们有高贵和低劣之分,尽管前面已经对人的不同性格有过详细的论述,比如对"勇气"(375a)或"求知欲"(376b);较优秀的部分是理性以及和理性结合在一起的勇气,较差的部分是欲望。根据柏拉图的观点,一个富有"天资"的人,如果他能抵御外界的不良影响,如果他的自然本性没有被恶劣的社会环境和低劣的教育所腐蚀和异化,那么,他的言行就必然会正直和高尚;因此,优质的教育在此起着举足轻重的作用(431c)。

里,[431d]为数众多、本质低劣的人的各种欲望,受到为数很少、本质高尚之士的情操和节制精神的制约?"

"我看到了。"他说。

9."因此,如果我们有必要称某个城邦是各种欢乐、[5]欲望以及它自己的主人,那么,眼前这个城邦就必须这么称。"

"当然完全如此。"他说。

"那么,是不是称它对这一切都有节制呢?"

"的确是这样。"他说。

"进一步说,如果在其他某一城邦中统治者和被统治者拥有这同一个信念①,[431e]知道必须由谁来统治,那么,在我们这个城邦中,这一情形也同样能存在。难道你不认为如此?"

"我认为如此,"他说,"绝对这样。"

"当城邦情形如此,你说,在哪一部分的城民中存在着这种节制精神?[5]在执行统治的人中,还是接受统治的人中?"

"或许,存在于双方。"他说。

"那么,"我说,"你看到了,我们刚才恰当地预断到这一点,节制精神如何可以被比作某种和谐②?"

"为何如此?"

[10]"那是因为,不像勇气和智慧各自存在于城邦中的某一部分,后者使它充满[432a]智慧,前者使它充满勇气,节制精神所做的并非如此,相反,它真正分布于整个城邦,被所有的人分享,它使最弱的、最强的、力量居中的人们唱同一个调性,一方面,你可想象,根据精神素质,[5]另一方面,你可想象,根据力量,或者,根据人数、财富或其他与此类似的东西。这样,我们就能非常正确地声称,这种一致性就是节制精神,低劣和优秀之间有了如此的共鸣,知道两者中的哪一方必须在城邦中、在每一个人的生活中占据主导地位。"

---

① 同一个信念:统治者和被统治者对节制精神拥有如此统一的认识,相信:1)有必要节制欲望(430e,389d);2)有必要克己;3)有必要对谁统治谁的问题有一致的看法。

② 和谐:柏拉图又一次借用音乐术语来比喻(人的灵魂和城邦的"灵魂"中)各组成部分的不同性质及其相互关系,着重指出,有必要对各部分进行"定弦"和"调音",使它们"同唱一个调性"(432a)。

[432b]"我完全同意。"他说。

"好,"我说,"我们在这城邦中观察到了以上这三种东西,至少说,根据我们的信念;剩下的这一种,通过它城邦会进一步拥有美德①,它究竟会是什么?其实很明显,这东西[5]就是正义。"

"这很清楚。"

"那么,格劳孔,眼下我们是不是必须像一些狩猎者围着密林站成一圈,全神贯注,以免正义溜走,然后从我们眼前消失?因为,它显然[432c]就在这块地方。你来看,用心观察一下,要是你比我先看到它,就对我说。"

"但愿我能如此,"他说,"不过,我宁可这样,如果你利用我就像利用一个随从,一个能够看清已经被指出的东西,那么,你就会相当有效地利用了我的能力。"

[5]"那就跟着我,"我说,"和我一起祈求成功。"

"我将会这么做,"他说,"你就只管带路。"

"确实,"我接着说,"此处显得难以通行,而且遮阴又重;真是一片阴暗,难以看清前面是什么。然而,不管怎样,我们必须走进去。"

[432d]"是必须走进去。"他说。

这时,我注意到了什么。"有啦,有啦,"我说,"格劳孔!也许我们找到了一条线索,我看,它并没有完全躲过我们的视线。"

"你真给我们带来了好消息。"他说。

[5]"刚才,"我说,"我们的行为有点傻。"

"什么样的行为?"

"已经有好久啦,充满福气的人,从一开始到现在,它显然一直就在我们的脚前溜达,而我们却没有发现它,我们这帮人可真是非常令人可笑;就像那些人,手中一直拿着[432e]自己正在寻找的东西,我们始终没朝它这边看,而是只顾往远处瞧,也许是这样,它才躲过了我们的视线。"

"你说的是什么意思?"他说。

---

① 美德:希腊原文ἀρετή,如同每一种语言(和文化)拥有的某些特殊"核心词",无法直译;它原指事物所拥有的优秀本质和由这一本质所决定、利用天赋、充分发挥自身特长的实际能力,和人的伦理观以及道德品质并没有直接关系,而此处所指的"美德"具体涉及四个方面,包括了"正义",显然具有了双重性。

[5]"是这个意思,"我说,"我觉得,尽管我们好长时间一直在提到或听到它,我们好像并没有意识到,我们一直在以某种方式谈论它。"

"这段开场白,"他说,"对心切的听者来说,未免长了些。"

10. [433a]"不过,"我说,"你得听下去,如果我真有东西可说。从一开始,当我们建造这座城邦时,我们指出我们无论如何必须树立的,我认为,就是这个,或某种形式与此相同的东西,这就是正义。我们的确指出这一点,并且经常说到,如果你还记得,[5]城邦中的每一个人必须只从事一项最合乎他本性的工作①。"

"我们确实说过。"

"再说,干自己的工作、不多管闲事就是正义,这一点,我们不仅听到其他许多人说过,而且[433b]我们自己也经常提起。"

"我们的确提起过。"

"这,我的朋友,"我说,"从某种意义上说,也许就是正义,干自己的工作。你知道[5]我从何处得来证据?"

"不知道,讲吧。"他说。

"我认为,"我说,"随着智慧、勇气和节制精神,我们找到了城邦中唯一剩下的东西,就是这件东西在为它们三者提供力量、使之得以生存,[10]并且一直在保护它们,使之生存下去,只要它自己能[433c]生存。此外,我们说过②,那些东西中剩下的一定是正义,如果我们找到了其他三件。"

"必然如此。"他说。

"然而,"我说,"如果有必要判断在这些东西中究竟是什么东西[5]能使我们的城邦变得尤其美好,难以判断的是,它是否是统治者和被统治者之间有一致的观点,或是对什么可畏、什么不可畏的认识,或是战士们内心产生的、对正直信念的坚守精神,或是统治者们中固有的智略和防慎心理,[433d]或取决于这一使我们城邦尤其美好的能力,它为每一个儿童、妇女、奴隶③、自由公民、手艺人、统治者和被统治者

---

① 370b – c,374a。
② 427e – 428a,432b。
③ 奴隶:即使在"理想国"中也存在奴隶。由于受到当时历史条件的限制,柏拉图并不能完全超越社会现实,以至于提出废除奴隶制。

所拥有,那就是,每人干自己的工作,[5]不为多种事务忙碌。"

"的确难以判断,"他说,"怎么不是?"

"如此看来,在为城邦的美德做贡献方面,能与城邦的智慧、节制精神和勇气媲美的有这么一种力量,即每人干自己的工作。"

[10]"的确如此。"他说。

"难道你不会称它正义,这一能与其他三者[433e]在城邦的品德方面媲美的东西?"

"完全会这么称。"

"也从以下这个角度观察一下它是否仍然如此:你会让那些在城邦中占统治地位的人审理法庭事务吗?"

[5]"为什么不让?"

"在审判时,难道他们会考虑其他什么东西,而不考虑这一原则,每一个人既不能侵占属于别人的东西,也不能被人剥夺属于他自己的东西。"

"不,就是这一原则。"

[10]"根据正义的本质?"

"是。"

"那么,就凭这一点,拥有属于自己的东西、从事自己的本职工作,[434a]这就可被公认为是正义。"

"是这样。"

"你再看一下,对于以下这一点,你是否也和我观点一致。如果建筑师们试图做皮匠的工作,或皮匠们试图做建筑师的工作,[5]或他们相互交换工具或名声,或同样一个人试图做两项工作,所有其他工种都有了转换,你会不会认为这对城邦有很大危害?"

"没多大危害。"他说。

"然而,我想,当一个人,原为工匠,或另一个人,原为钱商,[434b]后来因受财富、人群、体力或其他类似的东西鼓励,试图跻身于将士阶层,或当某一个属于将士阶层的人试图跻身于城邦的参议和卫士阶层,尽管他并不合格,当这些人相互之间交换了工具[5]和声誉,或当同一个人试图同时从事所有这些工作,这时,我想,你同样会承认,他们的这种交换和一身多职的现象将给城邦带来毁灭性的后果。"

"的确完全是这样。"

"因此,三个阶层中出现的一身多职和[434c]相互转换现象可被非常正确地称为是城邦所面临的最大威胁和最大祸患。"

"正是这样。"

"给自己的城邦造成最大的祸患是非正义,[5]你会这么说吗?"

"怎么不会?"

11. "因此,这就是非正义。反过来,我们可以这么说:挣钱阶层、辅助阶层和卫士阶层各尽本职,每一人在城邦中忙自己的事,和前者正好相反,这就是正义,[10]这么做会使城邦充满正义?"

[434d]"用别的方法,依我看,不行,"他说,"只能用这个。"

"眼下,"我说,"我们先别把这概念说得太僵硬,不留任何余地,但如果我们一同认为,这一形式同样反映在社会中的每一个人身上,那里也存在着正义,我们就能同意这一点[5]——我们还能说些什么呢?——如果不是这样,我们将接着寻找另外一种解释。眼下,还是让我们把我们先前设想的探察进行到底,即,如果我们先在某一个体积更大、同样拥有正义的地方进行观察,〈更〉先于当时的地方,那么,我们就能更容易地看清楚它在一个人身上的本质如何①。而[434e]我们当时就认识到,这个更大的地方就是城邦,并且如此建立了我们所能建立的最好的城邦,心里很清楚,它会存在于这一本质高尚的城邦中。让我们把那里所看到的带回给个人,如果适合个人,那么一切顺利;如果个人身上出现另外什么反应,[5]我们就再度回城邦进行试探,[435a]或许,当我们把它们两者放到一起来观看,让它们相互摩擦,我们便会使正义宛如从干柴中爆发出光芒;当它变得清楚时,我们便可以一同确认它。"

"既然,"他说,"你说沿着这条路走下去,我们就必须这么做。"

[5]"那么,"我说,"如果某人给某物同一个名称,不管它的体积比原来大或比原来小,就根据该物被如此称呼这一理由,它的本质是否会不一样,还是仍然一样?"

"一样。"他说。

[435b]"因此,一个拥有正义的人和拥有正义的城邦,就正义的本

---

① 368d – 369a。

性而论,将不会有什么差别,相反,他将和城邦一样。"

"的确一样。"他说。

"那么,我们刚才认为,一个城邦拥有正义是因为城邦中[5]有三个本性不同的阶层各自只干自己的事,同时,我们认为它有节制精神、勇气和智慧,是因为这三个阶层还具有其他的一些气质和条件。"

"对。"他说。

"那么有关一个人,我的朋友,我们如此考虑会同样有效,[435c]因为他在自己的灵魂中也拥有这几种同样的阶层,因为它具有的这些气质和城邦的那些相同,它理应得到我们给予城邦的那些相同的称呼。"

"完全有这必要。"他说。

"又一次,"我说,"令人惊叹的朋友,我们撞上了一个[5]有关灵魂一说的细节,它在自己的内部真有这三种阶层呢,还是没有。"

"不,我看,"他说,"我们撞上的完全不是什么细节;也许,苏格拉底,那句常言说得对,好事艰难①。"

"看来如此,"我说。"而你确实得好好记住,格劳孔,[435d]根据我本人的看法,用我们在目前讨论中所使用的这套方式,我们永远不能精确地理解它——因为通向那里的将是另一条更长、更坎坷的道路②——也许,我们还是以那些已经被我们确认和探索过的东西为基础继续讨论[5]为好。"

"难道这不令人满意吗?"他说,"因为,按目前的情形,至少我个人觉得这么做就够了。"

"其实,"我说,"我也觉得这么做会完全管用。"

"那么,别犹豫了,"他说,"你就开始探索吧。"

[435e]"因此,"我说,"我们是不是很有必要对这一点看法一致,同样的阶层和气质存在于我们每一个人身上,就像它们存在于城邦之

---

① 好事艰难:该俗语($\chi\alpha\lambda\epsilon\pi\grave{\alpha}$ $\tau\grave{\alpha}$ $\kappa\alpha\lambda\acute{\alpha}$)的意思是"(各种)美好的东西都来之不易",或"美好的事业都是艰苦的事业";柏拉图曾多次引用过这话(又见于497d,以及《克拉提洛斯》384a)。

② 一条更长、更坎坷的道路:苏格拉底在504b–d再次回到这一问题,强调,如果想更确切地认识灵魂的本质,人们有必要采用另一种研究方法。

中？其实，它们并不可能从另一个地方抵达那里。因为那会很可笑，如果某人认为高昂的斗志这一东西并非来自[5]那些城邦中的那些个人，尽管他们的确以此著称于世，就如那些居住在忒腊克①、斯基泰②及其北方大部分地区的人们，或如好学的精神，人们尤其会把这一气质和居住在我们这个地区的人联想在一起，[436a]或如对金钱的爱慕，人们会说这一气质在腓尼基③人和居住在埃及的人们中并非极为罕见。"④

"确实如此。"他说。

[5]"这本来就是如此，"我说，"认识它一点也不难。"

"的确不难。"

12."然而，以下才是真正的难点所在，我们做每一件事是靠同一个领域呢，还是分别靠三个不同的领域⑤，做这件事靠这个领域，做另一件事靠另一个领域；我们靠某一领域吸收知识，[10]靠另一领域生恨发怒，靠第三个领域渴望获得食物、各种快乐的机会以及[436b]所有诸如此类的东西，或，每当我们开始行动，做以上每一件事都离不开整个灵魂的帮助。这些难以用语言恰当地加以区分确定。"

---

① 忒腊克：古希腊北方一大地区，位于巴尔干半岛，北以伊斯特罗斯河（后称"多瑙河"）为界，东临黑海和勃斯普鲁斯海峡。

② 斯基泰：一译"西徐亚"，位于今日的乌克兰地区，盛期为公元前7至前3世纪；根据其民族和语言特征，以及文化风俗，斯基泰人和伊朗的萨尔马特人和波斯人有同族关系。

③ 腓尼基：地中海东岸一古国，位于今日的黎巴嫩和叙利亚沿海地区。

④ 有关不同的"地区气候"对人的气质所产生的影响，柏拉图在《法义》中说到选择和建立居民点时，作过这样的论述："我们不应该忽视，不同的地区对人的气质好坏有不同的影响；我们必须谨慎地制定出如此的法律，以免它们和这类影响发生冲突。有些地方好，或不好，是由于风的变化和日照的长短，另一些地方，是由于水的质量；在某些环境中，土壤中生长出来的丰富的粮食能滋育（或毒害）人的躯体和灵魂。"（《法义》747d－e）柏拉图的这一观点也许与当时的医学理论有一定的关系（希珀克拉底，《论空气》16.23）。

⑤ 三个不同的领域：柏拉图从此展开了对于灵魂本质的讨论，证明灵魂有三个组成部分，类似城邦中的三个不同阶层。这三个部分是：理性（λογιστικόν），气魄（θυμοειδές）和欲望（ἐπιθυμητικόν）。它们和今日心理学中人们所称的思想、意志和欲望这三种东西并不十分相同，比如，柏拉图所说的三个部分各自还包含类似于兴趣、欲望和意志的成分，"理性"拥有"求知欲"，希望认识事物的本质，接触真理；"气魄"拥有证实自己勇猛顽强、充满"英雄"气概的意志；"欲望"也有自己的奋斗目标，它不断盼望解除"饥渴"，追求自身的满足。

"我也这么认为。"他说。

[5]"那么,就让我们如此给它们划个界限,它们彼此相同,还是各自不同。"

"怎么划?"

"很明显,同一物体不会愿意做出或接受和它相反的事情,至少不会在同一时刻、按同一本性、为同一利益,这样,如果我们[10]在它那里发现有对立的东西存在,我们便知道[436c]它并非同一物体,而是一件复合物体。"

"那好。"

"琢磨一下我要说的话。"

"说吧。"他说。

[5]"同一物体,"我说,"在同一时刻,根据同一本性,难道它能使自己既站着不动又不停地运动吗?"

"根本不可能。"

"既然如此,就让我们进一步更精确地统一我们的观点,以免将来对此发生争执。如果有人说,某人正站着,[10]但他既在挥舞胳膊又在摇头晃脑,即这人同时处于静止和运动的状态,我想,我们不会认为他必须这么说才对,[436d]而是应该说,这人的一部分正处于静止状态,另一部分在运动。不是这样吗?"

"是这样。"

"因此,假如刚才说这话的人进一步和我们打诨,巧妙地声称,所有陀螺都能同时既静止又运动,[5]当它们把中部支撑在同一个地方而自己却在不停地旋转,并且,其他能在同一个位置上自我旋转的东西也能做到这一点,我们不能同意,因为这样的物体并非根据自己的本性能在停留在一个地方的同时还能不停地自我旋转,相反,[436e]我们会说,它们身上具有一条直线和一个圆周,它们就靠这条直线站着不动——靠这它们根本不可能倾斜——与此同时,它们又靠圆周进行旋转性运动,然而,当它们在旋转的过程中使那一直线或向[5]左、或向右、或向前、或向后倾斜,此刻它们就不[能]站稳。"

"说得很正确。"他说。

"因此,这样的言论既不会使我们惊慌失措,也不会更能使我们相信同一物体会在同一时刻、按同一本性、为同一利益,[437a]或是接受,或是成为,或是做出和它本性相反的事。"

"至少,我不会相信。"他说。

"不管怎样,"我说,"为了避免拖长时间,被迫应付所有[5]诸如此类的争辩,证明它们都不符合事实,还是让我们继续往前走,假设事实就是如此,尽管我们都一致意识到,一旦它被证明是另一种样子,并非如此,那么,所有建立在这一基础上的东西将会全部瓦解。"

[10]"然而,"他说,"我们就应该这么做。"

13. [437b]"那么〈如果〉,"我说,"点头表示同意或把头往后一仰表示不同意、渴望得到某物或拒收某物、靠近或疏远,你是不是认为所有这些都相互对立,无论涉及行动,还是思想感情?此处并不会[5]存在任何区别。"

"可不,"他说,"它们相互对立。"

"这又如何,"我说,"口渴、饥饿、所有欲望,以及希望和打算,难道你不会把所有这些[437c]归纳于刚才提到的那些范畴中吗?就像充满欲望的人的灵魂,难道你不会说,它总在争取获得它所渴望的东西,或总在靠近这一东西,想把对方占为己有,或,只要它想为自己弄到某物,[5]它自己总会点头同意,仿佛有人问了它什么问题,因为它渴望促成这事发生?"

"我会这么说。"

"这又如何?不想要、不希望、不渴求,我们是不是会说,这是灵魂作出的拒绝和排斥,这一切[10]和以上所说的那些完全相反?"

[437d]"怎么不是?"

"因为这些欲望表现如此,我们会说,它们实质上是一个阶层,并称其中最显而易见的部分为口渴和饥饿?"

[5]"我们会这么说。"他说。

"是不是前者为了喝,后者为了吃?"

"对。"

"那么,就论什么是口渴,它会不会比我们所说的灵魂中的那一欲望具有更大的特点,比如,想喝东西可以是想[10]喝热的或冷的饮料,喝得多或少,或,简言之,喝什么样的东西?或会不会这样,如果某种热的因素存在于口渴中,[437e]它会增加喝冷饮的欲望,如果冷的因素存在,它就会增加喝热饮的欲望? 如果因需要量大而口渴得厉害,对量的欲望是不是就大;如果需要量小,是不是就小? 然而,口渴本身从来不渴望[5]其他什么东西,它只渴望由它本性所决定的东西,那就是饮料,而饥饿,它渴望的则是粮食?"

"是这样,"他说,"一种欲望本身想要的只是由它本性所决定的一种东西,这一东西所能拥有这一或那一特点,这些只不过是附带成分。"

[438a]"当然,"我说,"可别让某人趁我们不注意的时候向我们嚷嚷,说什么,没有人心中渴望的只是饮料,而不是好喝的饮料,只是食物,而不是好吃的食物。因为所有人都渴望好的东西。如果口渴是一种渴望,它就会是一种对或是好喝[5]或是具有其他特性的饮料的渴望,其他各种渴望也都如此。"

"也许,"他说,"说这话的人看来说得还有点道理。"

"然而,"我说,"所有这样的东西都和某一东西有关,[438b]形式不同的东西,依我看,能和这一或那一形式有关,本质不同的东西只能单独和各种本质不同的东西有关。"

"我不懂。"他说。

"难道你不懂,"我说,"更大的物体这一概念之所以这样,[5]是因为它大于某种东西?"

"完全懂。"

"是不是大于一个小于它的东西?"

"是。"

"远大于另一物体,即,远大于一个远小于它的东西。是不是?"

[10]"是。"

"那么,昔日更大,是不是指昔日大于小于它的东西,将来更大,指将来大于小于它的东西?"

"还能如何?"他说。

[438c]"那么,更多相对于更少,两倍相对于一半,以及所有这样的情形,再者,更重相对于更轻,更快相对于更慢,还有,热相对于冷,以及所有诸如此类的现象,这些不都是这样吗?"

[5]"的确完全如此。"

"对于各种知识又如何呢？难道不是同一方式？我所说的这种知识总和某一学问有关,或说,知识总应有自己的领域,一种具有特定本质和特定形式的知识总和某一具有特定本质和[438d]某一特定形式的东西有关。让我举以下这个例子:难道不是因为有造房子的知识这一东西,它不同于其他的知识,从而它被称为建筑学？"

"还会是什么？"

[5]"是不是因为它是一种如此特定的知识,从而它和其他各种知识根本不同？"

"是。"

"是不是因为它具有某种特定的本质,并具有某种特定的形式？并且,其他各种艺术和知识都是这样？"

[10]"是这样。"

14. "既然如此,"我说,"你说,我当时想说的是不是就是这一点①,如果你现在真已懂了这话,那就是,一些相似的东西都和某一东西有关,那些具有特定本性的东西只能和各自具有的特定本质有关,而那些具有特定形式的东西都和某一特定形式有关。[438e]我并不是在说,和什么样的东西有关的就是什么东西,比如,有关健康或疾病的知识是健康的或患病的知识,有关卑贱和高尚的知识是卑贱或高尚的知识;相反,因为知识并非知识的对象本身,[5]而只是有关某种具体事物的知识,如此处的健康和疾病,它因而就成了具有特定内容和形式的知识。这就使它不再被简单地称为知识,而是增添了某种内容和形式的知识,名曰医学。"

"我懂了,"他说,"并且我也认为,事实就是这样。"

[439a]"说到口渴,"我说,"你不会认为它属于这么一类东西,其本质就是这样,它们和某种东西有关？显然,口渴就是如此——"

"我会认为如此,"他说,"和饮料有关。"

"那么,是不是具体想喝什么和具体饮料有关,[5]但口渴本身和多少无关,和优劣无关,一句话,它和饮料的性质无关,口渴本质上需要的只是饮料？"

---

① 438b。

"当然完全是这样。"

"因此,口渴者的灵魂,只要感到口渴,想的是喝而不是别的,[439b]并且对此充满了渴望,迫切想行动?"

"显然如此。"

"难道不是这样,如果某种力量有时把口渴中的灵魂往回拉,它可能是一种不同的东西,同样存在于这个感到口渴、像一头野兽一样急于解渴的人的灵魂?[5]因为,我们说,同一物体,根据同一本性,在同一时刻,对它本身不可〈能〉做出和它的本性相反的事情。"

"的确不可能。"

"就像论一个弓箭手,我认为,这么形容他并不恰当,说他两只手在同时推拉弓箭,[10]而是应该说,一只手在推,另一只手在拉。"

[439c]"当然完全是这样。"他说。

"我们是否能说有这样的人,尽管感到口渴,他们并不想喝东西?"

"当然,"他说,"许多人是这样,而且经常如此。"

[5]"关于这些人,"我说,"又该说些什么呢?在他们的灵魂中,一股势力给了喝的命令,另一股势力下了禁令,说第二股势力强于前者?"

"我看,"他说,"像是这样。"

"那么,这种禁止这样的事发生的势力,每当它产生,它是不是产生于理性,[439d]而那些驱赶和拉拢的势力产生于种种感情和疾病?"

"显然如此。"

"当然,"我说,"我们这么看并非没有道理,灵魂中有这两种势力,[5]它们彼此不同,灵魂凭之进行思维的那一部分,我们称它为灵魂的理性部分,灵魂凭之感受到性欲、饥饿、口渴以及对其他种种欲望感到激动不安的部分,我们称它为灵魂的非理性和欲望部分,它是各种满足和欢乐的追求者。"

[439e]"不是没有道理,而是相当合理,"他说,"如果我们认为如此。"

"眼下,"我说,"就让我们把这划分为存在于灵魂中的两种势力;和愤怒有关,我们凭之生气的部分是第三种势力呢,还是本质上它和这两种势力中的一种相同?"

[5]"也许,"他说,"和其中一种,和欲望的势力相同。"

"然而,"我说,"我曾经听到过这么一件事†①,我相信这是真的;有一回,当阿格莱翁之子勒翁提俄斯离开佩莱坞斯②沿着北墙③的外侧上城④,他注意到那片公共刑场上躺着一排尸体,他非常想看,但又感到厌恶,[10]一下转过了身子,自我斗争了好长工夫,而且[440a]一直蒙着脸,最终,他被那一欲望征服,张开了他的眼睛,朝那些尸体奔去。'你们两个就看吧,'他说,'低劣的精灵,用这壮丽的画面满足你们自己!'"

"这事,"他说,"本人也听到过。"

15.[5]"的确,"我说,"这个故事有这个含义,愤怒有时候会和那些欲望作斗争,好像彼此为敌。"

"是有这个含义。"他说。

"难道不是这样,"我说,"在另一些场合中,我们经常注意到,[440b]当欲望强迫某人和理性作对,他就会开始指责自己,对他自己身上的那股正在强迫他的势力表示愤恨,并且,如同两派之间发生内讧,这个人的心灵会充当理性的盟友?然而,至于心灵和欲望合作,[5]因为理性决定没有必要作出反抗,我并不认为你会说你曾经见过这种事情发生在你自己身上,也不认为,在别人身上发生过。"

"从来没有过,宙斯在上。"他说。

[440c]"这又如何呢,"我说,"当某人认为自己做了伤害别人的事?是不是越是高贵的人,就越不会抱怨,如果他因自己做的事而面临

---

① 这么一件事:除此之外,这件事和以下提到的人名在别处没有记载。†:此符号针对"某件事"一词(τι),表明传稿中有讹误。

② 佩莱坞斯:今称"比雷埃夫斯",古代雅典的一个重要港口,位于雅典城西南方七公里,见327a。

③ 北墙:古时,雅典城和它西南方的两个重要海港之间有两道平行的城墙,一道通向佩莱坞斯,另一道通向法莱戎(Φάληρον),建于公元前461和前456年期间;伯里克勒斯执政期(公元前445年),雅典人又在佩莱坞斯城墙以东约170米处起了另一道与其平行的城墙,全长各6公里,废除了原先的法莱戎城墙。雅典和佩莱坞斯之间的来往道路设在城墙之外;两道城墙之间的通道主要用于雅典城的军事防守,在伯罗奔半岛战争期间,它们实质上成了雅典人的重要堡垒。斯巴达方胜利后(公元前404年),这两道城墙便被拆除。尽管此后曾有过重建(公元前394年),马其顿国菲利普斯五世进攻雅典时(公元前200年),这两道城墙已坍塌不堪;今日,人们几乎看不到任何遗迹。

④ 城:指雅典城。

饥饿、寒冷或忍受其他任何诸如此类的遭遇,尽管这些痛苦由那人造成,他仍认为对方做得对,并且,按我所说,[5]他的精神并不愿意为了对方的缘故而变得不安?"

"对。"他说。

"相反,当某人认为自己受到了别人的伤害,这又会如何呢?在他身上,他的精神难道不会沸腾起来,变得凶猛暴烈,并且会和看来是正义的一方并肩作战,面临饥饿、寒冷以及忍受其他任何诸如此类的遭遇,[440d]坚持不懈地向敌人进攻,决不停止勇猛高贵的行动,直到最终胜利,或死亡,或听到了自身中理性的呼唤,如同牧犬听到了牧主的呼唤,而自我平息下来。"

"的确完全如此,"他说,"正如你所说的比喻;事实上,[5]在我们这个城邦里,我们曾把统治者手下的那些助手当作牧犬,把统治者们当作城邦的牧主。"

"这下,"我说,"你很好地理解了我想表达的意思。然而,但愿你也注意到了以下这一点。"

[440e]"哪一点?"

"那就是,目前有关精神的说法显得和我们早先的说法正好相反。因为,我们当时认为①它是某种和欲望有关的东西,现在,我们声称,它远非如此,相反,[5]在灵魂深处发生的内讧中,它非常情愿地拿起武器站到了理性的一方。"

"完全是这样。"他说。

"因此,它是否不同于这一部分呢,或它是理性的某一种形式,如果这样,灵魂中就只有两种势力,而不是三种,即理性的势力和欲望的势力?[10]或者,就像存在于城邦中的三种社会阶层构成了城邦本身,[441a]即工商阶层、辅助阶层和参议阶层,精神部分相应地就是灵魂中的第三种势力,本质上是理性的助手,只要它没有被低劣的教养腐化?"

"必然,"他说,"它是第三种。"

[5]"对,"我说,"只要它明显不同于理性的部分,正如刚才我们看

---

① 我们当时认为:439e;其实,那是格劳孔的观点;苏格拉底出于礼貌,在此婉转地把自己也并入错误的一方。

到它如何不同于欲望的部分。"

"要看出有何不同,"他说,"其实不难。即使在孩子们中,某人也能观察到这一点,一些孩子刚生下来就充满了精神,另一些,依我看,和理性似乎[441b]从来搭不上缘分,而大部分孩子则很晚才这样。"

"是啊,宙斯在上,"我说,"你说得实在很好。在群兽中,某人能进一步看到你所说的这一点,这可真是如此。我们先前所引用的荷马的那段话①[5]将会替我们这些论点作证,如——

> 他捶击胸膛,用话责备自己的心灵;②

此处,荷马非常清楚地表明,发出指责的这一部分,因为它有能力[441c]合理地判断事态的好坏,如何不同于缺乏理性、正在生气的那一部分。"

"确实,"他说,"你说得对。"

16. "目前,"我说,"我们已经艰难地游过了这些水域,并且,[5]我们的观点基本上达到了统一,在城邦中有这么几个阶层,在每一人的灵魂中也有这么几个阶层,它们的数目相等。"

"是有这么些。"

"那么,是不是我们必然如此推理,根据我们当时说的,城邦如何并且在哪一部分拥有智慧,[10]个人会以同样的方式并且在同一部分拥有智慧?"

"还能如何?"

[441d]"同样,个人如何并且在哪一部分拥有勇猛的精神,正如城邦在同一部分并且以同样方式拥有勇猛的精神,从而,它们两者都如此拥有美德的各种品质?"

"必然如此。"

[5]"同样,一个人成为正义者,格劳孔,我想我们将说,完全凭同样的方式,正如城邦凭它成了正义的城邦。"

"这完全必然。"

---

① 390d。
② 荷马,《奥德赛》20.17。

"然而,我们无论如何都不可忘掉这一点,城邦之所以拥有正义,是因为三个阶层无一不在城邦内一心从事[10]自己的工作。"

"我看,"他说,"我们并没有把这忘掉。"

"那么,我们必须记住,我们每一人都有这么三个部分,[441e]如果它们各自做好自己的工作,他就会是个拥有正义、履行自己职务的人。"

"是啊,"他说,"我们必须牢记。"

"因此,这是不是将会很合适,让这理性部分充当领导,因为它拥有智慧,[5]并且能为整个灵魂提供先见,精神气质应当服从它、充当它的盟友?"

"完全如此。"

"那么,难道不是这样,如我们先前所说①,音乐和体育的结合将使它们之间产生共鸣,[442a]用美好的道理和知识激励和教育一方,用温柔的语言舒展另一方,用和声和节奏使之驯化?"

"当然是这样。"他说。

"当这两部分得到了如此的培养,真正受到了教育[5]并且学会了自己的全部工作——鉴于那一部分是每一个人灵魂中的最大部分,而且天生对金钱最为贪得无厌——它们将凌驾于欲望部分之上,防止那一部分用所谓的躯体的种种快乐大量地充斥自己,一旦它成为一股强大的势力,[442b]它便会不从事自己的工作,相反会试图奴役和统治本不该由它统治的那些部分,从而彻底颠覆每一个人的生活。"

"的确完全如此。"他说。

[5]"那么,"我说,"这两个部分同样能最有效地抗击外来的敌人,本为整个灵魂和躯体的先驱,一部分制定战略,另一部分奋勇出击,跟随统帅,凭着勇猛的精神执行上面下达的一切指令。"

[10]"正是如此。"

"同样,"我说,"我们根据这一部分称一个人勇猛,[442c]当他面临痛苦或欢乐,他的精神始终坚守着理性的训示,懂得什么可畏,什么不可畏。"

"对。"他说。

---

① 411e。

[5]"根据那一小部分,我们称他充满智慧,因为那一部分在他身上占统治地位,发布这样的指令,并且自身拥有知识,知道什么有利于自己,有利于由它们这三个部分组成的整个共和体。"

"的确完全如此。"

[10]"这又如何? 我们称他有节制,是不是因为这三个部分之间存在着友好和睦的关系,当执行统治的部分和两个接受统治的部分都一致认为,[442d]应该由理性来充当领导,它们不应该搞内讧,违背理性?"

"这正是节制精神,"他说,"别无其他,对城邦、对个人都是这样。"

"事实上,说一个人正义,也就是根据我们经常说的那一原则,根据这一原则[5]他才如此。"

"非常必然。"

"那么,这又如何呢?"我说,"你看,是不是我们个人身上的正义似乎有点模糊,不如它在城邦中表现得那么鲜明?"

"我看,"他说,"并非这样。"

[10]"其实,"我说,"我们完全可以用以下方法来证实这一点,[442e]如果我们的灵魂中对此定义仍存在怀疑,就举些通俗的例子。"

"什么样的例子?"

"比如,如果我们必须对那么一种城邦和那么一种在本性和教养方面和它相似的人有统一的看法,考虑这么一个人[5]是否会私下挪用和贪污了公家委托他保管的金子或银子,依你看,谁会相信,他[443a]更可能做此事,甚于那些本质和他不同的人?"

"没人会相信。"他说。

"难道不是这样,这样的人和那种抢劫神殿中的财物、偷窃别人的东西、在私人生活中对朋友或在公共事业上对城邦背信弃义的事情离得很远?"

[5]"是离得很远。"

"因此,他无论如何也不会在誓约或许诺方面缺乏信义。"

"怎么会呢?"

"诱奸妇女、不关心父母、不敬奉天神,[10]这些倾向更接近其他任何一人的本性,而不近于这人的本性。"

"的确更接近其他任何一人。"他说。

[443b]"那么,这一切之所以是这样,根本原因是不是在于,他身上的每一个部分都在从事自己的工作,不管它在执行统治或在接受统治?"

"就是这个原因,"他说,"别无其他。"

"那么,你仍在寻找其他什么正义,而不是这种[5]能造就这么一种人和这么一种城邦的力量?"

"宙斯在上,"他说,"我可没这样做。"

17."因此,我们的梦想①终于得到了实现,我们当时说过,我们有某种预感,如何从建城的一开始,[443c]在某位天神的帮助下,我们兴许能直接碰上正义的本质和形式。"

"的确完全是这样。"

"这事当时正是如此,格劳孔——现在对我们有了帮助——[5]即看到了正义的某种图像②,一个鞋匠按其本性就应当专干鞋匠的工作、不干其他工作,建筑工人专干建筑工作,以此类推。"

"显然如此。"

"但其实质,当时它大致是这么一种东西,如我们所见,正义[10]并非关系到某人献身于自己的外界事业,而是关系他的[443d]内心事业③,正如真正地关系到他本人、关系到他自己的一切事务,既不会让自身中的每一个部分干任何不属于它干的工作,也不会让灵魂中的三个阶层到处插手、相互干扰,相反,他会处理好本质上真是他自己的事务,会自己统治自己,会把一切安排得整齐得当,[5]会成为自己的好友,会完全调和三个阶层的关系,宛如调和具有和声关系的三个音程④,一个高音、

---

① 我们的梦想:参见 432–433a。

② 图像(εἴδωλον):指正义的某种形影。

③ 内心事业:苏格拉底以此回答了阿德曼托斯当时(367e)的问题;当时,正义被理解为个人和外界(人物和事件)之间所保持的公正关系,现在,被转入个人的内心,指灵魂中不同部分之间所应有的和谐。柏拉图的这一思想,灵魂的三等分以及正义的内向化,在亚里士多德的中得到了重新体现(参见《尼各马可伦理学》1130b20)。

④ 三个音程:指里拉琴七弦中的高、低、中三弦的音程关系;高音和低音(外侧两弦)的音程为八度,中音(中弦)和高、低音的关系为(纯)四度(τετράχορδον,四度音阶,由两个全音和一个半音组成)。人们给里拉琴定音(或"调弦")时,首先必须把这三个音程定好,然后再调整其余四弦的音程;当然,不同的调式取决于其他四弦的不同调法,每换一个调式,里拉琴都得重调,但这三个音程不变。有关古希腊音乐的调式,参见398e–399c。

一个低音、一个中音、[443e]如果它们中间还有其他不和之处,他会把它们全都统一起来,使自己从多元体完全转变为一元体,具有节制精神、充满和谐,他就会如此去对待自己的工作,不管他从事什么挣钱的工作,或是照料躯体,或是某一公共事业,或是各种私人交易,在所有[5]这些事务中,他相信并且称呼这工作合乎正义、本质美好,因为它能维护和加强这一精神和谐,相信并且称在一旁指导这一工作的知识为智慧,相反,[444a]破坏这一和谐的行为是非正义的行为,凌驾于这一精神和谐之上的想法就是无知的想法。"

"是这样,"他说,"苏格拉底,你说得完全正确。"

"好,"我说。"如果我们此刻声称,我们已经发现了拥有正义的个人和城邦、[5]发现了存在于他们中的正义究竟是什么,我想,我们根本不会像是在说什么谎话。"

"宙斯在上,当然不像。"他说。

"我们可以如此宣布了?"

"可以宣布。"

18. [10]"让它就这样吧,"我说,"接下来,我想,我们必须探讨非正义。"

"显然如此。"

[444b]"难道不是这样,非正义一定是这三方之间的某种内讧、胡乱行事、相互干涉、某一部分向整个灵魂造反,某方企图统治根本不属于它统治的领域,相反,根据本性,它只配[5]做对方的奴仆,而统治的部分本质上不配当奴仆?我想,我们可以这么说,它们之间的混乱和离异就是非正义、放纵、懦怯、无知,简言之,纯粹的低劣。"

"这些的确是这样。"他说。

[444c]"难道不是这样,"我说,"做非正义的事情、做错事,以及,与其相反,做合乎正义的事情,所有这些行为的本质都已非常清楚,显而易见,如果非正义和正义的概念果真如此?"

"怎么会呢?"

[5]"因为,"我说,"正义和非正义并非不同于健康的东西和致病的东西,后者针对躯体而言,前者针对灵魂。"

"表现在哪方面?"他说。

"健康的东西导致健康,致病的东西导致疾病。"

"是。"

[10]"那么,是不是做合乎正义的事导致正义,[444d]做非合乎正义的事导致非正义?"

"必然如此。"

"促成健康就是把躯体内的各个部分根据其本性安排在控制和被其他部分控制的地位,[5]引发疾病就是把它们反其本性地安排在相互颠倒的统治和被统治的地位。"

"的确是这样。"

"难道这不是同样的道理,"我说,"导致正义就是把灵魂中的各个部分根据其本性安排在控制和被其他部分控制的地位,[10]导致非正义就是把它们反其本性地安排在相互颠倒的统治和被统治的地位?"

"正是这样。"他说。

"美好的品质,由此看来,可说是灵魂的健康、[444e]光荣和安好,低劣的品质则是它的疾病、耻辱和困弱。"

"就是这样。"

"那么,是不是美好的生活方式使人拥有美好的品质,[5]耻辱的生活方式使人拥有低劣的品质?"

"当然。"

19."剩下要探讨的,看来,就是这一点,到底是做合乎正义的事、[445a]有美好的生活追求、做有正义的人有利,不管是否被人注意到他是这样,还是做非正义的事、做非正义的人有利,除非他受到处罚,并且因受到处罚而得到了改善。"

[5]"然而,"他说,"苏格拉底,依我看,这样的寻求似乎颇为可笑,如果,当躯体的本质已被腐蚀,人生显得不值一活,纵然面前摆着世界上的全部食物和饮料、全部财宝、全部统治权,那么,[445b]当我们凭此生活的这一本质被搅乱、被腐蚀,人生也会显得不值一活,即使某人能做任何自己想做的事,只是不做这一件使自己从邪恶和非正义中摆脱出来、为自己赢得正义和美德的事,鉴于我们刚才为之而奔波的这两样东西明明一直就在我们眼前。"

[5]"的确可笑,"我说,"不过,既然我们已经到达了这里,能够非

常清楚地看到它们是否真是这样,我们就不应该气馁。"

"宙斯在上,"他说,"至少不应该气馁。"

[445c]"来吧,"我说,"你也来看看低劣这东西具有多少种类和形式,我认为,这些值得你一看。"

"我跟随你,"他说,"你就只管说吧。"

"那好,"我说,"就从这个高度,依我看,既然我们在理论上已经到达了这里,优秀的本质只有一种形式,[5]低劣的本质却有无数种形式,它们中值得一提的有四种。"

"你说的是什么意思?"

"按类别看,"我说,"有多少种城邦体系,[10]也许就有多少种灵魂体系。"

"究竟有多少?"

[445d]"城邦体系,"我说,"有五种,灵魂体系也有五种。"

"告诉我,"他说,"它们是什么。"

"让我告诉你,"我说,"其中就有我们已经讨论过的这么一种政治体系,然而,它能有两种称呼;[5]那就是,当一人在统治阶层中出类拔萃上台执政,这称君主制,当多人如此,就称贵族制。"

"对。"他说。

"这,"我说,"我称之为一种体系;理由是,无论是一批还是一个,[445e]谁上台执政都不可能严重地动摇城邦的传统法律,如果他们得到过我们先前所说的那种培养和教育。"

"的确不能。"他说。

卷　五

1.［449a］"这种城邦和城邦体系,我称它们既优秀又公正,称这种人也一样;如果这城邦果真公正,我就称其他那些既低劣又不公正,无论在城邦的管理方面,还是在对个人灵魂的培植方面,［5］其低劣性本质上有四种。"

"有哪四种?"他说。

我正准备依次解说这些,依我看,［449b］它们各自如何相互演变而来。珀勒马科斯——因为他坐得比阿德曼托斯稍微远一点——伸出手,抓住后者肩头上的衣服,一边把对方往后拉,一边自己凑上前去,俯身说了一阵,我们其他什么都没听到,只听到［5］他说:"我们还是放行,"他说,"不然,我们该怎么办?"

"那不行。"阿德曼托斯说道①,此时他已提高了嗓音。

我接着他的话:"到底是什么东西,"我说,"你们不愿放行?"

"你。"他说。

［449c］"为什么,"我说,"有何特殊原因?"

"我们觉得,你一直在躲躲闪闪,"他说,"暗中抽掉了整整一个并非微不足道的话题,目的是为了不去讨论它,你以为自己轻描淡写地提了一下这事②就可以不引起我们的注意,即有关妇女和儿童的问题,［5］谁都清楚,朋友的东西是共有的东西。"

"这不是很正确,"我说,"阿德曼托斯?"

"是,"他说,"然而,这个即便正确,如同其他的东西,也还需要解释,共有的方式是什么;因为这可有好多种做法。［449d］因此,你别兜圈子,你指的是什么样的共有;我们已经等待了很久,以为你会谈到有关生育孩子的事情、如何繁殖、出生后又如何抚育,以及有关你所说的

---

① 阿德曼托斯说道:如同卷四的开头(419a)以及卷六(487a),阿德曼托斯总带头表示"不满",首先向苏格拉底提出质问。

② 提了一下这事:423e。

妇女和儿童共有这一概念的全部含义；其实，[5]我们认为，这事正确与否对城邦体制会产生某种重大影响。目前，鉴于你没有对此作出足够的解释就开始谈论另外一种城邦体系，我们才这么决定，如你刚才无意中听到的，[450a]我们不让你接着讲下去，除非你先把所有这些事情解释清楚，正如你刚才叙述其他事情一样。"

"还有我，"格劳孔说，"把我也算在赞同这一决定的票数中。"

[5]"当然，"忒拉绪马科斯说，"你就把这看作我们所有人的决定，苏格拉底。"

2."这样的事，"我说，"你们竟然做得出来，抓住我不放。一个如此之大的论题，就好像又得从头开始，你们此刻搬了出来，针对这个城邦体系；我刚才还在庆幸自己已经讲完了它，高兴地期望某人能[10]接受这些论点，就如刚才所陈述的那样①。眼下，你们又[450b]唤出了这些问题，你们并不知道，这一下，你们搅起了多么大的一批话题。当时，我一看到它们，就绕了过去，以免招来更大的麻烦。"

"这又如何？"忒拉绪马科斯说，"你以为我们这些人眼下来到这里，是为了勘探金子②，而不是为了听取论述？"

[5]"是，"我说，"有分寸的论述。"

"不过，这一分寸，"格劳孔说，"苏格拉底，聆听这类论述的分寸，对有头脑的人来说，乃是整个人生。可不，别管我们的衡量尺度；针对我们提出的问题，请你尽量不厌其烦地按自己的观点为我们作出详细的解释，[450c]对我们的卫士来说，有关儿童和妇女的共有制将会是什么样，以及有关孩子们还处于年幼时期的抚养问题，即从他们出生开始直到他们开始接受教育这一阶段，因为这段时期的抚养显然最为辛苦。尽量解释一下，[5]这将会是一种什么样的抚养法。"

"这可不容易解释，"我说，"幸福的朋友！因为这牵涉到许多可疑之处，比我们先前讨论的那些问题还要复杂。又因为，就这么说这些是可能的事情，人们可能不会相信，并且，即使这些事成了现实，它们是否

---

① 423e – 424a。

② 勘探金子：成语，意思为追求空洞的希望。传说，雅典人一度听信谣言，纷纷到城外东南方、阿提卡地区的一座名叫希墨托斯的山中去找金子，一无所得。希墨托斯山区本以出"蓝灰"色的大理石和蜜糖闻名。

最为理想,人们仍会对此表示怀疑。[450d]正因如此,我才犹豫,不去碰那些问题,生怕这样的言论会被视为一厢情愿,我的伙伴。"

"不用犹豫,"他说,"因为这里的听众既非无知,也非难以说服,也非充满敌意。"

[5]我回答说:"最高贵的朋友,你这么说,是不是想鼓励我?"

"我是有这么个意思。"他说。

"可总的效果是,"我说,"你做得正好相反。因为,如果我有把握,知道自己要说些什么,你这番鼓励会很派用场;[10]因为在具有智慧的人和自己的朋友中,[450e]把自己已经知道的有关最重大的问题、关系到切身利益的真理说出来,这的确是一件令人欣慰和令人鼓舞的事,然而,当他自己仍有疑虑,在做这些论述的同时自己仍在探索,[451a]正如我目前的处境,这就是一件令人担心、令人失足的事,倒不是怕人嘲笑——因为这就未免太幼稚——而是怕在真理面前摔倒,不仅自己倒下,我还会拉着朋友们一起摔倒在最不应该摔倒的地方。我将说些什么,此刻我向阿德拉斯忒娅①求助,[5]格劳孔,求她袒护我;事实上,我认为,无意中成了杀人凶手这一罪行不如在美好、高尚、正义的事业方面充当骗子这一罪行严重。这种冒险的事情到敌人中去搞更好,胜于在朋友中搞,这样,[451b]你对我的鼓励才真正顶用。"

格劳孔笑了:"那好,苏格拉底,"他说,"如果我们受你言论走调的迫害,我们会赦免你,如同一件凶杀案,宣布你清白无辜,也不把你当成我们中的骗子。[5]你就大胆地说吧!"

"当然,"我说,"正因清白无辜,他才从那里得到了赦免,正如法律所说;如果那里真是这样,至少,这里也有这可能。"

"说吧,"他说,"既然是这样。"

"眼下,"我说,"我们必须回过头去说也许当时就该[451c]按着次序说的话题。也许,这么做是对的,彻底地观赏了男人的戏剧②之后,

---

① 阿德拉斯忒娅:一位弗里吉亚女神,在柏拉图的时代,人们认为她主持正义、惩罚罪恶,就相当于(或就是)古希腊神系中的复仇女神涅墨希斯。

② 男人的戏剧:暗指西西里滑稽剧作家索弗戎(公元前5世纪)的作品,其戏剧有男女之分。该作家为柏拉图所喜爱。据说,柏拉图从西西里返回雅典时,身边带了索弗戎所写的一套剧本(第欧根尼,《名哲言行录》3.18);他甚至将索弗戎的书放在自己枕头底下(昆体良,《论教育》1.10.17)。

我们就应该再来观赏女人的戏剧,特别是你现在正这样敦促我们。

3."事实上,具有按我们说过的那种本性和教育的人们,[5]我相信,除了沿着我们一开始动员他们走的那条路外,他们并没有第二种占有和使用孩子和妇女的途径;在讨论中,我们曾试图把这些人树立为仿佛是在看守一群牲口的卫士①。"

"对。"

[451d]"就让我们继续用这类比,给他们繁殖和抚育的功能,看看这么做对我们是否合适。"

"怎么做?"

"按下列方式。雌性牧犬一同出来看守那些雄性牧犬正在看守的东西,[5]我们认为应该是这样,一同狩猎、一同做其他的事情,或认为,她们应该留在家中,因为生育和抚养幼崽已使她们无法做到这些,而雄的则干重活,集中一切精力照管好牛羊群?"

[451e]"一切都应该共有,"他说,"只是我们应该考虑到女性体力弱一些,男性强一些。"

"这行吗,"我说,"把某人用于同样的事业,如果不给对方同样的培养和教育?"

[5]"这不可行。"

"是啊,如果我们把妇女们和男人们用于同样的事业,她们就必须受到同样的教育。"

[452a]"是。"

"男人们得到过音乐和体育方面的培养。"

"是。"

"我们也必须让妇女们学会这两种艺术以及有关战争的艺术,[5]并且必须把她们用于同样的事业。"

"按你目前所说,理应如此。"他说。

"事实上,"我说,"目前讨论中好多一反风俗的事情,如果真照所说的实施,不免显得可笑。"

"的确如此。"他说。

---

① 375d–e。

[10]"你看,"我说,"其中最可笑的是什么？是不是很明显,妇女们一丝不挂地在练习摔跤的场地上和男人们一起锻炼身体,[452b]不只是少女,甚至包括已经上了年纪的妇人,就像体育学校里那些老头,尽管满身皱纹、其貌不扬,他们却仍热衷于锻炼身体？"

"宙斯在上,"他说,"这的确显得可笑,[5]至少按当今的状况看。"

"难道不是这样,"我说,"正因为我们敢于表达自己的思想,我们不必害怕那些高雅人的讽刺讥笑,不管这些人面对具有这么一种性质的变革——不仅涉及体育锻炼,[452c]而且涉及音乐教育,此外,还涉及使用武器的方式和骑马——怎么说、说多少？"

"你说得对。"他说。

"既然我们已经开始讨论这事,我们就必须走向法律中的粗野一面,[5]要求这些人别只顾推行自己的一套,而要严肃对待此事,同时提醒他们,从那时到现在时间还不长,当时的希腊人,就像现在许多野蛮人一样,认为男人在光天化日之下赤裸身子是一件可耻、好笑的事,而当克里特①人首先开始赤身锻炼,然后是拉刻岱蒙②人,[452d]当时的文雅君子很可能也嘲笑过这一切。难道你不这么认为？"

"我是这么认为。"

"然而,我想,因为当时从事这种锻炼的人认为,把这一切全袒露出来显然要比把它们遮掩起来更好,眼目中显得可笑的事[5]便消失在由理性证明什么是最佳的事中;这很显然,此人算个傻瓜,如果他认为任何东西都可笑,就是糟糕的东西不可笑,或一味取笑他眼前看到的任何一张脸,老盯着它看,觉得好笑,就是视而不见没有头脑、[452e]本性糟糕的人的脸,或煞有介事地为自己树立起其他什么美的标准,就是看不到高尚的标准。"

"的确完全是这样。"他说。

4."那么,是不是我们首先应该对这一点有一致的看法,关于那些提议,[5]它们是否能实现,是不是应该让人们公开争辩,不管

---

① 克里特:希腊的最大岛屿,位于地中海东部。

② 拉刻岱蒙:即斯巴达,位于伯罗奔半岛南端;根据古希腊历史学家修昔底德(约前460—约前400)的说法,斯巴达人首先有裸身锻炼身体的风俗(《伯罗奔半岛战争志》1.6.5)。

某人愿意用开玩笑的方式或用严肃的方式争辩,[453a]人类女性的能力是否和男性的能力在一切事务上完全相同,或一点也不同,或在一些事务上相同,在另一些事务上不同,有关战争,这又究竟属于哪一种情形?某人如此开始难道不是最好,[5]并有可能获得最好的结果?"

"远为最好。"他说。

"那么,"我说,"你要我们代表那些人在我们自己中间进行争辩吗,这样对方所主张的东西就不会像一座空城一样遭受围攻?"

[453b]"没有东西在阻拦我。"他说。

"让我们代表他们说,'苏格拉底,格劳孔,其他人没有任何必要和你们争论,因为你们自己在建立城邦、安置居民的初期就一致认为,每一人必须[5]按自己本性从事一项适合自己的工作。'"

"我想,我们是这么一致认为过;怎么不是?"

"'那么,论本性,是不是女人远远有别于男人呢?'"

"怎么会不有别于男人?"

[10]"'难道这不合理,把不同的工作分配给每一人,[453c]让这工作适合他个人的本性?'"

"还能如何?"

"'这回,你们怎么会不犯错误,说了自相矛盾的话,当你们声称男人和女人必须做相同的工作,[5]尽管他们有非常不同的本性?'对此,令人惊叹的朋友,你会有什么样的反驳?"

"如此突然,"他说,"实在不容易。我可要请求你了,我需要你来解释我们这方的观点,不管它是什么。"

[10]"正是这些,"我说,"格劳孔,以及许多诸如此类的事情,[453d]我当时已预先看到,并且对此忧心忡忡,一直害怕牵连有关拥有和培养妇女和孩子的法律。"

"可不,宙斯在上,"他说,"这看来的确不像一件容易的事。"

[5]"的确不容易,"我说,"不过,事情就是这样:不管掉入渺小的池塘,还是掉入浩瀚无比的大海,一个人至少得游泳。"

"完全是这样。"

"难道我们不应该游泳,力争把自己从目前这段言论中挽救出来,

[10]同时希望某条海豚①能把我们顶出水面,或是遇上其他某种罕见的得救方式?"

[453e]"看来的确如此。"

"那就来吧,"我说,"看看我们是否真能找到一条生路。事实上,我们当时一致认为,不同的本性必须追求不同的事业,女人的本性不同于男人的本性;而我们现在却在说,[5]不同的本性必须追求相同的事业。为此,我们受到了控告?"

"绝对如此。"

[454a]"这还真不同寻常,"我说,"格劳孔,这种反驳艺术②所具有的力量。"

"为何这样?"

"因为,"我说,"依我看,许多人身不由己地掉入其中,[5]他们以为自己不是在争吵,而是在辩论,鉴于他们并没有能力把所说过的东西按类区分、加以观察,而只是根据字面意思,一味和对方所说的唱反调,相互间采用的是争吵,而不是辩论。"

[10]"的确,"他说,"许多人都有这一经历。然而,按目前的状况,难道说这也和我们有关系?"

[454b]"完全有关系,"我说,"至少看来我们正身不由己地倾向争吵。"

"怎么会呢?"

"就〈非〉相同的本性这个原则,即,拥有相同本性的人们不应该从事各种不同的工作,我们根据字面意思一直非常勇猛和好争地追随它

---

① 海豚:古希腊人所喜爱和崇敬的动物,民间流传着许多有关海豚救人的故事;最著名的是海豚救诗人阿里翁的传说。阿里翁(公元前7世纪),勒斯波斯岛墨提姆纳市人,被誉为是当时最好的歌手,他周游希腊各地,常出入于皇家宫廷。有一次,他从西西里岛搭船去科林多的途中,船上的人见他随身行李中满是钱财,便起了谋财害命的念头。当船驶入"荒凉"的海域,他们便准备动手害他。阿里翁无奈,求对方让他临终唱一支歌;得到对方允许后,阿里翁换上最好的衣袍,弹起里拉,唱了一首赞美阿波罗的颂歌,歌毕,自投大海。当时,附近海域中有一条海豚(一说,当时有一群海豚),被阿里翁的音乐所吸引,一直在跟着这条船游弋;阿里翁落水后,海豚便用自己的背脊托住对方的身子,将其从深海中托出水面,然后一直把诗人送上泰纳戎海滩(参见希罗多德,《原史》1.23-24)。

② 反驳艺术:幽默地讽刺当时流行的争辩艺术,如当时以麦伽拉哲学家欧几里得(约前450—前380)为代表的年轻学派,以及早些时候风行一时的"智术师派"。

[5],但我们并没有仔细检验这一或那一本性的形式到底是什么,当时我们不知道根据什么标准对它们进行了区分,当我们把不同的事业分配给不同的本性,把相同的事业分配给相同的本性。"

[10]"的确,"他说,"我们没仔细区分过。"

[454c]"因此,"我说,"我们几乎可以这么追问自己,头顶光秃和头发浓密的人们的本性是否相同或相反,一旦我们都认为他们的本性相反,如果头顶光秃的人在干制鞋这行,头发浓密的人就不能干这行,反之,如果头发浓密的人在干这行,[5]对方也就不能干这行。"

"这的确会很可笑。"他说。

"之所以可笑,"我说,"是不是并非由于其他什么原因,而是因为当时我们没有全面检验什么是相同或不同的本性,而只是把注意力集中在相同或不同那一形式,[454d]仅仅针对人们的事业而言?比如,我们说,男医生和女医生各有相同[本性]的灵魂。或你不认为如此?"

"我认为是这样。"

[5]"医生和建筑师有不同本性的灵魂?"

"大概完全如此。"

5."因此,"我说,"男人和女人的类别也一样,如果在某种艺术或其他事业上显示有区别,我们会说,我们必须如此分别对待;如果[10]区别只出现在这一方面,女性负责生育,男性负责交配,[454e]我们会说,没有任何东西能进一步证明我们所说的女人不同于男人这一论点,我们将进而认为,我们的城邦卫士和他们的妻子必须追求同样的事业。"

[5]"这很正确。"他说。

"接着,难道我们不要求那位一贯唱反调的人[455a]向我们解释这一点,在城邦建设中,女人和男人的本性究竟在哪一门艺术或哪一项事业上各有所别?"

"不管怎样,这问得合理。"

[5]"也许,正如你不久前说的那样①,那人同样会说,当即作出充分的解释实在不容易,经过一番思考后就不难。"

"他确实会这么说。"

---

① 453c。

"那么,你是不是要我们请求那位如此声辩的人跟随我们,[455b]如果我们能设法向他证明,在城邦的兴建方面,没有任何只属于妇女干的事业?"

"完全如此。"

"那就来吧,我们将对他说,请你答复:你说的是不是这个意思,[5]这人的本性适合干某事,那人则不适合,这人学某物觉得容易,另一人则觉得难?这人只要经过短期的学习就能够从他学到的东西中举一反三,那人即使经过长期的学习和磨练仍不能掌握住自己所学的东西?这人躯体的各个部分能充分听从思想的指挥,[455c]那人的躯体则相反?除了这些以外,是不是还有其他什么方面,凭此你区分出这人本质适合干种种事情,而那人则不适合呢?"

"没人会说还有什么其他方面。"他说。

"那么,你知道在人们所干的任何一件事情中,[5]男性一类在这些方面都比不上女性一类?或者,让我们把话拉长,论纺织艺术,论烤制圆饼和管理烹调的艺术,在这些方面似乎女性尤其能干,[455d]如果差了,那才是最可笑的事?"

"你说得对,"他说,"可以这么声称,一个性别在各方面远远强于另一个性别。许多妇女的确在许多事务上比许多男人强,但总的状况就像你[5]现在所说。"

"因此,我的朋友,城邦建设中没有任何一种事业不适合一个女人,因为她是女人,或不适合一个男人,因为他是男人,相反,不同的本性均匀地分布在这两类生物中,女人按本性能参与所有的事业,[455e]男人也同样,但总的来说,女人在体力上弱于男人。"

"的确如此。"

"那么,我们是不是将把所有的事业分配给男人,不给女人?"

[5]"怎么可以这样?"

"事实上,我想,我们会这么说,这位妇女是医生,那位不是,这位有音乐才华,那位缺乏音乐素质。"

"还能说什么?"

[456a]"[同样]我们不是会说,一位女性善于体育锻炼、善于打仗,另一位不能打仗、不喜欢体育锻炼?"

"我想是如此。"

"这又如何呢？会不会一位女性热爱哲学，另一位讨厌哲学？一位精神活泼，[5]另一位缺乏精神？"

"这倒也是。"

"同样，一位妇女拥有城邦卫士本性，另一位没有。难道我们在男性城邦卫士中期望看到的不是这样的本性？"

"是这样的本性。"

[10]"因此，在保卫城邦的事业上，女人和男人具有相同的本性，唯一的区别是前者体力弱一些，后者强一些。"

"看来是这样。"

6.[456b]"因此，具有这种本性的妇女应该被选拔出来，让她们和具有这种本性的男人们一同生活，一同捍卫城邦，因为她们拥有足够的能力，本性上和他们相同。"

"的确如此。"

[5]"是不是这些相同的事业必须被分配给相同的本性？"

"这些必须这么分配。"

"从而，我们转身又回到了先前那些论点，我们一致认为，这并非违背自然本性，[10]如果把音乐和体育方面的教育授予城邦卫士的妻子们。"

"这当然绝对正确。"

"那么，我们至少没把一些不可能实现的事、类似一厢情愿的事定入法律，[456c]因为我们当时就是以自然本性为依据建立了我们的法律。倒是当今这些与之相反的风俗习惯，如此看来，真正违背了自然本性。"

"看来是这样。"

"当时我们难道不是有过这个意图①，看看我们能否提出一套既可能实现[5]又是最好的计划？"

"有过。"

"我们一致同意，它们的确有可能实现？"

"是。"

"下一步，我们必须一致同意，它们的确是最好的计划？"

[10]"显然如此。"

---

① 452e。

"那么,为了培养女性城邦卫士,难道说我们的教育对男人将是一个样,对妇女是另一个样,[456d]尤其考虑到它的对象具有相同的本性?"

"并非另一个样。"

"那么,你对这样的事又持什么观点呢?"

"对什么事?"

[5]"你自己是否有这么一种看法,认为某种人强一些,某种人弱一些,或你认为他们都一样?"

"不一样。"

"因此,在我们建立的城邦中,你认为,能向我们证明自己是更优秀的人的是这些卫士呢,鉴于他们拥有我们前面讨论过的教育,[10]还是那些鞋匠,鉴于他们在制鞋艺术方面受到过教育?"

"你这么问,"他说,"很可笑。"

"我懂,"我说,"这又如何呢?难道这些卫士不是城邦公民中[456e]最出色的人?"

"的确如此。"

"女性城邦卫士又如何呢?难道她们不将是最优秀的女性?"

[5]"是这样,"他说,"远为最优秀。"

"对城邦来说,还能有什么比造就出一代最优秀的男女公民更好的事呢?"

"的确没有。"

[457a]"音乐和体育将一同辅助这一事业,如我们讨论过的那样,促使它实现?"

"怎么不?"

"因此,我们为城邦制定了不仅是切实可行而且是最好的法律?"

[5]"正是这样。"

"那么,城邦的女性卫士们必须脱去衣服,正因为她们本身就裹着美德①,而不是衣裙,并且,她们必须一同参与战争②和其他保卫城邦的

---

① 裹着美德:希罗多德笔下的居吉斯说过这么一句话:"当女人脱掉了衣服,她便脱掉了尊严。"(希罗多德,《原史》1.8)这和柏拉图此处主张的观点显然有很大的思想和时代差别。

② 必须一同参与战争:对古希腊人来说,因他们熟悉阿玛宗女族强悍刚勇的性格和神奇的战绩,这要求并非完全奇特。

事业,此外不干任何他事;然而,必须让这些妇女做轻于男人所做的工作,[10]因为女性的体力较弱。[457b]如果某人嘲笑裸体的妇女,当她们在为获得最好的效果而锻炼身体,他便'摘了尚未成熟'、带着微笑的'智慧之果'①,看来,他既不知道他在嘲笑什么,也不知道自己在干什么;其实,这么说最好,现在、将来都如此,[5]有益的东西美丽,有害的东西可耻。"

"的确完全是这样。"

7. "现在我们可不可以宣称,在讨论涉及妇女的法律过程中,我们躲过了浪潮式的一关,我们没有被它完全淹没,因为我们明确规定了男性城邦卫士和女性城邦卫士[457c]必须共同从事一切事务,相反,我们的话在某种程度上前后得到了一致,声称这些事情既可能实现又充满利益?"

"真是如此,"他说,"你躲过了一个不小的浪潮。"

"你可不会再说它大,"我说,"当你看到跟在它后头的[5]下一个浪潮。"

"说吧,让我瞧瞧。"他说。

"跟在它后头,"我说,"以及跟着前面涉及的其他一些论点的,我想,是这么一条法律。"

"什么法律?"

[10]"即,所有这些妇女必须属于所有这些男人共有,[457d]任何一个女性不得和任何男人单独同居;她们的孩子同样属于共有,父母不知道谁是自己的孩子,孩子也不知道谁是自己的父母。"

"这个浪潮,"他说,"可比前面那个大多了,程度和人们对此事[5]是否切实可行、是否有益的怀疑相应。"

"我并不认为,"我说,"在这事是否有益这一问题上会有什么争议,不容置疑,妇女成为共有、孩子成为共有,只要有可能实现,将是一件最大的好事;然而,我认为,最主要的争论集中在这事是否有可能实现。"

[457e]"这两个方面,"他说,"都值得好好争议一番。"

"你的意思是,"我说,"两者都需要我证实;我本人还以为,我至少

---

① 摘了……智慧之果:品达,残片209(贝尔格克版)。

已经躲过了其中的一个,如果你的确认为这事有益,我面前剩下的只是有关这事能否实现的问题。"

[5]"然而,"他说,"你未能偷逃脱,还是请你给予两方面的解释。"

"我必须接受惩罚,"我说,"不过,请宽恕以下这一点:[458a]请允许我度个节日,就像那些懒散的人,当他们独自出门散步,总习惯于享受自己思想的筵席。其实,这些人就是这样,还没弄清楚自己的愿望通过什么方法可以成为现实,就随便放过了这个问题,省得在考虑事情[5]是否能实现的问题上花力气,假设自己想要的东西已经到手,他们竟然安排好了下一步事务,沾沾自喜地认为,自己所做的一切都会成功,使自己本来已经特别懒散的灵魂[458b]更加懒散。这会儿,我自己也成了这样的软骨头,一心想把那些事情往后推,到以后再去探讨它们如何有可能实现,如果你允许,我目前只当它们有可能实现,我将集中探讨统治者们会如何安排好这些已成现实的事情,并将展示,[5]这么做对城邦和城邦卫士都最为有利。我将尽力和你先共同检验这些事,然后前面那些事,如果你真允许。"

"就算我允许,"他说,"你就探讨吧!"

"我认为,"我说,"如果这些统治者果真能无愧于[458c]自己的称号,如果这些人手下的助理也能同样如此,前者将乐意发布命令,后者乐意执行命令,在某些事情上,他们将服从我们的法律,在另外一些事情上,即使我们让他们自己去决定,他们同样会仿照法律的精神去办事。"

[5]"有可能。"

"那么你,"我说,"作为他们的法律制定人,就像选择男人一样,如此选择妇女,把本性上和他们最相似的女性交给他们;因为他们共同拥有住房和食物,没人私自拥有任何一件这样的东西,[458d]他们将一同生活,并且,鉴于他们在体育锻炼以及其他生活和教育场合中一同相处,我想,在本能的驱使下,他们必然会有性爱交往。或你认为,我谈论的不是必然之事?"

[5]"并非几何上的必然性①,"他说,"而是情欲中的必然性,在说

---

① 几何上的必然性:数学和几何学通常被认为是科学论证的典范,因为其推理程序和步骤都包含了严格的"必然性"。

服和拉拢绝大多数人方面,后者也许要比前者更有力量。"

8."确实如此,"我说,"然而,随后的一点是,格劳孔,混乱地交媾或做任何事情,在一城幸福的人中,[458e]这不虔诚,统治者们也不会允许。"

"这的确不对。"他说。

"显然,我们下一个任务就是使婚姻尽可能地神圣①。这些将会是最有益的婚姻。"

[5]"的确完全是这样。"

[459a]"那么,它们如何才能最为有益呢? 请告诉我这一点,格劳孔:我在你家看到一些猎狗和一大群种类高贵的飞禽,因此,宙斯在上,你是否注意任何有关它们的交配和[5]繁殖的事呢?"

"什么样的事?"

"首先是这一点,虽然它们都很高贵,其中是不是有这么一些,它们会变得非常优异?"

"是有这么一些。"

[10]"那么,你是笼统地让它们交配繁殖呢,还是最希望让它们中最优异的交配繁殖?"

"让最优异的。"

[459b]"这又如何呢? 你特别希望让年龄最小的,或年龄最大的,或正处于旺盛期的交配繁殖?"

"让正处于旺盛期的。"

"如果不这么交配繁殖,你会不会认为[5]这些飞禽和猎狗的品种将会变得很差?"

"我会这么认为。"他说。

"那么,"我说,"你对马以及其他动物又有如何看法? 是不是对待它们就不一样?"

"如果不一样,"他说,"那就怪了。"

[10]"是啊,"我说,"我的伙伴,我们是多么需要一批极为出类拔

---

① 使婚姻尽可能地神圣:因为这种婚姻并非单纯地使男女结合,而是为了一个更崇高的事业,这一仪式应该得到社会政治和宗教制度的精心提倡、美饰和圣化。

萃的领袖,倘若这种方法果真也适用于繁育人类①。"

[459c]"这的确适用,"他说,"那又如何?"

"那就意味,"我说,"他们必须使用许多药物。如果人们并不需要药物来医治身体,而只要愿意遵循某种饮食疗法,那么,我们认为一个本事差一点医生就足以应付;[5]然而,当他们的确需要用药物治疗时,我们知道,他们便需要有一个更大胆的医生。"

"对!但你这么说有何用意?"

"用意如下,"我说,"城邦的统治者们,在我们看来,很可能有必要使用许多的谎言和骗局,为的是[459d]被统治者们的利益。我们曾说过②,这一切如同药物一样有用。"

"那么说正确。"他说。

"在结婚和生孩子方面,看来,我们[5]至少也持有正确的观点。"

"怎么会呢?"

"就根据我们已经统一的观点,"我说,"最优秀的男人必须尽量经常地和最优秀的女人交配,而最差的男人和最差的女人则相反,其次,必须养育前者的后代,[459e]后者的则不养育,如果这群羊羔真要成为最优秀的品种,再者,除了这些统治者们知道以外,必须不让任何人意识到这一切在如此发展,如果这群卫士真想尽可能地避免城邦内讧。"

"非常对。"他说。

[5]"因此,某些节日和祭礼必须被如此法定下来,每到那个时候,我们让新郎和新娘结合,同时,[460a]我们的诗人必须创作迎合这种结婚场面的颂歌;我们会让统治者们去决定婚姻的数目,让他们尽可能地保持一定的男性人数,考虑到战争、疾病以及其他诸如此类的事情,[5]尽可能不使城邦变得过大或过小。"

"对。"他说。

---

① 适用于繁育人类:因为男女结合的目的不只是单纯地生儿育女,而是为了尽可能地使后代的"品性"优越化、高贵化,通过动物试验,人们发现这种培育法也可用于人类,因为,作为一种有生命的东西(ζῷον),人也受同样的自然规律的支配,如同其他动物和植物。

② 我们曾说过:392c-d,389b。

"抽签的事情,"我说,"必须安排得巧妙,使那些本质差的人们在每次婚配过程中总怪自己运气不好,[10]而不怪统治他们的那些人。"

"的确如此。"他说。

9. [460b]"对于那些在战争或其他场合中表现优秀的年轻人,我们必须给他们荣誉和奖品,并且给他们有更多的机会和女性相交,这同时也是个借口,[5]目的是让这些人生育出尽可能多的后代。"

"对。"

"那么,孩子生下后,是不是负责管理这方面事务的官员们将会收养他们,当然,这些官员可以是男的,或是女的,或两者兼具——因为他们拥有相同的做官权利,无论是妇女,还是[10]男人。"

"是。"

[460c]"我看,他们将会把高贵者的那些孩子抱到养育所,交给在城邦中某个地区居住的护理人员;平庸者的后代,以及其他人生的先天残废的婴儿,他们将会把这些孩子藏到一个隐秘、偏僻的地方,[5]根据必要。"

"将会这样,"他说,"如果城邦卫士的后代真要保持纯洁。"

"那么,是不是这些护理人员同样会管好母亲们喂孩子一事,当后者来到养育所,乳房充满了奶水,这些人必须采取一切措施[460d]不让任何母亲认出自己的孩子,并且会找来另外一些有奶水的妇女,如果光靠这些母亲还不够,此外,他们会管好这么一些事情,比如,母亲们给孩子喂奶,时间长短应有限制,孩子睡不着觉,或有其他痛苦,他们就应把孩子[5]交托给奶妈和保育人员?"

"女卫士们生孩子,"他说,"你倒是把这事说得十分轻松。"

"理应如此,"我说,"接着我们就来讨论我们刚才碰到的一个问题。我们说过①,这些孩子必须[10]来自正处于旺盛期的父母。"

"确实如此。"

[460e]"那么,你是不是同意这样的观点,女人的旺盛期估计约为20年,男人为30年?"

"是哪些年呢?"

---

① 459b。

"女人,"我说,"应该从 20 岁开始直到 40 岁,[5]为城邦生育孩子;男人,当他过了最快的跑速,从那时开始为城邦繁殖后代,直至 55 岁。"

[461a]"两方面都如此,"他说,"这是他们体力和智力最强盛的时期①。"

"因此,如果一个年龄比他们大或比他们年轻的人卷入了集体的生育活动,我们会说,他的错误既不虔诚也不合法,因为他为城邦生育的这个孩子,如果没有被人发现,[5]出生时没有祭礼和祈祷的伴随,而在每一次婚礼中男女祭司们以及整个城邦都会举行这些仪式,祝愿高贵者的后代更加高贵,有益者的后代更加有益,[461b]而这孩子却生在阴暗的地方,孕育于可怕的软弱。"

"对。"他说。

"同一个法律规定,"我说,"如果某个符合生育年龄的男人[5]不通过统治者帮助,擅自接触处于生育期的女人;我们从而会说,他给了城邦增添了一个私生的、不合法的、不圣洁的孩子。"

"非常对。"他说。

"然而,我想,当这些妇女和男人一过规定的[10]生育期,我们会让他们自由地和任何人交配,[461c]他们愿意和谁就和谁,但自己的女儿、母亲、女儿的后代、比母亲辈分大的亲属必须除外;女人也是这样,和谁都可以,但自己的儿子、父亲、儿子的后代、比父亲辈分大的亲属必须除外;把这些告诉了他们后,我们还必须让他们特别注意这一点,[5]别让胎儿见到光明,如果胎儿已形成,如果已无法避免它出生,就作这样的处理,就当这样的后代无法抚养一样。"

"至少,"他说,"这些陈述得很有道理;但这些父亲、[461d]这些女儿以及你刚才说的那些人,他们如何能认出对方?"

"根本不能,"我说,"然而,从某人当了新郎的那天算起,他会称此后的第十或第七个月之间出生的那些婴儿为自己的后代,称所有男孩为[5]儿子,称所有女孩为女儿,所有这些孩子都称他为父亲,并且根据同样方式,他会称这些孩子的后代为孙子孙女,后者回称他们为爷爷

---

① 最强盛的时期:根据当时的医学理论,这是繁殖的最好时机;实际上,这一思想当时已被斯巴达人采纳,并且被他们列入了自己的宪法(色诺芬,《斯巴达政制》1.6)。

和奶奶,而在那同一时期出生的那些孩子,因为他们的母亲和父亲曾一度同居,[461e]将会是兄弟姐妹,这样,按我们刚才所说,他们就不能相互交接。不过,我们的法律将允许这样的兄弟姐妹同居在一起,如果抽签的结果是这样,并且,如果皮提亚也表示同意①。"

"非常对。"他说。

10. [5]"这一公有制,"我说,"格劳孔,涉及所有的妇女和儿童,对于你这城邦中的卫士们来说就是这样。至于这是否和其余的城邦体制一致并且远是最好的制度,我们接着就必须通过讨论来证实这一点。不然,我们又该怎么办?"

[462a]"就这么办,宙斯在上。"他说。

"那么,这是不是取得意见一致的开端,我们首先询问自己,创立一个城邦,我们能把什么称作最大的福利,立法家必须根据它来制定一系列[5]法律,又把什么称作最大的祸患,然后检验我们刚才讨论的那些东西,看它们是否踏着福利的脚印,还是踏着祸患的脚印?"

"绝对如此。"他说。

"对于城邦来说,难道我们能有比这更大的祸患,当某种势力分裂了它,[462b]使它成了许多部分,而不是一个整体? 或更大的福利,当某种势力团结了它,使它成为一个整体?"

"没有。"

"难道不是这样,共同的欢乐或痛苦团结人们,每当[5]婴儿们出生或当亲人们去世,可以说所有的公民都共同感到高兴或悲伤?"

"的确完全是这样。"他说。

"反之,是不是私自的欢乐和痛苦分裂人们,当一些人感到极度的痛苦,另一些人却感到无比的高兴,[462c]意识到他们的城邦或城邦中的人面临同一批灾难?"

"怎么不是?"

"因此就产生了这样的现象,当人们在城邦中并不同时说这样的话,这是我的事或这不是我的事? [5]以及当面临同一批事时说,这和

---

① 如果皮提亚也表示同意:皮提亚是德尔斐阿波罗神殿的女祭师,人们通过她向天神阿波罗请示,并通过她接受阿波罗的神谕(参见本书卷四427b-c以及注释)。

别人有关?"

"的确是这样。"

"不管在哪一个城邦,当绝大多数人针对同一件事按同样方式说,这是我的事或这不是我的事,这个城邦是不是治理得最好?"

"远为最好。"

[10]"是不是一个城邦的本质和一个人的本质非常相似?比如,当我们中某人的手指受了伤,他的整个生理系统都会感觉到这一点,从手指延伸到灵魂,[462d]直至那一拥有统一治理能力的中枢,并且,只要受伤的部分仍在疼痛,整个系统都在忍受痛苦,因此,我们说,这人为手指而感到痛苦;同样,对于这人身上的其他任何部分,我们都可以这么说,当某一部分因受伤而感到疼痛,[5]或因缓解而觉得舒服?"

"的确如此,"他说,"就像你所问的那样,治理得最好的城邦本质上非常近似于这人。"

"因此,我认为,当城邦中某人有什么美好或[462e]痛苦的感受,尤其是这样的城邦会说,这是它自己的感受,整个城邦会和他一起感到快乐,或和他一起忍受痛苦。"

"必然如此,"他说,"如果它有良好的治理。"

11."现在,"我说,"我们该回到我们自己的城邦,[5]到那里去寻找我们通过讨论而一致认可的东西,看看是否是它,而并非另一种城邦,尤其拥有这些特点。"

"真应该如此。"他说。

[463a]"这又如何?在其他城邦中是不是也存在统治者和人民,就像我们这个城邦?"

"存在。"

"所有这些人都互称对方公民?"

[5]"怎么不是?"

"除了称对方公民外,其他城邦的人民又怎么称呼他们的统治者呢?"

"在许多城邦中,人们称他们为君主,在民主制城邦中,人们只给他们这个称呼,即,统治者。"

[10]"我们这个城邦的人们又如何呢?除了称对方公民外,他们

还称这些占据统治地位的人什么呢?"

[463b]"护卫和辅佐。"他说。

"这些人又给人民什么称呼?"

"付酬者和抚育者。"

"而其他城邦中的统治者给人民什么称呼?"

[5]"一群奴隶。"他说。

"统治者之间又怎么称呼?"

"统治同僚。"他说。

"我们的统治者之间又如何呢?"

"卫士同志。"他说。

[10]"你能告诉我,在其他城邦中的那些统治者中,是否有人可以称某位统治同僚自己人,称另一位外人?"

"许多人都这么称。"

"难道不是这样,他认为并且声称,那位自己人属于自己,[463c]那位外人不属于自己?"

"的确如此。"

"那么,你的那些卫士们又如何呢?他们中任何人会认为或声称某人是不属于自己的外人吗?"

[5]"完全不会,"他说,"因为,每当他遇到他们中每一个人,他会认为,他遇到了自己的兄弟,或自己的姐妹,或自己的父亲,或自己的母亲,或自己的儿子,或自己的女儿,或他们的祖辈,或他们的子孙。"

"你说得非常好,"我说,"然而,进一步说说以下这事:你仅仅为他们规定了这些家庭称呼呢,或同时你还规定他们必须履行[463d]和这些称呼相符的一切义务,在对待他们的父亲方面,就像法律规定的那样,儿女对父亲必须尊敬、关心并且顺从,是不是这人在众神和人类的面前得不到什么好处,如同一个人做了[5]不虔诚、不合法的事情,如果他不这么对待自己的父亲?是你这些还是在全体公民中流传的另一些神谕式的教诲,将会不断在孩子们的耳边回响,不仅有关自己的父亲,当有人向他们说出他们的父亲是谁,而且有关自己的其他亲人?"

[463e]"是我说的这些,"他说,"因为,如果他们光是口中念叨亲人的称呼,没有行动,这不免荒唐。"

"因此,在所有城邦中,尤其是在我们这个城邦,当某人的处境良好或不好,人们会异口同声地说出我们刚才提到的那个词语,[5]声称,我的处境良好,或我的处境不好。"

"又非常对。"他说。

[464a]"我们不是曾经说过①,和这一信念、这一词语紧密相随的是同甘共苦的情操?"

"我们当然正确地说过。"

"那么,是不是我们的公民尤其善于共同分担同一事务,[5]声称,这是我的事务? 因为他们能如此分担这事,他们尤其会具有同甘共苦的情操?"

"很会如此。"

"那么,其中的一个原因,除了和城邦设立的其他制度有关外,是不是城邦卫士们所施行的妇女和儿童共有制?"

[10]"的确很会尤其如此。"他说。

12.[464b]"那么,我们已进一步同意②,这给城邦带来最大的好处,当我们把治理良好的城邦比作人体,它能和自己的任何部分分享同感,不管是痛苦,还是欢乐。"

"对啊,"他说,"我们一致同意了这一点。"

[5]"因此,使城邦得到最大好处的原因看来就是让辅助城邦的人施行儿童和妇女共有制。"

"的确是这样。"他说。

"而且,在前面所说的那几个方面③,我们的观点也一致。因为我们说过,这些卫士们不能私自拥有住房、土地、任何财产,而[464c]是只能从别人那里接受生活费,作为保卫城邦的报酬,大家共同消费,如果他们想成为如此的城邦卫士。"

"对。"他说。

[5]"那么难道不是这样,我的意思是,前面所说过的东西加上现

---

① 曾经说过:462b - c。
② 已进一步同意:462d。
③ 前面所说的那几个方面:416d - e。

在所说的东西能更进一步地使他们成为真正的城邦卫士,并防止他们分裂城邦,当他们不把同一件东西而把不同的东西说成是我的,这人把凡是他能从别的地方弄到手的东西都拉入自己的家中,[464d]那人也把东西拉入自己的家中,各有各的妻室和孩子,使欢乐和痛苦成为以私有物为基础的私有的感受,相反,以上所说的一切是为了使他们具有分享一切的信念,使他们人人有能力在同一件事上内心感到相同程度的痛苦[5]或欢乐?"

"绝对如此。"他说。

"这又如何?是不是各种法庭裁决和相互控告都将从他们中消失,如能这么说,因为他们没有任何私有财产,除了自己的身体,一切都为共有?从而,他们中[464e]就不存在这样的争吵,不像普通人在钱财、孩子或家属拥有问题上争吵。"

"十分必然,"他说,"他们摆脱了这些。"

"同样,他们中按理也不会发生涉及暴力和人身攻击方面的诉讼案;[5]因为我们会说,年龄相同的人中,自我防卫是一件光荣、正义的事,以此迫使他们照顾好自己的身体。"

"对。"他说。

[465a]"事实上,"我说,"这一法律在以下这方面也有效用;如果某人借暴力发泄自己的愤怒,在用这种方法满足自己心愿的时候,他不太可能会闹出更大的争端。"

"的确完全如此。"

[5]"当然,年纪大的人将会有权管制和惩罚比他年纪小的人。"

"很明显。"

"同样,除非统治者有令在先,一个年纪轻的人绝不可试图强迫一个年纪大的人做什么事,或动手打他,[10]这应该如此。此外,我认为,他不可以在其他任何方面不尊重对方;其实,已有两位称职的卫士在防范这事,一是恐惧,[465b]一是羞愧,羞愧阻止他动手动脚,因为对方可能是他的父母,恐惧也阻止他,因为他生怕其他一些人会来援助对方,那些人可能是他的儿子、兄弟或父亲。"

"效果的确如此。"他说。

[5]"在一切场合中,受这些法律的约束,人们将会在他们之间保

持和平。"

"大规模的和平。"

"如果这些人不在自己中间搞对立,就不用怕城邦中其余的人向他们[10]或相互之间搞对立。"

"的确不用怕。"

"还有一些非常轻微的社会弊病,因为本质丑陋,[465c]我不大愿意在此讨论,愿他们也有能力摆脱,如穷人对富人的种种阿谀逢迎,如他们所遇到的难处和痛苦,当他们在抚养孩子和赚钱方面不得不为家人的生计而奔波,每当他们向别人借钱,[5]每当他们被人拒绝,每当他们千方百计地凑个钱数放到妻子和家奴面前,交给他们去管理,为了这种事情,我的朋友,他们忍受种种屈辱,这一切都很明显,鄙陋琐碎,不值一谈。"

[465d]"很明显,"他说,"连瞎子都能看出来。"

13."因此,他们的确将会从上述一切事情中解放出来,而且会生活得非常幸福,胜过奥林匹亚冠军们①所过的那种幸福生活。"

"怎么会呢?"

[5]"因为后者只拥有前者所拥有的一小部分而被称为是幸福的人。前者的胜利更为壮丽,他们从全民资金中得到的赡养更加完整。他们赢得的胜利是整个城邦的安全,他们和他们的后代获得城邦的赡养以及其他一切生活用品,[465e]活着的时候,他们享受城邦给他们的荣誉和地位,死后,得到隆重的葬礼。"

"这一切,"他说,"都非常美好。"

"你是否记得,"我说,"在早先的讨论中②,我不知道[5]是谁的话,有人指责我们说,我们没使这些城邦卫士们[466a]感到幸福,虽然他们有权拥有公民们所拥有的一切,但他们却一无所有?当时,我们好像说过,如果这一问题再次出现,我们将会重新探讨,目前我们正尽可能地使这些卫士成为真正的卫士,使我们的城邦成为最幸福的城邦,

---

① 奥林匹亚冠军们:古时,当一个从奥林匹亚凯旋而归的运动员回到自己的家乡,城邦为他举办欢迎仪式,向他敬赠凯歌;从此以后,他的一切生活费用都由城邦来支付。

② 在早先的讨论中:419a;当时,是阿德曼托斯向苏格拉底提出了指责。

[5]我们并不能只顾及城邦中的某一个阶层,只使它幸福。"

"我记得。"他说。

"这又如何呢?城邦保护者的生活,既然我们看到它远比奥林匹亚冠军们的生活优越、美好,那么,[466b]我们何必还要根据那些鞋匠,或其他手工业者,或农民的生活标准去看它呢?"

"我觉得没这必要。"他说。

"的确,我在前面说过的那番话①,在这里再重复一下也很合理,[5]如果一个卫士如此试图追求幸福,以致他已不再是卫士,有节制、有保障以及我们所称的最好的生活已不能如此满足他,相反,一种愚蠢、少年式的幸福观充满了他的头脑,[466c]激发他去尽力占有城邦中的一切东西,赫西俄德的确明智,声称,从某种意义上说,'一半多于全部'②。"

"如果那人听取我的忠告,"他说,"他会继续保持[5]原有的生活方式。"

"因此,"我说,"你是不是接受妇女和男人的合作,如同我们所说的那样,不仅在受教育方面,而且在孩子问题上,在保卫其他城民的事业中;不管是留驻在城邦中,还是奔赴战场,他们都必须一同守卫、一同出击,[466d]如同一群猎犬,必须尽可能在一切方面、以一切方式共事,这样做,他们才会做出最好的事来,不逆着妇女的本性去迎合男性,而是顺着两者的自然本性进行合作?"

[5]"我接受。"他说。

14. "那么,"我说,"接着该讨论的难道不是那个问题,即,这样的合作,就像在其他动物中那样,是否同样能在人们中实现,又如何能实现?"

"你问得可巧,"他说,"我也正想提出这一问题。"

[466e]"就论这些人来到战场时,"我说,"他们会以什么方式作战,我想,这很清楚。"

"怎么会呢?"他说。

---

① 前面说过的那番话:420b。
② 一半多于全部($πλέον...ἥμισυ παντός$):赫西俄德《劳作与时日》,40。

"很清楚,他们将会一同出征,并且会把所有身体结实的孩子[5]带到战场上,好让这些孩子如同其他手工艺者的后代一样观察这一事业的整个过程,因为他们将来必须成为这一事业的高手;除了观看,[467a]他们必须辅助和料理涉及战争的一切工作,必须照料他们的父亲和母亲。或你没有注意到手工业的状况,比如陶工们的后代,在从事制作陶器以前,[5]他们长期在一旁观看并且充当助理?"

"当然注意到了。"

"这些人是不是应该比卫士们更小心地训练自己的孩子,让他们观看并且尝试一切和他们事业相关的工作?"

"那样的话,"他说,"岂不特别可笑。"

[10]"再说,每一种动物作战总是格外出色,[467b]每当有它所生的后代在场。"

"是这样。然而,苏格拉底,如果他们失败,鉴于这种事在战争中经常发生,危险就不小,除了失去孩子外,他们会使城邦的其余部分无法自我恢复。"

[5]"你说得有道理,"我说,"不过,你是否认为,我们必须把这当作第一件事来准备,在任何时候都不冒险?"

"我毫不这么认为。"

"这又如何呢?如果他们必须冒险,要是成功的话,他们不就会有更优越的处境?"

[10]"显然是这样。"

[467c]"但你认为这区别不大,并且不值得冒险,是否让这些孩子,这些必将成为武士的人,去观看涉及战争的事情?"

"不,这的确有很大区别,如你所说。"

[5]"因此我们必须这么做,一方面使孩子们成为战争的观察者,另一方面采取措施保障他们的安全,这样就好了,是不是?"

"是。"

"难道不是这样,"我说,"首先,他们的父亲,[10]按凡人的能力,不会是一帮无知的人,相反,他们会熟悉各种战役,知道哪些危险,[467d]哪些不危险?"

"这有可能。"他说。

"因此,他们会把孩子带入一些战役,对于其他一些战役,他们会谨慎从事。"

"对。"

[5]"同时,他们并不会派最差的军官去带领孩子,而是会派有足够经验和年纪的人去充当孩子们的向导和顾问①。"

"理应如此。"

"不过在现实中,我们会说,许多事情会违背许多人的愿望[10]而发生。"

"的确会这样。"

"为了防止这样的事情发生,我的朋友,我们必须让孩子们从小开始就学飞,这样,一旦有必要,他们就能飞快地使自己脱离危险。"

[467e]"你说的是什么意思?"他说。

"当他们非常年幼的时候,"我说,"我们就必须让他们跃上马背,当他们学会了骑马,我们就必须带他们去观看战役,当然不让他们骑性子暴烈或擅长拼搏的战马,而是让他们骑那些跑速最快、最容易驾驭的马匹。[5]这样,他们就能非常有效地观摩自己未来的事业,一旦有必要,他们又能非常安全地跟随年长的向导,使自己脱离危险。"

"我看,"他说,"你说得正确。"

[468a]"有关战争方面的事情,"我说,"你有何看法?你认为我们的战士必须如何对待自己又如何对待敌人?我的看法是否正确?"

"告诉我,"他说,"你又有什么样的看法。"

[5]"他们中,"我说,"如果有人离开阵营,或扔掉武器,或因胆怯而干了任何诸如此类的事情,那么,我们不就应该让他去当手工业者或农民②?"

"的确完全如此。"

"如果某人被敌人活活地抓去,我们是不是就该把他看作给敌人的礼物,[10]让抓住他的那些人随意处置他们手中的捕获物?"

---

① 派……向导和顾问:对于雅典人来说,这意味着一反他们把自己的孩子交给家奴照管的习惯做法。

② 当手工业者或农民:作为对卫士的惩罚,以民役代替军役;在古希腊人中,惩罚怯懦的一般做法是,剥夺对方的公民权($ἀτιμία$)。

[468b]"的确应该这样。"

"如果某人出类拔萃,表现杰出,依你看,难道他不应该在军中首先接受随军出征的小伙子和少年儿童——为他加冕?[5]或不应该这样?"

"我看应该。"

"这又如何?和他握握右手?"

"也应该如此。"

"不过,我猜想,"我说,"你意料不到接着还会发生这事。"

[10]"什么事?"

"他会亲吻他们以及被他们每一个人亲吻。"

"这绝对可以,"他说,"我提议把这一点定入法律,[468c]只要这一战役还在进行中,如果他想吻谁,谁都不能拒绝,这样的话,如果某人爱上了某个少年或某个姑娘,他就会更加迫切地希望获得上面所说的英雄奖。"

[5]"很好,"我说,"事实上,这么一个英雄,为他准备的婚姻次数会多于其他人,而且,这些人中签的次数也会比别人更频繁,以致绝大多数孩子都来自这样的人,如前面已经说过的那样①。"

"我们的确说过。"他说。

15.[10]"这同样也是根据荷马的观点,用这样的方法向[468d]所有本质优秀的年轻人表示敬意,十分正当。因为荷马就这么说过,埃阿斯在战争中表现突出,人们赏了他'长条脊骨肉'②,用这样的方法向这位风华正茂、勇猛顽强的英雄表示他们内心的敬意,这么做不仅是为了敬佩他,同时又是[5]为了增强他的体力。"

"非常正确。"他说。

"至少在这种事上,"我说,"我们将听从荷马的话。在祭神的典礼上以及其他一切诸如此类的场合中,我们将会用颂歌以及我们刚才[10]所说的那些方法向这些优秀的战士表示敬意,为他们安排'荣誉席位、肉食、[468e]斟满酒的杯子'③,这样,在表示敬意的同时,我们还

---

① 如前面已经说过的那样:459d-460b。
② 荷马,《伊利亚特》7.321。
③ 荷马,《伊利亚特》8.162。

能进一步锻炼这些本质优秀的男子和女子。"

"你讲得非常出色。"他说。

"好！当他们中任何人在战场上英勇牺牲,[5]难道我们不会首先宣布,他属于金质种族？"

"绝对如此。"

"难道我们不会相信赫西俄德的话,每当这一种族中的人去世,他说,

[469a]他们便一一成了地面上圣洁的神灵,
吉祥、驱邪的势力,说话的人类的卫士[1]？"

"我们的确将会相信这话。"

"因此,我们将会去向那位天神打听,我们应该如何埋葬这些如同神灵、[5]如同天神一般的人,应该采用什么特殊形式,根据他的答复,我们将如此照办。"

"否则,我们将如何？"

"此后,如同对待神灵一样,我们将会如此[469b]敬奉和崇拜他们的墓地？我们将履行同样的义务,当那些被认为是一生特别高尚的人中有谁去世,不管因为年老,或其他原因？"

"这么做的确有理。"他说。

[5]"这又如何？我们的战士将如何对待他们的敌人？"

"具体指哪一方面？"

"首先,在奴役战俘[2]方面,你是否认为,希腊人应当奴役希腊人的城邦,或,[10]他们应当尽量不让这事发生,并且使宽恕希腊民族这一

---

[1] 赫西俄德,《劳作与时日》122 – 123。

[2] 奴役战俘:在伯罗奔半岛战争时期(前431—前404),奴役战俘仍是一个普遍现象;后来人们就开始觉得这么做并不公正,尤其是对方也是希腊人,和自己是同一个民族。柏拉图认为,奴役战俘是野蛮人(非希腊人)的做法,只能限于用来对待野蛮人(471b),而不能用来对待自己人。柏拉图在《理想国》中并没有提到奴隶阶级,但也没有明确地否定或取消奴隶制,尽管在他晚些时候所写的《法义》中,他认为完全有必要保留奴隶制(《法义》776c – 778a);显然,在这一方面,柏拉图的思想有其明显的阶级性和时代的局限性。

做法成为自己的传统,[469c]以防遭受外族人的奴役?"

"从整体看,"他说,"宽恕绝对最好。"

"因此,他们不仅自己不会拥有希腊族奴隶,同时还会[5]如此劝说其他希腊人。"

"完全如此,"他说,"这样,他们就更有可能去反抗外族人,放开自己人。"

"这又如何?"我说,"当他们战胜了对方,除了武器外,还剥夺死者身上的其他东西,这一做法是否妥当?这是否给了那些胆怯的人一个借口,[469d]不去面临其他仍在作战的敌人,似乎他们正在做一些必要的事情,弓着腰,围在死人的身旁,许多部队不就是因进行这种掳掠而被毁灭了吗?"

[5]"就是这样。"

"难道你不认为剥夺死者身上的东西是一种鄙俗、贪婪的行为,这难道不是妇人和小人之见,仍把死者的躯体看作敌人,尽管他们的仇敌已经飞走①,留下的只是他曾凭此作战的工具?或你认为,做这种事情的人的行为[469e]和那些家犬的行为有何等区别,后者只对扔向它们的石块生气,却不去碰那个扔石块的人?"

"连微小的区别都不存在。"他说。

"因此,必须放弃剥夺死者身上的东西和[5]阻碍敌方把死者运走的做法?"

"的确必须放弃,"他说,"宙斯在上。"

16."另外,我们同样不会把他们的武器带到神殿中,当祭品供上,尤其不会把希腊族人的武器,如果我们在某种程度上想赢得[470a]其他希腊人对我们的好意;我们倒会害怕自己犯了某种亵渎罪,如果我们把这批属于自己一族人的武器带到神圣的地方,除非那位天神有不同的说法。"

"非常正确。"他说。

[5]"对分割希腊人的土地、烧毁他们的房屋,你又有如何看法?你的官兵将如何对待他们的敌人?"

---

① 飞走:灵魂已飞向冥间。

"这方面,"他说,"我倒希望听听你的意见。"

"我认为,"我说,"以上两种事情他们都不应该做,但[470b]他们可以夺走对方一年的收成。为何这样,你需要我对你解释一下吗?"

"完全如此。"

"依我看,正如它们有两种称呼,[5]一是战争,一是内讧,它们的确如此存在,并且本质上彼此不同。我指的是,其中一种和自己人、和亲属有关,另一种和别人、和外邦人有关。和自己人发生对抗,这叫内讧,和别人发生对抗,这叫战争。"

[10]"的确,"他说,"你说得一点也没出格。"

[470c]"那么,看看我以下这话是否也说在点子上了。我说,希腊民族对自己而言是自己人、是亲属,对外邦人来说是外人、是他人。"

"对。"他说。

[5]"当希腊人反抗外邦人或外邦人反抗希腊人,我们会说,他们在进行交战,双方是自然的敌人,这种对抗必须被称为战争。希腊人对希腊人,当他们在做这种事情,本质上他们仍是朋友,我们会说,希腊民族得了病,内部正在发生动乱,[470d]这种对抗必须被称为内讧。"

"我同意,"他说,"可以这么认为。"

"请考虑这一点,"我说,"根据我们现在已同意的内讧的含义,每当这一事件发生,城邦有了分裂,[5]如果一方糟蹋了另一方的土地,烧毁了房屋,这种内讧其实应该被视为一种罪行,他们中任何一方都不热爱自己的城邦——他们哪敢蹂躏抚养自己的奶妈和母亲——然而,[470e]胜利的一方从被征服的一方那里夺走一年的劳动果实,这事应该算合情合理,此外,他们应该具有那种人的思想,能够随时和人进行和谈,而不是一味靠战争解决问题。"

"其实,"他说,"前者属于远为文明的人的思想。"

"这又如何呢?"我说,"你目前创建的难道不将是一个[5]希腊人的城邦?"

"应该就是它。"他说。

"是不是城民们将会既高尚又文明?"

"绝对如此。"

"他们不会是热爱希腊的人?不会把希腊当作自己的土地,[10]

不会参与其他希腊人的宗教活动?"

"当然绝对会。"

"因此,他们会把希腊人的分歧看作内部争端,[471a]因为都是自己人,而不会把这称作战争?"

"不会。"

"他们将会为签订和约而进行磋商?"

[5]"的确完全如此。"

"他们会友好地开导对方,而不是用奴役或毁灭的方法惩罚对方,他们是训导者,不是敌人。"

"是这样。"

"因此,他们不会蹂躏希腊的土地,因为他们都是希腊人,[10]也不会烧毁住宅,也不会一致认为,不管在哪一个城邦,其中的全部城民都是敌人,包括男人、妇女和儿童,而会一致认为,敌人总是少数,存在的分歧应归罪于这些人。[471b]以这一切为理由,他们就不会希望去蹂躏对方的土地,因为对方中绝大多数人是他们的朋友,也不会捣毁对方的房屋,而只是把争端持续到这么一个限度,当那些制造分歧的人在无辜受难的人们的逼迫下不得不接受[5]惩罚。"

"我同意,"他说,"我们的公民应该如此对待和他们对立的希腊人;对待外邦人,倒应该如同当今的希腊人对待自己人。"

"我们是不是应该为城邦卫士制定这么一条法律,[471c]不准蹂躏土地,不准烧毁房屋?"

"就让我们如此定了,"他说,"这两条以及前面制定的那些①,同样都很好。

17."然而,我觉得,苏格拉底,如果某人让你如此谈论下去,[5]你怎么也不会记得你曾暂时把那个问题搁在一边来讨论所有这些东西,那个问题是,这一城邦政体是否能实现并且凭什么方式实现;因为,如果它能实现,所有这一切对于城邦来说都会很美好,如果它能拥有它们,至于那些被你省略的东西,允许我说一下,那就是,这些卫士将会[471d]极为出色地抗击敌人,鉴于他们最不可能丢下自己人不管,因

---

① 前面制定的那些:458a－b。

为他们自己心中明白这一点,并且相互之间就使用这些称呼,兄弟,父亲,儿子;如果女性也一同参加战役,不管她们在同一战斗阵营中,或是被安排在它的后面充数,[5]以此来吓唬敌人,或是必要时让其成为部队的增援,我想,这样,他们便会战无不胜;我还看到,他们在家中能有的各种利益被你省略掉了。[471e]不过,就算我同意这一切以及其他数不清的好事都会发生,如果这一城邦体系能够实现,你就别再继续谈论那方面的事,而是让我们现在就试图说服自己,这一体系是否可能实现,并且凭什么实现,让其他一切都靠边站。"

[472a]"突然间,"我说,"仿佛你向我的理论发动了攻击,并且不给我任何同情,见我这么迟疑不决。其实,也许你并不知道,在我还没有完全躲过前面两个浪潮之时,你现在又向我推来势头最大、最难以对付的第三个浪潮,[5]当你耳闻目睹了它,你将会对我充满同情,认识到我自然有理由如此迟疑不决,害怕论说和试图进一步探讨这一如此不寻常的理论。"

"你这种话说得越多,"他说,"[472b]你被我们释放的机会就越少,如果你想避而不谈这一城邦体系能凭什么方法实现。说吧,别磨蹭了。"

"那么,"我说,"难道没有必要首先回想到这一点,我们是在探索什么是正义和什么是非正义的过程中[5]来到了这里?"

"有必要,但这又有什么关系?"他说。

"没关系;但如果我们发现了什么是正义,那么,我们是不是会认为,一个拥有正义的人必定和那正义没有本质上的区别,事实上,他会在各方面都类同于正义的模式?[472c]或者,我们对此会感到满足,如果他最接近它,并且在最大的程度上分享到它的本质,远超过他人?"

"如此,"他说,"我们就满足了。"

"为了获得一个模型,"我说,"我们才试图寻找[5]某种和正义相似的东西,寻找一个充满正义的人,假设他存在,看他能够是一种什么样的人,寻找非正义和最无正义的人也采取同样的方法,这样,当我们对他们双方进行了仔细的观察,当我们看到哪种人幸福,哪种人正好相反,我们必然就会对自己得出相同的结论,[472d]谁和他们最相像,他也就拥有和它最相似的份额;这么做并非为了证明这一思想能够实现。"

"这一点,"他说,"你说得对。"

"你是不是认为某个优秀的画家美中不足,如果[5]他画出了一个模型,一个极为漂亮的人,各方面笔画都恰到好处,只是他不能证明这么一个人的确有可能存在?"

"宙斯在上,我可不这么认为。"他说。

"这又如何?我们说,我们自己不是同样试图在[472e]用语言制造一个优秀城邦的模型吗?"

"完全如此。"

"是不是你认为在这方面我们说得不怎么合理,如果我们不能证明我们能够如此建立一个城邦,如前面所说?"

"[5]我当然不这么认为。"他说。

"那么,"我说,"事实就是如此;如果真有必要让我高兴地满足你的要求,证明通过什么特别的方式并且根据什么理由这理论最可能成为现实,那么,反过来,根据我给你的这么一种示范,你也必须在同样的方面作出妥协。"

[10]"哪些方面?"

[473a]"把任何一件事做得和说的一样,这是否可能,或者事情的本质就是这样,具体实践总不如理论那样抓得住真理,即使表面上看并非如此?你是不是首先同意这一点,或不同意?"

"我同意。"他说。

[5]"那么,你就别逼着我做这事,说什么,凡是我们在理论中通过的东西,我必须展示它们在各个方面和在实践中都〈能〉是这样;相反,如果我们能够发现一个城邦如何能最接近我们所说的模式而存在,你就必须说,我们[473b]找到了你所要求的东西,即,它如何最可能成为实现。或你仍不会感到满足,即使你获得了这个答案?至少,我本人会感到满足。"

"我当然也一样。"他说。

18. "作为下一步,如此看来,就让我们力图来探索并且[5]指明在当今这些城邦中什么事情做得不好,由于这个缘故,它们才没有得到如此的治理,此外,又通过什么极其微小的变动,一个城邦能够进入这么一种城邦体系,最好只需一个变动,如果不行,就两个,如果还是不行,就尽可能地选择数量最少、规模最小的变动。"

[473c]"的确完全是这样。"他说。

"有这么一个变动,"我说,"我看,我们能展示,它能促使变革,尽管它规模不小,也不容易,但有可能成功。"

[5]"什么样的变动?"他说。

"的确,"我说,"我就在它的边缘,我们一度把它比作最大的浪潮①。不管怎样,该说的即将被说出,即使哗哗的笑声,如同浪潮,夹着纯粹的奚落和嘲讽将会把我淹没。然而,请考虑我要说的话。"

[10]"说吧。"他说。

"除非,"我说,"哲人成为这些城邦的君主②,[473d]或今日被称为君主和权贵的人们真诚地、恰当地热爱智慧,除非这两个方面结合到一起,一是统治城邦的权力,一是哲学,而许多气质和性格[5]必然被排除在外,因为它们目前只追随这一或那一方面,那么,我的格劳孔,这些城邦的祸患就没有终止,人类的祸患,我认为,也同样如此,在这以前,这个城邦体系[473e]并不可能诞生、目睹太阳的光辉,尽管我们对它已进行过理论上的检验。其实,正是这一原因,它使我好长时间犹豫不说,我明白,这话听起来将会是多么不可置信;[5]因为很难想象,在另一种制度中不存在某种幸福,个人的或社会的。"

"眼下,苏格拉底,"他说,"你抛出了这么一堆辞藻和言论,说完了这席话,你指望眼前这一大帮人,这批本质[474a]并不低劣的听众,脱掉衣服、光着身子③、操起任何一件碰巧在他手边的武器,一齐向你涌来,准备干出什么骇人之事;除非你用你的理论做防护,躲开他们,你会遭到他们的嘲笑,为此接受惩罚。"

[5]"难道还不是你,"我说,"给我招来这些麻烦?"

"我本人,"他说,"一直做得很文雅。其实,我根本不会出卖你,相反,我会力所能及地保护你,不仅能给予你同情和鼓励,而且也许我能比别人更恰当地[474b]答复你提出的问题。不管怎样,鉴于你有了我这么一个助手,你就尽力去向那些充满怀疑的人证明,这一城邦体系如

---

① 最大的浪潮:472a。
② 哲人成为……城邦的君主:这是柏拉图的信念,全书的核心思想之一。
③ 脱掉衣服、光着身子:衣服($ἱμάτιον$)指外袍;当人们参加运动或投入格斗前,总先把它脱了,抛到一边;此处所说的"光着身子"是谐谑语,实质是"轻装"上阵。

何根据你所说的方法有可能实现。"

"我当然必须尽力,"我说,"既然你向我提供了如此慷慨的援助。我认为这很必要,如果我们想[5]通过某种方法躲避你所指的那些人,我们必须向他们指明哲人的定义,我们为这些人说话,大胆声称这些人应该统治城邦,这样,当这些被解释清楚后,某人就会拥有自卫的能力,他可以公开指出,[474c]一些人的本性适合于研究哲学并且在城邦中执政,其他人的本性则不适合研究哲学,只适合服从领导。"

"此刻,"他说,"该下定义了。"

[5]"来吧,就跟我到这边来,看我们能否用某种方法足以把它解释清楚。"

"请带路。"他说。

"是不是需要我提醒你,"我说,"或你仍记得这一点,当我们说某人爱某一东西,如果根据正确的说法,我们必须说,[10]他并非只爱其中这一部分,或那一部分,而是喜欢上了整个部分?"

19. [474d]"看来,"他说,"你得提醒我;因为我现在什么也想不起来。"

"你这话,"我说,"格劳孔,应该让另一个人说才对! 一个充满情欲的人不应该忘记,所有处于[5]青春妙龄的人都会在某种程度上使他这个喜爱少年、充满情欲的人感到惆怅和激动,一个个似乎都值得他的关注和宠爱。难道你在美人面前没有如此的反应? 其中一个,因为是塌鼻梁,被你们美其名曰活泼可爱,另一个,是鹰钩鼻,你们称他像个王子,再来一个,介于两者之间,[474e]你们说他长得极其匀称,皮肤黑的,称他们有男子气,皮肤白的,称他们是天神的孩子;同样,说对方有蜂蜜一般的肤色,你认为这种叫法会是其他什么人的发明,而不是某个情人的发明,以示亲昵,并且表示他自己能欢快地接受苍黄这一颜色,只要它伴随着青春妙龄①? [5]简言之,你们采用各种各样的借口,

---

① 塌鼻梁……只要它伴随着青春妙龄:这般风趣而幽默的描述在西方古典文学中并不缺少"翻版"。古罗马哲学诗人卢克莱修(前98—约前55)有一段内容相同的文字,也许参照了柏拉图的模式,生动而刻薄地描述了某些"恋人"如何措辞巧妙地掩饰和美化对方外貌上的"不足"(《论万物的本性》4. 1155 – 1170);同样,在罗马诗人贺拉斯(前65—前8)和奥维德(前43—17)的作品中,我们能看到相当明显的艺术仿效和加工(贺拉斯,《讽刺诗集》1. 3. 38 – 58;奥维德,《爱的艺术》2. 657 – 662)。

抛出[475a]各种各样的颂词,不把任何一个处于青春妙龄的人从你们身边推开。"

"如果你想拿我当例子,"他说,"谈论那些充满情欲的人如何做这样的事,为了便于讨论,我同意。"

[5]"这又如何?"我说,"你看到,爱酒的人不是有同样的表现,他们用每一种借口给每一种酒一个美名?"

"的确是这样。"

"我想,你也清楚地看到爱荣誉的人有这种表现,如果他们不能[10]成为将领,他们会当个军官①,如果不能被比他们地位高、名声显赫的人[475b]看重,他们会高兴地接受不如他们的小人物和低劣之辈的崇拜,正因为他们一心向往荣誉。"

"当然如此。"

"说,这是否如此:当我们说某人渴望某种东西,我们会声称,[5]他渴望如此一整类东西,或声称,他只渴望其中的这一部分,而不是那一部分?"

"一整类。"他说。

"那么,我们是不是会说,热爱智慧的哲人②渴望的不是这种或那种智慧,而是全部的智慧?"

[10]"对。"

"一个对种种知识感到讨厌的人,特别是当他[475c]还年轻、还不懂什么有用或无用,我们既不会说他好学,也不会说他热爱智慧,就像一个对种种食物感到讨厌的人,我们会说,他并不感到饥饿,也不渴望食物,并不好食,而是厌食。"

[5]"我们这么说很对。"

---

① 军官:古时的雅典,自克莱斯忒涅的民主改革以后(前508—前507),有十个按地区划分的行政部落($\varphi\nu\lambda\acute{\eta}$),城邦的军队由各部落出人组成,武器和军需费用也各自出钱配备;由每一个行政部落派出的军队组织称作"部落师"($\varphi\iota\lambda\acute{\eta}$),或称"师队"($\tau\acute{\alpha}\chi\iota\varsigma$),其总领称"师长"($\tau\alpha\chi\acute{\iota}\alpha\rho\sigma\varsigma$);在他底下、负责带领三分之一"部落师"的人称作"三级军官"($\tau\varrho\iota\tau\tau\nu\acute{\alpha}\varrho\chi\eta\varsigma$),简称"军官"。

② 热爱智慧的哲人:希腊文中的"哲人"一词($\varphi\iota\lambda\acute{o}\sigma o\varphi o\varsigma$)的原意就是"热爱智慧的人";此处,根据文体("智慧"[$\sigma o\varphi\acute{\iota}\alpha$]一词在句中的声韵)和内容(狭义为"哲人")两方面的需要,采用此具有语义重复的译法更尽原文之含义。

"一个毫不犹豫地想品尝每一种知识、乐意去学习并且永不感到满足的人,我们会合理地称这人热爱智慧;难道不是这样?"

[475d] 格劳孔此刻说道:"那么,许多非同一般的人将会成为你说的这样。其实,我看所有喜欢看热闹的人都是这样,他们热衷于盘问底细,喜欢声响的人可是些最不寻常的人,如把他们算在热爱智慧的人中,因为他们根本不会愿意为这种讨论[5]和如此消磨时间而来到这里,似乎这帮人早已把自己的耳朵出租给聆听一切歌舞的事业,为了参加各地的狄俄尼索斯节①到处奔波,无论在城邦举行或在乡间举行,他们都不放弃。所有这些人和其他诸如此类的求知者以及[475e]那些坐着钻研技术的人,我们会称他们是热爱智慧的人们?"

"当然不会,"我说,"但我们会说,他们类似热爱智慧的人们。"

20. "然而,"他说,"真正的热爱智慧的人,你说,是些什么人?"

"这些人,"我说,"热爱观赏真理。"

[5]"这说法倒是不错,"他说,"但你又如何解释这一点?"

"如向别人解释,"我说,"这可不容易。但我认为,你会同意我这一观点。"

"哪一观点?"

"因为美和丑相互对立,它们是两种东西。"

[476a] "怎么不是?"

"正因为它们是两种东西,是不是各自是单一的个体?"

"是这样。"

"那么,有关正义和非正义、高贵和低劣[5]以及一切诸如此类的东西,这也是同样的道理,尽管它们各自都是单一的个体,但因为它们在各种事务、躯体以及其他方面到处呈现在一起,各自似乎又是许多不同的个体。"

"你说得对。"他说。

"我如此区分这些人,"我说,"一种,如你刚才所说,[10]是爱观

---

① 狄俄尼索斯节:狄俄尼索斯是酒神和狂欢之神,在雅典(从公元前6世纪开始),每年有两次这个节日,一个称作"狄俄尼索斯乡村节"(12月),另一个称作"狄俄尼索斯大节(或城邦节)"(3月);主要庆祝活动包括宗教游行,在狄俄尼索斯神殿前祭酒、贡献牺牲,以及在阿克罗波利斯(雅典卫城)南坡的狄俄尼索斯露天戏院演出悲喜剧,为期五天。

赏、爱工艺、讲实效的人,[476b]另一种,即我们讨论的对象,只是这些人,我们能正确地称他们为哲人。"

"你如何解释?"他说。

"你知道,"我说,"那些爱声响和爱观赏的人喜欢[5]动听的声音、漂亮颜色、图像以及一切由诸如此类的东西组合起来的事物,然而,他们的心灵却没有能力看到并且喜欢上美的本质。"

"他们的情形,"他说,"的确如此。"

[10]"难道不是这样,只有极少数的人能够接近这种美,并且能看清它的本身?"

[476c]"的确如此。"

"那么,如果一个人认识美丽的事物,但他不认识美的本身,即使有人可以带他去认识它,他仍不能跟随,你看,这人是清醒地还是做梦般地活在世上?请考虑这一点。[5]这难道不是在做梦,当某人在睡眠中或在醒着的时候并不把类似的形象看作类似的形象,而把它看作事物的本身,因为它和它相像?"

"至少我会说,"他说,"这人是在做梦。"

"这又如何?如果一个人想的和以上这些相反,认为美是某种实体,[476d]他不仅能看清美的本身,而且能看清那些分享到美的东西,既不把那些分享到美的东西看作美的本身,也不把美的本身看作那些分享到美的东西,你看,这人是清醒地还是做梦般地活在世上?"

"当然,"他说,"处于清醒的状态。"

[5]"难道不是这样,这人的思想,因为他认识事物的本质,我们就能正确地称之为真知,称另一个人的为意念①,因为他只会意想事物?"

"的确完全如此。"

---

① 意念:这词(希腊文,δόξα)包含看法、判断、见识、想象、猜测等多层意思,是动词"想象""认为"或"依(某某)看来"(δοκέω)的派生词;此处所说的"意念"指某人根据感观对某一事物形成的一种看法、观念和意见。一个喜欢"看戏"的人,他的认识对象并不是事物的本质,但也不是纯粹的"虚幻",而是某种介于存在和不存在之间的"东西",他通过"想象"(δοξάζειν)完成对事物的了解过程,得出自己对事物的见识和看法,即此处所说的"意念"(δόξα);哲人则不同,他的认识对象是事物的客观本质,他依靠理性这一灵魂中最优秀的部分来"熟悉""亲近"和"认识"(γιγνώσκειν)事物的本质,得到的是客观知识(真知)(ἐπιστήμη)。

"那么,这又如何呢,如果这个人对我们生气,因为我们说他只会意想而不能认识事物,并且要和我们争论,声称我们说的不是事实?[476e]我们能不能给他一些安慰,心平气和地劝导他,把他头脑不健全这一事实遮掩过去?"

"是应该这样。"他说。

"来吧,想想我们将会对他说些什么。或你宁可[5]让我们如此探问他,声称,如果他懂某种知识,我们不会妒忌他,反而会高兴地看到他懂某种知识。但告诉我们这一点:一个能认识事物的人认识的是某种东西还是虚无?你就代替那人回答我。"

"我回答,"他说,"他认识某种东西。"

[10]"是某种存在的东西,还是不存在的东西?"

[477a]"存在的东西!不存在的东西怎么能被人认识呢?"

"因此,我们是不是对此有了充分的认识,即使我们从多方面观察,那就是,完全存在的东西能够完全被人认识,不存在的东西无论用什么方法都不能被人认识?"

[5]"绝对充分。"

"好!然而,如果某物是处于这么一种状态,它既存在而又不存在,那么,它难道不是处于某种中间状态,介于纯粹存在的东西和绝对不存在的东西之间?"

"是处于两者之间。"

"难道不是这样,既然知识涉及存在的东西,无知涉及[10]不存在的东西,我们同样必须[477b]在无知和有知之间找到,看是否存在某一东西恰好如同这样?"

"的确完全如此。"

"我们是不是称意念为某种东西?"

"怎么不是?"

[5]"它的能力与知识的能力不同,还是相同?"

"不同。"

"意念涉及的是一类东西,知识涉及的是另一类东西,各自在自己的领域施展自己的能力。"

"是这样。"

[10]"难道知识不就是凭这存在之物而产生,其任务是去认识这存在之物如何存在?——不过,我认为,我们有必要首先把这一点进一步解释清楚。"

"怎么解释?"

21. [477c]"我们将说,各种能力是某种存在的东西,凭借这些能力我们才能做成我们能做的以及其他一切能够做成的事,例如,我说,视觉和听觉就属于此列,如果你明白我想说的那类东西。"

[5]"我的确明白。"他说。

"听听我对它们的看法如何。其实,我看不到能力有什么颜色、形状或任何诸如此类以及其他许多特征,不像往常,我可以根据这些特征进行观察并且靠自己把某些东西划分为这种类别、另一些东西划分为那种类别;[477d]在观察能力时,我只看它涉及什么东西、发挥什么样的功效,并且就按这样的方法给予每一种能力一个特定的称呼,如果它涉及相同的东西并且发挥相同的功效,我就称它为相同的能力,如果它涉及不同的东西并且发挥不同的功效,我就称它为[5]另一种能力。你看如何?你怎么做?"

"就是这样。"

"此处重复一下,"我说,"最高尚的人。你说,知识是不是一种能力,或你把它纳入哪一类事物?"

"就纳入这种,"他说,"它是所有能力中最强大的一种。"

[477e]"这又如何,我们将把意念放入能力一类,还是把它放入别的一类?"

"根本不行,"他说,"因为我们正是靠此才能作出意想,这正是意念而不是别的什么东西。"

"然而,不久前你曾同意,[5]知识和意念并不是同一样东西。"

"一个有理性的人,"他说,"怎么能把毫无过失的东西等同于并非毫无过失的东西?"

"好,"我说,"显然,我们同意,[478a]意念不同于知识。"

"的确不同。"

"那么,它们各自根据自己的本性有能力涉及不同的领域?"

[5]"必然如此。"

"不管怎样,知识涉及存在的东西,本意在于认清存在的东西的本质如何?"

"是。"

"而意念,我们说,在于意想?"

"是。"

[10]"这是否和知识所认识的东西一样? 能够被认识的东西和能够被意想的东西是否一样? 或这不可能?"

"这不可能,"他说,"根据我们所同意的观点;如果不同的能力根据其本性涉及不同的东西,那么,意念和知识这两种能力也如此,[478b]它们彼此不同,如我们所说,由于这些原因,我们就不可声称能够被认识的东西和能够被意想的东西是相同的东西。"

"难道不是这样,如果说存在的东西能被人认识,被意想的东西就可能是另一种东西,而不是存在的东西?"

[5]"是另一种东西。"

"难道一个人能意想不存在的东西? 或,一个人不可能意想不存在的东西? 请你考虑一下。难道一个在进行意想的人能不把自己的意念放在什么东西上? 或,反之,他能进行意想,就意想虚无的东西?"

"这不可能。"

[10]"然而,一个在进行意想的人至少在意想某一件东西?"

"是。"

"然而,不存在的东西并非某一件东西,[478c]是不是人们只能最恰当地称它为虚无?"

"完全如此。"

"我们有必要把不存在的东西定为无知的领域,把存在的东西定为知识的领域。"

[5]"对。"他说。

"那么,他意想的既非存在的东西,也非不存在的东西?"

"确实两者都不是。"

"那么,意念既不可能是无知,也不可能是知识?"

"看来不可能。"

[10]"那么,是不是它在这两个领域之外,比知识清楚,比无知

模糊?"

"两种情形都不是。"

"然而,"我说,"依你看,是不是意念比知识暗淡,比无知明亮?"

[15]"的确如此。"他说。

[478d]"它在这两个领域之外?"

"是。"

"因此意念可能介于两者之间。"

"的确非常可能。"

[5]"是不是我们早先说过,如果某物似乎存在又不存在,这一东西处于纯粹存在的东西和完全不存在的东西之间,知识和无知都不涉及它,然而,它显然是某种处于无知和知识之间的东西?"

[10]"对。"

"此刻,我们称之为意念的这一东西至少已出现在两者之间?"

"显然如此。"

22. [478e]"找出那东西就是我们剩下的任务,如此看来,它拥有两种成分,存在和不存在,它不能被正确地称作纯粹的前者或后者,这样,如果它出现在我们面前,我们可以合理地称之为可意想的东西,把属于两个极端的东西归放到两个极端的领域,[5]把属于中间的东西归放到中间的领域。或不是这样?"

"是这样。"

"既然这些论点都已摆出,我将说,[479a]就让那位心地善良的朋友①给我作个解释,回答我的问题,既然他不相信美的本身,也不相信同一种美永远具有某种相同的形式,而是认为美有多种多样,那位喜欢观赏的人同样绝不会让别人说,只存在一种美、一种正义[5]以及诸如此类的话。'最高尚的人,'我们将说,'在如此之多的美物中,难道不存在某种看来是丑陋的东西? 在种种正义中,不存在某种看来是非正义的东西? 在种种虔诚中,不存在某种看来是非虔诚的东西?'"

---

① 那位心地善良的朋友:此处指前面曾提到的、假设的反对者(476d);据说,柏拉图可能是在反驳安提斯忒涅斯(约前455—前360),苏格拉底的另一个学生,但也有一些人认为,这人是著名的演说家和思想家伊索克拉底(前436—前338)。

[479b]"不,事实必然是这样,"他说,"从某方面看,它们显得美又显得丑,你所问到的其他东西也都一样。"

"许多具有双重性的东西又怎样呢？其一半似乎不如其一倍？"

[5]"一点也不是这样。"

"大的、小的、轻的、重的,这些东西也就不会超过我们所说,称它们是相互对立的东西？"

"不会,"他说,"但每一件东西总包含两个对立的方面。"

"那么,这许多东西中的每一件东西会不会更是[10]某人声称它不是的那一东西呢？"

"就像那些宴会上的人,"他说,"说话模棱两可,[479c]如同给孩子们猜的有关阉人的那个谜语①,说后者击蝙蝠,把什么东西向它投去,它又暂栖在什么之上,一切被他们说得如谜语一般；他们把这话说得模棱两可,使人无法肯定地作出判断,它们究竟是这,或不是这,[5]究竟两者都是,或两者都不是。"

"那么,"我说,"你就知道应该如何对付它们,或说,你知道把它们放在哪个地方更合适,介于存在和不存在？因为它们既不可能比不存在的东西更昏暗,以至于它们超过虚无,[479d]也不能比存在的东西更明亮,以至于它们超过存在。"

"说得非常正确。"他说。

"看来,我们发现了这一点,关于美和其他东西,大部分人的大部

---

① 有关阉人的那个谜语:柏拉图所说的这个谜语有两个广为流传的"原版",其一据说是诗人帕纳尔克斯所作的一首抑扬格诗：

有这么一个谜:一个男人,其实不算男人,看准了,其实没看准,一只鸟,其实不是鸟,躲在树上,其实不是树,他捡起一石,其实不是石,向它投去,其实没向它投去。

另一个"版本",一首"墓碑诗",与此内容相似,但结局不同：

我,一只鸟,算鸟,其实不是鸟,有个男人,算男人,其实不是男人,见我坐在树上,其实那不是树,用石,其实不是石,砸我,毁了我这条命。

此处的男子指阉人,鸟指蝙蝠,树指芦苇,石指浮石；前一首诗中的阉人是斜眼,所以他既没看准,也没投中。

分观念,从某种意义上说,纯粹就是在存在之物[5]和不存在之物之间徘徊。"

"对,我们发现了这一点。"

"不久前我们曾一致同意①,如果某东西看来如此,这就必须被称为是可意想的东西,并非可认识的东西,因为它不停地游荡于中间,被位于中间的能力所左右。"

[10]"对,我们曾一致同意。"

[479e]"因此,就说那些人,他们眼中看到许多美的东西,但看不到美的本身,也不能随人带领去那处,眼中看到许多正义的东西,但看不到正义本身,对待一切都是这样,我们会说,他们对一切抱着意想,对自己所意想的东西[5]没有任何认识。"

"必然如此。"他说。

"反之,那些眼中看到每一件事物并且始终按它们各自存在的本质去对待它们的人又如何呢? 他们拥有的难道不就是认识,而不是意想?"

"这也必然如此。"

[10]"难道不是这样,我们将称这些人喜欢并且热爱知识所统照的东西,称那些人[480a]喜欢并且热爱意念所统照的东西? 我们是否记得,我们曾说过②,后一种人喜欢各种声音、色彩以及其他诸如此类的东西,并且热衷于观赏,但他们不接受美的本身为存在的实体?"

[5]"我们记得。"

"那么,我们将不会犯什么错误,如果我们称他们意念的爱好者,而不是智慧的爱好者? 因此,他们会特别和我们过不去,如果我们给他们如此的称呼?"

"不会,如果他们能听取我的话,"他说,"因为[10]没有理由向真理发怒。"

"那些喜欢并且热爱每一事物本身的人,我们必须称他们为智慧的爱好者,而不是意念的爱好者?"

"的确完全是这样。"

---

① 我们曾一致同意:478d。
② 我们曾说过:479a,479b。

卷　六

1. [484a]"哲人，"我说，"格劳孔，和非哲人，通过一番时间颇长的讨论①，总算在我们面前展现出他们各自的面目。"

"用简短的讨论，"他说，"也许还不容易。"

[5]"显然如此，"我说，"我认为，情形会更好些，如果我们只需讨论这一点而不涉及许多剩余的问题就能确认正义的生活方式如何不同于[484b]非正义的生活方式。"

"讨论过这一点后，"他说，"我们又面临什么问题呢？"

"不是紧跟着它的问题，"我说，"又会是什么呢？既然这些人是哲人，因为他们有能力抓住那种永远按同一本性和同一方式存在的东西，而那些人不是哲人，因为他们不能这么做，[5]相反，只能按各种不同的方式在许多事物中游荡，这两种人中究竟谁该成为城邦的领导人？"

"如何论说这一点，"他说，"我们才能说得合理？"

"这两种人中，"我说，"谁显得有能力保护城邦的[10]法律和生活制度，我们就立谁为[484c]城邦的卫士。"

"对。"他说。

"以下这一点，"我说，"是不是很明显，应该让一个瞎子还是一个眼光敏锐的卫士看守东西？"

[5]"怎么，"他说，"这还不明显？"

"依你看，那些对每一存在的事物缺乏认识的人和瞎子难道有什么区别，他们在自己的灵魂中并没有清晰可见的模式，不能像画家②那样看到最真实的物体，一贯能在那里得到参考，[484d]并且能以最大的精确度观察它，正因这样，他们不能在这里确立关于什么是美、什么

---

① 一番时间颇长的讨论：474d-480a。
② 画家：这一形象比喻不久前用过(472d)；不久之后，它又将再度出现(500e)。柏拉图强调，哲人们心中注视"美的本质"，这和画家眼前注视"美的实体"正好对应(508a)。

是正义、什么是高尚的标准,如果它们必须得到确立,即使树立了,他们也不能看守保护好它们?"

"宙斯在上,"他说,"没有很大区别。"

[5]"我们宁可任命这些人为城邦的卫士,还是那些认识每一存在事物的人,如果后者并不比前者缺乏经验,在美德的其他方面也不比前者差?"

"选择其他人会是怪事,"他说,"如果这些人不缺乏其他方面的资格;其实,他们所擅长的方面几乎就是[10]最重要的方面。"

[485a]"那么,我们是否应该解释这一点,这些人能以何种方式拥有这些和那些品质?"

"当然完全应该。"

"的确,就像我们一开始说的那样①,我们首先应该[5]认清这些人的本质,同时,我认为,如果我们对此持有基本一致的观点,我们也就会一致认为,他们能拥有这些品质,不应该让其他人,而是应该让他们充当城邦的领导人。"

"怎么会呢?"

2. [10]"针对哲人的本质,让我们有这么一个共同的认识,[485b]这些人一贯热爱这么一种研究,因为研究能向他们清楚地展示那种存在的物体,它永远具有一种本质,并不游荡于诞生和灭亡之间②。"

"就让我们一致同意这一点。"

[5]"再加上这一点,"我说,"他们热衷于研究事物的全部本质,不会自愿放弃哪怕是其中一小部分,或更大的部分,或更有价值的部分,或没什么价值的部分,就像我们前面说过③的那些热爱名誉或那些充满情欲的人一样。"

"你说得对。"他说。

[10]"接着,你再探明这一点,看看他们是否必然[485c]在这种本质方面具有如此的特征,必将会成为我们所描述的人。"

---

① 就像我们一开始说的那样:474b。
② 并不游荡于诞生和灭亡之间:479a – b。
③ 前面说过:474d – 475b。

"什么样的特征?"

"没有虚假,不会故意接受任何虚假,而是对它充满憎恨,对真理充满热爱。"

[5]"可能如此。"他说。

"不只是可能,我的朋友,而是完全必然如此,如同一个本质上充满爱情的人注定爱上和那些少年们亲近以及从属于他们的一切。"

"对。"他说。

[10]"你能发现什么东西比真理更从属于智慧?"

"怎么可能?"他说。

"那么,同一种本性有无可能既热爱智慧[485d]又热爱虚假?"

"绝对不可能。"

"因此,一个热爱学习的人必须从小开始就向往接近全部真理。"

[5]"完全如此。"

"然而,当某人把欲望都倾注到某一件事上,我们知道,对于其他事物的欲望就会因此而减弱,如同一条河流被分入另一条水道。"

"还能如何?"

[10]"当某人的欲望流向知识和一切类似的领域,我想,它们就会涌向只属于灵魂本身的那种欢乐,把躯体所能感受到的种种快乐①抛在后面,如果这人并非表面是[485e]而是真正是一个爱好智慧的人。"

"非常必然。"

"这么一个人当然会讲究节制,根本不会喜欢金钱;为了那些需要巨大开支的事情而重视金钱,在这方面花费精力,[5]对于别人来说合适,对他来说就不合适。"

"是这样。"

[486a]"当然,你还应该注意以下这一点,当你想判断哪种是热爱智慧的本质,哪种不是。"

"哪一点?"

"别忘了,它是否带有奴性;因为思维狭窄和一个[5]永远在想力

---

① 躯体所能感受到的种种快乐:一切欢乐和快感都产生于灵魂,这里所说的"躯体的快乐"指(作为灵魂中三个组成部分之一的)欲望部分通过躯体和外物接触、受外界刺激而感到的满足和快乐。

争理解一切神圣和人间事物的灵魂完全格格不入。"

"非常正确。"他说。

"一个思想宏伟、眼观一切时间和一切本质的人,你认为,在他看来,[10]人生会是某种重大的事件?"

"不可能。"他说。

[486b]"难道这样的人会认为死亡是一种可怕的东西?"

"丝毫不会。"

"这么看来,胆小和带有奴性的本质不能参与真正的爱好智慧的事业。"

[5]"我看不能。"

"这又如何? 一个言行有条不紊、不爱金钱、没有奴才气、不自我炫耀、不知胆怯的人可能是一个不讲信誉、不讲正义的人吗?"

"不可能。"

[10]"当你观察一个灵魂是否具有爱好智慧的本质,你还应该看到这一点,从年轻时开始,它是充满正义、性格温和,还是讨厌社会、性格粗暴。"

"当然完全应该。"

[486c]"你当然不会忽视以下这一点,我想。"

"哪一点?"

"是擅长学习还是不擅长学习。或许,你指望某人对某物能保持足够的爱好,即使他在从事这种活动中付出痛苦的代价却只获得[5]微不足道的报偿?"

"不会这样。"

"如果不管学什么东西,他都记不住,因为他充满了忘却,那又如何呢? 难道他能不头脑空无知识?"

"他还能怎样?"

[10]"如果他这么徒劳无益下去,你不认为最终他必将会憎恨自己和这种事情?"

"怎么不会?"

[486d]"因此,我们绝不应该把一个遗忘性强的灵魂接纳入那些充分爱好智慧的灵魂中,而是应该要求,它必须有很好的记忆力。"

"的确完全是这样。"

"我们会说,缺乏音乐感、缺乏形态的灵魂当然[5]不会倾向别处,只会倾向缺乏适度。"

"否则又会如何?"

"你认为,真理和缺乏适度有缘,还是和适度得当有缘?"

"和适度得当有缘。"

"因此,除了其他一些特征外,我们还应该要求这人在思想本质上平衡、优美,[10]他的本性将会容易地把他的思想引向每一件存在之物的原型。"

"怎么不会?"

[486e]"而这又如何呢?对于意在充分地、完美地理解存在之物的灵魂来说,你不认为我们已经证明所有这些特征都必不可少,而且它们都相互匹配?"

[487a]"的确,它们都非常必要。"

"因此,有关这么一种生活追求,还有什么不足之处你可指责,既然这不是任何人都可充分追求的东西,除非他天生记忆力强,擅长学习,思路开阔,气质和蔼,喜欢并且[5]亲近真理,拥有正义感,充满勇气,具有节制的精神?"

"就是摩摩斯①,"他说,"也无法指责这么一种组合。"

"然而,"我说,"当这样一批人在年龄和教育上都已成熟,你不会把城邦完全交托给他们?"

3.[487b]这时,阿德曼托斯开了口:"苏格拉底,"他说,"没人能反驳你所说的这些话。但事实上,当人们每次听你现在所说的这些东西,他们总是受到以下这一情形的某种影响;他们认为,因为他们在提出问题和回答问题方面缺乏经验,[5]他们在每一个问题上被你的话引偏了一点,当这些微小的差异积累到讨论的结尾,这差距可就大了,而且结果显得和他们一开始说的言论完全相反,正如受那些特别擅长下跳棋的高手们引诱,这些不擅长下跳棋的人最终四面受阻,没法移动一

---

① 摩摩斯:希腊神话中"责备"的化身,原属黑夜女神所生的第二批后代(赫西俄德,《神谱》214)。

步,[487c]这些人也同样如此,他们最终四面受阻,没法开口说话,被这第二种跳棋游戏困住,用的不是石子,而是语言;然而,真理并不会因此而失效。我针对目前我所看到的这种情形而言。因为,[5]目前有人或许会对你说,凭言论,他无法反驳你所提出的每一问题,然而,凭事实,他看到,所有那些一开始就投身于哲学的人,并非那种趁自己年轻而接触一点哲学、完成自己的学业、然后再抛弃它的人,[487d]而是那种把自己的大部分时间都花在这上面的人,他们中绝大部分成了怪物,我们就不去说他们有多么低劣了,另一些看来极为出类拔萃的人接受了你所推荐的这一生活方式,[5]成了一批对城邦根本无用的人。"

当我听他说完,我说:"那么你认为,说这些话的人在撒谎?"

"我不知道,"他说,"不过,我很乐意听听你对此有何看法。"

[10]"你会听到,我看他们说的是真话。"

[487e]"这怎么会对,"他说,"声称这些城邦不会摆脱祸患,除非哲人们在城邦中施行统治,尽管我们一致认为他们对城邦没有什么用处?"

"你问的问题,"我说,"应该得到一个[5]通过形象来表达的答复。"

"而你,"他说,"我相信,你不太习惯通过形象来表达自己的意思。"

4. "好啊,"我说,"你把我抛入如此难以找到出路的困境后,此刻又在嘲弄我?[488a]那么,你就听听这个形象吧,这样,你会更好地看到我是如何喜欢用形象来表达自己的意思。事实上,那些出类拔萃之辈在城邦中面临的处境是如此艰难,以致没有任何一种处境和它相像,相反,[5]我必须从许多地方搜集形象材料来描绘这一处境,并且为它们作出辩护,如同那些画家用东拼西凑的方法画羊鹿①以及其他诸如此类的东西。想象这样的事发生在许多船上或一只船上:一个船长②在体形和力量方面超过船上所有的人,[488b]但他耳朵有些聋,眼睛也同样看不太清楚,懂得的航海知识也和前两者一样有些缺陷,其他船员为了掌舵的事而相互争执不休,每一个人都认为必须由自己来掌舵,

---

① 羊鹿:这种外形又像山羊又像公鹿的虚构动物($τραγέλαφος$),以及其他类似的怪兽,常见于东方艺术,如波斯人的地毯图案(阿里斯托芬,《蛙》937;亚里士多德,《分析论·前篇》49a24,《分析论·后篇》92b7)。

② 船长[$ναύκληρος$]:或译"船主",此处的船长象征"民众",船象征"城邦"。

尽管他从来没有[5]学过这一技术、无法指出他自己的老师是谁或什么时候学过航海,不仅如此,他们还声称,这并不是一门能被教会的技术,谁若宣扬它能被教会,他们就准备让他粉身碎骨,与此同时,他们一直[488c]簇拥在那个船长周围,缠着他不放,千方百计地迫使他把船舵交托给他们,有时,当其中一些人说服不了他,而另一些反倒说服了他,前者就把后者杀了,或把他们从船上抛入水中,接着,用曼德拉草①,[5]或用酒,或用其他什么东西弄倒了高贵的船长,然后开始统治全船,享用起船内装载的东西,又是喝酒,又是大摆宴席,按这号人的习惯驾船航行,不仅如此,[488d]他们还吹捧其中一人为航海家,称他是舵手、熟悉船上一切的专家,因为这人在谋事方面特别出色,使他们说服或征服了船长,以至于他们控制了全船,指责一个没有这种能力的人为无用的蠢货,他们并不了解一个[5]真正的舵手的本质,真正的舵手必须集中精力研究一年的日期、季节、天空、星座、气流以及一切和这门技术密切相关的东西,如果他想在本质上真正成为一船之长,以致他能充当舵手,[488e]不管一些人愿意还是不愿意,因为那些人不相信,这方面的技术和研究能使他拥有这种能力掌握舵把和航海的艺术。当船上发生了这类事情,你不认为这么一个真正的舵手实质上[489a]会被那些受到如此管理的船上的船员们称作天象的观赏者、喋喋不休的智术师、不中用的家伙?"

"的确如此。"阿德曼托斯说道。

"因此,"我说,"我不认为你会要求看到[5]这一画面得到进一步解释,这与城邦和真正的哲人的关系相像,相反,你完全理解了我所说的话。"

"的确如此。"他说。

"首先,如果那位先生对哲人们在城邦中不受尊敬一事感到惊讶,就请你向他讲解这幅[10]画面,并且尽力使他相信,远比这令人惊讶的是,[489b]如果他们受到尊敬。"

"当然,我会如此讲解。"他说。

"告诉他,你说的都是事实,对大多数人来说,那些哲学上的出类

---

① 曼德拉草:希腊原文 μανδράγορα (拉丁学名:mandragora officinalis),该植物的根能用作麻药。

拔萃者对他们根本无用;无用,这可是[5]那些没有使用他们的人的过错,而不是他们这些出类拔萃者本人的过错。因为这事并不合理,让舵手去恳求船上的人接受他的领导,或让智者去敲富翁的大门①,其实,如此花言巧语的人是在撒谎,事实是,不管是富人还是穷人生了病,他有必要[489c]去敲医生的大门,同样,任何恳求被统治的人有必要去敲有能力统治的人的大门,统治者不应该去恳求被统治者接受他的统治,如果他真有一定的统治能力。其实,如果某人把当今在城邦中执政的这些人比作[5]我们刚才所说的船员,把那批被这帮人称为没用的家伙和天空的观赏者的人比作真正的舵手,他一点也不错。"

"非常正确。"他说。

"正是由于这些缘故,并且在这样的条件下,[10]最优秀的生活方式并不容易得到那些追求相反的生活方式的人的赞赏。[489d]哲学面临的诽谤中,远为最大、最厉害的一种来自那些声称自己追求的就是这么一种事业的人,正如你刚才引用那个攻击哲学的人的话,声称,追求这门学问的绝大部分人是地道的恶棍,其余极少数最高尚的人是一批无用之才,[5]我当时就认为你说得对②。是不是这样?"

"是。"

5. "我们是不是已经讨论过这些出类拔萃者无用的原因?"

"的确如此。"

[10]"针对绝大部分人低劣的必然原因,你是不是要我们接着讨论这一点,并且要我们来设法证明,这绝不是哲学的过错,[489e]如果我们有这能力?"

"的确完全如此。"

"让我们先听听,然后再讨论,回顾一下那段话,我们当时从那里开始,我们说,一个人必须具有这么一种本质才称得上优秀而高尚③。[490a]首先一点,如果你还记得,真理总是在为他引路,他必须千方百计、不顾一切地追随它,不然的话,他本质上就是个骗子,他和真正的哲

---

① 让智者去敲富翁的大门:此话引自科俄斯岛诗人西蒙尼德斯(亚里士多德,《修辞学》1391a8)。

② 我当时就认为你说得对:487d-e。

③ 我们当时……高尚:485a-487a。

学没有任何关系。"

"当时的确是这么说的。"

[5]"那么,这一观点不是和目前别人对他的看法完全相反?"

"的确是这样。"

"因此,我们不是能很合理地如此为他辩护,这位热爱知识的人的本性就是力争认识事物的本质,他不会停留在[490b]种种存在于意想中的东西面前,而会勇往直前,不会让自己的锋芒受挫,也不会放松自己的爱情,直到他抓住了每一事物的本质,用自己灵魂中适合接触它的那一部分去接触它——只有同类之物才可以这样做——[5]他用这一部分去亲近它,就这样和事物的本质交媾,生育出智慧和真理,他将拥有真知,过起真正的生活,自给自足,如此终止痛苦,在这以前他办不到这一点?"

"这么辩护,"他说,"非常适当。"

"这又如何呢?这么一个人在某种程度上会热爱虚假,还是恰恰相反,[10]他完全会憎恨它?"

[490c]"会憎恨它。"他说。

"如果有真理带路,我认为,我们永远也不会说,一群低劣的东西会跟在它的后头。"

"怎么可能?"

[5]"相反,跟着它的会是充满健康和正义的一类,以及节制的精神。"

"对。"他说。

"那么,对于其余那群具有哲学本质的人,我们还有何必要重新替他们整队呢?因为你记得①,[10]大胆勇猛、思路开阔、擅长学习、记忆力强,这些都正好和他们的本性相符;而你曾表示反对②,[490d]说什么任何人都会被迫同意我们所说的观点,但如果他把这些理论抛到一边,向我们所谈论的那些人投去注视的目光,他会说,他所看到的这些人中一小撮是无用之辈,绝大部分是无恶不作的恶棍,我们讨论了这一

---

① 你记得:487a。
② 你曾表示反对:487b – d。

诽谤产生的原因,目前我们面临这么一个问题,[5]为什么他们中绝大多数是低劣的人,正是由于这个缘故,我们才重新讨论了真正的哲人的本质,并且对此做了必要的定义。"

[490e]"对,"他说,"是这样。"

6."那么,"我说,"我们必须查看对这一本质的种种腐蚀,它们如何产生在大多数人身上,只有少数人幸免,尽管人们不称这些人坏,但仍称他们无用;接着,我们还必须查看那些模仿这一本质[491a]并且把它奉为自己的生活方式的灵魂,看看这些灵魂具有什么样的本性,以致它们走上了远不值得自己尝试、远超过自己范围的生活道路,犯下了各种各样的错误,在所有的地方、面对所有的人,[5]他们把你所说的那种名声带给了哲学。"

"你所指的这些腐蚀,"他说,"究竟是什么?"

"我会尽力向你解释,"我说,"如果我有这个能力。对于以下这一点,我想,我们每一个人都会有同样的看法,这种本性,具有我们刚才所列举的一切品质,[491b]如果某人想成为完美的哲人,这在人们中很少出现,这样的人很少。难道你不认为如此?"

"绝对如此。"

"针对这一小批人,请你观察一下他们面临的危害有多少、[5]有多大。"

"什么样的危害?"

"听起来最令人吃惊的首先是这一点,我们所赞扬的每一种品质都会腐蚀它所占据的灵魂并且迫使灵魂脱离哲学。我指的是勇气、克制精神以及[10]我们讨论过的一切有关品质。"

"听起来,"他说,"的确很奇怪。"

[491c]"其次,"我说,"那些被称为是美好的东西也都会腐蚀灵魂并且使其脱离哲学,如美观、富裕、身强力壮、亲戚在城邦中名声显赫以及所有诸如此类的东西;你知道我指的是哪一类事情。"

[5]"我知道,"他说,"不管怎样,我乐意更精确地理解你的论述。"

"正确地掌握全部论点,"我说,"你就会觉得这很清楚,我刚才所说的那些看来并不奇怪。"

[10]"那么,"他说,"你要我怎样呢?"

[491d]"有关任何种子,"我说,"或任何生物,不管是植物还是动物,我们知道,当它不能获得适合它生长的养料,或气候,或地区,它长劲越大,就会缺乏越多适合它生长的东西;低劣的东西更和优秀的东西[5]对立,甚于和不优秀的东西对立。"

"又怎么不是这样?"

"我想,这么说有道理,如果最优秀的本性处在越是和其本性相反的生长环境中,它就会变得越是糟糕,甚于平庸的本性。"

"有道理。"

[491e]"难道不是这样,"我说,"阿德曼托斯,我们同样会说,如果那些本性优秀的灵魂从小受了低劣东西的影响,它们就会变得特别糟糕?或你认为,那些严重的非正义之事和那种纯粹的低劣产生于平庸的本性而不是产生于那种生机旺盛、[5]在培育中被腐蚀了的本性,难道软弱的本性能够成就大事,不管是优是劣?"

"不能,当然,"他说,"是这么说。"

[492a]"我们所确认的哲人的本质,我想,如果它获得适合其本性的教育,必然会向全面的美德方面发展并且抵达那里,然而,如果它被播撒、种植和哺育在不适合其本性的环境里,它就会必然向相反的方面发展,[5]除非某一位天神幸好能帮助它。或者你也认为,如同许多人一样,一些年轻人已经被智术师派腐蚀,是智术师派中的人私下腐蚀了他们,这且不说,其实,难道不正是说这种话的人是[492b]最大的智术师派,不正是这些人彻底教育了年轻的人、年老的人、男人和妇女,并把对方塑造成自己希望看到的人?"

"何时如此?"他说。

[5]"每当许多人成群结伙地坐在一起,"我说,"在集会上,或在法庭中,或在戏院里,或在军队驻地,或在其他什么众人汇集的场所,在喧哗声中,他们抨击某些言论和行为,吹捧另外一些,对两方面都大肆夸张,又是高吼,又是鼓掌,[492c]这还不算,他们周围的那些石头和那片地盘还不停地报以回声①,把他们抨击和吹捧的声响翻了一倍。在这样的环境中,一个青年人,如俗话所说,你想他能有一颗什么样的心

---

① 周围……回声:可能指雅典阿克罗波利斯(卫城)。

呢？或说，什么样的私下教育将[能]在此顶住，[5]不被这种抨击和吹捧一下淹没卷走，顺着潮流，被它带到它所涌向的地方？以致他会声称同样的东西或美或丑，和他们一样，追求这些人所追求的生活方式，并且成为这样一个人？"

[492d]"确实，"他说，"苏格拉底，这有相当大的必然性。"

7."不过，"我说，"我们还没有提到最大的必然性。"

"哪一方面？"他说。

[5]"当这些教育家和智术师不能用言论说服人，他们就必然会用行动使人就范。难道你不知道，如果对方不服，他们就用毁誉、罚款、死刑的方法来惩罚他？"

"这一点，"他说，"我很清楚。"

"那么，你认为还有哪一种智术师或什么样的私下指导[10]能够竭尽全力地与这些人抗衡？"

[492e]"我认为没人能办到这一点。"他说。

"的确不能，"我说，"而且任何这样的企图都非常愚蠢。现在没有、过去也没有、将来也不会有另外一种性格，在美德方面受到与这些人的教育相反的培训，我指的是[5]人的性格，我的伙伴——至于如神一般的性格，根据格言①，让我们把它当作例外不谈；因为你必须清楚地看到，如果某种性格得到了保护并且能够在这样的[493a]城邦体制中成为它所应该成为的样子，你可以很有把握地声称，是神的意志保护了它。"

"我也认为是这样，"他说，"没有别的可能。"

"除了这些外，"我说，"但愿你对这一点也有同样的看法。"

[5]"哪样的看法？"

"那些受雇的私人教师，这些人称他们为智术师派，并且把他们看作自己的竞争对手，那些人中没有一个不是在给人灌输每当大多数人聚集在一起时所适合发表的信条，并号称这为智慧；情形如同[10]某人在设法弄清他所豢养的一头庞大而凶猛的野兽的脾气和习性，

---

① 根据格言：谈话不涉及神、不指望神的帮助，若有帮助，那只能算是例外，是个人的"特殊运气"(492a)；柏拉图的这一提法有多种不同的翻版，参见《会饮》176c,《斐德若》242b,《泰阿泰德》162d。

[493b]他必须弄清怎样接近它,怎样触摸它,什么时候它最暴躁,什么时候它最温顺,由于什么缘故它会这样,每当碰到这样的情形,它习惯于发出什么样的声音,反之,什么样的外界声音能使它温和[5]或使它暴烈,通过和它共处并且消磨了一段时间,他弄清了所有这一切,他称这为智慧,并且把这整理成一个系统,如同专业艺术,随之他便投身于教学,他其实根本不清楚众人的信条和愿望中什么美、什么丑恶、[493c]什么高尚、什么低劣、什么合理、什么不合理,而只是根据这一庞然大物的种种意见命名了这一切东西,称使它欢乐的那些东西为高尚之物,称使它生气的那些东西为低劣之物,关于这些,他没有其他什么解释,而只是称凡是必然如此的东西为合理和美好的东西,[5]针对必然和高尚的本质,它们之间有多大区别,他既没有看到,也无法如此展示。这样一种人,宙斯在上,你不认为是奇怪的教育家?"

"我当然认为如此。"他说。

[10]"那么,你是否认为这人和那人有什么区别,也就是把了解占人口的大多数以及[493d]从各个生活领域涌来的人的脾气和爱好看作智慧的人,无论在绘画方面,或在音乐方面,或甚至在城邦治理方面?如果某人和这批人交往,向他们提供自己的诗歌,或其他艺术作品,或城邦服务,让众多的人当他的主人,超过应有的程度,[5]狄俄墨德斯式的要求①迫使他做一切这些人所赞赏的事情,说什么这些事情真是既高尚又完美,你什么时候听到过他们中某人给予的解释不荒唐可笑?"

[493e]"没有,"他说,"我想,我也不会听到。"

8."考虑到这一切后,你再回顾那一问题:真正存在的是美的本身,而不是许多美的东西,是每一东西的本质,而不是各种各样的东西,[494a]众人是否能容忍或接受这一点?"

"丝毫不可能。"他说。

"那么,"我说,"众人就不可能哲学地看问题。"

---

① 狄俄墨德斯式的要求:成语,意思是"不可推脱的责任",原文的出处在古时已无法考证;据说,在特洛亚战争时期,当狄俄墨德斯和奥德修斯两人从特洛亚抢出雅典娜神像时,狄俄墨德斯曾对奥德修斯施加的一个要求。

[5]"不可能。"

"因此,从事哲学研究的人必然会受到他们的指责。"

"必然如此。"

"也必然会受到如此一批个人的指责,因为这些人和众人交往,一味想博得对方的欢心。"

[10]"显然如此。"

"根据这些,你看到了什么可以拯救这种哲学本性的可能,以至于它能在这一事业中坚持到底?回顾一下[494b]前面说过的话。我们曾一致认为①,擅长学习、记忆力强、具有勇气、思路开阔属于这一本性。"

"是。"

[5]"那么,是不是这样一个人从小在各方面都会是第一,尤其是当他的身体天生长得恰好配合他的灵魂?"

"他怎么不会如此?"他说。

"的确,我相信,等他长大后,人们将会希望利用他,个个为了自己的事情,不仅他的那些亲戚,还有那些[10]城邦的公民。"

"怎么不会?"

[494c]"因此,他们会充满敬意地来到他的面前,向他提出请求、给他荣誉,试图抢先占有并且奉承他未来拥有的权力。"

"的确,"他说,"情形通常会这样。"

"因此,你想,"我说,"这样一个人在这种条件下会[5]做出什么样的事来,尤其是如果他正好来自一个伟大的城邦,在这里,他不仅富有,而且出身高贵,加上他外貌英俊,身材魁梧?难道他不会充满不切实际的希望,认为自己有足够的能力处理希腊人和外邦人的一切事务,[494d]从而大肆抬高自己,使自己充满了气派和华而不实,缺乏理智的幻想。"

"的确会如此。"他说。

"对思想处于这种状态的人,如果有人悄悄走来,向他说了真话,[5]说他缺乏的是理智,他需要它,但这东西不可弄到手,除非他付出奴隶般的劳动去争取它,你是不是认为,当周围存在着如此之多的邪恶,他会轻易地听取这一忠告?"

---

① 我们曾一致认为:486a—d,490c。

"远非如此。"他说。

"如果,"我说,"凭他的优秀本性和这些话的中肯贴切,[494e]他有了一定认识,转而投身于哲学,我们想想,那些人又会采取什么行动,当他们意识到他们失去了利用他的机会以及同僚关系?难道他们不会做出任何事、说出任何话来反对他,[5]不让他被人说服,同时又反对给他忠告的人,不让对方做到这一点,不仅在暗中攻击对方,而且在公共的场合中向对方挑战?"

[495a]"这非常必然。"他说。

"这么一个人能成为哲人吗?"

"完全不可能。"

9. "那你现在是否看到,"我说,"当时我们说得并不糟糕①,说[5]这些具有哲人品质的因素,当它们受到不良的培育,会以某种方式导致某人脱离这种追求,再加上所谓的高贵的东西,财富以及一切诸如此类的附属物?"

"不是不糟糕,"他说,"而是说得很正确。"

[10]"因此,"我说,"令人惊叹的朋友,毁灭就在于此,[495b]最优秀的本质在追求最好的事业时所遇到的腐蚀就有这么大、这么厉害,而具有这种本质的人本来就寥寥无几,如同我们前面所说②。也就是从这些人中涌现出了那种人,他们能给城邦和个人带来最大的危害,或带来各种利益,[5]如果他们碰巧向这一方向奔流;心胸窄小的人永远不可能对城邦或个人干出任何大事。"

"非常正确。"他说。

"当这些人如此脱离了哲学,尽管它和他们特别相配,[495c]他们却让它荒废在一旁、出不了成果,而他们自己却过着既不合他们的本性又无真正价值的生活,而另外一些人,其实根本配不上它,却来亲近它,就像亲近一个孤独的少女,使其遭受种种侮辱和责骂,如同你前面提到的那些指责哲学的人所指责的那样③,说什么,和它混在一起的人,[5]

---

① 当时我们说得并不糟糕:491b。
② 我们前面所说:491a–b。
③ 你前面……那样:487c–d。

一小部分毫无用处,大多数人什么坏事都干得出来。"

"的确,"他说,"是这么说的。"

"至少,"我说,"这话有它的道理。因为,当那些小人看到这个地方此刻空着没人,[495d]里面充满了高贵的名词和装潢,如同那些从监狱里逃出后闯入神殿①的人,他们也同样喜出望外地离开自己的业务闯入了哲学,而他们恰好又是那些对自己的那门技术最为精通的人。不管怎样,[5]与其他技术相比,哲学,即使处于现在这种状态,其声誉仍高高在上,因此,许多本性不完善的人追随它,如同他们的躯体被他们从事的手艺和工作所摧残,[495e]他们拥有的灵魂也一样,因从事低下的工种而受到挤压和弱化——或不是必然如此?"

"肯定如此。"他说。

"你认为,"我说,"这些人看起来和一个手中有钱、[5]头顶光秃、身材矮小的铜匠有什么区别,他刚摆脱了奴隶的锁链,在澡堂里洗了个澡,披上一件崭新的外衣,把自己打扮成一个新郎,因见他主人眼下贫困、家境破落,此刻正准备去娶他主人的女儿过门当媳妇?"

[496a]"没多大区别。"他说。

"这样的人可能生出什么样的后代呢?不正宗的、低劣的后代?"

"非常必然。"

[5]"这又如何?那些不值得受教育的人,当他们走到哲学身边,不成体统地和她姘合,他们所生的思想和意见,我们又该如何称呼呢?难道这不十分合适,称它们为花言巧语,因为它们既无真实的本质,也非[配得上]拥有真实的思想?"

[10]"的确完全如此。"他说。

10."剩下的只是很小一部分人,"我说,"阿德曼托斯,[496b]这些人配得上和哲学交往,如某个出身高贵、受过良好培育的性格,被流放所束缚,不受那批腐蚀者的影响,根据自己的本性一直守在她的身旁,或在某个小城市,当某个伟大的灵魂诞生于此,它蔑视一切城邦事务,根本不把这些东西放在眼里;[5]还有那么少数几个人,凭优秀的本

---

① 神殿:古时,人在神殿中不可侵犯;即使是外逃的囚犯在那里同样能得到保护,感到安全。

性,认为自己从事的专业微不足道,便从那里出来投靠了哲学。甚至我们的朋友忒阿格斯①所戴的笼头也能套住某人;因为忒阿格斯具备着其他一切让他[496c]脱离哲学的因素,然而,躯体患有的疾病阻止了他,不让他去参与城邦的事务。我自己的情况并不值一提,那是神灵的启示②;其实,这事或许另外一个人也碰到过,或许从来没人碰到过。[5]当他们跻身于这么一小部分人中,尝到了他们拥有的这一东西是多么甜蜜、多么美好,反过来,他们又充分看到了绝大多数人多么疯狂愚蠢,一言蔽之,几乎没有一个人能为城邦做出任何健康的事来,他们也找不到什么盟友,[496d]合伙去援助和挽救正义事业,相反,如同一个人遇上了一群野兽,他不想和它们一同作恶,但自己又没足够的能力和这帮充满野性的家伙作对,还没等他能给城邦和朋友们造福,[5]就早早身败名裂,给自己、给别人没有带来任何好处——当通过思维理解了这一切后,某人就会选择安宁的生活,忙自己的事,就像这么一个人,冬日里,当狂风夹着尘土或暴雨向他袭来,他就站到土墙后躲一躲,他也如此,当他看到别人狂妄自大、无法无天,他感到欣慰的是,如果他能以某种方式在这里度过自己的余生,不受非正义和[496e]种种不虔诚行为的任何影响,到了那个最终解脱的时刻,他能带着美好的希望,愉快地、平静地让自己获得最终的解脱。"

[497a]"其实,"他说,"他所取得的成就并非最小,如果他能如此解脱自己。"

"但也非最大,"我说,"因为他没有碰上合适的城邦体制。因为,如果他生活在一个合适的体制中,他会进一步成熟并且[5]会拯救人们的共同事业以及他们的个人事业。

11. "关于哲学为什么受到诽谤这一点,以及这么做为何没有道理,我认为这已得到充分的讨论,除非你还有某种不同说法。"

"对于这一点,"他说,"我已没什么可说。然而,[10]目前存在的

---

① 忒阿格斯:苏格拉底的学生;在柏拉图的《苏格拉底的申辩》(33e)中,苏格拉底提到了他的名字,那时忒阿格斯已去世。

② 神灵的启示:听到神灵的声音;有关自己的某些打算,苏格拉底本人曾听到过"神灵"声音,告诫他别参与城邦的政治生活(见《苏格拉底的申辩》31c-d;《泰阿泰德》151a)。

这些城邦体制中,你说哪一种适合哲学?"

[497b]"哪一种都不行,"我说,"其实,这正是我想进一步埋怨的方面,没有任何一种现存的城邦体系配得上哲学的本质,因此,它通常产生变化并且改变自己的本性,如同一颗从外地引来的种子,当它被播在陌生的土地中,[5]通常会消失在当地的植物中,被它们征服,这种哲学本性如今也同样不能保持住自己的力量,而只能倒向另外一种习俗;然而,如果它遇上了最好的城邦体系,正如[497c]它自己是最好的东西,这时我们就会看到,这一东西真正具有神性,其他的东西都只具有人性,包括人们的各种本性和生活追求。显然,接下来你就会问,这个城邦体系又是什么。"

[5]"你没有判断对,"他说,"其实,我倒不是想问这个,而是想问,当初,当我们在建立城邦的时候,我们讨论的是否就是它,而不是别的什么体系。"

"大体上,"我说,"就是它。这一点我们当时就提到过①,在这一城邦里必须存在某种东西,[497d]它对城邦体系始终保持着同一个观念,正是凭这一观念,你,作为立法家,当时才制定了那些法律。"

"的确提到过。"他说。

"但解释得不够充分,"我说,"因为当时有顾虑,[5]你们一口反对,并且公开指出,这种解释又冗长,又繁琐;其实,剩下的这类东西也绝非最容易讲清楚。"

"什么东西?"

"那就是,城邦如何对待哲学,不让它消亡。因为一切高大的东西都有倾倒的危险,而美好的东西,[10]如人们所说,事实上难以持久。"

[497e]"不管怎样,"他说,"只有当这一点清楚后,我们的论证才能完成。"

"并不是缺乏意愿,"我说,"而是缺乏能力,如果真会有什么东西在从中阻拦;你就在我面前,至少应该看到我的这股热情。[5]你看,我是多么热情地、铤而走险地准备作出如此声明,城邦必须用和现在完全相反的方式从事这一学习。"

---

① 我们当时就提到过:412a。

"什么方式?"

"目前,"我说,"从事这种学习的是这么一批青年,[498a]他们刚从儿童时代过来,还未开始管理家庭和赚钱谋生,当到了最困难之处,他们也就终止了学习,在人眼中成了最地道的哲学博士——当然,那最困难的地方,我指的是讨论问题——从那以后,当其他一些人在谈论哲学问题,[5]这些人希望当听众,如果受到了邀请,他们就认为自己了不起,心想,他们只需把这事当作业余爱好来干;到了老年,除了少数人外,他们心中的这团火就灭了,远比赫拉克利特的太阳①彻底,[498b]因为它再也不会被重新点燃。"

"必须怎样做呢?"他说。

"完全相反,青少年和儿童必须和青少年时期的教育和智慧打交道,[5]在这一发育成熟、长大成人的阶段,他们必须同时努力照料好自己的身体,使自己拥有一个学习哲学的助手;随着年龄的增长,当灵魂开始成熟,他们必须加强对它们的锻炼;然而,当他们的体力开始衰竭,[498c]退离了城邦公务和军役,这时,他们应该自由自在地觅食于哲学的牧场,除了附带性的事外,不用做任何其他事情,如果他们真想幸福地生活,死后,在那一个世界,给自己如此度过的一生配上合适的命运。"

12.[5]"我看,"他说,"苏格拉底,你确实说得很有热情! 但我认为,大部分听众会以更大的热情反对你,他们根本没有被说服,带头的就是忒拉绪马科斯。"

"你可别挑拨离间,"我说,"我和忒拉绪马科斯[498d]刚成为朋友,而在这以前也并非敌人。其实,我们不会松懈任何努力,直到我们或是说服了他以及其他人,或至少为他们的那一生作出点贡献,一旦他们获得新生②后又恰巧碰到这样的讨论。"

[5]"你已经用了一小段时间,"他说,"谈论此事。"

---

① 赫拉克利特的太阳:赫拉克利特(公元前6世纪),小亚细亚以弗所人,重要的前苏格拉底哲人,古希腊唯物主义思想先驱,他认为,火是万物的起源,著有《论自然》等书,现已失传;现存的"经典"语录残片有126条;他说过,"太阳……每日一新"("ὁ ἥλιος ... νέος ἐφ᾽ ἡμέρῃ ἐστίν",残片43),后人将其解释为,太阳每天傍晚熄灭,每天清晨又将自己点燃(亚里士多德,《天体学》355a13 - 15)。

② 获得新生:暗指卷十结尾部分的神话以及有关灵魂"再生"的学说。

"至少,和整体相比,"我说,"这算不了什么。许多人并不相信这些话,这一点也不奇怪;因为他们从来不把口中谈论的东西当作实际发生的事情,而是倾向于[498e]故意把诸如此类的东西弄成一堆相互之间充满韵声的辞藻①,并非按词语的自然组合,如同目前的情形。然而,一个在言论上和行动上都做到了尽可能完全地和美德相匹配、相韵合②的人,一个在具有这种本质的城邦中执政的人,[499a]他们还从来没见过,哪怕是一个也好,或更多。你看呢?"

"从来没有。"

"精湛而自由的讨论,幸运的朋友,他们也从来没有[5]充分地听到过,不知道这样的讨论如何为了智慧的缘故而努力地以各种方法寻求真理,对那些矫揉造作、吹毛求疵的争辩敬而远之,因为后者并非为了其他什么目的,而只是为了名声和争辩,无论在法庭上或私人的聚会中都一个样。"

[10]"他们没有听到过这些。"他说。

"由于这些缘故,"我说,"尽管我们曾有预见③[499b]并且感到忧虑,在真理的逼迫下,我们仍坚持说,没有任何一个城邦,或城邦体系,或个人在任何时候能变得完美,直到命运中某种必然的势力把这么一些数量很少、本质并不低劣、当今被人称为无用的哲人[5]团团围住,不管他们本人是否愿意,迫使他们管理城邦,并且迫使城民们服从他们,或靠了某一神圣的意志,[499c]真正地向往真正的哲学的欲望占据了那些当今拥有统治权或皇权的人的心灵或他们后代的心灵。说以上任何一种或两种情形都不可能发生,我说这没有道理;如果是那样,我们被人取笑也就理所当然,因为我们[5]说了这番一厢情愿的话。或不是这样?"

---

① 充满韵声的辞藻:一些著名的雄辩家,如高尔吉亚(约前483—约前385)和伊索克拉底(前436—前338),他们的演说非常讲究修辞上的艺术性,通篇充满了悦耳的韵声和节奏,听起来就像诗歌一样;此处,在批评这些人的做法的同时,苏格拉底故意模仿对方的修辞"花招",幽默地强调了词的韵律和对称(如 λεγόμενα,"口中谈论的东西", γεγόμενα,"实际发生的事情")。

② 相匹配、相韵合:前者(παρισωμένον)强调对等,后者(ὡμοιμένον)强调相像,苏格拉底谐谑地借用了高尔吉亚等演说家的修辞术语。

③ 我们曾有预见:473d。

"是这样。"

"如果某种必然的势力迫使杰出的哲人管理城邦,不管这事发生在悠远无际的过去,或存在于当今某个异国地区,[499d]超出了我们所知范围,或会发生在将来,对此,我们准备坚持我们的主张,我们所说的这一城邦体系过去有过,现在也有,并且将来还会有,每当这位缪斯①控制了城邦。因为这事并非不可能发生,[5]我们也并非在谈论不可能发生的事;说这事很难发生,我们承认。"

"至少,"他说,"我也这么认为。"

"你的意思是,"我说,"大多数人不这么认为?"

"也许。"他说。

[10]"无比幸福的朋友,"我说,"别如此全盘指责大多数人。[499e]他们显然会接受另一种看法,如果对他们你不充满好胜心理,而是安慰他们,消除他们对于哲学的诽谤,向他们解释清楚你所说的哲人是什么样的人,[500a]就像刚才那样,明确规定哲人的本质和他们的生活追求,这样,他们就不会认为你所说的和他们所想的是同一批人。[或,如果他们看到了这一点,你就会说,他们能接受不同的看法并且能给予不同的回答。]或你认为,一个人会对一个脾气温和的人发脾气、[5]对一个心中没有恶意的人充满恶意,如果他本人脾气温和、心中没有恶意?让我抢先一步说,我认为,如此不通人情的性格只存在于少数人中,不存在于大多数人中。"

"当然,"他说,"我同意你的观点。"

[500b]"难道不是这样,你也得同意这一点,大多数人对哲学持着不好的态度,这要怪那么一批人,他们来自外地,不合身份地闯入此地,如同一帮寻欢作乐的酒徒,他们相互诽谤,乐于争吵,总是发表[5]有关人类的言论,做法根本不符合哲学?"

"的确如此。"他说。

13."因为,阿德曼托斯,如果一个人真正地把自己的思想对准了存在的实体,他就不会有时间往下看,[500c]注意到人们的事务,卷入他们的纠纷,心中充满了妒忌和敌意,相反,像他这样的人一心注视着那

---

① 这位缪斯:哲学。

些井井有条的东西和那些永远不变的东西,看到它们相互之间既不做非正义的事,也不容忍这样的事,而是一个个都守秩序、讲道理,[5]他们会学它们的样,尽可能模仿它们。或你认为,一个人不会以某种方式模仿他所乐于与其做伴的人?"

"不可能。"他说。

"当一个哲人和神圣的秩序交往,[500d]他也就会按人的最大能力变得有秩序、变得神圣;尽管他的周围到处充满了诽谤。"

"的确完全是这样。"他说。

"如果他心中产生某种冲动,"我说,"[5]设法把他在那里所看到的东西引入人类的生活习惯,把它们介绍给私人和公众,而不只限于塑造自己,那么,你是不是认为,在克制精神、正义以及民众的各种美德方面,他是个没有水平的手工艺者?"

"水平极低。"他说。

[10]"然而,如果大多数人认识到,关于他,我们说的是实话,[500e]难道他们还会对哲人们生气,还会不相信我们,当我们说,一个城邦不会有任何幸福,除非那些画家能参照神圣的模式把这一城邦勾画出来?"

[5]"如果他们果真有这一认识,"他说,"他们就不会生气。然而,[501a]你说怎么勾画呢?"

"如果他们把城邦和人们的生活习俗当作一幅画拿在手中,"我说,"他们首先会把它擦洗干净,这事并不容易,其实你应该知道,他们和别人的区别显然就在于此,[5]他们并不愿意接触任何个人或任何城邦,也不愿意谱写法律,除非他们先得到一座干净的城邦,或他们自己先把它清洗干净。"

"做得对。"他说。

"在这以后,你认为他们就会画出[10]城邦体系的轮廓?"

"还会怎样?"

[501b]"接着,我认为,当他们在工作的时候,他们会频繁地向两个方向观望,不仅看到正义、美、克制精神的本质以及诸如此类的东西,而且看到他们准备反过来塑造在人们身上的那一东西,[5]按城邦的种种生活方式对人的颜料进行搅拌和加工,最后根据那种标准定型,如

荷马所说,那种出现在人类中的类似天神和宛如天神①的形象。"

"对。"他说。

"我想,他们会把从前的画面擦干净,然后重新画上一幅,[501c]直到他们使绝大多数人的生活习惯在最大程度上博得了天神的喜欢。"

"这一画面,"他说,"会非常美妙。"

"因此,"我说,"我们现在也许能说服你所提到的那些[5]极力反对我们的人②,因为我们赞扬的人是如此一位城邦体系的画家,尽管他们曾因我们把城邦交托给了他而感到生气,现在,当他们听到了这些,是不是心中会有所平静?"

"当然会平静多了,"他说,"如果他们有克制精神。"

[501d]"其实,他们又能如何反驳? 否认这些哲人是本质和真理的恋人?"

"那会很荒唐。"他说。

"或者,否认他们的本性和最好的东西相似,如同我们[5]早先所说③?"

"这也无法否认。"

"这又如何? 他们能说这么一种获得了与自己相配的生活方式的本性不够完好、缺乏哲人的气质,如同其他本性? 或说,那些被我们[10]排除在外的人倒是这样?"

[501e]"那倒不是。"

"那么,他们是不是仍会生气,如果我们说,除非这么一批哲人拥有城邦的统治权,城邦和城邦的公民所面临的祸患不会终止,我们用理论阐述的这个城邦体系[5]在实践中也不会成功?"

"也许,"他说,"他们的怒气会少些。"

"那么,"我说,"你看我们是不是宁可这么说,不是他们的怒气少了,[502a]而是他们已变得完全温和并且已被完全说服,这样,即使不为别的原因,他们也会羞愧地同意我们的观点?"

"的确完全如此。"他说。

---

① 类似天神和宛如天神:荷马常用来形容杰出人物的词语,如《伊利亚特》1.131。
② 你所提到的……人:474a。
③ 如同我们早先所说:484b – c。

14."那好,"我说,"这些人就算在这一点上被我们说服了。[5]然而,对以下这一点,某人会不会提出争辩,说国王们或权贵们的子女不可能恰好生来就有哲人的本性?"

"没人会这样。"他说。

"不过,如果真有这样的人,他们受腐蚀的必然性会很大,有人不是能这么说? 其实,这样的人难以保全自己,这么说我们[502b]当然也同意;然而,在时间的长河中,他们当中没有任何人在任何时刻能够保全自己,谁可能这么争辩?"

"又怎么可能?"

"然而,"我说,"一个出身如此的人,如果他能使城邦听从他的话,[5]他就会足以完成一切当今看来是不可相信的事情。"

"的确足以办到这一点。"他说。

"如果统治者制定了这些法律,"我说,"以及我们讨论过的那些生活方式,公民们乐意遵从,这显然并非不可能。"

[10]"绝不会不可能。"

"那么,凡是我们能接受的东西,其他人也能接受,这有什么奇怪和不可能?"

[502c]"我也不认为如此。"他说。

"况且这些是最好的想法,如果真有可能实现,我想,我们在前面已经充分讨论过这一点。"

"的确充分讨论过。"

[5]"现在,如此看来,我们面临有关立法的结论就是这样,我们所说的是最好的想法,如果它们有可能实现,做这样的事会有困难,但至少并不是不可能。"

"是这么个结论。"他说。

15."那么,既然这一部分①好不容易有了结局,接着我们[10]必须讨论剩余的问题,这一城邦制度的捍卫者会以什么样的方式、[502d]

---

① 这一部分:即所谓的"第三浪潮"的第一部分,苏格拉底讨论并且确立了城邦必须由哲人来统治的必要性(471c – 502c)。在以下这一部分中,苏格拉底讨论了培养这一批哲人兼城邦领袖的具体要求和步骤(502d – 541b)。

经历过什么样的学习和生活追求后出现在城邦中,他们中每一个人必须达到什么样的年龄?"

"对,必须讨论这些。"他说。

"当时,"我说,"我并不明智,在前面的讨论中我曾一度闭口不谈[5]拥有妻子、生育孩子①、建立领导阶层②的难处,因为我知道,全盘托出的真理不仅会遭人抱怨而且也难以实现;此刻,我可不还得讨论这些问题,困难不减当时。[502e]有关妇女和孩子的问题已经处理完毕,有关统治者的问题,我们必须再次从头说起。我们曾说过③,[503a]如果你还记得,他们必须显示出自己热爱城邦,使自己在欢乐和痛苦中受到考验,必须显示出自己不会放弃这一原则,不管自己处于痛苦,或恐惧,或任何其他逆境,不然,[5]如果他不能做到这一点,我们就必须取消他的资格,相反,如果他丝毫不损地从这一切场合中走了出来,如同金子在火中受到了考验,我们就立他为城邦的统治者,给他礼物和奖品,生前是这样,死后也是这样。前面说到的正是诸如此类的事情,当时的讨论对此一带而过,并且十分隐约,[503b]生怕惹出目前这一事情。"

"你说得非常正确,"他说,"我还记得。"

"的确,"我说,"我的朋友,我当时充满了犹豫,不敢说现在我们已经敢说的话。现在就让我们大胆地主张,[5]必须让哲人充当本质最完美的统治者。"

"对,就这么主张。"他说。

"想想,你如何很自然地只碰上几个这样的人,因为他们必须拥有我们所说的那种本性,这一本性的不同的组成部分只是偶尔愿意结合在一起,在绝大部分人中,[10]它们散布于不同之处。"

[503c]"怎么解释?"他说。

"善于学习、记忆力强、思维迅速、头脑敏捷以及其他一切与这些相随的品质,你知道,它们并不倾向于如此同时产生在一起,这包括朝

---

① 拥有妻子、生育孩子:当时,苏格拉底对此问题一掠而过(423e–424a),后遭到阿德曼托斯的批评(449c)。
② 建立领导阶层:苏格拉底临时性地讨论过这一方面(412b–414e)。
③ 我们曾说过:414a。

气蓬勃的人和思路开阔的人在内,以至于使他们愿意很有规矩地生活[5]在清闲、安定的环境中,相反,这样的人频频受头脑敏捷的摆布,不管面对什么方向,稳定的品质一概从他们身上不翼而飞。"

"你说得对。"他说。

"再说,那些坚定顽强、不易受外界影响的性格,人们宁可利用它们,[503d]因为它们靠得住,它们在战争中不易被恐惧动摇,在学习上不是也表现如此;它们显得迟钝、学习上感到吃力,就好像麻木了一样,充满了睡意和哈欠,每当它们必须[5]在这种事上下点功夫。"

"就是这个样。"他说。

"但我们说过①,一个人必须同时具备这两方面的性格,不然的话,我们就不应该让他分享到最高等的教育,或荣誉,或统治权。"

[10]"对。"他说。

"那么,你是不是认为这一性格很罕见?"

"怎么不是?"

[503e]"他们必须经受如我们当时所说的种种痛苦、恐怖和快乐场面的考验②,加上我们当时省略而现在补充的这一点,我们必须在多种学科中锻炼他们,观察他们是否能承受住最艰难的研究,或他们因此退却,[504a]如同那些在别的场合中退却的人。"

"当然,"他说,"这么观察很合适。不过,什么样的研究你说最艰难?"

16."你当然还回想得起③,"我说,"我们曾把灵魂分成三个部分,[5]根据它们同正义、克制精神、勇气和智慧的关系,证明了它们各自的本质。"

"如果我回想不起那些,"他说,"我就没有理由听到其余的论点。"

"在那以前说的话呢?"

[10]"什么样的话?"

[504b]"当时,我们好像说过这话④,为了能够最好地观察它们,有

---

① 但我们说过:484d – 487a。

② 种种……考验:413a。

③ 你当然还回想得起:436a – 444e。

④ 我们好像说过这话:435c – d。

必要走一条更长的弯路,对走了这条路的人来说,一切会显得特别清楚,从而,对于前面所说的话,我们能够再加上补充的证明。而你说,够了,[5]就这样,当时我们说了些我觉得是不够精确的话,然而,如果你们觉得这已够了,这一点得你们自己来说。"

"我本人认为,"他说,"你说得正合适,看来其他人也这么认为。"

[504c]"不过,我的朋友,"我说,"当衡量这种事情的尺度有缺陷,不够量出事物的本质是什么,它就变得非常不适用;不完善的东西事实上不能成为任何东西的尺度。但有时候,在某些人看来,到了这步就够了,不必作进一步的探索。"

[5]"的确,"他说,"由于懒的缘故,他们经常把事情弄成这样。"

"但是,"我说,"对一个维护城邦和法律的人来说,他最不需要的就是这一风气。"

"看来如此。"他说。

"因此,"我说,"我的伙伴,这么一个人就必须走那一条更长的弯路,[504d]学习时必须吃苦,程度不亚于锻炼身体;不然,如我们刚才所说,他永远不会抵达那一最艰难、最合适的学科的终点。"

"最艰难的,"他说,"不正是这些,难道还有东西比正义[5]以及我们讨论过的东西更重要?"

"还有一件比它们更重要的东西,"我说,"即使是那些东西,他不仅应该看到它们的轮廓,如我们现在这样,而且应该不忽视其最完美的实现。难道这不可笑,[504e]如果我们想方设法把全部精力花在其他一些没有什么价值的问题上,使它们获得最精确、最干净的答案,而认为那些最重大的事情的精确性并不重要?"

"的确如此,"他说,"[这值得我们的深思];然而,[5]你所说的这一最重要的研究对象以及它所涉及的领域,你认为别人会放你走,"他说,"不问你它究竟是什么?"

"绝非如此,"我说,"那么,你就问吧。不管怎样,这事你并非只听到过几次,现在,你或是没有想到这一点,或是故意缠我,[505a]给我增添麻烦。我倒认为是这一原因:你多次听到过,美好这一理念就是最重要的研究对象,因为正义和其他一切与此相关的东西都是通过它才变得有用、有益。目前,你一定知道,[5]我要谈论的就是这个,此外,你还知道,我们对它还没有足够的认识;如果我们对它缺乏认识,即使我们对其他一切东西有最充分的知识而缺乏这一概念,你知道,这对我们没什么帮助,[505b]如同我们占有某件东西,尽管不知其好。或你认为,占有一切可占有的东西会给我们什么帮助,即使我们没有好这一理念?或不知其好地认识其他一切,不认识美和好的本身?"

"宙斯在上,我可不这么认为。"他说。

17.[5]"然而,你当然也知道这一点,绝大多数人把快乐看作美好的东西,思维上更讲究的人则把认识看作美好的东西。"

"怎么不知道?"

"你也知道,我的朋友,那些持后一种观点的人们并不能展示这种认识是什么,而只能最终被迫承认这是[10]对美好的认识。"

"的确如此,"他说,"十分可笑。"

[505c]"怎么不是,"我说,"如果他们首先说,我们不知道什么是美好的东西,随后又来和我们交谈,似乎我们知道?他们声称,这就是对美好东西的认识,仿佛我们现在才听懂了他们的意思,当他们嘴中说出美好这个词。"

[5]"非常正确。"他说。

"那些把快乐看作美好东西的人又如何呢?难道他们的思路就不如对方那么充满混乱?这些人不也被迫承认,快乐又是丑恶的东西①。"

"那当然。"

[10]"我想,这对他们来说的确讲得通,承认同样的东西既美好又丑恶。不是吗?"

[505d]"还会怎样?"

"那么,有关它的确存在着又大又多的争议,难道这不明显?"

"怎么不是?"

[5]"这又如何?以下这一点不是也很明显,如同正义和美丽的东西,许多人只取它们的表面现象,即使〈如果〉它们实际并非如此,他们

---

① 快乐又是丑恶的东西:对快乐的本质有好坏之分这一问题,柏拉图在《高尔吉亚》(495a–499c)和《斐勒布》(13a–c)中做了比较详细的论述。

就凭这一点采取行动、占有事物、形成观点,然而,没有一个人满足于占有只是表面有益的东西,相反,他们寻求真正有益的东西,每一个人在这方面不都鄙视名声?"

[10]"的确如此。"他说。

"因此,每一个灵魂在追求这一东西,并且为了它而做一切,[505e]虽然能猜想它是什么,但仍感到困惑,既不能充分理解它究竟是什么,也不能对它抱有稳定的信念,如同对其他事物那样,因此,也不能从其他事物那里获得什么好处,在这一如此重要的问题上,[506a]我们能说,城邦中最优秀的人也应该这样含糊不清,尽管我们将把一切都交托给他们?"

"最不应该如此。"他说。

"不管怎样,"我说,"正义和美丽的东西,当它们[5]如何又是有益的东西这一点不为人们所知,我不相信它们能为自己争取到一个很有价值的卫士,如果他也不知道这一点。我预料,没人能知道它们的本质如何,除非他对这一点有充分的认识。"

"你预料得对。"他说。

"难道不是这样,我们的城邦体系会得到完美的维持,如果[506b]有这么一个卫士在守护着它,因为他精通这些问题?"

18."必然如此,"他说,"然而,苏格拉底,你应该告诉我们,对我们有益的东西是知识,还是快乐,还是这两者以外的其他什么东西?"

[5]"你这硬汉①!"我说,"我早已把这看得很清楚,别人对这些问题的看法总不能使你满足。"

"确实,"他说,"苏格拉底,我看这并不合理,一个人只知道说别人的信念,不说自己的信念,尤其是他[506c]在这事上已经花了这么多的时间。"

"这又如何?"我说,"你认为这才算合理,让一个外行发表言论,就像他是内行?"

"当然绝非如此,"他说,"反之,若他真是内行,他想,若他想到什

---

① 硬汉(ἀνήρ):字面意思为"男人"或"好汉",此处有"勇猛""倔强""气势逼人"的含义,参见2.357。

么,[5]他一定愿意说出。"

"这又如何?"我说,"你没看到,缺乏真知的看法是一些何等羞耻的东西? 其中最高明的也不过是盲目的看法——或你认为那些对于问题缺乏理解的人发表了什么正确的看法,他们就不同于那些径直地走在路上的盲人?"

[10]"我不认为如此。"他说。

"那么,你想看羞耻的东西,那些模糊和歪曲的东西,[506d]尽管你能从其他一些人那里听到清晰和美丽的东西?"

"绝非如此,宙斯在上,"他说,"苏格拉底,"格劳孔又说,"快到终点了,你可别丢下我们。其实,我们会感到满足,正如你早先阐述正义、节制精神以及其他概念那样,[5]如果你能如此阐述美好这一理念。"

"当然,"我说,"我的伙伴,我也会感到非常满足;不过,我只是没有能力做到这一点,我一片热心地让自己出洋相只会招致你们的嘲笑。然而,你们这些有福的人啊,让我们把什么是美好这一问题现在[506e]暂时放到一边——我觉得这问题仍太大,即使我们现在已经到达我个人目前所理解的程度——什么看来是美好之物的后代,其形状和它非常相像,我倒愿意谈论这一点,如果你们觉得合适,不然的话,[5]就让它过去。"

"不,"他说,"请谈论这一点。有关其父亲的论述你可回头再说。"

[507a]"但愿,"我说,"我能一下交出我的论述,你们能把它全部收下,而不是像现在这样只收利息①。但也只能这样,你们就先捞进这笔利息、收下这个'美好之物'的后代吧! 不过,你们可得好好注意,以免我无意之中欺骗你们,[5]在算给你们利息的过程中掺假。"

"我们会好好注意,"他说,"尽力而为。你就说吧。"

"就当我和你们达成了某种契约,"我说,"并且让你们回想一下我们在前面所讨论的②内容以及在其他场合中经常说的话。"

[507b]"什么样的话?"他说。

"我们说过,世上存在着许多优秀的东西,"我说,"和许多美好的

---

① 利息:希腊原词为τόκος,有"利息"和"后代"两个意思;此处,苏格拉底在玩文字游戏,一语双关,把父亲当作"本钱",把"孩儿"当作利息。

② 前面所讨论的:475e–476a。

东西,并且用定义区分了它们。"

"我们的确说过。"

[5]"这一优秀的东西和这一美好之物,以及一切我们曾确定为许多东西的物体,现在我们根据一种概念,反过来把每一类东西确定为只具有一种本质的物体,称每一种东西为'存在之物'。"

"就这样。"

"我们声称,种种东西能被看到,但不能被抽象地理解,反过来,种种概念[10]能被抽象地理解,但不能被看到。"

"的确完全是这样。"

[507c]"那么,我们凭属于我们的哪一部分看到所能看到的东西?"

"凭目光。"他说。

"难道不都是这样,"我说,"我们凭听觉听到所能听到的东西,凭其他感觉感觉到其他一切可以被感觉到的东西?"

[5]"怎么不是?"

"那么,"我说,"你有没有想过这些感觉的创造者是多么完美地创造了①看和被看到的能力?"

"一点也没想到过。"他说。

[10]"请作如下考虑。听觉和声音是否还需要另一种东西,一方面使前者施展听的能力,另一方面使后者施展被听到的能力,[507d]如果这第三者②并不存在,前者也就不能听,后者也就不能被听到?"

---

① 完美地创造了:人的感觉器官中,在柏拉图看来,视觉最完美,但这也可说是古人的普遍看法;不过,柏拉图能让我们站在哲学的高度上认识其价值,他说,如果我们看不到太阳、星星、天空,我们就根本无法树立我们的宇宙观;相反,正因为我们看到了这些天体,看到了白天和黑夜、年月、(春秋)昼夜的平分和(冬夏)至点的周期变化,我们发明了数字,用它测量和确定时间,开辟了一条通向发现宇宙本质的道路;这些研究将我们引入了哲学(《蒂迈欧》47a-b);他还说,最神圣、最美好的时刻是当哲人们看到了事物的本质,看到对方如此完美、纯洁、安宁、幸福,并非通过思想的力量,而是通过某种神秘、纯洁的光芒,通过"纯洁"的凝视(《斐德若》250c-d)。

② 第三者:此处,为了强调视力和实物之间的媒介"光"和"太阳"的重要性,强调视觉的绝对优越性,柏拉图略而不谈"第三者",即听力和声音之间的媒介,尽管他认识到,这一媒介是空气(《蒂迈欧》67b)。

"不需要任何东西。"他说。

"我相信,"我说,"大部分感觉,不说所有感觉,[5]都不需要这种东西。或你能说出某一例外?"

"我不能。"他说。

"但视觉和能被看见的东西,你是否注意到,它们需要有这么一种东西?"

[10]"怎么会?"

"就说,视觉存在于眼睛中,有视觉的人在设法使用它,而色彩存在于事物中,如果没有[507e]第三种东西辅助,尽管其天生的功能就是如此,你就知道,视觉不会看到任何东西,色彩也不会被看到。"

"你所指的这一东西,"他说,"又是什么呢?"

"如你通常所称,"我说,"光。"

[5]"你讲得对。"他说。

"因此,看的能力和被看的能力并非通过无关紧要的方式而连到了一起,[508a]而是靠了一种比其他任何套环更有价值的纽带,如果说,光真具有什么价值。"

"那可不,"他说,"它远不是什么没有价值的东西。"

19."那么,你能说出天上的神明中哪一位主管这事,[5]他的光使我们的视觉尽可能地看得最清楚,并使能被看到的东西被我们看到?"

"也就是你,"他说,"以及其他人所能说出的那位;你所问的显然就是太阳神。"

"那么,视觉是不是生来就以这种方式和这位天神发生关系?"

[10]"以什么方式?"

"视觉不是太阳,不仅它本身不是,它身临其中、我们称其为[508b]眼睛的那一东西也不是。"

"当然不是。"

"然而,我认为,在一切具有感觉的器官中,它最像太阳。"

[5]"的确如此。"

"再说,难道它不是从这位天神那里获得它所具有的力量,这力量如同水流由对方源源不断地分配给它?"

"的确完全如此。"

"因此,这难道不是这样,太阳本身并不是视觉,[10]但作为视觉的起因,它才被对方看到。"

"是这样。"他说。

"就是这个,"我说,"让我们说,这就是我所指的美好的东西的后代,美好的东西生了它,形状如同[508c]自己;那一东西在思维领域中与思维和被思维的东西有什么样的关系,这一东西在可见的领域中与视觉和可以被看到的东西也就有什么样的关系。"

"怎么会如此?"他说,"请进一步解释。"

"眼睛,"我说,"你知道,当某人并非[5]把它们对着白天的光线照着那些物体的色彩,而是对着那些被夜幕包围的物体,它们就变得迟钝,几乎接近瞎了,仿佛它们并不具有清楚的视力。"

"的确如此。"他说。

[508d]"然而,我相信,当太阳正照耀到那些物体,它们就一下看清了,显然,这双眼睛具有视力。"

"怎么不是?"

"那么,你也如此来认识灵魂中的这一现象:当灵魂[5]把目光集中在真理和事物的本质所照耀的东西上,它就一下看到了对方,认识了对方,并且证明自己具有理性;当它把目光集中在那种掺杂着黑暗的东西上、那种有生有灭的东西上,它便开始猜想,变得迟钝,来回不停地改变想法,似乎它又没有了理性。"

[10]"看来如此。"

[508e]"那么,这一东西,因为它把真理提供给了那些可被认识的事物,同时又把认识事物的能力分配给了具有认识的人,你就称它是美好的东西的理念;你必须把它看作知识和真理的起因,只要有这一认识,尽管认识和真理这两种东西如此美丽,[5]当你想到有另一种东西比它们更美丽,你就想得对了;知识和真理,[509a]正如我们在前面合理地把光芒和视觉看作像太阳一样的东西,把它们认作太阳就不合理,同样,我们在这里也合理地把这两件东西看作如同美好的东西一般的东西,而把它们中任何一个看作美好的东西本身就不合理;然而,美好的东西的本性[5]必须得到更进一步的、更高的估价。"

"你所说的,"他说,"真是一种极不寻常的美物,如果它不仅提供知识和真理,而且在美的方面又凌驾于这些东西之上;你当然不是说它是快乐。"

"别乱说,"我说,"相反,请对它的形象[10]作进一步观察。"

[509b]"怎么观察?"

"我想,你会说,太阳不仅把可以被看到的能力给了一切可以被看到的东西,而且给了它们出生、成长、获得养料的机会和力量,而自己并不属于出生之物。"

[5]"怎么会如此?"

"因此,你可以声称,对一切可以被认识的事物来说,不仅是可以被认识的能力来自那一美好的东西,而且它们的存在和它们的实体也都得益于那一东西,尽管美好的东西本身并不是实体,然而,在地位和力量方面,[10]它胜过实体。"

20. [509c]这时,格劳孔非常幽默地说道:"我的阿波罗,它具有多么神奇的优越性。"

"这得怪你,"我说,"是你硬要我说出我对这一东西的看法①。"

[5]"不管怎样,"他说,"你不应该中断,至少在没有进一步解释完它和太阳的相似之处以前不应该中断,如果你还留着某些话。"

"那可不,"我说,"我还留着许多话。"

"哪怕是细节,"他说,"你也不应该放弃。"

"我想,"我说,"我得放弃好多;然而,我将尽自己[10]目前最大的能力,不会故意把话留着不说。"

"的确别这样。"他说。

[509d]"那就请注意,"我说,"如我们所说,有这么两种东西,一种统治着可被思维的一类东西及其领域,另一种统治着一切可被看见的东西,我不说天神②,以免你认为我在玩弄文字。不管怎样,你目前是否掌握了这么两种东西,可被看见的东西和可被思维的东西?"

[5]"掌握了。"他说。

---

① 我对这一东西的看法:506b–d。
② 天神:希腊文中的"天空"(οὐρανός)一词中间包含动词"看"(ὁράω)的音素,两者可能出自一个词源;希腊神话中的第一个天神的名字叫"乌拉诺斯"(Οὐρανός),最初由他统治大地。

"就像你有一条被分成两段的直线①,长短不一,你根据同一个比例对每一段再进行分割,一段代表可被看见的东西,另一段代表可被思维的东西,这样,在可被看见的部分,根据它们各自拥有的清晰程度或模糊程度,[509e]你得出一条由各种形象组成的线段——我所说的形象,[510a]首先指的是黑影,其次是水面上的倒影,还有那些出现在坚固、平滑和闪光物体上形象,以及一切诸如此类的东西,如果你懂我的意思。"

"我懂。"他说。

[5]"在另一条线段中,你放入和这类东西相像的东西,我们周围的动物,一切植物,以及全部手工艺类产品。"

"放好了。"他说。

"你愿不愿意声称这一点,"我说,"凭真理和非真理的标准来进行区分,可被意想的东西如何不同于可被认识的东西,[10]模仿品也如此不同于被模仿的原形?"

[510b]"当然,"他说,"而且非常愿意。"

"你再看一下有关思维的这一部分必须根据什么方式分段。"

"根据什么方式?"

"就根据这种方式分,在第一段中,灵魂把前面所说的模仿品当作形象使用,[5]被迫从一系列假设中进行探索,它所走向的地方并非源头而是终结,而在第二段中——从假设出发——它走向并非属于假设的源头,不借助前面提到的一切形象,而是利用纯粹的概念进行探索。"

[10]"你所说的这些,"他说,"我并不充分理解。"

---

① 直线:根据柏拉图此处的叙述,试想象以下直线、各线段之间的比例关系以及它们各自代表的"认识"领域:

```
A           D              C                    E                    B
|-----------|--------------|--------------------|--------------------|
```

(1)"一条被分成两段的直线,长短不一":AB = AC + CB;

(2)"根据同一比例对每一段再进行分割":AC = AD + DC,CB = CE + EB,其比例,AD: DC = AC: CB,同样,CE: EB = AC: CB;

(3)AC 代表的是"可被看见的世界"(或可被想象的世界),其中 AD 代表实物的"影子"(或倒影)的领域,DC 代表实物领域。

(4)CB 代表的是"可被思维的世界"(或可被认识的世界),其中,CE 代表数学领域(或以数学为基础的整个科学领域),EB 代表思想领域(或以辩证思维为基础的理性领域)。

[510c]"再试试,"我说,"其实,如果我们先说以下这些,你就会比较容易地理解我的意思。因为,我想,你知道那些从事测量、算账以及所有诸如此类活动的人,他们假设奇数和偶数、各种图形①、[5]三种类型的三角②以及其他与此相关的东西,按照各种方法进行研究,似乎对此非常熟悉,在对这些东西作出假设的时候,他们并不认为仍有必要向自己或别人作出任何有关的解释,似乎这些假设对谁都一目了然,他们从这些东西出发,[510d]走完了此后的全部路程,不出所料地到达了他们为此而进行研究的这一目的。"

"完全如此,"他说,"我至少还知道这一点。"

[5]"那么,你不是也同样知道,他们利用这些可以看见的形体,并且发表有关它们的言论,但他们并不围绕这些东西进行思维,而是围绕它们与之相仿的另外一批东西,他们为四角形本身或对角本身的缘故作出推断,而不是为了他们所画的对角,[510e]对待其他东西也如此,即凡是他们模拟、勾画的东西,那些具有阴影和反映在水面上的图像,他们只是把它们当作图像来利用,因为,在探索那另外一批东西时,他们知道,[511a]一个人不能靠其他方法观察到它们,只能靠思维③。"

"你说得对。"他说。

21."我前面所说的就是这种可被思维的理念,为了寻找它,灵魂不得不利用假设,但它此刻[5]并非在向原型逼近,因为灵魂不能向上走,超越假设的领域,而是把这些东西当作图像来使用,即这些被下面的物体所代表的东西,因为,和那些东西相比,这些东西被认为更清晰、更值得器重④。"

[511b]"我懂了,"他说,"你是说,几何学和其他与此相关的学科所用的原理也适用于此。"

---

① 各种图形:指几何图形。

② 三种类型的三角:锐角、直角和钝角。

③ 只能靠思维:柏拉图对这里所提到的"四角形"做了如下的区分:(1)可被思维或思维中的四角形;(2)按照它画出的实际四角形;(3)这一实际四角形(在水中)的倒影。

④ 这些……更清晰、更值得器重:因为这些东西来自那些处于"下面的物体",和那些物体(模拟性形体)相比,它们多了某种抽象性(信念性形体),所以说,它们对人们的(理性)思维更有价值。

"那么,请你继续弄懂我所说的可被思维的另一部分,理性依靠辩证能力能够接触到它,[5]并非把那些假设当作原型,而是本质上就把它们当作假设,如同动身和出发的起点,以至于理性走到没有假设的领域,走向每一事物的原型,当理性依附上原型后,它就开始返回,带着一切跟随对方而来的东西,如此从高处走下,来到终点,不利用任何可被感觉到东西,[511c]而只利用这些理念本身,从理念到理念,最终又到达理念。"

"我懂了,"他说,"尽管并不充分——因为,我认为,你是在说一个复杂的过程——显然,你想作这样的划分,[5]用辩证的方法对事物的本质和可思维之物的东西作出的认识要比用所谓的专业技术获得的认识清楚,因为后者依靠的原型是假设,尽管他们作观察时被迫用思想而不是用感官对它们进行观察,然而,[511d]因为他们并没有返回到原型,而只是从假设角度作出观察,你就可以看出,他们对这些东西并无理性认识,虽然,从原型出发,他们的思想可以被人理解。我看,你好像把这些几何学家的能力称作思想而不是理性,[5]好像思想处在意念和理性之间。"

"你阐述得非常充分,"我说,"此刻,你就替我拿住和上面所说的四个部分相对应、存在于灵魂中的这么四个境界,理念在最高处,[511e]思维第二,信念第三,形象模拟在末尾,并把它们按比例排列起来,恰如,和其本质相对应,它们各自分享到的真实度是多少,如此,凭你观察,它们各自分享到的清晰度就是多少。"

[5]"我懂了,"他说,"我不仅同意,而且一定照你说的那样来排列。"

卷 七

1. [514a]"接着,"我说,"关于教育或缺乏教育,请你把我们的本性比作处于这么一种状态。想象人们在岩洞①一般的地下住宅中,漫长的入口面对阳光,有整个洞穴那么宽,[5]这些人从小就在这里,腿上和脖子上都绑着锁链,以致他们始终待在一个地方,[514b]只能看到身前的东西,因为他们受锁链的束缚而无法掉过头来;在他们的后上方,远离他们的身后,燃烧着一团火光,在这团火和这些被绑着的人们之间有一条通往上方的道路,想象,沿着这条路筑有一堵矮墙,[5]就像那些变戏法的人用的、摆在观众面前的屏障,在这上面他们展示戏法。"

"我想象到了。"他说。

"想象,沿着这堵矮墙,有一批人正在搬运[514c]各种各样的道具,它们都高出这墙,包括一些人的雕像[515a]和其他用石头或木头雕制的动物,以及各种人工产品,自然,在搬运东西的过程中,一些人在说话,另一些则默默无语。"

"按你所述,这真是一副奇怪的景象,"他说,"和一批奇怪的囚犯。"

[5]"就像我们,"我说,"首先,你难道认为这样的人,就他们自己以及相互之间来说,除了那些被火光投射到他们对面洞壁上的影子外,他们还看到过其他什么东西?"

"怎么可能,"他说,"如果他们只能一动不动地把头对着这个方向,[515b]终身如此?"

"那些被沿墙搬运的东西又如何呢?难道这不是同样的情形?"

"还能如何?"

"如果说,他们现在能相互交谈,你会不会认为,[5]他们会根据自

---

① 岩洞:继前一卷中的"日喻"和"线喻",为了进一步阐明存在和认识的本质,此处,柏拉图开始了著名的"洞喻"。

己所看到的东西如此称呼它们?"

"必然如此。"

"如果这个监狱还有从对面洞壁传来的回声,那又如何呢? 当那些沿墙而走的人中有人在说话,你认为,他们会相信说话的是别的什么东西,而不是眼前这个沿墙而走的影子?"

[10]"宙斯在上,我可不认为如此。"他说。

[515c]"不管怎样,"我说,"这样的人不会相信,除了这些道具的影子外,真理是别的什么东西。"

"很必然。"他说。

"再看,"我说,"看他们被从枷锁和无知中释放出来并获得了痊愈,[5]如同某人可能遇上的那类处境,如果以下这类事也发生在他们身上:当某人被松了绑,被逼迫突然站立起来,扭过脖子,开始行走,并且抬眼看到了光源①,他很痛苦地做着这一切事情,而且,因光线耀眼,他不能认清那些[515d]他从前只见其影的东西,你想他会说些什么,如果某人告诉他说,从前,他看到的是虚影,现在,他比从前更接近事物的本质而且已转而面对实体,他也就会看得更正确,特别是当对方指给他看每一个正在沿墙而走的人,[5]向他提问,逼他回答那是什么? 你不认为他会感到茫然,并且仍会相信他从前看到的东西比现在对方指给他看的东西更真实?"

"远为更真实。"他说。

2.[515e]"难道不是这样,如果某人逼他凝视那一光源,他的眼睛会感到疼痛,难道他不会转过身子,逃向他有能力注视的那些东西,并且认为这些东西实质上要比对方指给他看的那些东西更显而易见?"

[5]"会这样。"他说。

"然而,"我说,"如果某人硬把他从那里拖出来,经过坎坷、陡峭的道路,一直不松手,直到把他拉出了黑暗,见到太阳的光辉,难道他不会感到痛苦,对[516a]自己被人这么拖拉而感到恼怒,当他来到了阳光中,眼睛中充满了光线,不是就连任何一件目前所称的真实的东西他也不能看到?"

---

① 光源:这仍是洞内燃烧的火。

"不能,"他说,"至少不能立刻看到。"

[5]"的确,我想,他需要一个习惯过程,如果他想看到上面的东西。刚开始,他最容易看清的是黑影,接着是人和其他东西在水面上的倒影,然后是事物本身;晚间,他会更容易地观察天上的东西以及天空本身,当他注视着[516b]星星和月亮的光辉,甚于白天观察太阳和太阳的光辉。"

"怎么不会?"

"最终,我认为,他能面对太阳,并非它在水面上或[5]其他平面上的形象,而是它在它自己领域中的本体,他能看清它,并且能够观察它是什么样的物体。"

"必然如此。"他说。

"此后,他会作出有关它的结论,[10]是这一物体给了世界四季和年岁,是它管理着可见世界中的一切东西,[516c]在一定程度上,它也是他们从前看到的那些东西的起源。"

"显然,"他说,"此后,他会到达这一地步。"

"这又如何呢? 当他回想到他从前的住处、[5]那处的智慧、那些他曾一度与其共处的囚犯,难道你不认为,他一方面会对目前的变化感到庆幸,另一方面会可怜那些人。"

"当然。"

"如果当时那些人中有荣誉、赞美、特权这类东西,可授给这么一个人,因为他能最清楚地看到面前一闪而过的东西,[10]最精确地回忆起什么东西通常先被搬运过去、[516d]什么随后、什么同时,从而他也最有能力对未来作出预言,你认为,这人会渴望得到这些东西,羡慕那些人中受到尊敬并且拥有权势的人,或他会有荷马所说的那种感受,[5]完全情愿自己是个'农夫,在另一个贫苦人身边当雇工'①并且忍受命运的任何摆布,而不去意想那些东西、过那种生活?"

[516e]"我也这么认为,"他说,"他会宁可忍受一切也不过那种生活。"

"再设想以下这种的情形,"我说,"如果这人又走了下去,回到那

---

① 荷马,《奥德赛》11.489-490;这是阿喀琉斯在冥间对奥德修斯说的话,他宁可活在世上给人当长工,也不愿意在冥间当国王;这话在386c已被引用过。

同一个座位,[5]难道他的眼睛不〈会〉充满了黑暗,鉴于他突然走出了太阳的领域?"

"特别会这样。"他说。

"在辨认那些黑影方面,如果他又必须和那些始终被绑着的人竞争,虽然此刻他眼前仍一片模糊,[517a]眼睛还没恢复原状,而这一段适应期并不可能很短暂,难道他不会遭他们的嘲笑①,有关他,他们会说,他走到上面弄瞎了眼睛后,现在又回来了,并且会说,试图往上走一点也不值得?[5]对于一个试图替他们松绑、把他们领到上面的人,如果他们能够把他抓到手、把他处死②,他们不会把他处死?"

"肯定会。"他说。

3."这整个场面,"我说,"我的格劳孔,[517b]必须和前面说过的话结合起来,我们眼前所呈现的领域类同于囚禁的住处,其中的火光类同于太阳的力量,然而,如果你把它向上攀登和对上面一切事物的观察看作灵魂[5]向思维领域的上进过程,那么,你并没有理解错我希望表达的意思,鉴于你一心想听到这一点③。这是否和真理相符,恐怕只有天神知道。不过,依我看,这一切似乎就是如此,在可被认识的领域里,美好的东西这一理念最后才被人看到,而且这一过程又非常艰难,然而,当它被看到之后,[517c]我们一定会得出这样的结论,对所有人来说,它是一切正确的和优秀事物的起源,在可被看见的领域中,它生下了光和光的主人,在可被思维的领域中,它自己是主宰,为人提供真理和理性,并且,谁若打算理智地办事,无论在私下场合或在公共场合,[5]他必定已经看到了它。"

"我也有同样看法,"他说,"至少,按我目前的能力。"

"那就来吧,"我说,"同样和我分享以下这一观点,不要对此感到惊讶:当那些人来到这里,他们就不会愿意为世人的事务而奔波,相反,他们

---

① 遭……嘲笑:在现实生活中,真正的哲人在社会上面临的待遇正是这样,因为人们认为,哲人钻研的东西根本不切实际,甚至和生活完全脱节,无论对个人还是对城邦都毫无用处;对此,柏拉图在卷六中已加以反驳(489c – d)。

② 把他处死:这听起来似乎是一个顺口说出的"假设"或"夸张",然而,出自柏拉图的笔下,这句话背后隐藏着一个痛苦的事实:苏格拉底之死。

③ 鉴于你一心想听到这一点:506e。

的灵魂会不断地渴望向上,到那里去消磨时间;[517d]其实,情形很可能就是这样,如果这些事情真和我们前面描述过的那个场面相符。"

"有可能。"他说。

"这又如何呢?你是不是认为以下这一点有些奇怪,"我说,[5]"如果某人从神圣的领域那边过来,对人类的丑事进行探讨,他举止笨拙、显得十分可笑,眼前仍一片模糊,并且,在他还没有充分适应目前的黑暗场面之前,他就被逼着和人争辩,无论在法庭上还是其他什么地方,针对正义的那些影子或那些产生影子的塑像,就在这一点上和那些人猛烈较量,[517e]而这些事情又怎么被那些从来没有见到过正义的人接受呢?"

"这一点也不奇怪。"他说。

[518a]"然而,如果一个人有理性,"我说,"他能记得,眼睛会因两种原因而感受到两种困惑,一是当它们从光明进入黑暗,二是从黑暗进入光明。如果他意识到灵魂也会落入这样的困境,当他看到某人的灵魂[5]受外界喧闹的影响,不能看清东西,他并不会无理取笑它,相反,他会进行观察,看它是否来自更光辉的生活,因不习惯而被黑暗笼罩,或从更大的无知进入更光辉的生活,目中充满了更耀眼的光芒,[518b]就这样,他会称有前一种经历、前一种生活的灵魂幸福,同时,他会同情后一种灵魂,即使他想故意取笑它,这一取笑也不如对从光明的领域走下来的那一灵魂的那一取笑来得可笑①。"

[5]"对,"他说,"你说得非常恰当。"

4."如果事实真是这样,"我说,"那么,我们有必要对它们进行如此思考,教育并不是像某些人②承诺的那样,声称它是这么一种东西。他们声称,[518c]他们能把知识放入缺乏知识的灵魂中③,就如同

---

① 这一取笑……可笑:试比较 452d - e。
② 某些人:此处指公元前 5 世纪以教育家自居、周游于希腊主要城邦、为贵族青年开课讲学的"智术师派",主要代表有勒翁提诺伊的高尔吉亚、阿伯德拉的普罗塔戈拉,科俄斯岛的普罗狄科,厄利斯的希琵阿斯,包括此时在座的忒拉绪马科斯。
③ 把知识放入……灵魂中:这显然和柏拉图的观点不同,柏拉图认为,作为开导和培养人的工具,教育并不是简单地传递和积累知识,教育的最高使命和最大价值在于帮助人的灵魂转向,当灵魂掉过了头、面临真正的现实,人的思想境界才能发生根本的变化。

把视觉放入盲人的眼中。"

"他们的确如此声称。"他说。

"然而,我们目前的讨论显示,"我说,"这一[5]存在于每一个人灵魂中的能力,以及这一每个人凭借来认识事物的器具,就像那眼睛并不能从黑暗转向光明,除非和整个躯体一起转过来,同样,这一认识事物的器具也必须和整个灵魂一起,从仍在生成中的世界那边扭转过来,直到它面临世界的本质,并且[10]能够忍耐目睹这一本质的最光辉之处;我们称这一器具为[518d]美好的东西。是不是?"

"是。"

"针对这一器具,"我说,"也许存在某种艺术,旨在引导它,某种使它最容易、最有效地扭转过来的方法,[5]不是把看的能力植入对方,而是促使它扭转,因为它自己拥有看的能力,只不过没有转过来、看不到它所应该看到的东西。"

"看来是如此。"他说。

"其实,灵魂的其他那些优秀品质,如人们所称,[10]看来的确近似于躯体的优秀品质——因为它们并非一开始就已存在,[518e]而是通过培养习惯和不断训练之后增添的——然而,思维这一优秀品质,如此看来,也许完全属于某种更加神圣的东西,因为它从不丧失自己的固有能力,同时,根据面临的方面,它可以变得有用、有益,[519a]也可以变得无用、有害。难道你从来没有注意到这种情况,某些人被称作低劣而精明的家伙,他们的微小灵魂有多么敏锐的目光,对凡是它所面临的东西观察得多么细致,可见,它并非拥有低劣的视觉,而是被迫充当邪恶的仆人,[5]这样,它看得越是清楚,它干出的坏事也就越多。"

"的确完全如此。"他说。

"然而,"我说,"如果属于如此本性的这一东西从小就经受锤炼,就像切除铅坠①一样切除与生殖世界的种种联系,[519b]因为它们紧紧依附于吃喝、各种与此类似的快乐、各种佳肴,总把灵魂的目光[转而]对着下方;如果它摆脱了这些牵连,转而对着一切真实的东西,那

---

① 铅坠:希腊文为 $μολυβδίδας$(复数),原指套在渔网上的铅块;在感性世界中,灵魂总在被躯体部分往下拖,人们"必须把躯体的部分看作某种给人带来负担和压力、某种如土一般沉重、可以被看见的东西"(《斐德若》81c)。

么,这同一批人凭这同一目光就会把那些东西[5]看得特别清楚,正如这一目光现在正对着那些事物。"

"的确可能。"他说。

"这又如何?难道以下这一点就不会是这样,"我说,"难道这不是从我们从前面说过的那些话中得出的必然结论,那些没有受到过教育、没有见到过真理的人不能[519c]充分管理好一座城邦,而那些让自己终身泡在学习中的人也不能,前者,因为他们在生活中没有一种不管做什么事都必须依据的目标,不管为公家还是为私人做事;后者,因为[5]他们乐意不做任何事,认为自己活着的时候就已住上了幸福岛?"

"真是这样。"他说。

"作为城邦的创建人,"我说,"我们的最大任务就是逼迫那些具有最优秀本性的人走向[10]我们在前面所说的那种学习,看到那美好的东西,[519d]登上那一高地,当他们上了那处,得到了充分的观察,我们不可让他们做我们目前让他们做的事。"

"什么样的事?"他说。

"停留在那个地方,"我说,"不愿意走下来,[5]重新回到那些被锁链绑住的人中,和那些人一起分享劳动和荣誉,不管它们的种类低级或高级。"

"这样的话,"他说,"我们岂不得罪了他们,使他们过更差的生活,尽管他们能过上更好的生活?"

5.[519e]"你又忘了这一点①,"我说,"我的朋友,法律所关心的并不是如何让城邦中的某一阶层过上与众不同的幸福生活,而是如何设法让这一幸福分布在整个城邦中,用说理或用强制的手法使公民们和睦共处,使他们[520a]相互之间分享他们每一人能向社会提供的利益,法律在城邦中造就了这种人的目的并不是好让每一人自己想往哪处跑就往哪处跑,而是利用他们来促成城邦的内在统一。"

[5]"对,"他说,"我刚才的确忘了这一点。"

"请这么考虑,"我说,"格劳孔,我们并不会得罪这些在我们中充当卫士的人,相反,我们对他们要求得很合理,当我们逼迫他们一方面照顾

---

① 你又忘了这一点:419a – 421c,465e – 466a。

好其余的人,一方面守护城邦。的确,我们会对他们说,[520b]那些在其他城邦中有他们这种地位的人也许并不参与那些城邦中的劳动;其实,那些人是当地自然出现的产物,并不受各个城邦中的政治体系所欢迎,这一自然出现的东西,既然它不欠任何人抚养费,它也有理由不愿意偿还那些抚养费;[5]然而,既是为了你们自己,也是为了其余的城邦,我们把你们培养成了如同蜂窝中的领袖和国王,你们得到了比那些人更好、更完善的教育,[520c]并且更有能力参与这两种形式的生活。你们每一个人必须轮流下去和其余的那些人住到一起,必须使自己习惯于观察那些朦胧不清的东西。因为,一经习惯,你们就会远远比那里的人们看得更清楚,并且会知道那里的各种图像是什么、代表什么,[5]因为你们看到过优秀的东西、正义的东西和美好的东西的真正面目。这座城邦将会如此在我们和你们的管理之下,而不像虚梦,不像当今许多城邦在那么一批人的管理之下,他们为幻影而战、[520d]为统治权大搞内讧,仿佛这是某种伟大的好事。但真正的情形一定是这样,在一城邦中,当那些即将上台统治的人极不愿意统治,这一城邦必然会被管理得最好,最没有内讧的可能,如果这一城邦拥有相反的统治者,结果也就会相反。"

[5]"的确完全如此。"他说。

"你看,这些受过我们培育的人会不会拒绝我们,"我说,"当他们听到了这些话,他们会不会不愿意到城邦中去轮流参加劳动,而只愿意和他们的同伙一起长期住在一尘不染的地方?"

[520e]"这不可能,"他说,"因为我们会对讲理的人发布合理的命令。而他们每一个人必定会走上统治地位,把这看作自己的必然义务,和当今在各座城邦中的统治者正好相反。"

"的确正是如此,"我说,"我的伙伴!如果你能[521a]为那些即将上台统治的人们找到一种比施行统治更好的生活方式,一个具有良好管理的城邦就有可能产生;因为,唯独在这一城邦中,施行统治的是真正的富翁,并非在金钱上富有,而是在构成幸福的必需品上富有,在美好的、具有理性的生活上富有。如果一批乞丐和[5]贪图拥有私人财产的人进入了公共生活,心想,他们一定要捞到那里的好东西,这一具有良好管理的城邦就不可能产生;因为这时的统治权已变成了一种你争我夺的东西,这种产生于自己人之间和城邦内部的战争必将毁灭这些人和其余的城邦。"

"绝对是这样。"他说。

[521b]"那么,你能说出,"我说,"另一种生活方式,如此藐视城邦的统治,除了这一献身于真正哲学的生活方式?"

"宙斯在上,我不能。"他说。

"显然,这些并不热恋于统治的人必须走上统治岗位;[5]否则,那些争权夺利者就会相互交战。"

"怎么不会?"

"那么,你会迫使其他人走上保卫城邦的岗位,而不迫使这些不仅最精通那些原则的人,鉴于凭此城邦才能得到最好的管理,并且拥有不同的荣誉观、比政治生涯[10]更优越的生活方式?"

"我不会迫使其他人。"他说。

6. [521c]"你是否希望我们考虑这一点,这些人将如何出现在城邦中,某人如何把他们带入光明的世界,正如传说中的某些人从哈得斯那里①上来,加入了天神们的行列②?"

"怎么不希望?"他说。

[5]"这,如此看来,不是翻转贝壳的游戏③,而是把灵魂从某种黑夜般的白天扭转过来,面向真正的白天,这是一条向上、通向本质的道路,我们会说,这才是真正的哲学。"

"完全如此。"

[10]"那么,难道我们不应该探讨一下,究竟哪一种学习有这一[521d]能力?"

"怎么不应该?"

---

① 哈得斯那里:冥世。
② 加入了天神们的行列:古希腊神话中有好几个下了冥世后又进入"天堂"成为神明的人物,如著名英雄赫拉克勒斯,狄俄斯科罗伊孪生兄弟中的波吕德乌克斯(因为他仍有一半"朽性",他每隔一天必须去冥间度日),酒神狄俄尼索斯的母亲塞墨勒(神化后,改名为"狄俄涅");此处,很可能特指曾在人间救死扶伤的神医阿斯克勒皮俄斯,他因救活了被马碎尸的希珀吕托斯而触犯了天法,被宙斯用雷击死,后化为天神。
③ 翻转贝壳的游戏:如同儿童们抛贝壳,看落地后的贝壳是"白面"向上("白天")还是黑面("黑夜")向上;然而,翻转灵魂,使它从黑暗转向光明,是一项漫长而艰巨的工作,并非像游戏中的贝壳翻转得那么快、那么"巧"。

"那么,究竟哪一种学习,格劳孔,能把灵魂从生成变幻的世界拉向本质的世界?尽管这么说,我此刻同时又回想到以下这一点:[5]我们不是曾经说过①,这些人年轻时必须是战争中的竞争者?"

"我们的确说过。"

"因此,我们寻找的这种学习也一定具有这一特点,作为对上面那点的补充。"

[10]"哪一特点?"

"对于从事战争的人们来说,它并非无用。"

"当然一定是这样,"他说,"如果真有可能。"

"他们在体育和音乐方面受过[521e]我们前面所说的教育。"

"是这样。"他说。

"体育锻炼,从某种意义上说,关系到生成和消亡;因为它主管躯体的壮大和[5]衰弱。"

"显然如此。"

"但这并不是我们要寻找的那种学习。"

[522a]"的确不是。"

"那么,我们前面讨论过的音乐艺术是不是呢?"

"其实,"他说,"那一艺术是体育的翻版,如果你还记得,因为它利用习惯性训练来教育这些城邦卫士,[5]根据调式,给予他们某种和谐感,而不是知识,根据节奏,给予他们美好的节奏感,给予他们另外一些与此相关、在文字中已经形成的传统的东西,包括一切寓言故事和一切比较接近事实的传说;至于你现在所要寻找的这种学习,[522b]音乐教育中根本不包括它。"

"非常精确,"我说,"你替我做了如此的回忆!其实,音乐教育中并无这种东西。然而,充满灵感的格劳孔啊,这种东西能是什么呢?其实,一切专业技术都[5]显得平庸低俗②——"

"怎么不是?真的,除了音乐、体育以及各种专业技术外,还剩其他什么学习呢?"

---

① 曾经说过:403e,416d。
② 一切专业技术都显得平庸低俗:指各种手工行业,参见495d。

"来,"我说,"如果我们在这些领域之外不能找到任何东西,就让我们找些和它们都相关的东西。"

[10]"哪一种东西?"

[522c]"比如这种共同的东西,所有专业技术、思维和知识都要用到它,并且,每一个人在当初都必须学习它。"

"哪一种东西?"他说。

[5]"即这一基本能力,"我说,"识别一、二、三;简而言之,我指的是数字和运算艺术①。难道它们不是这样,每一种专业技术和知识都必须和它们打交道?"

"的确如此。"他说。

[10]"那么,"我说,"难道战争的艺术不也如此?"

"相当必然。"他说。

[522d]"不管怎样,"我说,"在那些悲剧中,帕拉墨得斯②每次总是让阿伽门农③以一个可笑的将军身份出场。难道你没有注意到这一点,他说,他发明了数字,在特洛亚城前排列了军队的阵营,数清了船只和[5]其他一切东西,因为这一切从前都没被数过,而阿伽门农本人看来连自己有几只脚都不知道,如果他真不懂算术?不管怎样,你想,他会是个什么样的将军呢?"

"一个奇怪的将军,"他说,"我想,如果事实真是如此。"

7. [522e]"那么,"我说,"我们是否必须把这规定为另一个必学科目,一个军人必须能数、能算?"

"这比什么都重要,"他说,"如果他想精通各种作战阵列,或即使他只想当一个正常的人。"

[5]"那么,"我说,"有关这一学习,你和我的想法一样?"

"什么想法?"

[523a]"这一学习也许就属于我们所要寻找的那种把人自然地引

---

① 计数和运算艺术:前者和数字有关,如数字、奇偶、可分性、相互关系等,后者和计算有关,如加减乘除等。

② 帕拉墨得斯:特洛亚战争时期希军中的一个军官;古时被誉为"智者"和伟大的发明家;传说,他发明了(或增添了一些)古希腊字母、骰子、跳棋、衡量制、烽火等。

③ 阿伽门农:在特洛亚战争中,他是希军元帅。

向思维的东西,没有人能正确地利用它,尽管它能以各种方式把人拉向本质的世界。"

"这话,"他说,"怎么解释?"

[5]"我的看法如何,"我说,"我这就力图向你证明清楚。我将为我自己对这些东西作出如此的区分,什么能把人引向我们所说的地方,什么不能,作为观众,你就在一边表示同意或反对,这样,我们就能把这看得更清楚,知道它是否和我的预言相符。"

"展示吧。"他说。

[10]"我这就向你展示,"我说,"如果你能看清,某些感性的东西[523b]并不要求思维过来进行观察,因为感觉本身就能对它们作出充分的判断,然而,其他的东西却千方百计地鼓励它来进行观察,因为感觉本身不能作出有效的判断。"

[5]"显然,"他说,"你指的是那些出现在远处的东西,以及那些用明暗法①画出的东西。"

"不,"我说,"你没完全听懂我的意思。"

"你说的,"他说,"到底是什么意思?"

"那些并不要求思维过来进行观察的东西,"我说,"[523c]即是那些不会与感觉产生对立的东西;而那些与感觉产生对立的东西,我称它们为必须要求思维出面援助的东西,当感觉本身无法证明这一东西究竟是这样或正好相反,不管感觉在近处遇到它,或在远处。我这么说,也许你会知道得更清楚些。就说,我们面前[5]有这么三个手指,小指、无名指和中指。"

"完全如此。"他说。

"你就假设,当我说到它们时,它们就在近处被我们看到;不过,替我观察有关它们的这一现象。"

[10]"哪一种现象?"

"显然,它们各自都是手指,[523d]并且在这一方面没有任何区别,不管被见于中间或两头,不管是白、是黑,不管是粗、是细,以及一切诸如此类的区别。其实,在所有这样的情形中,就绝大部分人而言,灵

---

① 明暗法:根据光线反差和物体倒影,突出空间感的一种绘画技巧。

魂并没有必要去询问理性手指到底是什么东西;[5]因为视觉根本没有向灵魂展示,一个手指同时又是一个与此手指正好相反的东西。"

"的确没有。"他说。

"因此,"我说,"这么一种感觉显然不会招呼理性,[523e]也不会唤醒理性。"

"显然如此。"

"这又如何?是不是感觉能看到这些手指的大小,而某一手指是否处在中间或一旁,这对它来说没有什么区别①?[5]涉及粗细和硬软,触觉不是也一样?其他一些感觉是不是并不能充分展示这些?每一种感觉做到的是以下这一点:首先[524a]设立在硬度之上的感觉必然也就是设立在软度之上的感觉,它向灵魂汇报它所感觉到的这一东西的硬和软?"

[5]"就是这样。"他说。

"那么,"我说,"在这种情况下,灵魂是不是必然会感到困惑,不知感觉所指的硬究竟是什么意思,如果感觉又说这同一东西软,涉及轻重的感觉也一样,所谓的轻重究竟是什么意思,[10]如果感觉把轻说成重,或把重说成轻?"

[524b]"的确,"他说,"这些提交给灵魂、需要灵魂作探索的汇报至少说是很奇怪。"

"很自然,"我说,"在这种情况下,灵魂会召集思维和理性,试图探索每一项向它汇报的信息[5]是否具有一种意思,或具有两种意思。"

"怎么不是?"

"如果明显具有两种意思,那么,是不是每一种意思明显各自为一,相互不同?"

"是。"

[10]"如果各自为一,两个加起来为二,那么,灵魂就能理解这两个已经得到分解的个体;[524c]因为它不能理解未经分解的双重体,

---

① 区别:中指与最小的指头相比显得大,与最大的指头相比显得小;与其余两个比它小的指头在一起时,通过比较,它又显得最大。对于感觉来说,其他实物特征(粗/细,硬/软)也同样如此,没有对比标准(理性分析和判断),感觉信息就会变得模糊不清,有点像一块冰冷的铁,在我们感觉中,它似乎是湿的,或,甚至烫手。

只能理解个体。"

"很正确。"

"然而,我们说,视觉能看到大和小,只是对方不是单一的个体,而是某一混合体。或不是这样?"

[5]"是这样。"

"然而,为了获得清晰的认识,理性必须对大和小进行分别的而不是综合的检验,这和视觉正好相反。"

"对。"

[10]"难道不正是从这里开始,我们首先向自己提出这样的问题,究竟什么是大,什么是小?"

"完全如此。"

"并且,正因如此,我们才称一方为可思维的东西,另一方为可看见的东西。"

[524d]"绝对正确。"他说。

8. "我刚才想说的就是这个,某些东西召唤理性,另一些则不用,凡是连同与其相反的东西一同撞入感觉的东西,我称它们为召唤者,[5]凡是不这么做的东西,它们就不是理性的唤醒者。"

"这下我懂了,"他说,"并且我也有如此的看法。"

"那么,这又如何呢?依你看,数字和单一的概念属于哪一类?"

"我不理解。"他说。

"根据我们前面所说的东西,"我说,"你就这么推理。如果[10]单一的东西本身能被充分看到,或被其他某一感觉确认为是[524e]单一的个体①,它并不能把我们引向本质,正如我们刚才在手指一例中说的那样;然而,如果某一东西总是和它相反的东西一起看到,以致无论它或与它相反的东西都不能单一出现,这时就有做进一步判断的必要,[5]而灵魂此时也就必然会感到困惑,它会进行探索,推醒它本身中的理性,询问这究竟是什么东西,就这样,[525a]对于个体的探索就会成

---

① 单一的个体:希腊原文为τὸ ἕν,包含单数一、单质、个体等意思;单一的个体本身并不能唤醒灵魂进行思维,只有当单一的个体和"复体"一起出现,彼此有了对比,这时,它才会唤醒思维,其单一性才能被理解;数学也正是通过这一途径进入了哲学(参见柏拉图,《斐勒布》56d-e;《帕默尼德》129a-130a;《泰阿泰德》157a-b)。

为那种引导灵魂以及使灵魂转而观察本质世界的活动之一。"

"其实,"他说,"有关单一的视觉在很大程度上的确具备这一特点。因为,对于同一个物体,我们同时看到一,又看到无限的[5]复数。"

"那么,如果对一来说是如此,对所有的数目难道不也这样?"

"怎么不是?"

"而计算和算术[10]完全和数字有关。"

"的确如此。"

[525b]"而它们似乎在把人引向真理。"

"当然,以一种奇特的方式。"

"如此看来,它们属于我们要寻找的那一类学习;一个军人必须学习它,因为它涉及摆阵,[5]一个哲人必须学习它,因为他必须从生成的世界走上来掌握本质的世界,不然他永远不会成为一个善于推理的人。"

"就是这样。"他说。

"我们的城邦卫士正好既是军人又是哲人。"

[10]"还能是什么?"

"这会很合适,格劳孔,如果我们把这一学习定入法律条文,并且说服那些准备参与城邦最高事务的人[525c]追随计算和推理的艺术,并非按普通的方式和它打交道,而是通过理性本身,直至他们到达能看到数字的本质的高度,并非像商人和小贩那样为了做买卖,而是为了战争,[5]为了使灵魂容易地从生成的世界转过来,面向真理和本质的世界。"

"你说得非常好。"他说。

"确实,"我说,"我此刻同样意识到,既然我们提到了有关计算和推理这一[525d]学习,它是多么精妙、在多少地方对我们有用,无论我们想做什么,只要某人研究它是为了认识它,而不是为了做买卖。"

"怎么个有用法?"他说。

[5]"是这样,就像我们刚才说,它把灵魂径直领向上方,逼迫灵魂讨论这些数字本身①,它从不允许这一点,如果某人列举和讨论与可见

---

① 数字本身:柏拉图对数字作了区分,一种是"纯"数("数字本身","单一本身"),另一种是"通"数(即"现实"生活中代表物体的具体数字,即人们所称的"代数")。"纯"数彼此完全相等,"单一本身"没有区别,本身不可再分;此处所说的"数字本身"指的是"纯"数,哲学只和它打交道。

的东西或可抓住的物体相关的数字。其实,你大概知道,那些精通此术的人是什么样子,如果某人[525e]在谈话中试图分割单一,他们就会嘲笑他,不允许他这么做,然而,如果你把它切碎,那些人就使它成倍增长,生怕一不再显示为一而是许多零碎的东西。"

[5]"你说得非常正确。"他说。

[526a]"那么,格劳孔,你想他们会怎么回答,如果某人问道:'令人赞叹的先生们,你们谈论的是些什么样的数字,其中的一就像你们所设定的这样,单一数目都彼此相等,彼此没有任何微小的差别,而且各自内部又不包含任何组成部分?'[5]你想,他们会给他什么回答?"

"我想他们的回答会是这样,他们所说的这些数字只可被思维掌握,而不可被其他任何方式掌握。"

"你是否看到,"我说,"我的朋友,对于我们,[526b]这一学习事实上会是多么必要,因为它逼迫灵魂使用理性本身去接近真理本身?"

"的确,"他说,"这正是它所要做的。"

[5]"这又如何?你有没有注意到以下这一现象,那些在计算上有天赋的人,简言之,在各种学习项目上都自然聪明,而那些迟钝的人,如果他们在这方面得到了教育并经受了训练,即使他们没有在其他方面受益,至少他们在这方面已比从前聪明,人人都取得了进步?"

[10]"是这样。"他说。

[526c]"事实上,我认为,其他学习项目至少不会给从事学习和研究的人带来更大的困难,你不会轻易发现有许多项目难于这一学习。"

"当然不会。"

[5]"正由于这一切原因,这一学习就不应该被忽略,那些先天条件最好的人必须在这方面受到教育。"

"我同意。"他说。

9."就让它,"我说,"成为我们的学习项目之一。那么,再让我们探讨一下,接着它,什么是我们的第二个学习项目。"

[10]"什么项目?"他说,"或你指几何学?"

"就是它。"我说。

[526d]"那么,"他说,"涉及战争事务那一方面,显然,这一项目很适合;因为这关系到建立营地、占据地盘、集中部队、摆设阵列,以及部

队在打仗或行军时编排的任何队形,[5]一个人懂或不懂几何学,就可能有大的区别。"

"其实,"我说,"针对诸如此类事务,有一点初级几何知识和一点运算能力就已足以应付;然而,我们必须探讨的是,几何学的更大、更高级的部分是否向那一方面伸展,[526e]是否能使我们更容易地看到那一美好的东西的面目。我们说,一切都向那处伸展,只要它们逼迫灵魂转向那个地方,那里存在着事物的最幸福的本质,灵魂必须采用任何方法去看到它。"

[5]"你说得很正确。"他说。

"因此,如果几何学逼迫灵魂去观察本质,它就适合我们学习,如果它逼迫灵魂去观察生成的世界,它就不适合我们学习。"

"不管怎样,我们是这么说的。"

[527a]"事实就是这样,"我说,"凡是懂得一点几何学的人都不会和我们争辩这一点,这一门学问完全不同于那些在实际生活中运用它的人所谈论的那样。"

[5]"怎么会呢?"他说。

"他们说得既非常可笑,又非常必然;因为他们都以实践者的身份、根据实际工作发表各种意见,谈论'四方形化'、'直线延长'、'平面展示',一口一个这样的术语①;整个学习[527b]都为知识本身的缘故而进行。"

"完全如此。"他说。

"那么,我们是不是必须进一步同意这一点?"

"哪一点?"

[5]"这一学习的目的是为了认识永远存在的本质而不是为了认识属于生成和灭亡的东西。"

"同意这一点很容易,"他说,"因为几何学就是对于永远存在的本质的一种认识。"

"因此,尊敬的朋友,它就可能成为一种把灵魂引向真理的力量,

---

① 术语:柏拉图批评诸如此类的几何术语,因为它们给人一个错误的印象,仿佛几何体图形产生于实践,产生于一番诸如伸展、转变和组合的人为运算。柏拉图认为,这些形式永恒存在于本质世界,在物质世界中出现的只不过是它们的临摹品。

[10]启发我们拥有向上的哲学思想,而不应该向下,像我们目前这样。"

"它最有可能办到这一点。"他说。

[527c]"因此,"我说,"我们也就最应该颁布这样的命令,那些在你那美丽城邦中生活的人们无论如何都不能放弃几何艺术。何况它的副产品又并非不起眼。"

"什么样的副产品?"他说。

[5]"那些你早先提到过的东西,"我说,"和战争有关,并且还和一切学习项目有关,在更好地理解和掌握这些知识方面,我们当然知道,在一个精通几何的人和一个不懂几何的人之间存在着悬殊的差别①。"

"这可真是悬殊的差别,宙斯在上。"他说。

[10]"就让我们把这看作为年轻人设立的第二个学习项目?"

"就让我们这么定了。"他说。

10. [527d]"这又如何?让我们把天文学②定为第三个学习项目?或你看不合适?"

"我看很合适,"他说,"对于季节、月份、年度有一个更好的认识,这不仅适合农民和水手,对将领也一样。"

[5]"你真会取悦人,"我说,"你好像害怕大多数人在想你似乎规定了一些无用的学习项目。然而,让人相信这一点并非十分容易,而是十分困难,在这些学习中,每一个人的灵魂中的某一器官将会得到净化、被重新点燃,[527e]尽管它从前被另外一些生活方式所腐蚀和弄瞎,然而,它更值得我们保护,甚于一万只眼睛;因为只有通过它真理才能被我们看到。那些和你想法相同的人会认为你说得特别好,而那些从来没有[5]这种感觉的人会认为你在胡扯;因为他们在这些学习项目中看不到任何值得一提的好处。因此,请看清楚[528a]你在和哪一种人对话;或你并非对任何一种人说这些话,相反,这话大体上是为你

---

① 差别:传说,在雅典柏拉图创立的"学园"门口挂有这么一块牌子:Μηδεὶς ἀγεωμέτρητος εἰσίτω[不懂几何,不准入内];不管是真是假,这话倒是颇合柏拉图此处的口气,如上文所说,生活在"美丽城邦"中的人都必须掌握几何艺术。

② 天文学:苏格拉底提议设立这一门学科,格劳孔随口答应,从这一点中我们可以看出,当时天文学已被教育家列入必修课,正如和苏格拉底同时代的"智术师派"所做的那样,把算术、几何、天文和音乐(和声理论)设立为系列课程。

自己说的,尽管你不会埋怨对方,如果某人能从你的话中得到帮助。"

"就是这样,"他说,"我选择后者,我说话、[5]提问和回答问题总的来说是为我自己。"

"如果这样,"我说,"那就请你重新回到前面,因为我们刚才并没有选对继几何学之后的那个学习项目。"

"怎么会没选对呢?"他说。

"因为,继平面之后,"我说,"我们就选了旋转中的立体,[528b]而并没有先选立体本身;正确的做法是,按顺序,继第二维之后应该选第三维。我想,这和一切立方体和具有深度的东西有关。"

"的确如此,"他说,"然而,苏格拉底,这方面的学习看来还没有被如此[5]设立。"

"这有两个原因,"我说,"一方面,因为没有任何城邦重视这样的学习,这一困难的项目很少得到研究,同时,那些在做这方面研究的人需要一个主持人,没有他,他们不会发现什么,而找这么一个主持人首先就有困难;其次,即使找到了他,根据目前的状况,[528c]那些从事这方面研究的人并不会心甘情愿地服从他的领导。但如果整个城邦能够给予他协助,带头重视这一学习,那么,这些人就会服从他,而这些东西,一旦得到系统和深刻的研究,就会按规律变得显而易见;即使在目前,当这一学习受绝大多数人[5]轻蔑和压制,而那些研究它的人又不能解释它具有什么用处,尽管陷于这一切不利处境,它仍充满了魅力,顽强地成长了起来,这一点也不奇怪,它必将如此出现在人们面前。"

[528d]"的确如此,"他说,"它具有非凡的魅力。然而,请你更清楚地解释一下你刚才说的那段话。因为你刚才把有关平面的学科称作几何学。"

"是这样。"我说。

[5]"那么,"他说,"你先把天文学放在这学科之后,此后又倒了过来。"

"因为,"我说,"我急着想把一切都很快说完,结果反而慢了;其实,接着的学科应该是有关深度,但因为它处于一种可笑的研究状态,说完了几何学,我就跳过了它,直接开始谈论天文学,谈论[528e]具有深度的运动中的物体。"

"你说得很正确。"他说。

"现在,"我说,"让我们把天文学定为第四个学习项目,就算当今被抛在一边的那一学科正在形成之中,如果某一城邦[5]在追求它。"

"那当然,"他说,"刚才,苏格拉底,当我在笼统地赞扬天文学时,你立刻指责了我,现在,我就按你同意的方式来赞扬它;[529a]我看,每一个人都很清楚,它逼迫灵魂向上看,把灵魂从这里引向那里。"

"也许,"我说,"大家都很清楚,只有我是例外;其实,我并不认为如此。"

[5]"到底怎样?"他说。

"按照那些从事于哲学研究的人如今对待它的方式,它完全在逼迫灵魂向下看。"

"这话是什么意思?"他说。

"我认为,"我说,"针对这一有关天体的学习,[10]它究竟是什么,你的评价实在不算平庸;因为你或许认为,[529b]如果某人仰着头,观望着房顶上的种种花样,琢磨着某一东西,他可说是在用心考虑,而不是在用眼睛观望。也许你想得对,而我想得太幼稚。其实,我想不到还有其他什么学习能够使灵魂向上看,[5]除了靠这种有关本质以及不可见的东西的学习,再说,如果某人向上张着嘴或向下眯着眼,设法认识感官世界的某一东西,我会说,他永远不会学出什么名堂——[529c]因为这些东西里头并不存在什么真正的知识——他的灵魂并非在向上看而是在向下看,即使他昂首躺在地上或海面上进行学习①。"

11. "我接受惩罚,"他说,"的确,你对我指责得很对。不过,[5]你刚才说我们必须用一种不同于当今那些人所用的学习方法来学习天文学,如果我们想让这一学习有助于我们所说的事业,那是什么意思?"

"就是以下这个意思,"我说,"天空中的那些犹如锦绣的星星,因为它们被绣在可见的世界,我们当然认为,在诸如此类的事物中,[529d]它们是最华丽、最精美的东西,然而,它们仍和那些真正的实体

---

① 躺在地上或海面上进行学习:此处,柏拉图可能借用了阿里斯托芬的喜剧《云》中的一个场面,苏格拉底是剧中的一个人物,当时他躺在一只挂在空中的篓筐里,两眼注视着天空,力图"深入云层"研究天体(《云》218-232)。

相差很远，因为，作为实体存在的快和慢，是它们根据真正的数字和一切真正的几何图形把不同的运动分别带给了这些天体，并从它们的内部推动着它们，当然，这一切只能靠理性和思想来领会，[5]不能靠视觉；或你有别的看法？"

"绝对没有。"他说。

"那么，"我说，"我们就应该把天空中的锦绣画面当作一些模式，以便研究那些本质的东西，这情形就如同[529e]当某人碰巧看到一些由代达罗斯①或某个手工艺者或画家出色地描绘和制作的图像。因为当某个在几何学方面有经验的人看到这些图案，尽管他会认为这些是非常漂亮的作品，他仍会认为这很可笑，[5]如果人们真要认真地研究它们，想从这些图案里头找到有关均等、倍数[530a]和其他某种比例关系的真正本质。"

"这怎么会不可笑呢？"他说。

"一个真正的天文学家，"我说，"当他观察这些星星的运行时，你不认为他也有这同样的信念？他当然会相信，[5]这些作品得到了最完美的安排，给整个天空以及其中一切天体如此安排的必定是天空的创造者；然而，至于黑夜与白天、月份与月份、月份与年份以及其他星星和[530b]这些星星之间的相互比例，你想，难道他不会认为某人很奇怪，如果对方相信，它们的关系永远如此，不会有任何偏差，尽管它们拥有实体并且可以被我们看到，他仍想尽一切方法力图抓住有关它们的真理？"

[5]"我当然认为如此，"他说，"既然我听你这么说了。"

"因此，"我说，"为了照顾到实际效用，我们可以像研究几何学那样来如此研究天文学，天上的那些东西我们别管，如果我们就打算如此掌握天文学，[530c]使灵魂中天生具有理性的部分从无用转变为有用。"

"你规定的这一工作，"他说，"比目前人们进行的天文研究可要难好多倍。"

---

① 代达罗斯：古希腊传说中的神奇工匠和发明家；据说，他曾制造出一些能自行运动的工艺物品。

"不管怎样,我认为,"我说,"我们必须按同样方式[5]规定其他的学习项目,如果我们这些立法家想做点有用的事。"

12."不过,你还有什么合适的学科需要我们回顾?"

"没有,"他说,"至少眼下如此。"

"其实,"我说,"我认为,运行的形式不是一种,而是多种。[530d]一个具有智慧的人也许能把它们全都说出来;就按我们的看法,运行的形式明显有两种。"

"究竟是哪两种?"

"除了刚才说的那一种外,"我说,"还有一种正好和它相反。"

[5]"究竟什么样?"

"很有可能,"我说,"就如我们的眼睛追随天体的运行,我们的耳朵也同样追随和声的荡漾,这两种学科之间存在着密切的关系,正如毕达哥拉斯学派的人声称的那样①,对此,格劳孔,我们当然表示同意。不然,[10]我们又该怎样?"

"就这样。"他说。

[530e]"那么,"我说,"既然这是一件意义深远的工作,我们将会向那些人请教这些事情,看他们怎么说,并且问他们,除了这些事情以外,是否还有其他什么;与此同时,我们仍要照顾好我们自己的职责。"

"什么职责?"

[5]"千万别让我们培养的这批人试图钻研没有止境的东西,以致他们永远到达不了那里,尽管一切东西都应该到达那里,如同我们刚才所谈到的天文学。或你并不知道,[531a]有关和声,那些人正从事着这么一种研究? 他们对他们所听到的一切和声和音调进行没有止境的测量和对比,做法就和目前那些搞天文的人一样。"

"众神在上,"他说,"的确如此,并且十分可笑,[5]他们把某种声

---

① 如毕达哥拉斯学派的人声称的那样:根据这些人的学说,各天体在运转过程中发出不同的声音,这些声音碰到一起便会引发一种共鸣,他们称此为宇宙和声。当时这一学派中的一个代表阿尔库忒斯是柏拉图的朋友,他说:他们[数学家]甚至已经向我们展示出一幅有关这些星体的运行速度和有关它们上升、下落的清楚图像,有关几何、数字、立体(天文学)以及并非最无关紧要的音乐理论。因为这些似乎都是密切相关的学科(狄尔版,残片47B,1.4–8)。

音称作'密音'①,并把自己的耳朵紧紧凑在音上,就好像在偷听隔壁邻居在说些什么,他们中一些人甚至声称,他们听到了某种半音关系,说这是最小的音阶,必须把它当作衡量的标准,另外一些人则对此提出异议,声称这个音听起来和其他声音一样,他们双方都把耳朵[531b]搁在理性之上。"

"不过,"我说,"你说的是那些惯于给琴弦造成种种负担、不停地折磨它们并把它们紧绷在弦柱上②的实干家③;为了不使这一场面变大,进一步描述这些琴弦一会儿[5]被拨子揍打,一会儿遭到指控,一会儿声辩自己无辜,一会儿而又自我吹嘘,我现在就给它收场,我所说的并不是这些人,而是我们刚才提到的那些研究和声问题的人④。因为他们和那些搞天文的人做的是相同一件事;[531c]其实他们力图在这些能被听到的和谐音中寻找相应的数字,而并非在寻找向上的道路,面对真正的任务,探索什么是和谐的数字,什么不是,它们各自又为什么是这样。"

[5]"你所说的,"他说,"真是一件神奇的工作。"

"然而,"我说,"这一工作对我们寻找美丽和高尚非常有用,如果是为了其他目的而搞这一工作,那就一点无用。"

"很可能如此。"他说。

13. "至少我认为,"我说,"对于我们刚才讨论过的一切学科[531d]展开的研究,如果它能揭示这些学科之间的共同特性和内在联系,它多少能对我们所向往的事业带来某种贡献,而并不会徒劳无益,如果不能,那就会徒劳无益。"

[5]"对,"他说,"我也预料会是这样。然而,苏格拉底,这可是一件非常巨大的任务。"

---

① 密音:希腊原文为 πυκνώματα,指由几个最小音程紧密组合起来的声音;在古希腊音乐中,最小的音程为四分之一音(δίεσις ἐρναμόνιος)。

② 不停地折磨它们并把它们紧绷在弦柱上:此处,苏格拉底将琴弦拟人化,把它们比作一排被绑架、受折磨的奴隶。

③ 实干家(χρηστούς):指追求实效、直接和器乐打交道的人;这些人和下面提到的完全根据(数字)理论研究音乐与和声的人不同。

④ 那些研究和声问题的人:指毕达哥拉斯学派的人,参见530d–e。

"你指的是序曲部分,"我说,"还是其他什么部分？或你还不明白,所有这些东西只不过是我们所必须学习的那一主曲①的序言？因为你当然不会认为那些钻研这些东西的人[531e]是善于辩论的人？"

"宙斯在上,"他说,"我当然不会,除了其中我所熟悉的少数几个人是例外。"

"然而,"我说,"如果某些人既不能发表论点,也不能为自己答辩,他们就根本没法[5]懂得我们所说的他们所必须懂得的东西。"

"当然,"他说,"他们无法做到这一点。"

[532a]"那么,"我说,"格劳孔,难道这不就是辩论所要完成的主曲？尽管它本身是一种理念的东西,我们的视觉却能模仿它,因为我们前面说过②,视觉力图看清那些有生命的东西的本身,看清〈那些〉星星的本身,[5]以及最终看清太阳的本身。就这样,当某人试图借助辩证法靠语言和思想而不靠任何感官知识追求每一事物的本性,坚持不懈,[532b]直到他借助理性抓住了美好的东西的本身,到达了可知世界的终点,就如同那人当时到达了可见世界的终点。"

"完全如此。"他说。

"你看如何？你不把这称作辩证的旅程？"

[5]"不然又称什么？"

"然而,"我说,"从锁链中解放出来,背离阴影,面对那些塑像和光源,从地底下走上通向太阳的道路,刚到那里还不能直接观察一切动物、植物和太阳的光芒,[532c]但已经能看到水面上的神圣图像③和实物的影子,而不是由另一种类似太阳的光源④投下的塑像的阴影——全面实施我们所提到的那些专业学科能给我们这么一种力量,[5]它能把我们灵魂中最优秀的部分带上去看事物本质中最高贵的东西,就如同当初,当躯体中最精明的部分⑤被带去看那一由物质组成、[532d]

---

① 主曲(νόμος):音乐术语,指某一音乐或诗歌作品的曲调模式,为该作品的主体特有,形式不同于序曲或引子(προοιμίον)。

② 我们前面说过:516a－b。

③ 神圣图像:和洞穴中的人工图像相比,这些图像是真正的实物在真正的阳光下的倒影,因此显得自然而"神圣"。

④ 另一种……光源:指洞穴中的火光。

⑤ 最精明的部分:眼睛。

能被眼睛看到的领域中最光辉的东西。"

"这一点,"他说,"我可以如此接受。不过,我觉得,这难以完全接受,而从另一角度看,不接受也难。尽管如此——因为这些东西并非只是眼下[5]听到一次就算数,而是必须被经常提起——我们就以此刻所说的为准,就让我们回到那一主曲上,让我们像当时讨论序曲那样来进行讨论。告诉我们,辩证法具有什么样的力量,[532e]它由哪些部分组成,走的是哪些途径;不管怎样,看来,这些途径的确能通向那个地方,到达了那里的人便完成了全部旅程,如同到达了道路的尽头。"

[533a]"不行,"我说,"我的格劳孔,你再也不能跟随我了——尽管我的热情一点也没减弱——因为你看到的已不会是我们所说的图像,而是真理本身,至少,我看这事已经如此——是否真是这样,这已不值得我们去完全确认;[5]关键在于,某种类似它的东西的确存在,我们必须确认这一点。是不是?"

"怎么不是?"

"难道不是如此,我们必须同样确认辩证法的力量只能把我们所提到的那些东西揭露给内行人看,不然的话,[10]它就不能?"

"对,"他说,"值得强调这一点。"

[533b]"有关以下这一点,"我说,"没有人将会和我们争辩,如果我们说,对于每一事物,其本质如何,其他一类研究并非试图做特别系统的探讨。不过,其他一切专业艺术关心的对象是人的意念和欲望,[5]或是生产和建造,或是照料好生产和建造出来的东西;而其余的专业艺术,我们大致提到,它们关心的是掌握事物的本质,如几何学以及跟在它后面的那些学科,我们看到,它们如何梦想本质,[533c]但清醒的时候又不能真正看到它,只要它们仍在使用那些假设,对那些假设不作变动,同时它们又无法对此作出系统的解释。如果从何开始不为人知,与它衔接的中间和结尾也不为人知,有什么技巧能使这么一种[5]共同认可的东西成为知识呢?"

"根本没有。"他说。

14. "正因如此,"我说,"只有辩证的方法走在这一条道路上,因为它能排除那些假设,径直奔向这一个开始,从而使其得到保险,同时,

[533d]它又能温和地把埋没在某一片外邦污泥中的灵魂的眼睛①拉出来,引导它向上,并且把我们前面提到的那些专业艺术用作随身的女佣和伴侣;我们过去常把这些专业艺术称作知识,[5]根据习惯,其实,它们应该换个别的称呼,因为它们虽然比意念明亮,但和知识相比,它们就显得昏暗。早先,我们的确曾在某处把它们称作思想②,不过,我认为,我们不能为了一个称呼[533e]进行争论,因为我们面前仍有这么多东西需要探讨。"

"的确不能。"他说。

"然而,只要能展示出在灵魂中遵守准确表达意思的习惯[5]〈这就够了?"

"是这样。"〉③

"那这就够了,"我说,"如同前面一样,我们把第一部分称为知识,第二部分为思维,[534a]第三部分为信念,第四部分为想象;后两部分统称为意念,前两部分为思想;意念关系到生成,思想关系到本质;因为本质和生成对立,思想也就和意念对立,因为思想和意念对立,[5]知识也就和信念对立,思维和想象对立,至于它们在哪些东西上形成对比,可被意想的东西和可被思想的东西两者又如何区分,这些,格劳孔,让我们略而不谈,免得它们把我们卷入成倍的论述,远超过我们前面所经历的那些。"

[534b]"至少,"他说,"其余那些部分,只要我能跟随你的思路,我都同意。"

"那么,你是不是称某人为辩证论者,如果他能对每一事物的本质作出合理的解释?如果某人没有这一能力,鉴于他不能向自己,[5]或

---

① 灵魂的眼睛:柏拉图早先已经为此处出现的这一重要的比喻做了几次暗示;他在518b和527e曾提到灵魂中有一个"器官"和躯体中的眼睛相似;在519b,他指出,各种欲望如何像铅块一样将灵魂的"视力"拉向低处。这一比喻的意义不只是在于它使理性活动的过程形象化、生动化,更重要的是在于它向我们揭示了一条通向柏拉图本质世界的最崇高、最直接的途径,凭灵魂的眼睛进入永恒的"思想王国"。

② 曾在某处把它们称作思想:511d - e。

③ 〈……〉:这段希腊原文在手抄本中有讹误,此处为猜测性增补。在某些希腊文版本中,以上三句都被划给了格劳孔一人,而且文字上有较大的改动(Chambry,1967;Slings,2003)。

向别人解说事物的道理,难道你不会说他这方面缺乏理性?"

"当然会,"他说,"我还能怎么说呢?"

"那么有关'美好的东西'是否也如此呢?除非某人能用合理的解释区分美好这一概念如何不同于其他一切低劣的东西,[534c]如同在战场上,能顶住对方的一切反驳,能尽力根据事物的本质而不是现象维护自己的立场,依靠不可推翻的道理使自己从这一切对抗中挺立过来,除非某人的行为如此,你不会称他懂得美好的东西的本身,或[5]其他什么美好的东西,相反,如果他凭某种方法抓到了某一和它相像的东西,你会说,他凭意念而不是凭知识抓到了这一东西,因为他这一生一直在做梦,一直处在睡眠状态,还没等他在这里清醒,[534d]他就会到达哈得斯的世界①,永远地沉睡下去。"

"宙斯在上,"他说,"我的确会把这些话全都说出来。"

"至于你的那批孩子,即你从理论上抚养和教育的那批后代,如果你有朝一日真以实际行动去抚养他们,我认为,[5]若是他们就像不合理的线条②,你就不会让他们在城邦中实行统治、主管最重要的事务。"

"的确不会。"他说。

"想必你会制定法律,让他们特别重视这方面的教育,这样,他们就能以最充分的学识提出问题和回答问题,[10]各尽其力?"

[534e]"我会制定这一法律,"他说,"至少和你一起。"

"那么,"我说,"你是不是认为我们所说的辩证法就像是墙帽,它凌驾于一切学习之上,其他任何一种学习都没有理由占据比它更高的地位,相反,[535a]所有的学习都到此到达了终点?"

"我认为是这样。"他说。

15. "剩下的,"我说,"是分配一事,我们应该把这些学习任务交给谁,用什么方法。"

[5]"显然如此。"他说。

---

① 哈得斯的世界:冥间。
② 不合理的线条(ἄλογοι γραμμαί):复数,或译"无理线",指几何中一些相互间不能以整数比值成立的线条,如一个正方形的边线和对角线的关系,其比值是$\sqrt{2}$(=1.414…,整数后跟着一个不循环的无限小数);这一概念和我们所说的"无理数"相对应。

"你还记得我们早先挑选城邦领导人物一事,我们选了什么样的人①?"

"怎么不记得?"他说。

"至于其他方面,"我说,"你得考虑,具有那些性格的人[10]必须被选出;那些最坚定、最勇敢同时又长得特别英俊的人必须得到优先考虑;[535b]除此以外,我们需要寻找的人不仅必须具有高贵而坚强的本性,他们还必须具有善于接受这种教育的先天条件。"

"你究竟指哪些条件?"他说。

[5]"对于各种学习,无比幸福的朋友,"我说,"他们必须有敏锐的目光,学习上不感到困难。你知道,一般的灵魂遇到艰难的学习就退却,远甚于体育锻炼;因为这种痛苦更接近灵魂,为灵魂所特有,并不能和躯体共同承担。"

[10]"对。"他说。

[535c]"我们必须寻找记性好、不知疲倦、各方面都甘心吃苦的人。不然的话,你想他怎么会愿意下苦功锻炼身体同时又完成这么多的学习和研究?"

"没人会愿意这样,"他说,"除非他具有十分完美的性格。"

[5]"不管怎样,目前,"我说,"这就是我们所面临的问题,正由于这些原因,哲学才落得不好的名声,如我前面所说②,一些根本配不上它的人现在拥有它了;拥有它的人不应该是私生子,而应该是正统之家的后代。"

"怎么解释?"他说。

[535d]"首先,"我说,"在甘心吃苦方面,他不应该是个瘸子,一半甘心吃苦,另一半不愿吃苦。事情就是这样,当某人是个喜欢体育或喜欢打猎、甘心在一切涉及躯体的事上吃苦的人,但他不喜欢学习,[5]不喜欢听课,不喜欢提问,其实,他就恨在所有这些方面吃苦;而一个把甘心吃苦的精神只花在相反方向的人也是个瘸子。"

"你说得非常正确。"他说。

---

① 我们选了什么样的人:412b – 414b。
② 如我前面所说:495b – 496a。

"难道不是这样,涉及真理,"我说,"我们同样会称[535e]灵魂有了残缺,虽然它憎恨蓄意的谎言①,不仅自己不容忍,当别人说谎时,它会充满愤怒,然而,它却能从容地接受非蓄意的谎言,当自己因无知而被围困,它也不发怒,相反,就像一头野猪,[5]自得其乐地在无知中打滚。"

[536a]"的确完全是这样。"他说。

"至于克制精神、勇气、伟大的气魄以及美德的其他一切组成部分,"我说,"我们必须分清谁的身份混杂、谁的身份高贵。因为,当谁[5]一点也不懂鉴别这种事情,个人也好、城邦也好,他们便会无意识地把瘸子和出生混杂的人请到身边,以为对方拥有这些品质,把一些当作朋友,把另一些当作领袖。"

"的确,"他说,"情形就是如此。"

"因此,"我说,"我们必须谨慎处理一切诸如此类的事情;[536b]这样的话,如果我们陪同一批肢体健全和头脑健全的人作如此重要的学习、进行如此重要的训练,给他们教育,正义本身不会责怪我们,而我们还能拯救城邦和城邦的政治制度,不然的话,如果我们把另一种人带到这里,我们不仅会获得完全相反的结果,[5]而且会把更多的嘲笑泼在哲学身上。"

"这当然会很可耻。"他说。

"当然完全如此,"我说,"不过,我刚才似乎就做了一件〈有点〉可笑的事。"

[10]"什么事?"他说。

[536c]"我忘了,"我说,"我们是在游戏,而我却把话说得过分认真。因为,当我发言时,我同时在观望哲学,当我看到她毫无道理地受人侮辱,我似乎一下生了气,就好像我在直接对那些肇事者发火,煞有介事地[5]说了我所说的那番话。"

"不,宙斯在上,"他说,"至少,作为听者,我不觉得这样。"

"不过,"我说,"作为说话人,我有这个感觉。别让我们忘了这一点,在前面的挑选中,我们选了上了年纪的人②,而在这目前的挑选中,

---

① 蓄意的谎言:参见382a–c。
② 我们选了上了年纪的人:412c。

[536d]我们就不可这样做;梭伦的话①其实并不可信,他说,一个进入了老年的人能学进很多东西,其实,老人的学习能力还不如他的跑步能力,相反,一切规模宏大、种类繁多的沉重劳动本都属于青年人。"

"当然如此。"他说。

16. [5]"因此,各种数字运算、几何测量以及一切初期教育,因为这些教育都必须先于辩证学,我们应该趁对方还是孩子时就把这些东西教给他们,但不把这搞成一种强迫他们学习的教导形式。"

"为什么?"

[536e]"因为,"我说,"任何学习科目,自由公民不应该带着受奴役的心态去学。各种体力劳动,即使在强迫中进行,并不会使躯体变得不如以前,然而,强迫灌输的知识却不能久留于灵魂。"

[5]"对。"他说。

"因此,别用强迫的形式,"我说,"最高贵的朋友,在这些学习领域中培养孩子,相反,[537a]用玩耍的形式,这样,你也就更能观察到他们各自有何特长②。"

"这话,"他说,"你讲得有道理。"

"难道你不记得,"我说,"我们曾经说过③,[5]我们必须让这些孩子骑着马去观看战争,并且,只要他们的处境没有危险,必须让他们走近战场,如同训练小狗,让他们尝到血味。"

"我记得。"他说。

"在这一切场合中,"我说,"不管是劳动,或是学习,[10]或是面临危险,谁一贯表现得最为自如,我们就把他写上名单。"

[537b]"在什么年龄?"他说。

"就在那个年龄,"我说,"当他们完成了必要的体育训练;因为这

---

① 梭伦的话:梭伦(约前638—约前559),著名的雅典立法家、政治家和诗人,被誉为古希腊"七大圣贤"之一;此话出自梭伦给诗人米姆纳摩斯的一首诗,梭伦在诗中声称,到了80岁,一个人仍可学到很多东西(残片22.8,狄尔版),反驳了米姆纳摩斯的"活到六十便可去死"的人生观(米姆纳摩斯,残片6,狄尔版)。

② 观察到他们各自有何特长:教育学中的一个常理,一个尚未懂得克制的儿童在玩耍中往往能流露出自己的最深本性。

③ 我们曾经说过:466e – 467e。

个时期,不管它是两年还是三年,孩子也干不成其他什么事;因为疲劳和困倦是学习的敌人。[5]同时,他们每个人在体育训练中表现如何,这事本身也并不能算是最轻的考验。"

"怎么不是这样?"他说。

"过了这一时期,"我说,"从20岁开始,那些被列入名单的人将会比其他人获得更大的荣誉,同样,[537c]他们必须把自己在儿童时代分散学到的各门知识统一起来,对各门学科的相互关系和事物的本性形成一个统一的认识。"

"不管怎样,"他说,"只有这样的学习才算扎实,[5]如果这能在他们中如此展开。"

"而且,"我说,"这也是对某人是否具有辩证能力的最大考验;一个对知识具有统一认识的人是辩证学者,否则,他就不是。"

"我同意。"他说。

"因此,这些,"我说,"将需要你加以仔细观察,[537d]他们中谁在这方面特别强,在学习中坚定不移,在战争和其他政法事务中坚定不移,就这些人,当他们年龄过了30,你再把他们从早先选出的那些人中提拔出来,给他们更大的荣誉,并且对他们做进一步观察,通过考验,[5]看他们中谁能靠辩证能力而不靠眼睛或其他感官认识,在真理的伴随下走向事物的本质。而这一工作当然需要很大的谨慎,我的伙伴。"

"有什么特别的原因?"他说。

[537e]"难道你没注意到,"我说,"人们目前使用的辩证是多么低劣?"

"如何低劣?"他说。

"使用它的人们,"我说,"充满了违法乱纪的思想。"

[5]"的确如此。"他说。

"那么,"我说,"你对他们的处境是否感到有点惊讶,并且表示同情?"

"有什么特别理由要这样?"他说。

"这情形,"我说,"如同某个领来的孩子在大量的财富中长大,[538a]身处名门望族,被许多阿谀逢迎的人所包围,然而,当他成人后,他发觉,他并不是这两位被他称为父母的人的孩子,但他又找不到自己的亲生父母,你定能预料这人会如何对待这些[5]阿谀逢迎的人和这两位收养他的人,不仅在他不知道这收养之事的那段时间,而且在他反过来知道这事之后? 或你想听听我如何预料?"

"我想。"他说。

17. "那么,我预料,"我说,"他会更多地尊重[538b]父亲和母亲以及其他的亲属,超过尊重那些阿谀逢迎的人,很少会忽略家人,当他们有什么需要,很少会对他们做出违法的事或说出违法的话,很少会在那些重要的事情面前不服从他们而相反去服从这些阿谀逢迎的人,[5]当他仍处在不知真情的时期里。"

"可能如此。"他说。

"那么,一旦当他知道了真情,我预料,他那股尊敬和关心他们的热情就会下降,而对那些阿谀逢迎的人,他的热情就会上升,他会听信后者的话,明显地不同于从前,并且会照他们那样的方式[538c]去生活,公开地和他们相处,对于那位父亲以及所谓的其他家庭成员,除非他天生本质良好,他根本不会关心。"

"一切,"他说,"可能就会像你所说的那样发生。不过,[5]目前这幅画面又怎么和那些操纵辩论的人搭上关系?"

"是这样。有关正义的东西和美丽的东西,我们从小开始就拥有一些信念,我们在这些信念中长大成人,它们就如同我们的父母,我们一贯服从和尊敬它们。"

"的确如此。"他说。

[538d]"难道不是这样,还有一些与此相反的生活方式,充满了奢侈和欢乐,它们吹捧我们的灵魂,并把它拉向它们,但它们说服不了那些在各方面都通情达理的人,他们仍继续重视父辈的那些信念,并对它们恪守不移?"

[5]"就是这样。"他说。

"这又如何呢?"我说。"当某个问题向这么一个人迎面而来,问他:什么是美,当他给了回答,说了他从立法者那里听到的那一定义,对方的理论就反驳了他,而且在许多场合和许多地方这一理论一直不停地向他进攻,从而动摇了他的信念,使他相信[538e]美的东西并不比丑的东西美,对于正义的东西、美好的东西以及他从前所尊重的一切也都有了如此的看法,从这以后,你想,他还会对从前的信念表示尊重和服从吗?"

"当然,"他说,"他再也不会如同从前那样尊重和服从那些信念。"

[5]"因此,"我说,"当他不再认为这些信念有什么价值也不像从前那样把它们看作属于自己的东西,与此同时,他又找不到真实的信念,除了接近那种向他献媚的势力外,他还能接近[539a]其他何种生活方式呢?"

"不能。"他说。

"因此,"我说,"他就从一个守法的人变成一个目中无法的人。"

"必然如此。"

[5]"因此,"我说,"那些和辩论打交道的人们面临的困境,如我前面所说①,难道不很值得我们的同情?"

"此外,还值得怜悯。"他说。

"因此,"我说,"为了不让你对这些30岁左右的人产生这种怜悯,他们就必须尽可能谨慎地和辩论打交道。"

[10]"的确如此。"他说。

[539b]"那么,难道这不是一种非常严密的谨慎措施,当他们还年轻时,不让他们品尝这种东西?因为,我想,你没有忘记这一点,这些青年,当他们初次尝试到辩论,他们就像在玩游戏一样滥用它们,总把它们用于反驳,[5]他们模仿那些反驳他们的人,自己再去反驳别人,如同一群小狗,总喜欢用话拖住和撕咬周围的人们②。"

"他们的确特别喜欢这样。"他说。

"因此,当他们反驳了许多人,同时又受到许多人的反驳,[539c]他们便很快、很干脆地倾向于不相信他们从前相信的事情;由于这些缘故,他们本人以及整个哲学受到了别人的奚落。"

"非常对。"他说。

[5]"至于一个上了年纪的人,"我说,"他并不会愿意参与这种疯狂

---

① 如我前面所说:537e。

② 用话拖住和撕咬周围的人们:柏拉图在《苏格拉底的申辩》中指出过这一点,在年轻人手里,辩证法往往会被滥用,对周围的人构成某种威胁(23c)。因此,柏拉图把那种纯粹为了取乐、故意咬文嚼字的争论称作"争吵"($\dot{\epsilon}\rho\iota\varsigma$),把以探求真理、认识事物本质为目的的争论称作"辩论"($\delta\iota\acute{\alpha}\lambda o\gamma o\varsigma$)。

的行动,他会模仿一个愿意为探索真理而进行辩论的人,而不是一个为了游戏而进行玩耍、制造矛盾的人,与年轻人相比,他不仅本人会更讲究分寸,[539d]而且会使这一生活追求更受人尊重而不是受人鄙视。"

"对。"他说。

"因此,我们前面不是说过这些话吗,对这一切必须谨慎,那些被允许参加争辩的人必须具有优雅、稳定的本性,[5]而不是像目前的事态,一个甚至没有任何资格的人也来参与此事。"

"的确完全如此。"他说。

18. "因此,这是否足够,当某人一心研究辩论,不停地、紧张地学习,不做任何其他事情,相应地像当初锻炼身体[10]那样锻炼自己,年数多于当初①的一倍?"

[539e]"你的意思是,"他说,"需要四年或六年的时间?"

"这没关系,"我说,"你就算它五年。五年之后,你必须让他们重新走下那一地洞,必须让他们接管一切涉及战争和年轻人事务的领导岗位,这样,他们[5]在工作经验方面就不会跟在别人后头;在这些方面,必须进一步考验他们,[540a]看他们是否能站住脚跟,当他们到处受到牵扯,或改变立场。"

"你把这定为多少时间?"他说。

"15年,"我说,"到了50岁,[5]当他们在实际工作和科学研究中经受了考验,在各方面都取得了杰出的成绩,这时,我们就必须把他们赶往终点,逼他们从高处亮出他们灵魂中的光芒,为自己提供观察一切的光线,当他们看到了美好的东西本身,他们就把它用作样板,轮流为城邦、城邦的居民[540b]以及自己安排好未来的生活,平时把大部分时间用于研究哲学,当轮到他们,他们每个人就必须为政治吃苦耐劳,为城邦的利益实行统治,并非把它当作一件美差,而是把它当作[5]一件应尽的义务来施行,并且用这样的方法不断地教育像他们这样的人,当对方接过班,当上了城邦卫士,他们自己便可离开,移居到幸福岛②上;

---

① 当初:537b。

② 幸福岛(μακάρων νέσους):复数,直译为"属于幸福之辈的群岛","幸福之辈"尤指受天神们宠爱的人间凡人。

城邦必须用公费为他们竖立纪念碑、[540c]举行祭奠,如果皮提亚①同意,就把他们当作神灵,如果她不同意,那就把他们当作幸福无比、宛如天神的凡人。"

"苏格拉底,"他说,"你就像一个雕塑家,如此造就了这么一批各方面都完美的领袖人物。"

[5]"当然,"我说,"格劳孔,其中还包括妇女领袖,因为你并不会认为我所说的这些东西是针对男人而不是针对妇女说的,不管是谁,只要她们具备足够的先天能力。"

"对,"他说,"如果她们真要和男人们平分一切,如我们前面所说②。"

[540d]"这又如何呢?"我说,"你们都同意,我们这些有关城邦和城邦体系的论述并非完全是一厢情愿③,相反,尽管这些是难事,但仍有某种可能实现,用并非不同于我们所说的方法,当真正的哲人,或是一个,或是更多④,在城邦中[5]成了统治者,他们将会鄙视目前流行的种种荣誉观念,认为这些是卑贱东西,没有任何价值,[540e]而正确的东西,他们相信,以及从它那里派生出来的一切荣誉具有最高的价值,而正义则是最重要、最关键的东西,只要他们为它服务,使它壮大,他们将会为自己彻底安排好属于他们自己的城邦。"

"怎么做?"他说。

[5]"所有的孩子,"我说,"当他们在城市中长到10岁,统治者们就会把他们全部[541a]送到农村去⑤,把这些孩子从当今他们父母所控制的生活习俗中接出来,按他们制定的生活习俗和法律培养对方,正如我们当时讨论过的那样⑥;难道这不是最快、[5]最容易的做法,如此建立像我们所说的城邦和城邦体系,使它幸福,使生活在其中的人民得

---

① 皮提亚:德尔斐阿波罗神殿的女祭司,参见461e及注。
② 如我们前面所说:451c-457b。
③ 一厢情愿:前面已提到过这一问题,450d。
④ 或是一个,或是更多:城邦的统治者不管是一人(君主制),还是多人(贵族制),这无关紧要。
⑤ 把他们全部送到农村去:柏拉图早先指出,最理想的做法是从"一张干净的画板"开始(501a),10岁左右的孩子正符合这一条件,年龄一大,人的灵魂受社会习惯势力的影响就深了,很难再被"扭转"过来。
⑥ 正如我们当时讨论过的那样:451c-461e。

到最大的福利?"

"的确如此,"他说,"针对这如何能实现,如果它真能实现,[541b]我认为,苏格拉底,你说得很好。"

"那么,"我说,"关于这个城邦以及与它相似的个人,我们给予的这些论述难道还不够?因为我们所能描述的人显然必须是这样。"

[5]"显然如此,"他说,"针对你所提出的问题,我想,我们有了最终的答案。"

卷　八

1.［543a］"好！关于以下这些方面，格劳孔，我们已经有了相同的看法，如果一个城邦想要得到最完善的治理，妇女必须为共有，儿童必须为共有，所有的教育必须为共有，人们的生存方式也同样如此，无论在战争时期或在和平时期，他们的君主必须［5］是那些在哲学研究和战争事业中涌现出的最优秀的人物。"

"的确有了相同的看法。"

［543b］"同时，我们对以下这些事也有统一的主张，也就是说，当这些领袖人物被树立后，他们将会率领战士们搬入我们前面所说的那些住宅区中，那里的住宅并不属于任何个人，一切都为共有；除了这些住宅以外，财产也一样，［5］如果你还记得，我们曾一致主张他们究竟能拥有什么样的财产。"

"我当然记得，"他说，"我们曾认为①，目前其他人所拥有的那些东西，他们一件也不应该拥有，所谓的战场上的竞争能手和城邦的卫士，［543c］他们应该一年一度从其他公民那里领取保卫城邦的工资，以此照顾好自己和城邦中的其他人。"

"你说得对，"我说，"来吧，既然我们已经完成了这段讨论，［5］就让我们回想一下我们当时从哪一个地方走了岔道，以便我们能再度回到正路上。"

"这不难，"他说，"其实，几乎完全就像眼下的情形②，你已经完成了关于城邦的论述，声称，你如何认为这么一个城邦才算美好，如你当时所说③，［543d］一个人又如何和它相像，尽管你当时好像还能［544a］

---

① 我们曾认为:415d-417b。
② 就像眼下的情形:541b。
③ 如你当时所说:449a。

论述一个更好的城邦①和个人。不管怎样,你当时在说,如果这一城邦的模式正确,那么其他城邦的模式就不对。我记得,我们当时正谈到其余几种城邦,说它们有四种类型,说我们值得对它们进行讨论,观察它们的[5]种种毛病以及那些和它们相像的人物,这样,我们才有能力观察所有的人,才能对谁最优秀、谁最低劣有一致的认识,才能理解最优秀的人是否最幸福②、最低劣的人是否最不幸,或还有别的可能③;正当我想请你解释有哪[544b]四种城邦体制,珀勒马科斯和阿德曼托斯两人在这当口插了话,就这样,你接过了刚才那一话题,一直谈到现在④。"

"你回忆得非常准确。"我说。

[5]"那么再来一次,就如同摔跤手,你让我抓住同一个把位,当我向你提出那同一个问题,你就尽量照你当时说的那样说。"

"当然,"我说,"如果我真有这能力。"

"至少,"他说,"我个人很想听听你所提到的[10]那四种城邦体制是什么。"

[544c]"这不难,"我说,"你就听着。我说共有四种,而且都有自己的称呼,首先一种,被大多数人赞美,称作克里特或称拉科尼亚体制⑤;其次一种,赞美它的人数也占其次,称作寡头体制,这是一种[5]充满祸患的政治制度;与其对立、排列其后的是民主体制;接着是真正

---

① 还能论述一个更好的城邦:总括卷五至卷七中的论述内容,委婉地指出其中仍有不足之处。

② 最优秀的人是否最幸福:从这一部分开始,讨论又转向前面(361d)提出的一个中心问题。

③ 或还有别的可能:当时谈到,根据人的精神本质和特性,灵魂可分成五种不同类型,与此相应,城邦体制也可分成五种类型;苏格拉底认为,君主制和贵族制其实属于一个类型,实质上,城邦体制只有四种(444e—445e)。

④ 你……一直谈到现在:即从449a开始。

⑤ 克里特或称拉科尼亚体制:克里特指位于地中海中部的克里特岛,拉科尼亚指伯罗奔半岛南端一地区,其首都为斯巴达,这两个地方以其"君主立宪"制著称。古时,雅典人对斯巴达人的宪法表示羡慕和赞扬并不罕见,柏拉图在《法义》中就认为克里特人和斯巴达人在这方面要比(当时的)雅典人强,苏格拉底的另一学生、历史学家色诺芬(约前428—约前354)和著名的雄辩家、政治家伊索克拉底(前436—前338)在论述雅典的体制时都不免要赞美斯巴达几句(色诺芬,《回忆苏格拉底》3.5.15;伊索克拉底,《泛雅典颂》108,200,216)。

的僭主体制,远不同于前面一切体制,它属于第四种即最后一种带有疾病的城邦制度。或者,你还能列举出另一种城邦体制,其形式和前面那些[544d]有什么不同的地方? 其实,横暴的帝王制①和可用金钱收买的君主制②,以及另一些诸如此类的政治制度,它们的形式介于这四种之间,人们能发现,这些制度在外国人中不比在希腊人中少。"

[5]"不管怎样,"他说,"的确有许多奇怪的制度受到人们的谈论。"

2."那么,你有没有想到,"我说,"世人中有多少形式不同的性格,世上就必然会有多少形式不同的政治体制? 或者,你认为,这些政治体制是'橡树'或'岩石'的产儿③,[544e]而并非来自城邦中那些人的性格,就如同在天平上,当它们下沉,其余的东西都向它们倾倒?"

"我认为,"他说,"它们不可能产生于其他什么地方,只能是这里。"

"因此,既然城邦体制有五种形式,那么,不同的个人也一样,[5]其灵魂也可能有五种形式。"

"否则,还能怎样?"

"如我们已经提到过的那种类似贵族政体的人,我们很有理由地称他既高尚又充满正义。"

------

① 横暴的帝王制:指帝位世代承袭的制度,如位于希腊东部的塞萨利施行的政治体制,这种制度并没有成文的法律,或者说,统治者的意愿就是法律(柏拉图,《法义》680a-b;荷马,《奥德赛》9.112)。

② 金钱收买的君主制:可能指位于北非的腓尼基古城迦太基的寡头统治体制,其行政总督由两人组成,号称"苏菲特"(意为"统治者",希腊人则称他们为"国王",亚里士多德,《政治学》2.1272b),每年选举一次,当选者总是极为富有的贵族;该体制的另一组成部分是贵族控制的参议院,共有300人,其中由30个"长老"组成的"最高参议会"掌握全部立法权。

③ '橡树'或'岩石'的产儿:近似俗语,说话者不认为对方有什么古老神奇、无法说清的出身背景。在荷马的《奥德赛》中(19.162-163),佩涅洛佩曾对化装成乞丐的丈夫奥德修斯这么说道:

不管怎样,告诉我,你来自哪个氏族。
你当然不会来自橡树或传说中的岩石。

这一表达法又见于荷马的《伊利亚特》22.126;赫西俄德,《神谱》35;柏拉图,《苏格拉底的申辩》34d。

[545a]"我们的确提到过。"

"那么,我们是否有必要接着一一列举比他低劣的那些人呢,那种热爱取胜、热爱荣誉的人,本性类似拉科尼亚体制,或类似寡头体制,或类似民主体制,或类似僭主体制,这样,[5]当我们看到谁最不讲正义,我们就能把他和最讲正义的人相比,我们就能对此获得一个最终的认识,纯粹的正义和纯粹的非正义在针对其拥有者的幸福或不幸问题上如何相互对立,这样,我们或是被忒拉绪马科斯说服,[545b]去追求非正义,或是被目前的论述说服,去追求正义?"

"完全如此,"他说,"必须这样做。"

"那么,就像我们首先在城邦体制中、然后在个人身上探索人的性格,声称这样更清楚,现在是不是[5]也应该如此,我们必须首先探索那一热爱荣誉的城邦体制——我说不出它还能有其他什么称呼;它应该被称作荣誉政治或荣誉统治制——和这么一个体制相应,我们可以探索一个性格如此的人,然后,针对寡头统治,我们再探索[545c]一个性格倾向寡头统治的人,在检验民主统治时,我们再仔细观察一个性格倾向民主统治的人,当我们到了一个受僭主统治的城邦,看到这第四种政治体制,我们再仔细观察一个倾向僭主统治的心灵,[5]尽力在我们所提出的问题上充当具有充分能力的评判官?"

"做如此的观察和评判,"他说,"很合乎道理。"

3. "那么来吧,"我说,"就让我们尽力解释一下荣誉政治如何从贵族政治演变而来。或者,以下这一规律是不是很简单,[545d]整个政治体制一贯从统治阶级内部开始发生变化,每当它中间有了内战;如果统治阶级内部一致,即使它是一个很小的集团,它的体制就不可能更改?"

"事实就是这样。"

[5]"那么,"我说,"格劳孔,我们的城邦又怎么会发生变动,卫士们和统治者们之间或各自内部又怎么会产生内战?或者你希望我们祈求缪斯①,如同荷马那样,请她们告诉我们[545e]'内战如何首

---

① 缪斯:掌管诗歌、历史、音乐、舞蹈、天文等科学的九位女神。

次降临'①,并让我们声称,她们以悲剧的形式一会儿向我们打诨、开玩笑,似乎把我们当作一群孩子,一会儿又严肃认真、措辞高雅?"

"她们会怎样说呢?"

[546a]"会这样说。一个如此组成的城邦难以更改;然而,因为一切生成之物都会老化,如此组成的东西同样无法永恒地存在下去,它必然会瓦解②。瓦解的过程就是这样:不仅扎根在大地中的植物,而且生活在大地上的动物,[5]它们都有灵魂和躯体的繁荣期和枯竭期,当岁月运转为它们完成各自的循环周期,生命短暂的东西得到的是短暂的循环,生命长度与此相反的东西得到的是长度与此相反的循环。而你们的后代,尽管他们聪明,[546b]尽管你们把他们培养成了城邦的领袖,他们仍不能依靠理性和感觉能力为自己制定繁荣和枯竭的周期,相反,他们会错过这样的周期,在不应该生孩子的时刻生了孩子。神灵的出生具有一定的周期,一个完美的数字控制着前后过程,然而,凡人的数字③则不同,[5]在开始阶段,它成倍成方地增长,此后,这些增长成

---

① 内战如何首次降临:柏拉图戏谑地对荷马的原话作了变更;原句(《伊利亚特》16.112-3)为:

此刻告诉我,身居奥林波斯的缪斯,
火如何首次降临于阿开奥斯人的舰队。

② 一切生成之物都会老化……会瓦解:一切生成之物都有开端,因此它们也必然有结尾,只有没有开端的东西才能永存不朽(柏拉图,《斐德若》245d)。

③ 凡人的数字:根据文中的叙述,这一数字产生于两个几何图形:1)矩形,其长边为4,短边为3,对角线为5(根据"毕达哥拉斯定理");2)正方形,其边长为5,其对角线的长度为"无理数"$\sqrt{50}$,或用最接近这一数值的"有理数"7来表示。

文中所说的"两种和谐"(δύο άρμονίας,546c)的数值就是根据这两个图形的基数自乘以及和特定约数相乘得出。首先,三个基数相乘("当基数3、4和5结合"):$3 \times 4 \times 5 = 60$;然后,60自乘三次("其积再自我相乘三次"):$60 \times 60 \times 60 \times 60 = 12960000$。

这个数字可由以上所说的两个不同几何图形来表示:1)正方形("同数自乘,以百倍计"),边长为$6 \times 6 \times 100 = 3600$,面积为$3600 \times 3600 = 12960000$;2)矩形,长边"一边长度为对角线有理数自乘减1或对角线无理数自乘减2乘100",即$[(7 \times 7) - 1]$或$[(\sqrt{50}) \times (\sqrt{50}) - 2] \times 100 = 4800$)乘短边("另一边的长度为3的立方乘100",即$3 \times 3 \times 3 \times 100 = 2700$),即$4800 \times 2700 = 12960000$。

分又经历三维和四极的变化,一些相同,一些不同,一些继续增长,一些开始衰退,最终,一切显得通情达理,[546c]彼此协调;当基数三、四和五结合,其积再自我相乘三次,这就产生了两种和谐,其一是正方形,同数自乘,以百倍计,其二是矩形,只是对边相等,一边的长度为对角线有理数五乘一百,[5]各自减一,或对角线无理数五减二,另一边的长度为三的立方乘一百。这整个几何数字主宰着这样的领域,决定着人们的出生好坏,[546d]当你们的城邦卫士不了解这样的出生,不合时机地让新娘和新郎结合在一起,他们生下的孩子既不会有美好的本质,也不会有美好的命运;老一代当然会在这些人中挑选最优秀的人才,尽管这些人并不中用,一旦他们拥有了父辈的权力,[5]当上了城邦的卫士,他们就会开始忽视我们,把缪斯的事业低估到不应低估的程度,其次,他们还低估体育事业,这样一来,你们的年轻一代就会成为一批更缺乏音乐修养的人。从他们中选出的统治者也就[546e]不会充当非常称职的卫士,[547a]不能真正辨别赫西俄德的那些种族①和存在于你们中间的种族,不知道什么是金族、银族、青铜族或铁族;当铁混入青铜、青铜混入金子,一些缺乏统一、缺乏和谐的反常事件就会产生,这些事件,不管它们产生在哪里,总会引起战争和敌对仇恨。我们必须说,[5]内战就'出自这个世系'②,不管它在哪里产生,它总不免这样。"

"对,"他说,"我们将说,她们回答得非常正确。"

"必然如此,"我说,"因为她们是缪斯。"

[547b]"此后,"他说,"缪斯们又继续说些什么呢?"

"内战一爆发,"我说,"这两族人,铁族和青铜族,就会去极力捞取钱财,占有土地、房屋、金子和银子,另外两族人,[5]金族和银族,因为他们并不贫穷,他们灵魂实质上又非常富有,他们就会投奔美德和古老的传统。经过彼此动武、相互对立的阶段,他们最后折中妥协,将土地和房屋分为私有财产,[547c]将他们从前保护过、属于自由公民的朋友和抚养他们的人沦为奴隶和仆从,自己关心的是战争和管制他们手下

---

① 赫西俄德的那些种族:赫西俄德在《劳作与时日》中(109－201)详细描述了生活于五个不同时代的五个不同人种,和柏拉图这里提到的四类基本一致;赫西俄德的说法,在青铜族和铁族之间,还有一类"英雄族",不如青铜族,但比他时代的人,即铁族,优越得多。

② 出自这个世系:荷马,《伊利亚特》6.211。

的人民。"

[5]"我看,"他说,"这一变化正产生于此。"

"那么,"我说,"这难道不是某种介于贵族统治和寡头统治之间的政治体制?"

"完全如此。"他说。

4."这一变化的确会如此产生;有了变化后,它又怎么得到治理?[547d]难道这不清楚,它将会在某些方面模仿过去的政治体制①,在其他方面模仿寡头统治,因为它处在中间地位,当然,它还会拥有一些自己的特点?"

"是这样。"他说。

"那么,它尊重统治阶层,不让保卫城邦的阶级去种地、[5]干手工艺活或插手其他挣钱的行业,相反,让他们吃在一起、一心从事体育锻炼和战争准备,在所有这些方面难道它不是在模仿从前的那个体制?"

"是。"他说。

[547e]"然而,它又害怕把有才智的人领上统治地位②,因为目前已没有这么一批单纯而倔强的人物,而只有性格混合的人,相反,它会看中性格暴烈、脾气单纯的那种人,他们的本性更适合战争,不适合和平,[548a]并且,他们重视有关这方面的阴谋和计策,它会把所有的时间都花在战争上,这是不是多半都属于它的特点?"

"是。"他说。

[5]"然而,"我说,"这样的人将会是一批钱迷③,就像处在寡头统治地位上的人,暗中极为崇拜金子和银子,因为他们如今拥有了自己的仓房和宝库,能把这些东西隐藏在那里,周围筑起宅院,活像自己的鸟巢,身居其中,[548b]他们能把金钱大肆花费在女人和其他意中人的身上。"

---

① 模仿过去的政治体制:根据以下所列举的城邦特征,我们可以看出,柏拉图的模式大体上和历史上的斯巴达政治体制相似。

② 害怕把有才智的人领上统治地位:斯巴达国有藐视和厌恶精神文化的倾向,和柏拉图一样,亚里士多德也认为这是斯巴达国的弱点(亚里士多德,《政治学》1271b1 及下文)。

③ 钱迷:尽管上层阶级不从事"挣钱的行业"(547d),不会直接去市场上做买卖,他们仍暗中酷爱金钱。古时,斯巴达人以爱钱出名(亚里士多德,《政治学》1271b1 及下;欧里庇得斯,《安德罗玛刻》451)

"非常对。"他说。

"他们对金钱又非常吝啬,因为他们崇拜它,但不能[5]公开地拥有它,然而,他们却一心想花费属于别人的钱,暗中偷享种种欢乐,就像孩子躲避父亲一样躲避法律,能说服其意志的东西不是语言而是武力,因为在接受教育的过程中,他们忽视了那位掌管演讲和哲学的真正的缪斯①,[548c]过分地重视了体育,超过了艺术。"

"完全如此,"他说,"如你所述,这是一种好坏相混的城邦体制。"

[5]"这体制的确好坏相混,"我说,"然而,其中最突出的一个方面是,因为暴烈的精神唯一占主导地位,这样的体制就崇拜胜利、崇拜荣誉。"

"尤其如此。"他说。

"那么,"我说,"这一城邦体制就这样产生,[10]并成了这么一个样子,我们只从理论上勾画了这一城邦体制的轮廓,[548d]并不想具体地完成这一作品,因为即使从这一大致轮廓上我们就足以看到谁最有正义、谁最无正义,相反,对整个城邦体制、对其所有社会习俗一点不漏地展开论述,这是一项长得让人难以容忍的工作。"

[5]"说得对。"他说。

5. "那么,谁和这一城邦体制相像呢?他怎么会变成这样,又会是什么样的人?"

"我认为,"阿德曼托斯说,"这人会和格劳孔非常相似,至少在热爱胜利方面。"

[548e]"也许如此,"我说,"至少这方面;但我看在以下这些方面他并不像格劳孔。"

"哪些方面?"

"这人②一定更固执,"我说,"缺乏文化修养,尽管他喜欢文化修养,[5]他爱听,但一点也不懂演说。[549a]如果说有谁对奴隶凶狠,这人就会是这样,因为他并不会像一个受过充分教育的人那样蔑视奴

---

① 真正的缪斯:此处指理性,并非指九位缪斯女神中有一位专门掌管哲学和演说。
② 这人:信仰荣誉至上的人;缺乏文化修养、不善于辩论、对奴隶凶狠、统治欲强、喜爱战争和狩猎等,历史上的斯巴达人以这些特点著称。

隶,然而,对自由民,他就会很温和,对统治者,他会绝对表示服从,因为他本人热爱统治、热爱荣誉,但他不会想凭自己的口才上台统治,或[5]凭其他某种类似的能力,而是凭自己的战斗功绩以及与战争有关的其他贡献,鉴于他本人是一个体育和狩猎的爱好者。"

"的确,"他说,"这性格正配那一城邦体制。"

"难道不是这样,"我说,"这么一个人年轻时[549b]会鄙视金钱,但随着年龄的增长,他对金钱就越来越爱,因为他具有某种热爱金钱的本性,对美德心底并不纯洁,原因是,他身边少了一个最优秀的卫士?"

[5]"什么样的卫士?"阿德曼托斯说。

"那就是理性,"我说,"如果它和文化修养结合在一起;因为只有它能充当美德的卫士,终身居住在拥有它的人的心中。"

"说得好。"他说。

"不管怎样,"我说,"这是一个向往荣誉政治的青年人,[10]性格类似这样的城邦。"

[549c]"的确完全如此。"他说。

"然而,"我说,"他却产生于如下这么一个环境:年轻人有个本质高尚的父亲,他居住在一个没有得到很好治理的城邦中,对于名誉、官职、公审以及[5]所有诸如此类的公务他都敬而远之,甚至愿意让自己吃亏,就为了不兜揽种种事情——"

"他儿子,"他说,"又怎么成了这样?"

"首先,"我说,"当他听到母亲抱怨,她的丈夫并不属于城邦的统治阶层,由于这个缘故,[549d]她的地位就不如其他妇女,其次,当她看到她丈夫并不十分看重金钱,也不采取任何行动,当他在私下或在诸如法庭诉讼的公共场合中受到别人的诽谤,而只是心平气和地处理所有诸如此类的事情,她发现,他总是在关心自己的思想,[5]至于她,他既非十分尊重也非不尊重,她对这一切充满了抱怨,并且对她儿子说,他父亲缺乏男子汉气概,过分随和,[549e]再加其他种种妇女们平时在谈论这种人时所爱重复的论调。"

"的确如此,"阿德曼托斯说,"她们有许多这样的抱怨。"

"你当然知道,"我说,"这些人的家奴私下也惯于对这些人的儿子说这样的话,尽管他们怀有一片好心,[5]如果他们看到某人欠债不还,他父亲并不去控告,或某人做了什么坏事,他们就如此嘱咐他,当他长大成人,他必须对所有这样的人进行报复,[550a]做个男子汉,不像他父亲。当他到了外面,耳闻目睹更多诸如此类的现象,城邦中那些安分守己的公民被人称为傻瓜,被人瞧不起,而那些并不安分守己的人却受人景仰和赞颂。此刻,[5]当这年轻人耳闻目睹到一切诸如此类的现象,同时,他又听到他父亲的言论,看到父亲的生活追求和其他人的生活追求就近排列在他眼前,他受这两种力量的拉拢,[550b]他父亲培育和扶植灵魂中的理性部分,而其他人则培育和扶植欲望和气魄,因为他自己的本质并不坏,只是自己同那些本质败坏的社团混在一起,在这两种力量的拉拢下,[5]他来到它们的中间,把自己的统治权交给了热爱胜利、充满精神气概的中间部分,成了一个精神高昂、热爱荣誉的人。"

"非常显然,"他说,"我看你似乎已经解释完了这种人产生的原因。"

[550c]"那么,"我说,"我们有了这第二种城邦体制和第二种人。"

"有了。"他说。

6. "那么,此后,让我们来谈论如埃斯库罗斯所说的'不同的人[5]适合不同的城邦'①,还是仍根据我们前面的方式谈论城邦?"

"当然完全根据前面的方式。"他说。

"不管怎样,我认为,跟在这一城邦体制后面的可能是寡头统治②。"

[10]"什么样的体制,"他说,"你称之为寡头式体制?"

"以财产的价值为基础的城邦体制,"我说,"在这体制中,[550d]富人统治城邦,穷人不参与统治。"

"懂了。"他说。

"那么,城邦如何从荣誉统治开始向寡头统治演变,这一点是不是

---

① 不同的人适合不同的城邦:埃斯库罗斯,《七》451,571。

② 寡头统治:希腊原文为ὀλιγαρχία,指由(贵族中)极少数人掌握政权的政治制度。柏拉图把寡头政体放在民主政体(δημοκρατία)之前,这样,后者名列倒数第二,成了最劣等的政体之一,仅次于僭主制度。首先,寡头统治形成的基础是前面所论述的、斯巴达式的"荣誉主义"统治制度,是贪婪钱财的产物;其次,柏拉图本人憎恨(雅典式的)民主政体,因为它非常接近僭主制,正如他曾把民众比作一帮专横跋扈的僭主(《高尔吉亚》481d);从根本上说,这么四种政体如此排列的尺度是人的"欲望"(ἐπιθυμητικόν),是它将人推向最高形式的集众统治,在谈到"倾向民主的人"时,柏拉图对其各种"欲望"和"动机"作了详细的分析和评论(558c–559d)。

必须得到说明?"

[5]"是。"

"其实,"我说,"甚至瞎子都清楚,它如何演变成这样。"

"怎么会呢?"

"那一库房,"我说,"当它被每一个人装满了金子,它就会[10]摧毁这么一种城邦体制。首先,那些人为自己寻找种种花钱的机会,为了达到这一目的而逾越法律,他们和他们的妻子都不再服从法律。"

"看来有可能。"他说。

[550e]"接着,我想,当这人看到那人,并且开始仿效对方,一个接着一个,他们便在社会上造就了一大批像他们这样的人。"

"看来有可能。"

"就这样,"我说,"他们便进一步投身于挣钱的活动,[5]当他们认为这事越有价值,他们就会认为美德越没有价值。难道财富和美德不是如此对立,如同它们各自占据天平的一端,彼此总是按相反方向沉浮?"

"的确是这样。"他说。

[551a]"当财富和富人在城邦中得到普遍尊重,美德和高尚的人就更少得到尊重。"

"显然如此。"

"当然,人们总是反复去做受人尊重的事,忽视[5]不受人尊重的事。"

"是这样。"

"最终,他们已不再是热爱胜利、热爱荣誉的人,而是变成了热爱挣钱、热爱金钱的人,如今他们羡慕和颂扬富人,并让他执政,[10]对穷人则一点也不尊重。"

"完全如此。"

"正因如此,这时,他们会制定这么一种适合寡头统治的法律,[551b]规定金钱指标,数量越多,寡头程度就越高,数量少,程度就低,并且会声称,如果谁的财产没有达到法律所规定的数值,谁就不能参与统治,他们或是动用武器强行推出这套东西,或是在这之前使用恐吓手段[5]来设立这么一种城邦体制。或不是这样?"

"的确是这样。"

"这种体制的建立方式说来就是这样。"

"是,"他说,"然而,这一政治体制的具体形式是什么?[551c]哪些属于我们当时说过的它所具有的缺点①?"

7."首先,"我说,"是这一点,如其定义所规定。就看这一情形,如果某人以这一方式为船队挑选一批舵手,光凭对方拥有的财富,而对这么一个穷人,即使对方是个更善于驾船航行的舵手,[5]他不把船交托给对方——"

"我看,"他说,"他们的航行会很糟糕。"

"那么,针对其他任何另一个[或某一个]领域的统治难道不也是这样?"

"我认为是这样。"

"这不包括城邦,"我说,"还是,也和城邦有关?"

[10]"这和城邦特别有关,"他说,"因为这一统治最困难、最重要。"

[551d]"其实,这就是寡头政体所具有的一大缺点。"

"看来如此。"

"这又如何呢?以下这一缺点难道就没那么大?"

"什么样的缺点?"

[5]"这么一个城邦②本质上必然不是一个而是两个,一个属于穷人,一个属于富人,尽管他们都居住在这里,他们相互之间总是在钩心斗角。"

"宙斯在上,"他说,"这缺点可绝不比前面的小。"

"而以下也绝不是它的优点,寡头统治者并没有能力[10]进行什么战争,因为他们必须作出这样的选择,[551e]或是利用民众,而当民众得到了武装,他们害怕民众甚于害怕敌军,或是不利用民众,真正以寡头统治者的面目出现在战场上,同时,他们又不舍得花钱雇人,因为他们热爱金钱。"

[5]"这可不是优点。"

————————

① 当时说过……缺点:544c。
② 这么一个城邦:有关穷富对立、社会内部分裂,斯巴达历史上有这么一个著名的例子:斯巴达统治阶级因为对青年奴隶的数量感到担忧,曾一度将两千名自告奋勇报名参战的青年奴隶全部处死(修昔底德,《伯罗奔半岛战争志》4.80)。

"这又如何？如我们从前指责过①的一身多职的现象，又干农活、[552a]又做金钱交易、又打仗，在这么一个城邦体制中靠同一批人同时干这些，难道你认为这是正确的做法？"

"根本不正确。"

"你看，在所有这么些祸患中，这个城邦体制是否首先容纳[5]这一最大的祸患？"

"哪一祸患？"

"容许某人出卖自己的所有财产，容许另一个人占有这人的财产，并且容许这人继续住在城邦中，尽管他在这个城邦中已一无所有，既不是钱商，也不是手工业者，也不是骑兵，[10]也不是重甲武士，而只能被称为一个走投无路的穷人。"

[552b]"对，它首先容许这么做。"他说。

"至少，在寡头统治的城邦中，这种事并不受禁止，不然，一些人就不会变得极其富有，另一些人变得一贫如洗。"

[5]"对。"

"就看这一情形。有这么一个富豪，当他耗费了自己的钱财，此时他会不会在我们前面所说的那些方面变得对城邦更有用？或，虽然他看来是城邦的统治者之一，但本质上他并不是它的统治者，也不是它的仆从，而只不过是现有钱财的挥霍者罢了？"

[552c]"对，"他说，"看来是这样，他只不过是个挥霍者。"

"那么，"我说，"你是否认为我们应该这么称他，如同蜂窝中的雄蜂，蜂巢的瘟疫，这人无非就是家庭中的雄蜂，城邦的瘟疫？"

[5]"完全如此，"他说，"苏格拉底。"

"难道不是这样，阿德曼托斯，天神并没使所有长翅膀的雄蜂都不长螫针，相反，他使其中一些成为不带螫针的步行者，使另一些长有厉害的螫针？那些没有螫针的到头来就成了乞丐，[552d]而所有那些长有螫针的被称为为非作歹者？"

"非常正确。"他说。

"这很明显，"我说，"如果你在某个城邦中看到一些乞丐，在那个

---

① 从前指责过：434a – d。

地方也一定隐藏着小偷、[5]扒手、盗窃神殿财物的人,以及一切诸如此类坏事的肇事者。"

"很明显。"他说。

"这又如何呢?在受寡头统治的城邦中,你没看到那里存在着乞丐?"

[10]"几乎,"他说,"所有人都是乞丐,除了那些统治者。"

[552e]"难道我们不可以这么认为,"我说,"那里也存在许多长着螯针的为非作歹分子,尽管统治阶级在小心翼翼地用武力制约着这帮人?"

"我们当然这么认为。"他说。

[5]"我们是不是因而会说,因为缺乏教育,培养不良,加上城邦制度的客观环境,那里才出现了这么一批人?"

"我们会这么说。"

"那么说,受寡头统治的城邦就是这个样子,[10]并且拥有这么多的社会弊病,或多或少也许就是这样。"

"几乎就是这样。"他说。

[553a]"就让我们结束对它的讨论,"我说,"这一城邦,我们称它为寡头统治,因为它根据私有财产的价值树立自己的统治阶层;接着,让我们来探讨和这一制度相似的个人,看他如何产生,是一个什么样的人。"

[5]"的确完全如此。"他说。

8."那么,难道他不就是以这么一种方式从那个荣誉统治者演变成一个寡头统治者?"

"以什么方式?"

"当前者还是孩子的时候,他首先会模仿自己的父亲,[10]步步跟随父亲的脚印,随后,当他看到父亲突然[553b]像触礁一样和城邦相撞,抛出了他的全部家产和自己的生命,或是因为他当时是军队中的将领,或在城邦中拥有其他高级领导职位,受一些诬告者[陷害]而上了法庭,或是死,或是流放,[5]或被剥夺一切权利,抛弃一切家产。"

"有道理。"他说。

"那么,朋友,当他的儿子看到了这些,跟着受罪,丧失了一切财产,我想,由于害怕,他立刻会把[553c]热爱荣誉的观念和那种勇猛的气魄从自己灵魂中的宝座上驱赶下来,同时,因耻于贫困,他会贪婪地转向挣钱,一点一滴地节省,不断地工作,积累金钱,难道你不认为这么一个人此时[5]会把灵魂中那一追求满足欲望和热爱金钱的部分安置在宝座上,让它成为自己心中的伟大君主,替它围上波斯人的头巾、领圈,腰中挂上短剑?"

"我认为他会这样。"他说。

[553d]"我想,他会使灵魂中代表理性的部分以及代表勇猛气魄的部分就地坐在它身下,一左一右,逼它们充当它的奴隶,他并不会让前者对任何事物进行推理或探讨,除非这事有关金钱如何能由少变多,他也不会让后者羡慕和[5]重视任何事物,除非对方是财富或富翁,也不许它热衷于干任何事情,除非这事涉及攒钱,或其他某种有助于攒钱的事。"

"没有其他一种演变,"他说,"能如此迅速、有效,使一个热爱荣誉的年轻人变成一个热爱金钱的人。"

[553e]"那么,"我说,"他难道不就是个倾向于寡头统治的人?"

"当然,因为他的演变类同一个性格与其城邦体制相似的人,即一个由寡头统治的城邦体制。"

"让我们来看看他是否和它相像。"

[554a]"让我们来看看。"

9. "首先,他高度重视金钱,这方面难道他不和它相像?"

"怎么不像?"

[5]"其次,他讲究节俭,讲究实干,只限于满足自己最基本的欲望,而不在其他任何方面花钱,相反,他对其他种种欲望施行奴役,认为它们是些徒劳的东西。"

"的确完全如此。"

[10]"他又是个肮脏的人,"我说,"惯于从每一件事上揩油,惯于收藏一切——而大多数人的确都羡慕这样的人——[554b]这人难道不和这么一种城邦体制相像?"

"我看就是这样,"他说,"至少,在这一城邦中和在这么一种人的眼中,金钱得到极大的重视。"

"我并不相信,"我说,"这人会关心教育。"

[5]"我看不会,"他说,"不然,他就不会选择瞎子①当歌舞队的队长,并且无限〈崇拜〉②他。"

"好,"我说,"考虑以下这一点,我们是否会说,因为缺乏教育,他身上会产生各种雄蜂般的欲望,一些和乞丐的相仿,[554c]另一些和为非作歹者的相仿,尽管它们受到某种谨慎心态的强行压制?"

"就是这样。"他说。

"那么,"我说,"你是否知道,向哪处看,你才能看到[5]那些低劣的行径?"

"向哪处看?"他说。

"就看对于孤儿的监护,或某一他们能遇到这么一种机会的地方,从中他们能拥有很大的自由为非作歹。"

[10]"确实如此。"

"这难道不明显,在其他交易中,这种人拥有良好的名声,人们认为他讲正义,因为按某种合理的程度,他强行克制着[554d]自己身上存在的其他不良欲望,并非因为他相信还有什么比这更好的做法,或他可以用理性驯服这些欲望,而是出于必要和恐惧,因为他时刻在为他的其他财产提心吊胆?"

"完全如此。"他说。

[5]"宙斯在上,"我说,"朋友,你会发现,每当他们有机会耗费属于别人的钱财时,他们中大多数人便有了雄蜂式的种种欲望。"

"绝对这样。"他说。

"那么,这么一个人就不会不自相矛盾,[10]他并不是一个人,而是两个人,只不过在通常的情况下他能使[554e]较好的欲望③压住较差的欲望。"

"是这样。"

---

① 瞎子:普路托斯,希腊神话中的财神,是瞎子。

② 并且无限〈崇拜〉[他](καὶ ἔτι〈μα〉μάλιστα):原文尖括号中的μα为后人填补;以前的原文为καὶ ἔτι μάλιστα,即甚至又是特别地[会选他]。

③ 较好的欲望:因为灵魂有等级不同三大组成部分,各部分之间因此也存在着对立和斗争(参见558c-d,571a-572b)。

"正因为如此,我认为,和大多数人相比,这么一个人会更受人尊重;然而,从某种意义上说,关系到灵魂的单纯与和谐,[5]真正的美德早已远远离开了他。"

"我看是这样。"

"不管怎样,这个讲究节俭的人在自己的城邦中肯定是个[555a]低劣的竞争者,无论是争夺某一胜利或是其他充满荣誉的美好奖品,因为他并不愿意为了正直的名声①和诸如此类的竞争活动而耗费金钱,因为他害怕唤醒他身上那些需要花钱的欲望,害怕号召它们起来充当盟军,为争夺胜利而战,因此,每当和人较量,他只愿花费少量资源,[5]就像个寡头统治者,虽然他通常被人打败,但自己仍很富有。"

"的确如此。"他说。

"那么,"我说,"难道我们对此还有什么怀疑,这个讲究节俭的人,这个挣钱者,其本性就和受寡头统治的城邦[555b]结构相同?"

"没有任何怀疑。"他说。

10. "民主政体,如此看来,接下来我们必须探讨它,看它以何种方式产生,产生后,它又具有什么样的形式,这样,[5]当我们反过来知道一个什么样的人和这体制相像,我们就可同时对他作出判断。"

"至少,"他说,"这符合我们的一贯做法②。"

"那么,"我说,"一个城邦难道不是以这种方式从寡头统治演变成民主统治,因为它对它所面临的利益有不能满足的欲望,也就是说,[10]它想拥有尽可能多的财富。"

"究竟以何种方式?"

[555c]"统治者之所以能在这一城邦中统治,我想,是因为就是他们占有大量的财富,他们并不愿意对那些没有节制的年轻人施加法制,防止对方大肆花钱,耗费自己的财产,这样,通过买进这种人的财产或向这种人放高利贷,[5]他们自己就会变得更加富有,更加受人尊敬。"

"做这样的事,他们会比什么都乐意。"

---

① 正直的名声:戏谑语,根据"寡头"政体的字面意思,既然在位的统治者只有"极少数",他们的开支也应该"极小",真正做到名副其实。

② 这符合我们的一贯做法:543a。

"难道这不清楚,在一个城邦中,城民们不可能既崇拜财神同时又拥有足够的节制精神,[555d]其实,他们必然会忽视一个方面,不是前者就是后者?"

"理所当然,"他说,"这很清楚。"

"因此,在受寡头统治的城邦体制中,人们忽视节制,提倡挥霍,甚至那些出身并不低贱的人也常常[5]被弄得一贫如洗。"

"的确如此。"

"这些人,我想,就这么空坐在城邦中,一个个长着螯针,身不离武器,一些是欠了债的人,一些是名誉扫地的人,一些两者都是,大家心中都充满了憎恨,暗中在盘算[10]如何谋害那些拥有他们财产的人或其他仇敌,[555e]时刻巴望着变天①。"

"情形就是这样。"

"而那些做金钱生意的人故意低着双眼,装作没看见这些人,对于其余的人,他们总把钱借给事事谦让的人,以此来伤害对方,[5]向对方榨取数倍于本金的利息,[556a]为城邦造就了一大批雄蜂和乞丐。"

"当然,"他说,"哪能不是一大批?"

"并且,"我说,"当这么一种祸患在城邦中熊熊燃起,[5]他们也不愿意去扑灭,不去阻止任何人为所欲为地处置自己的财产,或通过以下的方法,根据另一条法令来解决这样的问题。"

"根据什么法令?"

"随法律之后,这属于二等法令,目的是逼迫城邦公民[10]注重道德品质。因为,如果有人作出这么一个规定,[556b]每一个人必须自担风险地签订绝大部分这种自己心甘情愿的契约,人们在城邦中就会不这么毫无羞耻地从事金钱交易,此处也不会产生这么多我们刚才所提到的诸如此类的祸患。"

[5]"的确会缓和许多。"他说。

"目前,"我说,"由于种种诸如此类的原因,统治者的确就以这种方式在城邦中对待被他们统治的城民;然而,对待他们自己和家人又怎样呢——还不是一方面娇生惯养自己的后代,懒散地对待躯体[556c]

---

① 变天:参见442a。

和灵魂上的种种磨练,另一方面,在种种欢乐和痛苦面前,表现软弱,缺乏自持?"

"怎么会不是这样?"

"而他们自己,除了金钱生意外,其他什么都不管,[5]他们关心道德品质的程度根本不比那些穷人强多少。"

"的确强不了多少。"

"因为这些统治者和被统治者处于这种状况,每当他们相互碰到一起,或是在旅途上,或是在[10]其他某些社会活动中,或是看戏,或是行军,或是作为同船的伙伴,或是前线的战友,[556d]或是甚至当他们看到彼此正处于危险的境遇,此时此地,这些穷人是不是无论如何也不可能受这些富翁的鄙视,相反,穷人通常身强力壮,肌肤黝黑,当他看到在战场上他身边站着一个在阴影中培育出来的富翁,浑身长着大量多余的肥肉,喘着粗气,[5]陷于困境,你想,难道他不会认为,这种人之所以成了富翁,是因为像他这样的穷人没有骨气,当他把话说给了第二个人听,第二个人接着又把话说给了第三个人听,当这些人私下聚到了一起,他们会声称,'这种人受我们摆布;[556e]他们实质上是废物'?"

"关于这一点,"他说,"我心中很清楚,他们的确会这么做。"

"那么,如同病中的躯体只需受到外界的轻微一击就完全垮了下来,有时甚至不用外界势力的干扰[5]它自己就会乱作一团,处于相同状态中的城邦不也是这样,只需一个小小的借口,或是这方从外面引入由寡头统治下的城邦派来的盟军,或是那方引入由民主统治下的城邦派来的盟军,它就会病倒,自我格斗起来,有时甚至不用外界势力的干扰它自己就会陷入全面内战?"

[557a]"绝对如此。"

"而民主政体的产生①,我认为,就是这样,当穷人们获得了胜利,

---

① 民主政体的产生:柏拉图对民主制度的如下分析当然主要以雅典的模式为基础。但我们必须看到,在这段论述中,他根本没有提到雅典的城名,不像他先前开始讨论克里特和斯巴达政体那样(554c);他并不愿意把历史上的雅典直接作为他的分析对象;他毫不犹豫地指出,任何一个民主政体都孕育着两个危险,一个是公民的绝对平等(参见修昔底德,《伯罗奔半岛战争志》2.37;伊索克拉底,《阿瑞奥帕戈斯》21),另一个是所有政府官员都必须经过抽签选出(尽管柏拉图同意采用这一程序,参见《法义》690d,741b-c,757e);在雅典民主体制瓦解时,他发现这属于两个根本性的原因。

杀了一些富豪,贬黜了另一些,并使其余的人平等地参与城邦政治和管理,[5]最常见的做法是,人们通过抽签任命各级领导。"

"的确,"他说,"民主统治的建立就是这样,不管它的形成是由于武力,或是由于另一部分人因害怕而退居到了别处。"

11."那么,"我说,"这种人会如何生活?[557b]这一城邦体制又会具有什么样的形式?很清楚,这么一个人将会主张民主制。"

"很清楚。"他说。

"难道不是这样,首先,他们是自由人,他们的城邦[5]充满了人身自由和言论自由,个人有权在城邦中做他想做的事?"

"至少,人们都这么说。"他说。

"凡是存在这种权利的地方,很清楚,每一个人会在城邦中把它建立成某种支撑自己生活的私人基础,[10]各按自己的喜欢。"

"很清楚。"他说。

[557c]"各种各样的人,我想,也就特别会大批出现在这一城邦体制中。"

"怎么不会?"

"这也许是最美丽的城邦体制,"我说,[5]"如同一件外袍绣有各种花案,它也被各种人物所修饰,显得特别美丽。也许,"我说,"大多数人都会认为这是最美丽的城邦体制,就像那些孩子和妇女看到的色彩斑驳的东西。"

[10]"很是如此。"他说。

[557d]"不管怎样,幸福的朋友,"我说,"在此寻找一个城邦制度也很方便。"

"究竟为何如此?"

"因为,从个人拥有的权利这一点上看,[5]这里拥有各种类型的城邦体制,当某人想治理好一个城邦,如我们刚才所说,也许他必然想去一个由民主统治的城邦,自己喜欢什么形式就选择什么形式,如同到了一个出售城邦体制的百货市场,选中什么就如此建立什么。"

[557e]"不管怎样,也许,"他说,"他不会在各种模式面前不知所措。"

"在这一城邦中,"我说,"没人逼你上台统治,即使你有足够的能力施行统治,或被他人统治,如果你不愿意,或去作战,当其他人都在作战,或保持和平,[5]当其他各方都在保持和平,除非你自己渴望和平,反之,即使某条法律不许你上台统治或当陪审官,你仍不缺乏参加统治和陪审的机会,[558a]如果你真想这么做,这么一种生活方式此时此刻难道不使人感到心旷神怡、充满快乐?"

"也许如此,"他说,"至少此时此刻。"

"这又如何?当某些人在法庭上被判有罪,他们那种平安无事的表情难道不令人惊讶?[5]或你有没有见到过这种情形,在这么一类城邦中,当[人们]被判死刑或流放,他们仍同往常一样留在这里,在人群中穿梭,[并且]好像别人并不介意或并没有看到他们,到处徘徊,活像趾高气扬的英雄?"

"的确很多这样的人。"他说。

[558b]"这一城邦的宽容性,在任何方面都不斤斤计较,相反,它鄙视当时我们在建立我们的城邦时所讨论和赞同的一切,那就是,除非某人具有超然的天性,他永远不能成为一个优秀的人,除非他从小开始就一直[5]在接触美好的事物,一直在追随着一切诸如此类的东西,而这一城邦是多么大方地把这一切踏在脚下,不考虑某人从什么样的行当走向城邦的统治事业,而是推崇他,如果他能保证,[558c]他和大众同心同德?"

"这一气魄,"他说,"倒是十分高贵。"

"民主制,"我说,"能有这些以及其他一些与之相关的特点,并且,从表面上看,它能是一种取悦于人、毫无专制、形式多样的城邦政体,[5]它把某种平等均匀地分配给地位相同和地位不同的人们。"

"你提到的这些,"他说,"大家都很熟悉。"

12."你再来看看,"我说,"谁属于这么一种人。或,就如同我们前面探讨城邦体制那样①,首先必须探讨一下这人如何产生?"

[10]"是这样。"他说。

"难道不是按以下这个方式?作为那位吝啬者、那位寡头统治者的儿子,[558d]这人,我想,会被他父亲按自己的一套生活方式培养成人。"

---

① 就如同我们前面探讨城邦体制那样:555b–557a。

"怎么不是？"

"他也用强制的方法统治着那些内心的欢乐，只要它们是那些可以被消除、[5]不给他带来金钱利益的欢乐；那些被称是不必要的欢乐——"

"显然如此。"他说。

"你是不是愿意这样，"我说，"为了不使我们在黑暗中东拉西扯，让我们首先区分一下哪些欲望必要、哪些不必要①？"

[10]"我愿意。"他说。

"难道不是这样，我们无法躲避的那些欲望可被合理地称作必要的欲望，[558e]任何得到满足后能给我们的身体带来利益的欲望也属此列？因为我们的自然本性逼着我们和这两者打交道。或不是这样？"

"当然如此。"

[559a]"因此，我们能合理地给它们这个称呼，它们属于必要的范畴。"

"很合理。"

"这又如何呢？某人有能力摆脱的那些欲望，如果他年轻时就开始进行训练，以及那些产生后不会给我们带来任何好处只会带来相反结果的欲望，[5]我们把所有这些称为不必要的欲望，这么说不是很好？"

"的确很好。"

"那么，我们是否可以针对这两种情况各选一个例子，以便我们能掌握它们的基本轮廓？"

[10]"难道不应该如此？"

"那么，为了健康和身体素质而吃和对于粮食和菜肴的需求，[559b]难道这不是必要的欲望？"

"我认为是。"

"对于粮食的欲望符合两方面的要求，一方面，这对我们有益，另一方面，〈若不满足它，〉我们就会停止生存。"

---

① 哪些欲望必要、哪些不必要：柏拉图在前面（554e）提到过"较好"和"较坏"的欲望这一对概念；从此处开始，他根据人体自然本性的需要对"欲望"作了区分。

[5]"对。"

"对于菜肴的欲望也如此,只要它能为我们的身体素质提供某种利益。"

"的确完全如此。"

"除这两种东西以外,对于其他菜肴或诸如此类的食品的欲望又如何呢,人们从年轻时开始能克制它,[10]大多数人通过教育能摆脱它,它有害于躯体,有害于涉及理性和自持精神的灵魂,[559c]它能不能被正确地称为是不必要的欲望?"

"的确非常正确。"他说。

"那么,难道我们不能称这些也是可被消除的欲望,而前面那些和挣钱有关,因为它们有助于各种工作?"

[5]"还能是什么?"

"有关男女之情和其他一些欲望,我们也能这么说?"

"能这么说。"

"我们刚才是不是称这人为雄蜂,我们曾说①,他充满了诸如此类的种种欢乐念头和欲望,[559d]时刻受这些不必要的欲望所左右,而一个吝啬的寡头统治者则被必要的欲望所左右?"

"当然,怎么不是?"

13."现在,"我说,"就让我们回顾一下一个人如何从倾向寡头统治[5]变成倾向民主统治。依我看,这变化大体上是这样发生的。"

"怎样?"

"当一个年轻人,如我们刚才所说,在缺乏教育、充满吝啬的环境中被人抚养至今,当他尝到雄蜂的蜜糖,并和一帮性子暴烈、脾气可怕的恶棍混在一起,因为这帮人能向他提供各种欢乐,[10]花样繁多,应有尽有,也许就在这里,[559e]你能想象,存在着他转变的根源……倾向寡头统治在他心中开始转变为倾向民主统治。"

"非常必然。"他说。

"那么,就像一个城邦发生了变化,当盟友从外面进来帮助[5]城邦中的某一党派,相同的盟友支持相同的党派,这个年轻人的变化难道

---

① 称这人为雄蜂:552c-e,556a。

不也如此,当某一类欲望从外面进来帮助他身上的那一部分欲望,鉴于它们属于同一个系族、具有同一种形式?"

"完全是这样。"

"如果,我想,有某一同盟势力从另一面支持着他心中[10]倾向寡头统治的部分,这或来自他父亲,[560a]或来自其他亲戚,他们在一旁给予他警告和责备,此时,他心中就产生了内讧、矛盾和自我斗争。"

"否则又如何?"

"这时,我想,倾向民主统治的部分就会对倾向寡头统治的部分作出让步,[5]一些欲望被征服,另一些被驱逐,某种羞耻感占据了年轻人的灵魂,此时他又恢复了正常。"

"事情有时就是这样。"他说。

"然后,我想,尽管那些欲望已被驱逐,它们的另一些同胞却在暗中得到了培育,因他父亲不懂[560b]培养人才,其势力变得又大又强。"

"的确,"他说,"事情惯于这样发生。"

"那么,这另一些欲望会不会把他拉向相同的团体,暗中[5]交往后又繁殖出一大批后代?"

"否则又如何?"

"最终,我想,它们就会彻底占据这个年轻人的灵魂的城堡①,因为它们发现它是空的,这里既没有知识,也没有高尚的追求,也没有真实的话语,而这些恰恰是一批最优秀的看守和卫士,[10]任职于受天神喜欢的人们的思想领域。"

[560c]"当然如此。"他说。

"此处,我想,各种谎言、傲慢的言辞和想法一涌而上,取代了它们,占领了这么一个人灵魂中所拥有的这一块地盘。"

"绝对如此。"

[5]"然后,难道他不会又回到洛托法戈伊人②中,公开地和他们居住在一起,如果某种来自他的家族、援助他灵魂中节俭部分的势力到达

---

① 城堡:暗喻雅典卫城"阿克罗波利斯",代表雅典城邦的最崇高、最神圣的象征。
② 洛托法戈伊人:希腊原词为 $\lambda\omega\tau o\varphi\acute{\alpha}\gamma o\iota$,意思是"吃洛托斯植物($\lambda\acute{\omega}\tau o\varsigma$)的人们";根据荷马的描述(《奥德赛》9.82—104),吃了"洛托斯"的人会立刻丧失记忆,从而也就永远丧失了返回家乡的愿望。

这里,那些傲慢的言辞就会关上他心中皇家城堡的大门,既不让这批盟友入内,[560d]也不听取使节的话,即使对方是几个单身而来、已入高龄的老人,与此同时,它们凭武力控制形势,称廉耻为傻瓜,并无礼地把它推出门外,让它流亡,称自我节制精神为懦夫,往它脸上抹黑,并把它赶出城邦,把讲究分寸和合理持家[5]说成是乡下佬和奴隶,并在一大批无用的欲望的支持下把它们驱逐出境?"

"绝对如此。"

"当它们把这些东西从[560e]受它们控制、经历过它们隆重入教仪式的人的灵魂中驱逐、清洗了出去,它们就迫不及待着一支庞大的合唱队伍,将红光满面头戴花冠的狂妄、混乱、挥霍和无耻从流放中招回城中,它们大肆赞美对方,彼此用亲密的称呼相唤,[5]它们称狂妄为高尚,称混乱为自由,称挥霍[561a]为阔气,称无耻为豪迈。难道不就是这样,"我说,"一个被人在必要的欲望中抚养出来的青年如今变成了一个给予种种不必要的欲望自由和解放的人?"

[5]"的确如此,"他说,"这很清楚。"

"此后,我想,这人就会这么生活,他不会愿意在必要的快乐上花费更多的金钱、精力和时间,超过不必要的快乐。但如果他有些运气,并非过分癫狂,当他成熟了一些,[561b]心中的喧闹大部分已经过去,他就会招回一些昔日被贬黜的气质,而会不把自己完全交托给那些后来的势力,他会如此过日子,多少会把各种不同的欲望放在某种平等的地位,每当欲望来到他身边,如同中签,他总会把控制自己的权力交给对方,直到对方得到了满足,然后再交给下一个欲望,[5]不歧视任何一方,相反,对它们总是一视同仁。"

"完全如此。"

"不管怎样,"我说,"他不会听取真言,也不会让它进入哨所,如果某人对他说,一些欢乐来自[561c]美好和高尚的欲望,另一些欢乐则来自低劣的欲望,他应该追求和尊重前者,克制和奴役后者;然而,对这一切忠告,他都不以为然,一口声称,所有欲望都一个样,它们必须得到相同的尊重。"

[5]"绝对如此,"他说,"处于这种境遇的人就会这么做。"

"因此,"我说,"他会这么一天天生活下去,总以这样的方式满足最新出现的欲望,有时他喝得大醉,沉溺在笛子声中,有时他却只喝水,故意让自己消瘦,[561d]有时他参加体育锻炼,有时他却懒得不愿动,对什么事都不关心,有时他却在他所认为的哲学领域中大下功夫。他常常参与城邦的公共事务,常常从座位上跳起来,说出或做出自己即兴想到的事;如果他偶尔羡慕某些武士,他就会朝这一方向跑,如果羡慕[5]做金钱生意的人,他又向那一方向跑。尽管他的生活中既无什么规律,也无什么必然使命,他却声称这是一种甜蜜、自由、幸福的生活,他一生就指望这个。"

[561e]"完全如此,"他说,"你充分描绘了某个倾向平等制度的人的生活。"

"不过,"我说,"我觉得,这人是个集大成者,身上充满了各种各样的性格,外观漂亮,底色斑斓,就如同那一个[5]城邦;大多数男人和女人都会羡慕他的生活,因为这一生活包含着最多式样的城邦体制和生活方式。"

"这生活,"他说,"的确如此。"

[562a]"这又如何呢?是否让我们把这么一种人放到民主制一边,鉴于他能被正确地称作一个倾向民主统治的人士?"

"就让我们这么做吧。"他说。

14."最绚丽的城邦体制,"我说,"和最绚丽的人物,[5]这便是我们要讨论的剩下的题目,即僭主制和僭主。"

"正是这样。"他说。

"来吧,我的伙伴,僭主制究竟如何产生?它从民主制演变而来,这一点非常明显。"

"是很明显。"

[10]"那么,它们是不是按同一个方式产生,寡头制中[562b]产生了民主制,民主制中产生了僭主制?"

"按什么方式?"

"寡头制所推崇的最高利益,"我说,"以及凭之站住脚跟的原因——当时,这一东西就是[巨大]财富,是不是?——"

[5]"是。"

"你知道,对财富无穷贪婪,只顾捞取金钱而不顾其他一切事务,这就把它毁了。"

"对。"他说。

"那么,民主制也把它认作最高利益的东西,难道不是因为[10]无穷贪婪这一东西而同样弄垮了它?"

"你说它把什么认作自己的最高利益?"

"它的那种自由,"我说,"因为大概在一个受民主统治的城邦中,[562c]你会听人这么说,自由是最美好的东西,正因如此,对于任何一个本性自由的人来说,这是唯一值得他居住的地方。"

"的确,"他说,"人们经常说这话。"

"那么,"我说,"我刚才想说的正是这一点,无穷贪婪这么一种东西,[5]对其他任何事物漠不关心,这么做难道不会促使这一城邦改变体制,导致它需要僭主制?"

"怎么会?"他说。

"我认为,当一个受民主统治、渴望自由的城邦[562d]碰上一批糟糕的斟酒者充当领袖,它总喝得醉醺醺的,沉溺在烈酒中,远超过应有的程度,对这批掌权的人,除非他们一味迁就它,为其提供大量的自由,它必然会惩罚他们,指控他们是一帮凶手和寡头统治者。"

[5]"的确,"他说,"他们就会这么做。"

"不管怎样,"我说,"它斥责听从统治者的公民是一批甘心充当奴隶的人和不值一钱的家伙,相反,对那些如同被统治者的统治者,以及那些如同统治者的被统治者,无论在公共场合或私下场合,它总给予赞美和推崇。在这么一个城邦中,[562e]难道自由不会必然地施展出一切能力?"

"怎么不会?"

"不管怎样,"我说,"我的朋友,它会潜入个人的家庭,把这种无政府状态甚至成功地[5]分布到野兽之中。"

"这种现象,"他说,"我们如何解释?"

"正如,"我说,"父亲使自己习惯于像孩子,害怕自己的儿子们,儿子却使自己习惯于像父亲,既不知廉耻,也不害怕自己的父母,一心想成为自由人;[563a]外籍居民的地位等同于本城居民,本城居民等同于外籍居民,外邦来客也同样如此。"

"的确成了这样。"他说。

"不仅这些,"我说,"还出现其他诸如此类的小事:在这种地方,一个教师不仅害怕自己的学生,而且还要吹捧对方,[5]而身为学生的人却瞧不起教师,对自己的私人辅导也一样;并且,以全盘的规模,年轻人模仿年纪大的人,不管是言论还是行动,他们极力和对方竞争,而上了年纪的人竟然也和年轻人平起平坐,充满了诙谐和风趣,[563b]一味模仿年轻人,这样,他们就不会显得令人讨厌或主人气十足。"

"的确完全如此。"他说。

"这,"我说,"我的朋友,就是民众所拥有的自由极点,[5]按其全貌出现在这么一个城邦中,当被买来的男人和女人实质上并不比买他们的人拥有更少的自由。妇女在男人面前,男人在妇女面前,他们之间的平等和自由到达了何种程度,我们几乎忘了提到这一方面。"

[563c]"难道不按埃斯库罗斯的说法,"他说,"我们将说出'此刻已到嘴边的东西'①?"

"完全如此,"我说,"而我自己就这么说:受人们驯养的动物拥有的自由程度[5]在这里要比在其他城邦大得多,外人不会相信这一点。那些家犬,如俗话所说,完全成了家中的女主人,马和驴子也习惯于完全自由自在、耀武扬威地在街头上径直行走,路上总会和迎面而来的人相撞,除非对方为它们让步,其他的动物如此[563d]充满了自由。"

"此刻,"他说,"你倒像在叙述我的梦;在去乡间的路上,本人常常碰到这种事情。"

"总而言之,"我说,"如果我们把这一切都放到一起,[5]你是否注意到它们如何使城民们的灵魂软化到了这种程度,如果某人接受任何一种强迫性劳役,他们就会义愤填膺,不予容忍?最终,你可能知道,他们根本不把那些法律放在眼里,不管是成文的或未成文的条例,目的是不让任何人以任何形式[563e]当他们的主人。"

"的确如此,"他说,"我知道。"

15."那么,"我说,"我的朋友,这一如此绚丽多彩、如此朝气蓬勃的统治形式依我看就是这样,僭主制就诞生于此。"

---

① '此刻已到嘴边的东西':埃斯库罗斯,残片334。

[5]"确实朝气蓬勃,"他说,"但接着又怎样呢?"

"同一个弊病①,"我说,"正如它昔日产生在寡头统治制中并且最终毁了那一体制,如今,由于人人都有权力,它在这一城邦中也就分布得更广、力量更大,并且将会全面奴役民主统治制。事实就是这样,当某事被做过了头,它通常会导致[10]某种强烈的相反变化,季节中、[564a]植物中、躯体中的情形如此,至少说,城邦体制中的情形也不差上下。"

"有道理。"他说。

"过度的自由显然不会导致别的,只会导致过度的奴役,对个人或城邦都是这样。"

[5]"的确有道理。"

"这么看,"我说,"僭主制并非产生于其他什么城邦体制,而是产生于民主统治制,最彻底、最原始的奴役,我认为,产生于极端的自由。"

"这话,"他说,"的确有道理。"

[10]"但我想,"我说,"你刚才问的并不是这个,你问的是,[564b]产生在寡头制中和民主制中、使其毁灭的同一弊病究竟是什么。"

"你说得对。"他说。

"当时,"我说,"我说过,有那么一类悠闲无事、喜欢挥霍的[5]人,其中最有勇气的是领袖人物,最没勇气的人是随从;我们曾把这些人比作一群雄蜂②,前者带刺,后者无刺。"

"十分正确。"他说。

"这两种人,"我说,"无疑会给任何一个城邦带来麻烦,[10]就如同黏液和胆汁给人的躯体造成的麻烦一样;[564c]针对它们,优秀的医生和城邦的立法家应该像一个聪明的养蜂人预先留神,尤其要防止对方产生,如果它们一旦产生,就必须尽快地把它们从蜂窝中割除。"

[5]"宙斯在上,"他说,"完全应该这样。"

"那么,"我说,"就让我们这么着手,以便我们能更清楚地看到我们想看到的东西。"

"如何着手?"

---

① 同一个弊病:指导致"雄蜂"阶层产生和扩张的社会经济体制(552c-e,555e-556a)。
② 比作一群雄蜂:559c。

"让我们从理论上把一个受民主统治的城邦分成三个部分①,[564d]正如它目前拥有的那样。这类人就是其中的一个部分,因为权力普遍存在,它在这一城邦出现的可能性并不亚于一个受寡头统治的城邦。"

"就这样。"

"不过,它在这一城邦中远比在那一城邦中凶狠。"

[5]"怎么会呢?"

"在那里,因为它受不到尊重,被排挤在统治阶层之外,缺乏磨练,无法强壮起来;在受民主统治的城邦内,除了个别例外,这类人基本上占主导地位,其中最厉害的尖子既能说又能干,[10]其余的人就坐在讲台周围,口中发出嗡嗡的声音,绝不容忍任何人[564e]发表不同意见,这样,在这么一个城邦体制中,一切都受这类人控制,只有少数例外②。"

"的确如此。"他说。

"此外,还有以下这么一种人,和大多数人显然不同。"

[5]"哪一种人?"

"在所有为挣钱的事而奔忙的人中,那些天生最善于安排事务的人便成了一批远为最富的富翁。"

"看来是这样。"

"从他们那里,我想,那些雄蜂就会汲取数量最多、[10]最容易得到的蜂蜜。"

"的确如此,"他说,"某人如何向对方敲诈,如果对方只有很少东西?"

"这类富翁,我想,的确可被称作雄蜂的饲料③。"

---

① 分成三个部分:此处,柏拉图采用了传统分法。欧里庇得斯(《乞援的女人》238-245)也如此把城民分成三等:富人贪得无厌,对社会没有什么用处;穷人缺衣少食,是社会的不稳定因素,因为他们充满了羡慕和妒忌,时刻准备用螫针去刺有钱人,并且他们容易受人欺骗和摆弄;中层阶级是社会的栋梁,因为他们极力支持和维护着城邦的法律和社会秩序。亚里士多德也同样认为,对城邦来说,中层阶级最有价值(《政治学》1295b1)。柏拉图把"雄蜂"看作社会中最突出、最危险的阶层,在民主政体中,他们最容易成为煽风点火、造成社会动乱的势力。

② 只有少数例外:柏拉图可能想到雅典历史上曾出现过阿里斯提德斯(?—约前468)和伯里克勒斯(约前495—前429)这种品德高尚的民主领袖。

③ 雄蜂的饲料:俗语,参见普鲁塔克,《道德论丛》42a。

"几乎就是这样。"他说。

16. [565a]"平民可算是第三类,因为它靠自己谋生,不插手其他事务,没有很多的财产;然而,每当这一阶层汇集在一起,它便成了民主制中人数最多、权威最高的势力。"

"的确如此,"他说,"然而,它并不愿意经常这么做,除非[5]它能分享到一部分蜂蜜。"

"难道它不总是能分享到一些,"我说,"只要那些当权者能不断剥夺有钱人的财富,分给平民一些,大部分自己保留?"

[565b]"分享的方式,其实,"他说,"就是这样。"

"因此,我想,这些人就必然会起来捍卫自己,在人民中发表演说,凡是他们力所能及的事,他们都去做,因为他们被人剥夺了财产。"

"怎么不会?"

[5]"他们因此而受到那批人的指控,即使他们并非渴望变天,对方仍说他们暗中和民众作对,称他们是一帮倾向寡头统治的人。"

"还能如何?"

"最终,当他们看到这些民众并非因为心甘情愿,[10]而是因为无知,同时又受那批指控者的[565c]蛊惑而企图无理地伤害他们,从这时开始,不管他们是否有此打算,难道他们不是真正成了一批倾向寡头统治的人,并非因为自己心甘情愿,而是因为那一雄蜂不断地刺他们,造成了这一祸患。"

[5]"当然绝对如此。"

"因此,他们相互之间就产生了一系列告发、审判和公诉之事。"

"正是这样。"

"那么,民众是不是总习惯引人注目地把某人抬出来,放在[10]自己面前,不断抚育他,使他壮大?"

"的确有这习惯。"

[565d]"因此,"我说,"这事很明显,每当有僭主产生,他的芽就出在这一占据领袖地位的根子上,而并非出自其他什么地方?"

"的确很明显。"

"那么,从领袖到僭主,这一演变的开端是什么?难道[5]这不清楚,当这一领袖开始做同样的事,就像人们在神话中提到的那人一样①,他的故事和阿尔卡狄亚地区②吕凯奥斯宙斯③的神殿有关?"

"什么故事?"他说。

"传说,谁若尝到某个人的内脏,当它和[10]其他祭品混在一起,这人必然会[565e]成为狼人。难道你没听说过这个说法?"

"我的确听说过。"

"这位民众的领袖难道不也如此,他拉拢了一批极为轻信他的人,并不制止同族之间发生流血事件,相反,[5]他给人乱加罪名,就像他们喜欢这么做,把对方带上法庭,让自己沾上血污,一笔勾销人的生命,用污秽的口舌品尝同族人的血液,一会儿贬黜,[566a]一会儿谋杀,一会儿暗示他要废除一切债务、重分土地,从此以后,难道他不注定会面临如此的命运,或被他的仇敌杀掉,或成为僭主,从人变成狼?"

[5]"非常必然。"他说。

"因此,"我说,"这人成了攻击富翁、挑动内战的党魁?"

"就是他。"

"如果他流放在外,不管他的仇敌如何,如今硬要回来,[10]难道他不会以地道的僭主身份回来?"

"显然如此。"

[566b]"如果他们无法驱逐他,或在城邦中公开给他一个罪名杀了他,他们就会暗中策划,用强暴的手段偷偷把他干掉。"

"的确,"他说,"事情通常如此发生。"

[5]"那一众所周知的僭主式要求④,所有已经走到这一地步的人都会发现,无非就是,向民众索求一批贴身保镖,好让他,民众的助手,为他们的利益不受伤害。"

"的确如此。"他说。

---

① 神话中……的那人:有关这一狼人的传说,泡萨尼阿斯(《希腊游记》6.8.2)有一段与此不同的记载。

② 阿尔卡狄亚地区:伯罗奔半岛中部一多山地区。

③ 吕凯奥斯宙斯:吕凯昂($τὸ$ $Λυκαῖον$),阿尔卡狄亚地区境内一山名,"吕凯奥斯"($Λυκαῖος$)为人物特征形容词,是阿尔卡狄亚地区人对宙斯的一种称呼。

④ 众所周知的僭主式要求:如公元前7世纪麦伽拉僭主式阿戈涅斯,前6世纪雅典僭主庇西斯特拉托斯,前4世纪叙拉古僭主、柏拉图亲自见过并与之打过交道的狄俄尼修斯一世。

[10]"他们给了他,因为他们为他而担心,而他们自己却充满了胆量。"

[566c]"的确如此。"

"那么,当一个有钱人看到这事,并且因为他有钱而被人指责敌视民众,此时此刻,我的伙伴,如同克罗伊索斯根据那句神谕①,难道他不会——

[5]朝充满卵石的赫尔摩斯
逃去,并不继续待着,也不因胆怯而羞愧。"

"当然,"他说,"他不会回头,又第二次感到羞愧。"

"可不,一旦被人抓到,我想,他就会被人处死。"

"必然如此。"

[10]"再说那位领袖人物,显然,他并非一个躺在地上'也伟大的伟人'②,[566d]相反,当他打垮了许多对手以后,他便站立在城邦的战车③上,完全成了一个僭主,而不是民众的领袖。"

"不然,他还想成为什么?"他说。

17.[5]"那么,"我说,"是不是让我们来谈谈这人和这个城邦的运气,在这一城邦中怎能产生这么一个凡人?"

"的确完全如此,"他说,"就让我们来谈谈这些。"

"难道不是这样,"我说,"在最初几天以及随后一段日子里,他会满面笑容地对待所有的人,不管他和谁相遇,[566e]声称自己不是僭主,在公共和私下场合作出种种保证,他将废除一切债务,把地分给民众和他身边的那些人,并在所有人面前装出一副和蔼可亲的样子?"

[5]"必然如此。"他说。

"然而,我想,当他和流放在外的一部分敌人达成了和解,将另一

---

① 根据那句神谕:希罗多德,《原史》1.55。

② 躺在地上'也伟大的伟人':引自荷马,《伊利亚特》16.776。荷马描述的人是克布里奥涅斯,替赫克托尔驾车的勇士,此刻已战死,"躺着,伟人以伟大的形式,从此忘却了驾驭"。

③ 城邦的战车:这一以荷马的描述为基础的意象通过柏拉图的使用后成了政治学中的一个通俗用语,即把城邦比作一辆"战车",如同把城邦比作一艘"船舶"。

部分置于了死地,那一方出现了和平,接着,他总会主动挑起新的战争①,这样,民众仍将需要一位领袖。"

［10］"看来有道理。"

［567a］"难道不是这样,为了这个目的,因付出了战争资金而变得贫穷的民众不得不为日常生活操心,不太可能暗中谋划造他的反?"

"显然如此。"

［5］"此外,我想,如果他怀疑某些人有种种自由的想法,并不拥护他的统治,其结果难道不是这样,他会找个借口,把这些人交给敌人,置对方于死地? 由于这种种原因,僭主是不是必然惯于挑动战争?"

"必然如此。"

［10］"因此,每当他在做这种事情的时候,他是不是更易受到［567b］城民们的憎恨?"

"怎么不是?"

"那么,某些帮助僭主建立统治、手中掌权的人难道不会在他面前和在他们自己中间坦率地发表言论,［5］批评当前的现状,至少他们中最有勇气的人会这样?"

"的确有可能。"

"因此,这位僭主就有必要把这些人统统清除②,如果他真想统治,直到他身边,不管是朋友还是敌人,不剩任何［10］对他有某种用处的人。"

"显然如此。"

"因此,他必须清楚地看到谁勇敢、谁高傲、［567c］谁精明、谁富有;他个人如此幸福,以致他必然成为所有人的敌人,不管他自己是否愿意,并且不停地搞阴谋诡计,直到他清洗了整个城邦。"

"不管怎样,"他说,"这必然是一种出色的清洗。"

---

① 总会主动挑起新的战争:柏拉图此处的一系列有关僭主制特征的见解后被人们普遍接受;亚里士多德也说过,不同的僭主制社会都有这些共同的特征(《政治学》1313b28 及下文)。

② 把这些人统统清除:此话不仅有历史背景,而且和柏拉图在叙拉古的亲身经历有关;柏拉图在那里有个学生和朋友,名叫狄翁(前409—前354),此人是僭主狄俄尼修斯一世(约前430—前367)的女婿,曾在朝廷上代表改革派,力图实施柏拉图的"理想国"纲领,遭保守派极力反对,后被狄俄尼修斯二世贬黜流放(前366)。

[5]"是,"我说,"这和医生们处理病人的躯体正好相反;因为医生们总会清除最坏的部分,保留最好的部分,而这僭主做得恰恰相反。"

"如此看来,"他说,"他必须这么做,如果他真要统治。"

18.[567d]"因此,"我说,"他把自己束缚在一种幸福的必然处境中,这一处境要求他或是和本性低劣的大多数人居住在一起,即使他受这些人的憎恨,或是干脆就别活。"

"是这么一种处境。"他说。

[5]"难道不是这样,如果他这么做越是受城民们的憎恨,他就越将需要更多、更可靠的卫士?"

"怎么不是?"

"那么,这批可靠的人是谁呢?他又将从哪里弄来这批人?"

[10]"完全出于自发,"他说,"人们将成群地飞来,如果他支付佣金。"

"一批雄蜂,"我说,"我凭狗发誓,你所指的看来[567e]又是一批具有各种类型、来自外邦的雄蜂①。"

"对,"他说,"你看出了我的意思。"

"从而又如何呢?难道他不会在本地招人——"

"通过什么方法?"

[5]"夺走城邦公民所拥有的奴隶,解放他们,使他们成为他自己的卫士?"

"绝对如此,"他说,"鉴于这些人肯定最忠实于他。"

"这一僭主,"我说,"你想他具有何等幸福的前景,如果[568a]他把这些人当作自己的朋友和忠臣,排除了从前那些人。"

"可不,"他说,"他的确会如此对待这些人。"

"因此,"我说,"这些朋友当然对他充满崇敬,[5]新生的公民都拥护他,而那些正直的人都憎恨他、躲避他。"

"他们又怎么不会这样?"

"这并非没有理由,"我说,"人们一般认为,悲剧充满了智慧,欧里庇得斯在这一领域特别显著。"

---

① 一批……雄蜂:谐谑地影射狄俄尼修斯一世手下豢养的大量外籍雇佣军。

[10]"为何如此?"

"因为他曾发表过这一精明的观点①,声称,之所以[568b]'僭主明智'是'因为他们和那些明智的人交往'。他的意思显然是,和僭主在一起的这些人是明智的人。"

"对,"他说,"他还把僭主制颂扬成一种类似神圣的东西,并且还发表了许多其他言论,不仅他本人,其他诗人也都这么说。"

[5]"不管怎样,"我说,"如果这些悲剧作家都是明智的人,他们当然会原谅我们以及那些公民身份和我们相近的人,我们不允许他们进入我们的城邦,因为他们是僭主制的颂扬者。"

"我也这么认为,"他说,"至少,[568c]他们中修养高深的人会原谅我们。"

"就这样,我想,他们会到其他一些城邦去周游,召集那里的民众,用甜蜜、洪亮、动听的声音笼络人心,把对方城邦[5]拉向僭主制或民主制。"

"的确如此。"

"除此以外,他们不是还捞到薪水,广受尊敬,很自然,尤其是受到僭主们的尊敬,其次是受到民主城邦的尊敬?然而,他们越是往高处跑,[568d]面临上等的城邦体制,他们的声望也就越支持不住,似乎上气不接下气,无法继续向前。"

"完全如此。"

19."其实,"我说,"此处我们已经走上了岔道;让我们[5]回过头来谈谈僭主的那支英姿飒爽、人员众多、五彩缤纷、变化无常的卫队,看它将从什么地方得到供养。"

"显然,"他说,"如果城邦中有神圣的财物,他就会花费它们,只要被他消灭的那些人的财产能一直补足他的费用,他只需要民众缴纳少量的税金。"

[568e]"当这笔财产枯竭后,又怎样办?"

---

① 这一精明的观点:以下这句名言古时被认为出自索福克勒斯的某一作品,现已失传;然而,在欧里庇得斯的作品中也有类似的说法(《特洛亚妇女》1169;《腓尼基妇女》524)。

"显然,"我说,"他就得靠父辈们的财产来支撑,不仅他本人,还有他身边的那些酒客,以及和他志同道合的男男女女。"

"我明白了,"他说,"昔日生育出这位僭主的民众[5]今后将养活他和他的所有同伙。"

"完全如此,"他说,"民众不得不这样。"

"[反之]你又怎么说?"我说,"如果民众感到忿忿不平,并且声称,一个成年的儿子仍靠父亲抚养,这不合理,相反,父亲靠儿子抚养,这才合理,再说,他们也不是为了这一目的而[569a]生育和扶植了他,当他长大以后,他们从此能为他们自己的奴隶效劳,抚养那人和他的那批奴隶以及其他乌合之众,相反,让他当领袖,他们的目的是为了使自己从他们城邦中那批富翁和那批所谓的优秀而高尚的人物的控制下[5]解放出来,现在,他们命令那人和他的同伙离开他们的城邦,不就像一位父亲把自己的儿子连同他身边那伙令人讨厌的酒肉朋友赶出家门?"

"宙斯在上,"他说,"至少,民众这时才会真正明白[569b]他们生育、宠爱、养大了一只什么样的动物,并且,他们目前正以一个弱者的身份驱赶强者。"

"这话,"我说,"什么意思?这个僭主敢对他父亲施强,如果对方不服从,他还敢揍父亲?"

[5]"是这样,"他说,"一旦他夺走了对方的武器。"

"你的意思是,"我说,"僭主是一个殴打父亲、粗暴对待老人的家伙,那么,由此看来,这就真正进入了人们公认的僭主统治,并且,如俗话所说,民众逃脱了受自由人奴役的烟雾,转眼却跌入了[569c]受一帮奴隶统治的火坑,换来的不是那种大量的、不合时宜的自由,而是属于奴隶的最粗暴、最苦涩的奴役。"

[5]"的确如此,"他说,"事情就是这样。"

"你看如何?"我说,"难道这话不谐调,如果我们说,我们对此进行了充分的讨论,僭主制如何从民主制演变而来,一旦形成,它又是一种什么样的制度?"

"的确非常充分。"他说。

卷　九

1. [571a]"剩下要讨论的人,"我说,"就是他,这个僭主式的人物①,他如何从一个民主式的人物演变而来,一旦形成后,他究竟是个什么样的人,又按什么样的方式生活,是痛苦还是幸福。"

"剩下的,的确就是这人。"他说。

[5]"你知道,"我说,"我还想讨论什么东西?"

"什么东西?"

"各种欲望,它们是什么,又有多少,我看,我们对此还没有充分讨论过②。如果缺乏这一认识,[571b]我们进行的这一讨论就会不那么清楚。"

"难道不是这样,"他说,"此刻仍是好时机?"

"的确完全如此;并请注意,我想从中弄清什么问题。目前有以下这一点。在所有那些不必要的快乐和欲望中,[5]依我看,某些属于违法之列,它们很可能出现在每一个人的身上③,然而,在种种法律以及那些更好的、由理性伴随的欲望的制约下,在某些人身上,它们或是被完全排挤,或是只剩下少数几项,并不足轻重,而在其他人身上它们却会变得更加厉害,[571c]更加繁多。"

"你指的这些,"他说,"到底是什么?"

"那些在人睡眠时觉醒的欲望,"我说,"当灵魂中其他部分进入了睡眠,即那一具有理智、本性温和、善于统治的部分,[5]而那一野兽般

---

① 僭主式的人物:前面集中讨论了僭主政体以及作为该政体的最高统治者僭主本人;现在开始讨论僭主式的人物,着重观察对方的性格和心态,并非涉及政治;如果一个人真是这样的人,他是否算世界上最幸福的人(578c,579c)。

② 还没有充分讨论过:参见558c – 559d。

③ 每一个人的身上:如梦所示,每一个人身上似乎都有一个沉睡中的"罪人",一个人只有通过正确的教育才能制约其发展。西方某些学者称柏拉图为"精神分析学之父",这并非没有道理,因为柏拉图清楚地认识到,隐藏在人的潜意识中的复杂心理如何能对个人的健康、对社会构成威胁。

的、粗野的部分,或是吃饱了,或是喝足了,一下蹦了起来,驱除了睡意,立刻想投入行动,满足自己的本性;你知道,在这么一个时刻,它什么事都敢做,似乎它已经完全使自己解除和摆脱了羞耻感和理性。[571d]只要它想,它不会迟疑试图和母亲或和其他任何人交媾,不管对方是凡人,或是天神,或是野兽,也不会迟疑干任何杀人的事,或伸手去抓任何食物;一句话,它既不会在愚昧面前也不会在耻辱面前退却。"

[5]"你说得非常对。"他说。

"另一方面,我想,当某人拥有健康的身体,并具有自我克制的精神,当他进入睡眠时①,他会唤醒自己的理性部分,让它品尝美好的语言和思想,[571e]使自己和它取得统一的意识,至于那一欲望部分,他既不会让它匮乏,也不会让它过于满足,这样,它便能平安无事地躺下,[572a]不会因欢乐和痛苦给灵魂中最优秀的部分带来骚扰,相反,它会让对方去独自进行纯粹的思考,去渴求认识它所不知道的东西,或是过去,或是现在,甚至是将来的某一事情,同时,这人也会以同样的方式安慰灵魂中的烈性部分,并不会在一心想对某人发火并[5]在烈性爆发的时刻躺下睡觉,相反,他会使这两个部分平静下来,同时会使产生思维的第三部分行动起来,他就这么休息,你知道,在这么一种条件下,他不仅能在最大程度上掌握住了真理,而且出现在他梦中的那些[572b]图影也只具有最低程度的违法性。"

"完全是这样,"他说,"我也认为如此。"

"我们可算是把这些充分地谈论了一番;而我们想知道的却是这一点,每一人身上都显然存在着一类可怕、粗野、[5]不合法律的欲望,甚至对我们中一些最讲自我节制的人来说,情形似乎也完全如此;这类东西在我们的梦中表现得非常清楚。我是否说得有道理,你是否同意,你看吧。"

"我当然同意。"

2.[10]"你回想一下②我们前面说到的那个倾向民主统治的人是什么样。[572c]他从小被一个讲究节俭的父亲抚养长大,这个父亲重

---

① 当他进入睡眠时:此处,根据当时的医学研究,柏拉图勾画了一种以饮食学为基础的睡眠疗法。据说,这一门学科当时影响很大,后来,在新毕达哥拉斯学派中,它成了一种每日晚间探索(灵魂)意识的练习(伊昂布利科斯,《论毕达哥拉斯生平》256)。

② 你回想一下:561a-e。

视的仅仅是那些和挣钱有关的欲望,并不重视那些旨在娱乐玩耍、装潢门面的欲望。是不是这样?"

[5]"是。"

"当他和那些生活更讲究、那些充满了我们前面所说过的种种欲望的人在一起,他就会开始沉溺于种种放纵,沉溺于他们那种生活方式,因为他憎恨父亲的那种吝啬,然而,论本质,他要比那些使他堕落的人高明,当他面临被同时赶往两个方向时,[572d]他会停留在这两种生活方式的中间,并且,如他自己认为,如果他能有节制地享受各自的好处,他便能过上一种既非奴隶式的也非违反法律的生活,如此,他便从一个倾向寡头统治的人变成了一个倾向民主统治的人。"

"的确,"他说,"对于这么一个人的看法,前面是这样,眼下也是这样。"

[5]"此外,请设想一下,"我说,"还是这个人,当他上了年纪,他有个年轻的儿子,就在这么一套生活习俗中长大。"

"我正在设想。"

"此外,请继续设想,发生在他父亲身上的那些东西现在也同样发生在他身上,他被人拉向[572e]种种违法的领域,每一个领域都被拉拢他的人称为是完全自由的境地,在此同时,他父亲和其他家人在帮助他追求那些处在中间地段的欲望,另外一些人则在一旁纵容他追求其余的欲望;当这些高明的巫师和僭主的缔造者预料,[5]他们不能用其他什么方法按住这个年轻人,他们便设法把某种情欲安置在他心中,让它充当那些野性部分以及[573a]那些惯于尽情挥霍现有财产的欲望的统帅,一只长着翅膀、体形巨大的雄蜂——难道你认为,这些人拥有的情欲是另外一种东西?——"

"不,"他说,"我认为它不是别的,就是这一东西。"

"那么,当其他一伙欲望嗡嗡地簇拥在它的周围,[5]满载香烛、香脂、花冠、葡萄酒和其他种种在这类欢聚场合中让人分享美物,各尽所能地喂养它,使它成长壮大,并把欲望的螫针①植入这只雄蜂,此时,在疯狂的保护下,[573b]这一灵魂的统帅自己也变得如痴如狂,如果它

---

① 欲望的螫针:此处指"欲望"本身(ἔρως,"情欲""渴望""爱情"),同时又指欲望之神爱若斯(Ἔρως),后者不久象征性地成了这人灵魂中主宰一切的僭主(573b)。

发现这人身上有某些信念和欲望仍被认为具有正义感或廉耻感,它就会扼杀它们,或把它们驱逐出境,直到它彻底清除了他的克制精神,使他内心充满了外来的疯狂。"

[5]"完全如此,"他说,"你解释了僭主式人物的产生。"

"那么,"我说,"难道不是因为如此的缘故,情欲自古以来被人称作僭主①?"

"可能就是如此。"他说。

"难道不是这样,朋友,"我说,"一个喝醉了的人[573c]往往有僭主式的心态?"

"当然有。"

"一个处于疯狂状态、精神错乱的人不只是试图想统治全人类,甚至希望自己[5]有能力统治众神。"

"的确是这样。"他说。

"那么,"我说,"神灵般的朋友,僭主式的人物具体就是这样产生,当他受自己的本性或生活方式或这两者同时的影响而充满了醉意、情欲和黑色的胆汁②。"

[10]"的确完全如此。"

3. "这种人,由此看来,就是这样产生;然而,他究竟如何生活?"

[573d]"如人们开玩笑时使用的那句话③,"他说,"这,你会告诉我。"

"我的确会给予解答,"我说,"我认为,就从那时起,他们中就会出现种种喜庆节日、狂欢、盛宴、女伴以及一切诸如此类的东西,当情欲成了居住在内心的僭主,[5]全面统治着灵魂中的一切。"

"必然如此。"他说。

"难道不是这样,大批耸人听闻的欲望日以继夜地冒了出来,要求得到大量的满足?"

---

① 被人称作僭主:比如,欧里庇得斯《希珀吕托斯》538,《安德罗墨达》,残片136。

② 黑色的胆汁:根据古时某一广为流传的医学理论,一个人的健康状况和性格由这人体内各种液体的结合比例所决定;胆汁有各种颜色,各表示一种性情。当黑色胆汁过剩,人会变得忧郁、消沉。

③ 那句话:古代评注者已不知道这一习语,显然,言者借此又把问题回赠给原先提问的人。

"当然有一大批。"

[10]"因此,如果他有某些收入,它们很快就会被挥霍掉。"

"怎么不会?"

[573e]"接着便是借钱、消耗家产。"

"还能怎样?"

"当一切都用完了,事态难道不必然如此,蕴藏于他内心的那些又多又强烈的欲望会发出呐喊,[5]而他,如同那些被各种欲望的螫针所刺中的人,尤其是被这情欲刺中,因为它统帅着其他一切欲望如同统帅着一群卫兵,会变得特别疯狂,拼命想知道谁拥有什么东西,只要他能通过欺骗[574a]或使用暴力夺得?"

"当然如此。"他说。

"他必然会从各处搜到财富,不然他就会身受强烈的痛苦和烦恼的折磨。"

[5]"必然会这样。"

"因此,正如他后来遇到的那些快乐多于从前的快乐,并且剥夺了昔日的满足,同样,难道这人不会认为,他比他父母年轻,理应得到比他们更多的东西,如果他挥霍掉了自己的那份财产,他理应[10]瓜分属于父辈的财产?"

"否则他还会怎样?"他说。

[574b]"如果他们不依从他,难道他不会开始试图行窃,欺骗自己的父母?"

"完全会这样。"

"如果这招不成,他是否会强夺,使用暴力,[5]接着前招?"

"我认为他会这样。"他说。

"如果老夫妻坚持自己的立场,和他对着干,令人羡慕的朋友,你说,他会不会谨慎小心地对待他们,以免自己干出什么僭主们干的事情?"

[10]"不管怎样,"他说,"对这人的父母,我并不感到十分乐观。"

"那么,阿德曼托斯,宙斯在上,你认为,为了某个他新近交上但并非必不可少的女友,这种人会殴打长期关心他、对他来说必不可少的母亲,[574c]或为了某个他新近交上但并非必不可少的英俊朋友,他会殴打已过了生命的盛期、对他来说必不可少的年老父亲,他所拥有的最老的朋友,并且会把父母当作那些人的奴隶使唤,如果[5]他把他们带到同一个家中?"

"是这样,宙斯在上。"他说。

"这么看来,"我说,"生一个僭主式的儿子还真是非常幸福。"

"完全如此。"他说。

[574d]"这又如何呢,当父母的财产已不够这人使用,而他心中一窝蜂欢乐却在日益膨胀,刚开始,难道他不会去摸索某家的墙壁或晚间行人的外衣,随后,又去洗劫某座神庙?[5]而在这一切事件中,他从小以来长期拥有的那些有关美好和羞耻的信念,那些曾被认为是正义的信念,近来被从奴役中解放了出来,成了情欲的卫士,协同它称王称霸,即从前那些在睡眠中横行无阻的梦呓,[574e]当他仍受到法律和他父亲的制约,心中仍是一个倾向于民主统治的人;如今,在情欲的专制统治下①,从前在梦中偶尔出现的那种人,成了一个大白天永久如此的人,在令人可畏的凶杀、食品或行为面前毫不退却,[575a]相反,情欲以僭主的身份在完全缺乏治理、缺乏法律的环境中定居在他的心中,如同拥有一座城邦一样拥有了他,逼他放手大干,以此来维持它以及它身边那帮党羽的需要,[5]它们中一些来自外界的坏朋友,另一些来自内部,那股受种种恶习的影响、被他自己纵容和释放的势力。这种人的生活难道不是这样?"

"的确是这样。"他说。

"至少,"我说,"如果城邦中只有少数这样的人,[575b]其余的大众都安分守己,这些人就会出走,去为其他某个僭主当卫士,或去当雇佣军,如果哪儿发生战争;如果碰上和平和安定的时期,他们便会留在自己的城邦中,干出许多小规模的坏事。"

[5]"你指什么样的事?"

"例如他们会偷东西、闯民宅、割钱包②、抢衣服、盗窃神庙、拐卖奴隶。有时,如果他们能说会道,他们便会充当诬告人,作伪证,接受贿赂。"

[575c]"你提到的坏事,"他说,"规模还算小,如果这样的人真是

---

① 在情欲的专制统治下:573b。
② 割钱包($\beta\alpha\lambda\lambda\alpha\nu\tau\iota o\tau o\mu o\tilde{\upsilon}\sigma\iota$):古人的钱包通常系着绳,垂挂在身上;小偷用刀割绳行窃。

"这些坏事的确算小,"我说,"和巨大的祸患相比,它们是小,对于一个僭主来说,所有这些当然给城邦带来了苦难和罪恶,然而,如俗话所说,仍无足轻重。其实,[5]当城邦中大多数人变成了这样,并且其他人也在跟随他们,当他们意识到自己的人数,这时,他们利用民众的无知,便会创造出自己的僭主,他将会是他们中最出类拔萃的人,[575d]他在自己的灵魂中拥有一位最伟大、最富有的僭主。"

"自然如此,"他说,"至少,他会具有最强的僭主气质。"

"那当然,如果他们心甘情愿地顺从他。如果这一城邦并不支持他,那么,正如当初①他惩罚自己的父亲和母亲,如果他有能力,如今他会[5]再度如此惩罚祖国,把一批新交的朋友带进来,如克里特人所称,使充满慈爱、古老的母国和父国充当这些人的奴隶,如此招集和供养他们。其实,这么一个人渴望达到的可能就是这个目的。"

[575e]"完全是这个目的。"他说。

"那么,"我说,"这么一种人,在上台统治以前,私下难道不是这样:首先,他们和那些人混在一起,或是和那些吹捧他们、时刻准备为他们服务的人在一起,或,如果他们想从某人那里得到些什么,[576a]他们会完全顺从他,敢于作出任何姿态,似乎他们是一家人,一得到东西,他们又成了外人?"

"绝对如此。"

"因此,整个一生,这些人就如此生活,不在任何时候、不和任何人成为挚友,[5]永远是他人的主宰,或是他人的奴隶,其僭主本性永远品尝不到什么是真正的自由和友谊。"

"的确完全如此。"

"难道我们不能正确地把这么一批人称作没有信用的人?"

"怎么不能?"

[10]"他们当然也是极为不讲正义的人,如果[576b]我们在前面的讨论中②对什么是正义果真正确地取得了一致的看法。"

---

① 正如当初:574c。
② 如果我们在前面的讨论中:442e–444a。

"可不,"他说,"那当然正确。"

"那么,"我说,"就让我们对这个最低劣的人作个简要的总结。这人基本就是这样,[5]我们前面描述过他梦中是什么样①,如今他在现实中就是这个样。"

"完全如此。"

"难道他不成了这么一个人,他具有最强的僭主本性,如今开始了专制统治②;他在这一僭主生活中时间过得越长,他也就会越像梦中那个人。"

[10]"必然如此。"这时,格劳孔接过了话头。

4. "因此,"我说,"如果他显得自己命运最糟,[576c]他不将显得最为可怜? 再说,谁当僭主的时间最长、程度最彻底,谁不也就最长时间、最彻底地真正充当了这种人? 不过,许多人有许多不同的看法。"

[5]"当然,"他说,"情形就是这样。"

"岂不如此,"我说,"至少,一个僭主式的人就如同一个受僭主统治的城邦,而一个民主式的人就像一个受民主统治的城邦,其他人也如此?"

"否则又怎样?"

[10]"难道不是这样,涉及美德和幸福,城邦与城邦如何相比,人与人也如此相比?"

[576d]"怎么不是?"

"那么,涉及美德,一个受僭主统治的城邦如何同一个受君主统治的城邦相比,即如我们首先讨论过的那种城邦?"

"彼此完全相反,"他说,"一个最优秀,另一个[5]最低劣。"

"我并不想问,"我说,"你把哪个城邦说成哪种类型;因为这很明显。不过,你对幸福和苦难的看法是与此相同,或不同? 让我们别惊慌失措,当我们看到僭主这么一个人,或他周围的一小撮人,相反,因为我们有必要[576e]进入城邦做全面的观察,让我们四下串串,看个清楚,然后再发表我们的意见。"

---

① 他梦中是什么样:571c – d,574d – c。
② 专制统治($\mu o \nu \alpha \varrho \chi \acute{\eta} \sigma \eta$):一人统治。

"你要求得对,"他说,"这样,每个人都能看清,没有任何地方比一个受僭主统治的城邦更糟,没有地方比一个受君主统治的城邦[5]更幸福。"

"那么,"我说,"有关这些人,如果我提出同样的要求,[577a]我这么要求是否正确,如果我请某人作出有关他们的判断,他能通过思维进入一个人的性格进行观察,并非像一个儿童只在外界旁观,被那些僭主式人物的威严怔住,因为他们就惯于对外人摆出那种样子,[5]相反,他能充分地看清对方? 如果我设想,我们大家都应该听听他的意见,因为,一方面,他有判断能力,另一方面,他有和对方居住在一起的经历①,耳闻目睹了对方在家里的种种表现,知道对方如何对待家中的每一个人,在他们中,[577b]就像在戏台上,他可被视作一个赤裸裸的角色,以及当对方临来自民众的威胁,难道我们不能要求看到所有这一切的人告诉我们,在幸福和苦难方面,这位僭主如何和其他人相比?"

[5]"非常对,"他说,"你能提出这些要求。"

"那么,"我说,"你是不是要我们来佯装成一些那种有判断能力的人,已经碰到过那种僭主式的人物,这样,我们就能让任何人来回答我们提出的各种问题?"

"完全如此。"

5. [577c]"来吧,"我说,"你就这么看。记住城邦和个人的相似性,就这样依次对他们进行观察,说说各自的状况。"

"哪方面的状况?"他说。

[5]"首先,"我说,"就拿城邦来说,在僭主统治下,它享受自由还是遭受奴役?"

"在最大的程度上,"他说,"遭受奴役。"

"不管怎样,在这城邦中,你仍看到一些享受自由的主人。"

"的确,"他说,"我看到一小部分人是这样;而整体部分,如能这么说,[10]在这城邦中,包括其最优秀的阶层,在以又卑贱又可耻的方式充当着奴隶。"

---

① 他有和对方居住在一起的经历:柏拉图本人在叙拉古僭主狄俄尼修斯一世朝廷中有过一段生活经历。

[577d]"如果,"我说,"个人与城邦相似,那么,同样的状况不也必然出现在这人身上,他灵魂中充满了奴役和非自由的精神,昔日最优秀的部分现在成了奴隶,一小部分[5]最低劣、最疯狂的部分成了主人?"

"必然如此。"他说。

"这又如何呢?这么一种灵魂,你说,它属于自由者还是奴隶?"

"我说,当然是奴隶。"

[10]"那么,一个受奴役、受僭主统治的城邦难道不是最没有能力干成它想干的事①?"

"的确如此。"

[577e]"同样,一个受僭主统治的灵魂不也最没有能力干成它想干的事,此处,我们就整个灵魂而言;相反,在螫针始终如一、专横跋扈的挑拨下,它会充满不安和悔恨。"

"怎么不会这样?"

[5]"那么,这个受僭主统治的城邦必然富还是穷?"

"肯定穷。"

[578a]"同样,一个受僭主统治的灵魂不也就必然始终贫穷,得不到满足。"

"是这样。"他说。

"这又如何?这么一种城邦和[5]这么一种人难道不会必然充满害怕?"

"很必然。"

"你想,在另一座城邦中,你能看到更多的哭泣、悲伤、哀悼和痛苦?"

"绝非如此。"

[10]"那么,你是否认为,另一个人会比这个被种种欲望和情欲弄得晕头转向的僭主式的人物经历更多这样的事?"

"怎么会?"他说。

---

① 干成它想干的事:和个人一样,城邦总愿自己朝美好的方向发展,但一个已被奴化了的城邦已无法认识到这一点,因为,在它"灵魂"中,理性部分已不占统治地位;当它失去了这一点,它也就无法认识什么是正确的目标,没有正确的目标,作为一个城邦,它也就无法真正实现自己的愿望。

[578b]"当你看到了这一切,我想,以及其他诸如此类的现象,你的结论是,在所有城邦中,这个城邦最不幸。"

"难道不对?"他说。

"很对,"我说,"然而,关于这个僭主式的人物,[5]你又如何判断,当你看到这些同样的现象?"

"在所有人中,"他说,"他远是最不幸的人。"

"此处,"我说,"你的判断已不再正确。"

"怎么会呢?"

"我并不认为,"我说,"他是这么一个特别不幸的人。"

[10]"不是他,又能是谁?"

"也许,你会认为,以下这种人比他更不幸。"

"哪种人?"

[578c]"即那么一种人,"我说,"一种僭主式的人物,他并非以一个平民的身份度过自己的一生,相反,他很不走运,他在某一灾难中获得了一个机会,成了真正的僭主。"

"我推想,"他说,"以我们刚才的话为前提,你这个的结论没错。"

[5]"是啊,"我说,"不过,对于诸如此类的事,我们不应该一掠而过,而是应该根据这么一种思路对它们进行非常仔细的探讨;因为你知道这一探讨针对这么一个重大问题,针对什么是美好的人生、什么是低劣的人生。"

"非常对。"他说。

"那么,你看我这话是否真有些道理。其实,依我看,我们必须[578d]从这些方面来探讨和理解这一问题。"

"从哪些方面?"

"从那批公民中每一个人开始,即城邦中所有拥有财富、拥有许多奴隶的人。因为他们和僭主们有这一相似之处,[5]他们管制许多人;不同的是,一个僭主拥有广大民众。"

"这的确不同。"

"那么,你知道这些人生活有保障,并不害怕家中的那些奴隶。"

[10]"他们会害怕什么?"

"的确一点也不害怕,"我说,"不过,你是否知道其中的原因?"

"知道,因为这些公民中的每一个人都得到整个城邦的支持。"

[578e]"说得好,"我说,"这又如何呢?如果某位天神把一个家中拥有五十或甚至更多奴隶的人从他的城邦中提出来,将他、他的妻子和几个孩子连同其他奴隶和其他家产放在一个荒无人烟的地方,[5]没有任何一个自由公民能到那处去支持他,你想,为了他本人、几个孩子和妻子的安全,他会陷于什么样和多么大的恐惧,生怕被自己家中的奴隶害了。"

"陷于莫大的恐惧,"他说,"我想。"

[579a]"难道不是这样,他会被迫去向某些奴隶献媚,作出种种许诺,并且不由分说地使对方成为自由人,而他自己彻底变成了这些奴仆的阿谀逢迎者?"

"他很有必要这么做,"他说,"否则就没命了。"

[5]"这又如何,"我说,"如果那位天神在他的周围安置了许多邻居,这些人不能容忍任何人声称自己有权主宰别人,相反,如果他们抓到这么一个人,他们会用最厉害的惩罚方式来惩罚他?"

[579b]"我认为,"他说,"他会进一步陷入更加恶劣的困境,如果他受到所有敌人的团团监视。"

"那么,一个僭主难道不是被拘禁在这么一种监狱中,其本性,如我们前面所说,就是这样,充满了[5]种种的恐惧和情欲;尽管他有好奇之心,他是城邦中唯一既不能独自离家远行到任何别处也不能观赏其他自由人想观赏的种种东西的人,相反,绝大多数时间他被束缚在家中,过着一个女人般的生活,[579c]暗暗羡慕其他公民,如果某人有机会出去旅行并且看到什么美景?"

"完全如此。"他说。

6."那么,这人不是会为自己招来更多这样的糟事,[5]如果他是一个内心被管理得一团糟的人,你刚才对他已下了结论①,认为他是最不幸的人,一个僭主式的人物,因为他不能像自由平民那样度过自己的一生,相反,在某种机遇的逼迫下,他当了僭主,尽管他连自己都控制不住,他却在想方设法统治别人,就如同一个精疲力尽、缺乏自我控制的

---

① 你刚才对他已下了结论:578b。

躯体,他过的并非自由平民的生活,[579d]而总是被迫在和别的躯体竞争和搏斗,如此消磨自己的一生。"

"完全是这样,"他说,"苏格拉底,你说得非常生动、非常正确。"

[5]"因此,"我说,"我的格劳孔,难道这不是彻头彻尾的不幸,与你声称的那位生活最苦的人相比,这位僭主的生活岂不更苦?"

"绝对如此。"他说。

"事实不就是这样,尽管表面看并非如此,一个名副其实的[10]僭主实质上是个奴隶,他受最大的奉承和奴役的摆布,[579e]是最低劣之徒的奉迎者,他总不能满足自己的任何欲望,相反,他似乎什么都缺,如同一个真正的穷人,倘若某人有办法观察他的整个灵魂,他整个一生都处在恐惧中,内心充满了挣扎[5]和痛苦,如果他真像他所统治的城邦所陷入的处境。确实像,是不是?"

"的确是。"他说。

[580a]"因此,我们将给他加上我们先前说过的那些特征①,这人不仅必然如此,而且随着统治会变得比从前更爱妒忌、不讲信用、不讲正义、不讲义气、不讲虔诚,招待和收养一切罪恶,[5]由于这种种原因,他比任何人都不幸,随之,他又使他身边的那些人变得像他一样。"

"没有任何一个有理智的人,"他说,"能反驳你。"

"来吧,"我说,"眼下就像一个处理各种事务的[580b]审判官作出最后宣布那样,你也如此,凭你的看法,给这五种类型的人一一作个判断,论幸福,谁排列第一,谁第二,以此类推,君主制型,荣誉制型,寡头制型,民主制型和僭主制型。"

[5]"作这么一个判断,"他说,"还不容易。因为,就如同我上台给合唱团作评选②,我会根据优质和劣质、幸福和它的反面来判断他们。"

"那么,是不是让我们聘请一个传令官③,"我说,"或让我自己来宣

---

① 先前说过的那些特征:567a – 568a,576a – b。

② 给合唱团作评选:在雅典,为参加节日会演的合唱团作评选的评委由十人组成,即十个行政部落各选出一人;演出结束后,十个评选委员各自写下自己的裁决,表明第一至第三名。然后,通过抽签,其中五人的裁决被正式采用,决定比赛的结果。如遇到分歧,总裁判出面决定最终结果。

③ 传令官:宣读比赛结果的官员。

布,阿里斯同的儿子①已给过评断,最高尚、最讲正义的人[580c]最幸福,这人最富有君主气质,并且能像君主一样统治自己,相反,最低劣、最不讲正义的人最不幸,这人最富有僭主气质,并且会以最地道的僭主手段对自己、对城邦施行僭主式的统治?"

[5]"就这么宣布。"他说。

"是否让我再加上一句,"我说,"这些人就是这样,不管他们是否能躲过所有人类和天神的眼目?"

"加上吧。"他说。

7. "好,"我说,"这就能算是我们的一个证明,[580d]再看以下第二个证明,你看它是否能成立。"

"什么证明?"

"因为,"我说,"正如一个城邦能被分成三个部分,每一个人的灵魂也同样有三个部分,这就能合理显示,根据[5]我的看法,还存在另一种证明。"

"这又是什么?"

"就是这一证明。这三个部分,依我看,分别享受三种快乐②,各有自己的特点。欲望和统治也同样如此。"

"你说的是什么意思?"他说。

[10]"其一,我们说过③,人凭它学习知识,其二,凭它发脾气,其三,由于它是综合体,[580e]我们不能给它一个特定的名称,而只能根据它所拥有的最大、最强的成分来命名它;我们通常称它为欲望部分④,理由就是它对吃、喝、性爱以及诸如此类的活动所展示出的欲望特别强烈,[5]当然这还包括热爱金钱,因为[581a]这么些欲望尤其要

---

① 阿里斯同的儿子:此刻,苏格拉底用祝贺式的口气如此称呼格劳孔,一语双关地赞扬对方的才华和能力,称他不愧是"阿里斯同"(Ἀρίστων,意为"最优秀、最高尚的人")的后代;阿里斯同的另外两个儿子是阿德曼托斯和柏拉图。

② 三个部分……三种快乐:此处,柏拉图对早先提出的灵魂具有三个组成的论述(435a–441c)做了进一步补充和解说;当时,在谈论人的堕落时,柏拉图曾说,各种"欲望"(ἐπιθυμίαι)仅仅产生于灵魂中的欲望部分,现在,他更确切、更系统地指出,每一个部分都有和自己本性相符的欲望和欢乐。

③ 我们说过:436a–b。

④ 欲望部分:439d。

靠金钱来满足。"

"说得对。"他说。

"那么,如果我们声称这一部分所展示的快乐和爱都以获利为基础,我们难道不就能非常贴切地把它归纳成一个讨论纲目,[5]这样,大家对此都会很清楚,每当我们谈到灵魂中的这一部分,称它为热爱金钱和热爱利益的部分,难道我们称得不对?"

"我看,称得对。"他说。

"你看这又如何?我们不是说,和气魄有关的那一部分一贯向往占据上风、[10]争夺胜利、追求名誉?"

[581b]"当然如此。"他说。

"那么,如果我们把它叫做热爱胜利、热爱名誉的部分,难道这不恰当?"

"的确非常恰当。"

[5]"再说我们凭之学习知识的那一部分,人人都清楚,它一贯全力以赴地准备去认识真理、认识真理存在的地方,对那些涉及金钱和名声的事情,它最不关心。"

"最不关心。"

"称它是热爱知识、热爱智慧的部分,我们是否[10]就能这样称它?"

"怎么不能?"

"难道不是这样,"我说,"在某些人的灵魂中,这一部分占统治地位,[581c]而在另一些人的灵魂中,另一部分,不管它是什么,占统治地位?"

"是这样。"他说。

"正因如此,我们说,人有三种基本类型,热爱智慧型,热爱胜利型,热爱利益型。"

[5]"的确如此。"

"同样,快乐也有三种类型,各自属于不同类型的人?"

"完全如此。"

"那你当然知道,"我说,"如果你想先后问他们中每一个人,哪一种生活最舒服,[10]每一个人都会极力赞美自己的生活?做金钱生意的人会说,[581d]和牟利相比,受人们尊敬或学习知识的快乐根本没有什么价值,除非他能从中得到某种金钱利益?"

"对。"他说。

[5]"热爱荣誉的人又如何呢?"我说,"他是不是会认为出自金钱的快乐粗鲁庸俗,出自学习知识的快乐,除非这一学习能带来荣誉,还不是烟雾和虚影?"

"对,"他说,"他会这么认为。"

[10]"至于热爱智慧的人,"我说,"让我们想一下,[581e]他对其他两种快乐又会有什么看法呢,当他把它们和认识真理、认识它所存在的地方的快乐相比,当这一快乐始终存在于这么一种活动中,只要他在从事学习?不认为自己离[快乐]很远?称它们是真正必不可少的快乐,因为他不需要其他任何快乐,如果它们并非必不可少?"

[5]"对此,"他说,"我们必须有清楚的认识。"

8."那么,"我说,"如果每一种快乐之间以及每一种生活之间发生争论,既非关于更美好或更羞耻的生活,也非关于什么更高尚或更低劣,而是关于什么更甜蜜、更无痛苦,[582a]我们怎么知道它们中谁说得最正确?"

"这问题,"他说,"我完全回答不出。"

"你就这么看:我们应该凭什么来判断这些观点,才能把它们[5]判断得很好?凭经验,凭意图,或凭推理?或某人还有比这些更好的检验标准?"

"这又怎么可能?"他说。

"你就这么看:以上三种人中,谁对我们刚才提到的种种快乐有最丰富的经验?一个热爱利益的人,当他了解到[10]这真理是一种什么样的东西后,你是否认为[582b]他会对来自认识的快乐比一个热爱智慧的人对来自赢利的快乐有更深的经验?"

"这可差远了,"他说,"热爱智慧的人从小必然品尝过那些快乐;热爱利益的人,即使他现在了解一切事物的本性是什么,[5]他并非必然品尝或体验过这一快乐,知道它有多甜美,进一步说,即使他有这渴望,他也不容易做到这一点。"

"的确,"我说,"热爱智慧的人对这两种快乐远比热爱利益的人有经验。"

[582c]"当然远为如此。"

"热爱荣誉的人又如何呢？难道他对来自受人尊敬的快乐不如那位对来自思维的快乐更有经验？"

"荣誉，"他说，"会跟随每一个人，只要他为之[5]作出了努力，它跟随所有这样的人——事实上，一个富翁受到许多人的尊敬，一个勇士和一个智者也同样——这样，对这种来自被尊敬的快乐，不管它属于什么性质，所有人都有经验；然而，对事物的本质进行观察，这具有什么样的快乐，除了热爱智慧的人外，别人都无法品尝。"

[582d]"那么，因经验的缘故，"我说，"在所有这些人中，这人具有最好的判断力。"

"远为如此。"

"同样，能靠思维的帮助而变得富有经验的将只能[5]是他。"

"不然还能怎样？"

"然而，这还靠作判断所需要的工具，这一工具不属于热爱利益的人或热爱荣誉的人所有，而是属于热爱智慧的人所有。"

[10]"什么样的工具？"

"我们说过①，作判断应该依靠论证。是不是？"

"是。"

"那么，论证就是他最得力的工具。"

"怎么不是？"

[15]"难道不是这样，如果需要判断的东西能凭财富和利润获得最好的判断，[582e]那么，热爱利益的人作出的种种赞扬或诋毁不就必然成了最正确的判断。"

"很必然。"

"如果能凭荣誉、胜利和勇猛的精神，热爱荣誉的人和[5]热爱胜利的人说的话不也如此？"

"显然如此。"

"但鉴于判断有赖于经验、思维和论证？"

"因此，"他说，"热爱智慧的人和热爱辩论的人作出的赞扬必然是

---

① 我们说过：582a。

最正确的判断。"

[583a]"那么,这三种快乐中,是不是灵魂中我们凭之学习知识的这一部分给予我们的快乐最甜美,如果这一部分在我们中某人身上占主导地位,他的生活会不会最甜美?"

"怎么不会如此?"他说,"这位明智的人至少是一位有权威的赞颂者,[5]当他赞颂自己的生活。"

"那么,"我说,"审判官会说什么样的生活排列第二、什么样的快乐排列第二?"

"他显然会说它们属于武士和热爱荣誉的人;因为它们更接近他的生活和快乐,而不接近热爱利益者的生活和快乐。"

[10]"这么看来,热爱利益者的生活和快乐排列在最后。"

"否则又能怎样?"他说。

9. [583b]"因此,它们就能如此成为先后两个证明,正义的人两次击败了非正义的人;而按奥林匹亚方式献给救主和奥林波斯天神宙斯的第三个证明①,你看,除了思维者,其他人的快乐并不完全真实,也不纯洁,[5]类似某种按照投影画出的东西,我相信,我听某一位智者②这么说过。那么,这就能成为最有力、最关键的一击。"

"非常肯定,"他说,"但具体又怎么解释?"

[583c]"我就如此来找出解释,"我说,"你在一旁回答我的问题,我和你一起寻找。"

"你就问吧。"他说。

"告诉我,"我说,"我们是否声称痛苦是快乐的对立物?"

"当然如此。"

[5]"那么,存在不存在某种既无快乐也无痛苦的东西?"

"大概存在。"

---

① 按……献给……第三个证明:这一比喻结合了几种情形,其一,根据通常的习惯,在宴会上喝酒,人们总把第三杯酒奉献给"救主宙斯"(参见柏拉图,《法义》692a);其二,在节日里,人们首先向奥林波斯宙斯、然后向古代英雄、最后向"救主宙斯"供献牺牲;其三,按摔跤比赛的惯例,如在以宙斯的名义举办的奥运会中,竞争者必须将对方三次摔倒在地才算得胜。

② 某一位智者:可能指某一俄尔甫斯－毕达哥拉斯伦理学派代表。

"那么,介于这两者之间是否有个中间区域,和前处相比,灵魂在此享受到某种安宁?"

"是这样。"他说。

[10]"难道你不记得病人们的那种话,"我说,"生病时,他们就这么说?"

"什么样话?"

"他们说,没有任何东西比健康更令人愉快,[583d]然而,在他们生病以前,他们却想不到最令人愉快的东西是它。"

"我记得。"他说。

"你不是经常听到那些忍受着某种极度疼痛的人说,没有任何东西比中止痛苦更令人愉快?"

[5]"经常听到。"

"同时,我想,你也注意到,人们在其他诸如此类的境遇中也如此,当他们处在痛苦中,他们会把不受痛苦、享受安宁而不把寻欢作乐颂扬成最令人愉快的东西。"

[10]"这,"他说,"在这一时刻,也许确实成了一种甜蜜的、令人热爱的东西,这一安宁。"

[583e]"因此,当某一个人制止自己享受欢乐时,"我说,"那么,这种甜蜜的安宁对他就会成为某种痛苦?"

"也许。"他说。

"因此,我们刚才所说的这一介于两者之间的东西,[5]这一安宁,此刻就会成为一种双重的东西,既是痛苦,又是快乐。"

"看来如此。"

"难道一种两者皆非的东西能成为两者皆是的东西?"

"我看不能。"

"但至少有没有这种可能,这一形成于灵魂的快乐或痛苦,[10]两者都是某种运动;或不是?"

"是。"

[584a]"这一既非痛苦又非快乐的安宁刚才不是显示过它位于这两者之间?"

"的确显示过。"

"那么,我们怎能合理地把不忍受痛苦看作一种令人愉快的事,[5]而把不享受欢乐看作一种令人苦恼的事呢?"

"绝对不能。"

"因此,"我说,"在痛苦的一旁,安宁显得令人愉快①,在欢乐的一旁,它显得令人苦恼,而就快乐的实质而论,这些现象中没有任何健康的东西可说,[10]只有某种巫术。"

"至少,"他说,"根据我们的推断。"

[584b]"那么,"我说,"你就这么来看各种快乐,它们并非产生于各种痛苦,这样,你此刻就不至于相信该事的本质会如此,认为痛苦的中止意味着快乐,或欢乐的中止意味着痛苦。"

"你指哪处,"他说,"又指哪些?"

[5]"有许多这样和那样的快乐,"我说,"特别是如果你愿意仔细想想那些和嗅觉有关的快乐。因为它们会一下子变得很强烈,不等某人感到任何不快,当它们一中止,它们又不给人留下任何不快。"

"非常对。"他说。

[584c]"因此,我们就别相信从痛苦中解脱出来是纯粹的快乐,或离开了快乐就是痛苦。"

"当然别相信。"

"然而,"我说,"至少那些通过躯体抵达我们的灵魂、[5]那些所谓的快乐,几乎绝大部分和最强烈的都是这一类,属于某种对于痛苦的解脱。"

"它们的确是这样。"

"因此,那种由于期待这些感觉即将来临[10]而预先感到的快乐或痛苦不也同样属于此类?"

"同样属于此类。"

10. [584d]"那你是否知道,"我说,"它们共有哪些,又和什么相像?"

"和什么相像?"他说。

"你是否相信,"我说,"事物的本性中有上、中、下三个部分?"

---

① 安宁显得令人愉快:柏拉图在此处强调,快乐是某种"实质性的东西",并非没有痛苦的"心境",也非"安宁"本身,尽管某些哲人如此认为。有关躯体的快乐和痛苦之间的关系,柏拉图曾从不同角度作过论述(《高尔吉亚》495e;《斐多》60b;《斐勒布》36a)。

[5]"我相信。"

"那你是否认为,当某人从下部移到了中部,他还能有别的什么想法,不相信自己往上移了? 当他站在中部,看到自己从何处上来,他会认为自己是站在别的什么地方而不是站在高处,如果他还没看到真正的高处?"

[10]"宙斯在上,不,"他说,"我可不认为他能有别的想法。"

[584e]"但如果他又移动了,"我说,"并且相信自己往下移了,他想得对吗?"

"怎么不对?"他说。

"他之所以有这一切遭遇,还不是因为他对[5]上、中、下的真正本质没有经验?"

"显然如此。"

"那么,你是否会感到惊讶,如果那些不熟悉真理的人对于其他许多事物都没有健全的看法,他们对于快乐、痛苦和处于这两者之间的东西也抱同样的态度,以致当他们走向痛苦时,[585a]他们不仅想得对,而且也的确在忍受痛苦,但当他们从痛苦来到中间地段,他们会坚定地相信自己到达了满足和欢乐的境地,然而,如同他们在黑色的一旁只看到灰色,因对于白色缺乏经验,他们在无痛苦的一旁只看到痛苦,[5]因对于快乐缺乏经验而欺骗了自己?"

"宙斯在上,"他说,"我可不会惊讶,假如情形并非如此,我倒会大为惊讶。"

"你就这么考虑,"我说,"饥饿、口渴和其他[585b]诸如此类的感觉不反映出身体现状中的某些空缺?"

"否则又如何?"

"那么,无知和愚昧不也同样反映出灵魂现状中的空缺?"

[5]"的确如此。"

"那么,当某人用了饮食,增强了理智,他不就得到了充实?"

"怎么不是?"

"哪一种充实更合理,用更少或更多的[10]实体来充实?"

"显然用更多的实体。"

"那么,依你看,这两类东西中哪一类拥有更多纯洁的实体,是那些食粮、饮料、佳肴和一切有营养的东西,还是正确的观念、知识、理性

[585c]和一切美德的总和？你就按以下的方法来判断:那种具有永远不变、生而不朽和真实的本性的东西,鉴于它本身是这一类型,而且只产生于这一类型,你认为是它拥有更多的实体,还是那种具有时刻在变、生而必朽的本性的东西,鉴于它本身是这一类型,[5]而且只产生于这一类型？"

"远非能比,"他说,"当然是那种具有永远不变的本性的东西。"

"那么,本性并非永远不变的东西是否比知识拥有更多的实体？"

"绝非如此。"

[10]"这又如何？比真理多吗？"

"也并非如此。"

"如果少于真理,那不是也少于实质？"

"必然如此。"

[585d]"难道不是这样,总的说来,用来照料躯体的那一系列东西比用来照料灵魂的那一系列东西更少涉及真理和本质？"

"的确如此。"

[5]"你是否认为,躯体本身在这方面不如灵魂？"

"我是这么认为。"

"难道不是这样,这一被更多的实体充实并且它本身就属于更大的实体的东西,要比那一被更少的实体充实并且它本身属于更小的实体的东西更加充实？"

[10]"怎么不是这样？"

"因此,如果快乐就是用适合我们本性的东西来充实自己,那么,这一属于这类实体同时又被更多的实体充实的东西,就能使我们如此更多地、[585e]更真实地在真正的欢乐中得到享受;而那一分享到更少实体的东西并不能如此真实地、可靠地得到充实,它只能分享到缺乏可靠性和真实性的欢乐。"

[5]"非常必然。"他说。

[586a]"因此,那些对于智慧和美德没有经验的人,他们总为了大吃大喝以及诸如此类的活动凑集在一起,一同往下涌,如我们所见,然后又返回到中间,一生就在这条路上来回游荡,从未能超越这一地段走向真正的高地,从没有抬头望过它,[5]也没有被人带到过那里,既没有被这种拥有本质的实体充实过,也没有品尝过既可靠又纯洁的快乐,

相反,如同牛羊,他们总是往下看,埋头对着地面,冲着饭桌大吃大喝,忙着填饱肚子,忙着进行交配,[586b]为了在这些方面比别人得到更多的利益,他们之间你踢我、我踢你,用铁角和铁蹄进行相互攻击,为了不可满足的欲望而残杀对方,因为他们用来作充实的那些东西以及他们不断对其进行充实的器具本身都不是真正的实体。"

[5]"很完美,"格劳孔说道,"苏格拉底,此刻你在用神谕般的语言描述绝大多数人的生活。"

"难道不是这样,他们面临的快乐必然和痛苦相混,一些真正快乐的虚影和用皴影法画出的幻觉,[586c]涂着相互交错的颜色,以至于它们双方都显得极其强劲有力,以至于它们能把种种疯狂的欲望植入缺乏理智的人们心中,并且使人们为之展开争夺,正如同斯忒西科罗斯所说①,为了海伦的魂影,人们曾在特洛亚[5]展开过争夺,因为他们不知真情?"

"很必然,"他说,"这种事就是这样。"

11."这又如何?围绕灵魂中具有气魄的部分不也必然发生这一类事情,如果一个人能在这方面竭尽全力,或是因热爱荣誉而借助妒忌,或是因热爱胜利而借助暴力,或是因本性暴躁而借助愤怒,一味追求荣誉、[586d]胜利和愤怒上的满足,无视理性和智慧。"

"这类事情,"他说,"也必然存在于此。"

"那么,这又如何呢?"我说,"我们是否能大胆地宣称,甚至那些和[5]热爱利益、热爱胜利部分有关的欲望,如果它们能跟随知识和理念,和这两者一起去追求理性部分所赞许的那些快乐,它们将能得到那些在它们力所能及的范围内所能得到的最真实的快乐,[586e]这不仅因为它们跟从真理,而且因为这些快乐本属于它们自己,如果每一个人所拥有的最好的东西果真是这最属于他自己的东西?"

"可不,"他说,"这的确是最属于他。"

---

① 如同斯忒西科罗斯所说:斯忒西科罗斯(前7—前6世纪),合唱琴歌诗人;柏拉图在《斐德若》(243a)中曾说过这么一个故事:斯忒西科罗斯因作了一首叙述海伦被抢到特洛亚的诗歌,引起了(已神化的)海伦的愤恨,对方使他一度双目失明;诗人意识到自己的错误后,立刻又写了一首诗,反驳了自己先前的说法,并指出,被抢到特洛亚的不是海伦本人,而是她的一个"幻影",他双眼顿时又重见光明。根据希罗多德记载的一个传说,真正的海伦去了埃及(《原史》2.113 – 115)。

"因此,当整个灵魂都跟随着理性部分,它们之间[5]没有任何内讧,每一部分不仅做好属于它自己的一切事情,而且做得符合正义,那么,每一部分就能享受到属于它自己的那些快乐,那些对它来说是最好、[587a]最真实不过的快乐。"

"的确绝对如此。"

"相反,每当它们中某一部分搞强行统治,不仅它不能为自己找到属于它自己的快乐,而且它还逼得其他部分去追逐[5]并非属于它们自己、并非真实的快乐。"

"是这样。"

"难道不是如此,那些与哲学和理性差距最大的部分最能干出这种事情?"

"的确如此。"

[10]"与理性差距最大的部分不同样和法律、秩序差距最大?"

"很显然。"

"与它相隔最远的看来是那些与性爱相关[587b]和僭主式的欲望?"

"的确如此。"

"君主式和那些得到了合理安排的欲望与它相隔最近?"

"是。"

[5]"那么,我认为,一个僭主和真正的、属于他自己的快乐相隔最远,而一个君主则和它相隔最近。"

"必然。"

"因此,"我说,"这僭主生活得最不愉快,而这君主则生活得最愉快。"

[10]"很必然。"

"那你是否知道,"我说,"僭主生活得比君主不愉快多少?"

"只要你能告诉我。"他说。

"看来,快乐有三种,一种属于正统,另外两种[587c]属于非正统,僭主已经走到了这两种非正统快乐的另一端,因为他已逃离了法律和理性,如今和某些奴隶和保镖式的快乐住在一起,要说明他比君主不愉快多少,这可不太容易,除非用以下方法。"

[5]"用什么方法?"他说。

"从寡头统治式的人物数过去,僭主式的人物算是第三个;他们之间站着民主式的人物。"

"是。"

"难道不是这样,他和从那人数来、按真实性排列第三的某一快乐的影子[10]住在一起,如果我们前面的话属实?"

"是这样。"

"从君主式的人物数过去,寡头式的人物也算是第三,[587d]如果我们把贵族式和君主式的人物和他列成一队?"

"他的确排列第三。"

"因此,"我说,"僭主和真正的快乐相隔的距离为三乘三。"

[5]"看来如此。"

"那么,"我说,"如此看来,根据如此之大的数目,僭主式快乐的虚影可算是个平面数字。"

"绝对是这样。"

"根据平方和立方的增长数来算,它和前者所相差的距离[10]有多少就很清楚。"

"是很清楚,"他说,"至少按这个算法。"

"难道不是这样,如果某人倒过来想说,论快乐的真实性,[587e]这个君主和那个僭主相隔的实际距离有多少,经过一番运算之后,他会发现这个君主的生活要比僭主的生活快乐729倍①,而这个僭主也这么多倍地差于前者。"

---

① 729倍:如同前面提到的"和谐数字"(546b-c),柏拉图此处以半开玩笑式的口气说出的这一数字显然和毕达哥拉斯学派的斐洛劳斯(公元前5世纪,克罗同人)的说法有关;根据斐洛劳斯算法,一年有364.5天,即一年共有729个白天和黑夜。729个月构成一个"大年"(基本相当于个人的寿命),729个普通年构成一个"伟年"。此处,柏拉图得出这一数字的方法是,先将君主和寡头统治者相隔的距离(3)乘以寡头统治者和僭主相隔的距离(3),得出9,然后再让9自乘两次,得出729。公元前3世纪学者萨图罗斯说过这么一件轶事(第欧根尼《明哲言行录》,3.9):柏拉图曾托他的朋友狄翁在叙拉古向斐洛劳斯出重金购买了后者的三卷著作,全价为100米纳,即1.4"塔朗同"。"塔朗同"为古希腊钱币的最高单位;1个"塔朗同"(τάλαντον)(在雅典)相当于约26公斤重的银子;其下有"米纳"(μνᾶ),"德拉克马"(δραχμή),"奥波洛"(ὀβολός)和"卡尔科斯"(χαλκός);它们之间的比值是:1塔朗同=60米纳;1米纳=100德拉克马;1德拉克马=4奥波洛;1奥波洛=8卡尔科斯。公元前4世纪,手工艺者每日的收入约为2至2.5德拉克马,一般体力劳动者的收入约为1德拉克马,相当于一人一个星期的伙食费。

[5]"有关这两人的区别,"他说,"你真推出了一套惊人的算法,一个正义,[588a]一个非正义,针对快乐和痛苦。"

"不管怎样,"我说,"对于世人来说,这的确是一个真实和贴切的数字,如果这一个个白天、黑夜、[5]月份、年头对他们来说果真具有什么贴切的意义。"

"可不,"他说,"它们当然具有贴切的意义。"

"难道不是这样,如果品质高尚、胸怀正义的人在快乐方面胜过品质低劣、没有正义的人这么多倍,那么,他将以令人惊讶的更大倍数胜过对方,在人生的美好情操、高尚风貌和[10]优秀品德方面?"

"宙斯在上,当然令人惊讶。"他说。

12. [588b]"很好,"我说,"既然我们已把讨论进行到了这里,让我们重新回顾一下开头说过的那段话①,正是由于那些话我们才来到了这里。当时有人提出,干非正义的事有利于表面看来正义、实质上非正义的人;或前面不是这么说的?"

[5]"的确是这么说的。"

"现在,"我说,"就让我们和他进行讨论,因为我们对干非正义的事和从事正义的事业各自拥有的能力有了一致的看法。"

"怎么讨论?"

[10]"让我们用语言塑造一个灵魂的形象,以便说那种话的人能看清他说的是什么。"

[588c]"哪一种形象?"他说。

"一种诸如此类的形象,"我说,"如神话中提到的那一类古代动物,如吐火女妖②、海上女妖③、冥狗④,以及其他一些通常传说是[5]由

---

① 开头说过的那段话:360e-361d。
② 吐火女妖:一译"基迈拉",吕咯亚地区的一头怪物,雌性,头部如狮子、身段如山羊、尾端如蛇(荷马,《伊利亚特》6.178-183;赫西俄德,《神谱》319-325)。
③ 海上女妖:一译"斯居拉",居住在迈锡纳海峡一妖怪,上身如同少女,但有六个头颅,下身长有十二条狗腿;常守在卡吕布狄斯漩涡一旁,伺机捕捉和吞噬路经这一海峡的船员,后化为岩石(荷马,《奥德赛》12.73-126;12.222-259)。
④ 冥狗:一译"克尔伯罗斯",根据赫西俄德的说法,它长有五十个头,但根据大多数古代作家的描述,它只有三个头,有一条蛇尾,背部随时可能冒出许多蛇头(荷马,《伊利亚特》8.366-368;赫西俄德,《神谱》310-312,769-774)。

多种形状组成一体的动物。"

"的确有此传说。"他说。

"那么,你就来塑造一种具有许多色彩、许多头颅的野兽,它长有的一圈头颅,一些属于驯化的动物,另一些属于凶猛的野兽,并有能力使所有这一切东西任意变形或[10]从它自己身上长出。"

[588d]"这作品,"他说,"不愧来自一位了不起的艺术家。不过,因为语言的可塑性大于蜡以及诸如此类的东西,这形象算是塑成了。"

"那么,再塑造一个狮子的形象,一个人的形象;让前者拥有远为最庞大的体形,让后者拥有[5]其次的体形。"

"这些,"他说,"比较容易,一下子就成形了。"

"现在你把这三种形象拼合成一种,好让它们按某种方式一同成长。"

"拼成了。"

[10]"再塑造一个形象,一个人的形象,裹在它们四周,好让一个不能看到这一形象的内部、[588e]只看到外壳的人相信,它是活生生的东西,一个人。"

"外壳已塑造完毕。"

"让我们告诉那位声称干非正义的事对人有利、从事正义的事业不利的人,他只不过是在说,[5]对人有利的是,喂饱那只形式多样的野兽、使它强壮,对待那只狮子以及与狮子有关的一切也一样,[589a]让那个人挨饿、使他虚弱,这样他就能被拖着走,不管前两者中谁想带头奔向何处,不让各个部分彼此熟悉,也不让它们彼此成为朋友,而是随它们去相互撕咬,拼命搏斗,吞吃对方。"

[5]"完全如此,"他说,"赞扬干非正义之事的人就会这么声称。"

"那么,反过来,难道一个声称正义的事业有利的人不会说,人们必须这么干、这么说,从而才能使[589b]这个人中之人获得最高的权力,才能看管好身旁这只多头的野兽,就像一个农夫,喂养和驯化温顺的部分,防止野蛮的部分生长,让那头狮子的本性成为自己的盟友,照顾好全体利益,[5]使它们彼此之间以及和他友好相处,就这样来抚养它们?"

"当然,赞扬正义的人就重申这些。"

"不管以什么方式,颂扬正义的人总会说真话,[589c]而颂扬非正义的人总会说假话。因为,在一个对快乐、对美好的名声和利益进行着仔细观察的人看来,赞扬正义的人确实在说真话,而指责正义的人既给不出什么完好的指责,也不知道自己在指责什么东西。"

[5]"至少在我看来,"他说,"他根本不知道自己在说些什么。"

"那么,让我们心平气和地来说服他——因为他并不是自愿犯错误——我们就这么问:幸福的人啊,难道我们不能说,正是由于这类事情,高尚和羞耻的概念才得以形成;高尚的东西,它们[589d]使我们本性中那些如同野兽的部分服从那一人性的部分,或许更应该说,服从那一神性的部分,而羞耻的东西,它们使那些驯化部分受野性部分的奴役?他会表示同意;或又怎样?"

"如果他服我的话。"他说。

[5]"那么,"我说,"根据这一道理,这能给某个通过非正义手段争得金子的人带来利益吗,如果某种类似下列的事果真会发生,就在他争得金子的同时,他让自己的最好的部分成为最恶劣部分的奴隶?[589e]或者说,如果在他争得金子的同时,他把自己的儿子或女儿交给了别人当奴隶,尤其是给野蛮、低劣的人当奴隶,这不会给他带来任何利益,即使他在这种条件下争得了无穷多的金子,然而,如果他把自己身上最神圣的部分交给了最不神圣、污染最深的部分当奴隶,[5]并且毫无怜悯,那么,他又怎么不会受苦,[590a]他又怎么不会以更可悲的结局为代价收取了金子,远远超过埃里妃莱①,尽管她以丈夫的生命为代价接受了那串项链?"

"远比她可悲,"格劳孔说,"我就替那人来回答你。"

13.[5]"难道你不认为如此,正因为这样的缘故,缺乏自我节制自古以来受到人们的谴责,因为就是在这种条件下那一头体积庞大、形式多样的野兽获得了任意活动的自由,超过了应有的程度?"

"显然如此。"他说。

---

① 埃里妃莱:塔拉奥斯和吕西玛刻的女儿;她的丈夫是具有预见能力的安斐阿劳斯,他不愿去攻打忒拜城,成为"七雄"之一,因为他知道,如果过去了,他一定会战死在忒拜城前,便自己躲了起来;埃里妃莱受"七雄"之一、俄狄浦斯之子波吕涅克斯的贿赂,以一串项链为代价,"出卖"了自己的丈夫(荷马,《奥德赛》11.326-327)。

"固执和暴躁不是总受到谴责,当这种类似狮子、[590b]类似蛇的东西在以不谐和的方式增长和扩展?"

"的确完全如此。"

"相反,奢侈和柔弱不是因为它们放松、放任了这同一部分而受到谴责,当它们在它中间培植懦怯?"

[5]"否则还会怎样?"

"阿谀和奴性不也如此,每当某人使这同一部分,这一勇猛的本性,屈从那头暴民般的野兽,并且,为了金钱,为了那头野兽不可满足的欲望,他从小时就开始使这一部分习惯于忍受侮辱,让它成为一只毛猴而不是一头狮子?"

[590c]"正是这样。"他说。

"低下的工种和手工专业,你想,它们为什么挨骂?或我们将能说出别的什么原因,而不是这个原因,当某人所拥有的最好的部分本性虚弱,以致它没有能力控制这人身上的那两头野兽,[5]而只能伺候它们,只能学着迎合它们的种种要求?"

"看来就是这样。"他说。

"难道不是这样,为了使这么一个人受相同部分的统治,正如最优秀的人受其统治一样,我们说,他必须成为[590d]最优秀的人的奴隶,因为后者身上具有那种神圣的统治能力,我们认为他必须受人统治,目的不是要伤害这个奴隶,如忒拉绪马科斯认为①这些人如此被人统治,而是因为这会更好,如果每一部分都受到神性和理性的统治,最可贵的当然是当某人自己拥有这种神性,[5]但如果他没有,那也能从外部配给他,这样,所有的人都能尽可能地成为本性大体相似的伙伴和朋友,都一致受它的统治?"

"的确有道理。"他说。

[590e]"不管怎样,"我说,"我们的法律显示得很清楚,它的目的就在于此,它是城邦中所有人的盟友;对孩子们的看管也一样,我们不给他们自由,直到我们在他们的意识中,如同在城邦中,建立好一个城邦体系,对他们身上最高贵的部分,[591a]我们用我们身上本质与之相同的那

---

① 如忒拉绪马科斯认为:343b‑344c。

部分去培植它,为它配备相同的卫士和统帅,然后给对方自由。"

"的确很清楚。"他说。

[5]"因此,我们又能以什么方式,格劳孔,并且根据什么理由继续声称,主张非正义、任意放纵、干羞耻的事能给人带来利益,如果某人因这些缘故而落得更可悲的下场,尽管他能弄到更多金钱或其他什么财物?"

"根本不能。"他说。

[10]"这又如何对某人有利,如果他偷偷干非正义的事而不受惩罚①?[591b]这个偷偷干非正义之事的人还不是仍会落得更可悲的下场,而那个并非偷偷干非正义之事而受到惩罚的人,他身上那一野兽般的部分却获得了安息和驯化,他身上原来驯化的部分现在获得了自由,整个灵魂,因按其最好的本质得到了重整,如今处于更可贵的状态,[5]它拥有了自我克制精神和带着智慧的正义感,如此则远胜于拥有一个强壮的躯体和一副带着健康的美貌,就如同灵魂如此则远比躯体可贵。"

"的确完全如此。"他说。

[591c]"难道不是这样,一个有理性的人会如此生活,他会把自己的全部精力都集中放在这一方面,首先,他会重视学习那些专科知识,因为它们能让他的灵魂得到如此的健全,而很少考虑其他的事情?"

"显然如此。"他说。

[5]"其次,"我说,"不管怎样,他不会至于把照看和保养躯体的事交托给那一种野兽般的、缺乏理性的欢乐,让自己面对这一方向生活,相反,他既不会去时刻盯着健康,也不会去崇拜它,以便自己能变得强壮,或健康,或漂亮,除非[591d]他想通过这些达到自我克制的目的,然而,他显然总是会为了灵魂的统一与和谐而调节好躯体上的和谐。"

"当然完全如此,"他说,"如果他真想[5]成为一个具有音乐修养的人②。"

---

① 偷偷干非正义的事而不受惩罚:这又回到格劳孔和阿德曼托斯在卷二开始部分提出的论述(360e – 361d,366a – 367e),回答了他们假设的反面观点。惩罚是一种手段,它的目的在于调整灵魂中各组成部分的关系、重新恢复灵魂的秩序;显然,这一做法给人带来利益,值得提倡实施。

② 真想成为一个具有音乐修养的人:参见柏拉图早先使用过的这一音乐比喻(443d – e)。

"那么,"我说,"钱财上的统一安排和协调不也同样如此?他不会对绝大多数人的那种幸福大为惊叹而去无限地增加自己的财富数量,使自己拥有无穷的祸患?"

[10]"我不认为他会这样。"他说。

[591e]"相反,"我说,"他会把目光转向他自身内部的城邦体制,当好自己的卫士,不让属于他自己的任何东西因财富过多或过少的缘故在那里作乱,他将以如此的方式为自己掌舵,完全根据他自己的能力去增添或消耗财富。"

[5]"的确绝对如此。"他说。

[592a]"然而,对于各种荣誉不也一样,他会把目光对准这同一方向,会自愿地分享和品尝其中的一些,如果他相信它们能使自己更高尚,而那些能破坏他内心平衡的东西都会被他躲避,无论在私下场合,或在公共场合。"

[5]"因此,"他说,"他就会不乐意干城邦事务,如果他真关心这一方面。"

"凭狗发誓,"我说,"当然会,至少在他自己的那个城邦①,也许尚未在自己的祖国②,除非某种神圣的命运和他相遇。"

[10]"我明白了,"他说,"你指的是,在那个我们刚才讨论过、由我们自己创建的城邦,那个依附于理论的城邦,因为,我相信,[592b]它并不属于大地上任何一个地方。"

"然而,"我说,"太空中也许屹立着一个典范,它为某个想看到它、看到它后又想让自己定居于此的人而存在。这没有任何区别,这一城邦是否眼下或将来存在于某个地方;因为他所能干的事务只属于这个城邦,[5]而不属于任何别的城邦。"

"可能如此。"他说。

---

① 他自己的那个城邦:哲人们的城邦;参见345e,497a,519c–d。
② 也许尚未在自己的祖国:此处,这一说法似乎在向我们暗示,柏拉图本人曾在叙拉古进行过某种和建立新型城邦有关的政治或社会活动。

卷 十

1.［595a］"当然，"我说，"我还想到许多其他有关这一城邦的问题，因为我们务必正确地创立它，我现在这么说，心里特别在思考有关诗歌的问题。"

"哪个方面？"他说。

［5］"即我们无论如何不能从它那里接受任何属于模仿性质的东西①；模仿不可被接受，这一点，依我看，眼下显得颇为清楚，鉴于我们对灵魂的［595b］各个部分已做了明确的区分②。"

"怎么解说？"

"这话只对你们说——因为你们不会在那些写悲剧的诗人以及其他一切模仿性作家面前控告我——［5］我认为，诸如此类的作品无不腐蚀听众们的思想，除非他们个个备有药剂，知道这些东西在现实中又是什么样。"

"你这么解释，"他说，"主要考虑到哪一方面？"

"我必须先把这一点声明清楚，"我说，"尽管我从［10］幼年时开始拥有的对荷马③的爱戴和尊敬此刻想制止我开口。的确，依我看，［595c］他是所有这些优秀悲剧家的第一个老师和领路人。然而，任何人都不能超越真理地被人尊敬，可不，这必须说的话，我此刻正在说出。"

"完全应该如此。"他说。

［5］"那你就听着，或者，就请你回答问题。"

"问吧。"

---

① 属于模仿性质的东西：有关"模仿"和"叙述"之间的区别，参见 392c – 394c。

② 对……已做了明确的区分：435a – 441c。

③ 荷马：此处，以及在此后的讨论中，柏拉图基本把荷马史诗看作悲剧类的文体；柏拉图对荷马的批评主要从两个方面展开：其一，荷马作为所有悲剧作家的先驱；其二，荷马作为全希腊人民的导师。

"你能否告诉我,一般来说,模仿究竟是什么东西? 因为我并不十分清楚它本身想成为什么。"

"照你这么说,"他说,"我本人将会看得很清楚。"

[10]"至少,"我说,"这一点也不奇怪,因为眼光颇为模糊的人时常[596a]比眼光颇为敏锐的人先看到东西。"

"这,"他说,"倒有可能如此;不过,有你在场,我可无法畅所欲言,就算我真看到了什么,还是请你本人亲自来看。"

[5]"因此,你是否希望我们就从这里开始观察,按我们惯用的方式? 即,对于许多单一的东西,我们惯于设立某种单一的概念,给它们一个统一的名称。或你还不懂我的意思?"

"我懂。"

[10]"此刻就让我们来设立这许多东西中任何一种你想要的概念。比如,如果[596b]你觉得合适,有许多卧榻和桌子①。"

"怎么不是?"

"尽管如此,针对这些家具只存在两种形象,一种是卧榻的形象,另一种是桌子的形象。"

[5]"是。"

"同样,我们不是习惯这么说,每一种家具的制造者只有参照着这一形象才能如此制造出自己的产品,前者制造卧榻,后者制造桌子,供我们使用,其他的产品也同样如此? 当然,这些制造者中[10]没有一个在制造这一观念;他又怎么可能?"

"根本不可能。"

"那么,你来看一下,你是否称以下这种人为制造者。"

[596c]"哪种人?"

"他制造一切,每一个手工业者制造的东西都包括在内。"

"你所说的这人可真十分聪明、十分神妙。"

"还不止这样,很快你更会这么说。因为这位[5]手工业者不只是有能力制造出一切家具,是他制造出一切从大地中长出来的东西,创造

---

① 卧榻和桌子:卧榻($\kappa\lambda i\nu\eta$),放在客厅、供人侧身躺着休息的家具,相当于现代人用的沙发,卧榻前放有桌子;此处,苏格拉底顺便举了目前他们正在使用的"卧榻"和"桌子"的例子,用此来阐述生活中的"复制产品"和思想领域中的"原型"之间的关系。

出一切有生命的东西,不仅包括其他东西,包括他自己,此外,他还创造了大地、天空、众神以及那些属于天空或属于地底下哈得斯之处的东西。"

[596d]"你所描述的人,"他说,"可完全是个神妙无比的智者。"

"你有怀疑?"我说,"那么告诉我,你是否认为,这样的制造者完全不可能存在,或认为,按某种方式,他能成为这一切事物的创造者,按另一种方式,他则不能? 难道你没感觉到,[5]按某种方式,甚至你自己也能创造出这一切东西?"

"这种方式,"他说,"又是什么?"

"这不难,"我说,"其实,你能在许多地方并且能以飞快的速度进行创造,然而,最快的是,如果你愿意手拿一面镜子,[596e]带着它到处转转;很快你就能制造出太阳和那些在天空中的物体,很快有了大地,很快有了你本人和其他有生命的东西,以及各种家具、各种植物和一切刚才被我们提到的东西。"

"是,"他说,"这些东西看来如此,但并不是真正的实体。"

[5]"说得好,"我说,"你及时进入了我们谈话的中心。我认为,画家其实就是这类制造者中的一员。是不是?"

"怎么不是?"

"然而你会说,我想,他并非真正制造了他所制造的东西。[10]不过,按某种方式这个画家同样也制造了卧榻;或不是吗?"

"是,"他说,"至少他使它看来像卧榻。"

2.[597a]"那么,制造卧榻的工匠又如何呢? 你刚才不是说过,他并非在制造那一观念,即我们当时声称的那一卧榻的真正本体,而只是在制造某一卧榻?"

"我的确说过。"他说。

"难道不是这样,如果他不制造存在之物,他也就不能制造这一真正本体,而只能制造出某种[5]和这一真正本体相似的东西,并非它本身;如果某人坚持声称,这个制造卧榻的工匠或其他某个手工业者的产品是再好不过的本体,那么,看来他说得并不正确?"

"显然如此,"他说,"至少,那些和诸如此类的理论打交道的人会有这样的看法。"

[10]"因此,我们就一点也不必惊讶,如果在真理面前这也变得模糊不清。"

[597b]"的确不必惊讶。"

"那么,"我说,"你是否要我们来探索一下这些东西的临摹者,看看他究竟是谁?"

"如果你有这个意思。"他说。

[5]"那么,现在不是有了三种这样的卧榻;一种存在于自然,我们可以说,至少我这么认为,是某位天神制造了它①,不然还会是谁?"

"别无他者。"他说。

"另一种由那个工匠所造。"

[10]"是。"他说。

"还有一种由那个画家所造。是吗?"

"就算这样。"

"因此,画家、制造卧榻的工匠、天神,这三位分别主管三种类型的卧榻。"

[15]"是这三位。"

[597c]"这位天神,或是他自己不愿意,或是某种命运规定他别在自然中造出多于一张的卧榻,结果他只制造了这么一张如今存在的卧榻;两张或更多张诸如此类的卧榻并不仅当时没有被这位天神生产出来,[5]将来也不会被生产出来。"

"怎么会呢?"他说。

"因为,"我说,"就算他制造了仅仅两张,一张卧榻又会再次出现,其形式为那两张卧榻所共有,因此,真正存在的卧榻只能是那一张,而不是两张。"

[10]"很正确。"他说。

[597d]"有关这一点,我想,这位天神当然知道,他当然想成为这张真正卧榻的真正制造者,而不是某张卧榻,或某个制造者,因此,他生产了一张具有如此本质的卧榻。"

---

① 某位天神制造了它:此神本是思想的创造者,他根据"永恒的模式",以"世界工匠"的身份创造出物质世界(参见柏拉图,《蒂迈欧》29a–31b)。

"看来如此。"

[5]"那么,你是否让我们从现在起就称他为本质的制造者,或给他某个如此的称号?"

"这称号的确公正,"他说,"因为他的确是按本质制造出了它和其他一切实体。"

"那个工匠又如何呢?难道他不是卧榻的生产者?"

[10]"是。"

"那个画家是不是既是生产者又是这类东西的制造者呢?"

"根本不是。"

"那你会称他为卧榻的什么?"

[597e]"就这么称,"他说,"至少我本人认为,他可以被非常合适地称作模仿者,因为他模仿那些制造者。"

"好,"我说,"那么,你是不是把其产品排列在本质之后第三位的人称作模仿者?"

[5]"完全如此。"他说。

"那么,创作悲剧的人不也同样如此,如果他果真仍不过是个模仿者,一个其本性排列在君王和真理之后第三位的人,其他所有模仿者也都如此而已。"

"可能是这样。"

[10]"他是个模仿者,就算我们已一致承认。不过,你再告诉我[598a]有关这个画家的以下这一点:你认为他是在力图模仿那种存在于自然的每一东西本身呢,还是那些工匠们的产品?"

"那些工匠们的产品。"他说。

[5]"根据这些东西的本质如何,还是根据它们的外貌如何?这一点仍必须得到区分。"

"这又是什么意思?"他说。

"是这样:一张卧榻,如果你从它的侧面、或正面、或其他任何一面来观察它,它和它本身有什么区别,或没有任何区别,只是表面看来样子不同?其他东西是否也同样如此?"

[10]"是这样,"他说,"它们看来不同,其实没有区别。"

[598b]"请你考虑这一点:围绕每一件物体,绘画又做了这两方面

中哪一方面呢？它是根据物体的本身、按照其本质进行模仿,还是根据物体的外貌、按照其现象进行模仿,它所模仿的属于表面现象,还是内在真理?"

[5]"属于表面现象。"他说。

"因此,模仿艺术和真实的东西自然相差很远,而且,似乎是,它正靠了这一点才制造出各种各样的东西,因为它只抓住了每一事物的一点零星,而且这本身又只是外表形象。我们承认,一个画家能为我们画出诸如皮匠、建筑师和[598c]其他手工艺者,虽然他自己一点也不用懂这些专业;尽管如此,至少在孩子们或头脑简单的人面前,如果他是个出色的画家,如果他画出了一个建筑师,并且隔一段距离向对方展出这一画像,他会用这一欺骗手法使对方相信这是个真正的建筑师。"

[5]"否则又会如何?"

"然而,我的朋友,我认为我们有必要对所有诸如此类的东西进行透彻的思考;当某人向我们讲述以下这事,说他曾遇到一个人,这人懂各种工艺以及其他种种只限于个人所知道的东西,[598d]他认识事物的精确程度一点也不差于任何人,我们必须对说这种话的人作出反驳,说他是个头脑简单的人,并说,看来,他真受了魔术师和模仿者的欺骗,以致他相信对方是个精通一切的智人,因为他自己没有能力区分知识、[5]无知和模仿。"

"非常对。"他说。

3. "因此,"我说,"下一步我们必须检验悲剧和它的鼻祖荷马,因为[598e]我们总是听到某些人声称,这些诗人精通一切艺术,一切涉及美德和邪恶的人类事务,再加上神的事务;因为一个出色的诗人①,如果他想创作好他所创作的那些东西,必然是以内行的身份进行创作,否则,他就没有能力进行创作。[5]我们必须检验这些和模仿者相遇的人,或是他们真被对方骗了,当看到对方的那些作品,[599a]他们并没感觉到这些东西处在事物本质的第三外围,一个不知真理的人很容

---

① 诗人:希腊文中的"诗人"一词(ποιητής)包含了"创造者"的意思;诗歌,无论是荷马的史诗还是悲剧家的作品,通常给人如此的联想,它们是被人通过工艺"创造"出来的东西,诗人和工匠似乎是同一类职业家。

易把它们创作出来——其实对方制造出来的是表面形象,并非事物的本身——或是,不仅他们说得有一定道理,而且这些出色的诗人实质上真精通任何绝大多数人认为他们将其论说得非常精彩的东西。"

[5]"的确完全如此,"他说,"这必须被探索清楚。"

"那么你是否认为,如果某人这两种东西都能制造,一种是被模仿的东西,另一种是图像,他会让自己忙于制造种种图像,并把这一活动放在自己一生的首位,[599b]把这当作他所拥有的最好的东西?"

"我不认为如此。"他说。

"相反,我认为,如果他的确真正精通一切他所模仿的东西,他远会把精力放在这些作品中[5]而不放在那些模仿品中,他会力图把一批数量多、质量高的作品留在身后,作为自己的纪念碑,他会更渴望自己是一个被歌颂的人,而不是一个唱颂歌的人。"

"我也认为如此,"他说,"因为荣誉和利益并非相等。"

"那么,关于其他方面,让我们别再要求荷马[599c]或其他任何诗人作出什么解释,别问,他们中某人是否是一个真懂医学的人,而不是一个只会说些医学术语的模仿者,古代或当今的诗人中某人是否如传说的那样真使人们恢复了健康,正如阿斯克勒皮俄斯①,或他留下了某些医学弟子,[5]正如前者留下了他的医学后代,让我们别再问他们有关其他种种艺术,就让我们弃之不谈;然而,有关荷马力图渲染的最重大和最壮丽的事业,有关战争、军事部署、城邦管理、[599d]有关人的教育,我们或许有理由仔细询问他:啊,敬爱的荷马,如果有关美德的问题您真不是处于真理后第三位,身为一个图像的制造者,就像我们给他下的定义为模仿者,而是处在第二位,如果您确实有能力识别[5]哪些生活方式使人们无论在私人生活方面或在公共生活方面变得更高尚或者更低劣,那么,请告诉我们,哪一座城邦靠了您而得到了更好的治理,正如拉刻岱蒙②靠了吕库尔戈斯③以及许多大大[599e]小小的城邦靠了许多别的人?哪一座城邦授予您优秀立法家的称号,并把他们的得

---

① 阿斯克勒皮俄斯:古希腊传说中的神医,参见 405d 及注。
② 拉刻岱蒙:即斯巴达。
③ 吕库尔戈斯:斯巴达政治家和立法家,公元前 7 世纪人,传说,是他为斯巴达制定了宪法,建立了国家军事体制,创造了"美好的社会秩序"(εὐνομία)。

益归功于您？因为意大利和西西里①就如此称呼卡戎达斯②,就像我们如此称呼梭伦③;谁如此称呼您呢？他能说出谁吗？"

[5]"我认为不能,"格劳孔说,"恐怕就连那些荷马的后代④都说不上来。"

[600a]"然而,在荷马的时代,哪一场战争靠了他的指挥或参谋打得圆满成功,如今仍在人们的记忆中？"

"一场也没有。"

"然而,就拿智者的贡献为例,人们是否传说[5]有许多工艺或某些其他专业上的创新和发明出自他,如同出自米利都⑤的泰勒斯⑥和斯基泰⑦的阿纳卡尔西斯⑧?"

"根本没有这样的贡献。"

"然而,如果不在公共场合,是不是在私下场合,[10]人们传说荷马本人生前曾是某些人的教育向导,[600b]这些人当时总热爱和他在一起,并且为他们的后代留下了一条荷马式的生活道路,如同毕达哥拉斯⑨本人因这个缘故而特别受人爱戴,他们的后代至今仍把这誉为是

---

① 意大利和西西里:即今日的意大利半岛和西西里岛。
② 卡戎达斯:西西里岛卡塔涅人,生活在公元前6世纪,传说,他为自己的城邦卡塔涅以及古希腊其他一些城邦制定了法律。
③ 梭伦:雅典人(约前638—约前559),著名的政治家和立法家;古时被誉为希腊"七大圣贤"之一(第欧根尼,《明哲言行录》1.42);他是公元前594年雅典宪法的制定人。
④ 荷马的后代:指生活在荷马的故乡喀俄斯岛、声称自己是荷马的子孙的职业歌手。
⑤ 米利都:古希腊小亚细亚西部一重镇,今属土耳其。
⑥ 泰勒斯:米利都人(约前624—约前547),古希腊第一个伊奥尼亚派自然哲人,认为万物皆由水而生成,又复归于水;他才华横溢,一生有许多成就;在天文方面,他曾预测出一次日食(公元前585年5月28日);古时,他被誉为希腊"七大圣贤"之一(第欧根尼,《明哲言行录》1.42)。
⑦ 斯基泰:一译"西徐亚",古希腊北部位于欧洲多瑙河和黑海西部一地区。
⑧ 阿纳卡尔西斯:根据希罗多德的记载(《原史》4.46;4.76-77),此人是公元前6世纪斯基泰的一个王子,曾周游过古希腊的许多地区,智慧超人;古时,被誉为是希腊的"七大圣贤"之一(第欧根尼,《明哲言行录》1.42)。
⑨ 毕达哥拉斯:古希腊著名的哲学家和数学家(约前580—约前500),萨摩斯岛人,早年因反对僭主统治而被迫离开了家乡,曾到过埃及和巴比伦,后定居于意大利半岛南部的希腊殖民城克罗同,在那里招收门徒,开办了自己的学校,创立了富有神秘宗教色彩同时又带有政治影响的哲学学派。

毕达哥拉斯的生活方式,论生活,他们认为自己明显地[5]不同于其他任何人?"

"还是那样,"他说,"根本没有这种说法。其实,苏格拉底,也许是克瑞奥费洛斯①,荷马的一个朋友,论那人受过的教育,他可显得比他自己的名字还要可笑,如果这段有关荷马的传说真的属实。据说,[600c]当荷马活着的时候,那人对他特别漠不关心。"

4. "的确有这个传说,"我说,"然而,格劳孔,你是否认为,如果荷马真有能力教育人们,并能使他们变得更高尚,就像这么一个人,他对这些东西不仅能进行模仿而且[5]能有真正认识,那么,难道他不会交上许多朋友,并且受到他们的尊敬和爱戴,然而,阿伯德拉②的普罗塔戈拉③和科俄斯岛④的普罗狄科⑤以及其他一大批人士能通过私下交谈的方式向他们的同时代人展示,[600d]他们并没有能力治理好自己的家庭或城邦,除非他们管好自己的教育,这样,凭这么一种智慧,这些人士如此深受欢迎,以至于他们的朋友几乎就差把他们扛在肩上到处周游;[5]荷马,如果他真能在美德方面使人们得益,或赫西俄德,其同时代人会让他们到处游弋,朗诵诗歌,他们不会更依附这两位诗人,甚于依附自己的金钱,[600e]硬要对方住在他们中间,或,如果他们没法

---

① 克瑞奥费洛斯:希腊文为Κρεώφυλος,意思是"肉生",显然,柏拉图如此理解并且幽默地利用了这一名字;古希腊人一般认为,吃得太好会影响人的理智(参见441c - e)。此处对克瑞奥费洛斯的指责矛头指向荷马:荷马对自己身边的学生的教育并不成功,后果比"克瑞奥费洛斯"这人的名字更明显,因为,作为老师,他亲身忍受了学生的虐待和冷落。

② 阿伯德拉:古希腊北方忒腊克地区一海滨城市,初建于公元前7世纪,公元前6世纪被从小亚细亚忒奥斯移民重建。

③ 普罗塔戈拉:阿伯德拉人(约前485—约前415),古希腊最早、最著名的"智术师派"思想家和教育家;他长期在希腊各地游历讲学,在雅典讲学的时间最长,主要讲授演说的艺术和生活的准则,社会影响甚大;他的作品中有两篇论述尤其出名,《驳论》和《真理》,因为论述的开头都有一个同样的命题:人是万物的尺度,对一切存在的东西是如此,因为它们确实存在,对一切非存在的东西也如此,尽管它们并非存在"(第欧根尼,《明哲言行录》9.51)。

④ 科俄斯岛:位于爱琴海居克拉迪群岛北端一岛屿。

⑤ 普罗狄科:公元前5世纪人,具体生卒年月不详,"智术师派"思想家和教育家的主要代表之一,以其修辞学著称,曾一度和普罗塔戈拉等人同时在雅典讲过学(参见柏拉图,《普罗塔戈拉》315d - 316a)。

说服对方,他们会以学生的身份跟随他们,不管对方走到哪里,直到自己获得了足够的教育?"

"完全如此,"他说,"我认为,苏格拉底,你说得对。"

"难道我们不能确定,从荷马开始,所有的诗人[5]都是美德以及其他被他们选为创作对象的影子的模仿者,他们并没抓住真理,然而,如我们刚才所说①,一个画家能创作出一个表面像皮匠的人,[601a]尽管他自己不懂皮匠业,并且能使那些不懂专业技术、凭颜色和图案看东西的人信以为真?"

"的确完全如此。"

"以同样的方法,我认为,我们会说,一个作诗的人[5]会把名称和术语当作颜料来为各种专业着色,他自己不懂这些专业,但他能模仿,以至于那些专业知识和他的相仿、凭对方语言观赏事物的人会认为,对方说得似乎特别漂亮,不管某人是在借助格律、节奏和韵声论述皮匠业,或论述战略,或论述其他任何东西;[601b]实质正是如此,这些东西本身带有一种很大的迷惑力。因为,诗人们的这些作品一旦被剥去了音乐的色彩,只剩作品本身供人讨论,我相信你一定知道它们会像个什么样子。因为你也许看到过②。"

[5]"我看到过。"他说。

"那么,"我说,"难道它们不像那些朝气蓬勃但不漂亮的人的脸蛋,看起来就像青春的花朵过早地离开了它们。"

"完全如此。"他说。

"来吧,再看看以下这方面:这制造虚影的人,这模仿者,[10]我们说,他所知道的根本不是事物的本质,而是事物的现象;[601c]难道不是这样?"

"是这样。"

"那么,我们可别说到一半就把这问题扔下,相反,让我们对它作一个充分的检验。"

[5]"说吧。"他说。

---

① 如我们刚才所说:598b‐c。
② 你也许看到过:苏格拉底早先对此已做过论述(393c‐394a),但这也可指一般常识。

"画家,我们说,能画出辔头和衔铁?"

"对。"

"但制造出它们的分别是皮匠和铜匠?"

"当然如此。"

[10]"这个作画的人是不是知道这辔头和衔铁必须做成什么样子?是不是就连制造者本人,那个铜匠和那个皮匠,都不知道,而真正的内行是那个懂得如何使用它们的人,唯一的那个骑手?"

"非常正确。"

[15]"那么,有关一切东西,我们难道不会说,情形都是这样?"

"怎么说?"

[601d]"就是说,有关每一件东西,相应地存在着这么三种艺术,应用艺术、制造艺术、模仿艺术?"

"是。"

"难道不是这样,优秀本质、外观美貌和正确比例,凡属每一器具、[5]每头动物、每项工作所有,并非和其他什么相关,而是和其用途相关,每一种东西都是为了它而被制造或培育出来?"

"是这样。"

"因此,这就非常必然,每一件东西的使用者不仅对该东西有最丰富的经验,而且他又是制造商的报信者,他会告诉对方,根据他的实际使用,对方制造的东西[10]在用途上哪些好、哪些差;或许就如同一个吹笛子的人向笛子的制造商反映[601e]那些笛子的情况,指望它们如何为他吹奏服务,指定对方必须把它们制成什么样,而对方则将会为他服务。"

"怎么不会?"

"难道不是这样,如此一个内行讲出有关笛子的好坏,[5]对方将会按他的话去做?"

"是。"

"因此,有关这同一器具,这个制造者对其好坏就会拥有一个正确的概念,因为他和这位内行有了沟通,并且必然[602a]听从这位内行的话,而对方则拥有知识,因为他是使用者。"

"完全如此。"

"再说那个模仿者,他能否从使用他所画的东西中获得知识,知道这些东西是否美丽、正确或相反,或获得[5]正确的观念,通过被迫和一位内行进行沟通,并且会按对方的指示去画他所应画的东西?"

"两方面都不能。"

"那么,这个模仿者必将既没有知识也没有正确的观念,不知道他所模仿出来的东西是好是坏?"

[10]"看来没有。"

"这个诗歌创作领域中的模仿者,论其创作的东西所代表的智慧,能是高雅者吗?"

"并非完全如此。"

[602b]"然而,他仍一如既往地继续进行模仿,尽管他不知道每一样东西好或坏在什么地方;不过,很显然,凡是在大众和无知者面前显得漂亮的东西,他就会模仿。"

[5]"还能有别的?"

"这些,至少表面上看,已恰如其分地得到了我们的共同认可,这个模仿者对他所模仿的东西并无值得一谈的知识,他的模仿只不过是某种游戏,而不是严肃的东西,那些用抑扬格创作的悲剧诗人以及所有用史诗格创作的诗人,[10]他们都是最地道不过的模仿者。"

"的确如此。"

5.[602c]"宙斯在上,"我说,"这种模仿实际上难道不是某种和真理相差三级的东西①;是吗?"

"是。"

"那么,它能对一个人身上哪一个部分[5]施展它所具有的力量?"

"你指什么样的部分?"

"指这样一个部分。同一个体积,如果我们光看它的表面,远近并非显得一样。"

"的确不一样。"

[10]"同样一些东西,凭我们的眼光看,在水中是弯的,出来是直的,另一些东西,因我们的视觉受色彩的干扰而变得来回恍惚的缘故,

---

① 和真理相差三级的东西:597b－e。

显得一会儿凹、一会儿凸,[602d]这类感觉上的混乱显然都存在于我们的灵魂中;正是利用我们本性中的这一弱点,明暗画艺术①不放弃任何虚假,变戏法也同样如此,以及其他许多诸如此类的专业花招。"

[5]"对。"

"那么,测量、运算、称重量不是已向我们证明,在这种情况下,它们是我们最幸运的助手,以至于替我们做主的并非表面看来更大或更小、更多或更沉的东西,而是实际被我们运算过、测量过或称过重量的东西?"

[10]"怎么不是这样?"

[602e]"而这无非是属于灵魂中这一有理性部分的工作。"

"是属于这一部分。"

"常常,当这一部分对物体进行了测量,并且确定了它们中什么更大、[5]更小或彼此相同,在它眼前会同时出现两种相反的东西。"

"是。"

"难道我们没有说过②,同一个部分对相同的东西不可能同时拥有相反的观点?"

[10]"说过,并且说得很正确。"

[603a]"因此,灵魂中那一违背测量结果的观点和这一符合测量结果的观点就不可能一样。"

"当然不可能一样。"

"而这一相信测量和运算的部分无非是[5]灵魂中最优秀的部分。"

"还能怎样?"

"那么,和它相反的部分就可能属于灵魂中那些本质低劣的部分。"

"必然如此。"

[10]"因为我想让我们共同承认这一点,所以我刚才一直在说③,绘画艺术和整个模仿艺术远离它们以其为创作对象的真理进行创作,相反,它们却乐于和我们身上同样远离理性的那一部分交往,[603b]又当情人,又当朋友,并非以健康或真理为目的。"

"完全如此。"他说。

---

① 明暗画艺术:参见523b。
② 难道我们没有说过:436a-437a。
③ 我刚才一直在说:602c。

"那么,当本质低劣的模仿艺术和本质低劣的部分发生了关系,她便会生出一批本质低劣的后代。"

[5]"看来如此。"

"这艺术,"我说,"是否仅仅涉及视觉,或这也涉及听觉,即我们所称的诗歌艺术?"

"有可能,"他说,"这同样涉及它。"

"不过,"我说,"别让我们仅仅以绘画艺术为根据相信有这种可能性,[10]相反,让我们再次来拜访一下我们思维中[603c]的这一部分,即诗歌模仿艺术惯于和其发生关系的部分,让我们看看它是低劣还是高贵。"

"这倒应该。"

"就让我们按以下方式进行:我们说,模仿艺术[5]模仿或是被迫或是自愿从事各种活动的人们,这些人根据这一活动本身来判断自己干得好还是不好,并且对自己所做的这一切或是感到痛悔或是感到骄傲。除此之外,它还做什么别的事?"

"不做任何别的事。"

[10]"那么,对于自己做的一切,一个人是否总持一致的看法?[603d]或,正如他在视觉问题上处于自我矛盾中,对相同的东西在同一时刻拥有两种对立的观点,同样,对自己的一切活动,他也处于着这种自我矛盾中,并且他和自己一直在做自我斗争?不过,我得提醒自己,眼下,我们不需要对这一问题取得一致的意见;[5]因为在前面的讨论中①我们对这一切已经完全取得了一致意见,我们的灵魂中充满了成千上万诸如此类在同一时刻自相矛盾的东西。"

"对。"他说。

"对是对,"我说,"然而,我们当时甩下的那一东西,[603e]我认为,现在我们有必要对其进行探讨。"

"哪一样东西?"

"一个正直的人,"我说,"当他遇上这么一种命运,失去了一个儿子或其他什么特别有价值的东西,我们当时在某处说过②,[5]他远会

---

① 在前面的讨论中:439c–441c。
② 我们当时在某处说过:387d–e。

比其他任何人更易忍受这一损失。"

"完全如此。"

"不管怎样,现在就让我们来探讨这一点,这人是否真不会感到任何压抑,还是这并不可能,只是他多少会在痛苦面前节制自己。"

"更会这样,"他说,"这符合真情。"

[604a]"现在告诉我有关他的这么一点:你认为,他是否更会和这一痛苦作斗争,更会和它针锋相对,当他受到同类人的注视,甚于当他独自一人处于寂寞中?"

[5]"也许,"他说,"他远能办到这一点,当他受到别人的注视。"

"不过,当他独自一人时,我想,他会敢于发出许多声音来,即那些若是有人听到他这样,他会为此而感到羞耻的声音,另一方面,又会做出许多事情来,即那些他不能容忍别人看到他这么做的事情。"

"正是这样。"他说。

6. [10]"难道不是这样,鼓励他坚持作斗争的是理性和生活准则,[604b]把他拉向痛苦的是感情本身?"

"对。"

"当在这人身上同时又出现了一股相反的斗争势力,我们说,他身上必然具有两股势力。"

[5]"怎么不是?"

"那么,难道不是这样,其中一股势力时刻听从生活准则,不管生活准则把它引向哪里?"

"怎么会呢?"

"也许,这一生活准则告诉他,这最好,[10]在不幸事件面前要尽可能地做到心平气和,别让自己发怒,因为诸如此类的事情究竟属于好还是坏此刻仍不清楚,并且,如果他不甘心接受事实,他不会给自己的未来增添任何利益,再说,人世间的事务,[604c]没有一件值得我们特别重视①,以及这一点,我们在这种处境中需要它尽快来帮助我们,而

---

① 没有一件值得我们特别重视:个人的命运,当它和整个宇宙相比,个人在这一世界中的生活,当它和在下一个世界中的生活相比,显然并不特别值得一提,对那些具有崇高灵魂的人们来说尤其如此(486a)。

悲伤本身却在阻挠它。"

"我们需要什么,"他说,"按你的意思?"

[5]"需要思考,"我说,"针对这一件已经发生的事,并且,就像我们在骰子落下时如何处置其后果,我们同样以此态度来处置和这一事件相关的种种事务,按理性为我们选择的最好方式,并非像孩子那样,摔了一跤,两手捂着伤口,不停地哭喊,而是让我们的灵魂养成这么一种永久的习惯,[604d]让它能尽快地为我们补救和整治这一事故和疾病,用医疗的方法使我们的哀歌销声匿迹。"

"非常正确,"他说,"一个人至少能以这种方式来对待这些不幸事件。"

[5]"那么,我们说,最好的部分愿意听从这一道理。"

"这很显然。"

"而把我们领向种种痛苦的回忆和悲哀、对这些东西从不感到满足的那一部分,难道我们不会说[10]它是一种缺乏理性、迟钝、亲近懦弱的东西?"

"我们的确会这么说。"

[604e]"可不是这样,这一东西得到大量色彩斑斓的模仿,这一气愤的性格,而拥有理智、沉默安宁的性格,因为它几乎总是保持一个样,它既不容易被模仿,即使被模仿出来,也不能轻易被人理解,对于参加节日集会的群众以及[5]各种各样涌入剧场看戏的人们尤其如此;因为它模仿的是一种不属于他们的陌生情操。"

[605a]"的确完全如此。"

"显然,作为一个模仿诗人,他并非本能地倾向灵魂中的这么一种情操,他的智慧也并非凝聚在如何为它服务方面,如果他想在众人中享有盛誉,而是[5]倾向于感情用事、变化多端的性格,因为它易于模仿。"

"显然如此。"

"因此,我们现在可以合理地抓住他,并把他放在那个画家一旁作为反衬;因为,不仅在[10]制造低劣的东西以假乱真方面,他和对方相似,而且在选[605b]灵魂中这么一个部分、不选最好的部分做伴方面,他同样和对方如出一辙。就这样,我们现在可以很公正地不欢迎他进入一个希望得到美好治理的城邦,因为他惯于唤醒和喂养这一部分,并且使它壮大,从而扼杀了理性的部分,[5]正如在某一城邦,当某人让一批本性邪恶的人操纵大权,出卖了城邦,毁了一批更好的公民;我们会说,这同一个模仿诗人在每一个人的灵魂中建立了一个低劣的城邦系统,因为他推崇灵魂中这一缺乏理智的部分,[605c]鉴于它分不清什么更大、什么更小,而是一会儿认为这些东西大、一会儿又认为这些东西小,因为他凭影像制造影像,而这些东西却和真理相差很远。"

[5]"的确完全如此。"

7. "然而,我们还没对模仿艺术提出最大的指控。那就是,它有足够的能力甚至伤害那些正直的人们,除极少数例外,这非常惊人。"

"那还了得,"他说,"如果它真做到了这一点?"

[10]"你就一边听,一边观察。也许包括我们中一些最优秀的人在内,当我们在听荷马或其他某个悲剧诗人[605d]描绘英雄们中某一位如何陷于极度痛苦,如何在阵阵悲泣声中拉开长篇独白,或,英雄们一边咏叹,一边捶打自己的胸膛,你知道,我们此时不仅会感到很快活,而且会把自己交出去,步步跟随他们,心中充满了同情,并且会非常认真地称颂对方是优秀的[5]诗人,因为他特别善于把我们引入如此的境界。"

"我知道。又怎么不会如此?"

"然而,当某一家庭不幸发生在我们中某人身上,你反而意识到,我们惯于在相反的一面替自己感到骄傲,如果我们能保持安宁、坚强不屈,[605e]因为这本属于男子汉的习气,而前面提到的是妇人的习气,尽管我们从前赞美过它。"

"我意识到。"

"那么,"我说,"这一种赞美是不是真行得通,如果某人看到[5]这么一个人,他认为自己根本不值得像这人,相反,他会为对方感到耻辱,在这种情况下,他不感到厌恶,反而满心喜悦、赞美对方?"

"不,宙斯在上,"他说,"这看来不太合理。"

[606a]"是啊,"我说,"如果你真能从那一方面来探讨它。"

"从哪一方面?"

"如果你能这么考虑,这一在从前的那些家庭不幸事件中受到强行克制的部分,这一一直在渴望流泪、渴望大哭一场从而得到满足的部分,[5]因为按其本性这么一个部分就渴求这些东西,正是这一部分此刻在诗人们手下获得了满足、获得了欢乐;而我们本性中最优秀的部分,鉴于没有受到理性和习俗方面的充分教育,放松了对这一充满哀歌部分的看管,[606b]因为它从前惯于旁观属于别人的种种痛苦,而且自己对此一点也不感到羞耻,如换一个名声高尚的人沉溺于过度的悲伤,它仍赞美和怜悯对方,反而认为那种东西是一种收益,即快乐本身,而一个人可不愿意缺少这东西,[5]即使他鄙视诗歌本身。其实,只有数量很少的某些人,我想,有能力进行这一反思,那些发生在别人身上、使我们开心的东西必定会演变成我们自己的东西;因为,当某人在那些人的遭遇中把这一引人怜悯的部分抚养得身强力壮,在他自己的遭遇中,他就不容易克制住它。"

[606c]"非常对。"他说。

"那么,针对引人发笑的东西不也存在同样的道理?尽管你自己可能耻于开玩笑,但如果你在喜剧演出或私下场合中听到这种东西,你岂不会笑得特别厉害,并且不会憎恨它们,嫌它们低劣,[5]正如你对引起你怜悯的那些东西所做的一样? 其实,这一部分,你曾借助理性一直把它克制在你内心,每当它想作笑,因为你生怕有爱说下流笑话的名声,而那一刻,你又把它放出来,再说,如果你让它在那种地方蓬勃成长,你便会不知不觉地经常在你的亲友中出风头,以致自己成了喜剧家。"

[10]"的确如此。"他说。

[606d]"针对性欲和怒火,针对一切属于灵魂中的欲望、痛苦和快乐,即我们说凡是伴随我们各种行为的东西,诗歌模仿不是为我们生产了一批相似的东西? 因为它不断培养和灌溉这些东西,尽管它们本应该干枯,[5]并且让它们统治我们,尽管它们本应该受我们统治,这样我们才能变得更优秀、更幸福,而不是变得更低劣、更不幸。"

"我没有不同的意见。"他说。

[606e]"因此,"我说,"格劳孔,当你遇上一些荷马的赞颂者,当他们声称这位诗人教育了全希腊,他不仅在人类事务的管理和教育方面值得我们每一个人认真学习,并且我们每一个人应该根据这位[5]诗人的教诲安排和度过自己的一生,[607a]你应该热爱和欢迎他们,鉴

于他们是优秀之极的人物,并且承认荷马是最富有诗意的诗人,是一切悲剧诗人的先驱,尽管如此,你自己心中应该明白,只有赞美天神的颂歌和赞美优秀人物的颂词①才可被当作诗歌接入[5]城邦;如果你接受了充满快乐的缪斯,或在抒情领域,或在史诗领域,快乐和痛苦就将是你这座城邦中的君主,而不是法律和这一大家历来认为是最好的东西、这一富有理性的思维。"

"非常对。"他说。

8.[607b]"那么,"我说,"就让这些论点为我们辩护,既然我们又谈起了诗歌,我们当时的确很合理地把它搁在城外②,鉴于它的本质如此;因为理性当时一直在驱使我们那么做。此刻,让我们进一步告诉它,以免它指控我们的行为带有某种生硬性和粗野性,[5]从前哲学和诗歌之间发生过某种争论:如,只有'冲着主人汪汪乱叫的家犬'③、那只'不断狂吠的东西',或一个'傻瓜们空谈中的伟人',[607c]或那帮'由吹毛求疵者凑成、不可一世的乱民'④,或这些人'进行着精密的思维'因为他们'正饿得发慌',以及其他上千种它俩旧时对抗时的用语。不管怎样,就让这事这么说,如果这一为快乐服务的诗歌模仿艺术能说出某种道理,[5]证明在一个受到良好治理的城邦中它应该有个地位,我们至少会高兴地接受它,因为我们至少知道我们自己如何受它那些魅力的影响。然而,背叛我们已经认识到的真理乃是一件不虔诚的事。是不是这样,朋友,你不是也受它魅力的吸引,尤[607d]其是当你在荷马的诗歌中看到了它?"

"的确如此。"

"那么,让它这样从流放中回来难道不合理,如果它为自己作了辩

---

① 赞美天神的颂歌和赞美优秀人物的颂词:柏拉图在《法义》中(801e)同样强调,这些是唯一能被城邦接纳的诗歌形式。

② 我们当时……把它搁在城外:398a。

③ '冲着主人汪汪乱叫的家犬':从此开始,苏格拉底引用的以下这些话可能都来自当时流行的喜剧。

④ 那帮'由吹毛求疵者凑成、不可一世的乱民'($ὁ$ «$τῶν$ $διασόφων$ $ὄχλος$ $κρατῶν$»):在某些希腊文本里,也有编辑(如 E. Chambry)把原文中的$διασόφων$["吹毛求疵者",或译"诡辩者"]分成两个词 $Δία$ $σοφῶν$ ($ὁ$ «$τῶν$ $διασοφῶν$ $ὄχλος$ $κρατῶν$»),译成汉语为"那帮'由智术师们凑成、镇住了宙斯的乱民'"。

护,不管用抒情诗的格律,还是用别的什么格律?"

[5]"的确完全合理。"

"不管怎样,我们可以让它的那些捍卫者,只要他们本人不作诗而只是诗歌的爱好者,用不带格律的语言为它答辩,证明它不仅甜美,而且对于城邦管理和人民的生活有益,我们会心平气和地听他们说。[607e]因为我们也许会从中得到好处,如果它不仅显得甜美,而且有益。"

"我们又怎么不会得到好处?"他说。

"如果不是这样,我的伙伴,就像那些曾一度对某人产生过热恋的人,[5]如果他们认为这一情人对他们并非有益,尽管会很痛苦,他们还是会拒绝对方,我们也同样如此,因为对于此类诗歌的热爱本由这一套美好的城邦制度在抚育我们的过程中植入我们心中,[608a]我们自然会觉得它显得最为高尚、最为真实,然而,如果它没有能力为自己辩护,那么,每当我们听它这么说,我们仍会对我们自己重复这一论调,如我们现在所说,使用这一咒语,以防我们再次[5]坠入那种孩子般的、为绝大多数多人所拥有的恋情。我们看到,我们为何不能严肃对待这一种诗歌,把它当作一种追随真理、追随崇高事业的东西,但聆听诗歌的人必须对它留神,[608b]如果他对自己身上的城邦体制真感到关心,必须想到我们针对诗歌所说过的一切。"

"完全如此,"他说,"我同意。"

"因为这一斗争意义重大,"我说,"我的格劳孔,它意义重大,[5]并不像一般人所认为的那样,成为一个好人或坏人,而是为了做这么一个人,他不会在名誉、金钱、某种权力或甚至诗歌的诱惑下认为自己值得放弃正义和其余的美德。"

"我同意你的话,"他说,"凭我们刚才讨论过的一切;我相信[10]其他任何人都会同意。"

9.[608c]"然而,"我说,"尽管如此,我们还没有讨论过美德给我们的最大报酬和我们为它准备的奖品。"

"你指的大,"他说,"一定是极其大,如果另外那些东西大于被我们刚才谈论过的东西。"

[5]"什么东西,"我说,"能在短时间内成为伟大的东西?从童年

到老年的整个人生和整个时间相比就似乎显得有点短暂。"

"确实等于虚无。"他说。

"这又如何呢？你是否认为，一种不朽的东西应该为这一如此短暂的[608d]时期操心，而不为整个时间操心？"

"我不认为如此，"他说，"可你又如何解释这一点？"

"你没感觉到，"我说，"我们的灵魂具有不朽的本质，它永远不会灭亡？"

[5]此刻，他两眼盯着我，惊讶地说道①："宙斯在上，我可没感觉到；你真能证明这一点？"

"如果我没错的话，"我说，"我想，你也能办到；因为这一点也不难。"

"对我可是这样，"他说，"不过，我倒乐意向你打听有关[10]这一点也不难的东西。"

"你可以听听。"我说。

"就说吧。"他说。

"对于某物，"我说，"你是否习惯称它好，或坏？"

"我当然这么称。"

[608e]"那么，你用像我用的方式思考这些东西？"

"什么方式？"

"一切带腐蚀性和摧毁性的东西是坏东西，带保护性和帮助性的是好东西。"

[5]"我的确如此思考。"他说。

"这又如何呢？你是否会说每一件东西都面临好坏？就像[609a]眼炎对于眼睛，疾病对于整个躯体，枯萎对于庄稼，腐烂对于树木，锈污

---

① 惊讶地说道：灵魂不朽是柏拉图思想体系中的一个重要论题，在他所办的雅典学园中，如《斐多》所示，对这一问题进行的一系列哲学探讨和证明显然都很普遍而且深刻；属于苏格拉底圈子里的格劳孔为什么对此会表示惊讶，似乎他从未听说这方面的哲学论证，这引起某些当代学者的疑惑和不解。希腊原文（ϑαυμάσας εἶπε）有"他流露出好奇的神态，说道"的含义，格劳孔很像是在故意套问苏格拉底，希望对方转而谈论这一话题。鉴于缺乏更好的解释，至少，我们可以把格劳孔的这一反应看作某种"戏剧性"转折，它把我们引向苏格拉底以下这段有关灵魂不朽的论述以及将全书推向高潮的"厄尔神话"。

对于铜器和铁器,正如我所说,几乎所有的东西都面临一种与其生性相属的祸患和弊病?"

[5]"我会这么说。"他说。

"那么,当这一东西依附上某种物体,难道它不使被它依附的物体变坏,并且最终彻底破坏和摧毁对方?"

"怎么不是这样?"

"因此,正是这种与每一东西生性相属的祸患和邪恶[10]摧毁了每一件东西,如果它摧不毁这一东西,那么,没有任何其他东西能够[609b]毁坏它。因为好东西从来不会摧毁任何东西,无论对方是坏是好。"

"怎么可能?"他说。

"那么,如果我们在现存的东西中发现某物,它当然也面临[5]这一能使它变坏的祸患,但这一祸患却怎么也不能摧毁它,难道我们此刻还不明白,本质如此的实体并非属于可朽之物?"

"是这样,"他说,"有这可能。"

"这又如何呢?"他说,"我们的灵魂不也面临这种使它变坏的[10]祸患?"

"那当然,"他说,"我们刚才讨论过的那些东西都是,不公正、[609c]放纵、懦怯、无知。"

"那么,以上任何一种东西能破坏和摧毁它吗?请你注意,别让我们如此哄骗自己,认为一个不公正、没有头脑的人,当他在干不公正的事的时候被人抓住,此时他算是被不公正这一东西、[5]被他灵魂中这一败坏本质毁了。相反,请你这么想:如同败坏躯体的疾病惯于损耗和破坏躯体,并把它推向这一极端,直到它不再是躯体,我们刚才提到的一切物体都同样如此,每一物体都在被这一自身中的祸患、这一依附于它、[609d]在它内部搞破坏的东西推向这一极端,直到它不复存在——不是这样?"

"是这样。"

"来吧,你就按照同样的方法观察灵魂。[5]存在于它内部的不公正以及其他祸患,通过居住在它内部和依附着它,是不是能不断地腐蚀和弱化它,直到把它推向死亡,使它脱离躯体?"

"不,"他说,"这根本不可能。"

"当然,那至少不合逻辑,"我说,"声称属于另一物体的败坏本质[10]能摧毁某物,而属于这物本身的败坏本质却不能。"

"不合逻辑。"

[609e]"其实,你应该想到这一点,"我说,"格劳孔,我们并非认为躯体一定是被食物中的败坏成分所摧毁,如果这一成分本身属于这些食物,或是陈腐,或是腐烂,或是任何其他品质;但如果属于这些食物本身的败坏本质[5]把一种和躯体生性相属的腐蚀物带入了躯体,我们就会说,这一躯体,通过那些食物,直接被它自身中的祸患即疾病所摧毁;[610a]具有不同本质的躯体能被具有不同本质的食物的败坏成分所毁灭,而不是另一种外来的邪恶给躯体带来了一种与其生性相属的邪恶,我们在任何时候都不会认为如此。"

"你说得非常正确。"他说。

10.[5]"根据这同一道理,"我说,"如果属于躯体本身的败坏并不能给灵魂带来属于灵魂的败坏,那么,我们在任何时候都不会认为,没有这一内在的败坏,灵魂能被某种属于另一物体的祸患所摧毁,或任何东西能被属于任何其他东西的祸患所摧毁。"

"这话,"他说,"的确有道理。"

[10]"或让我们现在就来否定这些东西,说我们论述得不对,或,[610b]只要它们始终都不可被否定,让我们再也别坚持声称,或在发烧、或在别的什么疾病、或在创伤的直接影响下,或甚至某人把整个躯体剁成碎块,灵魂会因此而更易被摧毁,直到某人能向我们证明,[5]正因躯体的这些遭遇,那一东西本身才变得不如早先公正和健全;即使属于别一物体的祸患存在于某一物体中,而属于自己的祸患并非存在于每一物体内部,不管是灵魂或是任何别的东西,[610c]让我们一概别让某人声称,它会如此灭亡。"

"那当然,"他说,"不管怎样,谁都不能证明这一点,说即将去世的人们的灵魂会因死亡的缘故[5]而变得不如早先公正。"

"然而,"我说,"如果某人敢来攻击这一论断,硬是声称,即将去世的人会变得更差、更不公正,以免使自己被迫同意灵魂不朽,我们在某种程度上会这么认为,如果说这话的人说的是事实,对于拥有不公正这一东西的人来说,[10]不公正是一种致命的东西,如同疾病,并且,[610d]由于它的缘故,因为其本性就是要消灭对方,那些沾染上它的人便会死去,沾染得特别厉害的人死得早,沾染得轻一些的人死得晚,而并非如现实中发生的那样,因为另外一些人对他们施加惩罚,这些不公正的人才死。"

[5]"宙斯在上,"他说,"这样的话,不公正看来并非特别可怕,如果它对于拥有它的人来说是一致命的东西——因为它会是一种对各种祸患的摆脱——不过,我倒倾向于认为它看来完全和这相反,它会将所有他人致于死地,[610e]只要有可能,而使拥有它的这人特别充满生机,不仅充满生机,而且连觉都不想睡;如此之远,依我看,就是它和致命性相隔的距离。"

[5]"你说得很漂亮,"我说,"不管什么时候,当这自身的劣质和这自身的恶性不足以杀死和毁灭灵魂,一种用来消灭另一物体的祸患也就很难毁灭灵魂或其他任何东西,除了这一被用来实施毁灭的东西本身。"

"的确很难,"他说,"至少看来如此。"

[10]"因此,不管在什么时候,当灵魂不被某一祸患摧毁,无论产生于自身,[611a]还是属于外来,很清楚,它必然是一种永远存在的东西;如果它永远存在,它就永恒不朽。"

"必然如此。"他说。

11."那么,"我说,"就让这一论断如此成立;如果是这样,[5]那么你就会意识到,这些灵魂想必一定永远如此。因为它们的数量既不会减少,鉴于它们一个也不会被毁灭,也不增加;因为如果任何不朽的东西能增加,你便知道,它一定产生于可朽之物,并且一切东西最终都会变得不朽。"

"你说得对。"

[10]"然而,"我说,"我们既不会让自己相信这一点——[611b]因为我们的理性不容它成立——也不相信,按其最真实的本性,灵魂会是这么一种东西,以至于认为它自身中充满了大量花样、特性和差别,为了自身的利益。"

"这话如何解释?"他说。

[5]"一件东西不容易保持永恒不变,"我说,"如果它是一种由许

多东西组合的物体,并没有享受到那种最完美的组合,如灵魂向我们显示的那样①。"

"看来,的确不容易。"

"有关灵魂不朽,我们目前的论述以及[10]别的一些论述都能给出充分的证明;但它真正是什么样,我们不应该观察它的这一状态,[611c]并非当它此刻仍受它和躯体的相互共处关系和其他种种祸患的左右,如同我们目前所观察到的情形,相反,应该当它处于纯洁的状态,它此时是什么样,我们必须借助理性来进行充分观察,这样,你将会发现,[5]这一东西远比现在美丽,它远能更清楚地鉴别正义和非正义以及一切我们刚才所讨论过的东西。当然,我们刚才针对它所说的话都的确属实,声称它在目前的境遇中看来是什么样;但是,我们还没有观察过当它处于这一状态时的样子,正如同那些人,[10]尽管他们眼中看到了海神格劳科斯②,[611d]他们仍不易看到他原先的本性,旧日的肢体一些已经被割断,另一些被压坏,浑身受过海浪各种形式的伤害,身上还依附着其他一些东西,[5]如海贝、海草和石块,以致他浑身上下更像一头怪物,而不像他从前的本性,同样,我们看到的灵魂此刻也处于这么一种状态,身受无数祸患的包围和折磨。然而,格劳孔,我们必须向那一方面看。"

"向哪一方面?"他说。

[611e]"向它爱好智慧的方面看,并且,我们必须密切注意,看它自己依附着什么东西,又追随哪类东西并同它们交往,鉴于它和神圣的、不朽的、永远存在的东西具有同样的属性,看它能成什么样子,当它能全盘地追随这么一种活动,并且能在这一动力的驱使下把自己提升[5]出它目前所处的大海,从身上敲打掉那些目前依附着它的石块和海贝,因为它来大地做客,[612a]这一大批东西带着土腥、生硬如石、杂乱无章地一直生长在它四周,伴随它出席这些所谓的幸福的宴席。此时,某人就能看到它的真正本性,看到它是多形物体,还是单形物体,凭什么和[5]怎样生活;至于它在现今人类生活中的各种遭遇和形态,我认为,我们已经进行过充分的探讨。"

---

① 如灵魂向我们显示的那样:可能指有关灵魂具有三个组成部分的论证(435a–441c)。

② 海神格劳科斯:格劳科斯原先是个渔民,因吃了某一奇特的药草而化为海神,成了船员和渔民的保护者;他有预见未来的能力,能变形。

"的确完全如此。"他说。

12. "难道不是这样,"我说,"我们在这一讨论中已经把其他一切反对意见①排除干净,[612b]并没有摆出正义的报酬和名声,如同你们针对赫西俄德和荷马说的那样②,但我们发现,对于灵魂,正义本身就是一种最好的东西,而灵魂必须做符合正义的事,不管它能有居吉斯的戒指③,还是不能,或,[5]除了这种戒指外,还能有哈得斯的头盔④?"

"你说得非常对。"他说。

"那么,"我说,"格劳孔,是不是现在已不再令人讨厌,除了前面提到的那些东西外,我们把这些报酬归还给正义和[612c]其余的美德,就按它给予灵魂的数量和种类,不仅在人类中,而且在众神中,不仅在一个人仍活着的时候,而且当他一旦离开人间?"

"的确完全如此。"他说。

[5]"那么,你们是不是可以把你们在这一对话中借到的一切东西归还给我呢?"

"具体是什么?"

"我为你们作出了这一让步,说公正的人并不显得公正,不公正的人倒显得公正;因为你们当时认为,即使这些东西无法躲过众神和人类的眼目,为了讨论的缘故,我们必须承认这一点,[10]这样,正义本身才能在它和非正义本身的对应关系中[612d]得到鉴别。难道你回想不起这事⑤?"

"那我岂不变得不讲正义了,"他说,"如果我回想不起这事。"

"眼下,"我说,"既然它们已经得到了鉴别,我就以正义的名义要求重新索回这一东西,即它在众神和人类中真正拥有的那一名声,[5]而且我们一致同意它的名声的确如此,目的是让它夺下那些胜利奖品,

---

① 其他一切反对意见:指早先格劳孔和阿德曼托斯分别假设并提出的一系列反面论点(358e - 361d,362e - 367e)。

② 如同你们……说的那样:363a - c。

③ 居吉斯的戒指:359c - 360d。

④ 哈得斯的头盔:哈得斯是冥王,他的头盔可使人隐身。在特洛亚战场上,雅典娜曾借用了哈得斯的帽盔,匿影藏形,向战神阿瑞斯进攻,用枪刺伤了对方(荷马,《伊利亚特》5. 844 - 863);珀尔修斯杀了美杜莎,获得了她的头颅后,也因戴了哈得斯的头盔才得以逃脱戈尔戈姐妹的追踪(赫西俄德,《赫拉克勒斯之盾》225 - 236)。

⑤ 这事:361a - d,367e。

因为它凭自己的名声本来就拥有它们,然后又把它们分给了那些拥有它的人,因为它显然把那些出自它本质的美好东西给了他们,并且从未欺骗过那些本质中已经拥有它的人们。"

[612e]"你要求得有道理。"他说。

"那么,"我说,"难道你们不应该首先把这一东西归还给我,就是说,这不会躲过众神的眼目,他俩本质上各是什么样?"

"我们应该归还。"他说。

[5]"如果他俩谁都躲不过众神的眼目,其中一个便会是一个受神宠爱的人,另一个便会是受神憎恨的人,就如我们在刚开始共同承认的那样①。"

"是这样。"

"对于这一受神宠爱的人来说,难道我们不会共同承认,[613a]凡是来自天神们的东西,不管是什么,都是一些再好不过的东西,除非其中存在某种注定的祸患,源于他从前的过错?"

"的确完全如此。"他说。

"因此,我们必须对一个正义的人有如此一个认识,[5]无论他目前陷于贫困、疾病或其他某种表面上看是属于祸患之类的处境,对这人来说,这些东西最终会成为某种好的东西,当他还活着,或甚至当他死后。因为这人从来不被众神忽视,如果他热切希望自己成为一个公正的人,并且一心培养[613b]美德,凭凡人的最大能力模仿天神。"

"看来如此,"他说,"这么一个人并不会被他的同类所忽视。"

"那么,对于一个非正义的人,难道我们不应该设想和这些完全相反的东西?"

[5]"绝对应该。"

"这些来自众神的东西就能算是属于这一正义者的胜利奖品。"

"对,至少根据我的看法。"他说。

"在人类中,"我说,"情形又如何呢?难道不是这样,如果[10]我们必须摆出事实?难道那些气势汹汹、不讲正义的人做事不像那些赛跑者,前半段跑得好,后半段跑不好②?一开始,他们飞奔在前,但跑到

---

① 就如我们在刚开始共同承认的那样:352b。
② 前半段……后半段……:指古希腊运动场上直线跑道上的两段赛跑,前半段从起点到转折点,后半段从转折点回到起点。

最后[613c]就成了笑柄,耳朵垂落在肩膀上,头无桂冠地匆匆离去;而那些真正精通赛跑的人来到终点,拿了奖品,戴上了桂冠。正义者的情形大体上不也如此?[5]到了每一活动、集会和他们人生的终点,他们不仅为自己赢得了美好的名声,而且从人们那里拿走了奖品?"

"的确如此。"

"那么,你是否能容忍我评论这些人正如你自己当时[613d]评论非正义者那样①?因为我的确会说,这些正义的人,当他们上了一定年纪后,他们通常在自己的城邦中充当领袖,如果他们自己愿意掌权,他们从他们感到满意的家庭娶亲,并把女儿嫁给他们感到中意的人;你当时针对那些人说过的一切,[5]我现在都用在这些人身上。反过来,你那些有关非正义者的话也如此,他们中绝大多数人,即使他们年轻时没有引起人们的注意,到了人生道路的终点,他们还是被人抓住,受人讥笑,成了一批不幸的老头,遭异邦人和本城公民的辱骂,[613e]挨鞭笞,凡是那些你曾称之为残酷的东西②,当然你说得有道理——或是上绞架,或是受火刑③——你所想到的和我所听说过的各种遭遇,他们都会如此亲身经受。然而,我这么说,你看你能否容忍。"

[5]"那当然,"他说,"因为你说得对。"

13."那么,"我说,"凡是这个正义的人活着的时候从众神和人类那里得到的[614a]奖品、报酬和礼物,加上正义本身提供的那些高贵的东西,都能属于这类。"

"的确非常好,"他说,"非常保险。"

[5]"其实,这些东西,"我说,"在数量上和大小上根本算不了什么,当它们和那些正在等待他俩中任何一人死亡的东西相比。我们也必须听听那些,这样,他俩中任何一人就保证能听到我们的讨论还欠他们的东西。"

[614b]"愿你说下去,"他说,"因为没有很多东西比这听来使人更舒服。"

---

① 正如你自己当时评论非正义者那样:362b。

② 你曾称之为残酷的东西:361e。

③ 或是上绞架,或是受火刑:破折号内的文字疑是后人所加,在某些版本中被校勘者删除(参见 Ast, *Platonis Politia sive De republica libri decem*, 1814²)。

"不过,"我说,"我要对你讲述的不是阿尔基诺奥斯的故事①,而是关于一个强壮的人,名叫厄尔②,阿尔墨尼俄斯的儿子,潘斐洛斯家族的后代;当时,他已死在战场,[5]当第十天那些已经腐烂的尸体被收回时,他却仍被完好地收回,运到家里,以备葬礼,然而,到了第十二天,已经躺在火化柴堆上的他又复活了,复活后,他告诉人们他在那里看到的一切。他说,他的灵魂脱身后,随同许多灵魂上了旅途,最终到达了[614c]一个神奇的地方③,只见此处地上有两个并排的裂口,天空中也有两个,和前者对着。在它们之间坐着一排法官,这些人,当他们作出了判决,[5]便命令那些正义者走入右边那个向上、通向天空的口子,并把他们判决的条文贴在对方的背后,他们命令那些非正义者走入左边那个向下的口子,这批人也同样,背后的条文列出了他们从前的一切活动。[614d]然而,当他自己来到他们面前时,他们对他说,他应该成为那一边人的信使,去给人类报信,并吩咐他仔细听听和看看那里的一切东西。就这样,他看到,那批灵魂④纷纷向其中一个通向天空的口子或另一个[5]通向大地的口子走去,因为它们已经受过了审判,他又朝另外两个口子望去,只见从大地通来的那个口子里走上一批沾满了污秽和尘土的灵魂,而从天空通来的那个口子里走下另一批灵魂,[614e]浑身干干净净。一批又一批灵魂源源不断地来到这里,看来就

---

① 阿尔基诺奥斯的故事:奥德修斯对费埃克斯人的国王阿尔基诺奥斯所讲述的有关自己的种种遭遇,其中包括他到达冥界入口处和群魂相遇的经历(参见荷马,《奥德赛》第9–12卷)。

② 厄尔:希腊文为 Ἤρ,这是一个东方人的名字。针对柏拉图选择了一个非希腊人作为全书结尾神话的主人翁,其含义是什么,针对他对这一人物的塑造,以及针对他以下整个叙述中"增添"和"创作"了多少自己的东西,西方学术界一直争论不休,观点难以统一。

③ 一个神奇的地方(τόπον τινὰ δαιμόνιον):希腊原文有"神灵般的领域"或"充满神性的领域"等特殊含义,此处指介于天地之间的某个地方,在此,人的灵魂直接受到神性的震撼。

④ 那批灵魂(τὰς ψυχάς):希腊文中的灵魂一词为阴性;在叙述这批灵魂的经历时,柏拉图有时用阴性,强调它们已脱离了躯体和人世,有时用阳性,如上面提到的"正义者"和"非正义者"(615c),强调它们在人世间的品德和言行;此外,在灵魂之间的谈话中,它们仍把对方看作人,惯于使用人间的性别和称呼等。因此,在以下的译文中,凡是原文中用阴性的地方,译者采用了"它们"或"它"这种译法,原文中用阳性的地方,译者则采用了"他们"或"他",以示原文的"调性"变化。

好像刚完成一次漫长的旅行,它们高兴地涌向一片绿色的草地,如同在节日中那样就地安营,彼此认识的灵魂相互打招呼问好,[5]那些从大地上来的灵魂向对方打听有关那边的情况,而那些从天空中下来的灵魂也如此询问另一方的情况。它们彼此讲述自己的经历,[615a]前者一边哀叹、一边哭泣,因为它们回想到自己从大地下上来的旅途中曾忍受过和目睹过多少次和多少种不幸——况且,这一走就是一千年——而那些来自天空的灵魂则叙述了它们的幸福经历和它们所看到的无比神奇的美丽景色。当然,这么多的东西,[5]格劳孔,真需要好长时间才能说完;不过,其要点就是这样,不管他们每一个人过去做过什么错事和对什么人做过错事,对这一切他们必须依次付出赔偿,对每一件事付出十次的赔偿——而又总是一百年一次,[615b]因为一个人的生命也就这么长——这样他们才能把对每一件错事的十倍的赔偿付清,比如,如果某些人对许多人的死亡负有责任,或是因为他们出卖了自己的城邦,或是出卖了军队,并且使之陷于奴役,或招引了其他某种灾难,[5]他们必须忍受十倍于对方每一人所忍受的痛苦,相反,如果他们做了某些有益于人的好事,并且成了胸怀正义、心底虔诚的人,[615c]他们便会得到与此相应的报酬。有关那些刚生下以及那些活了没多久的婴儿,他说了另外一些话,在此不值重复。然而,对天神敬还是不敬,或对父母,以及对杀人害命的事,他进一步叙述了更大的报应。

[5]"因为他说他当时就在某人身旁,当这人被另一人问道,伟大的阿尔狄埃俄斯①现在在什么地方。这个阿尔狄埃俄斯曾是潘斐利亚②某一城邦的僭主,回算到那时已有一千年,他杀害了自己的父亲和[615d]哥哥,并且干下了许多其他不虔诚的事,人们曾这么传说。他说,这个被问的人回答道:'他没来,'他说,'他根本不可能来此。'

14."'因为我们亲眼看到这么一个令人恐怖的场面:当我们临近那个口子,[5]正准备上来,忍受过了其他种种痛苦——我们突然看到他以及其他一些人,他们中几乎绝大多数人都是僭主;其余则是某些

---

① 阿尔狄埃俄斯:除了这里提到的,其他古代文献中没有任何有关他生平的记载;也许是一个虚构的人物。

② 潘斐利亚:小亚细亚南部一沿海地区,位于吕喀亚和基里基亚之间。

[615e]犯了重罪的一般公民——尽管这些人以为他们此刻就可以上来,这洞口不让他们过,反而冲着他们怒吼,每当他们中某个在邪恶上坏得不可救药的人或某个还没有完全付清赔偿的人企图上来。在这同一个地方,他说,还有一些野人,[5]如火一般,站在洞口,当他们领会了吼声的意思,他们便强行抓住并且带走了其中一些人,对于阿尔狄埃俄斯以及其余的来者,[616a]他们则捆住对方的手脚和头,把他们摔在地上,给他们一顿鞭笞,然后把他们拖到路边,让荆棘刺破他们的肌肤,同时,又向不断在他们身边经过的人群指手划脚地解释,凭哪些缘故和为什么这些人此刻被他们带走,并且将被扔入塔尔塔罗斯①。'当时,[5]他说,尽管他们过去有过许多次、许多种的恐惧,这一恐惧超过了一切,每一个人生怕自己上前时那吼声会冲他而来,相反,每一个人会高兴至极,如果对方不出一声,放他上去。各种惩罚和报应[616b]大致就是这样,各种美好的报偿也如此,和前者对应。当人们在那片绿色的草地上各自休息了七天②,他们必须在第八天从那里起身,继续往前,走到第四天,他们来到这么一个地方,从此处,他们可以从上往下看到一道垂直的光,穿过整个天空[5]和大地,如同圆柱,尤其像彩虹,但比彩虹更明亮、更纯洁;往里,他们又走了一天的路程;在那里,[616c]在光的中央,他们看到它那些缆绳的末端从天空辐射下来——因为这一道光是太空的纽带,就像那些三层浆战舰③的底缆④,以此控制着整

---

① 塔尔塔罗斯:一译"冥界深渊",大地之下一个阴暗的地方,位于冥间的底层,远离地面(一个自由下落的铁砧九天九夜才能到达这里),四周筑有青铜墙,入口处设有铁门;"提坦大战"后,以克罗诺斯为首的提坦神都被囚禁在这里(荷马,《伊利亚特》8.13 – 16;赫西俄德,《神谱》119,713 – 735)。此处,塔尔塔罗斯显然被看作地狱,不可挽救的罪犯在此接受永久的惩罚。

② 七天:厄尔的"旅行"前后共十二天;在草地上驻留了七天,路上行走了四天(从第八天开始直至第十一天),第十二天抵达"纺锤"前,然后便觉醒,返回到人世间。

③ 三层浆战舰:古希腊海上作战用的舰只,有三层划浆,最早建造于科林多,约公元前 8 世纪;根据考古发现,古典时期的三层浆战舰船身一般为 36 米长、5 米宽,设有部分甲板,为短兵相接时的"战场",船头为钩形,裹有青铜外壳,以利于撞击敌舰;全船载 200 人,其中包括 170 个划浆手(最高层 62 人,底下两层分别为 54 人),1 名舰长或总指挥,10 名武士,4 名弓箭手,以及其他 16 名包括舵手和技工在内船员;因为船身较小,没有供休息或睡觉的地方,一到晚上,船员们便把船拖上岸,在岸上另起炊烟,扎营过夜。

④ 底缆:希腊文为ὑποζώματα,指用来加固整个船身、横绕在船壳外的一道道紧绷的缆绳,以防该船在海战中(特别是在与敌舰相撞时)散架。

个宇宙的运行①——光缆的末端②系着阿娜昂克③的纺锤④,[5]一切运转都通过后者进行;纺锤上的卷线杆和线钩由最坚硬的金属制成,铊盘由这一金属和其他几种材料混合制成。这一纺锤的[616d]本质是这样:它的外形就像我们这个世界的纺锤,然而,根据他的描述,我们必须想象它是这一形状,一个呈凹形、内部被雕空的巨大的纺锤⑤,里面放着第二个像它一样、体积稍小的纺锤,[5]正像那些一个套一个放一起的罐子,如此,它里面还放着第三、第四以及其他四个纺锤。因为总共有八个纺锤,一个被另一个套住,[616e]它们的边缘从上面看像是一个个圆环,在背面,它们围绕卷线杆形成一个完整的铊盘;这根卷线杆穿插在这八个铊盘的中心。第一个同时又是最外面那个铊盘的边缘最宽,[5]第六个宽度第二,第四个宽度第三,第八个宽度第四,第七个宽度第五,第五个宽度第六,第三个宽度第七,第二个宽度第八。圆周最大的铊盘边缘色彩斑斓,第七个的边缘最明亮,第八个的边缘拥有[617a]从第七个的边缘照耀过来的颜色,第二个和第五个的颜色彼此几乎相同,比前面几个多了些金黄色,第三个拥有最白的颜色,第四个微红,颜色第二白的是第八个。[5]作为一个整体,这个纺锤在自我旋转的同时又在绕着同一个轨道运转,然而,在这一自我旋转的整体内部,那七个内环同时又逆着整体自转方向缓缓地进行自我旋转,在这些内环中,第八环行动最快,其次[617b]是彼此一同运转的第七、第六和第五环;行速上占第三位的[那环],在它们看来⑥,是不停地在进行自我旋转的第四环,第四位是第三环,第五位是第二环。纺锤本身在天命

---

① 控制着一切运行:显然,这道垂直的巨型光柱包围和统照着整个宇宙,控制和操纵着各天体和星球的运转;同时,天体运行的外围,它又筑有一圈的牢不可破的"光壁",以保障宇宙的完整性以及各天体的正常运行。

② 光缆的末端:指光束和各天体接触的部分;从此开始了第二部分的描述:宇宙的结构,各天体的运行轨道,各自的特征以及相互关系。

③ 阿娜昂克:希腊文为Ανάγκη,意为"必然女王",代表宇宙的必然规律和命运的女神;此处,根据厄尔的说法,她是"摩伊拉"三女神的母亲(617c)。

④ 纺锤:代表整个天体,包括八个天体(恒星群、土星、木星、火星、水星、金星、太阳和月亮)和八层空间,大地在整个天体的中央,固定不动。

⑤ 呈凹形、内部被雕空……:形状如同半圆形,截面朝上。

⑥ 在它们看来(ὡς σφίσι φαίνεσθαι):它们,指到达这里的群魂,包括厄尔的灵魂在内。

女王的怀下旋转。在[5]这些圆环上,每一个上面有一位塞壬女神①,跟着它旋转,并且始终发出一种声音,一个音调②;八位塞壬口中出来的声音全部碰到一起时,它们便变成了一个和声。另外还有三位女神坐在周围,彼此间保持相等的距离,[617c]各自坐在椅子上,阿娜昂克的女儿,三个身穿白袍、头上戴着花环的摩伊拉女神③,拉克西斯④、克洛托⑤和阿特罗珀斯⑥,她们按塞壬们发出的和声唱着颂歌,拉克西斯歌颂过去,[5]克洛托歌颂现在,阿特罗珀斯歌颂将来。克洛托用右手不停地拨着纺锤的外环,帮助它运转,时而停留片刻,而阿特罗珀斯用左手以同样的方式帮助那些内环;拉克西斯[617d]则用两手交替地拨着内外两端。

15."这时,当它们到达了这里,它们必须立刻走向拉克西斯。某个神的代言者首先让它们站成一队,彼此相隔一定距离,接着,他从拉克西斯的怀中拿出一大把签牌和一套代表各种生活方式的标志,[5]然后登上了某个高台,对它们说——

"'阿娜昂克的年轻女儿拉克西斯有话要说。一日之久的灵魂!属于生朽之辈的下一个死亡周期现在又开始了![617e]神灵⑦不会抽

---

① 塞壬女神:塞壬,希腊文 $Σειρήν$ 的音译,原指一种具有人头鸟身的女神,以极其美妙的歌声著称;传说,她们(荷马说有两位,但绝大多数古代作家说有三位)是河神阿克洛奥斯和某位缪斯女神(或是墨尔波墨涅,或是忒尔普西克瑞)的女儿,居住在意大利近海的安忒摩埃萨海岛上,常用歌声迷惑行驶到此处的水手,使对方遇难(荷马,《奥德赛》12.39 - 54,12.158 - 200;罗得岛诗人阿波罗尼俄斯,《阿尔戈斯英雄记》4.891 - 921);此处的"塞壬女神"显然泛指"具有美妙歌喉的天女",各自代表每一天体在运行中发出的声音。

② 一种声音,一个音调($φωνὴν μίαν, ἕνα τόνον$):显然,每个塞壬发出的是一个纯粹的单音,在音程上占一个固定的音位,并代表一个固定的调性。

③ 摩伊拉女神:希腊文为 $Μοῖραι$,复数,一译"命运女神";此处,根据厄尔的"转述",她们是天命女王的三个女儿。根据传统的说法,这三位"命运女神"是尼克斯(黑夜)的女儿(赫西俄德,《神谱》217 - 222),或是宙斯和忒弥斯的女儿,和霍拉三女神(季节)是姐妹(赫西俄德,《神谱》901 - 906)。

④ 拉克西斯:希腊文为 $Λάχεσις$,意为"释放(命运之线)的女神"。

⑤ 克洛托:希腊文为 $Κλώθω$,意为"纺线女神"。

⑥ 阿特罗珀斯:希腊文为 $Ἄτροπος$,意为"不可违逆的女神"。

⑦ 神灵:希腊文为 $δαίμων$,此处指伴随灵魂进入下一个人生、指引和帮助这人生活的"灵性";此时,灵魂仍保持着自己的记忆,对前世经历的种种欢乐和悲痛仍记忆犹新,在选择决定其下世命运的神灵时,每个灵魂当然会有所偏重;某些灵魂因在前世接受过教育,曾借助理性的光辉看过永恒不变的本质世界,懂得什么是真正的美,他们也就会选择更富有理性、更符合正义、更幸福的生活(618b - c)。

签选择你们,相反,你们将会选择神灵。谁先中签,就让谁先选择必定会与其共存的人生。然而,美德并无主人①,你们每一位,尊敬她或轻视她,都能或多或少地拥有她。责任在选择者一边。[5]神没有责任。'

"说完了这些,他便把那些签牌抛向大家,每人随即捡起落在自己身旁的签牌,唯独他是例外,因为他们没让他捡;一捡起签牌,每人就立刻清楚自己中了第几名。[618a]这事完毕后,神的代言者又把那些代表各种生活方式的标志摊在地上,摆在他们的面前,数量远超过在场的人。其种类包罗万象,因为一切动物的生活方式和一切人类的生活方式都包括在内。其中有僭主式的生活,[5]一些终生如此,另一些则中途断毁,接着以贫困、流放、乞讨而告终;这里头也包括名人式的生活,一些凭外貌上的俊美,要不就凭体力,[618b]或凭体育上的竞争能力,另一些则凭家庭出身和父辈们的优秀品德,还有一些名人式的生活,但并非凭以上这些原因而出名,妇女们的生活也如此。不过,灵魂的分级不在里面,因为选择不同的生活方式必然会获得不同的等级;其余的生活方式都掺和在一起,并且与财富[5]或贫困、疾病或健康相混,或与其中间状态相混。就是在这里,我的格劳孔,一个人面临着全部的危险,而正是由于这个原因,[618c]这事必须得到我们特别的重视,我们每一个人必须先别管其他各种学科而首先充当这一学科的探索者和学生,看某人怎么能知道并且找出这么一个人,此人会使他成为一个有能力、有知识的人,能辨别高尚和低劣的生活,[5]面对各种他能办到的事情,不管在什么场合,总能作出最好的选择,能认真考虑我们不久前讨论过的一切东西并对它们进行综合比较,看到他的种种选择如何能对他一生的美德作出贡献,并且懂得美是什么,[618d]当它和贫穷或财富掺杂在一起,又协同哪一种灵魂习性,它惯于给人带来祸患或利益,懂得出身高贵或出身低贱、过平民生活或执权当官、身强力壮或软弱无力、学习精明或学习迟钝以及一切诸如此类属于灵魂中天生固有或后天形成的习俗意味着什么,[5]当它们相互混杂在一起,又惯于带来什么后果,这样,当他从这一切中总结出了道理,他便成了一个有能

---

① 美德并无主人:美德(ἀρετή,音译"阿瑞苔",指人的最优秀、最美好的品质,此处已拟人化)并非属于某一特定的生活模式;每一个人能通过努力在自己的事业中争取到她。

力作出选择的人,眼睛始终看到灵魂的本质,看到什么生活更糟和什么更好,[618e]称任何一种生活更糟,如果它把灵魂引向那处、使灵魂更不公正,称它更好,如果它使灵魂更加公正,其他一切东西他都可撒手不管;因为我们已经看到,无论活着还是死后,这是最优越的选择。如同金刚石一般,[619a]一个人必须紧抱这一信念走向哈得斯的世界,使自己同样在那里不被财富和诸如此类的东西所迷惑,不会投身于种种僭主式统治和其他诸如此类的事务而给人带来许多不可克服的祸患,自己也进一步面临更大的遭遇,[5]而是始终懂得在诸如此类的东西中要为自己挑选居中的生活方式①,躲开那些把人抛向两端的东西,不仅在这一生中尽可能如此,而且要在随后的任何一个时期都这样。因为只有这样,[619b]他才能成为一个最幸福的人。

16."接着,这个从那里来的信使当时又进一步向人透露,那个神的代言者又说了这话:'即使对于最后一个上前来的人,如果他用心作出了选择,并且能尽自己最大的努力去生活,那么,摆在他面前的会是一种可爱的人生,并非可恶。[5]第一个人在选择上别粗心大意,最后一个也别泄气。'

"当对方话音刚落,那个得到头签的人,他说,立刻走上前去,挑了一个最大的僭主制模式,在愚昧和贪婪的驱使下,没把各方面的事情考虑充分就作出了选择,以致他完全没有注意到自己命中注定要连连吞食自己的孩子并且遭受[619c]其他种种祸患;然而,当他在空闲中思考起这事,他又是捶打自己又是痛恨这一选择,怪自己没把那个神的代言者事先说的那些话放在心上;因为他以为自己不是一切祸患的根源,[5]根源在于命运和各种神灵以及除他自己以外的一切。这人属于从天上下来的那批,他前生曾生活在一个治理有条的城邦体系中,曾只靠

---

① 挑选居中的生活方式:这一生活原则似乎提得很突然,尽管在列举各种极端的生活处境时(618a—b),厄尔已经作了暗示,建议人们要避免选择极端,最好选择介于富豪(僭主)和贫民之间的生活方式,但这一思想在该书中并没有得到进一步解释。不过,柏拉图在《治邦者》中(283c—284e)对什么是"适中的尺度"以及"衡量的艺术"进行过讨论和阐述,并把"居中"看作介于两个极端之间的东西;在《法义》中(716c—d),柏拉图提出了"天神是万物的尺度"的思想,一个懂得自我节制、做事掌握分寸的人是神的朋友,因为在这一点上他和天神相像。亚里士多德在《尼各马可伦理学》中(1106b13)也阐述过这一原理,认为美德本质上处于中间的地位。

习俗①而不靠哲学[619d]占有过美德。然而,正如他又补充说,从天上下来的那些人中涌向诸如此类生活方式的灵魂并非少数,因为他们在痛苦方面缺乏经验;而许多从大地而来的人,因为他们不仅自己受过苦而且别人受苦他们也[5]都看到过,所以他们并非如此迫不及待地作出自己的选择。一方面是这个原因,此处的大部分灵魂都得到了好与坏之间的对换,另一方面靠签牌给他们的运气;因为,如果某人,每当他来到这个世界生活,每次都全心全意地追求智慧,[619e]并且让他作选择的签牌名次没有落入最后之列,那么很有可能,根据从那里传出的消息,他不仅能在这里感到幸福,而且这一从这里到那里又从那里到这里的旅程也不会通过地下并且充满坎坷,[5]而是平坦开阔并且通过天空。

"其实这本身,他说,的确是个值得一看的场面,看这些灵魂各自如何[620a]选择自己的生活方式;因为这个场面看起来既可怜、又可笑、又令人震惊;因为它们大部分是在根据自己前世的生活经验作出选择。的确,他说,他看到从前曾是俄尔甫斯②的灵魂此刻选择了天鹅的生活,出自对于[5]女性的憎恨,因为他曾死在她们的手中,如今不希望自己投胎于女人来到世间;他还看到塔缪里斯③选择了夜莺的生活;

---

① 只靠习俗:可见,哲学上的启蒙并不是唯一能使灵魂上天的先决条件;尽管如此,当灵魂面临最重要的选择时刻(618b),习俗也只能是它唯一能依靠的帮助。

② 俄尔甫斯:传说中的忒腊克歌手,父亲是忒腊克国王奥厄格罗斯(一说是阿波罗),母亲是缪斯卡利俄佩;其音乐和歌声能驯化野兽,能移动岩石和树木;他的妻子欧律狄刻在草地上采集花朵时被蛇咬,魂飞冥间,俄尔甫斯凭着自己的音乐闯入冥间,用音乐感动了冥王和冥后,对方答应让欧律狄刻跟着他重回人间,唯一的条件是,从冥间通向地面的路上,他不能回头往后看;在快到地面的一刻,俄尔甫斯不忍回头看了一下,欧律狄刻的阴影一瞬间从他身后消失。回到人间后,俄尔甫斯从此不近女色,后在酒神节中被一群充满嫉妒和癫狂忒腊克妇女解体碎尸。传说,他的头颅和里拉琴被抛入赫勃洛斯河,随流入海,最后飘到勒斯波斯岛;当地人把他的头颅和乐器埋葬在岛上,从此以后,该岛以诗歌和音乐著称(参见阿波罗多罗斯,《文库》1.3.2;罗得岛诗人阿波罗尼俄斯,《阿尔戈斯英雄记》1.23 – 34;奥维德,《变形记》10.1 – 85,11.1 – 84;维吉尔,《农事诗》4.453 – 527)。柏拉图在《会饮》中(179d)提到过俄尔甫斯之死。

③ 塔缪里斯:传说中的歌手,父亲是诗人菲拉蒙,母亲是森林女神阿尔基奥佩;阿尔基奥佩怀孕时曾受丈夫的谴责而出逃,从帕尔纳索斯山来到忒腊克,塔缪里斯生于该地;如同他父亲,塔缪里斯曾在德尔斐获得过歌咏比赛大奖;此后,他竟然狂妄地向九位缪斯挑战,在美塞尼的多利昂和她们一比高下,结果输给后者;按比赛前的规定,获胜者可以任意"处置"对方,缪斯们剥夺了塔缪里斯的目光和他的艺术(参见荷马,《伊利亚特》2.594 – 600;阿波罗多罗斯,《文库》1.3.3;泡萨尼阿斯,《希腊游记》4.33.3,4.33.7)。

又看到一只天鹅通过选择把自己的生活改变成了人的生活,并且看到其他一些具有音乐素养的动物也做了如此选择。[620b]获得第二十号签牌的灵魂选择了狮子的生活;这是忒拉蒙之子埃阿斯的灵魂①,它故意躲开了成为人的机会,因为它仍记得当初那个有关那些武器裁决。此后轮到阿伽门农的灵魂②;它也同样,出自对于人类的敌意,[5]因从前所忍受的那些痛苦,换取了雄鹰的生活。阿塔兰忒③的灵魂获得的签牌号居中,它低头久久注视着属于一个男性运动健儿的种种伟大荣誉,实在无法继续往前,于是就选择了这一生活。在这以后,[620c]他还看到帕诺佩乌斯之子厄庇乌斯的灵魂④换上了一个女手艺人的本性;他还进一步看到,在最后一批中,小丑般的忒尔西忒斯的灵魂⑤给自己套上了猴子的外壳。由于运气关系,奥德修斯的灵魂⑥获得的签

---

① 埃阿斯的灵魂:埃阿斯,特洛亚战争期间希军中的名将,此刻,其灵魂仍充满了愤恨,因为根据当时希军的决定,阿喀琉斯死后,谁手中握着他的武器,这武器就属于谁,本来应该属于埃阿斯的武器(或是由于雅典娜的帮助,或是奥德修斯从中作梗,暗中说服了几个判官)结果被判给了奥德修斯;不久,埃阿斯为名誉而自杀(参见索福克勒斯的悲剧《埃阿斯》;荷马,《奥德赛》11.543 – 567)。

② 阿伽门农的灵魂:阿伽门农是弥克涅国王,特洛亚战争中希军元帅;战争结束后,他回到自己的家乡,在宫中被自己的妻子克吕特姆涅斯特拉杀死(参见埃斯库罗斯的悲剧《阿伽门农》;荷马,《奥德赛》4.519 – 537),因此,他的灵魂充满了对人类的失望和憎恨(荷马,《奥德赛》11.385 – 466)。

③ 阿塔兰忒的灵魂:阿塔兰忒,著名的女猎手(一说是阿尔卡狄亚人,一说是波伊俄提阿人),杰出的运动员,跑速赛过任何男人;她曾要求参加由伊阿宋领导的"阿尔戈斯远征",被后者婉言拒绝,因为她是唯一的女性,伊阿宋怕随行的男人们会为她而发生纠纷而不和(罗得岛诗人阿波罗尼俄斯,《阿尔戈斯英雄记》1.769 – 773);后来,她参加了由墨勒阿戈罗斯组织的围捕卡吕冬地区一头野猪的活动。古希腊有许多有关她的传说,参见阿波罗多罗斯,《文库》1.9.1 – 2,3.4.2 – 3;奥维德,《变形记》4.416 – 542;泡萨尼阿斯,《希腊游记》1.44.7 – 8,9.23.6,9.34.5 – 9。

④ 厄庇乌斯的灵魂:厄庇乌斯,福基斯人,在特洛亚战争中,以特洛亚木马的主要设计制造者著称(荷马,《奥德赛》8.493);传说,他同时又是木马中的希腊勇士之一(维吉尔,《埃涅阿斯纪》2.264)。

⑤ 忒尔西忒斯的灵魂:忒尔西忒斯,特洛亚战争中希军中的一个普通士兵;此人长相丑陋,身体呈畸形,总爱哗众取宠,逗人发笑,并爱代表底层士兵带头和阿伽门农争吵(荷马,《伊利亚特》2.221 – 277)。

⑥ 奥德修斯的灵魂:奥德修斯,拉埃尔特斯和安提克勒亚之子,伊塔卡国王;特洛亚战争中为希军主要将领之一,战争结束后,因受海王波塞冬的阻挠,在海上流浪十年,

牌让它最后一个上前做选择,[5]因它仍记得从前一生中的种种苦难而停止了对名誉的热爱,它来回走了好长时间,为了寻找一种普通平民的生活,不干公事,结果,它费了好大劲才找到了对方,因为这一模式躺在某个被其他所有选择者都忽略的地盘上,[620d]看到这模式后,它说,它会和刚才做得完全一样,即使自己拿到头签,说完便高兴地为自己做了选择。同样,其他一些从前为野兽的灵魂也按同样的方式过渡到人类,或彼此过渡到不同的兽类,不公正的变成野性动物,公正的[5]变成驯化动物,所有品质混杂的灵魂又彼此相混。

"当所有的灵魂选择好了各自的生活模式,按抽签的顺序,它们又排成一队走到拉克西斯的面前。她把和每一灵魂挑选的生活模式相配的神灵①赐给了对方,[620e]让这神灵充当对方生活的庇护者和一切抉择的实施者。接着,这神灵首先把它带向克洛托,来到那女神手下,观察她转动那一旋转中的纺锤,确定这一灵魂通过抽签为自己选中的命运;获得了命运后,他又把这一灵魂带[5]向阿特罗珀斯旋转纺锤的地方,使这段被分配到的命运从此不可改变;然后,他俩头也不回地走到[621a]阿娜昂克的宝座下,并从那底下穿过,当其他灵魂也都通过此处后,所有的灵魂又共同来到忘却河谷②,经过一阵可怕的火烤和烟燎;这处其实是块空地,没有树木和任何大地上生长的东西。它们就在这里安顿了下来,[5]因为这时黄昏已经来临,紧靠这条无忧河③,这里的水,据说,任何盛器都无法把它盛住。所有的灵魂都必须喝一定剂量的河水,但那些没有受到理性拯救的灵魂惯于喝得超过这一剂量;喝了这水,[621b]饮者便永远地忘掉了一切。它们躺下入睡,到了半夜,又

经历了种种不幸的遭遇,最终在雅典娜的帮助下才得以会到自己的家乡;荷马史诗《奥德赛》叙述的就是有关他的故事。此处,根据厄尔的叙说,奥德修斯似乎是一个充满了人生智慧的样板,这当然吻合这一结尾神话的艺术模式和思想主题——奥德修斯的灵魂并非选择哲人的理想生活,它选择了一个精明通达、谨慎成熟、安分守己的人所能够、所应该选择的生活方式。

① 神灵($\delta\alpha\iota\mu\omega\nu$):守护个人命运的神灵,或个人的命星。
② 忘却河谷($\Lambda\eta\theta\eta$):在希腊神话中通常指冥间的一条河流,灵魂喝了河中的水便会忘记有关前生的一切记忆。
③ 无忧河:希腊原文为$\mathrm{A}\mu\epsilon\lambda\eta\varsigma\ \pi\sigma\tau\alpha\mu\sigma\varsigma$,意思是"没有忧虑的河流",忘却河的一个又名。

是雷鸣又是地震,从那里它们突然一个东一个西地被腾空运往各自的出生地,飞也似的宛如一群流星。他自己没得到喝这水的许可;[5]他经过什么途径和如何回到了自己的躯体,他一点也不知道,只知道,黎明时他睁开眼时,突然发现自己躺在火葬堆上。

"就这样,格劳孔,故事被保全了下来,并没有销声匿迹,[621c]它能拯救我们,如果我们能听从它的劝告,这样,我们不仅能顺利地渡过忘却河,同时又能使自己的灵魂不受污染。可不,如果我们能听从我的劝告,共同认为灵魂不朽,认为它能承受住一切祸患和一切福利,[5]我们就能始终走在那条向上的道路上,依靠理性的帮助、通过各种方法追求正义,这样,我们不仅能成为自己的朋友,同时又能成为众神的朋友,当我们仍驻留在这里,[621d]以及当我们获得了它的奖品,如同手持冠军、绕场奔跑的胜利者,不仅在这里,而且在那一历时为一千年的路途中,如我们前面所说,我们都会过得很顺利。"

对话纲要

[《理想国》的"十卷"之分并非来自柏拉图本人,而是来自后人,属于"版面加工",代表某种"机械的、并非内容对称的肢解"(Schleiermacher语)。数百年来,无数学者、编译者对《理想国》一书作过程度不同的章节分析,其目的是为了清楚地展示该书的思想结构,帮助读者更好地理解和掌握全书的内容。在编排"对话纲要"的过程中,译者主要借鉴了 O. Apelt, Fr. Ast, É. Chambry, H. Leisegang, F. Schleiermacher, K. Vretska 等人的分析(其具体书目、版本,见附录"参考书目")]

第一部分
(引子)
327a1 – 354c3
(卷一,1 – 24)
对话背景;初探正义

一、背景:苏格拉底来到佩莱坞斯,参加本荻斯宗教节,被邀请到克法洛斯家作客,327a1 – 328b3(卷一,1)。

二、克法洛斯和苏格拉底之间的谈话:

1. 克法洛斯论老年人的忧虑,人生的乐趣,人的性格,328b4 – 329d6(卷一,2 – 3)。

2. 克法洛斯的观点:财富是使人过上正义生活的最好帮助;给正义下定义的第一次尝试:正义是合理地偿还欠物,329d7 – 331d9(卷一,4 – 5)。

三、苏格拉底和珀勒马科斯之间的对话,331e1 – 336a10(卷一,6 – 9)。

1. 对克法洛斯的定义作进一步分析;珀勒马科斯以西蒙尼德斯的话为根据,331e1 – 332b8(卷一,6)。

2. 正义是做对朋友有益、对敌人有害的事,无论在战争时期或在和平时期,332b9 – 333d12(卷一,7)。

3. 区分真正的或表面的朋友和敌人:正义是支持真正的朋友、伤害真正的敌人,333e1-335b1(卷一,8)。
  4. 苏格拉底证明:正义并不伤害任何人,335b2-336a10(卷一,9)。
四、苏格拉底和忒拉绪马科斯之间的对话,336b1-354c3(卷一,10-24)。
  1. 描述和智术师派代表忒拉绪马科斯展开争论的场面和背景,336b1-338a3(卷一,10-11)。
  2. 给正义下定义的第二次尝试:忒拉绪马科斯声称,正义是强者的利益,338a4-339b6(卷一,12)。
  3. 苏格拉底对这一定义的分析和忒拉绪马科斯的辩护,339b7-342e11(卷一,13-15):
    a. 苏格拉底指出:对强者(统治者)的服从有时和强者的利益(正义)背道而驰,因为强者在发布命令时有时会犯错误;因此,这种正义同时也包含对强者的不利,339b7-340c2(卷一,13)。
    b. 忒拉绪马科斯承认,统治者在统治的过程中会犯错误,会做出对自己不利的事;但他强调,统治者在犯错误的那一刻并非能被称为统治者;作为"专业统治者",他们绝不会犯错误,340c2-341a4(卷一,14)。
    c. 苏格拉底对"专业艺术"的本质和服务对象作进一步探讨,证明没有一种专业艺术为自身利益服务;相反,每一种专业艺术都为它的服务对象谋利益,341a5-342e11(卷一,15)。
  4. 试图确定什么是正义的作用(卷一,16-24):
    a. 忒拉绪马科斯论非正义的利益和好处:僭主制是非正义统治的根本形式;非正义为人提供最高等的幸福、丰富的财物、最大的权势,343a1-344c8(卷一,16)。
    b. 苏格拉底的反驳:
      aa. 苏格拉底相信:正义给人更大的利益;统治艺术为被统治者的最高利益服务,344d1-345e4(卷一,17);
      bb. 每一专业艺术和其工作成果所能带来的报酬是两种不同的东西,必须得到明确的区分,345e5-347a6(卷一,18);
      cc. 存在这么一种必要性,它逼迫正直、高尚的人上台施行统治,而这种统治并不给这样的统治者本人带来什么利益,347a7-348b7(卷一,19);
      dd. 根据忒拉绪马科斯的看法,非正义是智慧和美德;他承认:正义者并不会想比他的同类获得更多的东西,而非正义者恰恰相反,348b8-349c10(卷一,20);
      ee. 苏格拉底证明:想比同类人获得更多的利益,这不是智慧的表

现,相反,它是缺乏智慧的表现,349c11-350c11(卷一,21);
- ff. 非正义是否强大,如果非正义者之间不讲正义,他们合作的事业是否能成功? 350c12-351c6(卷一,22);
- gg. 纯粹的非正义,不管和人合作或自己单干,不可能将事情办成,351c7-353a8(卷一,23);
- hh. 只有依靠正义这一独特的美德,灵魂才能成功地办事,才能幸福,353a9-354c3(卷一,24)。

第二部分
357a1-445e4
(卷二—卷四)
寻找和确认正义

一、格劳孔和阿德曼托斯论正义和非正义的关系,要求苏格拉底对正义的本质作进一步阐述,357a1-369b4(卷二,1-10)。
1. 序论:格劳孔要求苏格拉底证明正义在各方面比非正义优越;苏格拉底指出:有三类美好的东西,正义属于最美的一类,357a1-358a6(卷二,1)。
2. 格劳孔假设自己站在鄙视正义的人的立场发表演说,358a7-362c8(卷二,2-5):
   - a. 论正义和非正义:正义的本质和正义的产生,358a7-359b5(卷二,2);
   - b. 没有能力干非正义之事的人才鼓吹实施正义:居吉斯的戒指,359b6-360d7(卷二,3);
   - c. 纯粹的非正义和纯粹的正义,360e1-361d3(卷二,4);
   - d. 结论:非正义者的生活好于正义者的生活,361d4-362c8(卷二,5)。
3. 阿德曼托斯发表演说:指出一般人赞扬正义的表面性,因为他们谈论正义时,看到的只是表面现象;要求探索正义的本质和它对灵魂的影响,362d1-367e5(卷二,6-9):
   - a. 阿德曼托斯检验主张正义的人们的动机:大多数人赞扬正义并非为了正义本身,而是为了它给人们带来的结果,362d1-363e4(卷二,6);
   - b. 一般人的看法:正义使人吃苦;非正义给人带来更多的利益;按诗人们的说法,甚至天神们也倾向于非正义者,并且让自己受外来因

素的支配,363e5 – 365a3(卷二,7);
- c. 这些观点引诱人们去过非正义的生活,365a4 – 366b2(卷二,8);
- d. 结论:正义不比非正义更受人欢迎;向苏格拉底提出要求:阐明正义本身的优越性,366b3 – 367e5(卷二,9)。
 4. 苏格拉底建议:为了得到一个有关正义的正确定义,可以先用一个更大、更容易看清的模式,即,在城邦中观察正义,367e6 – 369b4(卷二,10)。

二、城邦和城邦中的正义,369b5 – 444a9(卷二,11 – 卷四,17)。
 1. 创建城邦,369b5 – 427c5(卷二,11 – 卷四,5):
  a. 城邦产生于人们对生活物资的需要,它根据劳动分工的原则得到创立和发展,369b5 – 373d3(卷二,11 – 13)。
   aa. 健康的城邦,369b5 – 372c1(卷二,11 – 12)。
    产生于人的最基本的生活需要;这一需要通过人们进行劳动分工和建立最重要的工种和专业而得到满足。
   bb. 奢华的城邦,372c2 – 374d7(卷二,13 – 14)。
    产生于人渴望过奢华的生活的需要;这一需要通过人们建立一系列新型专业而得到满足,其中包括专业武士(城邦卫士),以备应付必要的战争。
  b. 卫士阶级,374d8 – 427c5(卷二,15 – 卷四,5):
   aa. 卫士的本质和性格,374d8 – 376e1(卷二,15 – 16)。
   bb. 卫士们的教育,376e2 – 412b1(卷二,17 – 卷三,18):
    aaa. 音乐,376e2 – 403c8(卷二,17 – 卷三,12)
    bbb. 体育,403c9 – 412b1(卷三,13 – 18);
    ccc. 教育的目的,412b2 – 415d5(卷三,19 – 21)。
   cc. 卫士们的生活和任务,415d6 – 427c5(卷三,22 – 卷四,5)。
 2. 正义,427c6 – 443b6(卷四,6 – 16):
  a. 城邦中的正义,427c6 – 434c6(卷四,10):
   aa. 智慧,427c6 – 429a7(卷四,6);
   bb. 勇敢,429a8 – 430c7(卷四,7);
   cc. 自我克制精神,430c8 – 432e7(卷四,8 – 9);
   dd. 正义的定义,433a1 – 434c6(卷四,10)。
  b. 个人中的正义,434c7 – 443b6(卷四,11 – 16):
   aa. 灵魂是城邦的翻版:灵魂有三个组成部分,434c7 – 436a7(卷四,11);
   bb. 三个部分的本性不同,各有自己的渴望和追求,436a8 – 441c3

　　　　cc. 它们的作用和功能:理性为统治者,气魄为助理,欲望为被统治者;自我克制精神乃是个人中的正义,441c4-443b6(卷四,16)。
　3. 总结:正义是城邦和灵魂中的和谐,443b7-444a9(卷四,17)。
三、有关非正义,444a10-445e4(卷四,18-19):
　1. 解释灵魂中的非正义,444a10-444e6(卷四,18);
　2. 正义比非正义规则:优秀品质具有一种形式,低劣品质具有四种形式,444e7-445e4(卷四,19)。

第三部分
449a1-541b5
(卷五—卷七)
正义的城邦有可能被建立的条件

一、序论:阿德曼托斯代表在座的人打断苏格拉底有关非正义的论述,要求苏格拉底对前面(423e)提到的有关妇女共有问题做进一步阐述和解释;苏格拉底承认:问题重大,必须严肃考虑;诸如此类的政策是否真能实现;如果能实现,它们是否真是最好的政策,449a1-451c3(卷五,1-2)。
二、理想的城邦的可实现性和最好的实现措施(如何对付三大浪潮),449a1-471c3(卷五,1-14)。
　1. 有关男女平等问题(第一个浪潮),451c4-457b6(卷五,3-6):
　　a. 妇女应该接受同样的体育训练和音乐教育,451c4-452e3(卷五,3);
　　b. 男人和女人在自然本性方面有不同之处,452e4-454d6(卷五,4);
　　c. 在城邦中,男女地位原则上平等,454d7-456a12(卷五,5);
　　d. 平等的教育不仅可能,而且是最好的教育,456b1-457b6(卷五,6)。
　2. 有关妇女和儿童共有制问题(第二个浪潮),457b7-471c3(卷五,7-16):
　　a. 共同的事业使男女过集体生活,57b7-458d7(卷五,7);
　　b. 安排公婚,458d8-460a1(卷五,8);
　　c. 共同抚养儿童,461a1-461e4(卷五,9);
　　d. 实行妇女儿童共有制的益处,461e5-466d5(卷五,10-13):
　　　aa. 和谐的统一:一个城邦所能享受的最大的福利,461e5-462e3(卷五,10);

bb. 妇女和儿童共有制是实现这种统一的基本保证;这种制度不仅最好而且也最切实可行,462e4 – 465d1(卷五,11 – 12);

cc. 这一生活的神圣和幸福,465d2 – 466d5(卷五,13)。

e. 插曲:战争事业,466d6 – 471c3(卷五,14 – 16):

aa. 把卫士阶级的孩子们带入战场;崇敬和热爱战场上的英雄人物,466d6 – 468c9(卷五,14);

bb. 从饮食、从葬礼方面体现出对英雄人物的崇敬;对被敌人俘虏的人和对战死的敌人应采取什么态度,468c10 – 469e6(卷五,15);

cc. 有关和希腊人交战以及和外邦人交战的规定,469e7 – 471c3(卷五,16)。

3. 有关统治者的问题:城邦必须由哲人来统治,这是实现这个城邦的保证(第三个浪潮),471c4 – 502c8(卷五,17 – VI,14)。

a. 哲人们必须成为统治者,471c4 – 474c11(卷五,17 – 18):

aa. 这么一个城邦是否有可能成为现实? 471c4 – 473b3(卷五,17);

bb. 由一批哲人实行君主制,这是实现这个城邦的必要条件,473b4 – 474c11(卷五,18)。

b. 哲人的定义,474b – 480a(卷五,19 – 22):

aa. 热爱智慧的人是一切真知的爱好者,474d1 – 475e7(卷五,19);

bb. 目睹真理本身是哲人和普通人的区分标志;认识和认识的对象:真知的认识对象是真正存在的东西,意念或想象认识的对象是物质世界中的东西,无知的认识对象是虚无,475e8 – 477b13(卷五,20);

cc. 论人的认识能力;论感官认识(意念和想象)的对象,477c1 – 478d12(卷五,21);

dd. 有许多东西可以作为感官认识(意念和想象)的对象:凭感官,人们看到许多种美好的东西;真正存在、永恒不变的美只有一种,478e1 – 480a13(卷五,22)。

c. 哲人的职能和特性,484a – 4487a8(卷六,1 – 2):

aa. 哲人必须是城邦的目光敏锐的卫士,必须是法律的保护者,必须善于促使实际经验和理论认识的统一,484a1 – 485a9(卷六,1);

bb. 有哲人本性的人必然拥有如下特点:热爱知识;富有自我克制精神;本性高贵,气魄勇猛;充满正义;理解力强、思考深刻;生活平衡、优雅,485a10 - 487a8(卷六,2)。

  d. 目前流行的对哲人的错误看法和轻视及其原因,487a - 497a(卷六,3 - 10):

    aa. 阿德曼托斯对苏格拉底有关哲人的论述挑错:在现实生活中,哲人是一帮令人讨厌、对城邦无用的人,487b1 - 487e6(卷六,3);

    bb. 苏格拉底用船长和船员的比喻解释民众的无知;那些杰出的哲人表面看似乎无用,487e7 - 489d6(卷六,4);

    cc. 当今那些所谓的哲人的言行实际是在给哲学抹黑;他们个人品质败坏,这并不是哲学的过错,489d7 - 489e2(卷六,5);

    dd. 具有适合成为哲人天赋的人面临种种威胁和腐蚀,489e3 - 497a5(卷六,6 - 10):

     aaa. 不良的环境和条件给具有哲人本性的人带来特别危害,489e3 - 492d1(卷六,6);

     bbb. 单独一人很难抵制众人对他本性的腐蚀;智术师派代表的是众人的意见,492d2 - 493e1(卷六,7);

     ccc. 对哲人本性进行腐蚀的途径和方式,493e2 - 495a3,(卷六,8);

     ddd. 具有哲人本性的人的命运和哲学的命运,哲学受到的鄙视和虐待,495a4 - 496a10(卷六,9);eee. 在这种条件下,一个哲人还能有什么样的努力机会? 496a11 - 497a5(卷六,10)。

  e. 城邦的健康取决于哲人的统治,497a - 502c(卷六,11 - 13):

    aa. 当今的城邦中没有一个适合哲人;哲学不应该是年轻人的职业,哲学应该是终生追求的目标,497a6 - 498c4(卷六,11);

    bb. 正确的解释和指引将能克服一切对哲学的偏见和厌恶;众人并非无法教学,498c5 - 500b7(卷六,12);

    cc. 哲人面临的任务:彻底清洗旧的城邦;勾画新型的城邦;根据理想模式和现实勾画新型的人,500b8 - 502a3(卷六,13)。

 4. 结论:以上讨论的是实现理想城邦的最好措施;尽管很难,这一城邦仍有可能成为现实,502a4 - 502c8(卷六,14)。

三、对哲人的培养和教育,502c9 - 541b5(卷六,15 - 卷八,18)。

 1. 培养真正的哲人的困难:

  a. 存在于人的本性;某些特性(如极度的灵敏和极度的坚韧不拔)

很难聚合在一起,502c9 - 504a3(卷五,15);
  b. 在达到最高认识的过程中:认识美好这一最高理念,504a4 - 505b4(卷五,16)。
2. 论"美好",505b5 - 521b11(卷六,17 - 卷七,5):
  a. "美好之物"的本质:
    aa. 一般人对"美好之物"的看法;认识"美好之物"本身的意义,505b5 - 506b1(卷六,17);
    bb. 举例:和"美好之物"相像、以实物形式出现的后代;理念和实物的区别;视觉的特殊性,506b2 - 508a3(卷六,18);
    cc. 太阳,尽管本属"美好之物"的后代,可被借来比喻"美好之物"本身,508a4 - 509b10(卷六,19);
  b. 人和周围世界的关系:认识对象和认识形式:
    aa. "线喻":阐明可见之物的领域和可被思维之物的领域,509c1 - 511a2(卷六,20);
    bb. 辩证思维的过程和对象,它和几种数学学科的对比,511a3 - 511e5(卷六,21)。
  c. 对"美好之物"的认识道路,514a1 - 518b5(卷七,1 - 3):
    aa. 洞喻:描述被监禁在洞穴中的人们的处境,514a1 - 515d8(卷七,1);
    bb. 向上攀登、走到阳光的领域,以及重新走入洞穴,515e1 - 517a7(卷七,2);
    cc. 解释这个比喻的含义,517b1 - 518b5(卷七,3);
  d. 结论:教育的目的和任务,518b6 - 521b11(卷七,4 - 5):
    aa. 教育的目的是使灵魂转向,518b6 - 519d9(卷七,4);
    bb. 受过全面教育的哲人必须上台统治,即使他们自己并不愿意,519e1 - 521b11(卷七,5)。
3. 学习的过程,518c - 521c(卷七,6 - 7):
  a. 认识过程:如何把灵魂从生成世界引向本质世界,521c1 - 522d9(卷七,6);
  b. 借助感性知识:某些特定的感性认识有能力唤醒理性,激发理性积极活动,522e1 - 524d1(卷七,7)。
4. 学习的内容,524d2 - 535a2(卷七,8 - 14):
  a. 数字,524d2 - 526c7(卷七,8);
  b. 几何,527c8 - 527c11(卷七,9);

  c. 天文,526d1-530c5(卷七,10-11);
  d. 和声,530c6-531c8(卷七,12);
  e. 辩证学,531c9-535a2(卷七,13-14):
    aa. 前面的所有学科都是辩证学的预备课程,辩证学是研究存在之物的科学,531c9-533c6(卷七,13);
    bb. 总结辩证学的地位和任务,533c7-535a2(卷七,14)。
5. 学习的阶段,535a3-541b5(卷七,15-18):
  a. 简要地重申有关学习者的条件:性格和天赋,535a3-536d4(卷七,15);
  b. 年龄与进程:
    aa. 17~20岁:接受一系列体育锻炼,没有精神文化教育;
    bb. 20~30岁:学习各门学科以及与它们相关的科学;
    cc. 30~35岁:学习辩证法,以及运用辩证法必须谨慎的理由;
    dd. 35~50岁:接触和参与城邦的具体事务;
    ee. 50岁以上:被引导去观望最崇高的理念;参加部分实际工作;培养青年,536d5-540c9(卷七,18)。
6. 为哲人掌握城邦政权、实现这一城邦体制创造最好的条件:将所有年满10岁的儿童从城民中隔离出来,送到农村集中培养;对儿童、青少年施行教育,540d1-541b5(卷七,18)。

第四部分
543a1-592b6
(卷八—卷九)
论非正义

一、扼要重述第二、三部分的内容,继续当时被中断的(449a-b)、有关非正义的讨论,543a1-545c7(卷八,1-2)。
二、非正义的城邦体制,与这些城邦体制相对应的个人,两者的产生及其本质。
 1. 荣誉制,545c8-550c3(卷八,3-5)。
  a. 城邦:
    aa. 产生:从处于没落阶段的贵族制演变而来,以私有制为基础,对什么是正确的生育期没有认识(柏拉图的数字),545c8-

547c8(卷八,3)。
bb. 特性:具有部分高尚、部分低劣的混合特征;对金钱的贪婪增长;高度重视胜利和荣誉,547c9 – 548d5(卷八,4)。
　b. 个人:
　　aa. 特性:自我意识强,追求荣誉,热爱音乐,但不爱知识;
　　bb. 产生:儿子从小受母亲、家人以及亲友的诱导和影响;灵魂中的气魄部分占主导地位,548d6 – 550c3(卷八,5)。

2. 寡头制,550c4 – 555b2(卷八,6 – 9)。
　a. 城邦:
　　aa. 产生:从荣誉制演变而来;对钱财过分贪婪,金钱成了分配城邦公职的标准,550c4 – 551c1(卷八,6);
　　bb. 特性:四大缺陷。以私有财产而不是知识为担任公职的标准;城邦中贫富差别增大;忽视工作专业化的原则;任意挥霍财产的自由,551c2 – 553a5(卷八,7)。
　b. 个人:
　　aa. 产生:由于父亲在政治和城邦公民生活方面受人排挤,儿子被迫为积聚财富而奋斗;灵魂中的欲望部分占据统治地位,553a6 – 554a1(卷八,8);
　　bb. 特性:对金钱极度贪婪,缺乏文化修养,表面正直,内心狡诈,554a2 – 555b2(卷八,9)。

3. 民主制,555a3 – 562a3(卷八,10 – 13)。
　a. 城邦:
　　aa. 产生:从寡头制演变而来;因追求金钱和享受,富人堕落为弱者;风行所有公民一律平等的原则,555a3 – 557a8(卷八,10);
　　bb. 特性:全面施行自由的原则;无视或憎恶任何一种强制性言行;疏忽对下一代的正规教育,557a9 – 558c7(卷八,11)。
　b. 个人:
　　aa. 产生:受"雄蜂"阶层的影响,沾染上挥霍财富的恶习;全面放任追求快乐的欲望,558c8 – 559d3(卷八,12);
　　bb. 特性:追求生活安逸;根据平等地满足一些欲望的原则生活;缺乏固定的生活目标和准则(卷八,13)。

4. 僭主制,562a – 576b(卷八,14 – 卷九,3)。
　a. 城邦:
　　aa. 产生:从民主制演变而来,因后者过于陶醉于自由;城邦和个

人生活处于无政府状态;城邦分化为三个阶级,民众领袖涌现于世,最终成为僭主,562a4-566d4(卷八,14-16);

    bb. 本质:僭主始终不断地和所有的人交战;奴隶和异邦人成了他的朋友和卫士;非法地吞并别人的财产,566d5-569c9(卷八,17-19)。

  b. 个人:

    aa. 产生:种种非法的欲望出现在梦中;非法的欲望占生活的主导地位;蜕变成酗酒者、穷奢极欲者、疯子,571a1-573c10(卷九,1-2);

    bb. 本质:一味挥霍、贪图享受的生活导致侵犯自己的父母和朋友的利益;目中无人,生活放荡不羁,573c11-576b10(卷九,3)。

三、判断正义者和非正义者的幸福,576b11-580c5(卷九,4-13)。

1. 第一个证明:根据城邦政体和人的灵魂的平行关系,576b11-580c5(卷九,4-6)。

  a. 判断僭主制城邦和僭主本人的不幸,576b11-577b9(卷九,4);

  b. 判断僭主的灵魂:不自由,贫困,充满了恐惧;拥有政权的时间越长,其不幸程度就越深,577c1-579c3(卷九,5);

  c. 判断不同类型的人的幸福,579c4-580c5(卷九,6)。

2. 第二个证明:根据心理,580c6-583a11(卷九,7-8)。

  a. 根据前面提到的灵魂的不同部分,区分三种不同类型的人和他们的快乐,580c6-581e5(卷九,7);

  b. 建立在真知上的快乐最甜蜜,581e6-583a11(卷九,8)。

3. 第三个证明:根据本质,583b1-588a11(卷九,9-11)。

  a. 躯体感受到的种种快乐并不是纯粹的快乐,它们只是对疼痛的暂时驱除,583b1-584c12(卷九,9);

  b. 躯体的快乐与精神的快乐的比较,584c12-586c6(卷九,10);

  c. 君主的快乐和僭主的快乐之间的距离,586c7-588a11(卷九,11)。

4. 结论:正义强于非正义;人面临的任务:以灵魂中的理性部分为人生向导,588b1-592b6(卷九,12-13)。

  a. 以灵魂的一个形象为例,解释非正义行为的含义,588b1-590a4(卷九,12);

  b. 按照这个形象解释社会道德;有理性的人的生活方式,590a4-592b6(卷九,13)。

第五部分
595a1 – 621d3
(卷十)
批评模仿性诗歌;灵魂的道路和正义的报酬

一、对诗歌艺术批评以及这一批评的哲学根据,595a1 – 608b10(卷十,1 – 8)。
  1. 模仿的形式:
    性质不同的三类东西:理念、实物、该实物的艺术模仿品;它们的创造者:神、工匠、艺术家;从理念到实物、到模仿品,真实性相应地不断减弱,595a1 – 598d6(卷十,1 – 2)。
  2. 论荷马:
    荷马并没有任何专业知识;他没有创立城邦的经验,没有带兵打仗的经验,没有发明创造,他的后代也都如此,598d7 – 600c1(卷十,3)。
  3. 论一般诗人:
    作为模仿物的制造者,对自己所模制的东西既无真知也无正确的看法,600c2 – 602b11(卷十,4)。
  4. 诗歌的影响:
    a. 作用于灵魂中的非理性部分:模仿和灵魂中非理性部分结盟,创造没有价值的东西,使这一部分陶醉入迷;模仿诗人专为灵魂中低劣的部分效劳,602c1 – 605c5(卷十,5 – 6);
    b. 模仿诗歌的最大危害:它甚至腐蚀那些努力追求美德的人,650c6 – 607a9(卷十,7)。
  5. 排除模仿性诗歌的合理性和必要性:诗歌和哲学的对立由来已久;在接纳诗歌之前,必须首先证明它对城邦必不可少,607b1 – 608b10(卷十,8)。
二、正义者的报酬,608c1 – 621d3(卷十,9 – 16)。
  1. 灵魂的不朽性,608b1 – 612a7(卷十,9 – 11):
    a. 一般原则:每一东西因受其自身中低劣部分的摧残而瓦解,608b1 – 610a4(卷十,9);
    b. 然而,灵魂中的低劣部分并不能摧毁灵魂本身,610a5 – 611a3(卷十,10);
    c. 灵魂的真正本质不同于它目前所呈现出的多种形态,它的本质只能从它和躯体区分中得到认识,611a4 – 612a7(卷十,11)。

2. 活在人间时获得天神和人们给予的报酬,612a8 – 613e5(卷十,12)。
3. 死后获得的报酬:通过厄尔的故事解释灵魂的命运;每一个人为自己的命运作出选择,为其担当全部责任,神与其无关,613e6 – 621d(卷十,13 – 16):
    a. 脱离躯体后的群魂的道路;接受惩罚的轻重和大小,613e6 – 615d3(卷十,13);
    b. 对僭主们的惩罚。阿娜昂克["必然女王"]的纺锤,615d4 – 617d1(卷十,14);
    c. 在拉克西斯安排下,灵魂抽签选择未来的生活方式,617d2 – 619b1(卷十,15);
    d. 某些从前的名人的选择。群魂来到忘却河畔,重新投生,617b2 – 621d3(卷十,16)。

专有名词索引

A

阿伯德拉[Ἄβδηρα]:忒腊克一城市,普罗塔戈拉的家乡,600c。

阿波罗[Ἀπόλλων]:宙斯和勒托之子;在忒提斯的婚礼宴会上唱歌,383b;被阿喀琉斯责骂,391a;受祭司克吕塞斯乞求,393a,394a;他的里拉琴比马尔苏亚的双管笛优越,399e;阿斯克勒皮俄斯的父亲,408b;应该由他来制定涉及神殿的建筑、贡献牺牲、膜拜天神等社会活动的法律,427b-c,469e,470a。

阿德拉斯忒娅[Ἀδρήστεια]:复仇女神,苏格拉底请求她原谅,451a。

阿德曼托斯[Ἀδείμαντος]:阿里斯同之子,格劳孔和柏拉图的哥哥,327c;首先插话,发表自己的论述,362d;希望听到正义对人的灵魂产生什么影响,367b;得到了回答,368a-372c,376d-398c,419a-427d,487b-506c,548d-576b;插话,449b。

阿尔狄埃俄斯[Ἀρδιαῖος]:潘斐利亚僭主,615c。

阿尔戈斯[Ἄργος]:伯罗奔半岛一地区,381d,393a。

阿尔基诺奥斯[Ἀλκίνοος]:费埃克斯人的国王,614b。

阿尔卡狄亚[Ἀρκαδία]:伯罗奔半岛一地区,565d。

阿尔喀洛科斯[Ἀρχίλοχος]:公元前8-7世纪抒情诗人,365a。

阿尔墨尼俄斯[Ἀρμένιος]:厄尔的父亲,614b。

阿芙罗狄忒[Ἀφροδίτη]:爱神,和阿瑞斯绑在一起,390c。

阿伽门农[Ἀγαμέμνον]:弥克涅国王,特洛亚城中为希腊军队的元帅;他的梦,383a;得到的礼物,390e;斥责并且撵走克吕塞斯,392e;似乎是可笑的将军,522d;选择了雄鹰的灵魂,620b。

阿格莱翁[Ἀγλαΐων]:勒翁提俄斯的父亲,439e。

阿喀琉斯[Ἀχιλλεύς]:忒提斯和佩琉斯之子;不应该把他描绘成一个喜欢抱怨和赌气的人,388a;不应该因他喜欢钱财而赞扬他,390e,391a;贪婪和高尚这两种品质不可能同时存在,391c。

阿开奥斯人[Ἀχαιοί]:特洛亚城前的希腊人,389e,390e,393a,394a。

阿里斯同[Ἀρίστων]:柏拉图、格劳孔和阿德曼托斯的父亲,327a,368a,427d,580b。

阿里斯托努摩斯[Ἀριστώνυμος]:克莱托丰的父亲,328b。

阿娜昂克(Ἀνάγκη):必然女王,命运三女神的母亲,616c;她的纺锤,617b;她的宝座,621a。

阿纳卡尔西斯[Ἀνάχαρσις]:斯基泰人,哲人,600a。

阿瑞斯[Ἄρης]:战神,宙斯和赫拉之子;和阿芙罗狄忒绑在一起,390c。

阿斯克勒皮俄斯[Ἀσκληπιός]:阿波罗之子,神医,408b;古代医术的创始人,405d;没有传授现代医术,因为城邦里没有人有时间接受长期治疗,406c;没有传授饮食疗法,407c;传说被雷击死,408b-c;他及其后代的习惯做法,406a,599c。

阿塔兰忒[Ἀταλάντη, Ἀταλάντα]:著名的女猎手,选择了男运动员的灵魂,620b。

阿特罗珀斯[Ἄτροπος]:命运三女神之一,"不可违逆"的女神,617c,620e。

阿特柔斯[Ἀτρεύς]:阿伽门农和墨涅拉奥斯的父亲,393a。

埃阿斯[Αἴας]:忒拉蒙之子,以勇猛著称,468d;选择了狮子的灵魂,620b。

哀嚎河[Κωκυτός]:冥间的一条河流,387b。

埃及[Αἴγυπτος]:埃及人以贪钱出名,436a。

埃里妃莱[Ἐριφύλη]:安斐阿劳斯的妻子,590a。

爱若斯[Ἔρως]:爱情或情欲之神,作为欲望的僭主,329c;参见内容索引"爱,情欲"一条。

埃斯库罗斯[Αἰσχύλος]:古希腊最早、最重要的三大悲剧家之一;361b,362a,380a,381d,383b,391e,550c,563c。

《奥德赛》[Ὀδύσσεια]:荷马史诗,393b。

奥德修斯[Ὀδυσσεύς]:伊塔卡岛国王,334b;他的灵魂选择了平民的生活方式,620c。

奥林匹亚运动会[Ὀλύμπια]:获得冠军的人并不如城邦卫士们那样幸福,465d,466a;奥林匹亚的习惯做法和奥林波斯宙斯,583b。

奥托吕科斯[Αὐτόλυκος]:奥德修斯的外祖父,334b。

B

本荻斯[Βενδῖς]:忒腊克女神 327a(注);她的宗教节日,354a。

庇阿斯[Bías]:普里厄涅人(公元前6世纪),古希腊七大圣贤之一,335e。

毕达哥拉斯[Πυθαγόρας]:萨摩斯岛人(公元前6世纪),在意大利半岛南部的克罗同创立了一个研究哲学的社会团体;这一学派特别热衷于研究数学,600b;530d。

波塞冬[Ποσειδῶν]:海神王,忒修斯的父亲,405b。

D

达蒙[Δάμων]:雅典人(公元前5世纪),重要的智者派代表和音乐理论家,400b,424c。

德尔斐[Δελφοί]:古希腊最重要的阿波罗神殿和神示所,427b。

狄俄墨德斯[Διομήδης]:特洛亚城中的希腊英雄;他的话值得赞扬,389e;狄俄墨德斯式的逼迫,493d。

狄俄尼索斯节[Διονύσια]:在雅典和希腊其他许多城市和乡村中举行,以宗教游行、音乐比赛、戏剧演出等活动庆祝的酒神节日,475d。

狄提拉姆波斯[διθύραμβος]:一种由簧管伴奏的合唱歌曲,394c。

E

厄庇乌斯[Ἐπειός]:帕诺佩乌斯之子,选择了一个女手艺人的灵魂,620c。

厄尔[Ἤρ]:阿尔墨尼俄斯之子,潘斐利亚人,614b。

俄尔甫斯[Ὀρφεύς]:远古时期的一位歌手,被忒腊克妇女解体碎尸,364e;他的灵魂选择了天鹅的生活方式,620a。

F

斐玻斯[Φοῖβος]:阿波罗的一个别称,383b。

腓尼基人[Φοίνικες]:以爱钱著称,436a;腓尼基人的传说,414c。

佛基利德斯[Φοκυλίδης]:米利都诗人(约公元前6世纪),407a,407b。

佛伊尼克斯[Φοῖνιξ]:阿喀琉斯的老师,390e。

弗里吉亚(调)式[Φρυγιστί]:399a。

G

格劳科斯[Γλαῦκος]:海神,比作灵魂,其躯体上长满了贻贝、珠蚌等生物,611c。
格劳孔[Γλαύκων]:阿里斯同之子,阿德曼托斯的弟弟,柏拉图的哥哥;327a, 338a;突然插话,347a;又开始继续讨论,357a;重新提出忒拉绪马科斯论点,358b;宣布自己支持苏格拉底,474a;直接和苏格拉底的对话,372c – 376d;398c – 417b;427d – 487a;506d – 548d;576b – 621d。

H

哈得斯[Ἄδης]:冥王,通常指冥间;人到了老年便开始相信有关他的传说, 330d;人在那里的得到报酬或惩罚,363c – d;加入神秘教,净化灵魂,到了冥间对人会有帮助,366a;有关哈得斯的种种故事不应该让人对死亡产生恐惧心理,386b,386d,392a;从冥间到天堂,521c;一个非辩证论者似乎一生都在睡觉,甚至到了冥间也会这样永远睡下去,534d;天神创造了一切,包括冥间的一切,596c;哈得斯的头盔,612b;带着坚定的信念进入冥间,619a。
海伦[Ἑλένη]:墨涅拉奥斯的妻子,586c。
赫尔摩斯[Ἕρμος]:小亚细亚的一条河流,566c。
赫斐斯托斯[Ἥφαιστος]:宙斯和赫拉之子,主管冶炼的神匠;不应该传说有关他被父亲抛下天堂或向母亲报复的故事,378d;或传说他拖着瘸腿为众神斟酒、令人发笑的事,389a;或传说他把妻子阿芙罗狄忒和阿瑞斯绑在一起的故事,380c。
赫克托尔[Ἕκτωρ]:普里阿摩斯之子,最杰出的特洛亚英雄,391b。
赫拉[Ἥρα]:宙斯的妻子;不应该传说她被儿子绑架的故事,378d;也不应该传说她化妆成女祭司请求人们施舍的故事,381d;宙斯急迫地向她求欢,390c。
赫拉克利特[Ἡράκλειτος]:以弗所人(公元前6—前5世纪),重要的古希腊哲人;他说,太阳每日一新,498b。
赫勒斯蓬托斯[Ἑλλήσποντος]:今称达(尔)达尼尔海峡,404c。
赫利俄斯[Ἥλιος]:太阳神;光源,视力的媒介,508a;美好(之物)的萌芽, 508b – c;使可见之物生存、成长、获得养料,而他(它)自己并不属于生成之物,509b。

赫罗狄科斯[Ἡρόδικος]:医生兼体操教练,发明了一些新医疗法,他在这方面刻苦钻研,因为他自己有病,406a。

荷马[Ὅμηρος]:他喜欢奥托吕科斯(奥德修斯的外祖夫),334a;正义似乎是一种偷窃艺术,334b;正义者得到天神的赞赏,363a,612b;他歪曲了天神和英雄人物的形象,应该受到谴责,他说的东西必须受到审查,该删除的必须删除,377d-392a;他让狄俄墨德斯这么说,应该得到赞赏,389e;作为战争艺术的导师,404b;显示出他真懂古代医术,405d-406a,408a;证明理性的部分不同于充满气魄的部分,441b;他敬慕英雄,很有道理地称他们宛如天神,501b;有关哈得斯(冥间)的描述,386c-387c,516d;呼吁缪斯女神,545d;对荷马的敬畏和爱戴,595b;悲剧诗人的先驱和导师,595b,598d,606e;他更好地治理过哪一个城邦,599b,帮助过哪一个城邦,599e,指挥过哪一场战争,培养过什么人,600a;不然,他会得到人们的挽留和重用,而不会是个四处奔波的游吟歌手,600c-d,从他开始,一些诗人都不过是表面现象的临摹者,600e;在他的作品中,英雄们有时唉声叹气,650c;他被誉为希腊的导师,606e-607a;他的作品充满了魅力,607c。

赫西俄德[Ἡσίοδος]:史诗诗人,363a;他歪曲天神和英雄人物的形象而应遭谴责,377d-378a,466c,468e;他说,属于黄金族的人死后会变成大地上的神灵,变成人类的保护者,468e-469a;人类有四个不同的时期、四个不同的人种,546e;作为游吟歌手,600d,612b。

恨河[Στύξ]:冥间的一条河流,387b。

J

基塔拉琴[Κιϑάρα]:一种类似里拉琴的弹拨乐器;允许使用,399d。

九头蛇[Ὕδρα]:多头怪物,被砍去一个头,伤口上会长出两个头,427a。

居吉斯[Γύγης]:吕底亚国王,359c,612b。

K

卡尔克冬[Χαλκηδών]:博斯普鲁斯海峡边一城市,忒拉绪马科斯的家乡,328b。

卡尔曼提德斯[Χαρμαντίδης]:雅典人,忒拉绪马科斯的学生,328b。

喀戎[Χείρων, Χίρων]：著名的马人，阿喀琉斯的老师，391c。

卡戎达斯[Χαρώνδας]：卡塔涅人(公元前6世纪)，著名的立法家，599e。

科俄斯岛[Κέως]：爱琴海中一岛屿，智者派代表、教育家普罗狄科和诗人西蒙尼德斯的家乡，600c。

克法洛斯[Κέφαλος]：珀勒马科斯、吕西阿斯和欧蒂德谟的父亲，327a，327b；显得老了，328b；退出会谈，331d。

克莱托丰[Κλειτοφῶν]：阿里斯托努摩斯之子，忒拉绪马科斯的学生，328b；在讨论中插话，340a。

克里特人[Κρῆτες]：如同拉刻岱蒙人，首先有裸体锻炼的习惯，452c；称自己的祖国为"母亲的土地"，575d；他们的荣誉政体值得称赞，544c。

科林多的少女[Κορινθία κόρη]：作为情人，404d。

克吕塞斯[Χρύσης]：阿波罗的祭司，392e，393d。

克罗诺斯[Κρόνος]：乌拉诺斯之子，宙斯的父亲；赫西俄德不应该描述他向父亲报复的事，377e-378a。

克洛托[Κλωθώ]：命运三女神之一，617c，620e。

克罗伊索斯[Κροῖσος]：吕底亚国王(公元前6世纪)，他得到的神谕，566c。

克瑞奥菲洛斯[Κρεώφυλος]：传说是荷马之子或密友，600b。

L

拉刻岱蒙人[Λακεδαιμόνιοι]：首先有裸体锻炼的习惯，452c；他们的政体值得赞颂，544c；吕库尔戈斯改进了他们的制度，599d。

拉克西斯[Λάχεσις]：命运三女神之一，617c，617d，620d。

勒翁提俄斯[Λεόντιος]：雅典人，阿格莱翁之子，想看犯人的尸体，439e-440a。

里拉琴[λύρα]：399d。

吕底亚[Λυδία]：小亚细亚一地区，居吉斯是该地的国王，359d。

吕底亚(调)式[Λυδιστί]：398e-399a；

吕凯奥斯[Λυκαῖος]：宙斯在阿尔卡狄亚地区拥有的一个性格特称，565d。

吕库尔戈斯[Λυκοῦργος]：斯巴达国的立法家和社会改革家，599d。

吕萨尼阿斯[Λυσανίας]：克法洛斯的父亲，330b。

吕西阿斯[Λυσίας]：克法洛斯之子，珀勒马科斯的弟弟，以(替人)写演说稿著称，328b。

M

马尔苏亚[Μαρσύας]:笛子演奏家,在乐器比赛中,被阿波罗击败,399e。
麦伽拉[Μέγαρα]:地名,格劳孔和阿德曼托斯参加过"麦伽拉之战"(也许是公元前409年),368a。
米达斯[Μίδας]:传说中的小亚细亚地区一国王,一度拥有点物成金的魔术,408b。
冥狗[Κέρβερος]:冥间的看门狗,558c。
缪塞俄斯[Μουσαῖος]:远古时期一歌手,363c,364e。
缪斯女神[Μοῦσαι]:宙斯的九个女儿;缪塞俄斯和欧摩尔珀斯是她们的后代,364e;哲学的代称,499d,548b;呼吁她们的指引,543d,546e;忽视缪斯意味着堕落的开始,546e;缪斯说的是真理,547a;如果让给人快乐的缪斯进入城邦,快乐和痛苦就会成为城邦的统帅,取代理性,607a。
摩摩斯[Μῶμος]:责备之神,487a。
墨涅拉奥斯[Μενέλαος]:海伦的丈夫,特洛亚城的挑动者,408a。
墨诺伊提奥斯[Μενοίτιος]:帕特罗克洛斯的父亲,388d。
摩伊拉[Μοῖραι]:阿娜昂克的三个女儿,通称"命运三女神",阿特罗珀斯、克洛托和拉克西斯,617c-d。

N

尼喀阿斯[Νικίας]:尼刻拉托斯的父亲,雅典元帅,327c。
尼刻拉托斯[Νικήρατος]:尼喀阿斯之子,谈话的参与者,327c。
尼俄柏[Νιόβη]:因傲慢而丧失了14个孩子,380a。

O

欧蒂德谟[Εὐθύδημος]:克法洛斯之子,珀勒马科斯的兄弟,327a,328b。
欧里庇得斯[Εὐριπίδης]:雅典人(480-406),古希腊三大悲剧作家之一,568a。
欧律皮洛斯[Εὐρύπυλος]:特洛亚城中的希军英雄;他的医术,405e;408a。

P

帕拉墨德斯[Παλαμήδης]：特洛亚城中的一名希腊英雄，以其聪明著称，522d。
帕诺佩乌斯[Πανοπεύς]：厄庇乌斯的父亲，620c。
帕特罗克洛斯[Πάτροκλος]：墨诺伊提奥斯之子，阿喀琉斯的好友，388d，391b，406a。
潘达罗斯[Πάνδαρος]：特洛亚英雄，他用箭射伤了墨涅拉奥斯，379e，408a。
潘斐利亚[Παμφυλία]：小亚细亚一地区，614b，614c。
佩尔狄卡斯[Περδίκκας]：马其顿国王（公元前5世纪），336a。
佩莱坞斯[Πειραιεύς]：雅典的港口，一译"比雷埃夫斯"（今称），对话的所在地，327a，328c，439e。
佩里安德罗斯[Περίανδρος]：科林多僭主（公元前6—前5世纪），336a。
佩里托奥斯[Πειρίθοος]：忒修斯的朋友，391c。
佩琉斯[Πηλεύς]：阿喀琉斯的父亲，391c。
佩洛普斯的后代[Πελοπίδες]：佩洛普斯的儿子阿特柔斯和提埃斯忒斯，以及他们的儿子阿伽门农和埃吉斯托斯，380a。
匹塔科斯[Πιττακός]：缪提勒涅人，古希腊七大圣贤之一，335e。
皮提亚[Πυθία]：德尔斐阿波罗的女祭司，540c。
品达[Πίνδαρος]：著名的合唱抒情诗诗人（公元前5世纪），331a，365b，408b。
珀勒马科斯[Πολέμαρχος]：克法洛斯之子，327a，327b；邀请苏格拉底到他家做客，327b，327c；讨论中插话，331d；反对忒拉绪马科斯的观点，340a，427d，449b。
珀吕达马斯[Πουλυδάμας]：著名的摔跤手，338c。
普拉姆涅葡萄酒[οἶνος Πράμνειος]：用作药剂，405e。
普里阿摩斯[Πρίαμος]：特洛亚国王，388b。
普罗狄科[Πρόδικος]：科俄斯岛人，著名的智术师派代表，600c。
普罗塔戈拉[Πρωταγόρας]：阿伯德拉人，最著名的智术师派代表，600c。
普罗透斯[Πρωτεύς]：一个上了年纪的海神，惯于变形，381d。

S

萨尔佩冬[Σαρπηδών]：宙斯之子，388c。

塞勒涅[Σελήνη]:月亮女神,缪塞俄斯的母亲,364e。

塞里佛斯[Σέριφος]:爱琴海中一岛屿,329e。

塞壬[Σειρῆνες]:一组随命运的纺锤旋转、发出不同音乐声调的女神,617b。

斯基泰[Σκυϑία]:黑海边一地区;斯基泰人有雄浑的气魄,435e;斯基泰人阿纳卡尔西斯,600a。

斯居拉[Σκύλλα]:传说中的海上女妖,588c。

斯佩尔凯奥斯[Σπερχειός]:希腊中部的一条河流,391b。

斯忒西科罗斯[Στεσίχορος]:重要的合唱抒情诗诗人(公元前7—前6世纪),586c。

苏格拉底[Σωκράτης]:来到佩莱坞斯港,328c;作为讽刺家,336b,344d;只喜欢提问,不愿意发表演说,337e;他拥有的所谓的智慧,338b;故意装作自己是个无知者,337e;只能用赞美的话表示感谢,因为自己没钱,338b;所谓的手段狡猾,341a;把自己比作一个贪吃的人,354c;想通过对话驳倒对手,341a;坚信正义的绝对优越性,345c;承认自己把对话引入歧途,354b;开始以老师的身份交谈,357c;他做法上的错误,487b;喜欢打比方,488a;他的"神灵之声",496c。

索福克勒斯[Σοφοκλῆς]:雅典三大悲剧家之一(公元前5世纪),329c。

梭伦[Σόλων]:雅典立法家(公元前6世纪),诗人,536d,599e。

T

塔尔塔罗斯[Τάρταρος]:冥间的一个区域,616a。

塔缪里斯[Τάμυρις]:远古时期一诗人,620a。

泰勒斯[Θαλῆς]:米利都人(前7—前6世纪),古希腊七大圣贤之一,600a。

忒阿格斯[Θεάγης]:苏格拉底的一个学生,496b。

忒尔西忒斯[Θερσίτης]:特洛亚城中一个形象丑陋、令人讨厌的希军士兵,620c。

忒腊克[Θράκη]:巴尔干半岛的一个地区;忒腊克人的游行队伍,327b;忒腊克人以勇猛著称,435e。

忒拉蒙[Τελαμών]:萨拉米斯岛人,埃阿斯的父亲,620b。

忒拉绪马科斯[Θρασύμαχος]:卡尔克冬人,智术师派代表,演说家;328b;在讨论中插话,336b;声称,正义是属于强者的特权,338c;发表了长篇论述,343b-344c;态度变得温和,354a;赞同有关妇女阶层的论述,450a,450b;仍被看作朋友,498c-d,545a,590d。

特洛亚[Τροία]：达达尼尔海峡旁的一城邦，一译"特洛伊"，被希腊人毁灭；393e，405d，408a，586c；在理想的城邦中，人们不应该阅读有关特洛亚城的故事，380a。

忒弥斯[Θέμις]：法律女神，380a。

忒米斯托克勒斯[Θεμιστοκλῆς]：雅典治邦者和军队元帅（公元前5世纪），329e-330e。

忒提斯[Θέτις]：海洋女神，佩琉斯的妻子，阿喀琉斯的母亲，381d；她的婚礼，383b。

忒修斯[Θησεύς]：传说中的英雄，雅典国王，391c。

吐火女妖[Χίμαιρα]：长有鹿头、羊身、蛇尾的怪物，588c。

W

忘却河[Λήθη]：冥间的一条河流；只有没有理性的灵魂才会喝足这里的水，从而彻底忘记一切，621a。

乌拉诺斯[Οὐρανός]：克罗诺斯的父亲，377e。

X

西蒙尼德斯[Σιμωνίδης]：科俄斯岛人（公元前6—前5世纪），著名抒情诗人，331d，331e，334b，334e，335e。

希腊人[Ἕλληνες]：和外邦不一样，所有希腊人都是自己人，470c；希腊人之间的战争是一种疾病，不应该称战争，应该称内讧，470d；希腊人有求知欲，435e；受荷马的培育和熏陶，606e。

西西里[Σικελία]：一译西刻利亚；不推荐西西里式的菜食，404d；西西里敬重自己的立法家卡戎达斯，599e。

叙拉古烹调[Συρακοσία τράπεζα]：因其过分讲究，不予推荐，404d。

叙林克斯排箫[Σῦριγξ]：牧人用的一种乐器；不能被采纳，399d。

薛西斯[Ξέρξης]：波斯国王（公元前5世纪），336a。

Y

雅典娜[Ἀθήνη, Ἀθηναία, Ἀθηνᾶ]：宙斯的女儿，不应该被描绘成一个违背誓言的女神，379e。

伊达["Ἴδα]:山名,位于小亚细亚,391e。
意大利[Ἰταλία]:599e。
伊利昂["Ἴλιον]:特洛亚国的又名,393b,522d。
《伊利亚特》[Ἰλιάς]:一部描述特洛亚城的荷马史诗,392e。
伊纳科斯["Ἴναχος]:伯罗奔半岛阿尔戈斯地区的一条河流,381d。
伊斯墨尼阿斯[Ἰσμενίας]:忒拜人(公元前5世纪),以拥有巨大财富著称,336a。
伊塔卡[Ἰθάκη]:奥德修斯的家乡,393b。

Z

宙斯[Ζεύς]:克罗诺斯之子;他的两个瓦罐,379d;作为违背誓言者,379e;处理众神之间的争端,380a;给了阿伽门农一个梦,383a;被感情左右,390b;佩琉斯的祖父,391c;佩里托奥斯的父亲,391c;宙斯的亲戚,391e;宙斯的祭台,391e;阿尔卡狄亚的吕凯奥斯宙斯,565d;奥林波斯宙斯,583b;607c。

内容索引

A

爱,情欲(爱若斯):情欲是各种欲望的僭主,329c;对美丽的灵魂之爱超过对美丽的躯体之爱,躯体上的缺点比较容易被忽视和容忍,402d;爱的享受,最强烈的欲望,403a;真正的爱,热爱秩序和完美,403a;不带性享受,403b;爱者可以抚摸和亲吻被爱者,如同对儿子,403b;其他行为显出爱者缺乏(音乐)教育和美感,403c;(音乐)教育的目的在于培养对美的追求,403c;爱者忽视微小的缺陷,474d,热爱整体,475a – 475b,爱,渴望掌握一切事物的本质,490a – b;真正的爱,对于哲学的热爱;情欲(爱若斯)是雄蜂,573b,573e,574e,575a;僭主式人物的情欲,578a,587d。

安宁:处于快乐和痛苦之间的灵魂的状态,583e。

B

百货市场:出售各种城邦体制的百货市场,即民主制,557d。

悲剧:根据神的本质刻画神的形象,不管在史诗中、抒情诗中或在悲剧中,379a;悲剧是直接模仿,394c;城邦是否应该容纳悲剧和喜剧,394d;悲剧的高尚格调,545e;人们普遍认为,悲剧中充满了智慧,568a;悲剧和模仿艺术,598d – e。

悲剧作家(诗人):他们所说的有关阿斯克勒皮俄斯的故事并不属实,408b;悲剧诗人不能创作喜剧,395a;如同悲剧诗人那样说话(含糊其辞),413b;悲剧诗人充满了智慧,568b;荷马是悲剧诗人的导师,595c,598d;他们的艺术甚至能伤害正直的人,605c – d。

悲叹、哀怨:不应该在诗歌中渲染,387c 以及下文;不接受(音乐)悲调,398e – 399a;诗人和悲叹者,606a。

北方民族:以勇猛著称,435e。

逼迫、强迫：没有人会自愿地上台执政、施行统治,345e,346e;必须把金钱、荣誉给予愿意上台执政的人,当作报酬,或给予惩罚,347a;受义务逼迫上台执政,347c;对优秀的人士施加压力,强迫他们走上统治地位,347c;必须迫使今日的哲人和君主改变各自的单一追求,迫使他们把城邦统治和哲学研究结合到一起,473d;真正的哲人必须被逼迫上台执政,这是他们的命运,不管他们愿意与否,499b,500d;必须使那些最优秀、最有天赋的人首先走上哲学的道路,然后走上统治城邦的岗位,519c;哲人必须为政治吃苦耐劳,为城邦的利益实行统治,这是他们义不容辞的职责,540b;在民主制城邦中,没有人会被逼迫上台执政,557e。

必然性：几何中的必然性,情欲中的必然性,458d;狄俄墨德斯式的必然性,493d;必然女神的纺锤616c。

变革：贫富悬殊唤起变革的欲望,422a;在音乐领域中不能有变革,424c。

辩证学：辩证学和概念打交道,智术和词语打交道,545a;苏格拉底式辩证学中的错误,487b;灵魂靠辩证学的力量掌握可被认识的东西,511b;辩证论者善于答辩,能对事物的本质作出合理的解释,531e,534b;辩证论者是作曲家,532a;辩证学能不通过感觉接触事物的真正本质,532a;辩证学是主曲,其他基本学科都只是序曲,辩证学只对掌握序曲的人有用,532e 以及下文;辩证学能摆脱种种假设和争议,径直奔回开端,533c;只有辩证论者认识"美好的理念",534c;辩证学是一切知识的最高终结,534e;学好各门学科是对某人是否具有辩证能力的最大的考验,537c;辩证论者能统一掌握各种知识,537c;滥用辩证法的危害,537d 以及下文。

保镖：僭主需要雇用保镖,566b;灵魂中欲望的保镖,573a。

报酬、佣金：一切统治者都要求报酬,345e;给官职的报酬,金钱、荣誉或惩罚,347a;美好的东西给人的报酬,357b-c;正义者获得的报酬,363d;雇工和佣金,371e;给卫士们生活费作为报酬,416d;美德的最大报酬,608c 以及下文,612d 以及下文,613d,614a 以及下文,621c。又见"雇佣工"。

暴发户：跻身于卫士阶层的职业手工业者(依靠财富或党派)会给城邦带来危害,434a-b;一个铜匠的例子,495e。

本性,才能,气质：人的本性和才能各不相同,370a;卫士们的特别气质,374e 以及下文;勇猛的气质,375a-b;哲人的气质,376a 以及下文;长期的模仿会变成本性,396d;自己患过病、体质虚弱的医生特别能干,408e;体育和音乐对人的本性的影响,410d-e;金、银、铜、铁构成的人的本性(腓尼基传说),415b 以及下文;在治理良好的城邦中,自然(本性)会让每一个社会阶层享受到幸福,421c;每一个人从事一项适合自己本性的工作,

423d;良好的本性产生于良好的培育,424a;自我克制精神存在于具有最优秀的本质、受过最好教育的少数人中,431c;正义的城邦拥有的三种特性:节制精神、勇气和智慧,435b;不同地区的人有不同的气质,435e;妇女的能力和男人的能力相比,454b 以及下文;哲人的本性,485b 以及下文,490b,502e,535b;软弱的本性干不出伟大的事业,491e,495b;哲人的本性受周围环境的威胁,494b 以及下文;只有极少数人具备哲人所必须具备的一切品质,503e;哲人的本性必须得到各种最严格的考验,503e;灵魂的其他优秀品质类似躯体的优秀品质,它们并非一开始就已存在,而是通过培养习惯和不断训练之后增添的,唯独思维这一优秀品质不同,它完全属于某种更加神圣的东西,518d-e;必须逼迫具有最优秀本性的人投身于最高等的学习,519c,535a,540a;一个人若有超越的天性,即使不经过教育培养,他也能成为一个优秀的人,558b;一些违法乱纪的欲望可通过驯化和教育得到压制,571b;具有最杰出能力的人有可能堕落成最大的犯罪分子,491e,495b;使我们本性中如同野兽的部分服从人性的部分,或服从神性的部分,这属于高尚的事,589d;本性中受到强行克制的欲望部分一直在渴望流泪、渴望大哭一场,606a;每一本性都带有某种随出生而来祸患,609a;灵魂的本性并不是组合物,因为它永恒不朽,它属于单一体,611b;它的真正本质在人死后可被认识,612a。

本质,存在:必须做本质上的正义者,不做表面上的正义者,361b;存在的世界是认识的对象,非存在的世界是非认识的对象,476e 以及下文;在存在和不存在之间有许多东西＝意想的对象,477b,479c-d;哲人,热爱本质的人,480a,485a;本质,永恒存在并且永远不变,486a;哲人有能力观察万物的本质,490b;他惯于让自己被每一种本质吸引,486e;他关心真正的存在,490a;他和本质亲近,从中获得智慧和真理,490b;本质是单一的东西,而不是多种多样的东西,493e;全神贯注于本质世界的人没有时间和变化无常的生成世界打交道,500b;灵魂看到的是本质,508d;美好是一种本质的东西,它超越一切,509b;辩证法和理念,511b-c;居住在洞穴中的人们以及他们对存在的信念,515b;灵魂的教育,转身面对本质,518c,521d;算术把灵魂引向本质,525d,几何学,527b,天文学,529b;上层世界中存在的影子,532c;基础科学只能梦幻般地接触到本质,533b-c;只有辩证学家才能认识本质并且把它和现象区分开来,534b-c,537d;观赏到本质给人带来真正的欢乐,582c;永恒不变的东西比变化不断的东西更能接触到本质,585c;真正存在的卧榻,由神创造,597c;画家和本质,598a-b;存在之物及其相随的祸患,609b。

不朽性:见"灵魂"。

C

猜测:意想的一部分,509e,511e,534a。

财富:财富能使人比较容易地度过老年,329e;克法洛斯的财富,330a-b;避免或排除非正义的最好工具,330d-e;在高贵的人手中充满价值,331b;无视正义的富翁,362c;富人和医术,406e-407a;财富和美德,407a;财富和贫困使产品质量下降,使人的品质变差,421d-e;卫士们必须防止城邦中出现贫富悬殊,421e;财富和贫困会引起革命,422a;对敌是富翁,更容易对付,422b;富人的城邦和穷人的城邦,422d-423a;财富能危害城邦,434a-b;当躯体的本质已被腐蚀,纵使有再多的财富,人生仍不值得一活,445a;财富伤害灵魂,491c;在理想的城邦中,真正的富翁掌握统治权,他们并非在金钱上富有,而是在构成幸福的必需品上、在美好的理性生活上富有,521a;金质和银质的人种天生富有,547b;财富和寡头政治,550e;寡头政体中的富城和穷城,551d;谁崇拜财富,谁就不会同时渴望自制精神,555c;在民主制城邦中,财富是雄蜂的饲料,564e;在僭主制城邦中,财富并不可靠,566c;富翁害怕自己的奴隶,578d;生活模式中的财富和贫困,618b。

才华:见"本性"。

测量,衡量:计算和称重量帮助我们纠正错觉,602d。

偿还:归还所欠的东西,332a。

城邦:最杰出、最不主张正义的城邦最有成果,351b;正义,一种属于个人,另一种属于城邦,368e;城邦产生的原因,人们缺乏独立自主的能力,369b;由4~5人组成的"原始"城邦,369d;以人的自然能力为基础的劳动分工,369d以及下文;商业的产生,370e-371a;商贩,371d;雇工,371e;简单的生活方式,372b;猪的城邦,372d;真正的、健康的城邦,372e;奢侈城邦的产生,372e以及下文;城邦文化,373a以及下文;因缺乏土地而进行战争,373e;卫士阶层,374a;每个阶层必须尽自己所能,374b-c;寻找合适的卫士,374e;通过排除不好的音乐和诗歌来净化城邦,399e;护理好本质健康的人,消除本质败坏的人,410a;常任教育指导,以保证城邦政体的健全,412a;城邦中的人分有三种本质(腓尼基传说),414d以及下文;铁质者的城邦必将灭亡,415c;不只是一个阶层而是整个城邦都应该处于幸福之中,420b,466a;缺乏工作能力在城邦的低层中没有多大危险,在高层中危险就很大,421a,434a-b;城邦中不能存在富贵或贫困,421e-422a;城邦的力量来自内在的统一,423a;大小合适的城邦,423b;每一个公民必须只从事一项适合自己本性的工作,423d;接受正确的教育,423e 以及下文;城邦的颠覆始于音乐,424d;无关紧要的事情无需法律规定,425b 以及下文;宗教方面的法律通过阿波罗来制定,427b-c;美好的城邦创建而成,它具有四大美德,427e;这一城邦具有智慧,428b;勇猛精神,429a;自我克制精神,431d-e;正义,城邦的基础,433a;城邦如同公民,435e;四种低劣的城邦政体形式,445a,544a;一种高等的形式,君主制或贵族制,445d;内部分裂是城邦的最大祸患,统一团结是最大的福利,462b;财产平等和共有,城邦的本质类似个人的本质,462c;所有的人成了兄弟、姐妹、父亲和母亲,463c;尊敬老年人,463d;没有有关钱财的诉讼案,464e;没有挣钱的烦恼,465c;有关理想城邦的理论的确不错,只是其可实现性还没有被证明,472e;哲人-王,473c-d;哲学必须为城邦服务,不让城邦崩溃消亡,497d 以及下文;哲人作为统治者,503a 以及下文;治理城邦不能靠没有受过教育的人,也不能靠一生埋头学习的人,519b-c;当今许多城邦得到的是虚梦般的治理,520c;被逼迫上台统治、本人并不心甘情愿的那些人能把城邦治理得最好,520d;权力之争是城邦内讧的根源,521a;城邦必须重视研究事业,必须使研究多出成果,528b-c;城邦的衰败,543a 以及下文;种种低劣的城邦形式对应人的不同本性,544d;城邦的崩溃产生于统治阶层内部的分裂,545d;荣誉制城邦政体,545c 以及下文;寡头制城邦政体,550c 以及下文;民主制城邦政体,555b 以及下文;僭主制城邦政体,562a 以及下文;事情做过了头,政体就会发生变化,563e,564a;理想的城邦:君主制是最优秀、最幸福的城邦政体,576e;来自人本身和人之外的神圣理性使城邦的全体公民统一和睦,590d;理论中的城邦,也许存在于太空,592b。

城邦的整体性:城邦太大,性质就会改变,423b;人们通过教育各自从事一项职业,423d;共同的欢乐和痛苦能团结人民,462b;法律促成城邦的内在统一,520a。

惩罚:学习,对于无知的人来说是一种惩罚,337d;对不愿意统治城邦的人有必要给予惩罚,347c;对品质优秀、有领导能力但自己又不愿意上台统治者的那些人来说,最大的惩罚无非是让比他们差的人上台统治,347c;对一个正义者的惩罚,因为表面看他是个非正义者,361e-362a;人们通过修辞术、通过向天神贡献牺牲躲避惩罚,365d-e;通过惩罚受益,380b,

391b,445a,591a-b;在一些统治糟糕的城邦中,谁想动摇法律制度,谁就会面临死刑,426c;在寡头制城邦中,父亲受到惩罚,553b;在民主制城邦中受惩罚的人,558a;另一个世界中的惩罚,615a 以及下文。

抽签:通过抽签决定谁有结婚的运气,460a;在民主制城邦中,人们通过抽签获得官职,557a;民主式的人物随心所欲,每当欲望来到身边,视如中签,557a;在另一个世界,灵魂通过抽签选择未来的生存形式,617e 以及下文。

丑恶,丑陋:卫士不会模仿任何丑恶的东西,395c;受过良好教育的人自然讨厌和憎恨丑恶的东西,402a;丑恶和灵魂的完美相对立,444e;丑陋和美丽相对立,476a;在许多美丽的物体中,有时其中某一物体会显得丑陋,479a-b;一个人不应该满足和丑陋打交道,如果他能接触美丽的真理,506c-d;许多人认为是美的东西实质上既美又丑,538d-e。

厨师:在奢侈的城邦中不可缺少厨师,373c。

厨师的艺术,烹调艺术:给食物增添味道,332d;烹调是女性的特长,455d。

触觉:把硬和软同时当作真实的感觉,524a。

船,航行:造船的人或舵手是船的专家,333c;随城邦的建立而出现,371b;船的比喻,488a 以及下文。又见"舵手"。

存在:见"本质"。

错觉:通过理性和测量来纠正,602c 以及下文。

D

大地之脐:德尔斐城阿波罗神殿中的一块石头,被誉为是大地的中心,427c。

大众,一般人,大多数人:大众都喜欢听荷马史诗,387b;普通人只看到单个物体的美,479d;在大众眼里,哲学上的出类拔萃者对他们根本没用,489b;真正腐蚀青少年的人,与其说是智术师派,不如说是社会上的乌合之众,492a 以及下文,尤其是在民众集会、法庭、戏院、军营等地方,492c-d;智术师只不过在迎合民众的观点和信条,493a;这种智慧如同一头巨兽,493b;和乌合之众密切交往的人必然会堕落,493d;一般人不能掌握美的本身(本质),493e;民众对哲人的粗暴无礼逼迫后者隐居,496c-d;民众不相信哲人,498d 以及下文;用温和语言向人们解释,真正的哲人和民众想象中的哲人本质不同,499e-500a;大多数人把快乐看作美好的东西,505b;他们羡慕和赞扬积累钱财的人,554b,591d;他们根据不同的立场对僭主的幸福或不幸有各种评价,576c;他们相信,诗人精通一切,能把一切说得非常精彩,599a;他们认为模仿艺术很美,602b;模仿心平气和的性格,这种做法始终不会被大众理解,604e;对诗歌必须留神,对它的爱必须受到克制,608a。

大与小:城邦的统治者必须给城邦的大小作个规定,城邦的发展不能超过限度,423b;大与小是相对概念,523e。

代沟,两代人之间的隔阂:543a,549c。

胆怯,怯懦:不应该在戏台上再现胆怯的人,395e;不和谐的人的灵魂,411a;怯懦是灵魂中各部分的紊乱,444b;胆怯的人应该改行去当手工业者或农民,468a;胆怯的人不能投身于哲学,486b;体质虚弱的富人因穷人的怯懦而占有财富,556d;奢侈的生活助长胆怯,590b;灵魂中没有理性的部分是怯懦的朋友,604d;怯懦以及其他气质使灵魂变得低劣,609c。

低劣,邪恶,祸患:给朋友利益、给敌人祸患属于正义之事,332d;称正义为美德,称非正义为邪恶,348c;低劣的人总想比他的同类以及本质和他相反的人获得更多的物质利益,350b;非正义＝灵魂的低劣,353e;忍受非正义是低劣的行为,358e;通向邪恶的道路是平坦的,364c;凡是不损害人的东西并不会造成邪恶,也不可能是邪恶的根源,379b;因此,天神不是邪恶的根源,379c;低劣的本性永远无法了解高贵的本性,也无法了解自己,409d;人们都自愿和低劣的东西分手,413a;对人身上低劣的部分施行统治＝自我克制,431a;低劣的本性有多方面的表现,444b;邪恶有无数种类,特别值得一提的有四种,它们和四种城邦政体形式相对应,445c-d;可笑的只是本性低劣的东西,452c;低劣是本性单一的东西,然而它呈现于许多的不同的个体,476a;邪恶的东西和良好的东西相反,反差大于不良的东西,491d;本性优秀的灵魂,如果从小受了邪恶的影响,会变得特别糟糕,491e;也存在低劣的快乐,505c;缺乏真知的看法属于低劣可耻的东西,506c;低劣者的灵魂被迫充当邪恶的奴仆,519c;僭主制是最糟糕的城邦形式,576d;选择美好的生活还是低劣的生活,这是我们面临的最重要的决定,578c,608b;僭主式人物是一切邪恶势力的豢养者,580a;对乐器品质的好坏,只有制造者而不是模仿者拥有正确的认识,602a;喜剧中引人发笑的东西是低劣的东西,606c;带腐蚀性、摧毁性的东西是祸患,608e;每一种东西都有某种与其本性相属、使其走向灭亡的祸患或疾病,609a;死亡,使人摆脱一切祸患?610d;灵魂有力量承受一切祸患和一切福利,621c。

敌人:见"朋友"。

笛子,笛子演奏者:不受城邦的容忍,399d;笛子的迷人的影响,411a,561c;笛子演奏家向笛子制造者解释笛子的规格和特性,601d。

帝王制:横暴的帝王制,544d。参见"君主制"。

颠倒价值(观):颠倒正确的价值观,560d。

雕塑家:540c。

调式,调性,和谐:严格地说,和谐是一种调式,398d;音乐和声和天文学有密切的关系,530d;当今流行的、过于繁琐的和声学必须被拒绝,531a-b;探索谐音中的数字关系,以加深对美好和美丽的研究,531c;节奏和音调最善于潜入灵魂的内部,最有能力感染它,401d;灵魂的协调,410e 以及下文;自我克制是一种精神和谐,432a;不同的部分通过正义达到和谐,442a。

对立(物):勇猛和温和两种的对立的气质有可能统一,375a 以及下文;同一物体不会做出或接受和它本性相对立的事,436b 以及下文;真正的和非真正的对立,本质和非本质的对立,454b-c;有益的东西也会危害灵魂的本质,491b-491c;美丽的东西有时看来丑陋,反之同样,479a;每一物总包含两个对立的方面,479b;好与坏的反差,491d;物极必反,563e,564a;快感和疼痛,充实感和排空,583a。

动物:马和狗有优秀的本性,335b;不准在戏院中模仿动物的声音,396b;动物没有勇敢的精神,430b;动物的灵魂中也有勇猛的部分,441b;对动物的驯化作为培养人的模式,459a 以及下文;动物在保护自己的幼崽时总显得特别勇猛,467a;它们的成长由环境决定,491d;庞大的动物＝大众,493c;兴盛时期,546a;在民主制城邦中,动物有肆无忌惮的行为,563c;一些人如牲口那样度日,586a;灵魂中的动物,588c;在另一个世界,人也可以选择动物的生活,620a-b。

洞穴的比喻:514a 以及下文。

独立生存:人不能独立生存,因此他必须建立城邦,369c。

堕胎:没有得到法律许可而怀孕的妇女必须面临堕胎,461c。

舵手,舵行的艺术:舵手能对出海旅行的人做出最有利或最有害的事,332e;船工和舵手对船最精通,333c;舵手凭航行的艺术充当一船之主,341c-d;不是为自己而是为同船航行的人提供利益,342e;舵手的艺术为海上航行提供安全,346a;区分什么可行、什么不可行,360e;不能对舵手虚报有关船的实情,389c;在理想的城邦中,鞋匠不会兼职当舵手,398e;船、船长和舵手的比喻,487e;天文学给航行艺术带来好处,527d;根据财产来选择谁当舵手,航行会很糟糕,551c。

E

阿谀奉承:在统治糟糕的城邦中,阿谀奉承被认为是美德,426c;奉承有才华的孩子,494c,538a;僭主本是个阿谀奉承者,他也渴望别人对他阿谀奉承,575e;阿谀奉承使灵魂中的勇猛部分拜倒在欲望之兽的脚下,590b。

儿童,孩子,儿童教育:在单纯的城邦中,因人们担心遇到贫困和战争,儿童人数有限,372c;先从音乐教育开始,377a;他们处于最容易接受教育的时期,377b;仔细分析审查讲给孩子听的故事的内容,377b 以及下文;母亲们不应借用故事吓唬孩子,381e;孩子被具有混合音调和节奏的风格吸引,397d;少年儿童有大量种类不同的欲望和欢乐,431c;儿童充满生机和精神,可缺乏理性,441a;普通教育,424a,450c,457d 以及下文;从孩子出生开始直到开始接受教育,这一阶段的抚养工作最辛苦,450c;儿童的共有制,457d;只抚养健康的孩子,抛弃虚弱的孩子,459e,460c;由统治者安排结婚和生育,尽可能保持同样的城邦人数,460a;孩子生下后由城邦官员抱送到养育所,460b‐c;非正统出生的婴儿以及残疾的婴儿应该被送到某个隐秘的地方,461c;所有的儿童称长辈一代为父母,461a;儿童公有制,这是城邦最大的幸运之处,464b;长辈有权管制和惩罚小辈,465a;儿童们跟随军人出征,被带上战场,466e‐467a;从小学习战争艺术,467a;有儿童在场观战,成人们会变得更加勇猛,467b;战争经验有很大的教育意义,467c;派有足够经验和年纪的军官去给孩子们当向导和顾问,467d;让他们学会骑马,一方面有利于观看战役,另一方面能很快脱离危险,467d‐e;让战争英雄生尽可能多的孩子,468c;不放松对孩子们的看管和教育,直到他们在自己意识中建起了一座美好的精神城邦,590e‐591a;刚出生就死去的婴儿在另一个世界拥有一种特殊的命运,615c。

儿女和父母:在理想的城邦中,同时出生的孩子称结婚夫妇为父亲和母亲,后者称这些孩子儿子和女儿,461d。又见"父母和孩子"。

耳朵,听觉:耳朵需要听力,342a;我们凭耳朵听声音,352e;耳朵的能力,听力,它的特别功能,听,353b;听,根据其本质,是好东西,367d;耳朵如同(通向灵魂的)漏斗,411a;耳朵不需要通过中介物接触声音,507c;耳朵追随和声的荡漾,530d;和声学专家把耳朵搁在理性之上,531b;诗人的艺术触及我们的耳朵,603b。

F

法官,审判官:农夫不能同时又是法官,397e;需要法官,这证明城邦中教育状况糟糕,405a;为自己安排好生活,不靠惯于打盹的法官,405c;法官的教育,408e-409a;必须有健康的灵魂,对判断各种违法行为有深刻认识和丰富经验的,应该是老人,409a-b;法官的任务,判处灵魂本质邪恶、不可挽救的人死刑,410a;无须对召集审判官之事作出特别规定,425d;统治者作为审判官,重视对财产的保护,433e;在民主制城邦中,人可凭自己的兴致充当法官,557e;另一个世界里的法官,614c。

法律:统治者制定对自己有利的法律,被统治者必须遵守,339c;法律的产生是为了保护人们不受伤害,359a;把各种微小的规矩定成法律不免多余,因为它们在实际生活中行不通,即使被写成条文,也保持不了多久,425b;糟糕的法律在治理糟糕的城邦中,427a;有关建造神殿和贡献牺牲的法律,应请示阿波罗,427b-c;统治者不可能动摇比较重要的法律,445e;哲人为一座被清洗干净的城邦谱写法律,501a;有利于施行寡头制的法律,551a;法律在限制挥霍钱财方面欠缺,555c;在限制个人做冒险生意方面欠缺,556a;法律在民主制城邦中受到忽视,557e,563d;法律应该保护和帮助全民,590e。

法庭,法治:因人们生活放纵而忙得不亦乐乎,405a;众人的意见左右着法庭,492b;为了名声和吹毛求疵的争辩进行法庭诉讼,499a;正义的影子,517d;民众的领袖给人乱加罪名,把对方带上法庭,565e。

犯罪者,犯罪:戴上居吉斯的戒指,360b-c;犯重大罪行的人,其本性并非平庸、软弱,491e;带刺的雄蜂=寡头制城邦中的犯罪者,552c-d;在民主制城邦中,犯罪者被判后的行为和表现,558a;人有违法乱纪的冲动,571b;僭主式人物的犯罪心理,574a以及下文。

纺锤:必然(女神)的纺锤,616c。

纺织艺术:见"织工"。

放纵,缺乏节制:放纵和非正义做起来既痛快又容易,364a;快乐和放纵(以及傲慢)有共同之处,403a;华丽多彩导致放纵,404e;如同有放纵恶习的牧犬,416a;放纵,灵魂中各部分之间的混乱和分裂,444b;在寡头制城邦中,人们忽视节制、提倡挥霍,555d;放纵解放了灵魂中的野兽,590a;放纵使灵魂堕落,609c。参见"量度、适度"。

内容索引　423

非正义,非正义者:非正义者因害怕冥间的惩罚常常从梦中惊醒,330e;非正义者的功能是伤害人,335d;强大的非正义给人带来利益和幸福,344a;非正义(比正义)更强大、更高贵、更有影响,344c;非正义有利益、有用处,344c;非正义作为美德,348c;非正义者想比正义者和其他非正义者获取更多的利益,349b 以及下文;非正义者既无知又低贱,350c;非正义具有强大的力量? 350d 以及下文;非正义惯于挑起内讧,351e - 352a;天神们憎恨非正义,352b;非正义者生活得不幸福,354a;非正义并不能给人带来利益,354a;(格劳孔说)干非正义的事业是一种好事,一种幸福,358e;如果有能力,谁都会干非正义的事,359c;非正义者作为一个聪明的职业家,360e;非正义的顶点,看来又像正义,361a;非正义者并不想在表面上做个非正义者,而是想实质如此,362a;非正义者能随意娶亲、签订生意合同、处处为自己谋利益,362b - c;(阿德曼托斯说)按诗人的说法,非正义者受到惩罚,363d;非正义既令人痛快又容易施行,364a;能给人带来利益,364a;非正义给人一切幸福,只要当事人不被发现,365c - d;(苏格拉底说)诗人对于非正义者的论述并不正确,392b;非正义是城邦的最大危害,434c;非正义 = 一个人身兼多职,434c;做不合乎正义的事导致非正义,444c;非正义,把灵魂的各个部分安排在与其各自本性相反的位置上,使它们处在颠倒的统治和被统治的关系中,444d;非正义的理念只有一个,但非正义的事情有多种多样,476a;一个正直的人不可能不讲正义,486b;哲人时刻注视着井井有条的东西,既不会干非正义的事,也不会容忍这样的事,500c;寡头统治者惯于干非正义的事,如果不受阻止或不被注意,554c;最大的非正义者是最不幸的人,580c;比他人不幸 729 倍,587e;干非正义的事不能给人带来好处,因为这么做意味着把灵魂中神圣的部分出卖给非神圣的部分,589e;偷偷干非正义之事的人有更可悲的下场,鉴于及时的惩罚能使灵魂中的兽性部分早日获得安息和驯化,591b;非正义并不能彻底毁灭灵魂,609d;当灵魂处于纯洁的状态,它能更清楚地认识非正义,11c;在另一个世界中面临惩罚,615a 以及下文。

分地:蛊惑人心的政客扬言,566a。
分而治之:对付几个城邦的方法,422b;对付一个城邦,422e、423a。
疯子:见"精神错乱"。
俘虏:荷马史诗中对俘虏的处理,391b;俘虏被看作给敌方的礼物,468a。
父母和孩子:卫士不会对父母漠不关心,443a;(柏拉图式)城邦中的父母和孩子,461a 以及下文;对父母的敬畏,463d;在新型的城邦中,孩子和父母的分离,541a - b,父母和孩子在荣誉制城邦中,549e - 550a;在寡头制城邦中,553b-c;在民主制城邦中,559d-e;关系的颠倒,562e(在民主制城邦中),574b(在僭主制城邦中);在另一个世界中对敬畏的报酬,对罪行的惩罚,615c。

父亲:理想城邦中的父亲和母亲,461d-e;父亲和儿子,在人品不断衰落的过程中:从贵族制到荣誉制,549c以及下文;从荣誉制到寡头制,553a以及下文;从寡头制到民主制,559d以及下文;在衰落的民主制中,父亲儿子关系颠倒,562e;在僭主制中,574b。

妇女,妇女教育,妇女共有:首次提到妇女共有制,424a;妇女有各种各样的欲望和感情,431c;有多种集体生活方式,449c;和雌性牧犬及其职责相比,451d;同样的职责,只是体力稍弱,451e;为了执行同样的任务,她们必须得到同样的教育,451e,456b;老年妇女也裸体锻炼身体,452b;在自然本性方面,妇女不同于男人的地方在于生育和扶养孩子的能力,453b,454d-e;在兴建城邦中,没有任何只属于妇女干的事业,455b以及下文;妇女适合参与所有的事业,455d-e,也适合参与卫士的事业,456a;女性卫士们和男性卫士们一同生活、一同工作,456b;通过教育,这些妇女将成为最优秀的女性,456e;妇女共有,457d以及下文;因居住和生活在一起,男女之间必然有性爱交往,458c-d;不能让他们混乱地交媾,应为他们举行有选择的、神圣的婚姻,458e以及下文;神圣的婚礼,458e;选择配偶,如同选择狗或马,459a-b;母亲们在规定的时间来给孩子们喂奶,但不让她们认出自己的孩子,460b;妇女和孩子为集体共有,城邦所能拥有的最高的福利,464b,符合无私人财产的体制,464c;最高深的哲学教育也适合女性,540c。人们对妇女所持的偏见:350e,387e,395d,398e,431c,465c,479d,549d,557c,563b,579c。

G

感觉:快乐和痛苦两极对立,灵魂的安宁处于中间区域,583c;灵魂的安宁似乎又是快乐,或痛苦,583d-e;感觉的相对性,584e-585a;灵魂的感觉比躯体的感觉包含更多的真实性,585e-586a。

感觉器官:见"眼睛","耳朵"。

高傲,狂妄:两种相互对立的恶疾,贪婪和高傲,391c;激发高傲感的(诗歌)音步必须被剔除,400b;情欲和傲慢(放纵)有共同之处,403a;民主式的人物称狂妄为高尚,560e。

歌曲:见"抒情诗歌"。

个人和整体:目的不是个人的幸福,而是整个城邦的幸福,420b 以及下文, 519e-520a;只有在由哲人治理的城邦里,个人和整个城邦一样幸福, 473e;在僭主统治下的城邦中,对个人的奴役遍及全民,564a;整个城邦 的幸福就是个人的幸福,576c。

弓箭手:439b。

功能:每一物体、每一生物都具有一种特定的功能,352d 以及下文;各自具有一 种特定的优秀品质),帮助它发挥这一功能,353b;城邦中的每一个人都 具有一种特定的功能,406c;正义感属于灵魂的特定功能,353d-e;计算、 测量、衡量是灵魂中理性部分的功能,602d-e。

共有:妇女共有,见"妇女";儿童共有,见"儿童"。

狗:如果受人伤害,脾气就变差,335b;把品质优秀的家犬比作城邦卫士,375a 以及下文,404a;缺乏良好培养的牧犬会伤害羊群,416c;类似充满勇气的 人,440d;雌性牧犬,451d;安排男女卫士婚姻结合,类似安排优种狗交配 和繁殖,459a;向石头而不向扔石头的人发怒,469e;让孩子像狗崽一样尝 到血(在战场上厮杀)的滋味,537a;年轻的辩证学家像狗崽一样胡乱咬 人,539b;女性统治者,如同雌狗,563c。

故事:见"神话"。

雇佣工:产生于城邦形成的初期,那些缺乏足够的智力、无手艺和专长、只靠出 卖劳动力谋生的人,371d-e。

寡头式人物:产生的家庭和社会背景,553b;贪婪登上了宝座,553c;金钱是唯 一的目标,553d;因过度重视钱财而成了钱迷和吝啬鬼,554a-b;缺乏教 育,554b;仍有雄蜂般的欲望,554c;因考虑靠自己的名望而表面上讲正 义,554c;挥霍别人的钱财,554d;两极分化,554d。

寡头政治:仅次于僭主制的劣等城邦体制,550c;富人统治,550c;起源,荣誉至 上统治者过于看重金钱,550e 以及下文;蔑视美德,551a;权力及私有财 产为基础,551b;金钱而不是美德起决定性作用,551c;城邦中有阶级斗 争,551d;一身多职的现象,551e;任意出卖财产,552a;雄蜂阶层,552c;乞 丐阶层,552d;因财富过度集中而崩溃,555b。

光线:为视觉所需的媒介,507e 以及下文;太阳为光源,508a;洞穴比喻中的 光线,515c 以及下文;初次看到阳光,眼睛感到疼痛,515e;太阳的光辉, 515e-516b。

诡辩(法):和词语而不是和概念打交道,454a;智术被误用为辩证学,539b。

贵族制:三种基本政体之一,338d;两种最好的制度之一,445d;贵族品质高尚,有正义感,544e;过渡到荣誉政体,546a 以及下文;贵族比僭主幸福 729 倍,587d‑e。

国王,君主:身为国王的哲人,身为哲人的国王,473c,487e,499b,501e,540d;国王是那些在哲学研究和战争艺术中最杰出的人物,543a;国王式的人物最幸福,580b;比僭主幸福 587 倍,587e;悲剧作家比国王差三个等级,597e。参见"君主制"。

过分,过量:物极必反,546a;应该避免两个极端,619a。

H

行家,专家:严格地说,行家不会失误,340d;在同一专业里,行家想超越的并不是其他行家,而只是非行家,349e;分辨什么可能、什么不可能,只向可能努力,360e‑361a。

好,好事:见"美好"。

喝酒,醉:诗人们似乎认为,美德的最高报酬就是让人处在永恒的醉梦中,363d;自我克制精神=控制好喝酒的欢乐,389e;一个正直的人不会愿意模仿一个酒鬼,396d;对于卫士来说,喝醉酒最不体面,398e,403e;民主式的人物一会儿烂醉、一会儿清醒,561c;一个喝醉了的人往往有僭主式的心态,573b。

和谐、和声:体育和精神教育的相互协调,410e;和谐产生于节制精神,432a;各部分的和谐通过正义来实现,442a;和声学作为第 5 个学习项目,530c;与天文学并列,530d;实用和声学被当今的研究者推向极端,531a‑b;和声学的任务是研究数字的关系,探索什么是和谐的数字,这对寻找美丽和高尚有用,531c;参见"音乐"。

烘焙艺术:女性的擅长,455d;富裕的社会中的厨子、烹调师,373c。

护士:见"养育员"。

画,画家,绘画:绘画产生于奢侈的城邦,373a;拙劣的画匠,377e;绘画也分高尚和低劣,401a;画家必须照顾到整体,而不只是突出表现局部,420c;画家画出理想,没考虑到如何将其变成现实,472d;画家向真理的原型观望,484c;画出一头由不同动物的部分组成的怪物,488a;迎合大众的爱好作画,494b;在奠定城邦的基础中,哲人如同画家,他们参照的是一个神圣的模式,500e 以及下文;天文学家如同天花板的观赏者,529b;眼睛可以看到的天空=只是一幅以现实为模式的图画,529d;绘画属于模仿艺术,

596e以及下文;画家画出的只是表面如同卧榻的物象,596e;他是手工业者创造出来的东西的模仿者,596e;画家缺乏真正的专业知识,601a以及下文;明暗画艺术的欺骗性,602d;绘画和真理相差甚远,603a,绘画迎合灵魂中最低劣部分的兴趣和欲望,603b;画家和模仿诗人相对应,605a。

欢乐:一件好东西,人们是为了它本身的缘故而爱它,357b;共同的快乐和痛苦团结城民,462b;统治者必须在快乐和痛苦中接受考验,503a;寡头统治者(的后代)浑身虚弱、偷懒成性,经受不住快乐和痛苦的刺激,556b-c;又见快乐,感情。

环境:对人的性格的影响,435e。

谎言,虚假,欺骗:天神不会搞欺骗,381e以及下文;天神和人类都憎恨"真正"的谎言,382a;没有人愿意欺骗自己,382b;谎言和它们在某些特定条件下的用处,382c-d;只有统治者能利用谎言,把它们当作药物,应付城邦内外的祸患,389b;其他说谎者必须受到惩罚,389d;腓尼基人的传说并不可信,但可以被接受,414c以及下文;统治者的谎言和欺骗被有效地使用在婚姻方面,459c以及下文;哲人憎恨一切虚假的东西,485c,490b;他也憎恨非蓄意的谎言(=无知),正如同憎恨蓄意的谎言,535e。

回转:教育是使灵魂回转,面对理念的世界,而不是简单地灌输知识,518b,521c,532b。

婚姻,男女结合:使具有相同品质的男女结合,456b,458c;模式:狗、鸟的交配和繁殖,459a以及下文;为了达到这一目的,利用必要的谎言、节日欢聚、抽签制度,459e-460a;最好的年龄:妇女,20-40岁,男人,25-55岁,460e;不正统的结合违反神和人的法规,461a-461b;孩子为私生子,461b;过了法定的生育年龄,男女可以自由交配,461b-c;促使更多的品质优越的男女结合,让他们生育尽量多的孩子,468c。

火炬接力赛:在本荻斯节日中,328a。

祸患:见"低劣"。

J

饥饿:见"口渴"。

疾病:奢侈的生活带来种种疾病,404a,404e;各种疾病增多使医学兴旺,405a;季节性的疾病,405c-d;赫罗狄科斯的治病艺术,406a;在城邦中,没有人有时间接受长期治疗,406c-d;医生应该对疾病有亲身体验,408d-e;错误的医疗法使病情加重,426a;疾病,当躯体的某些部分处于相互颠倒、与各自本质相反的关系,444d;病人不得不去敲医生的大门,489b;城邦的疾病产生于糟糕的政治体制,544c;虚弱的躯体容易得病,556e;疾病使人感到健康特别甜美,583c;疾病是躯体的祸患,609c;对于正义者来说,疾病最终会变成某种有益的东西,613a。

几何学:学习哲学前的第二门预科,526c;对战争有用,526d;通向"美好的理念",526e 以及下文;当今几何学的缺陷,527a;和永恒的本质打交道,527b;启发哲学思维,527d;精通几何的人和不懂几何的人之间存在着悬殊的差别,在儿童时代学习几何,536d;和生育有关的几何数字,546c。

祭品,贡品,牺牲:作为贿赂天神的手段,362c,364b,364e,365e(参见 394a,461a);在理想的城邦中由阿波罗决定,427b 以及下文;通过祭礼向杰出的战士表示敬意,468d,向死去的英雄表示敬意,540c;婚姻庆典中的祭礼,549e。

计算艺术:见"教育","算术","几何学","立体几何"。

记忆(力):哲人必须有良好的记忆,486d,487a,490c,494b,503c,535c。

家产:如果卫士拥有家产,他们会成为充满敌意的统治者,憎恨人又被人憎恨,417a-b;又见"财产"。

家乡,祖国:克里特岛人称自己的家乡("父亲的土地")为"母亲的土地",575d。

假设:灵魂的认识,从假设走向本质,510b;通过种种假设展开科学探索,510c;靠思维接近本质,511a;基础学科不能排除假设、直接走向本质,尽管它们梦想这么做,但辩证思维能做到这一点,533b-c。

假象:天神不会对人制造假象,382a。

坚硬和柔软:通过同一感觉途径证实,524a。

健康:美好的东西,人们追求它,既为了它本身的缘故,又为了它给人们带来的后果,357c;卫士必须有极好的健康状况,404a 以及下文;简单、纯正的生活给人带来健康,404d 以及下文;健康,安排好躯体各部分的自然关系,444d;为健康和加强体质而吃,559a;受疾病折磨的人感到健康最甜美,583c;对躯体来说,强壮、美丽、健康是最有价值的东西,591b。

建筑师,建筑艺术:论建筑,建筑师比正义者更有用,333b;建筑师建造房屋,346d;建筑师是城邦的基本阶级,369d;建筑师需要其他手工业者的辅助,370d;建筑艺术有高贵和低贱之分,410a;建筑师的专业知识不能用来治理城邦,428d;建筑艺术是一种建造房屋的知识,438d;天空的建造者,530a。

僭主,僭主式人物:僭主式人物也能适当地伤害敌人,336a 以及下文;僭主抢劫

内容索引 **429**

别人的财产而自感幸福,344b;僭主来自民众的宠儿,565d;产生于民主人物,受巫师和僭主的缔造者的抬举,受情欲的引诱和刺激,572e－573a;驱逐了一切正义感和廉耻感,573b;成了好色之徒,酒鬼,精神忧郁的人,573c;过着挥霍放纵的生活,573d;欠债,573e;虐待父母,574a 以及下文;成了盗窃神殿、盗窃民众财产的人,574d;夜梦中偶尔的罪犯成了白日中永久的罪犯,574e;这样的人成了小偷、强盗、诬告者,575b;他们中的出类拔萃者成了真正的僭主,575c;对父母、对祖国手段凶狠,575d;不认自由,不认友谊,576a;最不幸的人,576c 以及下文;最不幸的城邦中最不幸的僭主,578c;如同一个拥有许多奴隶的主人,578d;因恐惧而成了对奴隶阿谀奉承的人,579a;过着最不快乐的生活,比正义者不幸 729 倍;587c 以及下文;在另一个世界中,得到最重的惩罚,615d。

僭主制:僭主式政体,338d;僭主式的法律,338e;僭主制,最彻底的非正义,344a;僭主制属于第四种带有疾病的城邦体制,544c;产生于民主制,根据物极必反的原则,564a;社会根源:懒散的挥霍者＝雄蜂,564b,其人数增多危及城邦,564c;需要一批保镖,566b;解除债务,瓜分田地,表面和睦,566e;进行持久的战争,566e;人民因此而陷于贫困,567a;排挤所有杰出的人士,567b－c;组成少数人的生活圈子,567d;卫队中充满了奴隶和异邦人,567d;被诗人们吹捧,568a－b;私吞神殿的财物和人民的财产,568d－e;使人民跌入由一帮奴隶统治的火坑,569a 以及下文;僭主制是最低劣的政治制度,和最优秀的政治制度君主制完全相反,576d－e;在另一世界中,对僭主制的选择,619b。

教育:卫士要以音乐和体育为教育基础,376e;儿童时代最容易接受教育,377b;不准讲有关天神的罪孽的故事,378b 以及下文;渲染死亡可怕的故事也不行,386a;音乐拥有最大教育力量,401d;教育的先决条件,识别四种优秀品质,402c;教育的目的,使灵魂的高贵和外貌的匀称和谐地结合在一起,401e,402d;音乐教育的目的在于培养对美的追求,403c;避免单面教育,410c;单方面教育的后果,411a 以及下文;音乐和体育,这两方面的教育必须平衡、和谐,410e－411a;教育需要人指导,412a;教育活动还包括舞蹈、打猎、体操和骑马竞赛等,412b;对孩子的能力进行各种考验,413d;只根据能力选择人才,415b－c;音乐教育关系到城邦的安定和稳固,424e－425a;教育如同染色,429c 以及下文;给妇女平等教育,451e 以及下文;孩子和妇女共有制,457d 以及下文;孩子的教育,良好的素质因受了低劣的教育而变得特别糟糕,491e;有必要改革目前的教育,497e－498a;培养儿童必须按儿童时代的特性,498b;哲人的教育,502d 以及下文;成为哲人的必要条件,490a,494b,502e-503a,535d 以及下文;只有少数人合格,503b 以及下文,必须能掌握"美好的理念",505e-506a;教育,从洞穴中向上、向光明攀登,514a 以及下文;教育并非意味种植或栽培,教育意味着以最容易、最有效的方法使灵魂转向,使其面向光明,518b 以及下文,521c;音乐和体育还不够,521d 以及下文;算术(见该条文)是知识的入门,522c 以及下文,为作战的将领所必需,522e;几何学(见该条文),526c 以及下文;天文学(见该条文),527d,528e 以及下文;挑选学习科目并非根据其实用性,而是根据其与教育目的的本质关系,527d-e;立体几何(见该条文),528d 以及下文;和声学(见该条文),530c 以及下文;所有基本学科都必须将学者引向综合认识,531d,537c;辩证学是综合旋律(见该条文)的创造者,532a;选择年轻的人,536d;教育的过程,536d 以及下文;儿童的初级教育,不要强逼,536d-e;用玩耍的形式,537a-b;经过2-3年的体育训练后进行细选,537a-b;在年龄到了30岁的学者中进行重新选拔,537c;辩证学,537d 以及下文,这方面的教育需要5年,539e;最终的目的是使学者看到"美好的理念",540a;为妇女提供同样的教育,540c;从小开始的正确教育,使人品质优越,558b;教育的最重要的任务,为灵魂到达了另一个世界后、在选择下一轮生活时作准备,618b;僭主城邦中缺乏教育,554b,民主城邦中也如此,559d,572b。

教育领导:为城邦所必需,412a。

阶层,等级:统治人士和其他卫士的区别,414a-b;古代传说中三个社会等级:金质者当统治者和哲人,银质者当卫士,铁质和铜质者当农民和手工业者,415b 以及下文;根据人的本性和才能分工、分级,423c-d;利用钱财和势力或其他不正当手段跻身于高层会给城邦带来毁灭性的后果,434b;城邦的三个阶层=灵魂的三个部分,441a;在正义的城邦中,每个阶层履行自己的职责,441d;把胆小的卫士转送到第三阶层,468a;错误的选择会导致城邦的毁灭,546d-e。

节日:崇拜本荻斯的节日,327a,354a;火炬接力赛和晚间欢庆活动,328a;婚礼庆典,459e-469a;僭主式人物的节日、盛宴、狂欢,573d。

节制,自我克制精神:人们都赞颂,但觉得做到这一点不易,364a;卫士决不可缺,389a;应为统治者所有,帮助克制他的激情,389d;神话故事不应该向青年人渲染放肆的东西,389d 以及下文;适合培养克制精神的音乐调式,399c;我们必须认识它的基本形式,402c;自我克制精神和放纵的欢乐没有共同之处,402e;纯洁的音乐给灵魂带来节制精神,404e;体育锻炼和音乐教育两者必须和谐,以此促进自我节制,410e-411a;样板城邦应充满节制精神,427e;专论节制,430d-432a;节制是秩序,是对某些欢乐和欲望的制约,430e;它是某种和谐,431e;应该分布于整个城邦,在全民中产生精神共鸣,432a;个人的节制精神表现在和朋友的友谊以及自己灵魂中各部分的相互和谐,442c;哲人讲究节制,485e;487a;自我节制精神产生于健康的性格,490c;也会给性格带来不良影响,491b-sc;哲人是自我节制精神的大师,500d;财富和自我节制精神无法融合,555c;在民主城邦中,人们称自我节制精神是懦夫,不容它存在,560d;欲望彻底清除了僭主式人物灵魂中的克制精神,573b;惩罚可将人引向自制,591b。

节奏:歌曲由歌词、音调和节奏三个部分组成,398d,601a;必须配合内容,398d,400a;不应该采用各种不同的节奏,而应该只用一种节奏,如同正直、勇敢人士的生活节奏,399e-400a;三种类型的节奏,400a;好或不好的节奏会对人的生活情操产生好或不好的影响,400d;节奏和人格,400e;又见441e,522a。

姐妹:见"兄弟姐妹"。

借贷:向年轻的挥霍者放高利贷,555c;每一个人必须自担风险地进行交易,556b;如偿还债务,612c。

金子和银子:根据腓尼基人的传说,神在人的模型中加了金、银、铜、铁,使人们具有各种不同的本性,414c以及下文;禁止卫士们接触金子和银子,416e-417a,422d;卫士不会私下挪用公家委托他保管的金子或银子,442e;真正富有的统治者,并非在金钱上富有,而是在构成幸福的必需品上富有,在美好的理性生活上富有,521d;寡头统治者疯狂地崇拜金子和银子,548a;装满金子的库房毁了寡头制,550d。

经验:医生必须通过自身经验认识疾病,法官无法通过这样的途经认识罪行,408e-409c;经验证明,裸体锻炼效果更好,452d;有经验的父亲和在战争中照管孩子们的人,467d;经验和知识是当卫士的先决条件,484d;哲人不必依赖经验,539e;经验、洞察力、逻辑思维是判断的基础,582a。

精神错乱,疯子:是否应该把武器还给精神错乱的人? 331c;对精神错乱的朋友可以说谎,382c;不能模仿疯子,396a;对于灵魂中疯狂的欲望的看守,573a;疯子甚至想统治天神,573c。

净化,清洗:对奢侈的城邦进行清洗,399e;通过哲人来净化人的生活,净化城邦,501a;通过科学来净化灵魂,527d;整个城邦被僭主清洗,567c。

敬畏,尊敬:敬畏父母,463b;僭主式人物心中缺少敬畏感,574b。

镜子:作为"创造"万物的辅助工具,596d。

军队,士兵:职业军人或民兵,374a-b;因内讧而失去活动能力,352a;由于进行抢劫掳掠而走向自我毁灭,469d;几何学和军队的本质,526d。
君主制:当一人在统治阶层中出类拔萃、掌权施政,这称君主制,当多人如此,称贵族制,445d;君主制是城邦形式中最幸运的一种,576e;可用金钱收买的君主制是一种变体,544d。参见"帝王制"。

K

看法,意想,意念:意念和理念不同,476d;意念处于知识和无知之间,477b;意念属于一种能力,477d;意想的对象和认识的对象不同,478b,既非存在之物,也非非存在之物,478c;意念比知识昏暗,比无知明亮,478c;拥有意想的人只是意念的朋友,并不是哲人,480a;只有意想的人对事物并没有真正的认识,489e;缺乏真知的看法属于可耻之见,其中最高明的充其量不过是盲目的看法,506c;猜测和意想属于下等"认识"领域,509e-510a,511e,534a;意想抓住的不是理念,而只是现象,534c;民主式人物的灵魂中充满了谎言般的意想,560c;对痛苦和欢乐充满没有理性的意想来自对于真理的无知,584e;模仿艺术家既没有专业知识,也没有正确的想象,602a。

慷慨(气质):接受音乐教育的先决条件之一,402c;和心胸狭窄相对立,486a;宏伟大度是哲人的特点,490c,494b;难和安宁舒适的生活方式结合,503c,536a。

可见的(东西):人能看见具体的实物,但看不见理念,507b;可见世界中的太阳,508c,509d;线喻中的可见部分,509d以及下文;"美好"的理念为可见的世界提供了光芒,517c;可思维的部分,可见的部分,524c,532b;可见的部分远不如可思维的部分美丽,529d。

可实现性,实践:符合自然规律的事(理论)可以实现,456c;目的不是证明理想中的城邦凭什么方法实现,472b;具体实践总不如理论那样抓得住真理,473d;靠哲人或君主的后代来实现它,苏格拉底认为,这不是不可能的事,499c;从哲人开始,501b;通过一个君主把年满十岁的儿童全部送到农村去,541a;苏格拉底担心他的那些计划会被人看作梦想,不可能实现,450d,456c,540d;想象的转变,这个城邦终于实现,450c;需要正确的模型,472d;在天上,存在于理念中,592b。

口渴:口渴和饥饿的确切意思,437d;渴和抵御它的力量,439b;作为灵魂中的空缺,585b;汲取养料是填补空缺,585b。

快乐,欢乐:种种快乐的感觉,我们为其本身的缘故热爱它们,爱情是最大、最强烈的快乐,403a;对某些快乐和欲望进行制约,430e;儿童、妇女、奴隶以及少数自由公民有多种多样的快乐,有限度、受理性支配的快乐属于有优秀本质、受过良好教育的人,431e;求知欲推开躯体的快乐,选择灵魂的快乐,485d;快乐是最崇高的美物,505b;吃的快乐把灵魂往下拉,519b;荣誉制统治者暗中偷享种种快乐,548b;在民主式人物身上,一些欢乐来自美好和高尚的欲望,另一些则来自低劣的欲望,561c;三种类型的人拥有三种不同形式的快乐,580d,581c 以及下文;每一个人认为自己的欢乐最崇高,581c 以及下文;最崇高的欢乐 = 灵魂中理性部分获得的欢乐,583a;安宁中的快乐、痛苦以及处于这两者之间的感受,583c;快乐意味没有痛苦,583d;真正的快乐并非意味没有痛苦,584c;快乐是一种运动,584d 以及下文;快乐作为满足,583b,585b 以及下文;更高尚的快乐 = 对更有价值的东西感到满足,585d - c;在治理得当、充满正义的灵魂中,每一部分能享受到属于自己的快乐,586e - 587a;正义者的欢乐要比僭主的欢乐真实 729 倍,587d - e;假如我们接纳了充满快乐的缪斯,快乐和痛苦便会是统治这座城邦的君主,607a。

L

懒散的灵魂:想象自己已经成功,没有必要考虑自己的愿望是否有实现的可能,458a。

狼人:565d。

劳动:干体力活属于低下的劳动,590c。

劳动分工:提高成果,370b;因此,必须有职业武士,374b 以及下文;一个人只能干好一种工作,399a;因此,每一个人只从事一项职业,397c,423d,433a。

老年:随着肉体快乐衰退,精神快乐增长,328d;人生重负,328e;缺乏理性的人抱怨,329a - b;摆脱了僭主爱诺斯的奴役,329c;品德高尚的人能轻松地承受老年,329d;财富能减轻负担,329e;害怕有关冥世的种种神话传说,330e;如同梭伦,即使进入了老年,一个人仍可不断学习,536d。

冷与热:热的功能不是使物体冷却,335d;冷与热是相对的概念,438c。

理念:每一个概念(理念)有许多和其本质相应的单个物体,476a;没有理念的生活 = 梦,476c;有理念的生活 = 醒,476d;存在某种比正义和自我克制精神更崇高的东西,504d, = "美好"的理念,最重要的研究对象,505a(见美好);一切东西通过它才变得有用,505b;每一类东西具有一个理念,507b,596a;理念可思,不可见,507b;在可被认识的世界中的地位,510b,511b;理念和各种手工业者,596b—c;神是理念的创造者,597b。

理想:目的,生活的模式,有实现的可能,472c—d;实践总不如理论那样抓得住本质,实践跟随理想,473a。

理性:见"思维"。

立体几何:这一学问必须首先得到发展,必须得到城邦的赞助,528b。

利益,有利:财富的利益,帮助人偿还债务,331b;正义是强者的利益的代名词,338c;没有一种学科旨在研究强者的利益而不研究弱者的利益,342c;每一种艺术(工艺)为人提供一种特别的利益,346a以及下文;挣钱艺术的利益,346c;没有一种艺术旨在照顾自己的利益,不照顾它所主管的对象的利益,346e;表面上的正义者及其利益,和本质上的正义者相比,362b,558b;卫士们没有给他们带来利益的职位,419a;有利的东西美好,有害的东西丑恶,457b;妇女属于共有的好处,457d;所有公民共享共同的利益,519e;一些重要的学科表面看并不能给我们带来实际利益,527d;正义的利益,使人中之人获得治理好内心欲望的统治权,589a;躲避惩罚并不算什么利益,591a。

怜悯:怜悯他人的遭遇,逐渐养成了这一习惯,谁就不易在自己的痛苦中克制自己,606b。

量度,适度:掌握教育的适度,410e;体育和音乐教育的适度结合能培养和谐的人,412a;听这样的论述,可把整个人生当尺度,可以无止境地听下去,450b;缺乏教育的灵魂往往不知道什么是适度,486d;真理和适度有关系,486d;不完美的东西不能成为衡量的尺度,504c;当某事被做过了头,它会带来相反的结果,563e;选择居中的生活方式,避开极端,人才能生活得最幸福,619a。

灵魂:生活是灵魂的功能,353e;灵魂是城邦的缩影,368e;少年儿童的灵魂受诗歌的影响,365a,城邦卫士的灵魂必须充满勇猛的精神,375b;缪斯们的艺术针对灵魂,376e;体育也同样为灵魂服务,410b—c;最勇猛的灵魂最不易受外来影响的动摇,381a;在各自的灵魂中,每一个人都憎恨在真理方面受人欺骗,382b;节奏和和声(声调)能进入到灵魂的最深处,401d;理想之人=美丽的灵魂和美丽的躯体,402d;并不是健全的躯体能使灵魂高尚,而是高尚的灵魂能使躯体健全,403d;简单的生活助长灵魂中的自我节制精神,404e;医生用灵魂治疗躯体,408e;法官用灵魂掌管灵魂,408e;谁有高尚的灵魂,谁就是一个高尚的人,409c;和谐的灵魂既有节制又勇猛,410e;不和谐的灵魂既粗俗又胆小,410e;存在于卫士灵魂中的金子和银子,来自天神的神圣礼物,416e;灵魂中某一部分较优秀,另一部分较低劣,431a;灵魂的组成部分和城邦的组成部分相同,435c 以及下文;做任何一件事,我们靠灵魂中某一部分的帮助,还是靠整个灵魂的帮助,这很难区分,436b;理性的部分不同于欲望的部分,439b 以及下文;勇猛的部分不同于欲望的部分,439e 以及下文;灵魂的不同部分对应城邦的不同部分,441a;理性的部分和勇猛的部分,它们的任务是统治好欲望的部分,442a;灵魂中各部分的混乱和离异导致非正义,444b;完美的灵魂:健康、美丽、高尚,444d;通过良好的生活习惯达到灵魂的完美,444e;五种类型的灵魂,五种城邦形式,445d－e,544d;灵魂中没有清晰可见的生活准则的人活着如同瞎子,484c;灵魂的欢乐＝知识和智慧,485d;热爱智慧的灵魂及其特性(参见"哲人"),486b 以及下文;灵魂用涉及本质的部分理解和掌握事物的本质,490b;灵魂中每一种值得赞美的特性都有被腐蚀的可能,491b;最高尚的灵魂有可能堕落成最差的灵魂,491e;躯体天生长得恰好配合灵魂,这在某些人身上从小就表现得尤其突出,494b;灵魂因从事低下的工作而受到挤压和弱化,495e;当灵魂开始成熟,必须对灵魂加强锻炼,498b;每一个灵魂都在力争占有对它有益的东西,505e;当灵魂把目光集中在被理念所照耀的东西上,它立刻能认识对方的本质,508d,当它把目光集中在黑暗的东西上,它便会变得迟钝、盲目,508d;灵魂根据假设进行探索,510b;灵魂的四种认识境界:理念,思维,臆测,模仿,511d－e;通向上层世界的道路＝灵魂向思维的世界攀登,517b;灵魂两次感到眼花缭乱:进入阳光普照的世界,回到黑暗的洞穴,518a－b;灵魂所受的教育,使灵魂面对本质的世界,518c,521d;灵魂受生成世界的铅锤拖拉,519a;当受感觉的困惑,灵魂会求助于理性和思维,524a－b;灵魂通过数学向上,面对本质,525d,通过几何学,527b,通过天文学,529b,通过一般科学,532c,通过辩证法,533d;一般的灵魂在学习中遇到困难就退却,甚于体育锻炼,535b;强迫学得的东西不能在灵魂中久留,536e;灵魂的繁荣期和枯竭期,546a;一个荣誉制式的人物,他的父亲培育和扶植他灵魂中的理性部分,其他人培育和扶植他灵魂中的欲望部分和气魄部分,550b;僭主没有和谐平衡的灵魂,554e;奢侈的欲望会损害灵魂的思维能力,559b;民主式人物灵魂的堡垒会被欲望的势力占领,560b;在僭主式人物的灵魂中,情欲是僭主,573d;其灵魂充满了奴性,577b;灵魂中的三个部分各有自己的快乐、欲望和统治形式,580d;灵魂的渴望和满足,585b 以及下文;热爱学习、热爱胜利、热爱金钱的部分,

581a－b;服从灵魂中热爱智慧的部分给人带来真正的快乐,586e;灵魂好比一只多头的野兽,狮子与人,588c以及下文;欲望部分过分嚣张＝缺乏克制,勇猛部分过分嚣张＝固执暴躁,590a;勇猛部分受到压抑＝卑躬屈膝,590b;处于最优秀状态的灵魂比躯体更有价值,591b;灵魂中充满了成千上万自相矛盾的东西,603d;灵魂中没有理性的部分＝怯懦的朋友,604d;模仿型诗人关心的是灵魂中欲望的部分,605a;灵魂的不朽性,608d以及下文;灵魂不会被自身包含的败坏本质(非正义)摧毁,609c－611a;灵魂的数量不变,611a;灵魂并不是五花八门的东西,611b;灵魂的真正状态并非能通过躯体来认识,611c－d;灵魂的真正本质可根据它对智慧的热爱来推断,611d;灵魂在另一个世界中,614b以及下文;厄尔灵魂的漫游,614b;法官对灵魂作出审判,614c;正义者的灵魂向上走,非正义者的灵魂向下走,614c;向上和向下的漫游,614d;灵魂所受的惩罚,615a－b;抽签选择生活方式,617e;没有明显的等级次序,618b;认清灵魂的本质尤其重要,618d－e;一些从天上下来的灵魂作出了糊涂的选择,因为他们不熟悉痛苦,619d;不同的灵魂如何选择自己的生活方式值得一看,619e以及下文;作出选择后,灵魂获得各自的神灵,620d;喝忘却河水,621a;相信灵魂永恒不朽使人渴望向上,621c。

驴:在民主制城邦的大街上,563c。

吕底亚调式:吕底亚复调以及类似的调式因太柔弱而必须被排除,398e。

裸体锻炼:克里特人和拉刻岱蒙人首先推行裸体锻炼身体的风俗,452c;对妇女也适用,452b。

M

马,驯马的艺术:火炬接力赛,328a;驯马人是马的行家,333c;马受伤后就比从前差,335b;马的特殊功能,352e;青铜大马(居吉斯传说),359d;代表勇猛,375a;现代音乐模仿马的嘶鸣,396b;在喧闹嘈杂的地方驯练马驹,413d;以马的繁育为例,和人的繁育相比,459b;为到战场上去观战的孩子们准备马匹,467e,537a;在民主制城邦中,就连驴马也习惯在街头上耀武扬威、随意和行人相撞,563c。

贸易:371a－b。

美德:见"优秀品质"。

美好,高尚,优秀,好处,美好的东西:积累大量财富,从中获得最大好处,330d;

对朋友或对敌人,怎么做好,怎么做不好,332d 以及下文;三种美好的东西:我们仅因其本身的缘故而热爱它们,我们既因它们本身的缘故又因它们给我们带来的后果而热爱它们,我们仅因它们给我们带来的后果而热爱它们,357a 以及下文;众神本性美好,他们不伤害任何人,379b;美好的东西对人有益,是美好事物的起源,379b;谁拥有高尚的灵魂,他就高尚,409c;人们不会违背自己的意愿和美好的东西分手,413a;什么东西使城邦成为统一的整体,那就是城邦中最美好的东西,462a-b;美好,作为理念,只有一个,476a;不懂哲学的人没有能力给美、正义和高尚制定标准,484d;哲人的本性和最崇高的美有关,501d;美好的理念是最崇高的学习项目,505a;通过美好的理念,一切物体才变得有用,505a-505b;大多数人把最美好的东西看作快乐,少数人把它看作智慧,505b-c;每一个人在追求(对他有益的)真实的东西,并非在追求其表面现象,505e;把什么是"美好"的本质这一问题暂时放到一边,506e,先探索一下"美好"(理念)的产物(=太阳),508b-508c;美好的理念只有一个,美好的事物却有许许多多,507b;美好的理念比真理、比认识更美丽,508e,并具有更高的价值,509a;"美好"把存在和本质赐予一切事物,它自己并不是实体,509b;在向上攀登、认识"美好"的进程中,起初可能有痛苦,516a-b;在可被认识的世界中,"美好"是最崇高的理念,517b;是最光辉的存在物,518c;注视"美好",这是最高等的科学,519d;和声学有助于研究"美好",531c;各种专科学科能引导我们灵魂中最优秀的部分去看事物本质中最美好的东西,532c;最终通过辩证法来认识"美好"的理念,534b-c;哲人看到"美好"的理念后,应该把它当作指南,凭借它的光辉来治理城邦,安排好全民的生活,540a-b;僭主制拥有的最好的东西=财钱,555b;民主制拥有的最好的东西=自由,562b;什么是美好的人生或低劣的人生,对于我们来说,这是最关键的问题,578c,608b;美好的东西带保护性,608e;每一事物都包含由其本性决定的好和坏,609a;灵魂有能力承受住一切祸患和福利,621c。

美丽,美,美与丑,丑陋:天神不可能缺乏美,381c;人们有必要寻找那些在追求美丽和高雅方面有天赋能力的大师,401c;一个受过音乐教养的人最能识别美和丑,401e;美最值得爱,402d;美,灵魂的优秀品质和躯体的优秀特征处于和谐的统一,402d;音乐教育的目的在于培养对美的热爱,403c;美,灵魂的完美、健康、优异和安宁,444d;美只能是一种美好有益的东西,452e;美和丑是对立物,476a;美的理念和美的物体,476a,479a以及下文,507b;诸如财富、名声、地位等美好的东西能腐蚀人的灵魂,使人脱离哲学,491c;和众人密切来往的人对美和丑的判断类似众人的判断,492c;众人不能掌握美的理念,他们只知道什么是美的物体,493e;在勾画理想的城邦、塑造新人时,哲人观望到美的本质,501b;一切知识,如果没有以美为基准,并没有什么真正的价值,505b;许多人满足于美的外表,505d;谁有能力接触到美丽的真理,谁就不会愿意接受丑陋的东西,506d;"美好"的理念比知识和真理更美丽,508e;谁看到了美和真理,谁对具体的事物也就会有更好的认识,520c;和声学对研究美有帮助,531c;除了其他优秀品质外,还应该选择长得特别俊美的人学习哲学,535a;哲人统治城邦并不是因为这是一件美事,而是因为这是他应尽的责任,540b;在民主人物看来,民主制是最好的城邦形式,557c;抛弃从小开始长期拥有的、有关美好和羞耻的信念,574d;战争和军事部署,荷马史诗中最重要、最美的部分,599c;画家对美既缺乏正确的想象又缺乏知识,602a;在另一个世界,人的生活模型,一些因俊美而出名,618a;人必须认清什么是美的本质,尤其当它和贫困或财富掺杂在一起,618c。

梦,梦中图像:来自天神的梦不会骗人,382e;宙斯把梦托送给阿伽门农,荷马的这一描述不值得赞扬,383a;人们接受的教育如同梦一般,414d;(找到正义的)梦想得到了实现,443b;苏格拉底担心,人们把他的计划看作梦想,450d、456c、499d、504d;谁只看到美丽的现象,看不到美的本质,谁的生活无非是一场梦,476c;如同在虚梦中管理城邦,520c;一生始终在做梦、始终处在睡眠状态的人,534c;欲望在梦中觉醒,571c-d;如果人在睡觉前安慰灵魂中勇猛的部分和欲望的部分,他的梦就会比较安宁,571d以及下文,576b。

谜语:有关蝙蝠的谜语,479c。

蜜蜂:哲人如同蜂王,由城邦抚养,520b;参见"雄蜂"。

密音:和声学中的术语,531a。

民主制:三种基本城邦体制之一,338d;制定民主式的法律,338e;在民主城邦中,人们称掌权者为"统治者",463a;产生于过度积累金钱、走向极端的寡头统治,555b;两个必要的补救法令,反对挥霍家产,555c,反对城邦保护金钱交易,556b;穷富之间的鸿沟,556d;内战,556e;穷人的胜利,人人平等,557a;民主制的本质,个人的言行自由,557b;包含各种城邦政体的模式,557d;蔑视法制,558a;蔑视教育,558b;实行均等主义,558c;个人自由过盛导致民主制垮台,562b以及下文;人民分三个阶级,不劳而获者(雄蜂)、富人和穷人,564d以及下文;推出一系列捍卫自己、防止被人颠覆的指控,565b;成为真正的寡头统治者,565c,参见僭主制及其产生。

民主式的人物:545c;其产生,吝啬人的儿子,长期压制自己过剩的欲望,558c-d;在和游手好闲的阶级的接触过程中开始演变,559d 以及下文;灵魂的城堡被欲望占据,560b;各种好品质被驱逐,560d;坏品质纷纷涌入,560e;民主式人物的生活,561a 以及下文;性格不断固化,561b;生活在欢乐的平衡中,561b;不爱真理,561b-c;过着自由放纵的生活,561c-d;向僭主式人物演变(参见"僭主式人物"),民主式人物的性格排列,580b,587c。

冥间,冥世:见专有名词哈得斯。

命运:勇敢的人会顽强地和命运作斗争,399b;面对抽签结果,本质差的人总会怪自己的命运不好,460a;民众领袖的命运,或是灭亡,或是当僭主,566a;灵魂根据自由意志抽签决定自己的未来命运,617e。

命运女神:见专有名词索引"摩伊拉"和"阿娜昂克"。

模仿:模仿艺术家产生于奢侈的城邦,373b;直接模仿,间接模仿,混合模仿,392d;对于过去事件的直接叙述,393b-c;在间接叙述中,诗人并没有自我隐没,393c 以及下文;悲剧和喜剧中的直接模仿,394c;史诗中的混合式模仿,394c;长期模仿形成性格,395d;优秀的、单纯的叙述风格,397b;低俗的、变化多端的叙述风格,397c;手工艺者的模仿,596b;画家的模仿,596e;模仿的价值等级,以卧榻为例,597e;三位模仿大师:天神、手工业者、模仿艺术家,597e;绘画是对表面现象的模仿,598b;模仿艺术家据说精通一切,598b;诗歌和模仿,598d 以及下文;参见"诗人"。

魔术师,巫师(骗子):天神不是巫师,380d;声称自己精通一切艺术的人是魔术师(骗子),598c-d。

木匠:在最初级的城邦中,370d;木匠和疾病,406d;木匠的艺术不会使城邦充满智慧,428b;拙劣的木匠不会造成多大危害,434a;应该只干木工活,454d;他所创造的不是卧榻的理念,而只是某一张卧榻,597a;他是制造卧榻的大师,597d。

牧民,放牧的艺术:牧民为自己的利益而干活,343b,为了他牲口的利益,345c-d;在最初级的城邦中,370d-e;在奢侈的城邦中(猪倌),373c;排箫,他们的乐器,399d;牧犬的培养者,416a,440d。

N

奶妈:替孩子擦鼻子,343a;抚育儿童成长,460d。

内部纠纷:产生于非正义,352a;在寡头政体中,556e;体现在寡头式人物身上,559e。

内讧,内战:希腊人之间的战争属于内讧,470b-c;统治人物之间的内讧导致宪政的变革,545d;三种不同(金属)阶级的内战,547b。

能力,才干,本能,力量:每一种艺术有一种特能,346a;非正义的本能＝制造混乱和内讧,351e-352a;正义的力量,创造城邦和正义的人,443b;意想和认识各有自己的力量,477b;能力是一种存在之物,477c;本身不能被看见,但能通过行动的目的和结果被认识,477d;视力最有价值,507c;视力仍需要光线,507e;"美好",该理念赋予灵魂认识能力,508e;思维的能力永远不会失去自己的力量,518e;视力可被看作和辩证法相似,532a。

农民,农业:农业中的正义表现在收获果实中,333a;农民是城邦的基本阶级,369d;它为所有人提供养料,369e;加上牛倌、羊倌和其他牧民的帮助,370d;农民必须一心务农,374b,397e,552a;最懂农业的人是最好的农民,412c;在农民和其他手工业者的本性中注入铁和青铜,415a;由本性决定,卫士也可成为农民,417a;富有、惯于享受的农民不再愿意当农民,420e-421a;农民的专业知识不能用来治理城邦,428c;卫士们的生活远比农民的生活优越,466b;让胆怯的卫士去当农民,468a;农民应该懂天文知识,527d;在寡头统治的城邦中,农民也做其他生意,522a;扶植庄稼中的温性部分,压制野性部分,589b。

奴隶:非正义也在奴隶们之间挑起矛盾和斗争,351d;不能让自由公民在戏台上模仿奴隶,395e;奴隶,如同动物,不能被称为勇敢,430b;奴隶有多种多样的情感,431b;在正义的城邦中,奴隶同样必须尽自己的本分,433d;希腊人不应该奴役希腊人,469b-c;荣誉至上的统治者对奴隶凶狠,但并不蔑视奴隶,549a;在民主制城邦中,奴隶如同自由公民一样自由,563b;僭主夺走公民的奴隶,把他们用作自己的保镖,567e;生活在僭主制下的民众成了奴隶的奴隶,569a;僭主制成了最粗暴、最苦涩的奴隶制,569c;富翁和奴隶,578d-e;贪婪者把自己的子女卖给别人当奴隶,589e。

奴役,奴隶制:害怕哈得斯的人宁可选择奴役而不选择死亡,386b,反之,选择则相反,387b;希腊人之间作战,应当尽量不奴役战俘,469b;正由于这种自由,民主城邦把自己束缚在奴役中,564a;僭主城邦中的奴隶制,569b-c;僭主式人物的灵魂中充满了奴隶的气质,577d;谁让自己灵魂中最神圣的部分受最不神圣的部分支配和奴役,谁就是最不幸的人,589e。

女人:见"妇女"。

P

朋友和敌人:证明朋友有益,敌人有害,332b 以及下文;真正的朋友和敌人,334c;伤害敌人不是正义者的功能,而是非正义者的功能,335d;名副其实的卫士们一视同仁地监视城外的敌人和城内的同胞(朋友),414b;朋友的东西为朋友共有,424a,449c;在朋友中充当骗子要比无意中成了凶手更恶劣,451a;战争中的朋友和敌人,470b 以及下文。又见"僭主"。

皮匠:制造马鞍的皮匠,601c。

贫困:贫困给老年人带来痛苦,330a;影响生育,372c;影响手工艺生产质量,421d 以及下文;穷人对富人阿谀逢迎,465c;在寡头统治的城邦中,穷人没有任何权力,550d;贫困摧残年轻人的精神,553c;品质优秀的人变得贫苦,555d;人们对穷人漠不关心,556c;穷人起来造富人的反,567d;僭主故意使人民生活在贫困中,567a;生活在僭主制中的人们普遍贫穷,577e;正义者的贫困会成为某种有益的东西,613a;在冥间选择贫困,618a 以及下文。参见"财富"。

平等:民主制把平等均分给地位相同和地位不同的人,558c;民主式人物会平等对待各种不同的欲望,561b。

葡萄农的艺术:333d。

Q

乞丐:乞丐当政会把城邦引入内战,521a;如同雄蜂,是城邦败坏的象征,552c;有乞丐的地方也有犯罪分子,552d;乞丐人数增长,555e-556a;僭主式的生活以乞讨告终,618a。

骑士,骑马艺术:掌握了骑马艺术,一个人骑马不会反而比从前差,335c;妇女的骑马艺术,452c;儿童们应该尽早学会骑马,467e;骑士对笼头有专门的知识,601c。

气胀:作为一种吃食过多引起的毛病,405d。

钱,挣钱,贪钱:挣钱的人爱钱如子,远甚于不挣钱的人,330c;正义者适于保存钱,不适于花钱,333b-c;用于学习的钱,337d;高贵者(贵族)不愿意为钱执政,347b;钱,交易的媒介品,371b;想拥有更多钱财的欲望也驱使着正义者,如果他不受人们注意,359c;这些人不应该贪婪,390d;卫士们不应该拥有任何钱财,416e-417a;正义者对挣钱的态度,443e;卫士们根本不会为挣钱一事纠纷,465c;哲人不贪钱,485e;在荣誉制城邦中,人们酷爱金钱,也酷爱花钱,546a;在寡头制城邦中,551a,553c,555e-556a;贪钱的弊病导致了寡头制的崩溃,562b;在民主制城邦中,在种种个人欲望上花钱,561a,572b;灵魂中爱钱的部分,580d,581a;做金钱生意的人,581c-d;在把钱当作尺度的地方,贪图利益的人作出的赞扬和诋毁不就必然成为最正确的判断,582d;没有理性的人你争我夺,为了获得更多的财富,586b;财富不会给人带来利益,而只会使灵魂中最高尚的部分成为最低劣的部分的奴隶,589d-e;真正有文化修养的人在挣钱中注重灵魂的统一和协调;不能受金钱诱惑而背离正义,608。

强迫:见"逼迫"。

强者:根据自己的利益颁布一切法令,338e。

青年,青春:到了老年,回顾青春时代的欢乐,329a;青年必须尊重老人,465a-b;一切伟大而复杂的劳动本应由青年人承担,536d。

情欲,冲动,欲望,渴望:情欲如同一个横暴的主人,329c;自我克制精神=控制自己的性欲和激情,430e;孩子、妇女、奴隶和少数自由公民有多种多样的冲动和渴望,431b;少数人能节制欲望,431c;理想的城邦能克制各种欲望,431d;饥饿、口渴以及其他欲望,437b-437c;每一种欲望要求得到一种特定的客体,在这基础上,更多的欲望接踵而来,437e-438a;欲望要求满足,克制欲望的东西不是欲望,439a-b;冲动朝着一个方向运动,如果朝反方向运动,它就会变弱,躯体的冲动强烈,灵魂的冲动就会变得软弱,485d;寡头制式的人物拥有雄蜂般的欲望,554b;民主制式的人物的各类冲动,558d以及下文,559e以及下文;必要的和非必要的欲望,558d以及下文;民主制式的人物平等地崇拜一切欲望和冲动,561b;僭主式人物的冲动,571a以及下文;来自每一个人身上的种种违法乱纪的冲动和欲望通过人接受的培养和教育受到压制,571b,在梦中得到释放,571c-d;在灵魂的三个组成部分中存在三种欲望,580d;和法律相隔最远的是僭主式的欲望和性爱的欲望,最近的是君主式的欲望,587b。

躯体:躯体需要医疗,因为它有缺陷,341e;体育锻炼针对身体,音乐教育针对心灵,376e;躯体越强壮,它越不易受外界因素的影响,380e;躯体上的模仿会习惯,395d;躯体本性中存在着雅和不雅,401a;和灵魂的缺陷相比,躯体的缺陷较易被人容忍,402e;并非躯体的优越使灵魂高尚,而是相反,403d;简单的食物滋育健康的躯体,404c;过分讲究调养身体会给生活和工作带来不利,407b;躯体不是通过躯体而是通过灵魂得到治愈,

408e;人们应该通过医疗治愈本质优越的躯体,而让本质残弱躯体慢慢死去,409e-410a;体育照料的对象是躯体,音乐照料的是灵魂,410c;健康,躯体的各部分关系正确,444d;躯体的本质一垮,人就不能继续活下去,445a;饮食疗法和药物为躯体服务,459c;躯体和灵魂是一个统一的整体,从手指到灵魂,462c;当一个儿童同时拥有特别优质的躯体和灵魂,他会显得特别出类拔萃,494b;手工业者的劳动摧残躯体,495d;照顾好正在成长中的躯体,498b;一些躯体的优秀品质并非一开始就已存在,它们是在培养良好的习惯和不断进行锻炼的过程中增添的,518e-c;各种体力劳动,即使在强迫下进行,并不会使躯体变得不如以前,536e;一切生物都如此,都有灵魂和躯体的繁荣期和枯竭期,546a;一味追求和享受精美的食品会伤害躯体和灵魂,559b;通过清除败坏的部分整治躯体,567c;躯体和其健康的价值低于灵魂和其自我克制精神的价值,591b;躯体的和谐必须服从于灵魂的和谐,591d;躯体被它的祸患(=疾病)摧毁,609c。

拳手:一个专业拳手能轻易地同时和两个人交战,422b。

缺乏教育:缺乏文化教育的一个佐证,如果人们必须求助于异邦人来寻找和确定自己的权益,405b;作为片面地注重体育锻炼的结果,411e;洞穴的比喻展示了教育和缺乏教育之间的区别,514a;在寡头制城邦中的为非作歹分子=缺乏教育的标志,552e;寡头统治者缺乏教育,554b。

R

热爱观赏的人:并不是哲人,475d以及下文;喜欢色彩,476b,480a。

热爱胜利者:见"荣誉"。

热爱秩序:在一切都为钱的地方,热爱秩序、善于安排事务的人成了最大的富翁,564e。

人:争权夺利是人的自然本性,弱者才主张追求正义,359b;谁有能力,谁就会干非正义之事,366d;不同的人拥有不同的天赋能力,特别擅长干一种适合他本性的工作,370a-b;勇猛和柔和,这两种气质有可能结合在一起,375e;任何一个公民都不应该把他人当作仇敌,378c;和谐的人能把自我克制的精神和勇猛的性格结合在一起,411c;体育和音乐的最佳结合能造就和谐的人,412a;儿童、妇女、奴隶和一些自由民拥有大量的感情,只有少数品质杰出的人拥有受理性支配、限度合适的感情,431b以及下文;

不同地区的人有不同的特点和生活追求,435e;城邦的本质和人的本质非常相似,灵魂和躯体属于一个整体,躯体受灵魂统治,462c;理想的人,一个在言论上和行动上都做到和美德相匹、相韵合的人,498e;人的基本类型和城邦的类型相同,435e,544d;人有五种类型:热爱胜利(荣誉)型,寡头型,民主型,僭主型,贵族型,544e-545a;每个人身上潜藏着违法乱纪的欲望,572b;并不是从表面,而是通过思维进入一个人的性格中进行观察,577a;灵魂中能占据统治地位的三个部分:热爱理性的部分,热爱胜利(荣誉)的部分,热爱利益的部分,581c;每(种类型的)人都会极力赞美自己的生活,认为自己生活最快活,581d以及下文;没有理性、一心只顾吃喝和交配、争权夺利,这和动物的生活没有多大差别,585e以及下文;如果某人灵魂中最好的部分(理性)本质虚弱,那么它就不得不服从和伺候另外两个比它强的部分,590c-d;重视学习,重视灵魂和躯体的统一与和谐,591c以及下文;保持自我克制,不流露痛苦的感情,604a以及下文;具有永恒本质的灵魂应该为永恒操心,608c;每一个人(的灵魂)选择自己的(保护)神灵和命运,616c。

荣誉,名誉:高尚的人执政并不是为了金钱或荣誉,347b;至今,正义是因为有荣誉伴随而被人赞颂,366e;城邦领袖和卫士们在生前或死后获得各种荣誉,414e,460b,465d,468b(接受孩子的吻),468c(更多婚礼),468d(最佳的饮食、颂歌),469b(被敬如神灵),540b,只有真正的哲人才能享受荣誉,参与统治,503d;哲人决意放弃在洞穴中所能获得的一切荣誉和地位,516c,540d;最好的统治者是那些拥有不同荣誉观的人,知道有比政治生涯更优越的生活方式,521b;在享受别人尊敬方面,所有的人(富翁、勇士、智者)都有相同的经验,因为荣誉跟随着他们,582c;热爱荣誉的人最有能力对荣誉作出判断,582e;哲人只分享某些对他起促进作用的荣誉,591e-592a;荣誉不应该和正义分离,608b;对美德的最大赞颂,608c;对真正的赛跑者的表彰和奖励,613c。

荣誉感,热爱荣誉者:如果热爱荣誉者当不上将领,他会满足于当个军官,475a;热爱荣誉、热爱胜利的人的本性类似拉科尼亚城邦体制,545a;在荣誉制城邦中,人们崇拜胜利、崇拜荣誉,548c;荣誉制式的人的心理,549a;荣誉感在僭主制中消失,551b;在僭主式人物的心中消失,553d;热爱荣誉和胜利的人是人的三种基本形式之一,581c;在享受人们尊敬时,热爱荣誉者的经验(感受),582c。

荣誉制城邦政体:堕落的城邦形式中最好的一种,产生于贵族制,546a以及下文;忽视正确的教育,546d;金质和银质氏族之间的纠纷,土地的瓜分,农民受奴役,547b－c;宪法,处于贵族制和寡头制之间,547c;没有哲人充当统治者,只有武士阶级,热衷于体育和战争,547d－e;陶醉于胜利和荣誉,547e－548a;贪钱,548a;优质和劣质的混合物,548c。

荣誉制式的人物:自信,缺乏教育,缺乏口才,渴望统治,贪图名誉,热爱战争、狩猎和体育锻炼,548e;到了老年特别爱金钱,549b;发展过程,549c 以及下文;产生于品德高尚的父亲和热爱荣誉的社会环境之间的冲突,549d 以及下文;勇猛的部分在他灵魂中占统治地位,550b。

柔软,软弱:不适合卫士,398e;爱好智慧的本性有驯化功能,如果完全放任,它会变得过于柔软,410e;奢侈和软弱受到谴责,590b。

S

擅长,专长:通过劳动分工而获得,370b;有利于创造出更多、更好的东西,370c;受财富和贫困的威胁,421e。

商人,商贩:做出口交易的人,371a－b;在城邦内做买卖的人,371c－d;和钱打交道的人,330c;钱商的住房和卫士们的住房不同,415e;商人需要使用数字,525c。

身体:见"躯体"。

神,天神:充满正义,352a;天神们让人们用丰富的贡品贿赂心意,362c,364e;酬报正义者,甚至延续到他的后代,363d;把苦难给好人,把福气给富翁,364b;天神或许根本不存在,或许根本不关心我们凡人的事情,365d;天神接受贿赂,365e;在纯洁的城邦中被人们歌颂,372b;在神话故事中受到歪曲的描述,390b 以及下文;天神的本质是什么样,就应该得到什么样描述,379a;天神本质高尚,不会伤害任何人,379;对人的不幸不负任何责任,379c,617e;天神给人苦难,目的是改善人,380b;天神不自我变形,380d 以及下文;不是巫师,380d;不会搞欺骗,381e 以及下文;憎恨谎言,382c;对神的崇拜(方式)通过阿波罗来制定,427b;作为雄蜂的创造者,552c;只有疯子才想试图统治天神,573c;作为理念和世界的创造者,596c 以及下文,597c;正义者在天神和人类中获得报酬,612b－c(又见"正义者);天神不会忽视正义者,613b;成为众神的朋友,如果我们能始终走在那条向上的道路,621e;神对人的命运不负责任,617e。

神的传令官:在另一个世界,617d,619b。

神殿:神殿的建造应由阿波罗决定,427b;希腊人的武器不能悬挂在神殿中,

469e;吕凯奥斯宙斯的神殿,565d。
神话,故事:有关哈得斯(=冥世)的神话,330d;必须为正确的教育目的服务,377b以及下文;故事的讲述形式:纯粹讲述、模仿性讲述或两者兼并,392d以及下文;一个有关人类产生的神话(腓尼基人的传说),415a;狼人的故事,565d;有关另一个世界的故事,614a以及下文。

神灵:有关天神的传说也适用于神灵,377e以及下文,392a;有关崇拜神灵的法律,427b;敬仰在战争中牺牲的英雄如同敬仰神灵,469b;每一个人为自己选择指导生活的神灵,617e;然而,神灵对人的命运不承担责任,617e;人惯于把自己的罪过归咎于神灵,619c。

神灵的启示:苏格拉底的神灵对他的告诫,496c。

神圣的,如神一般:卫士们应该尽最大能力力争成为如神一般的人,383c;哲人的本性如神一般,497c;哲人和充满神性的东西交流,以人的最大能力做到如神一般,500c;人身上具有某种神圣的、如神一般的东西,501b;哲人一生观望着神圣的领域,517d;欧里庇得斯把僭主制颂扬成一种神圣的体制,568b;灵魂向往神圣的东西,611e;受神宠爱的人从神那里得到的是美好的东西,613a;天神从不忽视立志想成为如神一般的人,613a;人的目标,成为众神的朋友,621c。

生成,生成(转化)中的东西:本质不在生成过程中变化,485b;生成和黑暗相混合,属于意想的对象,508d;人们必须使灵魂从生成的世界回转过来(面向本质的世界),518c;=铅锤,是思维的负担和累赘,519a;体育和处于生成之中和本性必朽的东西打交道,521e;计算将人引出生成的世界,527b;意想涉及生成,思维涉及本质。参见"本质"。

生活:希望是正义生活的向导,331a;分清是非,生活的尺度,344e;只有正义者才生活得美好、幸福,353e-354a;生活要求人们显得充满正义,而并非真正充满正义,362a;在现实生活中,非正义之事给人带来更多的利益,有财有权的坏人生活得更幸福,364a;只要还活着,人必须帮助正义,368c;非正义会颠覆个人和全民的生活,424e;生活的秩序被欲望搅乱,442b;躯体垮了,活着没有价值,灵魂垮了,活着更没有价值,445a-b;妇女生活的全盛期为20-40岁,460e;日常生活并不高雅,不值一谈,465c-d;看到美的现象而不认识美的本质,活在世界上如同在做梦,476c;伟大的灵魂不会认为人生有多么重要,486a;为认识真正的本质而努力的哲人,他的生活才是真正的生活,490b;思想开阔、头脑敏捷的人很难规矩地生活在清闲、安定的环境中,503c;人的生活=在洞穴中的生活,514b以及下文;治邦者的生活并非最好,521b;一个民主式人物过的是随心所欲生活,561c-d;僭主过的是一种带恐惧的生活,574d 以及下文;生活幸福与否,这是最重要的问题,578c;如果理性在人的生活中占统治地位,这样的生活最甜美,583a,591c;在另一个世界中,生活选择靠自由意志,617e 以及下文。

生活方式:单纯城邦中的生活方式,372a 以及下文;奢侈城邦中的生活方式,372c 以及下文;音乐对生活方式的重要影响,400c;三种人,根据灵魂中哪一部分占主导地位,拥有三种不同的生活方式,581c 以及下文。

诗人,诗歌:诗人的见证,人可以贿赂天神,364c;奢侈城邦中的诗人和其他艺人,373b;必须对给孩子传播神话故事的人进行审查,377b;荷马和赫西俄德如此描绘天神和人类必须受到指责,377d-e;天神的某些不好行径只能讲给极少数人听,378a;年幼的人轻易相信诗歌中的故事,接受诗人宣扬的观点,378d;让孩子们最早接触有关美德的最佳作品,378e;诗歌必须描绘天神们具有高贵、真实、永恒不变的品德,380d 以及下文;诗歌不应该渲染死亡的可怕,386b;英雄们不应该呻吟、哀号,387d;诗歌必须歌颂自我节制精神,不歌颂怯懦,389e-390a;歌颂自持,不歌颂情欲,390b-c;渲染丑恶的诗歌能轻易地引诱年轻人走上丑恶的道路,391e;论诗歌的形式,392c 以及下文;直接和间接的模仿,392d;写悲剧的诗人不能同时又是喜剧家,394e;两种不同的叙述风格:用一种音乐调式、一种节奏叙说故事,397b,用多种音乐调式、多种节奏说故事,397c;把模仿各种人的声调和情态说话的诗人赶出城邦,398a;灵魂的气质对语言、音调、情态、节奏有决定性影响,400d;诗人必须为婚礼创作合适的歌曲,459e;推崇僭主制的悲剧诗人必须被驱逐出境,568b;诗人从僭主或民主制领袖那里领取报酬,568c;完全有理由排除模仿性诗歌,595a;诗歌和模仿,598b 以及下文;一个懂得什么是真理的诗人会紧抓理念而不是事物的表面现象,599b;真正的诗人本应该像吕库尔戈斯一样改善城邦的处境,599d-e,本应该指导战争、搞发明创造,本应该是具有真知灼见的教育家和导师,600a 以及下文;诗人只是在利用形式拼凑东西,610b;诗人和画家根本不知道什么是本质,601c-d,而只知道模仿现象,哗众取宠,602b;模仿艺术将灵魂中没有理性的部分引上歧途,603b;诗歌(模仿艺术)模仿或是被迫或是自愿从事各种活动的人们、拥有好运或厄运、感到欢乐或痛苦,603c;灵魂中带感情的部分为诗人提供更多的模仿素材,超过理性的部分,604e;模仿者惯于在感情部分上做文章,推崇灵魂中缺乏理智的情操,605a 以及下文,以致给正直的人带来伤害,605c 以及下文;享受(观赏)别人受苦会使我们的情操变色,606b,甚至喜剧中引人发笑的东西也如此,606c;把所有的诗歌(形式)从城邦中全都清理出去,只留颂歌一种,607a;哲学和诗歌之间的古老纠纷,607b;倘若我们能证明城邦不可没有诗歌,我们会采纳它,607c。

石像:见"塑像"。

实践:见"可实现性"。

史诗:史诗的形式,直接模仿和间接模仿的结合,394c;史诗和悲剧,598d。

市场:产生于单纯的城邦,371c-d;对具体的市场交易不作法律规定,425c-d。

视力:见"眼睛"。

誓言:天神不是破坏誓言的发起者,379e380a;充满正义的城邦卫士远不会破坏誓言,443a。

手工业,手工业者:建筑师、鞋匠和纺织工是第一批手工业者,369d;更多的专业,370d;手工业者没时间长期生病,406c;驱使具有铜质或铁质品性的人去从事手工业或务农,415c;财富或贫穷会使手工业者变质,421d-e;不懂专业的人在手工业中造成的危害小于在统治城邦中造成的危害,434a-b;手工业者的生活远不如卫士们的生活美好,466b;手工业者的后代从小开始学手艺,467a;胆小的人应该去当手工业者或农民,468a;一切手工专业都显得平庸低贱,522b;手工业者构成民主制城邦中的第三阶级,565a;低下的体力劳动给人带来耻辱,590c;手工业和它与理念的关系,596d;某个创造世界的"工人",596d;存在三种卧榻:卧榻的理念,由神制造;作为实物的卧榻,由木匠制造;画中的卧榻,由画家制造,597b。

手指:手指受伤,整个躯体感到疼痛,462c;用三个手指为例解释认识论,523c-d。

抒情诗:不同于史诗和悲剧,379a;狄提拉姆波斯(酒神颂歌)诗歌形式介于模仿和抒情之间,394c;抒情歌曲由歌词、音调、节奏组成,398d;只有神颂和赞美诗能被理想的城邦接受,607a。

竖琴:三角诗琴、框架琴不可使用,399c。

数学:见"算术","几何等","立体几何","教育"。

数字,计算:数字艺术作为一种学科,522c;数字激发思维,524e;计算和算术完全和数字打交道,525a;追随计算和推理的艺术,直至到达看到数字的本质的高度,525c;纯粹的数字,525d;单一数字,526a;音乐和声学中的数字关系,531c;柏拉图式的数字,546a以及下文;计算僭主的幸福和正义者的幸福的比例关系,587c-d。

税:按同样的收获,正义者会比非正义者交更多的税,343d;对市场和港口,不制定特别的税务法,425d;僭主通过征战争税使人民陷于贫困,567a;通过并吞别人的财富,僭主可以暂时降低对人民的税收,568d。

说服:作为避免惩罚的手段,365d;缺乏音乐教育的人不能充分利用语言的力量以理服人,411d;虚构某种高尚的东西(腓尼基人的传说),用它来说服人,414c;用说理或强制的手法使全体公民们和睦共处,519e;寡头政治家并没有受过以理服人的教育,548b。

私生子:非来自神圣婚姻的孩子,461b;只属于半个公民的灵魂,535e;必须和正统的后代隔离,536a。

私产:理想城邦中的卫士们没有任何私产,417a-b;容许人出卖自己的全部财产,寡头制城邦的一个弊病,552a。

思维,思维过程,思维能力(判断力,观念,精神,灵魂,认识,理解,理智,理性):受过音乐教育的人为理性的增长而感到快乐,402a;高尚的灵魂能凭自身的优质性把躯体维护在最佳状态,403d;爱好智慧的本性有驯化功能,如果培养得当,它会变得柔和、美观,410e;信念可以自愿或不自愿地离开一个人的思想,414e;受理性和正确观念的支配,431c;理性和欲望的区分,439b 以及下文;大部分孩子很晚才接触理性,441b;理性在灵魂中充当领导,441e;人们称某人充满智慧,如果一小部分理性在他身上占据统治地位,442c;某些人的躯体能听从理性的指挥,另一些人的躯体则相反,455b;认识涉及的是事物的本质,想法涉及的是实际事物,思维凌驾于认识和想法,属于上位观念,476c-d,478b;认识属于一种能力,477d;灵魂中的理性部分和理念造就理性,人凭此获得真正的认识,490b;人能获得理性,如果他全力以赴地去争取它,494d;虚伪的哲人给人们带来的思想和意见只不过是花言巧语,因为它们并没有使人们接近真正的认识,496a;认识是一种美好的东西,505b;没有真知为基础,即使是最好的想法也免不了带盲目性,506c;灵魂只有通过真理和理念才能获得判断力,抵达认识,随后才有思维能力,508d;认识和真理与"美好的理念"有相似之处,但不等于"美好的理念",509a;灵魂中存在四种思想境界:理念,思维,信念,形象模拟(猜测),511c 以及下文,534a;向认识攀登充满了艰辛和痛苦,515c 以及下文;谁获得了认识,谁就不会愿意回到黑暗中,516d-d;思维能力中包含着某种神圣的东西,但在大部分人身上这却是一种有害之物,518e-519a;必须迫使那些最精通那些(理性生活)原则的人走上保卫城邦的岗位,512b;某些感觉能激发思维,某些则不能,523b,524b,528b;数学迫使我们用纯粹的思维接近纯粹的真理,526b;真正的(天体)运动和速度只能靠理性和思想(通过数字和几何)来领会,不能靠视觉,529d;愚蠢的音乐家把耳朵搁在理性之上,531b;辩证论者能对每一事物的本质作出合理的解释,534b;只有一个能用合理的解释区分"美好"这一概念如何与其他一切低劣的东西、用不可推翻的道理（证明）顶住一切反驳的人才能认识美好的理念,534c;寡头统治者并非通过理性的途径克制欲望,554d;当理性的部分处于睡眠状态,兽性的部分一跃而起,571c;思维,人靠它来从事学习,580d;理性的部分爱智慧、爱学习,581b;用理智充实自己,585b;理性的部分信赖测量和运算,它是灵魂中最优秀的部分,603a;灵魂中最优秀的部分会在充满欲望的部分面前屈服,如果它没有受到理性和习俗的培育,606a。

死亡:老年人对死亡的看法,330d;非正义者对死亡的恐惧,330e;渲染死亡多么可怕的神话故事必须禁止流传,386a以及下文;正直的人害怕奴役甚于害怕死亡,387b;死亡并没有什么可怕,387b;史诗中英雄们对死亡的哀叹,387e以及下文;死于战争的人受人们敬仰,468e;僭主式人物之死,578e;躯体死于本身的劣质,609c;即将去世的人的灵魂不会因死亡的缘故而变得不如从前公正,610c;死亡使人解脱所有苦难,610d;死后的经历,614c以及下文。

死刑:正义者面临死刑,361e-362a;改变宪法的人应该被判处死刑,426c;谁不服从那些教育家和智术师,谁就会面临被判处死刑的威胁,492d;荣誉制式的人物目睹自己的父亲被人诬告,被判处死刑或被流放,553b。

俗语,成语:同龄人喜欢相聚,329a;富翁能找到许多安慰,329e;狮子身上剪毛,341c;兄弟相助,362d;任何事情,最重要的部分是开头,377a;朋友之间一切共有,424a,449c;同类相互吸引,425c;砍九头蛇（水蛇）的头,426e;好事艰难,435c,497d;勘探金子,450b;一半多于全部,466c;有益的东西美丽,有害的东西丑陋,457b;有智慧的人来到有钱人的门前,489b;神性是例外,492e;狄俄墨德斯式的必然性,493d;巨物易垮,497d;一切生成之物都注定要灭亡,546a;家犬如同（女）家主,563c;物极必反,563e;雄蜂的饲料,564e;躲开了烟雾,掉入了火坑,569c;你会为我解释这事,573d;幸福的宴席,612a。

诉讼:卫士们和诉讼之类的事没有任何关系,464e;民主制城邦中的诉讼案层出不穷,565c。

塑像,石雕像:为了作出判断,先对物体进行清洗,如同清洗塑像,361d;给塑像着色,420c;洞穴中的塑像,515a;为去世的哲人雕刻石像,540b。

算术:占据基础科学的首位,每一门科学和艺术的基础,522c以及下文;为军队领袖以及一般人所需,522e;它将人引向真正的本质,523a,525b;军人用它来部署队伍,哲人靠它的帮助来进行对于本质的研究,525c;它逼迫灵魂进行抽象思维,525d以及下文。

损害:见"利益"。

T

贪财,贪婪:见"钱"。

贪图利益:灵魂中贪图钱财或贪图利益的部分,581a;贪图利益的人,581c;又见"钱"。

陶工:如果放纵惯了,陶工就不会愿意继续工作,421a;成了富翁的陶工干活不如从前,421d;陶工的孩子长期观察父亲工作,467a。

疼痛,痛苦:儿童、妇女和奴隶有多样的痛苦,431c;共同的欢乐和痛苦使人们团结,462b;从洞穴中来到光明的世界,眼睛感到疼痛,515c 以及下文;从洞穴中向上攀登的痛苦,515e;快乐和痛苦属于灵魂的运动,583c 以及下文;和痛苦作斗争,604a-b。参见"快乐"。

体育,体育锻炼:教育最早从音乐开始,然后体育,376e;体育锻炼从小开始,持续终身,403c;并非躯体作用于灵魂,而是灵魂作用于躯体,403d;凭理性定下一套基本原则,403d;简易、适当的锻炼法最好,404a-b;向荷马请教,404b;锻炼身体的目的,404e;不能过分地调养身体,407b;体育锻炼的任务是激发精神力量,410b,音乐的任务是驯化灵魂,410c,411e;只搞体育,人的本性会变得粗狂,生硬,410d;在体育和音乐教育方面不能有任何制度上的变革,424b;体育锻炼也适合妇女,452a;向克里特岛人和拉刻岱蒙人学习,裸体锻炼更好,452c 以及下文;体育不足以促进哲学研究,因为它和生成打交道,主管躯体的壮大和衰弱,521e;体育锻炼2-3年,先不学习,537b;在荣誉制城邦中,人们极其重视体育,547d;民主制城邦缺乏系统性教育,561d。

体育馆,健身场:452b,458d。

体育疗法:由赫罗狄科斯发明,必须被废弃,406a。

铁,铜:见"金子"。

天鹅:俄尔甫选择了天鹅的生活,620a。

天空:舵手被称作天空的观赏者,488e;天空的词源=可见的领域,509d;比喻为理念的世界,516a;建立在天空中的理想城邦,592b。

天文学:在基本科学中占第四位,527d,528e 以及下文;对农夫、船员和军人有实际用途,527d;逼迫人们向上看,529a;它必须改革,因为至今它没有得到过正确的运用,529b;星星仅仅是真实世界的一些映像,529d。

跳棋:跳棋手在这方面比正义者更有助于人,333b;有必要从小开始训练,374c;城邦的多种性,如跳棋中的各方,422e;跳棋的初学者,487b。

听觉:见"耳朵"。

铜匠、铁匠:产生于初期的城邦,370d;不应该出现在戏剧中被人模仿,396a;城邦中铜匠和铁匠多于卫士,428e;一个身材矮小的秃头铜匠忽然成了富翁,495e;制造笼头和衔铁的铜匠,601c。

统治者:一切统治者按自己的利益颁布法令,338e;由于自己的错误,他们能给自己带来不利,339c;如此的统治者不犯错误,340d;相反,统治者为被统治者的利益服务,342e;统治者是否自愿施行统治,不要报酬,345e 以及下文;有必要给愿意统治的人报酬,如果统治失败,给以惩罚,347a;促使他们上台掌权的不是想获得荣誉或钱,而是害怕自己受低劣的人统治,347b 以及下文;统治者可以使用谎言,389;统治者应该是岁数比较大的人,412c;同时又是卫士阶层中最优秀的人才,412c-d;证明他们从小开始就有的坚定信念,413d;能刻苦耐劳,413d-e;人数最少的社会阶层,428e;如果城邦中只有一个出类拔萃的统治者,这便是个君主国,445d;不动摇城邦的传统法律,445e;对婚姻生殖实行管理,459b 以及下文;关心抚养儿童,459d;在其他城邦中被人们称作君主或统治者的人,在我们的城邦中,我们称他们为护卫和辅佐,463b;给人民的称呼是付酬者和抚育者,在其他城邦里人民被称作奴隶,463b;哲人为统治者,君主为哲人,这是唯一的拯救,473c-d,487e,499b,501c,540d,543a;统治者应该是法律和传统风俗的保护人,484e;没有看到真理的人不适合当统治者,终身泡在教育中(一味研究哲学)的人也不适合,519b-c;统治者(哲人)应该献身于科学研究,直到攀登上理念的顶峰,然后再回到洞穴中,519c-d;对城邦尽职,因为城邦用公款培养了他们,520b-c。又见"哲人"、"卫士"。

痛苦:见"疼痛"。

骰子游戏:从小开始学习训练,374c;在骰子落下时,从容地处置后果,604c。

图像,形象(比喻):死亡的门槛,328e;爱情如同暴君,329c;商人如同诗人和父亲,330c;如同孩子从噩梦中惊醒,330e;谈话的遗产,331d;缩成一团,如同一头野兽,336b;探金者,336e;苏格拉底接受这样的惩罚,向有知识的人请教,337c;替孩子抹鼻涕的奶妈,343a;滔滔不绝,像一个澡堂里的堂倌向洗澡人泼水,344a;钱商,如同赴宴的客人,345c;如同善于讲故事的老妇,350e;谈话如同过节,354a;如同贪食者,354b;像一条着了迷的蛇,358c;神奇的戒指,359d 以及下文;如同清洗塑像,361d;把美德当作门面,365b;狐狸,365c;近视眼,看清放大了的字母,368d 以及下文;卫士如同猎狗,375a 以及下文;如同讲故事,376d;如同拙劣的画匠,377e;谎言为救药,382d,389b;谎言,如同病人对医生、运动员对教练、船员对船长虚报真情,389c;讨论如同风一样,394d;宛如长着毒草的牧区,401c;如同从美好的地方吹来的微风给人带来健康,401c;字母的组合,402a;饮食(法),如同用各种调式和节奏组成的诗曲,404d;(过奢侈生活的人)体内集聚了大量液流和气体,如同沼泽,405d;行为如同野兽,411e;说话如同唱悲剧,413b;如火中的金子,413e,503a;性格中的金、银、铁、铜,415c;像狼入羊圈,415e;替塑像着色,420c;凶猛的猎狗,肥壮的绵羊,422d;如病人不愿放弃有害的生活方式,425e;一个不懂用尺衡量的人,426d;如同砍九头蛇的头,426e;用于寻找正义的光源,427d;如同寻找另外某四件东西,428a;教育如同染色,429d 以及下文;欲望,如同洗涤剂,430a;像一批猎人包围林子,432b;如同某些人到处寻找一件自己手中握着的东西,432d;宛如干柴中爆发火花,435a;更长的道路,435d,540c;如同陀螺,436d;就像一个弓箭手,439b;列昂提奥斯的充满欲望的眼睛,439e;如同两派之间发生内讧,440b;如牧狗是牧主的助手,440d;如同站在高处往下巡视,445c;如一件凶杀案,451b;男人的戏剧,女人的戏剧,451c;如同一群看守牲口的卫士,451c;男人和女人如雄狗和雌狗,451d;像一座空城遭受围攻,453a;不管掉入池塘,或掉入大海,人必须游泳,453d;救人的海豚,453d;嘲笑,不成熟的智慧之果,457b;三股浪潮,457b;灵魂的懒散,458a;城邦如同羊圈,后代如同羊羔,459e;手指属于躯体的一部分,如同个人属于城邦的一部分,462c,464b;生活得幸福,胜过奥林匹亚冠军,465d;如家犬,对扔向它们的石块发怒,469c;争论的浪潮,472a;画家心目中的模型,哲人的思想,472d,484c,500c;笑声淹人,473c;如同对苏格拉底进行人身攻击,474a;哲人,酒和青少年的爱人,474d;如模棱两可的文字游戏和蝙蝠的谜语,479b - c;不懂辩证学的人四面受阻,如跳棋的初学者,487b;东拼西凑,如画家画的羊鹿,488a;船主、舵手、船员,城邦如同船舶,488a 以及下文;如种子得不到合适的养料和生长环境,491d;庞大而凶猛的野兽,493a;哲学如同受人鄙视和虐待的孤女,495c;如罪犯闯入神殿,495d;秃头铜匠,495e;人们如同一群野兽,496d;就像一个站在土墙后躲避风暴的人,496d;如同外来的种子被播入陌生的土地,497b;到了老年,(这些人)对哲学抱着的一团热火就灭了,远比赫拉克勒托斯的太阳彻底,498a;像画家一样勾画城邦,500e;走在正路上的盲人,506c;债和利息,如同生育者和后代,506e - 507a;太阳是"美好理念"的后代,508b 以及下文;有关认识的对象,就像一条直线,509d;洞穴的比喻,514a

以及下文;铅锤,519a;卫士如同蜂窝中的领袖和国王,520b;今日的治邦者为虚影而战,520c;从哈得斯的世界(冥间)走上来,521c;玩贝壳游戏,521c;三个手指,523c;天文学,仰头观望房顶上的花样,529b;如代达罗斯描绘或制作的图像,529e;如折磨琴弦的人,531b;各门学科和辩证学相当于序曲和主曲,531d;埋没在外邦污泥中的灵魂的眼睛,533d;辩论如同战斗,534c;没有理性的意象如同未经精心抚养和教育的孩子,534d;辩证学,如同凌驾于一切学科的墙帽,534e;私生子,535c;瘸子,535d;如同野猪,在无知中自我糟蹋,535e;被调换的孩子,538a以及下文;如同雕塑家,540c;摔跤手,544b;城邦的疾病,544c,564b;人的性格和城邦的本质,如同榆树或岩石的产儿,544d;天平上的重物,544d-e;赫西俄德描述的四个人类种族,547c-548a;就像孩子躲避父亲一样躲避法律,548b;天平上,美德和财富的价值成反比,550e;倒霉的航行,551c;雄蜂,游手好闲的人,552c;像触礁一样和城邦相撞,553b;灵魂的宝座,553c;选瞎子当歌舞队的队长,554b;病中的躯体,弱不禁风,556e;民主制,如同一件图案绚丽的外袍,557c;一个出售城邦政体的百货商场,557d;灵魂的城堡(雅典卫城),560b;欲望,如同吃"洛托斯植物"的人,560c;入教仪式,560c;酗酒的民主城邦统治者,562c;躯体中的黏液和胆汁,564c;养蜂人,564c;富翁,雄蜂的饲料,564e;神话中的狼人,565d;城邦的战车,566d;整治城邦,割除躯体中败坏的部分,567c;在不同城邦体制中不断高攀、上气不接下气的诗人,568d;父亲和儿子,人民和僭主,568e-569a;陷入奴隶制的火坑,569c;情欲的保镖,573a;(不)像孩子那样作出判断,577a;病态中的躯体,579c;像一个处理各种事务审判官,580b;高处和低处,584d;靠近黑色的灰色,585a;如同牛羊忙于填饱肚子、忙于交配,586a;就像在颂扬神谕,586b;海伦的魂影,586c;动物,其灵魂的形象,588b以及下文;如同农夫喂养和驯化动物身上温顺的部分,克制对方身上野性的部分,589b;为了金钱,将儿子卖掉,589e;眼光模糊和眼光敏锐的相对性,596e;桌子和卧榻,596b以及下文;朝气蓬勃的青年,凋谢的青春,601b;像玩骰子,604c;像刚摔了一跤的孩子,604c;诗人如同画家,605b;如同坏人在城邦中操纵了大权,行为如情人,607e;格劳科斯的贝壳,灵魂在躯壳中,611d;居吉斯的戒指,哈得斯的头盔,612b;借贷,612c;赛跑者,613b;如同战舰的底缆,616c;金刚石般的信念,610a。

团结,统一:只有正义才能使人民团结,保证城邦统一。又见"城邦的整体性"。

W

外籍居民:居住在雅典的少数外籍自由民,并非属于雅典公民,562e。

危险:人不应该躲避每一个危险,在一个能使我们的品质变得更卓越的危险面前,我们应该挺身而出,467b。

违法的东西:容易偷偷地潜入音乐领域,424d。

卫士,军人:根据劳动分工的原则,需要一支职业军人的队伍,而不是民兵的队伍,374a-b;产生于奢侈的城邦,374a;必须拥有合格的特性和才能,374e;被比作看家犬,375a以及下文;卫士,警觉性高,灵活,强壮,乐于打仗,勇猛,但又性格温和,375a以及下文;两种相反的气质结合在一起并非不可能,375e;好学=哲人的气质,375e以及下文;教育非常必要,376e以及下文(又见"教育");应该成为像神一样的人,383c;自主性强,不哀叹哭泣,387d;并不爱笑,388e;有自我克制精神,389d;不贪婪,390d;不能模仿充当多种角色,394e以及下文;只能是勇敢的人,395c;目的:灵魂的优秀品质和躯体的优秀特征和谐地结合在一起,402d;进行体育锻炼(又见"体育锻炼"),403c以及下文;不能喝醉,403e;对城邦充满责任感,412c;从儿童时代起选拔,413c;忠于信念,经得起考验,懂分寸,懂和谐,413e;生前死后都受人尊敬,414a;年轻人为助手,年长者为领导,414b;铁质或铜质的卫士会把城邦引向毁灭,415c;驻扎在最美丽的城区,守护城民,抵抗外来的敌人,415d;滥用权力的危险必须通过教育来防止,416b;没有私人财产,没有私人住宅,416d,464d;生活在一起,416e;不合格的卫士是对城邦的一种威胁,421a;懂得怎样和占优势的敌人交战,422b;守护着城邦的内在统一,423c;勇猛精神的化身,429b;妇女(又见"妇女")也合适当卫士,456a;报酬:受人民的赡养,荣誉,隆重的安葬,465d;根据人的专业任务衡量人生的幸福,466a;战争中的卫士:表现怯懦、逃离阵营、抛弃武器的人必须改行当农民,勇猛者获英雄奖=花冠和亲吻,486b;在婚姻、宗教等庆典中获得各种特殊待遇(中签、荣誉席位、受颂歌赞扬、享受酒食),468b-d;在战争中牺牲的勇士被誉为英雄,468e-469a。参见"哲人","统治者"。

文化:绘画、雕塑、金子、象牙作为奢侈城邦中的装饰品,373a;艺术家和教育家同样如此,373b-c。

卧榻:木匠的作品,596a以及下文,597b。

无政府状态:进入民主制,563e 以及下文。
无知:见"知识"。
武士:见"卫士"。
舞蹈家:出现在奢侈的城邦中,373b。
物体,东西:喜欢听、喜欢观赏的人的注意对象,476b;物体处于存在和不存在之间,479c;属于意念的对象,479b;真正热爱学习的人不会在物体面前徘徊,490b;物体成为有用的东西,如果它们能为"美好的理念"服务,505a;物体通过理念得到区分,507b;可见,不可思,507b;物体的两种形式:映像和物体本身,509e-510a;物体和理念,596a 以及下文。

X

希腊人:和野蛮人(见该条文)相反,一切希腊人都是同胞,470c;希腊人之间的战争是瘟疫,应称作内讧,而不是战争,470d(又见"战争");希腊人以好学的精神出名,435e;荷马是希腊人的导师,606e。
希望:老年人的挚友,331a。
叙拉古式的宴席:因过分讲究珍馐美食而不该提倡,398e。
习惯,习俗:长时间的模仿会成为习惯,395d;许多一反风俗的东西,如果真要实施,不免可笑,452a 以及下文;通过培养习惯和不断训练,人们能给灵魂和躯体增添某些优秀的品质,518d-e;音乐通过习惯性训练教育卫士,522a,606a;不仅通过深刻的认识而且要通过习惯来接触美德,619c;依靠旧日养成的习惯在另一个世界作出新的生活选择,620a。
喜欢音响的人:一批特殊的热爱智慧的人,475d-e;喜欢听动人的声音,476b。
喜剧:是直接模仿,394c;是否允许上演喜剧,这问题有待进一步讨论,394d;创作喜剧的人不能创作悲剧,395a;另有演员,和悲剧演员不同,395a;喜剧的可笑性,因它含有腐蚀人的品质的成分而不能被接纳,606c。
戏院:应该杜绝模仿雷鸣、风声、冰雹等各种声音效果,397a;众人在戏院中时而斥责、时而赞扬,492b-c;表演痛苦或可笑的场面,606a 以及下文。
戏院老板:首先出现在奢侈的城邦,373b。
现象:现象和本质,334c;在现实生活中,表面上的正义超越本质上的正义,361b;胜过本质和真理,365c;撇开现象,367b;表面上是卫士,实质上不是卫士,这样的人会毁灭城邦,421a;理想的城邦不应该弱小,也不是看起来强大,而应该是一个大小正好的整体,423c;没有一个人满足于表面有益的东西,505d;谁若不根据事物的本质而只是凭现象进行论证,谁就不能认识"美好"的理念,534c;安宁中感到的快乐或痛苦并非真实,而只是表面现象,584a;从不同的角度看,一张卧榻可显得不一样,但它仍是同一张卧榻,598a;绘画反映的是表面现象,598b。

线喻,直线比喻:509d 以及下文。

相对性:感觉中的相对性,快乐和痛苦之间的感情状态,一会儿快乐,一会儿痛苦,583e;谁没注意到这种相对性,谁就会作出错误的判断,584e。

小偷,偷窃:一个优秀的守护者同时又是一个优秀的小偷,334a;小偷以及其他一些类似的犯罪者,344b;高尚的官员不愿意暗中接受报酬,被人称为小偷,347b;正义者不会当小偷,443a;寡头城邦体制中的小偷,552d。

小与大:见"大与小"。

笑,可笑:卫士不应该是爱笑的人,388e;诗人们不应该逗笑,389a,606c;嘲笑非传统的行为,(妇女裸体锻炼身体),452a;只有傻瓜才会认为笑不属于低劣的表现,452d;难道这不可笑,对没有价值的小事精益求精,处理重大的事情马马虎虎? 504d-e;当某人刚从神圣的领域进入黑暗的世界(洞穴),他的举止会显得笨拙可笑,517d;如果我们让缺乏能力和资格的人学习哲学,我们会把更多的嘲笑泼在哲学身上,536b;灵魂各自选择自己未来的生活方式,这个场面看起来既可怜,又可笑,又令人震惊,620a。

鞋匠,皮匠,制鞋行业:需要鞋子就得要有制鞋行业,333a;属于最早的行业,产生于建城初期,369d;鞋匠只能是鞋匠,374b,397e;假鞋匠不会对城邦构成什么威胁,421a;鞋匠充当木匠,没有危险,如果充当卫士,就会给城邦带来很大的危险,434a-b;谁特别适合干鞋匠活,谁就只应该当鞋匠,443c;秃子鞋匠,454c;受过教育的卫士强于受过教育的鞋匠,456d;卫士们的生活标准不同于鞋匠或其他手工业者的生活标准,466b;画家画出一个鞋匠,自己没有任何制鞋的专业知识,598b;诗人也如此,601a-b。

心胸狭窄:和宽宏大量相对,486a。

幸福岛:对城邦政治有反感的哲人认为,自己此生就已居住在幸福岛上,519c;哲人移居幸福岛,540b。

幸福和不幸:正义者幸福,非正义者并不幸福,354a,472c,576a 以及下文(三个证明);目的不是个人的幸福,而是全体的幸福,420b 以及下文,466a,也不只是统治者的幸福,519e-520a;幸福并非在于物质享受,420e;不然,不务正业,凭兴致度日不就成了最大的"幸福",420e;城邦的幸福是人的幸福,576c;幸福的生活或不幸福的生活,这是最关键的问题,578c;从贵族式、荣誉式、寡头式、民主式直到僭主式人物,人的幸福程度相应不断缩减,580b-c;哲人认为,理性给人带来的幸福和欢乐大于荣誉或利益给人带来的幸福和欢乐,583a(又见"人");正义者比僭主幸福729倍,587e。

性格:一个人命运幸福或痛苦的最深刻的原因,329d;优秀卫士的气质既柔和又勇猛,375c以及下文;优雅的风度和和谐的性格产生于灵魂的气质,400d;高贵的思想、悦耳的声调来自正直的人格,400d;心中没有楷模,一个人不知道什么是健全的人格,409d;柔与刚,两种特性必须协调,410d以及下文;个人的性格和城邦的性格相对应,435e、544d;健全的性格是热爱真理的产物,是自我克制精神的基础,490c;只有神一般的性格才能与这些人抗衡,492e;人为地硬将人格推向美德,这几乎不可能,492e;通过哲人来净化人格,501a;培养博得天神喜欢的习性,501c;柔与刚相互协调困难,性格协调的人很少,503c以及下文;性格稳定的表现,503d;在玩耍中,孩子的特性体现得尤其清楚,537a;不是每一种性格都能在此得到详细讨论,548d;通过思维,到一个人的性格中进行观察,577a。

兄弟姐妹:在城邦中,461a以及下文;在战场上,472d。

雄蜂:蜂窝的病患,552c;带刺和不带刺,522c;雄蜂般的欲望,554b、554d;在民主制城邦中,556a;如充满情欲的人,559e;蜂蜜,559d;如充满惰性的挥霍者,564d;雄蜂的饲料,564e;雄蜂不断刺富人,使对方倾向僭主,565c;僭制城邦中的外地雄蜂,567d;成了灵魂中的民众领袖,573a。

学习,好学:向年迈的人学习,因为他们有更多的经验,328e;好学和热爱知识是一回事,375b;通过较大的物体认识小物体,368d-e;过分讲究调养身体会阻碍学习和思考,407c;希腊人特别好学,435e;对科学没有任何兴趣的人既不会有求知欲也不会好学,475c;爱听、爱观赏的人并非一定爱好智慧,475d;对学习感到轻松的人必定好学,没人喜欢在自我折磨中学习,486c;真正的好学者关心的是真正的本质,490c;学习比体育锻炼辛苦,535b;用玩耍的形式诱导孩子学习,不能强迫,536e;先对科学进行分科学习,然后把知识统一起来,对各门学科的相互关系以及事物的本质有一个综合的认识,只有这样的学习才算扎实,537c;把学习能力对准认识纯粹的真理,581b;对热爱智慧的人来说,学习能给人带来最大的欢乐,581d。

旋律:旋律和诗行中的音步应该以正直、高尚的人的生活节奏为基准,400a;辩证学作为主旋律(主曲),其他学习科目是序曲,531d-e。

循环式:城邦政体的循环式发展,424a。

Y

颜色:不退色的染料,429c;爱观赏的人喜欢漂亮的颜色,476b,480a;人们看不到能力的颜色,477c;没有光,眼睛看不到颜色,507e;如果人不知道什么是白色,那么,灰色在黑色的衬托下看来就像白色,585a;诗人只是用语言表面地画出各种专业的颜色,601a;视觉受颜色的干扰而变得恍惚,602c;铊盘的颜色,616e–617a。

眼睛,视力:眼睛需要视力,342a;眼睛的功能是看,352e;看是一种美好的东西,我们喜爱它,既为了它本身,也为了它为我们带来的成果,357c,367d;眼睛,人身上最美的部分,420c;作为灵魂中欲望部分的器官,440a;视力是一种存在的东西,但不能得到实体确证,477c;视觉最宝贵,507c;需要光作媒介,507c;在所有感觉器官中,眼睛最像太阳,508b;在黑暗中,眼睛似乎瞎了,508c;在走出洞穴的路上,眼睛的表现,515e–516b;视觉不能领会理性和思想所领会的东西,529d;眼睛紧随天体的运行,530d;灵魂的眼睛,522c;眼睛有时给我们错觉,602c;绘画依赖视觉,603b;眼炎属于眼睛的祸患,609a。

演员:产生在奢侈的城邦,373b;一个人不能既是演员同时又是吟诵诗人,395a;不能既当悲剧演员又当喜剧演员,395a。

羊鹿:488a。

养育员:城邦养育院中负责抚养儿童的护士,460d。

野蛮人,外国人:非希腊人,423b;对裸体锻炼反感,452c;希腊人的内战会导致给野蛮人当奴隶的危险,469c;希腊民族的自然敌人,470c;对野蛮民族的态度,471b;一个相信自己能成为希腊人和野蛮人的统帅的人,494c;哲人在野蛮人的国家中参与政治,499c;灵魂被埋葬在野蛮人的污秽中,533d;野蛮人的国家形式,544d。

一,单一和许多:抽象的概念(理念)只以单一的本质存在,但它以许多单一体的形式出现,476a;一个理念不能被众人理解,各种各样的东西也许能被他们理解,493d,507b,596a;一和它的对立物,524e。

医生、医术:医术为躯体提供治疗,332c;医生能对患病的人做出有益或有害的事,332d;面对健康,它显得多余,332d;作为职业家,医生不会犯错误,340d;医学和赚钱艺术是两种不同的东西,341e;它研究什么对身体有益,342c;为我们提供健康,346a;它和赚钱艺术格格不入,346b;一个医生不会在同行中做出过分的事、给病人配超过适当程度的药方,350a;鉴于医学的成果,它是一种美好的东西,357c-d;分辨什么可行、什么不可行,360e;在富裕社会中,人们需要更多的医疗,405a;放纵的生活带来一些本来并不存在的疾病,405a;此时,医学显得格外重要,405a;医生本应该为创伤和真正的疾病提供治疗,而不是为在社会上泛滥的恶习所造成的弊病提供救药,405d;传统和新兴医学,406a;医学不应该推延生命,406c 以及下文;久病不愈和体格不好的人不应该得到治疗,即使他们有钱,407e,408b,410a;医生并不用躯体来治疗躯体,他用的是灵魂,408e;医生的教育,408e;和法官的教育不同,408e,509a;医学应该只用于紧急情况,410b;医生受充满幻想的病人的滥用,426a;妇女同样有能力从事医生的职业,455e;水平一般的医生足以为人制定合适的饮食疗法,药物治疗,人们需要一个更大胆的医生,459c;富人或穷人生了病都会去敲医生的大门,489c;精明的医生注重预防黏液和胆汁上的问题,564b;医生惯于切除败坏的部分,567c;荷马不是一个真正的医疗能手,他没有治好过任何人,599b-c;医生和灵魂治疗艺术,604c。

遗传:人的优秀本性经过正确的教育不仅能胜过前辈,并且能有更好的后代,如同其他动物,424b。

艺术,专业技术,行家:医疗艺术,332c;烹调艺术,332c;正义作为一种艺术,332d;艺术可被用来帮助人或伤害人,332d,334a;专业知识是最好的助手,333b;种植葡萄的艺术,333d;武艺,333d;艺术不能给人带来和它本质相反的效用,音乐不能使受过音乐教育的人失去乐感,335c;专业艺术不会失误,340d 以及下文;专业艺术不同于赚钱(谋求报酬)的艺术,341c 以及下文,346b 以及下文;专业艺术本身完美无错,342b;艺术为它照顾的对象服务,342c;每一种艺术有其特定的本质和特定的用处,346a-b;专业艺术并非为本身的利益或用途服务,346e;行家并不想在自己的专长中超越同行,他想超越的是非行家,349e;为了获得更好的成果,每一个人只能从事一项专业,370b,374a,395a;战争艺术需要一个专业武士阶层,374b;一切专业艺术都以美和好为目标,或相反的目标,401a;艺术(作品)必须符合道德风尚、追求美丽和高雅,401b-401c;排除一切充满奴隶气质和宣扬放纵的东西,401b;有必要寻找在追求美丽和高雅方面有天赋的艺术家,401c;艺术把理想当作模式,472d;掌舵者的艺术,488d;教育的艺术,最简单的方法使人改变生活方向,518d;职业艺术家是平庸的手工业者,522b;各种艺术作为专业知识,为辩证学服务,533d;三种艺术:应用艺术,创造艺术,模仿艺术,601d;使用者有最多的专业知识,

601e;模仿者没有任何专业知识,602a。

音步:对诗歌中的音步不做具体分析,但必须注重节奏,399e;达蒙在这方面有明确指导,400b;他提到埃诺普利翁格、扬抑格、英雄格、抑扬格、扬抑格等,400b。

音乐:狭义,现代人所称的音乐艺术;广义,全面的文化精神教育。产生于奢侈的城邦,373b;卫士们的体育和音乐教育,376e;早于体育,376e;诗歌(见该条文)是音乐的一部分,是音乐的一种退化形式,396b 以及下文;各种不同的音乐调式及其特点,398c 以及下文;一首歌曲由歌词、音调和节奏三个部分组成,398d;音调和节奏必须跟随(歌词)内容,398d,400a;只有多里斯调式和弗里吉亚调式适合采纳,399a 以及下文;多调乐器、笛子和笛子演奏家都不能被接纳入城邦,399c 以及下文;里拉琴、基塔拉琴和牧民用的排箫可以被留用,399d;音乐是最有效的教育手段,401d 以及下文;整个音乐教育旨在培养对美的热爱,403c;仅仅音乐教育一项会使人性格软弱,410c–d;音乐软化灵魂中勇猛的部分,411a;音乐中的颠覆性变革对城邦有害,424c;音乐还不够算作更高等的(=哲学)教育,522a;更高深的音乐=和声学,530c 以及下文;荣誉制统治者喜欢听音乐,但本人缺乏教育,548e;音乐和体育的和谐统一,404b,441e,522a;卫士们的(精神)据点必须以音乐为基础,424d;音乐教育同样适合妇女,452a;真正具有音乐修养的人,591d。

吟诵诗人:产生于奢侈的城邦,373b;一个人不能既是吟诵诗人同时又是演员,395a;作为游吟歌手的荷马和赫西俄德,600d。

饮食:初级城邦中的简单饮食,372c;奢侈城邦中出现了各种佳肴和甜食,372e;卫士们在吃饭和饮酒这两方面必须讲自我节制,403e 以及下文;吃的嗜好是灵魂的铅锤,519b;面包和肉作为必需的食品,559b;更精美的食物并非属于必需品,559b;饭食和饮料满足灵魂中的兽性部分,571c;饮食能增强人的理智,但其影响远不如正确的观念、知识、理性和美好的理念,585b–c;坏食品是毁灭躯体的根源,609e。

英雄:远古时期的勇士,正义的赞美者,366e;有关他们的种种神话不应被接受,377e,391c 以及下文;对他们的崇拜应该通过阿波罗来安排,427b。

影子:由各种形象组成的线段上的第一部分,509e–510a;几何体的阴影,510e;洞穴中的影子,515a 以及下文;在今日城邦中,人们为虚影而战,520c;背离阴影,532b;除了思维者,一般人的快乐并非完全真实,也不纯洁,类似某种按投影画出的东西,583b。

映像(外表):水面上的字母,402b;美德的外表,402c;"好"的映像,太阳,509a;

在猜测或设想部分中,事物呈现的外貌,509c;一些神圣的映像,532c;"好"的外表,534c;绘画中的形象,598b;诗人们所推崇的完美形象,605c。

勇敢,勇敢的人,勇敢的精神:卫士必须像狗,一样勇敢,375a;勇敢的人不应该害怕死亡,386b以及下文;音乐调式应该模仿勇敢的人,399a;必须识别什么是勇敢的精神,402c;具有勇猛气质的人通过培养教育可成为勇敢的人,410d;城邦变得勇敢,427e;勇敢是卫士的特性,429b;勇气是坚守信念的精神,429c以及下文,它以教育为基础,否则不能称勇敢,430b;公民的勇敢精神,430c;勇敢,当灵魂中勇猛的部分服从理性的部分,在可畏的东西面前不改变自己的信念,442c;具有勇敢的精神是成为哲人的先决条件,487a,490c,494b,536a;勇敢的精神也能腐蚀灵魂,491b;勇敢的人受到人们敬仰,582c;勇敢作为判断的基础,582e。

勇猛(气质):灵魂中的烈性部分;卫士必须像一条充满勇猛气质的狗,375a;拥有勇猛气质的人通过正确的教育能成为勇敢无畏的人,仅仅通过体育锻炼,他会变得生硬、粗狂,410d;在音乐中变得软弱,411d;灵魂中烈性部分不同于欲望的部分和理性的部分,439e;在愤怒中变得暴躁,在理性的指导下变得温和,440c;是渴望理性的障碍,440e;在荣誉至上者的灵魂中占统治地位,550b;被灵魂中欲望的部分推翻,553c;理性能安慰灵魂中的烈性部分,使它及时进入安眠,572a;是灵魂中热爱荣誉和胜利的部分,581b;灵魂中三合一怪兽的狮性部分,588d;喂养过度会毁人,588e - 589a;过度增强狮性 = 高傲自大,过度软化狮性 = 卑躬屈膝,590b。

用处,用途:鉴别每一事物和动物的完美性和正确性的根本标准,601d。又见"有用"。

优秀品质,特殊能力,美德,完美性:马、狗和人的优秀品质(特殊的完美性),335b - c;正义和非正义,前者为美德,后者为邪恶,348c;每一存在之物都有自己的特定任务以及承担这一任务的特殊能力,353b;正义是灵魂的特殊能力,353e;叙述神话故事的人对美德有惊人的论述,364b - c;天神具有一切优秀品质,381c;真正的教育要求人认识各种美德的基本形式,402c;躯体的优秀品质和灵魂的优秀品质的关系,403d;(佛基利德斯说)有了财富后,一个人必须培育美德,407a;对身体的大量担忧阻碍了为美德的奋斗,407c;低劣的品质永远无法认识什么是高贵的品质,高贵的品质却能看清什么是低劣的品质,409d;四大美德,427e;城邦的优秀品质 = 四大美德的统一结合,432b;个人如同城邦,也拥有同样的美德,441c - d;优秀品质:灵魂的健康、美丽、高尚,444e;正义只有一种形式,非正义(劣质)有多种多样的形式,445c;灵魂的大部分优秀品质类似躯体的优秀品质,可以通过培养习惯和不断训练增添,只有思维完全不同,518d;荣誉政体的统治者并不献身于美德,因为他缺乏理性,549b;财富和美德成反比例,550e;寡头政体的统治者缺乏真正的美德,554e;目前缺乏这一法令,强逼迫公民注重道德品质,556a;涉及美德和幸福,城邦与城邦如何相比,个人与个人也如此相比,576c;人格的等级,从君主式人物到僭主式人物,580b-c;没有理性生活的人活着如同动物,586a-b;论优秀品质,正义者胜过非正义者无数倍,588a;在论述美德问题方面,荷马和真理隔了两层,处于第三位,599d;没有任何东西能有如此高的价值,以至于使人愿意放弃正义和美德,608b;美德的报酬,608c,612a 以及下文;在另一个世界,美德并无主人,617e;靠习俗占有美德,619d。

有音乐修养的人,有文化修养的人:有音乐修养的人的追求目标,410b 以及下文;体育和音乐相结合使受教育者获得完美的精神和谐,412a;哲人的理想,502a-b,535d 以及下文;受过充分教育的人鄙视奴隶,549a;在安排和处理钱财方面表现协调,591d。

有用,无用:正义在使用中无用,在非使用中有用,333d;哲人在实际生活中无用,487d;思维能力,根据其针对的范围(本质或现象),可变得有用或无用,518e;530c。

欲望,灵魂中的欲望部分:灵魂中的欲望部分有别于理性部分,439b 以及下文;有别于气魄部分,440e;充满荣誉观的青年受社会影响,欲望与日俱增,550a-b;欲望部分成了寡头统治者灵魂中的统帅,553c;欲望部分在人的梦中放荡不羁,571c;它贪图利益和金钱,581a;它成了灵魂中一只多头的野兽,588c-590a。

运动:天文学研究运动中的天体,528d 以及下文;和声学研究运动中的声调,530 以及下文;痛苦和欢乐产生于灵魂的运动,583c。

运动员:他们的生活方式,404a。

Z

再生,转生:498d,621b。

葬礼:葬礼一类事务应该由阿波罗决定,427b,469a;为卫士举办隆重的葬礼,465e;在战场上英勇牺牲者的葬礼,469a;禁止敌方把死者运走的做法必须放弃,469e。

责任:朋友的责任,帮助朋友,332a;哲人的责任,为城邦服务,520b‐c。
债务:不欠天神和凡人任何债务,财富对人有用,331b;卫士们不用为债务之事操心,465c;在寡头制城邦中,一些人背着债务,另一些人背着不好的名声,还有一些人两者皆是,555d;民众的领袖扬言要勾销一切债务,566a,566e;僭主式的人物生活在债务中,573e。
战争:在战场上,正义者帮助朋友,332e;在单纯的城邦中,人们因害怕战争和贫困而限制儿童的人数,372c;在奢侈的城邦中,需要更多的土地和无止境地追求物质是战争的根源,373d‐e;为了战争,城邦需要有一个职业军人阶层,374b‐c;职业军人和软弱的对手,422a;决定战争胜负的是作战者,不是后方的人,429b;如同战争,统治的部分制定战略,勇猛的部分执行任务,442b;战争是男女城民的共同事业,466e;卫士们的纪律:希腊人之间作战,不奴役希腊人,469d‐e;不剥夺死者身上的东西,469c‐d;不把希腊人的武器带到神殿中当作贡品,469e;不糟蹋农田,不烧毁房屋,470a;战争,和异邦人打仗;内讧,和希腊人打仗,470c;充满罪恶的内讧,470d;战争的目的是惩罚犯罪的一方,471b;城邦中发生内战,如果人们为统治权你争我夺,521a;战争的艺术和算术的关系,522c,和几何学的关系,526d,和天文学的关系,527d;让哲人接管涉及战争事务的领导岗位,539e;荣誉制总想发动战争,548a;寡头制没有能力进行战争,551d;僭主必须通过战争来确保自己的地位,并使人民陷于贫困之中,566e‐567a。
哲人,哲学:狗的哲人气质,375e‐376a;哲学=热爱智慧,376b;哲学使人气质柔和,410d;哲人必须成为君主,或君主必须成为哲人,473c,487e,499b,501e,540d,543a;哲人热爱全部智慧而不是部分智慧,475b;对于知识,他从不感到满足,475c;类似喜欢看热闹的人,475d;真正的哲人热爱观赏真理,475e;热爱观赏热闹的人喜欢美的东西,哲人热爱美的本身,476b;哲人是智慧的爱好者,而不是意念的爱好者,480a;哲人充当城邦领袖,因为他们有能力抓住事物的本质,484b;既是理论家又是实践家,484d,485a 以及下文;热爱本质,485b;憎恨虚假,485c;不受欺骗,485c;为全部真理服务,485d;充满自我克制精神,485e;没有丝毫奴性,486a;心胸开阔,486a;绝不会不讲信誉、不讲正义,486b;擅长学习,486c;有很好的记忆力(见"记忆力"),486d;讲分寸,有风度,486d;对哲人的综合评论,490b,494b,502e,535a‐b;当今研究哲学的人,或是本质堕落,或是完全脱离实际,487d;哲学遭民众蔑视,488e;这是躲避哲学的人的过错,489b;徒有虚名的哲人给哲学带来不好的名声,489d;真正的哲人很少,491b,496b,503b;哲人的危险处境:他所拥有的种种美好品质会腐蚀他,491b;

优越的自然或社会条件会腐蚀他的灵魂,使他脱离哲学,491c;从小受邪恶势力的腐蚀,491e;哲人的本质,如果获得合适的教育,必然会向美德全面发展,492a;大众是危险,492a 以及下文;受民众指责,494a;拥有哲学本性的人从小开始就处于危险的境地,494b 以及下文;自高自大的危险,494c;受民众的反对和攻击,494e;哲学被真正的哲人遗弃,495c;智术师是虚假的哲人,495c;哲人处于孤立的地位,一个人受群兽的围攻,496d;他不得不退让,496d;如果生活在一个和他本性相适的城邦中,他会进一步成熟并且会拯救社会和个人的命运,497a;目前没有任何一个城邦适合他,497b;在和神圣的秩序交往的过程中,他会尽人的最大能力使自己变得有秩序、变得神圣,500d(参见 383c);哲人的教育(又见"教育")过程,502d 以及下文;看到理念的人回到洞穴中眼前一片模糊,受洞穴人的嘲笑,516e,517c-d;必须逼迫哲人为城邦服务,500d,519d;哲人有责任这么做,因为城邦用公费教育培养了他们,520b;滥用辩证法给哲人带来了不好的名声,539b-c;城邦领袖,年轻人的导师,死后(灵魂)移居幸福岛,作为神灵受人们敬仰,540a-b;最有资格判断什么是幸福,582b;他生活得最快乐,587b;比僭主幸福 729 倍,587c 以及下文;哲学和诗歌之间的传统争执,607b;即使没有哲学的帮助,人也能拥有美德,619d。

真理,真实:正义是否存在于真理之中? 331b;真实和虚构的故事,376e;史诗中的非真实性和不够美的地方,377d;真实的错误和谎言(见"谎言");最大的祸患:对自己的灵魂谎报真情、自我欺骗、不求真知,382b,413a;人必须把真理放在一切之上,389b;拥有真理,即相信什么是真实的东西,413a;真正的哲人是那些想观望真理的人,475e;没有理由向真理发怒,480a,535e;哲人必须憎恨非真实的东西,热爱真理,485c,490a;真正的好学者追求的是全部真理,485d;真理和匀称(性)有关,486d;哲人是真理和理性的见证人,490b;为了得到知识而寻求真理,499a;盲目的看法,对真实的东西缺乏理解,506c;"美好"的理念赋予思维的对象真理,508e;灵魂应该把目光集中在被真理照亮的东西,508d;认识和真理与"美好"相像,但不是"美好"本身,509a;真理在映像中,在原物中,510a;不懂真理的人不能领导城邦,519c;谁看到了真理,谁对这个世界就有更好的认识,520c;计算艺术把人引向真理,525b,526b;几何学也如此,527b;人只能凭理性看到真理,527e;相信凭几何学能发现最终的真理,这很可笑,529e;辩证法看到的不是映像,而是真理,533a;人可以通过辩证法接近真理,537d;谁能使自己灵魂中其他部分躺下休息,谁就能(凭思维部分)在最大程度上接近和掌握真理,572a;我们的学习能力集中在对真理的认识上,581b;和真理结合在一起的东西具有一种更高的存在等级,585c;三种快乐以及它们和真理的关系,587c-d;人的地位不能高于真理,595c;画家和真实性,596e 以及下文;荷马和真理,599d;诗人远离真理,605c;背叛已被认识的真理是一件不虔诚的事,607c。

正义,正义者:正义好比说实话,如同偿还债务,331c;归还所欠的东西,331e;给予某人他所应得的东西,332c;干对朋友有益、对敌人有害的事,332d;战争中的助手,332e;在契约中,333a;在金钱交易中,333b;在使用中无用,在非使用中有用,333d;正义者是窃贼,334a;正义者没有能力伤害敌人,335b 以及下文;正义是人的品质,335c;比金子更有价值,336e;是强者的利益,338c;代表统治者的利益,339a;给统治者带来不利,如果后者犯了错误,339b 以及下文;在生活中,正义者总比非正义者少得利益,343d;正义在提供幸福和利益方面远不如非正义,344a;正义是生活的准则,344e;正义是美德还是邪恶,348c 以及下文;证明正义是美德,350c;正义者和非正义者,力争为自己谋利,349b 以及下文;正义或非正义,哪一个强大,350d 以及下文;各自的统一和分歧,351c 以及下文;正义促进统一和友谊,351d;正义者是天神的朋友,352b;正义和非正义,更好、更幸福的生活,352d 以及下文;正义是灵魂的一种能力,353e;正义是一种美好的东西,人追求它,既为了它本身的缘故,也为了它给人带来的后果,358a;大多数人为了它带来的后果而关心它,358a;正义的起源和本质,359a;正义的合法性和有理性,359a;正义处在干非正义之事和忍受非正义行为的中间,359a;正义等于软弱,它没有干非正义之事的能力,359d,366d;人因有耻辱感而讲正义,360c;一个正义者暗中被人称作蠢货,尽管他公开受人夸奖,360d;受折磨的正义者,361c;现实生活只看到正义者的外表而不是本质,362a;正义因其给人带来的结果而受人赞扬,363a;正义很美,但又很难实现,364a;只要还活着,人必须帮助正义,368c,427d;正义是城邦的事,也是个人的事,368e;在城邦中更容易找到正义,369c;在城邦中,正义产生于人们的相互需要,372a;除了另外三种品质,在城邦中寻找正义,427e,432c 以及下文;正义,城邦的基础,每一个人从事和自己本性最相适应的职业,433a;在灵魂中也如此,每一部分履行自己的职责,441e;正义给各部分带来和谐,442a;正义者不干违法乱纪的事,442e 以及下文;正义涉及人的内心事业,443d;正义者会凭内心的统一与和谐投入外界活动,443e;和躯体的健康对应,444c;正义给人带来更大的利益,445a 以及下文;只存在一个正义的理念,正义的东西却很多,476a,479e;哲人是正义的挚友,487a;还有比正义更崇高的东西(= "美好的理念"),504d;哲人不喜欢和人围绕法律的影子进行争论,517d;看到正义的东西和美好的东西的真正面目,520c;最高尚、最正义的人最幸福,不管他是否引起天神或人类的注意,580c;正义者比僭主幸福 729 倍,587e;正义,驯化充满野性的欲望,非正义,使灵魂中的高贵部分受野性的奴役,589d;干非正义的事不可能给人带来任何利益,因为这等于把自己身上最神圣的部分交给最不神圣、污染最深的部分当奴隶,589e;正义的灵魂比美丽的躯体更有价值,591b;在不带躯体、处于纯洁状态的灵魂中更易看到正义(= 凭理性观察正义),611c;正义的报酬,生前或死后,612b 以及下文;任何人都不能瞒过天神的眼目,612e;正义者为天神所爱,612e;正义的目标,成为如天神一般的人,613a;以官职和婚礼为形式的报酬,613d;对非正义的惩罚,615a。

政策:对外政策,422d 以及下文;战争政策,469b。

政体,宪政:忒拉绪马科斯把城邦政体分为僭主制、民主制和贵族制三种,338d;理想的城邦被看作一种君主制或贵族制,445d;四种较差的政体形式:克里特(岛国) - 拉刻岱蒙(斯巴达国)式政体,寡头政体,民主政体,僭主政体,544c;在它们下面,还有许多次要的政体形式,544b;城邦形式和人的形式相对应,435e,445c,544d;领导人物之间的内讧导致宪政的改变,545d。

政务:正义者搞政治、办公务不如非正义者,343e;正义的成果得到赞扬,363a;受哲人鄙视,521b;所有的人都参与政务,抽签选举,557a。

知识,科学,无知:在专业知识方面,职业家愿和同行们一样,350a;如果一个人从未和知识(缪斯)打过交道,他不会有什么学习动力,411d;优秀的判断力依靠知识,428b;卫士拥有的知识是有关城邦的知识,428d;希腊人的好学精神,435e;知识本身和特定的专业知识,438c - d;智慧是一种知识,它负责指导精神和谐的工作,443e;知识、意见和无知的相互区别,477b 以及下文;知识 = 能力,477d;知识和存在之物打交道,478a;无知和不存在的东西打交道,478c;教育并不是灌输某种知识,518b;每一门科学都涉及计算,522c;科学知识需要统一综合,533c;正确的教育法,以最充分的学识提出问题和解答问题,534d;在无知中打滚,如同一头野猪,535e;针对知识的欢乐,哲人最有经验,582b;无知 = 灵魂中的空缺,585b;知识,诗歌的解毒剂,595b;模仿者既无知识也无正确的想象,602a;科学的顶峰 = 辩证法,534e 以及下文(参见"辩证学")。

织工,纺织艺术:初级城邦中最基本的职业之一,369d;纺织艺术中也存在高雅和不雅之分,401a;妇女一般懂纺织艺术,擅长纺织,455c。

职业:城邦的四种基本职业:农民,建筑师,纺织工,鞋匠,369d;每一个人只干自己的工作,369e;更多种职业,370d;尤其在日益扩展的城邦,373b;尤其是军人,374a以及下文;一个人只能从事一项职业,374a;374e,395b,397e-398a,434a-b;运气和财富导致职业松懈,420e;一个人应该只从事和自己的能力相配的工作,423d;好学、机智、健壮的体格和职业能力有关,455b;低下的工种和手工专业,590c。

植物:在恶劣的生长环境中,本性越好的植物受苦越深,491d;良好的种子在陌生的土地中会丧失本性,497b;植物的世界属于可见的部分(线喻),510a;在实际世界中,532c;植物的繁荣期和枯竭期,546a。

治疗艺术:见"医生"。

智慧,智者:城邦会充满智慧,428a;智慧,城邦中第一个可被认识的美德,428b;存在于城邦中人数最少的社会阶层,428e/429a;智慧,作为安排和指导工作的知识,443e;智术师派称大众的意见为智慧,493a;灵魂中热爱智慧(热爱学习)、充满理性的部分,581b;热爱智慧者作为人的三种基本形式之一,581c;热爱智慧的人有最丰富的生活经验,581d-e。参见"思维"。

智术师派,智术师:公元前5世纪希腊思想和文化教育运动的重要代表(见"前言");并不是真正的腐蚀者,492a;他们教的是大众的信条,493a;他们并不是真正的哲人,495d以及下文;他们和哲学姘合,推出花言巧语的智术,496a。

中间:正义(这一东西)处在干非正义的事和忍受非正义之间359a;意念处在有知和无知之间,477b,478d;处在存在之物和不存在之物之间的东西,479d;热爱荣誉的人处于两种势力的中间,550b;民主式人物的生活处在寡头式和僭主式生活之间,572d;灵魂的安宁处在快乐和痛苦之间,583c以及下文;中庸是最好的生活之道,619a。

种子:见"植物"。

猪:猪的城邦,372d;奢侈城邦中的猪倌,373c;猪作为祭神的贡品,378a;就像一头野猪,自得其乐地在无知中打滚,535e。

住宅:卫士们的住宅,416c。

专业化:为提高劳动效果所必需,307b;然而,治邦者和哲人两者必须结合,473d。

赚钱的艺术:借钱给人,346b以及下文。又见"商人"。

字母:近视眼辨认放大了的字母,368d-e;总重复出现在文字中,402a。

自然:见"本质"。

自我认识:低劣的人永远无法抵达自我认识的境界,高尚的人有这一能力,409d。

自我统治:强于自己,431a 以及下文;又见"节制"。

自由:将来成为自由(高贵)公民的孩子不应该听低贱诗歌,387b;卫士,城邦的主人,395b;容许人自由出卖财产,552a;民主制城邦中的自由,557b;混乱被当作自由,560e;自由是最美丽的东西,562c 以及下文;过度的自由会导致过度的奴役,564a;违法被看作自由,572e;在僭主式人物的本性中,自由是一陌生的东西,576a;选择生活方式的自由,617d - e。

自愿,不自愿:自愿从政,345e 以及下文;迫使哲人治理城邦,519d 以及下文(又见"逼迫");真正的舵手掌握航向,不管符合或并不符合船上人的意愿,488e;信念可以自愿或不自愿地从思想中消失,413a。

宗教礼仪:使人在另一个世界获得解脱,366a;民主式人物的膜拜仪式,560e。

宗教:阿波罗为祖神,427b。

祖国:见"家乡"。

参考书目

重要希腊文版本、西文注释本、译本(出版年序)

Aldina,(Marcus Musurus):*Omnia Platonis opera*,[Venice],1513.
Stephanus,Henricus:*Platonis opera quae exstant omnia*,[Geneva],1578.
Ast,Fr. :*Platonis Politia sive de Republica libri decem*,Ienae,1804;Lipsiae,1814².
Schleiermacher,F. :*Platons Werke*,3 Bde. ,Berlin,1804;1828²;Sämtliche Werke,6 Bde. ,hrsg. von Walter F. Otto,Ernesto Grassi,Gert Plamböck,Hamburg,1957; Werke in acht Bänden, Griechisch und Deutsch, hrsg. von Gunther Eigler, Darmstadt,1970 – 1983.
Bekker,I. :*Platonis dialogi*,III,1,Berolini,1816.
——:*Commentaria critica in Platonem*,Berolini,1823.
Stallbaum,G. *Platonis opera omnia*,Gothae,1827;vol. 3,1. 2. Politeia,1829;1858².
Schneider,C. E. Chr. *Platonis opera Graece*,Lipsiae,1830 – 1833;1854.
Hermann, K. F. *Platonis Dialogi secundum Thrasylli tetralogias disposti*, Lipsiae, 1851 – 1880; post Carolum Fridericum Hermannum recognovit Martinus Wohlrab,1911 – 1921.
Jowett,B. /Campbell,L. :Plato,*The Republic*,2 vols. ,Oxford,1894. (Reprint,New York,1974)
Adam, J. : *The Republic of Plato*, 2 vols. , Cambridge, 1902. (2ⁿᵈ ed. , introd. by D. A. Rees,Cambridge,1963)
Burnet,J. :*Platonis Res publica*,*Platonis opera*,IV,Oxonii,1902.
Horneffer, A. : Platon, *Der Staat*, Leipzig, 1908. (Neuausg. , Einl. von K. Hildebrandt,Stuttgart,1949)
Apelt, O. : Platon, *Der Staat*, Leipzig, 1916. (10. Aufl. hrsg. von K. Bormann, Einl. von P. Wilpert,Hamburg,1979)
Andreae,W. :Platon,*Staatsschriften*,T. 2:Staat,Jena,1925.
Shorey,P. :Plato,*The Republic*,London – Cambridge,Mass. ,1930 – 1935(Loeb).
Chambry, É. : Platon, *Œuvres complètes*, VI – VII, Paris, 1932 – 1934 (Budé) VI

(livres 1 – 3) , 1965[5] , VII(livres 4 – 10) , 1967[7].
Pabòn, J. M. /Galiano, M. F. : Platon, *La Republica*, Madrid, 1949.
Rufener, R. : Platon, *Der Staat*, *Über das Gerechte*, Einl. von G. Krüger. Zürich, 1951. (2. Aufl. , Einl. von O. Gigon, 1973)
Adorno, F. : Plato, *Opere politique*, t. 1 , *Repubblica*, Temeo, Crizia, Politico, Torino, 1953.
Vretska, K. : Platon, *Der Staat(Politeia)* , Stuttgart, 1958; 1982[2].
Richards, J. A. : Plato, *Republic*, New York/London, 1966.
Slings, S. R. : *Platonis Rempublicam*, Oxonii, 2003.

西文研究资料选要

Ahlvers, A. : *Zahl und Klang bei Platon*, *Interpretationsversuche zur Hochzeitszahl im Staat*, Bern, 1952.
Anas, G. : "Plato's *Republic* and feminism" , *Philosophy* 57(1956) , 306 – 321.
Andersson, T. J. : *Polis and psyche*, *a motif in Plato's Republic*, Stockholm, 1971.
Arends, J. F. M. : *Die Einheit der Polis*, *eine Studie über Platons Staat*, Leiden/New York, 1988.
Aronadio, F. : *Procedure e verità in Platone*: *Menone*, *Cratilo*, *Repubblica*, Napoli, 2002.
Baicu, O. : *Platons Lehre von der Philosophenherrschaft*, *politisch – theologische Hintergründe seiner Lehre von der Politeia*, Neuried, 2006.
Baracchi, C. : *Of myth*, *life*, *and war in Plato's Republic*, Bloomington, Indiana, 2002.
Barion, J. : *Macht und Recht*, *eine Platon – Studie*, Krefeld, 1947.
Bello, C. : *Communisme platonicien et marxisme*, Paris, 1950.
Benardete, S. : *Socrates' second sailing*, *on Plato's Republic*, Chicago, 1989.
Blössner, N. : *Dialogform und Argument*: *Studien zu Platons Politeia*, Mainz, 1997.
Bobonich, C. : *Plato's utopia recast*, *his later ethics and politics*, Oxford/New York, 2002.
Bortolotti, A. : *La religione nel pensiero di Platone dalla Repubblica agli ultimi scritti*, Firenze, 1991.
Boter, G. J. : *The textual tradition of Plato's Republic*, Leiden, 1989.
Bran, E. : "The music in the *Republic*" , *Agon* 1(1967) , 1 – 117.
Brès, Y. : *La psychologie de Platon*, Paris, 1968.
Broos, H. J. M. : *Plato's beschouwing van kunst en schoonheid*, Leiden, 1948.
Cassirer, E. : *The myth of the state*, New Haven, 1946.

Craig, H. : *The war lover, a study of Plato's Republic*, Toronto, 1994.

Cross, R. C. /Woozley, A. D. : *Plato's Republic: a philosophical commentary*, New York, 1965.

Cürsgen, D. : *Die Rationalität des Mythischen, der philosophische Mythos bei Platon und seine Exegese im Neuplatonismus*, Berlin/New York, 2002.

Dalfen, J. : *Polis und Poiesis, die Auseinandersetzung mit der Dichtung bei Platon und seinen Zeitgenossen*, München, 1974.

Diès, A. : *Platon*, Paris, 1930.

Eberlein, E. : "Nietzsche und Platon", *Gymnasium* 72(1965), 62 – 71.

Else, G. F. : *The structure and date of book X of Plato's Republic*, Heidelberg, 1972.

Erbse, H. : "Platons *Politeia* und die modernen Antiplatoniker, *Gymnasium* 83 (1978), 169 – 191.

Ehrenfels, F. von: "Zur Deutung der platonischen Hochzeitszahl", *AGPh* 44(1962), 240 – 244.

Feibleman, J. K., *Religious Platonism: The influence of religion on Plato and the influence of Plato on religion*, London, 1959.

Ferrari, G. R. F. : *City and soul in Plato's Republic*, Sankt Augustin, 2003.

——(ed.) : *The Cambridge companion to Plato's Republic*, Cambridge/New York, 2007.

Field, G. C. : *Die Philosophie Platons*, Stuttgart, 1951.

Findlay, J. N. : *Plato, the written and unwritten doctrines*, London/New York, 1974.

Fink, E. : *Metaphysik der Erziehung im Weltverhältnis von Platon und Aristoteles*, Frankfurt a. M. , 1970.

Fireman, P. : *Justice in Plato's Republic*, New York, 1957.

Friedländer, P. : *Platon*, 3 Bde. , Berlin/Leipzig, 1929 – 1930; Leipzig, 1975³.

Gadamer, H. – G. : *Platos dialektische Ethik und andere Studien zur platonischen Philosophie*, Hamburg, 1968.

Gaiser, K. : *Platons ungeschriebene Lehre, Studien zur systematischen und geschichtlichen Begründung der Wissenschaften in der platonischen Schule*, Stuttgart, 1963.

Gauss, H. : *Philosophischer Handkommentar zur den Dialogen Platos*, Zürich, 1958.

Gérard – Baycroft, C. : *La paideia de l'alogon dans la pensée pédagogique platonicienne, de la République aux Lois*, (Diss. , Univ. Paris – Sorbonne), Villeneuve – d'Ascq, 2002.

Gerraughty, R. F. : *The role and treatment of poetry in Plato's Republic*, (Diss. , Pennsylvania State Univ.) , University Park, 1974.

Gigon, O. : Sokrates, *Sein Bild in Dichtung und Geschichte*, Bern, 1947.

——: *Gegenwärtigkeit und Utopie, eine Interpretation von Platons Staat*, Bd. 1, München, 1976.

Gigon, O. /Zimmermann, L. : *Platon, Lexikon der Namen und Begriffe*, Zürich, 1975.

Gillespie, A. T. : *The just man in the just state, a study of the psychology of Plato's Republic in relation to its political philosophy*, (Diss. , University of Texas) , Austin, 1968.

Goldschmidt, V. : *Les dialogues de Platon*, Paris, 1947.

Gomperz, H. : *Platons Selbstbiographie*, Berlin, 1928.

Gonzalez, F. J. (ed.) : *The third way, new directions in Platonic studies*, Lantham (Md.) , 1995.

Graeser, A. : *Probleme der platonischen Seelenteilungslehre, Überlegung zur Frage der Kontinuität im Denken Platons*, München, 1969.

——: *Platons Ideenlehre*, Sprach, Logik, Metaphysik, Bern, 1975.

Gundert, H. "Platon und das Daimonion des Sokrates", *Gymnasium* 61 (1954), 513 - 531.

Guyyoni, G. : *Vom Wesensursprung der Philosophie Platons*, Bonn, 1975.

Harth, H. : *Dichtung und Arete, Untersuchung zur Bedeutung der musischen Erziehung bei Plato*, Diss. , Frankfurt a. M. , 1965.

Heidegger, M. : *Platons Lehre von der Wahrheit*, Bern, 1947.

Herter, H. : *Platons Staatideal*, Bonn, 1942.

——: Platons Akademie, Bonn, 1946; 1952^2.

Hildebrandt, K. : *Platon, Logos und Mythos*, Berlin/Leipzig, 1933.

Hirsch, W. : *Platons Weg zum Mythos*, Berlin/New York, 1971.

Hoffmann, E. : *Platon, Eine Einführung in sein Philosophieren*, Zürich, 1950.

Howland, J. : *The Republic, the Odyssey of philosophy*, New York/Toronto, 1993.

Huber - Abrahamowicz, E. : *Das Problem der Kunst bei Platon*, Winterhur, 1954.

Igal, J. : "El concepto ' physis' enla República de Platón", *Pensamiento* 23 (1967), 407 - 436.

Jäger, G. : *Nus in Platons Dialogen*, Göttingen, 1967.

Jaeger, W. : *Paideia, die Formung des griechischen Mensenchen*, 3 Bde. , Berlin, 1934 - 1944 (English transl. , Oxford, 1945^2).

Janda, J. : "Über die Gerechtigkeit und Ungerechtigkeit der Seelenteile in Platons Politeia", *LF* 100(1977), 129 – 143.

Kayas, G. J. : "Le nombre géométrique de Platon", *BAGB*, 1972, 431 – 468.

Kenny, A. J. P. : "Mental health in Plato's *Republic*", *PBA* 55(1969), 229 – 253.

Kersting, W. : *Platons "Staat"*, Darmstadt, 1999.

King, A. B. : *Benevolent dictatorship in Plato's Republic*, Washington, 1976.

Klär, I. : "Die Schatten im Höhlengleichnis und die Sophisten im homerischen Hades", *AGPh* 51(1969), 225 – 259.

Koller, H. : *Die Mimesis in der Antike*, Bern, 1954.

Krämer, H. J. : *Arete bei Platon und Aristoteles, zum Wesen und zur Geschichte der platonischen Ontologie*, Heidelberg, 1959.

——: *Dialettica e definizione del bene in Platone*, Milano, 1996.

Lan, K. E. : *El sol, la linea y la caverna*, Buenos Aires, 1975.

Lawson – Tancred, H. : *Plato's Republic and the Greek enlightenment*, London, 1998.

Leisegang, H. : *Platon*, in *Paulys Realencyclopädie der classischen Altertumswissenschaft*, 20, 2(1950), Sp. 2342 – 2537.

Levinson, R. B. : *In denfense of Plato*, Cambridge(Mass.), 1953.

Lisi, F. L. (ed.) : *The ascent to the good*, Sankt Augustin, 2007.

Lodge, R. C. : *Plato's theory of education*, London, 1947.

——: *Plato's theory of art*, London, 1956.

——: *The philosophy of Plato*, London, 1956.

Loriaux, R. A. : *L' être et la forme selon Platon*, Bruges, 1955.

Luther, W. : "Wahrheit, Licht, Sehen und Erkennen im Sonnengleichnisvon Platons Politeia", *Stud. Gen.* 18(1965), 479 – 163.

Markus, A. : *Philosophen – oder Gesetzesherrschaft? Untersuchungen zu Platons Politeia und den Nomoi*, Marburg, 2006.

Marten, R. : *Platons Theorie der Ideenlehre*, Freiburg, 1975.

Martin, G. : *Platons Ideenlehre*, Berlin/New York, 1973.

Maurer, R. K. : *Platons Staat und die Demokratie*, Berlin/NewYork, 1970.

Mayfield, P. M. : *Knowledge and being in Plato's Republic*, (Diss., Johns Hopkins University), Baltimore, 1975.

Mayhew, R. : *Aristotle's criticism of Plato's Republic*, Lantham, 1997.

Mayr, F. K. : "Freiheit und Bindung in Platons *Politeia*", *WS* 75(1962), 28 – 50.

Meinberg, E. : "Gymnasiale Erziehung in der platonischen Paideia", *Stadion* 1

(1975),228-266.

Menza,V. G. :*Poetry and the τέχνη - theory,an analysis of the Ion and Republic*,Books III and X,(Disseration,Johns Hopkins University),Baltimore,1972.

Meyer,M. :*Platon und die Aristotelische Ethik*,Leipzig,1919.

Mitchell,J. :*Plato's fable,on the mortal condition in shadowy times*,Princeton,2006.

Mills,D. H. :*Image and symbol in Plato's Republic*,(Diss. , University of Iowa),Iowa City,1971.

Moutsopoulos,E. :*La musique dans l'œuvre de Platon*,Paris,1959.

Mueller,G. E. :*Plato,the founder of philosophy as dialectic*,New York,1965.

Mulhern,J. J. :"Population and Plato's *Republic*",*Arethusa* 8(1975),265 – 281.

Murphy,N. R. :*The interpretation of Plato's Republic*,Oxford,1951.

Naddaff,R. : *Exiling the poets, the production of censorship in Plato's Republic*,Chicago/London,2002.

Nettleship,R. L. :*Lectures on the Republic of Plato*,London,1897.

Nussbaum,M. : *Plato's Republic, the good society and the deformation of desire*,Washington,D. C. ,1998.

Oates,W. J. :*Plato's view of art*,New York,1972.

O'Brian,J. D. :*The form of the good in The Republic*,New Haven,1976.

Otto,D. :*Das utopische Staatsmodell von Platons Politeia aus der Sicht von Orwells Nineteen Eighty – Four, ein Beitrag zur Bewertung des Totalitarismusvorwurfs gegenüber Platon*,Berlin,1994.

Patt,W. :*Grundzüge der Staatsphilosophie im klassischen Griechentum*,Würzburg,2002.

Perls,H. :*Plato,seine Auffassung von Kosmos*,Bern,1966.

Pester,H. E. :*Platons bewegte Usia*,Wiesbaden,1971.

Perticone,G. :*L'eredità del mondo antico nella filosofia politica*, Torino,1923.

Phillips,A. M. :*The theory of intuition in Plato's Republic*,(Diss. , Michigan State University),East Lansing,1969.

Pieper,J. :*Über die platonischen Mythen*,München,1965.

Popper,K. R. :*The open society and its enemies*,Princeton,1950.

Pritcard,P. :*Plato's philosophy of mathematics*,Sankt Augustin,1995.

Rabieh,L. R. :*Plato and the virtue of courage*,Baltimore,2006.

Randall,J. H. :"Plato's treatment of the theme of the good life and hiscriticism of the Spartan ideal",*JHI* 28(1967),307 – 364.

Reeve,C. D. C. :*Philosopher – kings,the argument of Plato's Republic*,Princeton,1988.

——: *Women in the academy, dialogues on themes from Plato's Republic*, Indianapolis, 2001.

Rhim, Sung – Chul: *Die Struktur des idealen Staates in Platons Politeia, die Grundgedanken des platonischen Idealstaates angesichts antiker und moderner Kritik*, Würzburg, 2005.

Richter, L. : *Zur Wissenschaftslehre von der Musik bei Platon und Aristoteles*, Berlin, 1961.

Robin, L. : *Platon*, Paris, 1938.

Rohr, G. : *Platons Stellung zur Geschichte*, Berlin, 1932.

Roochnik, D. : *Beautiful city, the dialectical character of Plato's Republic*, Ithaca, N. Y. /London, 2003.

Rosen, S. : *Plato's Republic*, New Haven, 2005.

Ross, D. : *Plato's theory of ideas*, Oxford, 1951.

Santas, G. (ed.) : *The Blackwell guide to Plato's Republic*, Malden, MA/ London, 2006.

Schilling, K. : *Platon, Einführung in seine Philosophie*, Wurzach, 1948.

Schmalzriedt, E. : *Platon, Der Schriftsteller und die Wahrheit*, München, 1969.

Schuhl, P. – M. : *Platon et l'art de son temps*, Paris, 1933.

Schweityer, B. : *Platon und die bildende Kunst der Griechen*, Tübingen, 1953.

Seubert, H. : *Polis und Nomos, Untersuchungen zu Platons Rechtslehre*, Berlin, 2005.

Shorey, P. : *Platonism, ancient and modern*, Berkeley, 1938.

Singer, K. : *Platon, der Gründer*, München, 1927.

Slings, S. R. : *Critical Notes on Plato's Politeia*, Leiden, 2005.

Smith, N. D. : *Plato's similes of light in the Republic, a reinterpretation*, (Diss. , Stanford Univ.), Palo Alto, 1975.

Sprute, J. : *Der Begriff der δόξα in der platonischen Philosophie*, Göttingen, 1962.

Staudinger, J. : *Das Schöne als Weltanschauung im Lichte der platonisch – aristotelischen Geisteshaltung*, Wien, 1948.

Stefanini, L. : *Platone*, 2 v. , Padua, 1932.

Sze, C. V. P. : *Plato's Republic I, its function in the dialogue as a whole*, (Diss. , Yale Univ.), New Haven, 1971.

Stenzel, J. : *Platon, der Erzieher*, Leipzig, 1928; Hamburg, 1961[2].

Taylor, A. E. : *Plato, the man and his work*, London, 1926.

Thein, K. : *Le lien intraitable, enquête sur le temps dans la République et le Timée de*

Platon, Paris, 2001.

Tielsch, E. : *Die platonischen Versionen der griechischen Doxalehre*, Meisenheim, 1970.

Tivnan, E. F. X. : *The moral psychology of Plato's Republic*, (Diss. , Princeton Univ.) , Princeton, 1974.

Urwick, E. J. : *The message of Plato, a re - interpretation of the Republic*, London, 1920.

Verdenius, W. J. : *Mimesis, Plato's doctrine of artistic imitation and its meanings to us*, Leiden, 1949; 1962^2.

Versenyi, L. : "Plato and his liberal opponents", *Philosophy* 46 (1971) , 222 - 237.

Vicaire, P. : *Platon, critique littéraire*, Paris, 1960.

Villanueva, B. M. : "El concepto de mimesis en Platón", *Perficit* 2 (1969) , 181 - 246.

Vlastos, G. : *Platonic studies*, Princeton, 1973; 2nd printing with corrections, 1981.

——: "Socratic irony", *CQ* 37 (1987) , 79 - 96.

Voigtländer, H. - D. : *Die Lust und das Gute bei Platon*, Würzburg, 1960.

Vretska, K. : "Platonica I", *WS* 66 (1953) , 76 - 91; "Platonica II", *WS* 69 (1956) , 154 - 161; "Platonica III", *WS* 71 (1958) , 30 - 54.

——: "Typische und polare Darstellung bei Platon", *SO* 30 (1953) , 42 - 55.

——: "Zum Kompositionsprinzip der Mitte", *Gymnasium* 63 (1956) , 406 - 420.

Vries, G. J. de : *Spel bij Plato*, Amsterdam, 1949.

——: *Antisthenes redivivus, Popper's attack on Plato*, Amsterdam, 1952.

Weiner, N. O. : *The divided line, the convening art, and the dramatic structure of Plato's Republic*, (Diss. , Univ. of Texas) , Austin, 1969.

Wichmann, O. : *Platon, Ideelle Gesamtdarstellung und Studienwerk*, Darmstadt, 1966.

Wilamowitz - Moellendorff, U. von : *Platon*, 2 Bde. , Berlin, 1919; Geneva, 1969^4.

Wild, J. : *Plato's enemies and the theory of natural law*, Chicago, 1953.

Williamson, R. B. : *The ambiguity of δικαιοσύνη in Plato's Republic*, (Diss. , Univ. of Virginia) , Charlottesville, 1967.

Wolff, H. M. : *Plato, Der Kampf ums Sein*, Bern, 1957.

Wortmann, E. : *Platons göttliche Harmonie*, Bad Godesberg, 1957.

——: *Das Gesetz des Kosmos, die göttliche Harmonie nach Platons Politeia-Timaios*, Remagen, 1965.

Wyller, E. A. : *Platons Parmenides in seinem Zusammenhang mit Symposium und Politeia*, Oslo, 1960.

Young, C. M. : *Justice and technè in Plato's Republic*, (Diss. , Johns Hopkins

Univ.),Baltimore,1973.

柏拉图研究文献目录索引

Gigon,O. :*Platon,Bibliographische Einführung in das Studium der Philosophie* 12, Bern,1950.

Cherniss,H. :*Platon*,1950 – 1957,*Lustrum* 4(1959),5 – 308;*Lustrum* 5(1960), 321 – 615.

Brisson,L. :*Platon*,1958 – 1975,*Lustrum* 20(1977),5 – 304.

Brisson,L. /Ioannidi,H. :*Platon*,1975 – 1980,*Lustrum* 25(1983),31 – 320.

——/——:*Platon*,1980 – 1985,*Lustrum* 30(1988),11 – 294(corrigenda,Lustrum 31(1989),270 – 271).

——/——:*Platon*,1985 – 1990,*Lustrum* 34(1992),7 – 338.

Brisson L. /Plin,F. :*Platon*,1990 – 1995,*bibliographie*,Paris,1999.

Brisson L. /Castelnérac,B. :*Platon*,1995 – 2000,*bibliographie*,Paris,2004.

图书在版编目(CIP)数据

柏拉图全集．理想国/(古希腊)柏拉图著;刘小枫主编;王扬译．-- 北京:华夏出版社有限公司,2023.5
ISBN 978-7-5222-0330-0

Ⅰ.①柏…　Ⅱ.①柏…②刘…③王…　Ⅲ.①古希腊罗马哲学　Ⅳ.①B502.232

中国版本图书馆 CIP 数据核字(2022)第 084155 号

柏拉图全集:理想国

作　　者	〔古希腊〕柏拉图
译　　者	王　扬
责任编辑	马涛红
责任印制	刘　洋
美术编辑	李媛格
出版发行	华夏出版社有限公司
经　　销	新华书店
印　　装	北京汇林印务有限公司
版　　次	2023 年 5 月北京第 1 版
2023 年 5 月北京第 1 次印刷
开　　本	880×1230　1/32
印　　张	16.75
字　　数	473 千字
定　　价	118.00 元

华夏出版社有限公司 地址:北京市东直门外香河园北里 4 号　邮编:100028
网址:www.hxph.com.cn　电话:(010)64663331(转)

若发现本版图书有印装质量问题,请与我社营销中心联系调换。